古史新探

程民生　主编

人民出版社

图书在版编目（CIP）数据

古史新探 / 程民生主编.
-北京：人民出版社，2013
ISBN 978-7-01-011754-6/
Ⅰ.①古… Ⅱ.①程… Ⅲ.①中国历史-古代史-研究
Ⅳ.①K220.7
中国版本图书馆 CIP 数据核字（2013）第 033656 号

古史新探

GUSHI XINTAN

主　　编：程民生
责任编辑：张秀平
装帧设计：徐　晖

人民出版社出版发行
地　　址：北京市东城区隆福寺街 99 号
邮政编码：100706　www.peoplepress.net
经　　销：新华书店总店北京发行所经销
印 刷 厂：北京昌平百善印刷厂
出版日期：2013 年 4 月第 1 版　2013 年 4 月第 1 次印刷
开　　本：730 毫米×960 毫米　1/16
印　　张：26.75
字　　数：520 千字
书　　号：ISBN 978-7-01-011754-6/
定　　价：80.00 元

人民东方图书销售中心电话：（010）65250042　65289539

目　录

序

位于七朝古都开封的河南大学,中国古代史研究具有悠久的优良传统,与历史专业一同起始于1925年。雄厚的师资力量,长期以来形成既重视历史知识更强调历史通识的学术传统,在国内享有盛誉,在河南省有着不可动摇的地位。著名学者如范文澜、嵇文甫、蒙文通、高亨、姜亮夫、郭绍虞、马非百、朱芳圃、孙海波、孙作云、朱绍侯等先生先后在此执教,曾在这里求学的尹达、石璋如、白寿彝、韩儒林等也成为享誉中外的历史学家、考古学家,浓厚的学术氛围孕育出一代又一代史学人才。

具有优良传统的中国古代史学科,是河南大学的传统优势学科,自1988年至今连续20多年为河南省重点学科。中国古代史学科是我校历史学科的核心和排头兵,1978年获得中国古代史硕士研究生授权点,2003年获得中国古代史博士学位授权点。中国古代史学科肩负着河南大学历史学科建设的重任,在支撑中国古代史学科建设的同时,孵化衍生了历史文献学、专门史(文化史)、史学史3个相关二级学科,并协助考古学的快速成长,配合世界史、中国近现代史学科全面发展。2007年,以中国古代史博士学位授权点为主建立历史学博士后流动站。2011年4月,以中国古代史博士学位授权点为首获得历史学一级学科博士授权点。同年8月,历史学一级学科博士授权点调整为中国史、世界史与考古学3个一级授权博士点,实现了百年河大几代学人的梦想!

2005年成立的河南大学中国古代史研究中心,是河南省普通高校人文社会科学重点研究基地。当时,为了大力推进河南省人文社会科学科研与学科队伍建设,进一步探索、研究和综合开发我省人文社会科学资源,为经济和社会进步做出更大的贡献,省教育厅正在实施普通高等学校人文社会科学重点研究基地建设计划,为河南省高等学校在科学研究、人才培养、学术交流、资料信息建设、咨询服务和科研体制改革等方面的建设注入了新的活力,对河南社会主义物质文明、精神文明和政治文明的建设起到了有力的推动作用,而且也是保证我省人文社会科学事业持久发展的重大举措。

河南大学中国古代史研究中心集中了中国古代史教研室研究人员的力量,整合学校其他兄弟单位的相关资源,凝练成先秦秦汉史、宋史和明清史三个相对显著的特色方向。现有研究人员26人,以博士生导师和青年博士为主,已经形成一支年龄、职称与学科结构合理,基本功扎实,学风严谨,优势明显的学术群体。中国古代史研究中心成立以来,在新的形势、新的运作模式和经费资助下,学术研究取得不少新成果,不仅有力支撑了我校历史学科建设,而且培养了人才,达到了河南省教育厅设立研究基地的目的。2010年5月,中心顺利通过了河南省教育厅首轮建设的评估,进入第二轮建设期。

在新一轮建设期中,中心又陆续补充了新生力量,阵容更强大,成果更丰富。仅国家社科基金项目,2010、2011、2012三年,本中心成员连年有斩获,共获得8项中国古代史方面的课题。尤其是新一代的史学博士们,开始崭露头角,显示不俗的实力。本书收录的26篇论文,就是中心在岗在职研究人员近几年来的部分成果,其中中青年博士群体的论文占了15篇,显示出克绍箕裘、兴旺发达的勃勃生机,更是令人欣喜。

本书的目的,一是集中展示中心新一轮建设期的研究成果,向资助部门做一汇报;二是便于学界审阅批评;总之,都是为了促进我们进一步前进,是自我加压的意思。2012年,恰逢河南大学100周年校庆,此书又是我们的献礼。

本书大体按照论文主题所反映的朝代顺序依次排列,作者没有先后、主次之分。文末注明论文原发表的出处。

感谢河南省教育厅社科处和河南大学科研处领导的支持与关心,感谢历史文化学院长期扶植和重视,感谢中心所有成员的努力,中心的成长离不开大家的共同奋斗。这是中心的第一本论文集,由于时间紧、任务重,我们的工作难免有不完美之处,希望能得到大家的谅解!

民生忝任河南大学中国古代史研究中心主任一职,具体工作由执行主任、历史文化学院副院长马玉臣博士操办,这本论文集的前期工作就是他具体组织的。令人极为痛惜的是,不久前他身患绝症,就在校对清样之际英年早逝,竟不能看到本书的出版!在此,谨对玉臣的卓越贡献表示感谢!田志光博士、展龙副教授以及孔学副教授也为本书奔波多日,一并致谢!

程民生

2013年2月27日

殷商与两周用鼎制度的区别研究

李玉洁

鼎是中国古代的盛食器，广泛的用于先秦时期的中国。各级贵族身份的高低等级不同，因此在社会生活中、或者宴享时，使用的鼎有不同的规格和等级，表现出不同的组合形式。甚至在贵族们死后，随葬鼎的等级也不相同。殷、周时期的用鼎制度是不相同的，并反映出不同的思想意识。中国古代的用鼎制度分为殷、周两大文化系统。殷、周两大文化系统的用鼎制度，反映了殷周民族的思想意识存在的差别。今就殷、周两大文化系统不同的用鼎制度，略述己见，以正于学术界的同仁。

一、殷商文化系统的用鼎制度

人类的一切现象都离不开数字。有人认为，数字构成了人类社会。在对数字的使用中和万物有灵思想的支配下，人们对数字有了神秘感，赋予数字以灵性。他们认为某些数字主吉，某些数字主凶。人们把"一"当作万物之始，把最早出现的事物称为"一"。"二"则是成双的意思；"三"为众多之意。中国最早产生的数字是：一、二、三、四、五、六、七、八、九、十。这十个数正是人们两只手的手指之数。为了对这些数字进行区分，人们又把这些数字分为奇数和偶数。1、3、5、7、9，是不对称的，被称为奇数；2、4、6、8、10 是对称的，被称为偶数。殷商文化系统是鼎的组合，就是呈偶数形式出现。

墓葬中的随葬品集中的反映了古代人们生活的文化习俗和思想意识。商朝前期，礼器鼎的使用尚无一定的规格形式；商朝后期，殷人逐渐形成了对青铜礼器鼎的使用形式和规格。我们可以从殷朝的大型王室墓葬妇好墓随葬的铜礼器鼎，研究殷代礼器鼎的组合形式和使用制度。

妇好墓铜礼器鼎的组合有一个非常显著的特点，即每一类型的铜礼器鼎成双、或呈偶数组合的形式成套出现。如后母辛大方鼎二件，成对；妇好长方扁足鼎、VI式妇好细高柱足鼎；II式妇好中型圆鼎，六件一套；III式妇好中型圆鼎，六件一套；另外，VI式妇好小型柱足鼎、妇好小型簋、妇好有盖方彝、大方尊、大圆尊、子束泉圆尊、妇好鸮尊、后母辛四足觥、方壶、扁圆壶、妇好瓿、妇好方罍、大圆斝、妇好封口盉皆是二件成对。妇好联体甗四件一套，妇好分体甗四件，二套；妇好高体觚四件一套；妇好镂空爵六件一套，妇好四棱觚六件一套，I式妇好平底爵十件一套。[1] 还有，妇好墓中亦有些样式的鼎，如妇好小方鼎等仅一件，但偶数的、或成对出现的铜礼器占总数的一半以上，故妇好墓铜礼器的偶数组合形式是主流。

铜器鼎的偶数组合形式还见于其他殷代墓葬。北京平谷县发现的商代中期墓葬，出土饕餮纹鼎二件，形制完全相同；小方鼎二件，形制大体相同。[2] 安徽阜南米寨区常庙乡发现铜斝一对，铜觚一对，铜爵一对。[3] 安阳大司空村M51墓出土铜鼎二件，铜卣二件。简报报导比较简单，但说二铜鼎、二铜卣皆各为一式，那么铜鼎、铜卣应是成对出现的。

殷商贵族在铜礼器鼎的使用方面有独立的文化系统。先秦时期，我国的东部、南部地区是指东夷、南淮夷、南方楚国，以及西部的秦国受殷商文化的影响的地区。殷商部族以及影响所及的地区方国，与殷商的文化系统相同。皆具有偶数崇拜的意识。

东夷地区、淮夷、楚国以及西方秦国皆是殷文化所及地区，这些地区礼器的使用形式与殷商王朝有一致性。1979年山东日照崮河崖发掘一座墓葬，编为一号墓。这个墓共出随葬品14件。其中大鼎二件，成对；小鼎一对，壶一对，盆一对，鬲四件，其大小形制花纹相同。

淮河流域，即古代所谓“南淮夷”地区发掘的先秦时期的墓葬中所见的礼器亦呈偶数的组合形式。如河南光山县发现的黄君孟夫妇墓。黄君与夫人墓各随葬有鼎、簋、壶等礼器，皆成对出现。河南固始白狮子墓地 M_1 出土鼎二，壶二，皆成对。

楚墓中随葬礼器鼎的组合形式方面表现出殷文化的特点。西周时期的楚墓发掘数量不多，特点也不太明显。目前发掘的主要是东周时期的楚墓。江陵雨台山的楚墓中随葬礼器，无论鼎、簋、壶或鼎、敦、壶组合，这两种组合同出一墓时，大都每种器物出相同的两件。一墓同出两种组合的即形成鼎四，簠二、敦二、壶四的情况。

长沙地区共发掘楚墓一千八百多座，随葬器物多为陶器鼎、敦、壶或鼎、簋、盒、壶，亦常出相同的两件。有些墓出土陶礼器的基本组合是每套四件、六件或八件。[4]

河南淅川下寺共发掘 9 座大型的春秋时期的楚墓。

M_1 出土礼器 36 件，其中有 4 对鼎，簋一对，缶一对，龙耳虎足方壶一对。[5]

M_3 出土鼎两对，饮鼎一件，铜簋四件一套，形制相同，缶二对，铜提链壶一件。

M_{10}出土鼎 4 件一套，簠一对，缶二对。

M_{11}出土铜鼎一对，饮鼎一件，缶一对。

M_7 鼎一对，簠一对，缶一对。

M_2 即"令尹子庚"墓，出土"王子午"升鼎 7 件，形制相同，大小相次；簠、铜俎、铜禁各一件、簋二件等。令尹子庚墓出土的列鼎七的形式，一般被认为是吸收了周文化的结果。楚墓中礼器鼎的主要形式是成对出现。荆门包山 M_2 出土升鼎二、镬鼎二、簠二、敦二、壶六、缶二对等。

秦国当是对中国后代影响较大的诸侯国。秦是嬴姓部族，据《史记·殷本纪》记载：秦的先祖恶来、蜚廉皆曾臣事殷商；大约武王灭商后，从东方迁到西方，以善于养马服事周王室。秦因臣事商族，故受殷文化的强烈影响，在礼器鼎组合形式上与殷商部族有一致性。四川成都羊子山 M_{172}是战国末的秦国墓葬。墓中出土大铜鼎一，当为镬鼎；二个秦式小铜鼎，当为升鼎，成对。另外，河南三门峡市后川 M_{2001}是一座战国后期的秦国中型木椁墓。墓中以铜鼎一对随葬。有学者认为，"把成都羊子山 M_{172}和后川 M_{2001}联系在一起考虑，就可以认为至迟在战国晚期秦人已往往把五鼎以上的规格，改为用铜二鼎"。"战国末的鼎制，尤其是秦国鼎制，同周初相比已是面目全非了"。[6] 笔者认为，成都羊子 M_{172}和后川 M_{2001}两墓的铜二鼎制，当是秦国鼎制受殷商文化的影响，与殷人的礼器组合制度有一致性，而绝非秦人对周制的改变。

殷人与其文化影响所及的东夷、南淮夷、楚国、秦国等地区使用礼器鼎的组合形式和使用制度基本是鼎与簋、敦、簠、壶、缶等器物一样皆成对或呈偶数组合的形式出现。

二、周文化类型的用鼎制度

西周代以降，周天子至尊的观念日益突出；春秋时期，阴阳学说亦已出现。人们又用阴阳学说的思想意识去附会礼器鼎的组合形式。西周以后的典籍记载较详,结合考古发掘,更清晰地表现出周文化类型的礼器鼎的使用制度。周文化系统的礼器鼎的组合规格,呈奇数形式出现。

《仪礼》中的《士丧礼》、《既夕礼》、《士虞礼》记载了士在各种礼仪中鼎的使用制度和组合形式。

《士丧礼》记载:“陈三鼎于门外。”又云:“东方之馔:两瓦甒,其实醴酒;角觯,木柶;毼豆两,其实葵菹芋蠃醢;两笾无縢,布巾,其实栗不择,脯四脡。”士的丧礼用的礼器组合是:三鼎、两豆、两笾、两甒。

《既夕礼》记载:“陈五鼎于门外”,“东方之馔:四豆,脾析、蜱醢、葵菹、蠃醢;四笾,枣、糗、栗、脯。”郑玄注曰:“鼎立,羊、豕、鱼、腊、鲜兽各一鼎也。士礼,特牲三鼎;盛葬,奠加一等,用五鼎,即少牢也。”也就是说,士礼,当用三鼎;但因这是葬前之盛奠,故加一等,用少牢之礼。

《仪礼·少牢馈食礼》记载大夫(或诸侯)的祭祖之礼:“雍人陈鼎五,三鼎在羊镬之西,二鼎在豕镬之西。”又云:“佐食,上利执羊俎,下利执豕俎,司士三人执鱼、腊、肤俎。序升自西阶,相从入设俎。羊在豆东,豕亚其北,鱼在羊东,腊在豕东,特肤当俎北端。”这里提到镬,即煮牲之鼎;在少牢缋食礼中用五鼎、五俎。还记载有四敦,用以盛黍稷稻粱。

《仪礼·公食大夫礼》记载的是国君宴请下大夫的小聘之礼,云:“甸人陈鼎七。”“宰夫自东房荐豆六”,“设黍稷六簋”,“设铏四”。也就是说,诸侯国君宴请下大夫之礼的礼器组合为七鼎、六簋、六豆、四铏。

国君宴请上大夫之礼为:“上大夫八豆、八簋,六铏,九俎。”俞伟超先生认为:“礼食之时,鼎有一俎,九俎即有九鼎。此‘公食上大夫礼’亦礼加一等。”[7] 则公食上大夫之礼,当用九鼎,八簋,八豆,六铏。

《仪礼·聘礼》亦记载了诸侯国之间相互聘问宴享的礼节。宴享时所用的礼器组合是:“饪一牢在西,鼎九,羞鼎三;腥一牢在东,鼎七。堂上之馔八,西夹六。”这里记载的是两套礼仪。贾公彦疏云:“是堂上与门外之馔也。……云鼎西九东七者,九谓正鼎九,牛、羊、豕、鱼、腊、肠、胃、鲜鱼、鲜腊;东七者腥鼎,无鲜鱼鲜腊,故七”。郑玄注:“八、六者,豆数也。凡馔以豆为本。堂上八豆、八簋、六铏、两簠、八壶。西夹六豆、六簋、四铏、两簠、六壶。”

由此可见,使用两套礼器组合,九鼎、与“馔八”是招待上卿之礼,而七鼎与“馔六”是招待上介(即副手)之礼。

《周礼·秋官·掌客》记载:天子接待上公之礼:“簠十,豆四十,铏四十有二,鼎、簋十二,牲三十有六,皆陈。飧饩九牢。”

天子接待侯伯之礼:簠八,豆三十有二,铏二十有八,壶三十有二,鼎、簋十有二,腥二十有七,皆陈。飧饩七牢。

天子宴享子男之礼:簠六,豆二十有四,铏十有八,壶二十有四,鼎、簋十有二,牲(牲或腥)鼎十有八,皆陈。飧饩五牢。

《掌客》记载天子宴请各级诸侯之堂上皆"鼎、簋十二"。郑玄注:"鼎十二者,饪一牢,正鼎九,与陪鼎三,皆设于西阶。簋十二者,堂上八,西夹东夹各二。合言鼎簋者,牲与黍稷但食主也。"鼎、簋,这是国君宴享于天子所用的主要的礼器。

西周至春秋时期,各级贵族宴请、祭祀所使用礼器鼎的组合形式大体情况是:

天子接待诸侯之礼用九鼎(另有羞鼎三)、八簋、六簠、十六豆、十六壶。

诸侯国君宴请他国使臣的上卿礼为:九鼎、八簋、八豆、八笾、六铏、八壶;宴请卿的副手之礼为七鼎、六簋、六豆、六笾、四铏、六壶。

少牢馈食之礼是五鼎、四簋、四豆、四笾、二铏、四壶。

士礼所使的礼器组合为三鼎、二簋、二豆、二笾、二壶(或两甒)。

陕西宝鸡市茹家庄发掘的西周墓 M1 乙室,墓主为伯,时代为康、昭时期。M1 乙室出土鼎十三件,其中方鼎八件,圆鼎四件,带盘鸟足鼎一件,簋五件。鼎、簋形制大小各不相同。而在 M1 甲室中出土一套列鼎五件,形制花纹相同,大小相次,铜簋四件,完全相同。M1 甲室的墓主,研究者认为是強伯之妾,说明西周时期列鼎已经出现。

近年来考古发现的材料与以上文献记载的礼器组合具有一致性,但又不完全相同。如河南三门峡市上村岭发现虢国墓地。其中 M_{1052}是虢国太子墓。墓中研究者认为出土的礼器组合是七鼎六簋六鬲。M_{1706}、M_{1810}两墓出土的礼器组合是五鼎四簋四鬲。M_{1705}、M_{1721}、M_{1820}三墓出土的礼器是三鼎、四簋、二鬲。[8]

河南辉县琉璃阁 M_8 墓出土有盖列鼎五、无盖列鼎七、鬲六、簋四、罍二等;M_{55}出土的有盖列鼎五、无盖列鼎七、簋四、鬲六、簠四、豆二、壶二等;M_{60}出土大鼎一,有盖列鼎五,有盖列鼎九,无盖列鼎九等。[9]

以上出土材料与古代文献所记的礼器组合形式基本相符,但也不完全与文献所载相同。文献典籍记载的是规范化的礼器组合形式,而在实际使用中又比较灵活。但综以上论述可知,周代礼器的组合是有一定规律的。鼎,组是按奇数组合,即一、三、五、七、九的等差形式递增(或递减);簋、簠、豆、铏、壶是按二、四、六、八的等差形式递增(或递减)。

三、殷商与两周用鼎制度的差别反映了不同思想意识

综以上的论述可以看出，殷文化系统的用鼎制度采取偶数的组合形式，周文化系统的用鼎制度采取奇数的组合形式，殷、周的用鼎制度存在着重大差别。

殷文化系统影响的地区包括殷商王朝及东夷、南淮夷、楚国、秦国等地区，周文化系统影响的地区包括周王朝及其所臣属的诸侯国。

殷、周两大文化系统使用礼器鼎的组合形式的不同，不仅表现殷、周文化的背景不同，也表现他们对自然、社会、人生的思想意识的不同。

周人使用礼器鼎的组合制度表现出阴阳思想意识和等级意识。西周时期，阴阳的概念是指太阳而言，向阳处为阳，不向阳处为阴。如《诗·大雅·公刘》云："相其阴阳，观其流泉。"就是说，人们在选择居处时要选向阳的地方。我国把山南水北称为"阳"，把山北水南成为阴，也正是这个意思。

西周时期，阴阳协调，天地万物才能生长繁荣的概念已经产生。《国语·周语上》记载：周幽王二年，岐山一带发生也震。史官伯阳父说："周将亡矣。夫天地之气，不失其序；若过其序，民乱之也。阳伏不能出，阳迫不能烝，于是有地震。今三川实震，是阳失其所镇阴也。阳失而在阴，川源必塞；源塞，国必亡。"韦昭注曰："烝，升也。阳气在下，阴气迫之，使不能升也。"即地震的原因是阴气压迫阳气，阳气不能上升，即阴阳不能协调造成的。伯阳父解释得尽管不十分准确，但西周时期的人们以阴阳解释自然现象，认为阴阳调和才能使天地和谐的学说已经产生。

阴阳学说在认识上是符合哲理的。天下任何事物都是由相对立的两个方面，缺少任何一个方面，都不能使事物得以和谐地发展。

古人称太阳为阳，月亮为阴；又进而称天为阳，地为阴；男为阳，女为阴；认为阴阳必须协调，才能生长万物，使万物繁荣。人们这种阴阳观是富于哲理的，是正确的。然而古代社会充满着巫术思想，在人们对大自然认识的同时，也开始把这种阴阳思想附会到社会人事政治之中。

人们把数字与阴阳学说相结合，对数字赋予阴阳学说的内容，并开始用奇数、偶数解释天地万物。人们把奇数当做阳数，象征天、君、父、男；把偶数当做阴数，象征地、臣、母、女等。《易·系辞上》云："天一地二，天三地四，天五地六，天七地八，天九地十。"《京房易传》卷下云："奇偶之数，取之于乾坤。乾坤，阴阳之根本。"又云："初为阳，二为阴；三为阳，四为阴；五为阳，六为阴；一、三、五、七、九，阳之数；

二、四、六、八、十，阴之数。”奇数和偶数被附会成阳阴之数。

周人以奇数为阳，象征天、君、义、男；以偶数为阴，象征地、臣、母、女；很明显地有崇尚奇数的意识。周人崇尚奇数的原因是“周道尊尊”。西周时期，至高王权已经出现。奇数可以突出一个“居中”、“中央”、“太极”的地位，然后再形成对称形式，从而表现出周天子的至高地位。《礼记·王制》云：“天子七庙，三昭三穆，与太祖之庙而七。”太祖的至尊地位确定以后，三昭三穆表现出一种对称与平衡。周天子与诸侯国君自称“孤”、“寡人”，正是为了表现其至高地位。

这种以奇偶数字表示阴阳的巫术思想意识被周人运用在礼器的组合方面。《礼记·郊特牲》云：“鼎、俎奇而笾、豆偶，阴阳之义也。”孔颖达疏曰：“鼎、俎奇者，以其盛牲体；牲体、动物。动物属阳，故其数奇。笾、豆偶者，其实兼有植物；植物为阴，故其数偶。故云阴阳之义。”又疏曰：“鼎、俎奇者，案《聘礼》牛一、羊二、豕三、鱼四、腊五、肠胃六、肤七、鲜鱼八，腊九也，是鼎九，其数奇也。”“《少牢》陈五鼎，羊一、豕二、肤三、鱼四、腊五，其肠胃从羊，五鼎也。五俎，又昕俎一，非正俎不在数。《特牲》三鼎，牲鼎一，鱼鼎二、腊鼎三；亦有三俎，昕俎一，非正俎不在数，是皆鼎俎奇也。”

笾豆偶数者，(宋)王昭禹《周礼详解·掌客》云：“上公豆四十……侯伯三十二……子男二十四。”王昭禹释云：“盖豆，公堂上十六，东、西夹各十二。侯伯堂上十二，东西夹各十。子男堂上十二，东西夹各六。《礼器》言天子之豆二十有六，诸公十有六，诸侯十有二，以聘礼差之，则堂上之数与此同也。壶，所以盛酒者也；其设于堂夹亦如豆之数也。”又《礼器》云：“天子之豆二十有六，诸公十有六，诸侯十有二，上大夫八，下大夫六。案礼，笾与豆同，则是笾、豆偶也。”

这里所说的天子之豆二十有六、诸公十有六、诸侯十有二，皆是说的堂上之豆。《周礼·掌客》所说的“上公豆四十……侯伯三十二……子男二十四”，包括东西二夹室所摆放的豆。

也就是说，在宴享或祭祀之礼中用的礼器，鼎、俎用奇数，因鼎中所盛、俎上所载的是羊、牛、豕、鱼等牲肉。牲为天之所生，属阳，盛器用奇数形式。豆，笾以及簋、簠、敦中所盛放的是粟、枣、黍、稷、谷物，这些农产品皆地之所产，属阴。壶中所盛放的是酒，酒为粮食和水酿成，亦为阴，故豆、笾、簋、簠、敦、壶的组合皆为偶数形式。

周人及其所臣属的诸侯国在宴享、祭祀及各种社交礼仪上，对礼器的使用与组合形式皆附以阴阳之义，盛放天之所生的动物食品的鼎，用奇数组合形式，象征阳；盛放地之所产的植物食品的豆、笾、簋、敦、簠、壶用偶数组合形式，象征阴。《郊特牲》云:“阴阳和而万物得。”只有阴阳相和谐,万物才能滋生繁荣。

周文化系统礼器鼎的组合形式,反映周人的阴阳思想意识,还反映出其等级意识。《公羊传·桓公二年》何休注:“礼祭,天子九鼎;诸侯七,卿大夫五,元士三也。”《周礼·秋官·掌客》所记的堂上九鼎、八簋、十六豆、十八鉶,是上公招待周天子所用的礼器之数。《仪礼·少牢馈食礼》所记的是五鼎当是大夫一级使用的礼器组合。《仪礼·特牲馈食礼》记的“三鼎”是士一级贵族使用的礼器组合。这种礼器组合的等级形式并不是自西周建立以来就有的,而是在使用中逐渐形成的。

周文化系统鼎及其他礼器的组合形式反映了周人的阴阳思想意识和等级观念。

殷文化系统的礼器鼎的组合形式与周文化系统的差别是:鼎与簋、簠、敦、壶一样皆呈偶数组合形式,没有阴阳思想的意识。

殷人的偶数崇拜当是其礼器偶数组合形式的重要原因之一。殷商王朝遗存的文化表现了偶数崇拜意识。殷代有十天干:甲、乙、丙、丁、戊、己、庚、辛、壬、癸;十二地支:子、丑、寅、卯、辰、巳、午、未、申、酉、戌、亥。殷人以十天干、十二地支相配合来纪日,如甲子、乙丑、丙寅……等等。殷人把一年分为十二个月,每月3旬,每旬十天;又将一天分为8个时辰:明(旦)、大采、大食、中日、昃、小食、小采、夕等。殷人十天干、十二地支之数的形成,每年十二月份的划定,每天八个时辰的划分都表现殷人对偶数的崇尚。

殷人对偶数的崇尚还表现在其墓葬文化中。如安阳武官村大墓南北两端各有一条墓道。该墓曾经盗掘,现底部仍可看出有30根圆木铺垫,自椁顶至墓口共有30层夯土,北墓道杀殉16匹马,4犬,2人。南墓道杀埋12匹马。墓室有二层台。东侧二层台有殉人17人(当缺一)西侧二层台有殉人24人。墓室上部的填土中有人头34个。从这座经过盗掘的墓葬来看,墓中椁完铺垫的圆木、夯土、殉人、殉马、殉犬皆呈偶数组合。安阳小屯西北发掘的妇好墓,有殉人十六个,殉犬六只。这些都表现殷人崇尚偶数的意识。

殷人为什么崇尚偶数并喜爱使用偶数组合的礼器呢?这也是近年国内学术界很感兴趣的问题。笔者认为主要有以下原因:

(一)殷商时期,人们虽然晴、雨、阴天的概念,但还不具有阴阳学说中所理解附会的内容。当时的人们还未把天、君、父、男附会成阳性,以奇数代表;把地、臣、母、女附会成阴性,以偶数代表。

(二)在殷人的心目中,虽然亦以男性为尊,但对女性的尊重也是殷商社会的特征。《史记·梁孝王世家》云:“殷道亲亲,周道尊尊。”《礼记·表记》又云:“母亲而不尊,父尊而不亲。”“亲亲”表示殷代对母系的尊重。殷代祭祀先公先王的同时,必以先妣相配,这在甲骨卜辞中是不乏其例的。殷人祀典中,虽然只有其子为殷王的先妣可以入祀,但祭祀先妣时,必须在先妣所名之日致祭。如祭妣辛时,即“大甲奭妣辛”,必在辛日,不是在先祖太甲的祭日—甲日举行;突出的是先妣,而不是先祖,表现了殷人尊重女性和两极平衡的意识。

殷代妇女有很大的权力。如殷高宗武丁的妻子妇好就是一个可以统兵上万的女将。如卜辞记载“辛巳卜,贞,登妇好三千,登旅万,乎伐。”[10]从甲骨卜辞的记载来看,妇好是武丁信任的将领,在对夷方、土方、羌方的战役中,她统兵上万,具有很高的军事才能。妇好还主祭权,如“贞,乎帚好屮于父口”[11]、“贞勿乎帚好往。”[12]屮、𡴀皆是祭名。妇好生前拥有大量的财富。1976年安阳殷墟发现了她的墓葬,该墓共出土随葬器物1928件,包括青铜器468件,玉器700多件,宝石制品40多件。许多青铜器上镌有“妇好”和“母辛”的子样。“母辛”是子辈对母辈的称呼,“妇好”与“母辛”当为同一个人。[13]

不仅妇好,殷王朝的许多妇女都受到尊敬,并拥有财富。如解放前发现的举世闻名的“司母戊”大方鼎,是迄今所见到的体积最大、最重的青铜器,但这是属于祭祀女性的祭器。

在殷代,王妃设有专门的宗庙,称为“司室”[14]或“司母大室”[15]而且在很多卜辞皆见有“司室”这类的记载。卜辞中还经常见到“设司室”,于省吾先生《甲骨文字释林》一书之《释设》中认为是将物品陈列在诸妃之宗庙的祭祀。

殷人使用偶数鼎的组合形式是在阴阳意识尚未出现时期,男子独尊的意识尚未形成,妇女地位是较高的。殷代对偶数的崇尚,以及使用偶数组合形式的礼器,都表现了一种对称和平衡。对称美是美学的重要内容,表现了殷人的两极意识,这是他们崇尚偶数及使用偶数的礼器鼎组合形式的重要原因。

(原刊于《中原文物》2012年第1期)

注　释

1 《殷墟妇好墓》,文物出版社,1991年。

2 《北京平谷发现的商代墓葬》,《文物》,1977年第1期。

3 葛介屏《安徽阜南发现殷商时代的青铜器》《文物》,1959年第1期。

4 《新中国的考古发现和研究》,文物出版社,1984年。

5 河南省考古研究所《淅川下寺春秋楚墓》,文物出版社,1991年10月。

6 俞伟超《先秦两汉考古学论·周代用鼎制度研究》,文物出版社,1985年。

7 俞伟超《先秦两汉考古学论·周代用鼎制度研究》,文物出版社,1985年。

8 河南省文物考古研究所,三门峡市文物工作队编《三门峡虢国墓》第1卷,文物出版社,1999年。

9 郭宝钧著、中国科学院考古研究所编辑《山彪镇与琉璃阁》,科学出版社,1959年。

10 李学勤《英国所藏甲骨集》,群联出版社,第150页。

11 郭沫若主编《甲骨文合集》,中华书局,1982年,第2609页。

12 郭沫若主编《甲骨文合集》,中华书局,1982年,第2641页。

13 郭沫若《卜辞通纂》,科学出版社,1983年,第764页。董作宾《殷虚文字外编》,艺文出版社,1956年,第347页。高承祚《殷契佚存》,金陵大学中国文化研究所,1933年,第843页。罗振玉《殷虚书契前编》4.27.8,艺文出版社,1970年。

14 郭沫若《卜辞通纂》,科学出版社,1983年,第764页。董作宾《殷虚文字外编》,艺文出版社,1956年,第347页。高承祚《殷契佚存》,金陵大学中国文化研究所,1933年,第843页。罗振玉《殷虚书契前编》4.27.8。艺文出版社,1970年。

15 郭沫若《殷契粹编》,科学出版社,1965年,第1251页。胡厚宣《战后京津新获甲骨集》,群联出版社,1954年,第4615页。

西周金文的册命与祖先观念

杨小召

金文又称铜器铭文，铭文内容涉及范围较广，册命即是其中重要一项。册命亦作“策命”[1]，又因册命过程中往往伴有赏赐，故又称其为“锡命”[2]。关于册命，前贤已有不少研究，具有开创之功的是清人朱为弼，他将文献与金文结合研究锡命礼[3]；齐思和先生曾撰文考察了周代锡命礼的仪式、内容等问题[4]；陈梦家先生对册命制度及与册命相关的史官、赏赐等问题进行较为深入的研究[5]；陈汉平先生著书详细研究册命制度，同时还探讨了与之相关的西周官制、赐物及舆服制度等[6]。上述研究多集中在册命制度本身，但对册命、赏赐与祖先观念之间的关系少有论及，而厘清两者关系对理解周代，尤其是西周时期的祖先观念不无裨益。文章以金文材料为主，结合文献，从册命这一视角对西周时期的祖先观念试作分析。

册命一般指上级对下级的任命、赏赐，包括封建诸侯、任命官职、赏赐臣下等。据目前已出土金文来看，西周初期册命铭文尚少，至西周中、后期，此类金文大量出现。册命过程中常伴有一套册命仪式，如四十三年逑鼎：

佳卌又三年六月既生霸丁亥，王在周康宫穆宫，旦，王各周庙，即立。𤔲马寿右吴逑，入门，立中廷，北向。史減受王令书。王乎尹氏册令逑。

王若曰：逑，不显文武，膺受大令，匍有四方，则繇佳乃先圣考，夹䜌先王，爵堇大令，奠周邦，肄余弗忘圣人孙子，昔余既令女疋荣兑，䟫𤔲四方吴、禁，用宫御，今余佳巠乃先且考，有爵于周邦，申就乃令，令女官𤔲历人，毋敢妄宁，虔夙夕，叀雍我邦小大猷，雩乃專政事，毋敢不𦘪不井。雩乃讯庶又咨，毋敢不中不井，毋龏橐，龏橐佳又宥从，乃敄鳏寡，用乍余我一人咎，不雀死。

王曰：逑，易女矩鬯一卣、玄衮衣、赤舄、驹车、桒较、朱鞹靳、虎冟熏裏、画䩛、画𨍭、金甬、马四匹、攸勒，敬夙夕，勿灋朕令。

逑拜稽首，受册，佩以出，反入堇圭。逑敢对天子不（丕）显鲁休扬，用作朕皇考龚叔䵼彝。皇考其严在上，趩在下，穆穆秉明德，豐豐彔彔，降[余]康𩁹、屯又、通录、永令、眉寿、绰绾，畯臣天子。逑万年无疆子子孙孙永宝用亯。（《新收》747）

此种仪式文献中亦有记载，如《诗·大雅·江汉》：

王命召虎：式辟四方，彻我疆土。匪疚匪棘，王国来极。于疆于理，至于南海。王命召虎：来旬来宣。文武受命，召公维翰。无曰予小子，召公是似。肇敏戎功，用锡尔祉。厘尔圭瓒，秬鬯一卣。告于文人，锡山土田。于周受命，自召祖命，虎拜稽首：天子万年！虎拜稽首，对扬王休。作召公考：天子万寿！明明天子，令闻不已，矢其文德，洽此四国。

若将二者比较可以看出文献记载远不如金文记载具体、全面。现有册命金文与完整的册命仪式文例最接近的莫过于四十三年逑鼎，文例中的诸要素，四十三年逑鼎铭文中都具备。

一、册命地点与祖先观念

由四十三年逑鼎铭文可知，周王册命逑的地点在周庙，周庙即周王之宗庙。该铭文中选择的册命地点是当时诸多册命铭文的代表，册命地点多为宗庙，可以在周王的宗庙内举行，亦可在卿大夫的宗庙中进行。

1. 在周王宗庙。

金文中关于周王宗庙的词语很多，如：康宫、康庙、大室、大庙、周庙、周康邵宫、周康穆宫、成宫、周康宫夷宫等。

2. 在卿大夫宗庙。铭文中有关卿大夫宗庙的名词有庙、宫、大室等。

册命、赏赐地点表

宗庙地点		所在器	出处	备注
庙	庙	庙师秦宫鼎	《集成》02747	师秦宫之庙
		元年师旋簋	《集成》04279	
		蔡簋	《集成》04340	
		吴方彝盖	《集成》09898	
	康庙	南宫柳鼎	《集成》02805	
		元年师兑簋	《集成》04274	
	周庙	无鼎	《集成》02814	
		盠方尊(彝)	《集成》06013、09899	
		四十三年逨鼎	《新收》747	
	大庙	免簋	《集成》04240	
		趞簋	《集成》04266	
		同簋盖	《集成》04270	
		师酉簋	《集成》04288	
		三年师兑簋	《集成》04318	
		敔簋	《集成》04323	周大庙
宫	般宫	利鼎	《集成》02804	
		七年曹趞鼎	《集成》02783	
	康宫	康鼎	《集成》02786	
		卫簋	《集成》04209	
		楚簋	《集成》04246	
	周康卲宫	趩鼎	《集成》02815	
	大师宫	善鼎	《集成》02820	
	华宫	何簋	《集成》04202	

续表

宗庙地点		所在器	出处	备注
宫	新宫	师遽簋盖	《集成》04214	
		十五年趞曹鼎	《集成》02784	
		师汤父鼎	《集成》02880	
	溼宫	伯姜鼎	《集成》02791	
		史懋壶	《集成》09714	
	屖宫	害簋	《集成》04258	
	大宫	不寿簋	《集成》04060	
	琱宫	庚嬴鼎	《集成》02748	
	盠侲宫	大簋盖	《集成》04298	
	周康穆宫	善夫克盨	《集成》04465	
	庚嬴宫	庚嬴卣	《集成》05527	
	周康宫	夷宫吴虎鼎	《综合研究》P456	
大室		师奎父鼎	《集成》02813	
		师晨鼎	《集成》02817	
		颂鼎	《集成》02827	周康卲宫之大室
		曶鼎	《集成》02838	
		师毛父簋	《集成》04196	
		部[illegible]簋	《集成》04197	
		走簋	《集成》04244	
		殺簋盖	《集成》04243	司马宫大室
		即簋	《集成》04250	康宫之大室
		袁盘	《集成》10172	周康穆宫之大室
		此鼎	《集成》02821	周康宫夷宫之大室
		即簋	《集成》04250	康宫之大室
		大史虘簋	《集成》04251	周师量宫之大室
		弭叔师察簋	《集成》04253	

续表

宗庙地点	所在器	出处	备注
大室	㦰簋	《集成》04255	
	廿七年卫簋	《集成》04256	
	弭伯师耤簋	《集成》04257	
	申簋盖	《集成》04267	康宫之大室
	王臣簋	《集成》04268	
	望簋	《集成》04272	周康宫新宫之大室
	豆闭簋	《集成》04276	师戏大室
	师𩛥簋盖	《集成》04277	周师录宫之大室
	𤔲比簋盖	《集成》04278	周康宫夷大室
	师瘨簋	《集成》04283	司马宫之大室
	谏簋	《集成》04285	周师录宫之大室
	吕方鼎	《集成》02754	
	剌鼎	《集成》02776	
	敔簋	《集成》04166	
	士山盘	《新收》1555	周新宫大室
	师酉鼎	《新收》1600	
	师道簋	《新收》1394	康宫大室
	虎簋盖	《近出》491	周新宫大室
	四十二年逨鼎	《新收》745	周康穆宫大室
	宰兽簋	《近出》490	周师录宫大室
	殷簋	《近出》488	周新宫大室
	走马休盘	《集成》10170	周康宫大室
	十三年㾓壶	《集成》09723	司徒淲宫大室
	免卣（尊）	《集成》05418、06006	郑之大室
	趩觯	《集成》06516	

续表

宗庙地点		所在器	出处	备注
大室		颂簋(壶)	《集成》04332、09731	周康卲宫大室
		牧簋	《集成》04343	师汓父宫大室
		痶盨	《集成》04462	周师录宫大室
		师嫠簋	《集成》04324	
		此簋	《集成》04303	周康宫夷宫大室
		师頵簋	《集成》04512	周康宫大室
		师虎簋	《集成》04316	
		扬簋	《集成》04294	周康宫大室
		辅师簋	《集成》04286	周康宫之大室
		伊簋	《集成》04287	周康宫穆大室
	宣榭	郿簋盖	《集成》04296	周卲宫之宣榭

由上表可以看出,册命地点多选在周王的宗庙中进行,少数在卿大夫之宗庙中,在周王宗庙中又以在大室举行之例为最多,共 49 例。大室即宗庙的一部分,《尚书·洛诰》:"王入太室祼",孔氏传:"太室,清庙。"孔颖达疏:"太室,室之大者,故为清庙。庙有五室,中央曰太室。"除大室之外,在某宫册命的例子也较多,共 21 例。其实"金文里的'宫'、'寝'、'太室',所指大都是宗庙"[7]。

不仅周王册命、赏赐臣子在宗庙中举行,卿大夫赏赐属下亦在宗庙内,如逆钟,其铭曰:

> 唯王元年三月既生霸,庚申,叔氏在大庙。叔氏令史壼召逆,叔氏若曰:"逆,乃祖考许政于公室,今余锡女毌五鍚,戈彤沙,用𩏂于公室仆庸、臣妾、小子室家,毋有不闻智,敬乃夙夜,用屏朕身,勿废朕命,毋㒸乃政。"(《集成》00060)

可见,上至天子,下至卿大夫,他们对其臣子、下属进行册命、赏赐均在宗庙中。为何多在宗庙中进行?文献对此曾略有说明,《礼记·祭统》记载:"古者明君爵有德而禄有功,必赐爵禄于大庙,示不敢专也。"又,《礼记·祭义》云:"爵禄庆赏,成诸宗庙,所以示顺也。"郑玄注:"成诸宗庙,于宗庙命之。"孔颖达疏:"明有善让于尊上,示以敬顺之道,不敢专也。”故“示顺”与“示不敢专”义同。册命、赏赐在宗庙中举行“示不敢专”,一方面表明天子之册命、赏赐行为须禀明祖先,带有尊上、顺祖之义,另一方面亦是借助宗庙这一神圣场所和祖先神灵之权威显示册命、赏赐的神圣性,亦或“时人认为这种场合必须有神明临监才行,大有在神灵之前诅盟约定的意思。”[8] 实际上,此种行为足以体现出祖先在时人思想中占有重要地位。

周天子及卿大夫在各自宗庙中对臣属进行册命,显然是借自己祖先的神威,但亦有周天子在卿大夫宗庙进行册命之例,如豆闭簋:

> 唯王二月既生霸,辰在戊寅,王各于师戏大室,井伯入佑豆闭,王乎内史册命豆闭,王曰:闭,赐汝织衣……闭拜稽首,敢对扬天子丕显休命,用作朕文考釐叔宝簋,用赐畴寿,万年永宝用于宗室。(《集成》04276)

这次周王册命豆闭是在师戏大室,即在师戏的宗庙中,在师戏的祖先神灵前而非周天子的祖先神灵前,也就是说周天子借助的不是自己的祖先而是师戏的祖先的权威,从表面上看这似乎有些不合情理,但本质上两者并不矛盾。

周人认为其祖先死后就到了天廷,“以佐事上帝”[9]。虽然天子和卿大夫的祖先同在天上,但其地位还是有差别的,天子的祖先可“在帝左右”[10],而诸侯及卿大夫的祖先却无此权力,只能在天子的“先王左右”[11]。即是说在天上,卿大夫的祖先仍服务于天子的祖先,仍为其臣。这种在天上仍为君臣关系,臣必须听命于君的观念,殷人已有,据《尚书·盘庚》记载:

> 古我先后既劳乃祖乃父,汝共作我畜民,汝有戕则在乃心!我先后绥乃祖乃父,乃祖乃父乃断弃汝,不救乃死。兹予有乱政同位,具乃贝玉。乃祖乃父丕乃告我高后曰:“作丕刑于朕孙!”迪高后丕乃崇降弗祥。

“先后”、“高后”指商王盘庚的先人,“乃祖乃父”指盘庚臣下的先人。臣下之祖先仍听命商王之祖先,并且商王祖先可直接降祸于其臣下的子孙,这是商王借助其祖先来驾驭群臣。周人延续了这种思想,他们认为天廷的秩序同人间秩序一样,现实中天子的地位高于诸侯及卿大夫,两者之间是君臣关系,等死后到天上依然如此。在这种君臣关系的前提下,周天子在其臣下之宗庙中进行册命如同在自己宗庙中一样,只不过是其臣下之祖先代周王之祖先监临,然后再向周王的祖先禀报;这如同册命,周天子不必每次亲临,可由其臣代宣王命,虽是代宣王命,其意义如同天子亲临一样。

理解了这种关系,周天子在其臣下的宗庙中进行册命这种行为也就迎刃而解了。其本质仍是周天子为了借助祖先之权威,显示册命的神圣性,以便让臣下更好地为其服务。

二、册命中的赏赐物品与祖先观念

不但册命地点与祖先观念有关，而且册命中的赏赐品亦与祖先观念相关。册命过程中往往带有一定数量的赏赐品，如礼器、车马、兵器、服饰、旗帜、玉器、贝、土地、臣仆等，其中铭文中明确提及与祖先有关的是旂与芾。

一、旂。旂即旗帜，涉及与祖先有关的旂共有两器，见于西周早期的大盂鼎和西周中期的善鼎。大盂鼎铭曰：

> 王曰：而（耐），令女井乃嗣祖南公，王曰：盂，廼召夹死嗣戎，敏諫罚讼，夙夕绍我一人烝四方，雩我其遹省先王受民受疆土，赐女鬯一卣，冂衣、芾、舄、车马，赐乃祖南公旂，用狩。（《集成》02837）

“赐乃祖南公旂，用狩”，狩，狩猎，田猎。这是周王将大盂之祖南公的旂赐给大盂，在田猎时用。

相似之例又见于善鼎，其铭曰：

> 唯十又二月初吉，辰在丁亥，王在宗周，王格大师宫。王曰：“善，昔先王既令女佐胥㠱侯，今余唯肇申先王命，命女佐胥㠱侯监𤔲师戍，赐女乃祖旂，用事。”（《集成》02820）

二、芾。与祖先有关的赏赐物除旂之外尚有芾，共有两例，分别为“乃祖芾”和“乃父芾”。“乃父芾”见于西周晚期的𡎖盨：

> 王曰：敬明乃心，用辟我一人，善效乃友……赐女秬鬯一卣、乃父芾、赤舄、驹车、贲较、朱虢……（《集成》04469）

“乃祖芾”见于西周晚期的元年师兑簋：

> 唯元年五月，初吉甲寅，王在周，各康庙，即位，同仲右师兑，入门，立中廷，王乎内史尹册命师兑：疋师龢父司左右走马、五邑走马，赐女乃祖芾、五黄、赤舄……（《集成》04274）

芾在周代指服饰中的蔽膝，《诗·小雅·采菽》：“赤芾在股，邪幅在下”，笺云：“芾，大古蔽膝之象也，冕服谓之芾，其他服谓之韠，以韦为之”。

受命者祖先的旂或芾的来源，铭文未予说明，可能是先王或时王赐予受命者祖先的物品。为何将受命者祖先的旂或芾赐予受命者，铭文没有解释，文献亦无此种情况的记载。有学者推测："盖于嗣袭父祖职事之时，以其父祖之故物为赐，乃具有使灵魂交流的意义。当时认为君臣之关系，并不只藉由官职之世袭而成立，它还藉灵魂的交流而获确认，而一体化。"[12]将原本已赐予受命者祖先的赏赐物重新赐予受命者，赏赐品本身即为受命者祖先与周王关系的象征，这不仅是周王对先臣的嘉奖与恩惠的象征，亦是君臣关系的象征；再次赏赐同一物品，除有忆念先人，不忘先臣之功外，更重要的是重新确立两者间的等级及臣属关系。这与下文将要讨论的受命者承继其祖先之职的行为类似，可能都含有要求受命者效法祖先的意味。实际上这是时王借助祖先观念这一纽带，将受命者与时王的关系重新得以确认，以强化对臣下的管理和控制。

三、册命内容与祖先观念

除册命或赏赐的地点、赏赐物品与祖先观念有密切关系外，此类铭文中，常含有王命其下属效法祖考或者继其祖考之官职继续为周王朝服务的内容。这种情况在西周早期的大盂鼎（《集成》02837）中已有体现，铭文中虽未明言盂之祖南公是何官职，如何为周王效力，但从王命其"型乃嗣祖南公"来看，盂祖南公当为能尽心尽力辅佐周天子之人，故王命其效法其祖。其实，这是周王维护自身统治的稳定而采取的政治措施，利用臣下之祖考与周王之关系，把这种君臣关系继续维持下去。同时，作为周贵族同样可以利用此种关系，继其祖考之职位继续获得相应的政治、经济权利与地位。

西周早期这类铭文尚不常见，进入西周中期，逐渐增多。此类铭文又可分为以下三种情况：

一、周王之祖先命某贵族任某职，时王重申先王之命，重新任命其为某职。如善鼎：

> 唯十又二月初吉，辰在丁亥，王在宗周，王格大师宫。王曰："善，昔先王既令女佐胥㠱侯，今余唯肇申先王命，命女佐胥㠱侯监燹师戍，赐女乃祖旂，用事。"（《集成》02820）

此处王先言其先王已令"你"辅助㠱侯，现在"我"重申先王的命令，命"你"继续辅佐彔侯。周王利用其先王的关系继续让善佐助彔侯。相似铭文还见于师簋、牧簋、宰兽簋等。

二、周王之祖先已命某贵族之祖先为某职，时王命此贵族“更”其祖考为某职。如师虎簋盖：

唯元年六月，既望甲戌，王在杜宂，格于大室，井伯内右师虎，即立中廷，北向，王乎内史吴曰：册令虎，王若曰：虎，载先王既令乃祖考事，啻官嗣左右戏繁荆。今余惟帅型先王令，令女更乃祖考，啻官嗣左右戏繁荆，敬夙夜勿废朕令……（《集成》04316）

时王之先王已命虎之祖考官理左右戏繁荆，现在时王效法其先王，命虎继承其祖考之职，继续管理左右戏繁荆。

三、时王直接命某贵族“更”（“嗣”）其祖考之职。如曶壶盖：

唯正月初吉丁亥，王各于成官，井公内（入）右（佑）曶，王乎尹氏册令（命）曶，曰：更乃祖考，作冢嗣土于成周八师，……（《集成》09728）

铭文直言王命曶继续其祖考之职作成周八师的冢司土，未有先王命其祖考为职之言，可能是曶与其祖先先后供职于时王。类似之例还有曶鼎、申簋盖、师酉簋、吕服余盘等。

西周晚期与西周中期相比，利用祖先关系命其臣下继续效劳的铭文虽不如中期时多，但仍有不少，西周中期的三种情形，西周晚期存后两种，现依次分别举例如下。

一、周王之祖先已令其为某职，时王重申先王之命，命其司某职。如谏簋：

唯五年三月初吉庚寅，王在周师录官，旦，王格大室，即位，嗣马共佑谏，入门，立中廷，王呼内史册命谏，曰：先王既令汝䜌嗣王宥，汝谋不有闻，毋敢不善，今余唯或嗣（嗣）命汝，赐汝攸勒。（《集成》04285）

由铭文知，谏先后辅佐了先王和时王，先王之时谏已主管王宥，现在周王命他继续主管此事。这是周王利用先王的关系命臣下继续为其做事。类似之例亦见于师㠱簋、𨟻簋。

二、时王直接任命某贵族继续其祖考之职，如害簋：

唯四月初吉，王在屖宫，宰屖父佑害立，王册命害曰：赐汝桒朱衡、玄衣、黹纯、旂、鋚勒，赐戈琱戟、彤沙，用餴乃祖考事，官嗣夷仆小射底鱼……（《集成》04258）

周王令害继承其祖考之职事，主管“夷仆小射底鱼”。其他铭文中类似之例还有辅师簋、訇簋。

前揭诸例均是时王或借其祖先与贵族祖先之关系，或利用贵族祖先与时王的君臣关系，在册命贵族时，强调此种关系，重新命其赓续其祖先之职，意在使其臣下忠于周天子，为周王朝的长治久安尽心尽力。

在册命内容中，西周晚期一方面延续了西周中期的两种形式，另一方面又出现了新的变化，即在中期和晚期的铭文中虽都提及先王和受命者的祖先，但一般不言受命者祖先如何辅助先王，对周王朝有何功劳，但晚期的一些铭文中已开始明言先王与臣下祖先的关系，并突出受命者祖先对周室的功勋。如师訇簋，其铭曰：

> 王若曰：师询！丕显文武，膺受天命，亦则於汝乃圣祖考，克辅右先王，作厥肱股，用夹召厥辟，奠大命，盩龢雩政。肆皇帝亡斁，临保我有周，雩四方民亡不康静。王曰：师询，哀哉！今日天疾威降丧，首德不克规，故亡承于先王。向汝彶纯卹周邦，绥立余小子，载乃事，唯王身厚稽。今余唯申就乃命，命汝惠雍我邦小大猷，邦佑潢辥，敬明乃心，率以乃友扞御王身，欲女弗以乃辟陷于艰。（《集成》04342）

周王先强调师询的祖考曾辅佐先王，是先王的股肱之臣，为周王朝的稳定立下了大功。现在天疾威降丧，在危难之时，周天子又委任师询以重任，令其效法其祖考，捍卫周王，勿让其君陷于艰难。又，四十三年逨鼎：

> 王若曰：逨，不显文武膺受大令，匍有四方，则繇隹乃先圣［祖］考，夹绍先王，爵堇大令，奠周邦，肄余弗忘圣人孙子，昔余既令女疋燮兑，𩁹𤔲四方吴、耤，用宫御，今余隹巠乃先且考，有爵于周邦，申就乃令，令女官𤔲历人，毋敢妄宁，虔夙夕，叀雍我邦小大猷，雩乃專政事，毋敢不规不井。（《新收》747）

四十三年逨鼎中描述周天子言其不忘圣人孙子，即念及逨之先祖恩德，过去曾命其帮助荣兑管理虞、林，现在又命其管理历人。两次任命均与逨之祖先有密切关系，显示出周王时刻不忘先臣之功，并借此让其后人尽力为周王效力。

文献中亦不乏此种例证，据《左传》襄公十四年载：“王使刘定公赐齐侯命，曰：‘昔伯舅大公，右我先王，股肱周室，师保万民，世胙大师，以表东海。王室之不坏，繄伯舅是赖。今余命女環！兹率舅氏之典，纂乃祖考，无忝乃旧。敬之哉，无废朕命！’”“纂”与铭文中的“更”字义同，均有赓续、继承之意。此册命中，周王先提及齐侯之先祖太公，辅佐先王，“股肱周室，师保万民”，然后命齐侯效法其祖考。此例正与上举西周晚期之例完全相同。

西周晚期出现这种新情况，原因可能是多方面的。周王之所以先言受命者祖先对先王的佐助及对周王室的功劳，然后再册命，当与这一时期王室与贵族势力消长密切相关，因为贵族家族“至西周中期始，势力已坐大”[13]，贵族势力的增强同时意味着周王室势力的衰落，到西周晚期此种情况愈发严重。周天子为保持对臣下的统治，祖先观念成为维系君臣关系的一个纽带。

从西周早期到西周晚期，周天子在政治上借助祖先观念建立君臣关系，以加强对贵族的管理和统治。对于卿大夫而言，作为周王室维持统治的重要力量，他们也利用祖先的关系，使自身能在周王朝内继续享受相应的待遇和地位。一般情况下，只要没有什么大的变故，几乎世世代代都能如此。实际上，两者各取所需，各得其所。祖先观念成为周王乃至卿大夫维护“国”、“家”统治的重要手段。

（原刊于《殷都学刊》2011 年第 4 期）

注　释

1 杨伯峻《春秋左传注》（修订本），中华书局，1991 年，第 463 页。

2 杨伯峻《周易译注》，中华书局，1991 年，第 35 页。

3 朱为弼《蕉声馆文集》卷 1，咸丰四年刻本，第 16 上—46 下。

4 齐思和《周代锡命礼》，《燕京学报》第 32 期，1947 年 6 月，第 197—226 页。

5 陈梦家《王若曰考》，《尚书通论》，中华书局，2005 年，第 143—166 页。

6 陈汉平《西周册命制度研究》，学林出版社，1986 年。

7 唐兰《西周铜器断代中的“康宫”问题》，《考古学报》1962 年第 1 期，第 32 页。

8 [日]白川静著，温天河、蔡哲茂译《金文的世界——殷周社会史》，台北联经出版事业公司，1989 年，第 109 页；葛志毅先生亦有类似观点，他认为“策命于宗庙的目的，就是为祈求先祖以神明的力量给予保护与监督。”参氏著《周代分封制度研究》，黑龙江人民出版社，2005 年，第 129 页。

9 杨伯峻《春秋左传注》（修订本），第 1297 页。

10 高亨《诗经今注》，上海古籍出版社，1980 年，第 369 页。

11 杨伯峻《春秋左传注》（修订本），第 1297 页。

12 [日]白川静著，温天河、蔡哲茂译《金文的世界——殷周社会史》，第 123 页。

13 朱凤瀚《商周家庭形态研究》（增订本），天津古籍出版社，2004 年，第 406 页。

霸伯盂与西周时期的宾礼

曹建墩

2009年，山西省翼城县大河口西周墓地 M_{1017} 号墓出土一件霸伯盂，器内铸有长篇铭文，[1] 从器形及铭文书体看，为西周中期早段之物。盂铭内容涉及西周时期的傧礼、还赠、飨宴、郊送等礼仪，与《仪礼》、《左传》等文献所记的宾礼仪节多有相合之处，为以往铜器铭文所未见，对了解和认识西周宾礼具有重要的意义。霸伯盂的铭文，黄锦前、张新俊先生已著文作了考释。[2] 本文拟在他们释读的基础上，对部分字词提出自己的看法，并对铭文反映出的礼仪作一考释，以求教于专家学者。

兹先将铭文移录于下：

> 隹（唯）三月，王史（使）白（伯）考蔑尚厤（历），归柔（茅）、郁旁（芳）鬯，臧（咸），尚拜稽首。既稽首，延宾，瓚（赞）宾用虎皮爯（乘），毁（贿）用章（璋），奏（？）。翌日，命宾曰："拜稽首。天子蔑其臣厤（历），敢敏用章（璋）。"遣宾，瓚（赞）用鱼皮两，侧毁（贿）用章（璋），先马，又毁（贿）用玉，宾出。以俎或（又）延，白（伯）或（又）邍（原）毁（贿）用玉，先车，宾出。白（伯）遗宾于蒿（郊），或（又）舍（予）宾马。霸白（伯）拜稽首，对扬王休，用乍（作）宝盂，孙=（孙孙）子=（子子）其迈（万）年永宝。

下面按照礼节的开展以及传统的分节研读礼仪方法，分段对铭文的若干关键字及相关礼仪进行考释说明。

> 隹（唯）三月，王史（使）白（伯）考蔑尚厤（历），归柔（茅）、郁旁（芳）鬯，臧（咸），尚拜稽首。既稽首，延宾，瓚（赞）宾用虎皮爯（乘），毁（贿）用章（璋），奏（？）。

“柔”，读作“茅”，黄文已做了很好的说明。茅，先秦祭祀礼仪常用以缩酒，论者已多，不赘。“旁”，黄文读作“芳”，可从。“郁旁鬯”，指散发出芳香气嗅的郁鬯。赐予祭祀用的鬯酒与茅，于金文中屡见。如西周早期青铜器亢鼎记载公赏赐臣属有“茅屏、鬯觛”，李学勤先生认为，茅屏可以作为灌祭时缩酒之用，鬯酒用为灌祭。[3] 祭神时，将束茅置于地，鬯酒自茅上浇下，其滓留于茅中，酒液则渗透而下，象神饮之。《说文》解释“莤”字云：“礼祭，束茅加于裸圭，而灌鬯酒，是为莤，象神歆之也。”茅与郁鬯是祭祀时的一套组合，属于《周礼·秋官·大行人》所言之“祀物”。

“臧”，陈剑先生认为此字为“咸”之误，[4] 可从。咸，训为终，指礼毕。使者赐予霸伯祀物的礼仪结束。

“延”，训为引、进。《吕氏春秋·重言》：“乃令宾者延之而上延。”高诱注：“延，引也。”《尔雅·释诂》：“延，进也。”邢昺疏：“延者，引而进也。”宾，指使者。“延宾”，指纳宾。

“瓒”，读为“赞”，在铭文中的用法，表示进献之义。

“毁”，通“贿”。[5]“贿”为晓母之部字，“毁”为晓母微部字，两字双声，韵皆为阴声韵，可通。[6] 贿，指赠送。《尔雅·释言》郝懿行义疏：“赠人以财亦谓贿也。”赠贿礼物在先秦宾客往来中是常有的事，这在先秦文献中常见提及，如：《左传·文公十二年》：“秦伯使西乞术来聘，且言将伐晋。襄仲辞玉，曰：‘君不忘先君之好，照临鲁国，镇抚其社稷，重之以大器，寡君敢辞玉。’对曰：‘不腆敝器，不足辞也。’主人三辞。宾客曰：‘寡君原徼福于周公、鲁公以事君，’不腆先君之敝器。使下臣致诸执事，以为瑞节。要结好命，所以藉寡君之命，结二国之好，是以敢致之。’襄仲曰：‘不有君子，其能国乎？国无陋矣。’厚贿之。”杜预注：“赠送也。”《左传·宣公九年》：“孟献子聘于周，王以为有礼，厚贿之。”《左传·襄公十九年》：“贿荀偃束锦加璧、乘马，先吴寿梦之鼎。”《左传·襄公二十年》：“宋人重贿之。”《仪礼·聘礼》：“执贿币以告，曰：‘某君使某子贿。’”《仪礼·聘礼》记载遭遇主国之丧“不贿，不礼玉，不赠”。文献中，“贿”后或说明用何物，如《仪礼·聘礼》云：“贿用束纺。”郑玄注：“贿，予人财之言也。”《穆天子传》卷二：“贿用周室之璧。”郭璞注：“贿，赠贿也。”“贿用某”这一表达方式与铭文同。

铭文此段内容所述的礼节，是主人以皮、璋等物劳宾，即礼书所谓“傧”礼[7]。王国维先生曾论曰：“古者宾客至，必有物以赠之，其赠之事谓之宾，故其字从贝，其义即礼经之傧字也……后世以宾为宾客字，而别造傧字以代宾字……宾则傧之本字也。”[8] 铭文之“傧”，乃是赠与使者虎皮、玉璋等物，以酬答其劳，且表尊敬之意。傧赠使者，礼书亦有记载，《仪礼·觐礼》郊劳、天子赐舍之礼，诸侯皆傧使者以束帛、乘马,所以致尊敬。西周金文中亦有主人对宾行傧礼的记载,如𤼈簋:"师黄宾𤼈章(璋)一马两,吴姬宾帛束……"(《集成》8.4195)史颂鼎:"唯三年五月丁巳,王在宗周,令史颂省苏……苏宾章(璋)、马四匹……"(《集成》5.2788)即其例。霸伯盂铭文中,宾使者以虎皮、璋,规格较高。上述诸例中宾使者均有玉璋,颇值得注意。

> 翌日,命宾曰:"拜稽首。天子蔑其臣厤(历),敢敏用章(璋)。"遣宾,赞用鱼皮两,侧毁(贿)用章(璋),先马,又毁(贿)用玉,宾出。

"命",训为告。《尔雅·释诂上》:"命,告也。"俞樾《诸子平议·管子六》云:"以君告臣谓之命,以臣告君亦谓之命。""敢",冒昧之辞。《仪礼·士虞礼》:"敢用絜牲刚鬣。"郑玄注:"敢,昧冒之辞。"贾公彦疏:"凡言敢者,皆是以卑触尊,不自明之意,故云昧冒之辞。"铭文大意是说,天子嘉勉蔑历于臣,臣敢敏敬用璋,以致敬意于天子。此是霸伯之礼辞,再次通过使者表示答谢周王之嘉勉,亦即金文常见之对答王休之意。据礼书记载的宾礼推致,此处命宾之语,当是摈者致命于使者,而不是霸伯直接对使者所言。

遣,训为送。《仪礼·既夕礼》:"书遣于策。"郑玄注:"遣犹送也。"《玉篇》:"送也。"

"侧",此字训义可参《礼经》中侧的相关用法。《仪礼》"侧"有三义,一曰特、独、无偶;一曰旁、边;一曰午日影西斜时。[9] 铭文中的侧,用第一种训义,训为独,指主人(霸伯)独授赠使者(宾)以璋,无摈相诏侑或赞者赞侑。古礼,在行授受、裼袭等礼中,有赞者帮助行礼,或有摈相诏佑,无则谓之侧。例证:

《仪礼·聘礼》:"公侧袭,受玉于中堂与东楹之间。"郑玄注:"侧犹独也。言独,见其尊宾也。他日公有事,必有赞为之者。"

《仪礼·聘礼》:"公升,侧受几于序端。"

《仪礼·聘礼》:"介出,宰自公左受币。"郑玄注:"不侧授,介礼轻。"贾疏:"不云侧者,当有赞者于公受,转授宰,故云介礼轻也。"

《仪礼·聘礼》:"宰夫受币于中庭以东。"郑玄注:"使宰夫受于士,士介币轻也。受之于公左。宾币,公侧授宰;上介币,宰受于公左;士介币,宰夫受于士:敬之差。"

铭文中,霸伯行赠贿礼,此礼为还报周王之赐,礼较为隆重,故主人授玉时无赞者或摈相诏侑。[10]

"先",这是从行礼的先后次序来说。或作"马先入设"解,不可从。"先车"、

“先马”指先于进献马、进献车。类似的文句有《左传·襄公十九年》“贿荀偃束锦加璧、乘马,先吴寿梦之鼎”,此处之先,杨伯峻先生认为:“先于吴寿梦之鼎也。犹二十六年传‘郑伯享子产,赐之先路三命之服,先八邑’,亦以先路三命之服先于八邑。”[11]新蔡祷祠简在所记祭品的最后常有“先之一璧”之语,[12]如:……一青牺,先之一璧。举祷于地主一青牺,先之一璧。(乙二:38、46、39、40)牺马,先之一璧,乃而归之。(甲三:99)“先之一璧”指先以一璧贡献神灵,再继之以马馈送。又《秦骃祷病玉版》记载秦惠文王以“路车四马,三人壹家,壹璧先之。□用贰牺、羊、豢,壹璧先之”[13]祭祷华山神,先献玉璧。《大戴礼记·少间》云:“将行重器,先其轻者。”“先”字均是指行礼的先后次序。

贿在铭文以及上引关于贿的文献中的用法,是指赠贿这一行为,并不具有特指的含义。《仪礼·聘礼》以及《左传》中,使者将返回时有贿礼,如《左传·僖公三十三年》:“齐国庄子来聘,自郊劳至于赠贿,礼成而加之以敏。”《礼记·聘义》:“君亲礼宾,宾私面私觌,致饔饩,还圭璋,贿赠,飨、食、燕,所以明宾客君臣之义也。”后世礼家往往以主国还报聘国国君以礼物作为“贿礼”视之,此“贿”具有特定的含义。从铭文看,贿并不具有这一特定含义,这可能是礼仪文本化的结果,或者是礼仪发展的结果。

“命宾”至“宾出”,分为几个程式,仪节之间有先后顺序,每次行礼少不了周旋揖让,盘旋辟退等。程式大致是:宾入门后,先是举行进献鱼皮的仪式,然后举行贿璋之仪式,献马,再行贿赠玉之仪,这些仪式行完之后,宾出即告一段落。下面还将有摈者延宾、宾入等仪式,[14]铭文省略不具。

本段铭文所说礼节是主人还报周王之赐。古人行礼讲求礼尚往来,周天子赐予霸伯祀物,而霸伯亦以鱼皮、玉币、马等礼物还报。诸侯之间聘问,当使者将返时,主国要回报聘国国君,《仪礼·聘礼》记载国君派卿还玉并“贿用束纺”,兼“礼玉、束帛、乘皮”。从还报这一性质上看,霸伯还报周天子礼物与《聘礼》之“贿”、“礼”相类,但二者并不能等同。《仪礼·聘礼》记载的主国还报聘国国君,贿以报聘,礼以报享[15],而周王嘉勉并赐予霸伯祀物,并无聘、享之事,故无所谓报聘、报享之说。因此,不能将铭文此礼节称为“贿、礼”。

本篇铭文中,主人还报周天子以两张鱼皮和玉璋、马、玉等,皮、马这些礼物即礼书所谓的“庭实”,较之于前日傧使者之物略多。

以俎或(又)延,(伯)或(又)邍(原)毁(贿)用玉,先车,宾出。

“以俎或(又)延”,为倒装语句,省略主语(伯),如此断句文从义顺。“俎”,宴享荐物之具。《诗·小雅·楚茨》:“执爨踖踖,为俎孔硕。”《左传·宣公十六年》:“季氏,而弗闻乎?王享有体荐,宴有折俎。”在礼书中,俎指俎实(骨体肉殽)。此铭文指主人以食延宾。

“邍毁”,“邍”即“原”,《周礼·地官·大司徒》:“辨其山林川泽丘陵坟衍原隰之名物。”陆德明《释文》:“‘原’,本又作‘邍’。”原训为“再”。《尔雅·释言》:“原,再也。”邢昺疏:“重,再也。”《礼记·文王世子》:“食下,问所膳,命膳宰曰:‘末有原。’”郑玄注:“原,再也。”这点,黄文已指出,其说可从。

此段铭文紧接上段仪节,是述霸伯为使者设宴饯行,并酬使者(宾)以玉、车辆等物。周代聘礼、觐礼等宾礼中有飨、食、燕宾客的礼节。如:《仪礼·聘礼》:“公于宾壹食,再飨。燕与羞,俶献无常数。宾介皆明日拜于朝。上介壹食,壹飨。若不亲食,使大夫各以其爵朝服致之以侑,如致饔,无傧。致飨以酬币,亦如之。大夫于宾壹飨,壹食。上介若食若飨。若不亲飨,则公作大夫致之以酬币,致食以侑币。”《周礼·秋官·掌客》曰:“上公三飨、三食、三燕,侯伯再飨、再食、再燕,子男一飨、一食、一燕。”以上所引皆可参看。《仪礼·觐礼》曰:“飨、礼,乃归。”郑玄注:“礼,谓食、燕也。”铭文所记乃是使者将返之前的饮酒礼,与文献记载的飨宴宾之后“乃归”相合。

享燕宾客时赠贿宾客财物,亦见载于典籍。《左传·成公二年》记载:“王以巩伯宴,而私贿之。”《左传·襄公二十年》记:“冬,季武子如宋,报向戌之聘也。褚师段逆之以受享,赋《常棣》之七章以卒。宋人重贿之。”这种燕饮中的赠贿,属于劝宾饮酒之礼物,即礼书所谓之“酬币”。“原贿用玉”,是说在宴飨中两次赠贿玉,赠贿可谓丰厚。

白(伯)遗宾于蒿(郊),或(又)舍(予)宾马。

遗,送也。舍,读为予,《墨子·耕柱》:“舍余食”,孙诒让《间诂》:“舍,予之假字。古赐予字或作舍。”[16]此处为赠予之意。铭文记伯(霸伯)送宾(王使)于郊,并赠之以马。

霸伯甚为重视天子之赐,亲自送使者于郊。此礼即礼书所谓的“郊送”之礼。《周礼·秋官·司仪》:“致饔饩,还圭,飨、食,致赠,郊送:皆如将币之仪。”郑玄注:“赠,送以财,既赠又送至于郊。”案:《仪礼·聘礼》诸侯之间的聘问无国君送至于郊之事。而《周礼·秋官·司仪》郑玄注云:“主君乃至馆赠之,去又送之于郊。”说明国君亦可送至于郊。但郑玄谓赠之后送至于郊,这与《仪礼》记载的在郊赠送不同,《仪礼·聘礼》记载:“遂行,舍于郊。公使卿赠,如觌币。受于舍门外,如受劳礼,无傧……士送至于竟。”说明赠是使者至郊,然后卿赠。霸伯盂铭文所载与《聘礼》郊赠相类。

下面对相关问题略作讨论。

其一,关于具体的礼仪程式,铭文记载简略,但结合礼书,犹可推致其大致礼仪程式。铭文中的“宾出”是表明赠贿仪式告一段落,这点可与礼书记载结合来理解。《仪礼·聘礼》记载举行聘毕:“宾降阶,逆出。宾出。”然后行享,“摈者出请……宾出”。以下主君礼宾,宾入门,礼毕“宾出”;再“宾觌,奉束锦,总乘马,二人赞,入门右,北面奠币,再拜稽首。”礼毕,“宾出”。每段仪节皆宾入门,礼毕结束“宾出”,仪节连贯。又《仪礼·觐礼》记载周王派人郊劳一节,侯氏还玉之后,再拜稽首,至此告一段落,然后“使者乃出。侯氏乃止使者,使者乃入”;侯氏执瑞玉行觐礼时:“侯氏坐取圭,升致命。王受之玉。侯氏降,阶东北面再拜稽首。摈者延之曰:升。升成拜,乃出。”侯氏拜稽首后出门,即告一段落。侯氏行享礼时,“侯氏降自西阶,东面授宰币,西阶前再拜稽首,以马出授人,九马随之”。侯氏出门,告一段落。下面侯氏再进门肉袒行请罪之礼。从礼仪的仪节上分析,宾主为礼,宾出即意味着礼仪告一段落,下面延宾入门,接着再行其他的仪式,礼仪环节相扣。

霸伯盂铭文仪节程式大致可以作如下推测:使者赐予茅、郁鬯,霸伯感谢天子赏赐而拜首稽首,此礼结束后宾出。以下当摈者出请,主人纳宾,故铭文云“延宾”,然后举行傧使者之礼。翌日,摈者释辞答谢王休并表达用璋赠贿还报周王之意,然后主人开始行系列的赠贿仪式;宾出之后,主人又纳宾,设宴招待之,并酬以车、玉等物,宴毕,宾出;主人送宾于郊,赠马。

其二,关于“赠贿币帛”。铭文中的币帛包括有皮与玉等。虎豹之皮为先秦时期重要的行礼之物,广泛用于朝聘、觐礼等礼典中。《左传·襄公四年》载:“因魏庄子纳虎豹之皮,以请和诸戎。”《仪礼·聘礼》:“庭实,皮则摄之,毛在内,内摄之,入设也。”郑玄注:“皮,虎豹之皮。”虎豹威猛无比,以虎豹之皮为礼物,表示降服凶猛之敌,《礼记·郊特牲》云:“虎豹之皮,示服猛也。”“鱼皮”也是先秦时常用的皮类,可以用作车饰,制作箭袋等,如《左传·闵公二年》:“归夫人鱼轩。”杜预注:“鱼轩,夫人车,以鱼皮为饰。”《史记·礼书》:“寝兕持虎,鲛韅弥龙,所以养威也。”裴骃《集解》引徐广曰:“以鲛鱼皮饰韅。韅,马腹带也。”《诗·小雅·采芑》:“路车有奭,簟茀鱼服,钩膺鞗革。”郑笺:“鱼服,矢服也。”《诗·小雅·采薇》:“四牡翼翼,象弭鱼服。”孔颖达疏:“以鱼皮为矢服,故云鱼服。”在聘、觐等礼中,皮币与玉器有一定的组合搭配,《周礼·秋官·小行人》云:“合六币:圭以马,璋以皮,璧以帛,琮以锦,琥以绣,璜以黼。此六物者,以和诸侯之好故。”霸伯前傧使者用“虎皮”、“璋”，次日用“鱼皮”、“璋”还报，与《小行人》“璋以皮”相合。从傧使者以及还报天子之礼物来看，霸伯对于周天子之使招待的仪节隆重，规格较高。

天子蔑霸伯历，属于周天子安抚诸侯，“抚邦国诸侯”之礼，此礼与《仪礼》、《周礼》记载的聘觐礼仪在性质上有所不同。因为属于周天子赐予诸侯之礼物加以劝勉，故无《仪礼》、《周礼》等礼书记载的严格意义上的将币行享、还挚、贿赠等礼，这是需要强调的。同时，我们也不应将金文记载的宾礼与《礼书》记载的比较体系化的礼仪程式作简单的对比，或者以礼书记载的程式与铭文之礼节生搬硬套。

本篇铭文主要记述了从举行赐茅亯仪式至郊送这段时间内主人待宾之礼的一些仪节，可以和《仪礼》中的聘礼、觐礼礼仪结合理解，对于我们深入认识《仪礼》具有重要的意义。

（原刊于《古文字研究》第29辑）

注　　释

1　参谢尧亭《山西翼城大河口西周霸国墓地》，载国家文物局主编《2010中国重要考古发现》，文物出版社，2011年，第65—73页；山西省考古研究所大河口墓地联合考古队《山西翼城县大河口西周墓地》，《考古》2011年第7期，第11页。

2　武汉大学简帛网，http://www.bsm.org.cn/，2011年6月15日，以下简称黄文。

3　李学勤《亢鼎赐品试说》，《中国古代文明研究》，华东师范大学出版社，2005年，第87—90页。

4　http://www.gwz.fudan.edu.cn/SrcShow.asp？Src_ID=1560，复旦大学出土文献与古文字网站评论，6月22日。

5　或认为“毁”读为“袭”，此说不可从。“袭”为邪母缉部字，“毁”为晓母微部字，二字古音悬隔，难通。关于周代之裼袭礼，清代的江永、宋绵初等人均有考证。将毁读作袭，礼节上亦难通。关于裼袭礼，可参杨向奎《裼袭礼与“礼不下庶人”解》一文，收入《杨向奎学术文选》，人民出版社，2000年，第67—86页。

6　关于之类与微类音韵之间的声转关系，参孟蓬生《上古汉语同源词语音关系研究》，北京师范大学出版社，2001年，第192—194页；杨树达《古韵咍德部与痕部对转证》，《积微居小学金石论丛》，中华书局，1983年，第148—154页。

7　关于傧的解释，可参凌廷堪《礼经释例》卷6，《续修四库全书》90册，上海古籍出版社，2002年，第117—118页。

8　王国维《与林浩卿博士论洛诰书》，《观堂集林》，中华书局，1959年，第43—44页。

9　参宗福邦等《故训汇纂》，商务印书馆，2003年，第141—142页。

10　聘礼以及觐礼中，虎豹之皮、车马等是陈于庭中，由赞者执皮或牵马。此铭文当如此，霸伯不亲自牵马、执皮。但贿玉时则亲自授玉于使者。

11　杨伯峻《春秋左传注》（修订本），中华书局，2009年，第1045—1046页。

12 河南省文物考古研究所《新蔡葛陵楚墓》,大象出版社,2003 年。

13 李零《秦骃祷病玉版研究》,《国学研究》第 6 卷,北京大学出版社,1999 年,第 525—547 页。

14 从铭文看,此与下面的仪节应是同一天的事情。

15 参胡培翚《仪礼正义》卷 17,段熙仲点校,江苏古籍出版社,1993 年,第 1098 页。

16 孙诒让《墨子间诂》卷 11,中华书局,2001 年,第 436—437 页。

《孙子》战争观诸说驳论

龚留柱

近年来，我们国家大力宣传中国人的"天下主义"而非种族主义、"怀柔远人"而非穷兵黩武的文化传统，以消弭海内外对中国未来走向的种种疑虑，以在"文明复兴"与内外担忧之间建立某种平衡，这是合理的。但是一些学者混淆了学术研究与政治宣传之间的界限，出现某种盲目"跟风"的趋向。他们不认真研究文本，却堆砌概念，提出一些似是而非的看法。这不但有违于学术研究应该科学和超然的原则，而且不真实不正确的结论也会反过来误导现实决策。

比如对《孙子》一书的战争观有诸种误判，即认为它体现了"不战、慎战、避战"的和平主义传统，它的"全破说"的主旨是"主谋攻，言不战，争全胜"[1]；认为它与墨家"非攻"的主张一样，强调的是防御而非进攻；认为孙子的思想"与孔子非常接近"，崇道尚德，贯穿了"仁爱"精神，体现了古代的民本思想和人道情怀。[2] 这些看法都不一定符合《孙子》作者的原意，也有悖于中国古代兵家思想演进的内在规律，值得我们认真辨析。

一、《孙子》是非暴力的"不战论"吗？

已故的于汝波先生在谈到要从整体上理解《孙子》时，说古人在语言表述中，为了强调某一观点，常常"激而言之"，把多因一果说成一因一果。如孟子为了强调"仁"，就说"仁者无敌"；孙子为了强调"知"，就说"知彼知己，百战不殆"。实际上，单独看这句话而不联系整体语境就会发现它存在逻辑缺陷，因为"知彼知己"

只是“百战不殆”的必要条件，而不是全部条件，在战争中还有体制、实力、后勤等因素以及“知”以后如何决策、实施等环节都与胜负相关。所以只有全面整体地理解《孙子》，才不会认为作者是一个“唯知决胜论”者。[3]

同样，《孙子·谋攻》确实有“百战百胜，非善之善者也；不战而屈人之兵，善之善者也”这样的话，但是否就能认为作者是主张“非暴力”的“不战论”呢？

第一，战争是什么？按照结构主义战争观，在国际政治处于无政府状态、安全稀缺的情况下，国家以自我保存为第一重要价值。由于缺乏中央权威提供公共服务，国家不得不采取自助的手段，不断增加其权力。一国为了加强安全而进行的努力，又引起别国的警惕，这就使整个世界处于“恐惧”之中，从而引发战争。[4] 同样的认识《孙子·计》也有表达：“兵者，国之大事也。死生之地，存亡之道，不可不察也。”试想，在生死存亡的问题上，有哪一个政权会轻言放弃呢？

中国古代所说“不战而屈人之兵”有两种情况：一是靠道德人格的感召，使对手主动放弃抵抗，但这只是在传说中的圣王身上依稀可见，属于历史的理想形式，并不现实。二是如春秋前期齐桓公的“召陵之盟”，但此前军队要集结，要先战胜楚的盟友蔡，然后逼近到楚境由管仲严词问罪，对方是预感到暴力打击的即将来临才屈服结盟。又如秦国统一魏国时，魏的领土、实力已经被长期消耗，秦将王贲包围大梁，引黄河“水攻”，迫使魏王投降。这种“不战而屈人之兵”，还是变相的“战”而不是“不战”，根本谈不上“非暴力”。在古代汉语中，“不战”的“不”指的是“未”，暴力还是必要的，但由于胜敌的条件先已存在，所以可以在临战时将暴力减少到最低程度。[5] 如许多人认为《孙子》的“伐谋”和“伐交”是纯粹的非暴力概念，但《九地》说“威加于敌则其交不得合”，这还是需要暴力的“威”来配合纠结，武力和外交二者并不能严格划清界限。

第二，《孙子》文本中“不战而屈人之兵”仅仅出现一次，很难说它就是全书的主旨。而用电脑检索，全书中我方主动采取军事行动的“攻”字共出现了34次，如“攻其不备”、“可胜者攻也”、“善攻者动于九天之上”等；表示军事打击的“击”字出现了20次，如“以众击寡”、“击其惰归”、“避实而击虚”等；其他带暴力色彩的“伐”、“争”、“取”等字出现的频率也很高。实际上《孙子》“是世界上最早的‘战争论’，而不是‘不战论’”。[6]

《孙子·谋攻》有“五全”、“五破”说，即“凡用兵之法，全国为上，破国次之；全军为上，破军次之；全旅为上，破旅次之；全卒为上，破卒次之；全伍为上，破伍次之”。曹操注“全国”“破国”说：“兴师深入长驱，距其城郭，绝其内外，敌举国来服为上；以兵攻破，败而得之，其次也。”[7] 据此，既然“全”的意思是让对手完整无损地归降,而且还有全军、全国、全旅、全卒、全伍等“五全”,那么战争中“不战而屈人之兵”就是大有可为的了,“非战”当然就是作者的主旨。

但曹操的解释是大有问题的。据郝进军先生考证,从先秦文献的《老子》、《庄子》、《荀子》、《韩非子》、《孙膑兵法》、《战国策》到《吕氏春秋》,其中出现的“曲则全”、“全生”、“全国”、“全兵”、“全其力”、“全父命”、“全万乘之民命”、“国全兵劲”等词语,它的“全”无一例外都指的是“保全自己”,与今天“全身而退”的“全”一样,而决没有像曹操和后来的研究者那样解释为“保全敌国”的。与此相对应,那些文献单说“破国”、“破军”、“自破”、“破国杀身”等的“破”字所指,也是自身而非敌方,如白起劝阻秦昭王攻打赵国时所说“破国不可复起”等。[8]

其实,这在《孙子》文中就有内证。如《谋攻》“必以全争天下”和《火攻》“安国全军之道”中的“全”,都明显指的是“保全自身”。因此,过去把“五全”和“全胜”都解释为使敌方完整降服,从而与“不战而屈人之兵”的“不战”相联系是不对的。它们的真实意思是“先为不可胜,以待敌之可胜”,是先“自保”然后再“求胜”,即毛泽东在《抗日游击战争的战略问题》中所强调的:“一切军事行动的指导原则,都根据于一个基本的原则,就是尽可能地保存自己的力量,消灭敌人的力量。”[9] 故所谓“全胜”方略,是在保存自己基础上的“作战论”而不是非暴力的“不战论”。

第三,《孙子》的成书已经是战国中期背景(此问题关涉复杂,容另文讨论),历史已经不允许谈兵之书再高唱“不战论”。夏商周三代是王权主义,“国之大事在祀与戎”,战前要祭祀占卜,以天神的名义剿灭敌人,有时也很残酷,如献俘虐尸等。但那主要是对“非我族类”,所谓“德以柔中国,刑以威四夷”(《左传·僖公二十五年》),而对华夏内部倒常用“不战而屈人之兵”的威慑方略,概因天子“大家长”的权威还在,有“文化内辑”就行了。

春秋时中央权威陵夷,五霸“以王命讨不庭”,打“尊王攘夷”的旗号,骨子里还是要扩张领土掠夺财富,流行的是霸权主义。但一则此时西周“军礼”形式还在,“杀人之中,又有礼焉”(《礼记·檀弓下》),可用伦理精神限制暴力;二则不管是“以德服人”还是“以力服人”,战争还是在“家国一体”的天子诸侯之间进行,属于亲戚翻脸、兄弟阋墙。于是,“古之伐国者,服之而已”,还不致公开叫嚷“残汝社稷,灭汝宗庙”(《国语·周语上》)。所以尽管现实是“不务德而兵争”,但“不战论”还有影响。从后代眼光看,这时的所谓“大战”,一次战役的时间、涉及的地域以及投入兵员和死伤人数都很有限,类同“儿戏”。

战国则形势大变,关键词是兼并统一。一方面挂名的周天子没有了,有的国家如齐、晋“公室”被卿大夫“私家”所取代,各国经过变法,旧贵族被边缘化,由民间上升的军功阶层掌控政权，温情脉脉的宗法体系趋向崩解，非道德主义盛行。一方面政治斗争由“服人”而“兼并”，王纲解纽，群雄逐鹿，目标无不是统一天下，使自己成为新“王者”。于是战争越来越暴烈，由“仁义之师”而“节制之师”而“虎狼之师”，所谓“争地以战，杀人盈野；争城以战，杀人盈城”（《孟子·离娄上》），所谓“大以伐小，强之伐弱，犹大鱼之吞小鱼也，犹虎之食豚也”（《说苑·指武》），战场精神是“不任德而任力”（《春秋繁露·竹林》）。

如此背景，宗教可以“慈爱”，伦理学可以“仁者爱人”，哲学可以“不争”，政治学可以“以民为本”，因为作为书生可以不对实际的政局、战局负责，可以放纵自己的天真想象去救弊。但是，作为具有技术实用性的军事著作，自诩身负继绝存亡重任的《孙子》，却如何能不谈打仗杀敌，而把自己的宗旨定为非暴力的“不战论”，变成一个和平宣道者，可乎？

二、《孙子》是充斥仁爱精神的“民本论”吗？

由三代而春秋，人们看到民心向背对历史发展的决定作用，认为失去民众拥护的统治不能长久，于是产生了重民利民的“民本”思想。如《左传》记载一些统治者如何保民、恤民、抚民、利民，具体就是“视民如伤”，使“民不罢劳”，特别是不能“以民为土芥”、“刈杀其民”（哀公元年）。像楚平王即位后，有意“好于边疆，息民五年，而后用师”的做法，就被褒奖为“礼也”（昭公十四年）。当然“民本”在本质上与民主不同，还是为统治者着想而设计的一种理想的治国方针。如晋国师旷分析天、君、民之间的关系，首先良君应该“养民如子”，其次“民奉其君”，要“仰之如日月，敬之如神明”，最后是“天生民而立之君，使司牧之”。《左传》说“天之爱民甚矣，岂其使一人肆于民上，以从其淫，而弃天地之性？”（襄公十四年）。这是孟子“民为贵，社稷次之，君为轻”那种典型“民本”表述的嚆矢，重民思想对中国政治文化传统的影响也主要体现在儒家身上。

儒家的战争观可归结为“义战”二字，这主要体现在孔子和孟子身上，在兵书中则以《司马法》最突出。

从《论语》看，孔子思想的核心是“仁”，并相应包含两个层次：一是“爱人”，一是“克己复礼为仁”（《颜渊》）。在前一个层次，从珍爱生命出发，孔子反对战争。如他赞扬管仲为仁，就说“桓公九合诸侯，不以兵车，管仲之力也。如其仁！如其仁！”（《宪问》）他希望永远不要有战争，说“善人为邦百年，亦可以胜残去杀矣”

(《子路》)。孔子评价舜的"韶"乐,说"尽美矣又尽善也",而评价周武王的"武"乐,说"尽美矣,未尽善也"(《八佾》),原因就是舜以禅让方式由尧那里继承天子之位,而周武王是用战争而不是和平的方法得到天下的。所以他说"远人不服,则修文德以来之"(《季氏》),反对用兵邻邦。

但在第二个层次,凡有违"礼制"之事,孔子并不排斥以战争解决。如齐简公被田常弑杀,垂暮之年的孔子"沐浴而朝,告于哀公曰,'陈恒弑其君,请讨之"(《宪问》)。据《左传》,定公十二年(前498),孔门弟子子路准备毁掉掌权大夫"三桓"的封邑"三都",受到季氏封邑费人的抵抗和反攻,孔子与鲁定公在一起,命令大夫"申句须、乐颀"去攻伐并打败了费人。哀公十一年(前484)齐国侵犯鲁,双方有稷曲之战,孔子弟子冉有和樊迟都参加了卫国战争,结果鲁国取胜。孔子赞扬战死的鲁国少年汪锜,说:"能执干戈以卫社稷,可无殇也。"弟子冉有"用矛于齐师,故能入其军",孔子赞扬说"义也",这正是儒家"义战"说的发轫语。

在一般情况下,孔子重文教而轻武事,不主张以战争解决问题。但他又不是非战主义者,而是以战争性质决定自己的态度。如鲁哀公问:"用兵者,其由不祥乎?"孔子回答说:"胡为不祥也!圣人之用兵也,禁残止暴于天下也;及后世贪者之用兵也,以刈百姓、危国家也。"(《大戴礼·用兵》)这里划线的标准就是战争是否有利于百姓,或者按郭沫若《十批判书》所说,儒家是人民本位,法家是君主本位。

孟子进一步把作为政治军事问题的战争变成了一个道德问题,更加强调以民本为核心的"仁"的原则。在《孟子》中,一方面他基于人类生命之重而反对战争,说"春秋无义战"(《尽心下》);主张"兵甲不多,非国之灾也","善战者服上刑",认为"国君好仁,天下无敌"(《离娄上》)。他抨击"今之所谓良臣,古之所谓民贼也。君不乡(向)道,不志于仁,而求为之强战,是辅桀也"(《告子下》)。另一方面他又不反对像商汤、周武王那样为广大黎民百姓征讨暴君的战争,"闻诛一夫纣矣,未闻弑君也"(《梁惠王下》)。

他主张吊民伐罪,拯民于水火,把符合"民本"精神的军队称为"王师",把征伐暴君者称为"天吏",并且这种对天下苍生的深刻同情是超越国界的。如齐人伐燕,胜之。宣王问曰:"或谓寡人勿取,或谓寡人取之……取之何如?"孟子对曰:"取之而燕民悦则取之……取之而燕民不悦则勿取……箪食壶浆以迎王师,岂有他哉,避水火也。"(《梁惠王下》)暴力的使用,只有"仁君"带领"仁义之师"征讨暴君的战争才是合理的,才能受到人民的欢迎,并且无敌于天下,"可使制梃以挞秦楚之坚甲利兵"(《梁惠王上》)。他把"仁"从精神层面泛化为抽象超验的绝对力量,在伦理上美哉善哉,但在军事领域,完全排斥人力、物力等构成的实力要素,其过于理想化的不实用性是可想而知的。[10]

在"武经七书"中,最具有儒家色彩也最具有"民本"观念的兵书是《司马法》。它虽然成书较晚,是"齐威王使大夫追论古者司马兵法"而成,但体现了周代"军礼"精神,因而在《汉书·艺文志》中出"兵书略"而被列入"六艺略"的"礼"类。《司马法》将战争分为两类,提倡"兴甲兵以讨不义"、"贼贤害民则伐之"的义战。特别是"民本"思想指导下的战争,不仅要爱本国之民,更要爱敌国之民。首篇《仁本》曰:"杀人安人,杀之可也;攻其国,爱其民,攻之可也。"战争要选择时机,以不违农时为原则:"战道,不违时,不历民病,所以爱吾民也;不加丧,不因凶,所以爱夫其民也;冬夏不兴师,所以兼爱其民也。"还要明令军队:"入罪人之地,无暴神祇,无行田猎,无毁田功,无燔墙屋,无伐林木,无取六畜、禾黍、器械。见其老幼,奉归勿伤;虽遇壮者,不校勿敌。敌若伤之,医药归之。"在惩办害民者后,还要"修正其国",另立明君,选贤任能。

同样的意思在《淮南子·兵略》中也有表达。所以,真假"民本"思想有一个试金石,那就是不仅要看它对本国人民的态度,还要看它对待敌国人民的态度,能否一视同仁地贯彻爱民、利民、重民的原则。

那么,《孙子》是"民本论"吗?

《孙子》文本中共出现了8个"民"字,19个"国"字,14个"主"字,其大多数的含义与今天的民众、国家、君主相对应。我们分析其间关系,可以判断在作者眼中孰轻孰重,哪一个可以在其体系中居于"本体之位"。

《计》篇:"兵者,国之大事,死生之地,存亡之道。"这里首先把战争与国家联系在一起,因国家而重视战争。有人说下面的"死生"指的是人民,但据唐朝成书的《北堂书钞》和影宋本《太平御览》的《孙子》引文,都没有"死生之地存亡之道"8字[11],足见作者本意所重是国家而非人民。

《计》曰:"道者,令民与上同意也。故可与之死可与之生而不诡也。"注意,这里"令"的意思是让民众主动与君主在思想上保持一致,使民众顺从君主的意志,使他们为君主去死生而无二心,而今人多解释为"君主顺从民意"则是牵强。

《九变》论将有五危,其中有"爱民可烦"。这是说一味地被"爱民"所牵制就会受到烦扰而不能理性处置战场情势,故执行君命应摆脱各种干扰,"爱民"概念在此是负面的。

《地形》在"将在外君命有所不受"之后说:"进不求名,退不避罪,唯民是保而利合于主,国之宝也。"经常有人据此得出"安国保民"是《孙子》中心思想的结论,其实“唯民是保”的前提是“利主”,要符合君主的根本利益。

《作战》曾经提到优待敌方俘虏:“车战得车十乘以上,赏其先得者,而更其旌旗,车杂而乘之,卒善而养之。”有人认为这体现了《孙子》爱抚敌国士卒的民本思想。其实此篇的中心是论述“以战养战”以解决战备或后勤给养问题的,这句话前边的“取敌之利”几个字就说明了一切。一方面要“卒善而养之”(按汉简本“善”作“共”字,混杂之意),改造俘虏以扩充我之军队;一方面“因粮于敌”,“务食于敌”,“掠乡分众”,“掠于绕野”,哪有什么对敌国民众的仁慈之举?

所以,《孙子》考虑问题的基本出发点决不是什么人民本位,而是国家本位或者君主本位。中国古代的政治体制是君、国一体,与现代主权在民的国家观有本质区别。说到底,《孙子》的立足点还是君主本位而非人民本位。

与此相联系的一个问题是,《孙子》全书贯穿了一种“仁爱”思想吗?

提出这种观点的人往往拿出两个论据,一是《孙子》要求将领不仅“全己”,而且“全敌”不“破敌”,力求“不战”以避免人员死伤;二是《孙子》要求将领具有“仁”的素养,要“视卒如婴儿”、“视卒如爱子”[12]。

关于第一个方面,我们前面已经做了分析,“全国”、“全胜”的“全”都是保全自己的意思,曹操将之解释为“保全敌国”是有问题的。任何一个将领打仗,从战略战术的角度都会本能地保全自己的力量,这与儒家的“仁爱”思想或“民本”观并无关涉。相反《孙子·九地》所谓“王霸之兵,伐大国……威加于敌,故其城可拔,其国可隳”之言,才是文本主旨,并没有对敌国手下留情的意思。

关于第二个方面,只提“视卒如爱子”,而不提其表象之下的目的,则有断章取义之嫌。《地形》:“视卒如爱子,故可与之俱死。爱而不能令,厚而不能使,乱而不能治,譬如骄子,不可用也。”爱兵如子是手段,“用”他们拼死打仗是目的,这在军队管理上是合理的,但怎能归于儒家之“仁爱”呢?特别是《九地》要求将军“能愚士卒之耳目,使之无知”,进入险地后,“如登高而去其梯”,“若驱群羊,驱而往,驱而来,莫知所之”。这种漠视人的生命,为了让士卒“不得已则斗”,有意将他们投入“死地”、“亡地”的做法,还能说是体现了“人道主义情怀”吗?现代为学者如此提法,非愚则诬。

三、余　论

行文至此,由于篇幅的限制,原想正面再谈《孙子》战争观的内容只好放弃。

这里只想用简短几行文字表明我的观点,详细的论证容见另文。

在先秦诸子中,《孙子》对战争的认识是最深刻的。它既不是儒家的“义战”,也不是道家老子的“慎战”,还不是墨家只讲防御的“非攻”,更不是法家军国主义的“务战”(《商君书》:“国贫而务战,毒输于敌,无六虱,必强;国富而不战,偷生于内,有六虱,必弱”;“富贵之门必出于兵,故民闻战而相贺也,起居饮食所歌谣者战也”),而是“利战”。即简本《孙子·见吴王》中的“兵,利也”和传世本中两次出现的“合于利而动,不合于利而止”,利动害止,战争打不打,如何打,一切以我方的利益算计为转移。

支撑《孙子》“利战说”的是“工具理性”的思维模式。所谓“工具理性”,就是通过精确计算功利的方法最有效达至目的,以工具崇拜和技术主义为生存目标的价值观,源于近代马克斯·韦伯所提出的“合理性”概念。韦伯将合理性分为两种,即价值理性和工具理性。价值理性相信的是一定行为的无条件的价值,强调的是动机的纯正和选择正确的手段去实现自己的目的,而不管其结果如何。工具理性是指行动只由追求功利的动机所驱使,核心是对效率的追求,有用性就具有真理性,而漠视人的情感和精神价值。科学技术多具有工具理性的一面,而传统人文精神的背后支撑是价值理性。如果比拟先秦诸子,儒家更偏重于价值理性,而兵家《孙子》则更接近法家偏重于工具理性。

这样说是否贬低了《孙子》呢?假如我们承认军事学是一门科学的话,《孙子》之所以能够在两千多年前深刻地把握其规律,创造出一个辉映千古的具有东方特色的兵学体系,原因就在于摆脱任何非理性情感对战争的干扰,一切以现实的利害为依据,冷静客观地只对战争本身进行研判。政治学、社会学、伦理学毕竟属于不同的学科领域,有不同的研究目标与方法,不能要求军事学家过多承担伦理学的责任。当然从社会的整体性来看,军事这个子系统要服从于社会中心价值系统的安排,在新的大一统帝国时代开始后,在统治者抑制竞争强调稳定的背景下,儒家对兵学的浸润和突出强调伦理也是不可避免的,但也因此使中国古代军事学停滞不前,再也难于逾越《孙子》这座高峰。

(原刊于《滨州学院学报》2010 年第 5 期)

注　释

1 陈少华《〈孙子兵法〉“全破说”的文化内涵》,见《第六届孙子兵法国际研讨会论文集》,军事科学出版社,2005 年。

2 分见麻陆东《〈孙子兵法〉的和平思想探析》,《河南师范大学学报》2010 年第 1 期,第 52—55 页;王淑霞:《〈孙子兵法〉"仁爱"思想探析》,《作家杂志》2010 年第 3 期,第 11—14 页;孙喆《略论〈孙子兵法〉中的人本思想》,《商丘师院学报》2010 年第 1 期,第 56—58 页。

3 于汝波《论从整体上理解〈孙子兵法〉的军事观点》,见《第六届孙子兵法国际研讨会论文集》,军事科学出版社,2005 年。

4 肖晞,杨晨曦《结构主义战争观:一个基于历史研究的评估》,见《中山大学学报》2010 年第 3 期,第 149—155 页。

5 阿拉斯泰尔 · L · 约翰斯顿《暴力亦非暴力——对〈孙子兵法〉"不战而屈人之兵"思想的再思考》,载《国际政治研究》1992 年第 1 期,第 62—66 页。

6 于汝波《论从整体上理解〈孙子兵法〉的军事观点》,见《第六届《孙子兵法》国际研讨会论文集》,军事科学出版社,2005 年。

7 杨丙安《十一家注孙子校理》,中华书局,1999 年。

8 郝进军《〈孙子兵法〉与孙武考辨》,待刊稿。

9 见《毛泽东选集》(第 2 卷),人民出版社,1991 年。

10 程远《简论孟子的战争观》,载《西安政治学院学报》,2008 年第 2 期,第 100—102 页。

11 吴九龙校释《孙子校释》,军事科学出版社,1990 年,第 5 页。

12 张明聪《论〈孙子兵法〉的和谐思维》,载《军事历史研究》2009 年第 1 期,第170—173 页。

汉唐间地方官加节的等级划分与权力演变[1]

张小稳

关于魏晋南北朝时期地方官加节的等级划分，学者大多根据《宋书·百官上》的记载，认为曹魏时期已有使持节、持节与假节的区分。[2] 日本学者大庭修先生从将军持节的角度认为"魏时这些将军只是假节而已，并不存在后世所谓使持节、持节、假节等的区别。"[3] 事实上，正如大庭修氏所说，曹魏时期并未有使持节、持节与假节的等级区分，只有假节与假节钺的区别，使持节、持节、假节的三等划分西晋时才形成。

根据《宋书·百官上》的记载，魏晋时期地方官加节者拥有大小不等的权力，"使持节得杀二千石以下。持节杀无官位人，若军事得与使持节同。假节唯军事得杀犯军令者。"可是到了唐代，地方官加节则仅为加号，节实物也为铜鱼符所代替，《通典》卷33《职官十五》："大唐武德元年，改郡为州，改太守为刺史，加号持节。总管则加使持节。后加号为使持节诸军事，而实无节，但颁铜鱼符而已。"魏晋之际地方官加节为何区分出不同的等级，有什么意义？魏晋世由节所带来的巨大权力又是如何逐步消失，最终演变为没有什么实际意义的加号呢？本文就这些问题谈点粗浅看法，以就教于方家。

一、由节、节钺两级制到使持节、持节、假节三级制

两汉时期，使持节、持节普遍用于长期持节官和临时使者，东汉末年，又出现了将军假节的现象。陈寿《三国志》中，对方镇都督加节的记载方式有使持节、持节、

假节三种。这是否表明三者有等级之分呢？答案是否定的。让我们来看郭淮的例子：

(正始)五年(公元244年)，夏侯玄伐蜀，淮督诸军为前锋。淮度势不利，辄拔军出，故不大败。还假淮节。(《三国志》卷26《郭淮传》，735页)

(嘉平)二年(公元250年)，诏曰："……今以淮为车骑将军、仪同三司，持节、都督如故。"(《三国志》卷26《郭淮传》，736页)

可见假节与持节并没有什么不同。使持节则多用于较正式的场合，特别是用于一人职衔的全称时，如甘露二年六月乙巳的诏书中称吴降将孙壹为"吴使持节都督夏口诸军事镇军将军沙羡侯孙壹"。[4] 最明显的表现在《隶释》卷19的《魏公卿上尊号奏》[5] 中，其中记有五位都督职衔的全称：

使持节行都督督军车骑将军□□臣仁

使持节行都督督军镇西将军东乡侯臣真

使持节行都督督军领扬州刺史征东将军安阳乡侯臣休

使持节行都督督军征南将军平陵亭侯臣尚

使持节行都督督军徐州刺史镇东将军武安乡侯臣霸

对另外几位持节的将军张郃、徐晃、张辽、朱灵等皆称使持节，"使持节左将军中乡侯臣郃、使持节右将军建乡侯臣晃、使持节前将军都乡侯臣辽、使持节后将军华乡侯臣灵"，而没有持节、假节的字眼。可见当时并没有三者的高下之别。正因为三者之间没有什么区别，才会出现不同史书对同一人拥有节有不同的说法。如《三国志》记夏侯楙为假节，而《魏略》记为持节；《三国志》记吴质为假节，而《魏略》记其为使持节。

曹魏时期虽然没有使持节、持节、假节的区分，却有假节与假节钺之分。我们可以看下面两个例子：

文帝践阼……(夏侯尚)迁征南将军，领荆州刺史，假节都督南方诸军事……(公元222年)益封六百户，并前千九百户，假钺，进为牧。(《三国志》卷9《夏侯尚传》，294页)

正始初，(王凌)为征东将军，假节都督扬州诸军事……司马宣王既诛曹爽，进凌为太尉，假节钺。(《三国志》卷28《王凌传》，758页)

夏侯尚、王凌都是先假节，再假钺，并且被假钺者同时持有节和钺，可见地方官加节存在假节与假节钺之分，假节钺者权力高于假节者。《魏官品》中有"黄钺大将军”，位于第一品的第一位，可见地位非同一般。其实，在东汉末年和建安时期的将军假节现象中就存在假节和假节钺的区别，如献帝先以张杨为安国将军、假节开府，再以张杨为大司马、假节钺，建安时期于禁“迁左将军，假节钺”。曹魏时期都督假节与假节钺的区分实源自于此。西晋初，仍有都督假黄钺的例子，“武帝受禅，以佐命之勋，进车骑将军，封高平郡公，迁侍中、大将军，出为都督扬州诸军事，余如故，假黄钺。”[6] 与之同时，使持节、持节、假节三级制正在形成：

武帝受禅，(司马泰)迁使持节、都督宁益二州诸军事、安西将军，领益州刺史，称疾不行。(《晋书》卷37《高密文献王泰传》，1094页)

武帝践阼，(司马亮)持节、都督关中雍凉诸军事。(《晋书》卷59《汝南王亮传》，1591页)

武帝受禅，以(卢钦)为都督沔北诸军事、平南将军、假节……(《晋书》卷44《卢钦传》，1255页)

在正式的诏书中也出现了假节。太康三年(公元282年)武帝出齐王攸为青州刺史，下诏曰：“……其以为大司马、都督青州诸军事，侍中如故，假节……”。[7]

都督假黄钺的现象则逐渐消失，陈骞之后，以都督假黄钺的仅有两人——司马亮与荀晞：

及武帝寝疾，为杨骏所排，乃以司马亮为侍中、大司马、假黄钺、大都督、督豫州诸军事，出镇许昌……(《晋书》卷59《汝南王亮传》，1591页)

会越薨，盾败，诏苟晞为大将军大都督、督青徐兖豫荆扬六州诸军事，增邑二万户，加黄钺……(《晋书》卷61《苟晞传》，1670页)

司马亮原已为太尉、录尚书事，因在政治斗争中被排挤而出为督豫州，故加大都督、假黄钺以示安慰；杨骏被诛之后，立即迁为太宰、录尚书事，与卫瓘对掌朝政。苟晞以大都督、督青徐兖豫荆扬六州诸军事，在永嘉中司马越死后，成为怀帝仅可依靠的军事力量，故加黄钺，与加都督中外相似。二者都与曹魏晋初都督加黄钺不同。之后便再无以方镇都督加黄钺者。[8] 假黄钺的都是都督中外军事者，或重大军事活动的征讨都督，讨毕即还。

二、地方官加节等级划分的意义

使持节、持节、假节的三级划分虽然形成于晋，但假节与使持节、持节的区分却并不始于晋。东汉末,已经出现了假节与使持节、持节的区别,不过,不是根据权力的大小,而是根据授予对象的不同。《后汉书》卷116《百官志三》少府条:"符节令一人,六百石。本注曰:为符节台率,主符节事。凡遣使掌授节。"《史记·索隐》注引韦昭云:"节,使者所拥也。"表明节的授予对象是使者,非皇帝的使者则没有持节的资格。东汉末年,由于各种原因,出现了将军假节的现象,这些将军不为使者,没有持节的资格,所以只能假节。《说文解字》:"假,非真也。"天汉元年(前100年),汉武帝"遣(苏)武以中郎将使持节送匈奴使留在汉者,因厚赂单于,答其善意。武与副中郎将张胜及假吏常惠等募士斥候百余人俱。"[9] 关于假吏,注引师古曰:"假吏犹言兼吏也。时权为使之吏,若今之差人充使典矣。"宣帝地节元年(前69年)三月,"假郡国贫民田"。[10]颜师古对"假"的解释亦为"权以给之,不常与"。大庭修先生据此认为假节的"假"也可以这样解释,即"本来没有这种资格,暂且给予"的意思。[11]

使持节与持节则没有什么区别,使持节乃使者持节的简称。元寿二年(前1年),汉哀帝崩,大司马王莽"遣车骑将军王舜、大鸿胪左咸使持节迎中山王"。[12]对使持节,颜师古解释:"为使而持节也。"使持节有时也被称为奉节使或持节使。对左咸迎中山王一事,《汉书》另一处记为"后奉节使迎中山王"。颜师古注:"奉持节而为使。"[13]王褒《碧鸡颂》中自称"持节使王褒"。[14]可见使持节与持节并没有区别,所以史书中往往使持节、持节互称。《汉书》卷10《成帝纪》:"廷尉孔光使持节赐贵人许氏药,饮药死。"同书卷97下《孝成许皇后传》中却记作"天子使廷尉孔光持节赐废后药,自杀"。宣帝本始二年(前72年),匈奴伐乌孙,宣帝派校尉常惠护乌孙兵击匈奴,《汉书》卷8《宣帝纪》载:"校尉常惠持节护乌孙兵",同书《西域传下》记:"遣校尉常惠使持节护乌孙兵"。

节和钺则存在着权力大小的差别。钺是专杀权的象征。《礼记》曰:"诸侯赐鈇钺然后专杀。"《后汉书》卷38《冯绲传》注引《淮南子》曰:"凡命将,主亲授钺曰:'从此上至天,将军制之。'"《后汉书》卷26《冯勤传》注述钺的形制与作用,"钺,斧也,以黄金饰之,所以戮人。"所以钺又称为黄钺或斧钺。《后汉书》卷46《郭躬传》:"军征,校尉一统于督。彭既无斧钺,可得专杀人乎?"都表明拥有斧钺即拥有专杀权。重要的军事征讨活动往往要授钺于最高军事将领,以保证军令的畅通。"汉魏故事,遣将出征,符节郎授节钺于朝堂"。[15]西汉末年,王莽篡权,引起四方反叛,欲进攻长安,王莽十分恐慌,"以太保甄邯为大将军,受钺高庙,领天下兵,左杖节,右把钺,屯城外"。[16]桓帝延熹三年(160年),琅邪劳丙与太山叔孙无忌杀都尉,攻没琅邪属县,"朝廷以南阳宗资为讨寇中郎将,杖钺将兵,督州郡合讨无忌"。[17]

一些重要的司法、监察活动中也往往授斧钺于执行者。元朔六年(前123年),淮南王刘安谋反事发,武帝派“吕步舒持斧钺治淮南狱,以《春秋》谊颛断于外,不请”。注引颜师古曰:“颛与专同。不请者,不奏待报。”[18]也就是说,吕步舒持斧钺治狱,有先斩后奏的权力。天汉二年(前99年),泰山、琅邪起义者徐勃等依山攻城,道路不通,武帝“遣直指使者暴胜之等衣绣衣杖斧分部逐捕。刺史郡守以下皆伏诛”。[19]《汉书》卷98《元后传》对暴胜之的权力有具体的记载,“它部御史暴胜之等奏杀二千石,诛千石以下”。颜师古注曰:“二千石者,奏而杀之,其千石以下,则得专诛。”

节是使者代表皇帝处理国家事务时所持的信物,不是专杀权的象征,持节者在没有皇帝允许的情况下是不能擅自杀人的。灵帝光和二年(179年),使匈奴中郎将张修因未经奏请擅自诛杀匈奴单于,被征廷尉,下狱死。[20]《资治通鉴》卷63:汉献帝建安四年,刘表以为韩嵩对自己有二心,“大会僚佐,陈兵,持节,将斩之”,司马光注曰:“持节,以示将斩,犹不敢专杀,存汉制也。”在皇帝允许的情况下,持节者也可以拥有一定的专杀权。平帝元始四年,谯玄“为绣衣使者,持节,与太仆王恽等分行天下,观览风俗,所至专行诛赏。”[21]更始二年(24年),鲍永以尚书仆射行大将军事,“持节将兵,安集河东、并州、朔部,得自置偏裨,辄行军法”。[22]

由以上援引诸例可知,汉代持节、钺者的专杀权具有很强的临时性与不确定性,权力的大小要根据具体事务所需临时授予。同是持钺,吕步舒可以“专断于外”,而暴胜之只可以“诛千石以下”,杀二千石则必须奏请。同是持节,谯玄可以“专行诛赏”、鲍永可以“辄行军法”,而刘表则不能专杀、张修因斩单于而下狱死。不过,二者相较,节的专杀权要稍逊斧钺一筹,所以武帝在治淮南狱、平泰山琅邪起义的时候,让吕步舒、暴胜之等持斧钺而不是持节。

世入曹魏,由于官僚体制的剧烈变化与假节对象的扩大,假节与持节、使持节的区分变得模糊起来,出现了使持节、持节、假节互称的情况。另一方面,为了区分持节者权力的大小,将钺也纳入地方官加节的体系中来,形成了假节与假节钺两级制。不过,这时的节、节钺两级制普遍存在于都督中外、方镇都督、征讨都督和将军加节体系之中,这样就会造成军事统领关系中上不制下的情况,如一个被假节的征讨都督如何领导、处置被假节和假节钺的方镇都督和将领;而且,节和钺所拥有的专杀权没有明确的规定。这表明,曹操时期节、节钺两级区分的加节体制很不成熟。为了明晰军事上的统领关系,必须区分不同种类都督间的权力大小和同一种类都督间的权力大小。

为了解决这个问题,西晋时赋予使持节、持节、假节以新的意义,“使持节为上，持节次之，假节为下。使持节得杀二千石以下。持节杀无官位人，若军事得与使持节同。假节唯军事得杀犯军令者。”[23]以权力大小为依据形成地方官加节的三等级划分，而将钺从地方官加节体系中抽出来，专门授予都督中外诸军事或一些重大军事活动的军事将领。对黄钺的权力也作出了明确的规定，“假黄钺，则专戮节将”。[24]因为一些大的军事活动，往往要中央与地方配合行动，而地方都督或刺史多有持节、使持节者，为了能够保证中央所派军事将领的领导权威，就需要以黄钺为凭借。另外，如果征讨的对象为持节都督，征讨者也需要借黄钺的权威才能对反叛者进行专杀。对此，钱大昕曾有论述：“晋宋之制，使持节得杀二千石以下，假黄钺则可专戮节将矣。宋武西伐刘毅，已假黄钺，毅平，仍奉还之。至是伐司马修之，又假黄钺。毅与修之皆持节大臣，必假黄钺，乃可行戮。”[25]节钺四级制的形成，黄钺授予的临时性，使军事领导关系明晰可辨，标志着节钺制度的完善与成熟。

南朝陈时节的等级划分进一步反映在节的形制与节史的服饰上。杨鸿年先生曾考证汉节的形制：汉节为竹制，长七、八尺，汉一尺约合现在七寸。节上装饰有三重旄牛尾，颜色时有变更。最初为黄色，武帝时以戾太子矫节发兵，乃加黄旄于第一重之上，以示区别。昌邑王改黄旄为赤。王莽时节旄皆黄。光武又恢复汉旧，直至中平二年（185 年），因为袁绍去节，董卓又改节上黄旄为赤，恢复汉初旧态。[26]杨泓先生又根据 1963 年云南昭通后海子发现的东晋霍承嗣墓与朝鲜安岳发现的冬寿墓中壁画上节的形状认为晋节与汉节相同。[27]《隋书》卷 11《礼仪志六》载陈节形制与节史服饰：“诸将军、使持节、都督执节史，朱衣，进贤一梁冠。持节节史，单衣，介帻。其纂戎戒严时，同使持节。制假节节史，单衣，介帻。”小注“凡节趺，以石为之。持节皆刻为蟞螭形，假节及给蛮夷节，皆刻为狗头趺。”与汉晋相比，陈节多了节座，节座以石头制成，使持节、持节的节座刻有蟞螭的形状，假节的节座刻成狗头的形状。使持节节史为朱衣，进贤一梁冠；持节、假节节史为单衣，介帻；戒严时持节服饰与使持节节史相同。这与“持节杀无官位之人，若军事得与使持节同”的权力规定相呼应。

三、由节所带来的巨大权力逐步丧失

魏晋及宋前期，加节的地方官拥有三项重要的权力——发兵权、指挥权与专杀权。发兵权是指地方官有权调动自己辖区内的军队进行军事活动而勿需事先上报朝廷批准。东晋雍州都督杨佺期曾对（北）魏使者张济说：“晋之法制，有异于魏。

今都督襄阳，委以外事，有欲征讨，辄便兴发，然后表闻，令朝廷知之而已。如其事势不举，亦不承台命。”[28]司马昭对陈泰“希简上事”的肯定也印证了杨佺期的话。魏末，陈泰为雍凉都督，“每以一方有事，辄以虚声扰动天下，故希简白上事，驿书不过六百里。”辅政大臣司马昭夸奖说：“玄伯沈勇能断，荷方伯之重，救将陷之城，而不求益兵，又希简上事，必能办贼故也。都督大将，不当尔邪。”[29]陈泰字玄伯。东晋太元中毛穆之迁右将军、宣城内史、假节，“穆之以为戍在近畿，无复军警，不宜加节，上疏辞让，许之”。[30]军警与节之间的关系明确地反映出节的发兵功能。

节也是指挥权的标志。魏嘉平四年(252 年)，司马昭为持节安东，都督征东将军胡遵、镇东将军诸葛诞伐吴，战于东关，因麻痹轻敌，为吴将丁奉等所败，唯石苞保全全军。司马昭指着所持的节对石苞说：“恨不以此授卿，以究大事。”[31]时胡遵为青徐都督，石苞为徐州刺史，当为胡遵手下的一支军队。从司马昭的话中可以看出，他正是凭借所持的节来指挥胡遵、诸葛诞两位都督及其他军队的。如果石苞在前线持节而拥有对其他部队的指挥权的话，可能不会遭受如此大的损失。由于指挥不利而导致战败的往往要将节交还。东晋咸和中，苏峻反，吴兴太守虞潭“与郗鉴、王舒协同义举。侃等假潭节、监扬州浙江西军事。潭率众与诸军并势，东西掎角。遣督护沈伊距管商于吴县，为商所败，潭自贬还节。”[32]

专杀权是维护军纪与法律的必要手段。魏景元三年(262 年)伐蜀，钟会为镇西将军、假节都督关中诸军事，“先命牙门将许仪在前治道，会在后行，而桥穿，马足陷，于是斩仪。仪者，许褚之子，有功王室，犹不原贷。诸军闻之，莫不震竦”。[33]西晋时，荀晞为抚军将军假节都督青兖诸军事领兖州刺史，其从母子为督护，“后犯法，晞杖节斩之，从母叩头请救，不听”。东晋咸和中，苏峻反，王舒以抚军将军会稽内史为假节都督行扬州刺史事，吴国内史庾冰、监晋陵军事顾飏前锋军败，致使“贼遂入吴，烧府舍，掠诸县，所在涂地。舒以轻进奔败，斩二军主者，免冰、飏督护，以白衣行事”。[34]

宋中期之后，随着皇权的加强，地方官加节者所拥有的由节带来的权力也在逐步丧失。宋孝武大明七年(463 年)四月、五月，连续下达两道诏令对加节地方官的权力进行约束。四月甲子，诏“自非临军战陈，一不得专杀。其罪甚重辟者，皆如旧先上须报，有司严加听察。犯者以杀人罪论”。五月丙子，诏“自今刺史守宰，动民兴军，皆须手诏施行。唯边隅外警，及奸衅内发，变起仓卒者，不从此例”。[35]自此，持节者只能杀在军事行动中违反军令者，只能在有突发事件时被动地出兵，再也不能像以前那样可以随意征讨。虽然这些限制曾因前废帝一度废除孝武帝时的制度而有所反复，[36]但随着中央对地方控制的加强，节的发兵功能与民事专杀功能的丧失成为不可逆转的趋势。

齐永明五年(487年),桓天生等在雍州界上招引蛮虏,人情骚动,齐武帝萧赜决定派征虏将军丹阳尹萧景先前去征讨,诏书中说:"得雍州刺史张瓌启事,蛮虏相扇,容或侵轶。蜂虿有毒,宜时剿荡。可遣征虏将军丹阳尹景先总率步骑,直指义阳……"[37]时张瓌为持节、督雍梁南北秦四州郢州之竟陵司州之随郡军事、辅国将军、雍州刺史,对于州界上的骚乱情况不能再"有欲征讨,辄便兴发,然后表闻,令朝廷知之而已",而是必须先上报朝廷,由中央决定如何处置。[38]

陶新华君曾引《南齐书》卷26《王敬则传》中王敬则"臣知何物科法,见背后有节,便言应得杀人"这句话,得出"刘宋以后,虽有时限制地方军政官的专杀权,但并未长久实行"的观点。[39]而在同书的另一处又引雍州刺史王奂擅杀宁蛮府长史刘兴祖被收的例子[40],得出南齐时"又像孝武帝那样,对地方军政官的专杀权加以了限制"的相反观点。[41]王敬则的话说在永明三年(485年),王奂的事情发生在永明十一年(493年),同在永明年间,持节都督享有的专杀权何以如此不同呢?还是让我们来看看王敬则那句话的具体语境吧:

> 宋广州刺史王翼之子妾路氏,刚暴,数杀婢,翼之子法明告敬则,敬则付山阴狱杀之,路氏家诉,为有司所奏,山阴令刘岱坐弃市刑。敬则入朝,上谓敬则曰:"人命至重,是谁下意杀之?都不启闻?"敬则曰:"是臣愚意。臣知何物科法,见背后有节,便言应得杀人。"刘岱亦引罪,上乃赦之。敬则免官,以公领郡。

时王敬则为使持节散骑常侍都督会稽东阳新安临海永嘉五郡军事、镇东将军、会稽太守。山阴令刘岱在王敬则的授意下杀了路氏,为有关人员劾奏被叛"弃市"刑,这是按杀人罪来处理的。当齐武帝萧赜得知是王敬则的授意,便免去王敬则的一切官职,可见王敬则是没有杀路氏的权力的。而王敬则"背后有节,便言应得杀人"的话也不会毫无根据。对此,我们只能用宋孝武帝大明七年(463年)四月甲子诏来解释,"自非临军战陈,一不得专杀"表明在军事活动中持节者仍拥有专杀权,这便是王敬则以节杀人的根据。可是王敬则杀人并不是在临军战阵时,而是在民事活动中杀了一个女子,所以只能以"杀人罪论"。与雍州刺史王奂无权杀宁蛮府长史一样。这表明南齐时期沿袭了宋孝武帝限制持节者发兵权与民事专杀权的措施。

由上引杨佺期的话可知,北魏加节地方官没有自主发兵的权力。史书关于北朝发兵的具体情况没有明确的记载,不过我们可以根据零星的史料推知其大概。

孝文帝延兴二年(472年)“五月丁巳,诏军警给玺印、传符,次给马印。”[42]联系东晋毛穆之所说“无复军警,不宜加节”,可知北魏玺印、传符的功能与东晋节的功能相同,也就是说北魏不是以节发兵,而是以玺印、传符发兵,发兵权掌握在中央,而不是地方。

《隋书》卷11《礼仪志六》载北魏北齐制:“‘皇帝信玺’,下铜虎符,发诸州征镇兵……”北周制:“‘皇帝信玺’,发诸夏之兵用之。”同书卷12《礼仪志七》载隋制:“‘皇帝信玺’,征诸夏兵,则用之。”可知终北朝之世,发兵都要由皇帝下达玺书,同时还要以符为信物。孝文帝太和中,恒州刺史穆泰谋反,推阳平王元颐为主,元颐不同,上表朝廷,孝文帝决定派任城王元澄前往剿灭。孝文帝对元澄的部署是:“如其弱也,直往擒翦。若其势强,可承制发并肆兵以殄之”,并“授节,铜虎、竹使符,御仗,左右,仍行恒州事。”[43]元澄要承制发并肆兵,必须有铜虎符为凭。孝文帝南伐,为保证后方稳定,以弟赵郡王幹“为使持节、车骑大将军、都督关右诸军事,给铜虎符十”,[44]给元幹铜虎符就是为了在紧急情况下可以发兵。北齐广宁王高孝珩“恨不得握兵符,受庙算,展我心力耳”[45]的慨叹也表明了符与兵权之间的关系。[46]

从《唐六典》符宝郎的职掌中可以得知唐代发兵的程序:“凡国有大事则出纳符节,辨其左右之异,藏其左而班其右,以合中外之契焉。一曰铜鱼符,所以起军旅,易守长……鱼符之制,王畿之内,左三右一;王畿之外,左五右一。左者在内,右者在外,行用之日,从第一为首,后事须用,以次发之,周而复始。大事兼敕书,小事但降符函封,遣使合而行之。”[47]即以铜鱼符为信,地方守长持右,中央持左,有事派使者前往合符,大事还须敕书相随。这当是对北朝以符发兵制度的承袭与完善。以符发兵是对魏晋时期以节发兵制度的反动,在某种程度上也是对汉代发兵制度的回归。[48]

北魏中期之前,节仍是行使赏罚权的标志。太和中,孝文帝南伐,以东阳王元丕与广陵王元羽留守京师,并加使持节,诏书中称:“留守非贤莫可。太尉年尊德重,位总阿衡。羽朕之懿弟,温柔明断。故使二人留守京邑,授以二节,赏罚在手。其祗允成宪,以称朕心。”[49]节是元丕、元羽赏罚权的依据。北魏后期出现了比节威力更强的赏罚信物——齐库刀。孝昌初,梁豫州刺史裴邃等寇淮南,“诏行台郦道元、都督河间王琛讨之,停师城父,累月不进。敕孝芬持节赍齐库刀,催令赴接,贼退而还。”[50]徐州刺史元法僧叛投梁,梁派萧综占据彭城,魏明帝派大都督安丰王延明督临淮王彧前往征讨,二军迟迟不进,“乃诏(辛)雄副太常少卿元诲为使,给齐库刀,持节、乘驿催军,有违即令斩决。”[51]崔孝芬、元诲、辛雄持节与齐库刀督军,与汉末督军御史持节督军性质相同,不过所持信物及其作用有所不同。汉代节既是使者身份的标志,也是专杀权的凭借;北魏的节则仅仅是使者身份的标志,专杀权要以齐库刀为凭。

虽然丧失了发兵权与民事专杀权,南北朝时期,地方官持节并非毫无意义,节仍是地方官及军事将领拥有指挥权与军事专杀权的标志,北周静帝大象元年“初令授总管刺史及行兵者,加持节,余悉罢之”。[52]节将的身份仍有别于一般将领。南朝陈时,始兴王叔陵欲谋反,招诱右卫将军萧摩诃,萧摩诃说:“须王心膂节将自来,方敢从命。”[53]

随着隋的统一,稳定局面的到来,新的信物的出现,[54]地方长官持节已没有什么实际意义。但隋的总管刺史仍加使持节、持节,对此杜佑评价说:“按魏置使持节,宠奉使官之任。隋氏废郡,而以刺史牧人,既非使官,则合罢持节之称。其时制置,不以名实相副为意,仍旧存之。后改为太守,亦复不省,所以使持节之名,及于边远小郡,乃不征典故之失。”[55]对隋刺史持节的有名无实切中要害。唐代总管刺史加使持节、持节迳称加号,“武德初,边要之地置总管以统军,加号使持节,盖汉刺史之任”。[56]“大唐武德元年(618 年),改郡为州,改太守为刺史,加号持节……后加号为使持节诸军事,而实无节,但颁铜鱼符而已。”[57]

四、结　语

汉唐间地方官加节看似一个不起眼的历史细节,却能反映出诸多的时代特征。其一,魏晋南北朝是一个军事化的时代,除了都督、刺史、太守、县令长各级地方官加将军号之外,各级地方官加节也是其表征之一。因为节伴随着发兵、指挥与专杀等项重要的军事权力,在军事化的时代有利于地方官灵活地处理各种危机事件,而不必等待朝廷命令而贻误战机。其二,随着时间的推移,地方官加节的现象越来越普遍,是当时“品位化”时代特征的一个重要表现。无疑,地方官加节最初源自于实际的军事需要,也是整个魏晋南北朝时期地方官加节的一个重要原因,曹魏时期一般限于都督加节,一些拥有出色军事才能的刺史、太守,朝廷为了表示对他们的肯定,也授予节。西晋之后,各种势力之间的权力争夺日益激烈,地方官加节如同加将军号、内侍官一样,成为笼络投诚者的一个重要手段,导致地方官加节者日益增多。其三,节的权力变化,一方面是由于拥节者越来越多,节出现了贬值的趋势,另一方面也是中央与地方之间权力争夺的一个重要表现。地方官加节之初，确实起到了维护地方安全的作用。魏西晋初期之后，随着强大皇权的衰微，地方坐大以致地方叛乱的事情时有发生，当与地方官加节所拥有的巨大权力有关，所以刘宋中期之后，随着皇权的抬头，朝廷便致力于削弱加节地方官的权力。拥有强大皇权的北朝在建国之初，就另起炉灶，以玺印、传符、齐库刀等信物取代节的功能，北周时拥节者虽然还有一定的军事权力，但也有仅作为加号而无权力者，如"授柱国大将军、开府、仪同者，并加使持节、大都督"。[58]隋及唐初，随着地方行政军事化向民事化的回归，统一王朝、强大皇权的出现，节便成为没有什么实际权力的加号。

（原刊于《河南大学学报》2010 年第 5 期）

注　释

1　魏晋南北朝时期，地方官加节的方式有使持节、持节、假节等多种，并且假节的含义在汉末曹魏时期和晋之后也不相同，为了在叙述时不致产生混淆，将各个时期、各种方式的地方官持节统称为加节。

2　严耕望《中国地方行政制度史（乙部）——魏晋南北朝地方行政制度》，台湾中研院历史语言研究所，1997 年，第 90 页；《魏晋南朝都督制》，《魏晋南北朝政治制度研究》，台湾文津出版社，1994 年，第 237 页；张鹤泉《曹魏都督诸州军事制度试探》，《魏晋南北朝史研究》，湖北人民出版社，1996 年，第 63 页。

3　大庭修《东汉的将军与将军假节》，《秦汉法制史研究》，上海人民出版社，1991 年，第 370 页。

4　《三国志》卷 4《高贵乡公髦纪》，第 140 页。

5　洪适《隶释·隶续》，中华书局，1986 年，第 186 页。

6　《晋书》卷 35《陈骞传》，第 1036 页。

7　《晋书》卷 38《齐王攸传》，第 1134 页。

8　南北朝时期仅有宋时江夏王的刘义恭例外，他因平定刘劭叛乱，帮助文帝刘义隆登上皇帝宝座，而被授予"使持节、侍中、都督扬南徐二州诸军事、太尉、录尚书六条事、南徐徐二州刺史……又假黄钺。"（《宋书》卷 61《江夏文献王义恭传》，第 1646 页）此属特例，不属制度的常态。

9　《汉书》卷 54《苏建传附子武传》，第 2460 页。

10　《汉书》卷 8《宣帝纪》，第 246 页。

11　大庭修《东汉的将军与将军假节》，《秦汉法制史研究》，上海人民出版社，1991 年，第 364 页。

12　《汉书》卷 12《平帝纪》，第 347 页。

13　《汉书》卷 12《平帝纪》，第 349 页。

14　《后汉书》卷 86《西南夷传》注引，第 2852 页。

15　《晋书》卷 21《礼志下》，第 659 页。

16　《汉书》卷 99 上《王莽传上》，第 4088 页。

17　《后汉书》卷 82 下《方术传下·赵彦传》，第 2732 页。

18　《汉书》卷 27 上《五行志上》，第 1333 页。

19 《汉书》卷6《武帝纪》,第204页。

20 事见《后汉书》卷8《孝灵帝纪》,卷89《南匈奴传》。

21 《后汉书》卷81《独行传·谯玄传》,第2667页。

22 《后汉书》卷29《鲍永传》,第1018页。

23 《宋书》卷39《百官志上》,第1225页。《晋书》卷24《职官志》有同样记载。

24 《宋书》卷39《百官志上》,第1225页。

25 钱大昕《廿二史考异》,上海古籍出版社,2004年,第566页。

26 杨鸿年《节的构造》,《汉魏制度丛考》,武汉大学出版社,1985年,第237页。

27 杨泓《汉晋的节》,《古代礼制风俗漫谈》,中华书局,1983年。

28 《魏书》卷33《张济传》,第788页。

29 《三国志》卷22《陈群传附子泰传》,第641页。

30 《晋书》卷81《毛宝传附子穆之传》,第2125页。

31 《晋书》卷33《石苞传》,第1001页。

32 《晋书》卷76《虞潭传》,第2014页。

33 《三国志》卷28《钟会传》,第787页。

34 分见《晋书》卷61《荀晞传》,第1666页;《晋书》卷76《王舒传》,第2000页。

35 《宋书》卷6《孝武帝纪》,第132页。

36 《宋书》卷7《前废帝纪》:"(大明八年七月)孝建以来所改制度,还依元嘉。"泰始五年(469年),沈攸之为持节监郢州诸军事、郢州刺史,为政刻暴,"仓曹参军事边荣为府录事所辱,攸之自为荣鞭杀录事。"这可能是由于皇权不张的结果,史称沈攸之"自至夏口,便有异图",之后出任荆州都督,不臣之迹逐渐显露,"朝廷制度,无所遵奉"。(《宋书》卷47《沈攸之传》)

37 《南齐书》卷38《萧景先传》,第662页。

38 陶新华先生曾以《南齐书》卷29《王广之传》中"(永明)十一年(493年),虏动,假广之节,招募。"作为魏晋南北朝时期以节发兵的唯一一条直接证据。(《魏晋南朝中央对地方军政官的管理制度研究》,巴蜀书社,2003年,第103页;《魏晋南朝地方军府的指挥符号》,《西北师大学报》2000年第5期。)这并不能否定我的南齐时地方官持节已经不具有发兵权的观点。因为发兵与募兵是两个不同的概念,发兵是调动现有的军队,而募兵是招募原不为兵的人为兵。况且王广之这次以节发兵很可能是由中央下达命令或有诏书相伴随的。建元中,王广之也曾以节募兵,《王广之传》对这次募兵的具体情况记载较详:"北虏动,明年,诏假广之节,出淮上。广之家在彭、沛,启上求招诱乡里部曲,北取彭城,上许之。"王广之本已持节,但不能直接凭节进行招募,必须经中央批准才可以。永明十一年(493年)的招募当与此同,只不过史书中简略了其中的过程而已。耿敬先生的研究表明,"魏晋南北朝时期,在中央政府控制下的正规募兵,其招募是有一定程序的,一般先是由中央政府发出募兵命令,然后召募者再持虎符、符信或诏书等募兵凭证进行召募。"(《关于魏晋南北朝时期募兵制度的探讨》,《中国史研究》1994年第3期)永明年间为南齐统治较为稳定的时期,募兵当按正常程序进行。

39 陶新华《魏晋南朝中央对地方军政官的管理制度研究》,巴蜀书社,2003年,第101页。

40 《南齐书》卷49《王奂传》:(永明)十一年(493年),奂辄杀宁蛮长史刘兴祖,上大怒,使御史中丞孔稚珪奏其事曰:雍州刺史王奂启录小府长史刘兴祖,虚称"兴祖扇动山蛮,规生逆谋,诳言诽谤,言辞不逊"。

敕使送兴祖下都,奂虑所启欺妄,于狱打杀兴祖,诈启称自经死。……上遣中书舍人吕文显、直閤将军曹道刚领斋仗五百人收奂。

41 陶新华《魏晋南朝中央对地方军政官的管理制度研究》,巴蜀书社,2003 年,第 121 页。

42 《魏书》卷 7 上《高祖孝文帝纪》,第 136 页。

43 《魏书》卷 19 中《任城王云传附子澄传》,第 468 页。

44 《魏书》卷 21《赵郡王幹传》,第 542 页。

45 《北齐书》卷 11《广宁王孝珩传》,第 145 页。

46 《魏书》卷 21 上《广陵王羽传》:高祖将南讨,遣羽持节安抚六镇,发其突骑,夷人宁悦。《周书》卷 27《宇文测传附弟深传》:是冬,齐神武又率大众度河涉洛,至于沙苑。诸将皆有惧色,唯深独贺。太祖诘之,曰:"贼来充斥,何贺之有?"对曰:"高欢之抚河北,甚得众心,虽乏智谋,人皆用命,以此自守,未易可图。今悬师度河,非众所欲,唯欢耻失窦氏,愎谏而来。所谓忿兵,一战可以擒也。此事昭然可见,不贺何为。请假深一节,发王罴之兵,邀其走路,使无遗类矣。"太祖然之。寻而大破齐神武军,如深所策。元羽"持节安抚六镇,发其突骑",宇文深的"请假深一节,发王罴之兵",乍看起来,好像是以节发兵,不过,元羽与宇文深的身份均为使者,节只是使者身份的标志而已,发兵当另有信物为凭。

47 李林甫《唐六典》,中华书局,1992 年,第 253 页。

48 《汉书》卷 4《文帝纪》载汉发兵之制:"(二年)九月,初与郡守为铜虎符、竹使符。"注引颜师古曰:"与郡守为符者,谓各分其半,右留京师,左以与之。"应劭曰:"铜虎符第一至第五,国家当发兵遣使者,至郡合符,符合乃听受之。"汉代发兵以虎符为信,郡守持左半,右半留中央,发兵时则由中央派使者到郡合符,符合郡守方可发兵。

49 《魏书》卷 14《武卫将军谓传附兴都子东阳王丕传》,第 358 页。

50 《魏书》卷 57《崔挺列传附子孝芬传》,第 1266 页。

51 《魏书》卷 77《辛雄传》,第 1694 页。

52 《周书》卷 7《宣帝纪》,第 118 页。

53 《陈书》卷 36《始兴王叔陵传》,第 495 页。

54 《隋书》卷 1《高祖杨坚上纪》:(开皇七年),颁青龙符于东方总管、刺史,西方以驺虞,南方以朱雀,北方以玄武。《北史》卷 11《高祖文帝纪》:(开皇九年)颁木鱼符于总管、刺史,雌一雄三。

55 《通典》卷 32《职官十四》,第 887 页。

56 《新唐书》卷 49 下《百官志四下》都督府条注,第 1315 页。

57 《通典》卷 33《职官十五》,第 907 页。

58 《周书》卷 24《卢辨传》,第 407 页。

论刘知幾史学的批判精神

——纪念刘知幾诞辰1350周年

李振宏

今年是唐代著名史学家刘知幾诞辰1350周年。对于这样一位历史学家，如《史学月刊》这样的史学专业刊物，是需要有篇文字以资纪念的。而且，对于刘知幾的史学思想，虽然出版的论文和论著已经很多，但也还不是无话可说，或者强为之说。他的即是在当代也需要继承或发扬的史学精神，的确还有进一步深入挖掘的必要。比如刘知幾史学的批判精神，就是一个值得做深度开掘的亮点。

当然，关于刘知幾史学的批判精神，几乎是人人都关注到的东西[1]，但是，仔细盘点前人的研究成果，也可能是由于时代的原因，人们对刘知幾批判精神的研究和认识，存在着一定的局限性。在前人的研究中，刘知幾的批判精神多是作为其史学思想的一个侧面去认识，而不是作为其史学的核心或灵魂而放置到应有的地位，没有也不可能作为一个中心论题去关注。纵观前人的研究，对刘知幾史学批判精神的关注，最集中最明确的表述，要数翦伯赞先生的一段话。翦伯赞在《论刘知幾的史学》一文的结尾处，模仿历史上班固评司马迁、傅玄评班固、刘知幾评孙盛的语气和句法，对刘知幾史学做了一个正反两面的定评，语曰：

> 论大道，则先《论衡》而后《六经》；述史观，则反天命而正人事；疑古史，则黜尧舜而宽桀纣；辨是非，则贬周公而恕管蔡；评文献，则疑《春秋》而申《左传》；叙体裁，则耻模拟而倡创造；此其所以为长也。但其论"本纪"，则贬项羽而尊吴蜀；评"世家"，则退陈涉而进刘玄；此又其所以为短也。[2]

翦伯赞这段话，酣畅淋漓，极中肯而精辟。"先《论衡》而后《六经》"，"反天命而正人事"，"黜尧舜而宽桀纣"，"贬周公而恕管蔡"，鲜明地突出了刘知幾史学反传统的叛逆性格，也是刘知幾批判精神的具体反映；但这些总结，总归是落实在具体的事象上，而不是抽象到精神形态的挖掘，还没有把刘知幾史学上升到社会批判的高度，以此去评判刘知幾史学的学术个性尚嫌不足。对于刘知幾史学的批判精神，需要从学术的本质出发，有一个旗帜鲜明的判断。毋宁说，刘知幾史学的本质不是是否具有批判精神的问题，而就是在执行批判的使命。从社会批判的角度去认识刘知幾史学的学术本质，是本文的核心论点，也是今天纪念刘知幾诞辰1350周年应该挖掘的思想主题。

一、疑古惑经而鞭挞圣人

"疑古"、"惑经"是《史通》本书的两个篇名，刘知幾史学的批判属性即是如此之旗帜鲜明！

刘知幾所处的时代，儒家经学具有不可质疑的神圣地位。唐初统治者为了垄断对经学的解释权，组织人力编写并颁定了《五经正义》，作为天下士人的必读教本，更加突出了经学的神圣性。就是在这样的历史条件下，刘知幾的《史通》发出了对经学的强烈批判，表现出无所畏惧的批判精神。《疑古》篇中，刘知幾说："夫《五经》立言，千载犹仰，而求其前后，理甚相乖。"[3] 仅此"理甚相乖"四字，便击碎了经学圣典的神圣光环，这传诵千载之《五经》不仅不再神圣，而且于常理也不通了。

我们先来看他对《尚书》的批判。他说："上起唐尧，下终秦穆，其《书》所录，唯有百篇。而《书》之所载，以言为主。至于废兴行事，万不记一。语其缺略，可胜道哉！故令后人有言，唐、虞以下帝王之事，未易明也。"[4] 这是从史学角度的批判，谓其记事缺略，帝王兴亡之事万不及一，重言轻事，影响了史事的流传。更严重的问题是，《尚书》中还存在不少言之不实之处，有违实录之原则。譬如，刘知幾指出，《尚书》中对夏桀和商纣王一类所谓暴君的丑化和指责就是不实之词。他说：

> 夫《五经》……称周之盛也，则云三分有二，商纣为独夫；语殷之败也，又云纣有臣亿万人，其亡流血漂杵。斯则是非无准，向背不同者焉。又案武王为《泰誓》，数纣过失，亦犹近代之有吕相为晋绝秦，陈琳为袁檄魏，欲加之罪，能无辞乎？而后来诸子，承其伪说，竞列纣罪，有倍《五经》。故子贡曰：桀、纣之恶不至是，君子恶居下流。班生亦云：安有据妇人临朝！刘向又曰：世人有弑父害君，桀、纣不至是，而天下恶者必以桀、纣为先。此其自古言辛、癸之罪，将

非厚诬者乎？[5]

《尚书·泰誓》是武王伐殷的誓词，文中历数了殷纣王的种种罪恶，宣称伐纣是顺从天意民心的正义之举。在这样的伐纣檄文中，对殷纣王的罪恶当然是要尽量夸大，以便最大程度地激起民愤，砥砺军心。所以，刘知幾说《泰誓》历数纣王之过失，就像春秋时期晋厉公派卿士吕相去秦国断绝邦交，吕相赴秦后历数秦国背信弃义的事实；汉魏之际何进替袁绍写讨伐曹操的檄文，把曹操的父祖辈都牵连进去一样，欲加之罪，何患无辞。他们实际上是对他人的罪过作了过分地夸大。因此，刘知幾断言："自古言辛、癸之罪，将非厚诬者乎？"

刘知幾在《疑古》篇对《尚书》提出了十个方面的质疑，可谓十批《尚书》。该篇最后说：

> 夫远古之书，与近古之史，非唯繁约不类，固亦向背皆殊。何者？近古之史也，言唯详备，事罕甄择。使夫学者睹一邦之政，则善恶相参；观一主之才，而贤愚殆半。至于远古则不然。夫其所录也，略举纲维，务存褒讳，寻其终始，隐没者多。尝试言之，向使汉、魏、晋、宋之君生于上代，尧、舜、禹、汤之主出于中叶，俾史官易地而书，各叙时事，校其得失，固未可量……推此而言，则远古之书，其妄甚矣。岂比夫王沈之不实，沈约之多诈，若斯而已矣。

刘知幾指出，"务存褒讳"的现实目的，使《尚书》失去了真实性的追求，成了和王沈之《魏书》、沈约之《宋书》一样的不实之作。王沈和沈约，历史上是有评论的。《晋书·王沈传》说："（王沈）与荀顗、阮籍共撰《魏书》，多为时讳，未若陈寿之实录也。"[6] 刘知幾《史通·直书》篇说："王沈《魏书》，假回邪以窃位。"《曲笔》篇说："《宋书》多妄。"现在，在他的笔下，《尚书》也被贬到了和王沈《魏书》、沈约《宋书》一样的地位。至此，《尚书》这本经孔夫子编定的千古圣典，不惟在记事上"万不记一"、"未易明也"，而且就简直是不实之作，"其妄甚矣"！

我们再来看他对《春秋》经的批判：

> 盖明镜之照物也，妍媸必露，不以毛嫱之面或有疵瑕，而寝其鉴也；虚空之传响也，清浊必闻，不以绵驹之歌时有误曲，而辍其应也。夫史官执简，宜类于斯。苟爱而知其丑，憎而知其善，善恶必书，斯为实录。观夫子修《春秋》也，多为贤者讳。狄实灭卫，因桓耻而不书；河阳召王，成文美而称狩。斯则情兼向背，志怀彼我。[7]

刘知幾认为，《春秋》最重大的问题在于，它违背了"爱而知其丑，憎而知其善，善恶必书，斯为实录”的撰述原则，为贤者讳成了它败笔的根源。他举例说，鲁闵公二年，狄人入侵并灭亡卫国，齐桓公没有尽到攘夷的责任，本着为贤者讳的原则，《春秋》便将此事记作“狄入卫”，而回避了狄人灭亡卫国的事实；僖公二十八年，晋侯召周天子到河阳参加诸侯国盟会，以臣召君违背礼法，《春秋》为晋侯讳，则记曰：“天王狩于河阳。”把周天子屈尊参加诸侯国盟会，说成是到河阳巡察或打猎，扭曲了事实的真相。

由于隐晦过多，刘知幾认为，《春秋》在记事方面，甚至还不如同时代的其他诸侯国史记：

> 且案汲冢竹书《晋春秋》及《纪年》之载事也，如重耳出奔，惠公见获，书其本国，皆无所隐。唯《鲁春秋》之记其国也，则不然。何者？国家事无大小，苟涉嫌疑，动称耻讳，厚诬来世，奚独多乎！[8]

诸侯国史记，如《晋春秋》、《竹书纪年》等，他们的记事“书其本国，皆无所隐”，善恶必书，而《春秋》“动称耻讳”，外国的为贤者讳，本国的凡丑皆讳，历史的本来面目完全被模糊了。

除了隐讳的问题，刘知幾还批评《春秋》记事的诸多弊端。如他说：“夫子之修《春秋》，皆遵彼乖僻，习其讹谬，凡所编次，不加刊改者矣。”[9] 说《春秋》对所依据的资料不加甄别，“习其讹谬”。“用使巨细不均，繁省失中，比夫诸国史记，奚事独为疏阔？寻兹例之作也，盖因周礼旧法，鲁策成文。夫子既撰不刊之书，为后王之则，岂可仍其过失，而不中规矩者乎？”[10]《春秋》之作，一味地依循周礼旧法、鲁史策文，仍其过失，“不中规矩”，并记事“巨细不均，繁省失中”。“《春秋》记它国之事，必凭来者之辞；而来者所言，多非其实。或兵败而不以败告，君弑而不以弑称，或宜以名而不以名，或应以氏而不以氏，或春崩而以夏闻，或秋葬而以冬赴。皆承其所说而书，遂使真伪莫分，是非相乱”。[11] 记他国史事，简单地依据他国来者的一面之辞，不加甄别，“遂使真伪莫分，是非相乱”。刘知幾一下子对《春秋》提出了十二条质疑。

在刘知幾看来，无论是《尚书》还是《春秋》，最大的问题就是其真实性之可疑。史书也好，经书也罢，如果违背了“实录”的原则，还何言其价值！面对刘知幾的批判，这些神圣不可侵犯的千古圣典，全都失去了虚幻的光环。这些对《尚书》和《春秋》的批判，实际上矛头已经直指孔子，但他还是对孔子进行了更直接和更集中的批评：

> 故观夫子之刊书也，夏桀让汤，武王斩纣，其事甚著，而芟夷不存。观夫子

> 之定礼也，隐、闵非命，恶、视不终，而奋笔昌言，云“鲁无篡弑”。观夫子之删《诗》也，凡诸《国风》，皆有怨刺，在于鲁国，独无其章。观夫子之《论语》也，君娶于吴，是谓同姓，而司败发问，对以“知礼”。斯验世人之饰智矜愚，爱憎由己者多矣。[12]

他说，孔子删定《尚书》，删去了商汤驱除夏桀、武王斩纣等类似于弑君的事情；孔子之定《礼经》，对于鲁隐公、鲁闵公被杀之事，对鲁文公太子恶和其弟弟视被鲁大夫襄仲所杀而不得终年之事，都不予正视，硬说是“鲁无篡弑”；孔子之删定《诗经》，《国风》中保留了许多刺怨之诗，用《国风》来表达刺怨，而《国风》中唯独没有鲁国的诗章，鲁国真的就政治清明到没有刺怨之诗？《论语》中孔子答陈司败问，说鲁昭公知礼，这明明是对鲁昭公的偏袒。鲁昭公娶吴国女子为夫人，而吴和鲁是同姓国家，不便通婚的，这样的人还叫懂礼吗？由此而言，孔子其人的删定“六经”，也是“爱憎由己”，不实者多矣！

刘知幾的批判由孔子又上溯到周公。《疑古》篇说：

> 《尚书·金縢》篇云：“管、蔡流言，公将不利于孺子。”《左传》云：“周公杀管叔而放蔡叔，夫岂不爱，王室故也。”案《尚书·君奭》篇《序》云：“召公为保，周公为师，相成王，为左右。召公不说。”斯则旦行不臣之礼，挟震主之威，迹居疑似，坐招讪谤。虽奭以亚圣之德，负明允之才，目睹其事，犹怀愤懑。况彼二叔者，才处中人，地居下国，侧闻异议，能不怀猜？原其推戈反噬，事由误我。而周公自以不诚（浦注：当作“咸”），遽加显戮，与夫汉代之赦淮南，宽阜陵，一何远哉！斯则周公于友于之义薄矣。

周公历来是贤相的代表，是列于尧、舜、禹、汤、文、武、周、孔系列的大圣人；周公诛放管叔、蔡叔之事，也被千古谈称。而刘知幾则提出了自己的看法。他认为，周公处在一个很特殊的地位，挟震主之威，处疑似之地，被人怀疑和诽谤是很正常的事情，连召公奭这样“以亚圣之德，负明允之才”的人都对其“犹怀愤懑”，管叔、蔡叔对他有所怀疑或不满是可以理解的。加之他们“才处中人，地居下国，侧闻异议，能不怀猜”？信息不畅通，加重了他们的疑心。他们举戈作乱，或是出于自己的误会，而周公就何至于要对他们如此镇压呢？西汉文帝时，淮南厉王刘长骄傲自恃，后以谋反判死刑，文帝赦免其死罪，废为庶民；东汉汉光武帝之子淮阳王刘延，造作图谶祝诅上，死罪，明帝特加宽宥，徙为阜陵王。后来又有人告他谋反，章帝贬他为侯。后章帝巡游至九江，知道他已悔悟，又恢复了他的王位。周公和后世的汉帝相比，“一何远哉”！在刘知幾看来，周公自己招揽权力而遭质疑，不去自责，反倒对自己的兄弟大开杀戒，这样的人非但不是圣人，而且也不具备友于兄弟的一般道德。

由“疑古”、“惑经”，到直指周、孔圣人，刘知幾的学术批判令人振聋发聩。在他这里，已经没有什么使人值得完全尊崇的可以顶礼膜拜的东西。任何经典学说，任何精神权威，都应该放在理性的天枰上，从历史出发，从事实出发，经过自己的独立思考做出判断。以他人的是非为是非，以传统的是非为是非，以圣人权威的是非为是非，已经完全不符合他的思维品格。

二、由学术思想批判而剑指君王

以往学界谈到刘知幾的批判精神，几乎都会关注到他对历史上符瑞征兆、谶纬迷信的批判，并由此肯定他的无神论思想，赞扬他的科学意识。这样的认识当然不错。然而，仅止于此，就似乎没有去深究他批判谶纬迷信背后更深刻更尖锐的东西。实际上，他对符瑞征兆、谶纬迷信的批判，极其鲜明地体现了他挑战政治权威的政治立场，他是在旗帜鲜明地执行政治批判。

从纯粹的学术观点说，刘知幾的历史观，是重人事而忽天命。从这样的历史观出发，对符瑞征兆、谶纬迷信的批判是极其正常的。《史通·杂说上》中，刘知幾批评司马迁以天命论成败，有一段很精彩的话：

> 《魏世家》太史公曰：“说者皆曰‘魏以不用信陵君，故国削弱至于亡’。余以为不然。天方令秦平海内，其业未成，魏虽得阿衡之佐，曷益乎？”夫论成败者，固当以人事为主，必推命而言，则其理悖矣。盖晋之获也，由夷吾之愎谏；秦之灭也，由胡亥之无道；周之季也，由幽王之惑褒姒：鲁之逐也，由稠父之违子家。然则败晋于韩，狐突已志其兆；亡秦者胡，始皇久铭其说；檿弧箕服，彰于宣、厉之年；征褰与襦，显自文、武之世。恶名早著，天孽难逃。假使彼四君才若桓、文，德同汤、武，其若之何？苟推此理而言，则亡国之君，他皆仿此，安得于魏无讥者哉？

在刘知幾看来，国家的兴亡成败，是与人事相关而非取决于天命，“必推命而言，则其理悖矣”。他举出了四个实际例子，晋惠公夷吾拒绝忠言以至于失国，秦国的速亡是由于胡亥的无道，西周走上末世，是由于幽王惑于褒姒，鲁昭公败逃齐国是由于不听大夫子家的劝告。假使这几位国君都“才若桓、文，德同汤、武”，都是像齐桓晋文、商汤周武那样的贤德之君,何至于会做亡国之君!如此看来,一切都是人的原因,并非像《左传》和《史记》记载中所说的那样,是由于预先有了什么征兆。

《史通·杂说上》也举出许多例子来证明符瑞神学的荒谬:

> 盖妫后之为公子也,其筮曰:八世莫之与京。毕氏之为大夫也,其占曰:万名其后必大。姬宗之在水浒也,鸑鷟鸣于岐山;刘姓之在中阳也,蛟龙降于丰泽。斯皆瑞表于先,而福居其后。向若四君德不半古,才不逮人,终能坐登大宝,自致宸极矣乎?必如史公之议也,则亦当以其命有必至,理无可辞,不复嗟其智能,颂其神武者矣。

有妫氏的后人,指陈国之后,陈公子完。《左传·庄公二十二年》载,陈国公子完逃亡到齐国,齐桓公任命为卿。初,懿氏占卜替完娶妻,其妻占之,曰:"吉,是谓'凤皇于飞,和鸣锵锵,有妫之后,将育于姜。五世其昌,并于正卿。八世之后,莫之与京。'"[13]说陈公子完被任命为上卿,是有占卜在前的。万名其后必大,见于《左传·闵公元年》的记载:晋献公任毕万为大夫,赐给魏邑。大夫卜偃说:"毕万之后必大。万,盈数也;魏,大名也;以是始赏,天启之矣。天子曰兆民,诸侯曰万民。今名之大,以从盈数,其必有众。"[14]鸑鷟鸣于岐山,是说周的兴起。鸑鷟,水鸟名,古代以为神鸟。《国语·周语》:"周之兴也,鸑鷟鸣于岐山。"[15]汉高祖刘邦,其母梦与蛟龙相媾而生,事见《史记·高祖本纪》:"高祖……母曰刘媪。其先刘媪尝息大泽之陂,梦与神遇。是时雷电晦冥,太公往视,则见蛟龙于其上。已而有身,遂产高祖。"[16]此说证明刘邦之称帝,就因为他是龙种。刘知幾根本不相信这些神学说教。他说,如果一定要像太史公所说的那样,古代伟人的成功都是由于有符瑞先兆,那么就没有必要去赞扬他们的聪慧才智和谋略神勇了。

刘知幾对班固的《汉书》评价很高,但对《汉书·五行志》所记载的那些灾异征兆、天人相应的杂乱事例,则持严格的批判态度。他在《书志》篇写道:

> 若乃采前文而改易其说,谓王札子之作乱,在彼成年;夏徵舒之构逆,当夫昭代;楚严作霸,荆国始僭称王;高宗谅阴,亳都实生桑谷。晋悼临国,六卿专政,以君事臣;鲁僖末年,三桓世官,杀嫡立庶。斯皆不凭章句,直取胸怀,或以前为后,以虚为实。移的就箭,曲取相谐;掩耳盗钟,自云无觉。讵知后生可畏,来者难诬者邪……如斯诡妄,不可殚论。而班固就加纂次,曾靡铨择,因以五行编而为志,不亦惑乎?

对于文中提到的这些灾异征兆,刘知幾自己做注,一一揭示其荒谬不经[17],说明它毫无根据,几乎都是"移的就箭,曲取相谐"的结果,完全是人为地编造出来的。的确，从“以人事为主”的历史观出发，刘知幾对历代史书中关于五行灾异、祥瑞符命、谶纬迷信的记载，深表愤慨，进行了严肃批判。这样的例子很多，《史通》的《书志》、《杂说》（上、中、下）、《五行志错误》、《五行志杂驳》等篇，大都是讲这方面内容，以往的学者多有评论，兹不赘举。我们关心的是他批判这些符瑞征兆、谶纬迷信的更深刻的目的。

刘知幾经过系统地思考和研究，发现历史上称说符瑞征兆之事有一个规律性的现象。他在《书事》篇说：

> 凡祥瑞之出，非关理乱，盖主上所惑，臣下相欺，故德弥少而瑞弥多，政逾劣而祥逾盛。是以桓、灵受祉，比文、景而为丰；刘、石应符，比曹、马而益倍。而史官征其谬说，录彼邪言，真伪莫分，是非无别。

“德弥少而瑞弥多，政逾劣而祥逾盛”，真是一个极其精辟的见解。德愈衰而祥瑞愈多，政绩越差而祥气越盛，越是政治昏暗之世，符瑞的叫嚣就越是高调。东汉桓、灵二帝时期，在宦官当道、政治黑暗之时，而它所得到的符瑞、接受的福祉，似乎比西汉的文景盛世时还多。十六国时期刘渊、石勒两朝所应验的符瑞，大概也超过曹魏和西晋的司马氏当政时期。为什么会这样呢？因为最黑暗的时期，统治者越需要用符瑞一类谎言来欺骗人民，也同时为自己打气，所谓自欺欺人者也。原来祥瑞之说，意在于此！他一眼洞穿了历代统治者大讲符瑞征兆的根本目的。刘知幾对符瑞灾异迷信的批判，固然是他的科学思想的反映，是其重人事、重历史教化的思想所使然；然而从这段话来看，他批判符瑞征兆、谶纬迷信的目的，则的确有点项庄舞剑意在沛公了。他是要通过对历史上宣扬符瑞征兆、谶纬迷信事例的排列和分析，指出其中的真正奥秘。所以，我们可以认为，刘知幾批判符瑞征兆、谶纬迷信的真正目的，在于对历代统治者“德少”、“政劣”、以谎言欺世行为的政治批判！

刘知幾并不缺乏这样的政治勇气。他的某些学术批判就是将矛头直指历代帝王，甚至已经暗指当朝皇帝。譬如关于《尚书》孔安国注中关于尧舜禅让问题的批判，就实际上是批判古代帝王。他说：

> 《尧典·序》又云：“将逊于位，让于虞舜。”孔氏《注》曰：“尧知子丹朱不肖，故有禅位之志。”案《汲冢琐语》云：“舜放尧于平阳。”而书云某地有城，以“囚尧”为号。识者凭斯异说，颇以禅授为疑。然则观此二书，已足为证者矣，而犹有所未睹也。何者？据《山海经》，谓放勋之子为帝丹朱，而列君于帝者，得非舜虽废尧，仍立尧子，俄又夺其帝者乎？观近古有奸雄奋发，自号勤王，或废父而立其子，或黜兄而奉其弟，始则示相推戴，终亦成其篡夺。求诸历代，往

往而有。必以古方今,千载一揆。斯则尧之授舜,其事难明,谓之让国,徒虚语耳。[18]

刘知幾认为,根据《汲冢琐语》的记载,不是尧把帝位让于舜,而是舜放逐、囚禁帝尧于平阳。这一说法和《尚书·尧典》所说"将逊于位,让于虞舜"截然相反。刘知幾又举出《山海经》的说法,具体指出舜夺帝位的手段是"舜虽废尧,仍立尧子,俄又夺其帝"。就是说,他不是直接放逐尧而夺其位,而是经过一个过渡,放逐尧后,立尧之子丹朱为帝,然后再废丹朱而自立为帝。在刘知幾看来,这是上古君王惯用的手段。接着他又谈到禹承舜位的情况:"舜废尧而立丹朱,禹黜舜而立商均,益手握机权,势同舜、禹,而欲因循故事,坐膺天禄。其事不成,自贻伊咎。"[19]大禹代替虞舜的情况,和舜取代尧的情况完全相同。按照《史记·夏本纪》的记载,帝舜驾崩之后,禹主动避开舜的儿子商均而居于阳城,而天下诸侯都离开商均而去阳城朝拜禹,禹于是即天子之位。实际上这是一种伪饰,实际的情况是夏禹驱除舜而立舜的儿子商均,然后再夺取商均的帝位,和舜夺尧位没有什么不同。这几乎成了一种帝位嬗替的规律。但此种现象到了大禹之后有了变化,帝位最终落到了禹之子启的手中,而不是被益夺去。按刘知幾的看法,这个益本来是可以"因循故事,坐膺天禄"的,是可以像舜之代尧和禹之代舜那样拿到帝位的,但他却被启所杀,这是益咎由自取。

刘知幾对尧舜禅让的传统说教表示怀疑,并举出了《汲冢琐语》和《山海经》中的相关记载,是有一定的说服力的。而且他还以近世的帝位嬗替相佐证,更加强了他的质疑和批判的力量。"观近古有奸雄奋发,自号勤王,或废父而立其子,或黜兄而奉其弟,始则示相推戴,终亦成其篡夺"。他所处时代的唐朝,其江山大抵就是这样得来的。唐之代隋,几乎和所谓尧舜嬗替是如出一辙。先有隋炀帝被杀,立代王侑为帝,再逼侑退位。唐开国之君李渊就是这样以禅让为名,行篡夺之实,夺取了隋朝江山。即使唐王朝自己修的《隋书》,也无法掩饰名禅让实篡夺的实质。《隋书·恭帝纪》评论曰:"恭帝年在幼冲……虽欲不遵尧舜之迹,其庸可得乎!"[20]唐代隋的历史实情,既是对儒家禅让说的无情嘲讽,也为刘知幾对古代帝王的政治批判提供了有力佐证。

刘知幾的批判指向名曰"近古",实际上是影射唐代帝王。在刘知幾的时代,直接批判当代君王是要杀头的,所以,他不能指名道姓,而只能暗示或影射。所谓"废父而立其子",是对李渊代隋的影射;而"黜兄而奉其弟",则是对唐太宗李世民制造玄武门之变、废太子而自立的影射。"必以古方今,千载一揆",则明确表明了自己的影射目的。前文所引他对周公的批判,实际上也是利用对周公诛杀、放逐管叔、蔡叔兄弟的批判，影射唐太宗杀兄自立的事实。他所言“斯则周公于友于之义薄矣”，也正是对李世民的指责。刘知幾将批判的矛头指向当朝开国皇帝李渊、李世民父子，至今读来，也令人咋舌！在那极端专制的帝制时代，这样的批判，已经不仅仅是一个学识的问题，更是需要一种大无畏的献身精神了。

三、当代史学及史馆制度批判

学术批判是《史通》的基本任务，全书都是在执行史学批判的使命，可以毫不夸张地说，刘知幾以前的所有史学著作都被他一一评论和批判，几乎无一漏过。所以，关于刘知幾对以往史学的批判已无需再进行具体讨论；而从批判精神的角度谈论问题，则需要对其关于当代史学的批判作以分析，这是体现他批判精神的一个重要方面。当代史学，离自身很近，有些是刚刚过去的事情，有些则是身边正在发生的事情，对之批判需要勇气和胆略。

我们首先看他对唐初新修的“五代史”[21]的批判。在《杂说中》，他对唐初新修的《五代史》表示过总的不满，说“皇家修‘五代史’，馆中坠稿仍存，皆因彼旧事，定为新史。”五代史志的修撰，基本是依据南北朝后期和隋代史家所撰修的当代史，甚至是原来被抛弃的稿子，“不能别求他述，用广异闻，唯凭本书，重加润色”[22]，没有依据更广泛的资料，没有增加多少新的内容，也没有新的眼光和学识。这样，原来各王朝修的当代史，所有对当朝史事隐讳和曲加粉饰的内容也就保留了下来，无法达到实录的要求。像《周书》，刘知幾就说它“遂使周氏一代之史，多非实录者焉”[23]。还有，在新修五代史志的时候，为了避当今君王之讳，将前代帝王的庙号随意改变，造成了许多混乱。如北齐国史，原来诸帝皆称庙号，遇到犯时讳的地方，就用谥号。而结果，此谥号又与其他皇帝的庙号相冲突，出现了同是“襄帝”而非一人、同是“成帝”也非一朝的记事混乱局面。刘知幾说：“其北齐国史，皆称诸帝庙号，及李氏撰《齐书》，其庙号有犯时讳者，即称谥焉。至如变世宗为文襄，改世祖为武成。苟除兹‘世’字，而不悟‘襄’、‘成’有别。诸如此谬，不可胜纪。”[24]使后世学者“真伪难寻”。他对《隋书》大量保留“诡辞妄说”、不经之谈尤为不满，通加诋呵：

《隋书》《王劭》、《袁充》两传，唯录其诡辞妄说，遂盈一篇。寻又申以诋诃，尤其谄惑。夫载言示后者，贵于辞理可观。既以无益而书，岂若遗而不载。盖学者神识有限，而述者注记无涯。以有限之神识，观无涯之注记，必如是，则阅之心目，视听告劳；书之简编，缮写不给。呜呼！苟自古著述其皆若此也，则知李斯之设坑阱，董卓之成帷盖，虽其所行多滥，终亦有可取焉。[25]

《隋书》卷六十九王劭、袁充合传。王劭笃信阴阳谶纬，《隋书》王劭传全文收录了他的《上变火表》、《言符命表》。袁充信奉道教，好谈阴阳占候，隋文帝欲废太子杨勇，袁充便附会天象以赞成文帝之意，上书谬称文帝本命于阴阳律吕相合者六十余条，并上表谬称祥瑞，《隋书》袁充传详细著录袁充上书的虚妄之言。在收录这些“诡辞妄说”之后，卷后的史臣评论中又来谴责他们的虚妄和谄惑。刘知幾对此种做法极其不满。他认为，著述收录前人的言辞，在于其“辞理可观”，如果无益则“遗而不载”，《隋书》这种做法，徒费读者心神之劳。这样的著述，即使被李斯、董卓之流焚烧殆尽也不可惜。

我们再来看他对《晋书》的批判。《晋书》是唐太宗的命题作文。晋史在唐以前已有24家，至唐还存留18家，唐太宗对这些晋史之作都不满意，下诏要求重修，并亲撰了《宣帝纪论》。可以说，《晋书》是唐太宗参与撰修的史书，也的确有“御撰”的美名。但刘知幾并没有因此放弃对它的批判。他写道：

晋世杂书，谅非一族，若《语林》、《世说》、《幽明录》、《搜神记》之徒，其所载或恢谐小辩，或神鬼怪物。其事非圣，扬雄所不观；其言乱神，宣尼所不语。皇朝新撰《晋史》，多采以为书。夫以干、邓之所粪除，王、虞之所糠秕，持为逸史，用补前传，此何异魏朝之撰《皇览》，梁世之修《遍略》，务多为美，聚博为功，虽取说于小人，终见嗤于君子矣。[26]

近见皇家所撰《晋史》，其所采亦多是短部小书，省功易阅者，若《语林》、《世说》、《搜神记》、《幽明录》之类是也。如曹、干两氏《纪》，孙、檀二《阳秋》，则皆不之取。故其中所载美事，遗略甚多。[27]

以上是批评《晋书》之取材，多以《语林》、《世说》、《搜神记》、《幽明录》之类的短部小书为素材，而这些书所载或恢谐小辩，或神鬼怪物，是不能作为正史之资料来源的。这些短书小说，为历代史家所不齿，晋代史家干宝、邓粲所撰的《晋纪》，王隐、虞预所撰的《晋书》等，都将其视为糠秕，弃之不用，而今之《晋书》则多所采纳。以短书小说为据，“虽取说于小人，终见嗤于君子矣”。在《论赞》篇中，他还从文人修史、编纂义例等方面对《晋书》多加指责，兹不赘述。《晋书》既挂名“御撰”，就加上了神圣性的特征，刘知幾全然不顾这些，直言不讳地加以批评。

刘知幾对当代史学的批判，最鲜明也最集中地体现在他对史馆修史制度的批判中。

中国的史官制度由来已久，从历史文献中看，这是自三代以来就有的历史传统。但隋唐以前的史官修史和其后的史馆修史还是有所不同。以前的史官修史，史官是其官职和执掌，而其修史活动则基本上是独立的，可以看作是个人的学术活动，基本上是个人意志和学术信念的反映。如在史学史上传为美谈的晋国史官董狐和齐国的太史、南史氏等，都是身为史官而可以独立作史表达个人学术个性的例子。而到了隋唐之后的史馆修史则大不相同了。史馆修史，一方面是集体编书，另一方面则是由朝廷重臣宰相监修史书。史馆修史，要想反映著作者个人的意志和学术思想，就几乎是不可能的了。

刘知幾一生几次出入史馆，在史馆渡过了二十多年，而自己的史学主张则无从实现，对史馆之弊有着酸甜苦辣的亲身感受。他在《自叙》中说："虽任当其职，而吾道不行；见用于时，而美志不遂。郁怏孤愤，无以寄怀。"为什么史馆里无法实现他的修史宏愿，无法贯彻他的修史主张，刘知幾认为，这是由于史馆制度本身所造成的。他把史馆修史的弊端归结为五不可：

古之国史，皆出自一家，如鲁、汉之丘明、子长，晋、齐之董狐、南史，咸能立言不朽，藏诸名山。未闻借以众功，方云绝笔。唯后汉东观，大集群儒，著述无主，条章靡立……今者史司取士，有倍东京。人自以为荀、袁，家自称为政、骏。每欲记一事，载一言，皆搁笔相视，含毫不断。故头白可期，而汗青无日。其不可一也。

前汉郡国计书，先上太史，副上丞相。后汉公卿所撰，始集公府，乃上兰台。由是史官所修，载事为博。爰自近古，此道不行。史官编录，唯自询采……求风俗于州郡，视听不该；讨沿革于台阁，簿籍难见。虽使尼父再出，犹且成于管窥；况仆限以中才，安能遂其博物！其不可二也。

……近代史局，皆通籍禁门，深居九重，欲人不见。寻其义者，盖由杜彼颜面，防诸请谒故也。然今馆中作者，多士如林，皆愿长喙……傥有五始初成，一字加贬，言未绝口而朝野具知，笔未栖毫而搢绅咸诵……人之情也，能无畏乎？其不可三也。

古者刊定一史，纂成一家，体统各殊，指归咸别……顷史官注记，多取禀监修，杨令公则云"必须直词"，宗尚书则云"宜多隐恶"。十羊九牧，其令难行；一国三公，适从何在？其不可四也。

窃以史置监修，虽古无式，寻其名号，可得而言。夫言监者，盖总领之义耳。如创纪编年，则年有断限；草传叙事，则事有丰约。或可略而不略，或应书而不书……斯并宜明立科条，审定区域。傥人思自勉，则书可立成。今监之者既不指授，修之者又无遵奉，用使争学苟且，务相推避，坐变炎凉，徒延岁月。其不可五也。[28]

以上五条，除了第二条稍似牵强外[29]，其他几条大概都是切中要害的，的确是集体著述之弊。

刘知幾指出的史馆修史之弊第一条是，非出自一家之言。这一批判抓住了学术创造的规律，是一个本质性的问题。刘知幾的这一批评，是和他的另一项重要的史学主张相联系的，那就是他主张“独断”之学。刘知幾在《辨职》篇分析了史馆之弊后，提出了他的“独断”主张：

昔丘明之修《传》也，以避时难；子长之立记也，藏于名山；班固之成书也，出自家庭；陈寿之草志也，创于私室。然则古来贤俊，立言垂后，何必身居廨宇，迹参僚属，而后成其事乎？是以深识之士，知其若斯，退居清静，杜门不出，成其一家，独断而已。

刘知幾自己对“独断”二字并没有作出具体解释，其思想内涵可以从他的上下文和有关的论述中分析出来。我们体会，刘知幾的独断说，即是强调史家个体独立思考、不受外界约束、不受政治控制的史学研究形式，是历史学家个人的修史事业，他举到的例子左丘明、司马迁、班固、陈寿等无不如是。在他看来，只有私家撰史，个人修史，才可能有真正的真知灼见，才可能创造出自成一家之言的不朽之作。这里，“出自一家”是非常重要的。凡是“借以众功”的作品，是难以“立言不朽”的。

集体编书所以不可能产生“立言不朽”的传世名作，关键的问题是它不符合学术创造的规律。学术活动，特别是社会科学的研究活动，实际上是非常个性化的活动，是学者个体的心灵体验。每个人都有一个特殊的头脑，每个人对历史对社会的体认和感受都是非常不同的。个人的著述和研究，无论他的学识如何，总会有着内在的逻辑体系；而集体编书，无论确立多么明确的指导思想，制定多么详细的写作体例，甚至无论研究者的风格有多么类同或接近，都无法保证学术成果的内在一致性。再不要说那些监修大员们意见不一，政出多门，根本无法保证有统一的指导思想。古往今来，任何学术名作，都有着作者对历史的独到见解，有着对历史内在精神的天才猜测，这是集体编书无论如何都无法达到的。刘知幾对史馆修史制度弊端的揭露，无疑是一个天才的批判！这一批判，抓住了集体编书不能成功的根本要害，即使对今天的学术发展，也具有重要的参考意义。

刘知幾指出的第三条弊端，是古代编书中常碰到的问题，无需过多分析。

第四、第五条，是对史馆管理制度的批判。首先是史馆监修制度，监修非一 十羊九牧,一国三公,政出多门,不仅是没有统一的编修指导思想,也还使编修人员无所适从,只好虚与应付,敷衍故事。其次是史馆人员的组成官僚化,而不是专业化;并由官僚化将史馆变成“素餐之窟宅,尸禄之渊薮”。《史通·辨职》篇更清晰地揭示了这一问题:

> 今之从政则不然,凡居斯职者,必恩幸贵臣,凡庸贱品,饱食安步,坐啸画诺,若斯而已矣。夫人既不知善之为善,则亦不知恶之为恶。故凡所引进,皆非其才,或以势利见升,或以干祈取擢。遂使当官效用,江左以不落为谣;拜职辨名,洛中以职闲为说。言之可为大噱,可为长叹也……唯夫修史者则不然。或当官卒岁,竟无刊述,而人莫之省也;或辄不自揆,轻弄笔端,而人莫之见也。由斯而言,彼史曹者,崇扃峻宇,深附九重,虽地处禁中,而人同方外。可以养拙,可以藏愚,绣衣直指所不能绳,强项申威所不能及。斯固素餐之窟宅,尸禄之渊薮也。凡有国有家者,何事于斯职哉!

大概这是在专制官僚制度下,史馆修史无法避免的问题,非唐代所独有,而是制度使然。可以说,刘知幾对史馆制度的批判,入木三分。

四、学术批判中的冷静分析态度

《史通》全书无处不贯彻或渗透批判精神。但刘知幾不是当今之愤青,不是无原则地发泄怨气,也不是像我们今天某些人理解的那样,把批判看成是一种简单的否定,从而对批判这个词讳莫如深。他的批判,从某种程度上说,是具有科学态度和辩证精神的。或者说,他所执行的批判,实际上就是一种分析的态度。他对待自己的评论对象,能够保持一份清醒的头脑,既看到他们的问题之所在,也看到他们的长处或优点,对之采取有分析地对待的态度。他在《杂说下》中说:“夫自古学者,谈称多矣。精于《公羊》者,尤憎《左氏》;习于《太史》者,偏嫉孟坚。夫能以彼所长而攻此所短,持此之是而述彼之非,兼善者鲜矣。”他不满于前人过于偏袒一方而不能全面看问题的偏执做法,提出“兼善”的要求。在另一个地方,他又明确提出“苟爱而知其丑,憎而知其善”[30]的著述原则,并在自己的史学批评中实践了这一原则。

譬如对待孔子的态度,刘知幾在不少地方表现出对孔子的尊重和敬仰,他曾写道:

昔仲尼以睿圣明哲，天纵多能，睹史籍之繁文，惧览者之不一，删《诗》为三百篇，约史记以修《春秋》，赞《易》道以黜八索，述《职方》以除九丘，讨论坟、典，断自唐、虞，以迄于周。其文不刊，为后王法。[31]

昔孔宣父以大圣之德，应运而生，生人已来，未之有也……古今世殊，师授路隔，恨不得亲膺洒扫，陪五尺之童；躬奉德音，抚四科之友。[32]

第一段话肯定孔子关于“六经”的删定和编纂，为后世提供了不刊之文，为后代帝王确立了可以遵循的基本法典。第二段话，真诚表达对孔子的敬仰之情，愿意做孔子的及门弟子，为其“亲膺洒扫”，服弟子之役；并称颂孔子之大圣之德，是“生人已来，未之有也”。即便是对孔子如此崇敬，但对于孔子所删定的《六经》中存在的问题，他也是丝毫不予袒护，一一给予无情地抨击。在《惑经》篇，他对孔子的《春秋》，一下子提出了十二条“未喻”、五条“虚美”，实际上就是十七条质疑或批判。他还集中批判孔子“夫子之刊书也……饰智矜愚，爱憎由己者多矣”；“夫子之修《春秋》，皆遵彼乖僻，习其讹谬，凡所编次，不加刊改者矣”。这些都已见前述，不复赘言。

在前代史书中，刘知幾最推崇的是《左传》，但又评之曰：“《左氏》录夫子一时戏言，以为千载笃论。成微婉之深累，玷良直之高范，不其惜乎！”[33]

刘知幾赞赏班固的《汉书》，以至于有抑马扬班之说，但刘知幾对班固也始终是一种是其所是、非其所非的科学态度，真正体现了“爱而知其丑，憎而知其善”的实录原则。他赞扬班固及其《汉书》曰：

如《汉书》者，究西都之首末，穷刘氏之废兴，包举一代，撰成一书。言皆精练，事甚该密，故学者寻讨，易为其功。自尔迄今，无改斯道。

于是考兹六家，商榷千载，盖史之流品，亦穷之于此矣。而朴散淳销，时移世异，《尚书》等四家，其体久废，所可祖述者，唯《左氏》及《汉书》二家而已。[34]

必寻其得失，考其异同，子长淡泊无味，承祚懦缓不切，贤才间出，隔世同科。孟坚辞惟温雅，理多惬当。其尤美者，有典诰之风，翩翩奕奕，良可咏也。[35]

而其《汉书五行志错误》篇则是论班固之非的专论。他在该篇批评说：

班氏著志，牴牾者多。在于《五行》，芜累尤甚。今辄条其错缪，定为四科：一曰引书失宜，二曰叙事乖理，三曰释灾多滥，四曰古学不精。

而班《志》尚舍长用短，捐旧习新，苟出异同，自矜魁博，多见其无识者矣。此所谓不循经典，自任胸怀也。

《曲笔》篇中他根据班固受金而书的传闻，对班固更是痛加斥责：

> 若王沈《魏录》滥述贬甄之诏，陆机《晋史》虚张拒葛之锋，班固受金而始书，陈寿借米而方传。此又记言之奸贼，载笔之凶人，虽肆诸市朝，投畀豺虎可也。

有褒有贬，“爱而知其丑，憎而知其善”，保持一种客观公允的科学态度，是刘知幾史学批评的显著风格。我们今天需要提倡刘知幾史学的批判精神，但这种批判也必须是清醒的而不是盲目的，科学的而不是随意的，分析的而不是轻率的，辩证的而不是偏执的。在这方面，刘知幾的做法仍然有一定的示范意义。

五、刘知幾史学的当代启示：让学术执行批判的使命

《史通》是中国历史上唯一一本部以批判为职志的史学批评著作。刘知幾之前的所有著作，都被他以批判的眼光审查过，大到撰述志向、历史观念，小如遣词用语、材料取舍，史著之篇章布局，体例之是是非非，他都无一例外地予以批判性评论。可以说，贯彻于十万言《史通》的一以贯之之精神，就是“批判”二字；飞扬于《史通》酣畅淋漓、激情涤荡的行文之中的，就是批判性思维。批判精神即是刘知幾史学的核心和灵魂。今天，纪念刘知幾诞辰1350周年，其真正的意义，就在于从刘知幾身上汲取宝贵的思想营养，从他那里体会学术的真谛，学习其批判性思维。

今天的人们需要思考，我们所从事的人文社会科学研究，有什么价值和意义？它为什么能够存在？人类为什么需要社会科学？需要它解决什么样的问题？这些关于人文社会科学的本质、使命和职能的提问，可以从不同的角度去理解，可以做出许多不同的解释或回答。而以笔者之见，**社会科学的本质就是执行社会批判**。只有通过清醒的、健康的、积极的社会批判，社会科学才可能充当引导社会发展的向导，才可能推动人们去认识社会、发现问题、创造未来。马克思在《〈资本论〉第一卷第二版跋》中讲他的哲学，他的辩证法，说“按其本质来说，它是批判的和革命的”[36]；而真正的社会科学，就其本质来说，也是批判的和革命的。不仅它的性质是批判的，它的内容也是批判的，它执行的就是社会批判的使命。

社会需要批判，任何社会的任何时代都需要批判。因为，任何时代的社会发展，都是一种前无古人的创造，人类永远需要为自己开辟新的前景。正因为这样，不断对自己的创造活动进行反思和批判，以利于进一步的发展，就成为历史向人类

自身提出的一个庄严的要求。社会科学就是应这种要求而产生的。

当然，社会科学工作者所执行的社会批判，并不是直接的社会改造，而是从对现实社会的冷静分析中发现社会的弊端，通过对其揭示、分析和批判，引起社会的警觉，引起政治家的关注，从而为社会政治、社会政策和社会行为的调整提供借鉴。从这一点上说，多年来，我们的社会科学没有执行这一使命，我们在很大程度上是为一种社会体制寻找合理性，为当下社会寻找它存在的根据。特别是在改革开放以前的"左"的时代，过分强调学术研究为无产阶级政治服务，使学术变成了为现实政治论证其合理性的御用工具，成了政治的奴仆和应声虫，丧失了学术本身应有的批判功能。长此以往，我们的学人已经不习惯于批判性思考，而养成了一种防御性思维。一切以现实政治为旨归，历史研究的结论来自于政治的指示或暗示，而不是研究者从历史出发的独立思考的结果。这就完全颠倒了学术与政治的关系。其实，社会存在的根据不需要论证，因为它已经存在，它需要的是发展，需要的是寻找新的发展的起点，而冷静的、积极的社会批判，则是寻找社会发展新起点的基本路径。

人文社会科学家（当然也包括历史学家）需要承担起社会批判的使命，需要有执行社会批判的勇气，需要批判性思维，这是当代学者改善自身修养必须面对的问题。而这又是很不容易做到的事情。我们知道，传统中国实行的是文化专制主义，不允许人们有自己的思想，不允许自由思想，人们的思想被完全的统一于儒家思想，一切观点、思想、言论，都只能以儒家学说为指归，以孔子的是非为是非，不允许对这种思想有任何的怀疑和批判，否则就是离经叛道、大逆不道。有位青年学者在批判中国传统的专制主义思想时有一段很深刻的揭示："有一个事实是我们始终无法回避的，即中国有着两千年的皇权教化主义传统。这个传统在决定性的程度上已经深刻塑造了中国人的思想品质。而我们现在所要试图理解的就是这种传统。它把思想弄成一种规范式的东西，要求人们只能进行一种规范主义的思考。它把统一思想作为思想本身的目的。围绕这个目的，它建构和制定出一整套体制和标准，从而使得人们的正常思想成为专制制度可以强力控制的东西，即使思想成为一种可控的过程。"[37]正是这样的思想专制，塑造了中国学人的天生弱点——极端地缺乏怀疑精神和批判意识，对什么都习惯于接受而不习惯于思考，更遑论批判！

现代中国学人，改善学术修养最大的问题，就是要培养批判性思维，而这又是一个既迫切又不容易做到的事情。除了推进政治民主化的进程之外，就学者自身来说，强烈的事业心、责任心和使命感的培养是个极为突出的问题，独立思考的素质、品格、勇气和胆略的培养也不容忽视！在这方面，刘知幾也是值得今人效法的对象。刘知幾从青年时代以至于晚年，献身于事业的热情，他的事业心、责任感和政治使命意识从来都是那么强烈。他19岁未及弱冠而中进士，说明了他的天赋和才气，但他却不被社会所看重，仅被委任一个县主簿职任，并且一坐就是19年。但这并没有消磨他的事业心和责任感，始终都对社会抱着强烈的理想和关怀。武则天证圣元年(695年)春，"令内外文武九品已上各上封事，极言正谏"[38]。武则天此举并非真的想听取天下文武官员的政事谏言，仅是"收人望"的作秀而已，而刘知幾则以积极的态度响应诏诰，连上两封奏章。第一次上表，主要是针对当时赦宥无度的弊端，提出一个"节赦"的主张，第二次又针对当时滥赐阶勋的弊端，提出赐阶勋应依据德才标准。《资治通鉴》卷二百五载其事曰：

> 获嘉主簿彭城刘知幾表陈四事：其一，以为："皇业权舆，天地开辟，嗣君即位，黎元更始，时则藉非常之庆以申再造之恩。今六合清晏而赦令不息，近则一年再降，远则每岁无遗，至于违法悖礼之徒，无赖不仁之辈，编户则寇攘为业，当官则赃贿是求。而元日之朝，指期天泽，重阳之节，伫降皇恩，如其忖度，咸果释免。或有名垂结正，罪将断决，窃行货贿，方便规求，故致稽延，毕沾宽宥。用使俗多顽悖，时罕廉隅，为善者不预恩光，作恶者独承徼幸。古语曰：'小人之幸，君子之不幸。'斯之谓也。望陛下而今而后，颇节于赦，使黎氓知禁，奸宄肃清。"其二，以为："海内具僚九品以上，每岁逢赦，必赐阶勋，至于朝野宴集，公私聚会，绯服众于青衣，象板多于木笏；皆荣非德举，位罕才升，不知何者为妍蚩，何者为美恶。臣望自今以后，稍息私恩，使有善者逾效忠勤，无才者咸知勉励。"其三，以为："陛下临朝践极，取士太广，六品以下职事清官，遂乃方之土芥，比之沙砾，若遂不加沙汰，臣恐有秽皇风。"其四，以为："今之牧伯迁代太速，倏来忽往，蓬转萍流，既怀苟且之谋，何暇循良之政！望自今刺史非三岁以上不可迁官，仍明察功过，尤甄赏罚。"[39]

从以上言辞之激切，分析之透彻，我们既可以感受到刘知幾忠于当今女皇朝廷的拳拳之心，也可以看到他富有强烈的政治责任感和敏锐的洞察力。不过，笔者感叹的是刘知幾的政治责任感和历史使命感，使他对当今女皇的指陈，敢于那样的毫无避讳。"是时官爵僭滥而法网严密，士类竞为趋进而多陷刑戮"[40]，这是时人都目睹的严酷现实。但刘知幾指斥武则天宽赦佑护了"违法悖礼之徒，无赖不仁之辈"，他要求女皇"稍息私恩"。刘知幾不是一个明哲保身的人，而是为了国家事业不畏强御、敢于献身的人。撇开他的识见不说，单单是在武则天的淫威之下所表示出来的胆略和勇气,就足以使今之学人汗颜!

实际上,从思想学说的角度说,没有任何一种学说是绝对的终极真理,不应该接受分析、质疑和批判;从社会或政治上说,没有任何社会或政治的现实状态,是最完美的理想状态,不应该接受来自社会成员的思考和批判。而正是人们持续不断的分析思考、质疑批判,才可能促使一种学说或政治逐渐地臻于完善。思想的和社会的批判,是社会历史进步的动力和活力。一个没有批判意识的民族,是无法创造充满活力、生机勃勃的社会政治局面的。我们提倡今天的人们,要重视培养自觉的怀疑精神和批判意识,提高自己批判思维的智慧和能力,能对我们身边的现实保持清醒的头脑,有独立判断的勇气、信心和能力,用批判性思维看待我们周围的一切。古往今来,在中国思想文化的发展史上,真正能进行批判思维的人并不多,汉代的王充,唐代的刘知幾,明代的李贽,实属凤毛麟角,我们真诚地希望,他们的批判精神能够在今天的时代得到发扬和光大,所以,在纪念刘知幾诞辰 1350 周年的时候,我们对刘知幾史学遗产的挖掘,应该在他的批判精神方面下功夫,做文章,让我们新时代的学术,也能像刘知幾史学那样,肩负起批判的使命,成为当代社会发展的推动力量。

(原刊于《史学月刊》2011 年第 1 期)

注　释

1 关于刘知幾史学的批判精神,上世纪 60 年代的几位史学大家所发表的关于刘知幾史学的著名论文,都有所涉及。这些论文是:侯外庐《论刘知幾的学术思想》(《历史研究》1961 年第 2 期)、翦伯赞《论刘知幾的史学》(《中国史论集》第二辑,国际文化服务社出版)、白寿彝《刘知幾的史学》(《北京师范大学学报》1959 年第 5 期)、任继愈《刘知幾的进步的历史观》(《文史哲》1964 年第 1 期)、杨翼骧《刘知幾与〈史通〉》(《历史教学》1963 年第 7、8 期)等(这几篇宏论都已收入吴泽主编的《中国史学史论集》二,上海人民出版社,1980 年)。在一般的中国史学史著作中,谈到刘知幾史学的章节,也几乎都会提到他的学术批判精神。特别是白寿彝先生的文章,第一部分的标题即是"刘知幾史学的批判精神和对优良传统的发扬"。

2 翦伯赞《论刘知幾的史学》,吴泽主编《中国史学史论集》二,第 57 页。

3 《史通·疑古》,刘知幾撰、浦起龙释《史通通释》下,上海古籍出版社,1978 年,第 388 页。

4 《史通·疑古》,刘知幾撰、浦起龙释《史通通释》下,第 380 页。

5 《史通·疑古》,刘知幾撰、浦起龙释《史通通释》下,第 388 页。

6 《晋书·王沈传》,中华书局,1974 年,第 1143 页。

7 《史通·惑经》,刘知幾撰、浦起龙释《史通通释》下,第 402 页。

8 《史通·惑经》,刘知幾撰、浦起龙释《史通通释》下,第 405 页。

9 《史通·惑经》,刘知幾撰、浦起龙释《史通通释》下,第 407 页。

10 《史通·惑经》,刘知幾撰、浦起龙释《史通通释》下,第408页。

11 《史通·惑经》,刘知幾撰、浦起龙释《史通通释》下,第409页。

12 《史通·疑古》,刘知幾撰、浦起龙释《史通通释》下,第380—381页。

13 李梦生《左传译注》,上海古籍出版社,2004年,第147页。

14 李梦生《左传译注》,上海古籍出版社,2004年,第174页。

15 徐元诰《国语集解》,中华书局,2002年,第29页。

16 《史记·高祖本纪》,中华书局,1959年,第341页。

17 对于《书志》篇这段文字中提到的这些灾异征兆之事,《史通》本注中一一驳斥,限于篇幅原因不复赘引。参见刘知幾撰、浦起龙释《史通通释》上,上海人民出版社,1978年,第64—66页。

18 《史通·疑古》,刘知幾撰、浦起龙释《史通通释》下,第384页。

19 《史通·疑古》,刘知幾撰、浦起龙释《史通通释》下,第386页。

20 《隋书·恭帝纪》,中华书局,1973年,第102页。

21 唐修五代史,谓南朝的梁、陈和北朝的北齐、北周、隋,凡五朝。

22 《史通·杂说中》,刘知幾撰、浦起龙释《史通通释》下,第501页。

23 《史通·杂说中》,刘知幾撰、浦起龙释《史通通释》下,第501页。

24 《史通·杂说中》,刘知幾撰、浦起龙释《史通通释》下,第499页。

25 《史通·杂说中》,刘知幾撰、浦起龙释《史通通释》下,第502页。

26 《史通·采撰》,刘知幾撰、浦起龙释《史通通释》上,第116—117页。

27 《史通·杂说上》,刘知幾撰、浦起龙释《史通通释》下,第456—457页。

28 《史通·忤时》,刘知幾撰、浦起龙释《史通通释》下,第590—592页。

29 这一条对史馆修史在资料问题上所谓弊端的指责,是不准确的。应该说,史馆修史,动用国家的力量,在资料的搜集占有方面是具有其特别优势的。如唐代有专门的史料征集制度,唐太宗曾颁布"诸司应送史馆事例"的诏书,规定了从中央到地方各级机构应定期向史馆报送各种重要文牍的具体条例,内容极其宽泛,由此保证了史馆修史的资料优势。详见《唐会要》卷63《史馆》上,文渊阁四库全书本。

30 《史通·惑经》,刘知幾撰、浦起龙释《史通通释》下,第402页。

31 《史通·自叙》,刘知幾撰、浦起龙释《史通通释》上,第289—290页。

32 《史通·惑经》,刘知幾撰、浦起龙释《史通通释》下,第397页。

33 《史通·杂说上》,刘知幾撰、浦起龙释《史通通释》下,第452页。

34 《史通·六家》,刘知幾撰、浦起龙释《史通通释》上,第23页。

35 《史通·论赞》,刘知幾撰、浦起龙释《史通通释》上,第82页。

36 《马克思恩格斯选集》第2卷,人民出版社,1995年,第112页。

37 雷戈《秦汉之际的政治思想与皇权主义》,上海古籍出版社,2006年,第64—65页。

38 《旧唐书·则天皇后本纪》,中华书局,1975年,第124页。

39 《资治通鉴》卷205,中华书局,1956年,第6500—6501页。

40 《旧唐书·刘子玄传》,第3168页。

唐宋时期宰相治事制度变迁初探

贾玉英

唐宋时期宰相治事制度复杂多变，是研究唐宋中央政治体制变迁的重要问题之一。学术界对此虽有相关的研究成果涉及[1]，但由于文献记载零散失详，至今罕有专论。本文拟就唐宋时期宰相治事机构变迁、宰相治事性质由兼职向专职之演变、宰相轮流秉笔主政制度变迁等问题，作初步探讨，希冀对唐宋中央政治体制变革的研究有所补益。

一、唐宋时期宰相治事机构及治事性质之演变

1. 宰相治事机构的演变

唐朝初年，“宰相常于门下省议事，谓之政事堂”[2]。无专门的宰相治事机构。弘道元年(683年)十二月，裴炎自门下省长官侍中转为中书省长官中书令，“执朝政”[3]，“始迁政事堂于中书省”[4]。自此，政事堂自门下省迁至中书省，此时仍无专门的宰相治事机构。

唐玄宗开元十一年(723年)，宰相张说奏“改政事堂号‘中书门下’，列五房于其后：一曰吏房，二曰枢机房，三曰兵房，四曰户房，五曰刑礼房，分曹以主众务”[5]。自此，中书门下成为专门的宰相治事机构，并具有独立的印信。

值得注意的是，唐朝开元之后，政事堂虽已改名为中书门下，并成为专门的宰相治事机构，与唐朝初年的政事堂有了明显的差别，但人们仍习惯称中书门下为政

事堂,并将中书门下主书称为“堂头”。

五代时,宰相治事机构虽仍为中书门下,但称谓多有变化。后梁、后唐时,中书门下也称“政事堂”、“中书都堂”、“中书政事堂”等。后晋时,为了避高祖石敬瑭名字之讳,天福七年(942年)七月下诏:改“中书政事堂为政事厅,堂后官房(堂)头为录事,余为主事”[6],将宰相机构中书政事堂改名为政事厅,堂头改名为录事。

北宋前期,宰相治事机构中书门下简称“中书”。史载:“中书门下在朝堂西,榜曰‘中书’,为宰相治事之所,印文行敕曰中书门下”[7]。元丰五年(1082年)四月,宋神宗“厘中书为三省”[8],以“三省以总天下之事”。三省都堂“为聚议之所,参决国论、延见百辟”[9]。自此,三省都堂演变为宰相和执政治事的机构。

北宋后期,三省都堂仍为宰相的治事机构。宋徽宗宣和四年(1122年)十二月,太师蔡京依前“领三省事”,“五日一赴朝请,至都堂治事”[10],这里的“都堂”指的就是三省都堂。南宋建炎三年(1129年)四月,宋高宗“始合三省为一”[11],宰相治事机构仍习惯称“三省都堂”[12]。

唐宋时期,宰相治事机构出现了由外朝移至禁中的变化。唐朝宰相议事机构政事堂及中书门下所在的门下省、中书省均在外朝[13],其中门下省在宣政殿东廊的日华门外、中书省在宣政殿西廊的月华门外[14],而北宋宰相治事机构设置在禁中。北宋前期,“中书、门下并列于外,又别置中书于禁中,是谓政事堂,与枢密院对掌大政”[15],宰相治事机构中书开始移至禁中。元丰改制后,宋神宗“以旧中书东、西厅为门下、中书省,都堂为三省都堂”[16],宰相治事机构虽改名为三省都堂,但仍在禁中。中国古代将皇帝的宫中称为禁中,宋代把宰相治事机构设置在禁中,其目的主要是为了加强对宰相的控制。

2. 宰相治事性质由兼职向专职的演变

唐朝开元年间之前,宰相品位“既崇,不欲轻以授人,故常以他官居宰相职,而假以他名”[17],“诸司之官兼知政事者,午前议政于朝堂,午后理务于本司”[18]。也就是说,宰相午前在政事堂议政,午后回本司处理政务,属于兼职性质的治事制度。兼职性宰相治事制度曾对唐朝政局的稳定起到了重要作用。开元年间,伴随唐朝政治形势的发展,宰相治事制度开始由兼职向专职演变。

唐朝宰相治事制度由兼职向专职的演变始于李林甫。开元二十二年(734年)五月,唐玄宗“以裴耀卿为侍中,张九龄为中书令,(李)林甫为礼部尚书、同中书门下三品”[19]。三个宰相中,张九龄因文学才能得到了唐玄宗的赞赏,李“林甫虽恨,犹曲意事之”;裴耀卿与张九龄关系友善,李“林甫并疾之”。张“九龄遇事无细大皆力争",李林甫"日思所以中伤之"[20]。开元二十四年(736年)十一月,裴耀卿和张九龄"并罢政事"[21],李林甫如愿以偿地把裴耀卿和张九龄挤出了宰相府。新上任的宰相"牛仙客既为林甫所引,专给唯诺而已"[22],宰相府的大权全部控制在李林甫手中。正如胡如雷先生所说:"开元二十四年张九龄罢知政事,同年牛仙客拜相,从此形成李林甫一派独霸政事堂的局面"[23]。自开元二十七年(739年)四月起,宰相李林甫将吏部"选事悉委"于吏部侍郎宋遥和苗晋卿,自己"日在政府"[24],不再回吏部。自此,唐朝宰相治事制度开始由兼职向专职演变。这里的"政府,谓政事堂"[25]。开元年间之后,"宰臣数少,始崇其任,不归本司"[26]。自此,唐朝专职宰相治事制度确立,并为五代及宋朝沿用。

二、唐宋时期宰相轮流秉笔主政制度的确立及其演变

1. 唐五代宰相轮流主政制度的确立及其演变

唐玄宗天宝元年(742年)七月,牛仙客死后,李林甫荐举陈希烈为宰相,其原因是陈希烈专以神仙符瑞取媚于唐玄宗,"且柔佞易制,故引以为相"。陈希烈入相之后,"但给唯诺","凡政事一决于林甫"[27]。此后,朝廷军国机务皆决于李林甫"私家,主书吴珣持籍就左相陈希烈之第,希烈引籍署名,都无可否"。接任李林甫宰相职务的杨国忠,不仅在家中决策军政机务,而且在还家中选任官员。《旧唐书·杨国忠》载:

> 故事,吏部三铨,三注三唱,自春及夏,才终其事;国忠使胥吏于私第暗定官员,集百寮于尚书省对注唱,一日令毕,以夸神速,资格差谬,无复伦序。明年注拟,又于私第大集选人,令诸女弟垂帘观之,笑语之声,朗闻于外。[28]

鉴于李林甫和杨国忠专权的教训,至德二载(757年)三月,唐肃宗令"宰相分直主政事、执笔,每一人知十日"[29]。自此,宰相每十日轮流执笔处理政务成为制度。同时,自唐肃宗朝开始,值班宰相治事可以替代其他宰相署名也成为制度。史称:"肃宗之世,天下务殷,宰相常有数人,更直决事,或休沐各归私第,诏直事者代署其名而奏之,自是踵为故事。"唐代宗大历末年,宰相常衮"独居政事堂"[30],宰相轮流主政事执笔的制度遭到破坏。

唐德宗即位后,四个宰相"共坐一榻,各据一隅,谓之押角"[31],实行宰相集体治

事制度。贞元九年(793年),唐德宗以中书侍郎赵憬为门下侍郎、同平章事。赵"憬疑陆贽恃恩,欲专大政,排己置之门下,多称疾不豫事"[32]。自此,宰相赵憬与陆贽不和,百官奏事时,宰相互相推让,都不发表意见。史载:"贾耽、陆贽、赵憬、卢迈为相,百官白事,更让不言"[33]。同年七月,又恢复了宰相"旬日一易"[34]的轮流秉笔主政制度。贞元十年(794年)五月八日,唐德宗将宰相轮流执笔治事的时间由十日一更替改为"每日一人执笔"[35],即十日轮流治事制改为一日一更替制。正如宋朝人叶梦得所总结的:"唐至德中,宰相分直政事笔,人知十日;贞元后,改为轮日。"[36]

唐宪宗朝,宰相基本上是天天到中书治事。元和二年(807年)十一月,宪宗下诏:"司徒杜佑筋力未衰,起今后每日入中书视事。"[37]唐朝末年,宰相天天到宰相府治事的制度遭到破坏。

五代后唐同光三年(925年)八月,唐庄宗下敕规定:"自今文武百官,三日一趋朝,宰臣即每日中书视事"[38],恢复了宰相天天到中书治事的制度。

后晋确立了首相当班掌印主政制度。石敬瑭"入洛,以(冯)道为首相"[39]。"旧制,凡宰臣更日知印"[40]。天福四年(939年)八月,晋高祖下诏:"中书知印止委上相,由是事无巨细,悉委于(冯)道。"[41]自宰相冯道开始,后晋确立了首相当班掌印制度。翌年,唐朝后期以来的"四相共坐一榻,各据一隅,谓之押角"制度被废除[42]。

后汉时,宰相府实行的仍是首相主政制度。乾祐元年(948年)四月,杨邠为中书侍郎、兼吏部尚书、同平章事,"凡中书除官,诸司奏事",汉隐帝"皆委(杨)邠斟酌,自是三相拱手,政事尽决于(杨)邠;事有未更(杨)邠所可否者,莫敢施行,遂成凝滞。三相每进拟用人,苟不出(杨)邠意,虽簿、尉亦不之与"[43]。这里的"三相",指的是窦贞固、苏逢吉和苏禹珪。

2. 宋代宰相秉笔主政制度变迁

北宋以前,"宰相见天子必命坐,有大政事则面议之,常从容赐茶而退,自余号令除拜,刑赏废置,但入熟状,画可降出即行之,唐及五代,皆不改其制,犹有'坐而论道'之遗意"。北宋初年,范质、王溥、魏仁浦等三宰相均为原后周的旧相,因"稍存形迹",害怕宋太祖赵匡胤的英武尊容,所以"每事辄具札子进呈,退,即批所得圣旨,而同列署字以志之"。自"范质等始",北宋废除了中国古代宰相"坐而论道"和"赐茶之礼",此"后遂为定式"[44]。宰相范质事事以札子的形式进呈皇帝,退朝之后批所得圣旨,批过之后,由同列署字。可见,当时宰相府实行的仍是首相秉笔主政制度。

乾德二年(964年)正月,宰相范质、王溥、魏仁浦等三人罢政,赵普独相,按照"同列署字"的治事制度,赵普一人为相,无同列宰相署敕者。一日,宋太祖在资政殿,宰相赵普"入奏其事",宋太祖说:"卿但进敕,朕为卿署字,可乎?"赵普回答说:"此有司所行,非帝王事也。"太祖"乃使问翰林学士讲求故实"。陶穀建议说:"自古辅相未尝虚位,唯唐太和中,甘露事后数日无宰相,时左仆射令狐楚等奉行制书;今尚书亦南省长官,可以署敕。"而窦仪则说:"穀所陈非承平令典,不足援据,今皇弟开封尹、同平章事,即宰相之任也。"[45]宋太祖采纳窦仪的意见,令开封尹、同平章事赵光义署敕。

宰相赵普虽深得宋太祖的宠信,被视"如左右手,事无大小,悉咨决焉"[46]。然而,宋太祖又"疑其专恣",于乾德二年四月设置了参知政事,"不宣制、不押班、不知印、不升政事堂,止令就宣徽院使厅上事,殿庭别设砖位于宰相后,敕尾署衔降宰相数字,月俸杂给皆半之",地位低于宰相赵普。宋太祖令参知政事地位低于宰相的原因,是不想让新除授的参知政事薛"居正等与(赵)普齐也"[47]。这里的"齐",即我们今天所说的平起平坐。

宰相赵普"独断政事","中书印唯宰相得知,事无大小,尽决于(赵)普",参知政事薛"居正等恐慄备位而已"[48]。赵普的专权,引起了不少朝廷大臣的嫉恨,史载"廷臣多疾之"。有官员上言说:"宗正丞赵孚,乾德中授西川官,称疾不之任,皆宰相庇之"[49]。宋太祖"初听赵玭之诉,欲逐(赵)普,既止。卢多逊在翰林,因召对,数毁短(赵)普",且说赵"普尝以隙地私易尚食蔬圃,广第宅、营邸店、夺民利"。宋太祖就此事询问翰林学士李昉。李昉回答说:"臣职司书诏,普所为,臣不得而知也"[50],太祖虽默然不语,但赵普受皇帝宠信的地位已开始动摇。

宋太祖开宝年间(968—976年),副宰相参知政事地位提高,开始与宰相更知印、押班和奏事,宰相府的主政制度发生了重要变化。开宝六年(973年)六月,宋太祖"诏参知政事吕馀庆、薛居正升都堂,与宰相同议政事"[51]。不久,赵孚人等抵罪,宋太祖"复诏薛居正、吕余庆与(赵)普更知印押班奏事,以分其权"[52]。自此,参知政事与宰相更日轮流知印、押班的治事制度确立。

宋太宗至道元年(995年)四月,与寇准同任知政事的吕端"先居相位"。吕端担忧寇准"不平,乃请参知政事与宰相分日押班知印,同升政事堂"[53]。同年四月,宋太宗接受吕端的建议,下诏规定:"自今参知政事宜与宰相分日知印、押正衙班,其位砖先异位,宜合而为一,遇宰相、使相视事及议军国大政,并得升都堂。"[54]。自此,参知政事不仅与宰相更日轮流知印、押班,而且职权等同宰相。

然而,不久就出现了问题。参知政事寇准在官员的选任和升迁中,“率意轻重,其素所喜者,多得台省清秩;所恶者及不知者,即序进”。广州左通判、左正言冯拯,因为与寇准有隙,受到寇准的抑制,被转迁为虞部员外郎,而资序低于冯拯的右通判、太常博士彭惟节,则转迁为屯田员外郎。彭“惟节自以素居(冯)拯下,章奏列衔皆如旧不易”,仍居冯拯之下。副宰相寇准大怒,“以中书札子升(彭)惟节于(冯)拯上,切责(冯)拯仍特免勘罪”。冯拯气愤地说:“上日阅万机,宁察见此细事,盖寇准弄权尔”,因此上疏极言此事,并揭发寇准对“岭南官吏除拜不均凡数事”。与此同时,岭南东路转运使康戬也上疏说:宰相“吕端、张洎、李昌龄皆(寇)准所引,(吕)端心德之,(张)洎曲奉(寇)准,(李)昌龄畏懦,皆不敢与(寇)准抗,故得以任胸臆,乱经制,皆(寇)准所为也。”宋太宗看了冯拯和康戬的奏疏后大怒。正值寇准“祀太庙摄行事”,不在朝堂。太宗召宰相吕端等斥责之。吕端辩解说:“臣等皆陛下擢用,待罪相府,至于除拜专恣,实(寇)准所为也;准性刚强自任,臣等忝备大臣,不欲忿争,虑伤国体”,且再拜请罪。宋太宗说:“前代中书有堂帖指挥公事,乃是权臣假此名以威服天下;太祖朝,赵普在中书,其堂帖势重于敕命,寻亦令削去,今何为却置札子,札子与堂帖乃大同小异尔。”张洎回答说:“札子盖中书行遣小事,亦犹京百司有符帖、关刺,若废之,则别无公式文字可以指挥。”宋太宗说:“自今大臣须降敕命,合用札子,亦当奏裁,方可施行也。”不久,寇准入对前殿,宋太宗语及冯拯所诉之事,寇“准抗言与(吕)端等同议除拜”。太宗说:“若廷辩是非,又深失执政之体矣。”寇准依然力争不已,宋太宗早已讨厌寇准,于是叹息道:“雀鼠尚知人意,况人乎?”翌日,寇准“又抱中书簿领”[55],论曲直于宋太宗面前,宋太宗更加不高兴,于至道二年七月罢去了寇准的副宰相职务。同年闰七月,宋太宗下诏:“自今中书门下只令宰相押班、知印,其参知政事,殿廷别设砖位,次宰相之后,非议军国政事,不得升都堂,祠祭、行香、署敕,并以开宝六年六月庚戌诏书从事。”[56]自此,又恢复了“只令宰相押班、知印”的治事制度,副宰相的职权被削弱。此制一直到元丰改制未发生大的变化。

元丰改制,宋神宗虽然名义上恢复了三省制度,但由于三省长官位高“虚而不除”,仅以尚书左仆射兼门下侍郎及右仆射兼中书侍郎为宰相,实行“中书揆而议之,门下审而复之,尚书承而行之”[57]的制度,右仆射兼中书侍郎蔡确“名为次相,实颛大政”[58],左仆射兼门下侍郎王珪名为首相,“不复与朝廷议论”[59],“执政官每三五日一聚都堂”,次相蔡确掌握了宰相府的大权。宋哲宗元祐元年(1086年)五月,吕公著为尚书右仆射兼中书侍郎之后,令宰相和执政“乃日聚都堂,遂为故事”[60],恢复了宰相和执政每天到都堂治事的制度。

政和六年(1116 年)四月,宋徽宗令宰相蔡京“三日一造朝”,“事毕,从便归第”,宰相每天治事的制度遭到破坏。不久,徽宗又允许宰相蔡京“三日一知印当笔,不赴朝日,许府第书押”[61],在家中处理政务。宣和七年(1125 年),金兵分两路进攻国都开封,战事紧张,“宰执日聚都堂,茫然无策”[62],又恢复了宰相与执政每天到三省都堂治事制度。

南宋初年,战争繁多,宰相不仅掌领三省都堂政务,而且时而还要兼管枢密院机政。绍兴四年(1134 年)三月,宋高宗采纳枢密院的建议,令“宰臣与(枢密)院官轮日当笔”[63]处理机速房政务。为了不影响宰相对三省及枢密院机速房政务的处理,宋廷令参知政事治理尚书省的常程政务。绍兴七年(1137 年)三月,宋高宗下诏:“尚书省常程事,权从参知政事分治”,三省合行事令宰相“张浚条具取旨”[64]。同年九月,张浚罢相后,赵鼎一人为相,宋高宗下诏规定:“三省事权从参知政事轮日当笔,竢除相日如旧,更不分治常程事。”[65]宰相缺员时,由参知政事与宰相轮日当笔主政,宰相除授之后,立即恢复旧制。自绍兴八年三月秦桧第二次登上宰相宝座之后,参知政事与宰相轮日当笔主政的制度逐渐遭到破坏。

宋孝宗在宰相缺员时,曾一度令参知政事与宰相轮日当笔主政,但时间“多不踰年,少仅旬月”。然而也有例外,如淳熙二年(1175 年)九月,叶衡罢相,宰相缺员,参知政事“龚茂良行相事近三年,亦创见也”[66]。

宋宁宗开禧年间,宰相兼枢密使“遂为永制”[67],平章军国事韩侂胄擅政,“三日一朝,因至都堂,班序丞相之上”[68],三“省印亦归其第,宰相不复知印”[69]。嘉定元年(1208 年)十二月,钱象祖被罢相,自此史弥远独掌宰相府和枢密院治事职权长达 25 年,成为宋朝历史上擅政时间最长的权相。

宋理宗朝,曾一度实行宰相“轮日当笔”的治事制度。嘉熙四年(1240 年)四月,史嵩之与李宗勉并为宰相,宋理宗下诏:“祖宗盛时,宰执有轮日当笔者,今二相并命,合仿旧规,而平章总提其纲,一应军国重事,参酌施行,其三省、枢密院印,并令平章掌之。”[70]如果宰相缺员,则令副宰相参知政事与枢密院长官轮流当笔治事。宝祐三年(1255 年)七月,宰相谢方叔被御史朱应元弹劾罢政,宰相缺员,宋理宗令参知政事董槐与同签书枢密院事程元凤“轮日当笔”主管“三省、(枢)密院机政”[71]。

宋度宗朝,贾似道擅政,宰相轮日当笔的治事制度再次遭到破坏。咸淳三年(1267 年),贾似道为平章军国重事,位在丞相之上,“三日一朝,赴中书堂治事”,不赴都堂治事时,“吏抱文书就第呈署,宰执书纸尾而已”[72],右丞相叶梦鼎备位而已。

南宋权相出现的原因虽然是多方面的,但取消副宰相与宰相“轮日当笔”主政制、宰相兼领枢密院治事职权，是其中最重要的因素。

综上所述，唐宋时期宰相治事制度发生了三点重要变化。

首先，唐宋时期宰相治事机构逐渐专门化，并由外朝移至禁中。唐朝初期，宰相在门下省或中书省议事，无专门的宰相治事机构。开元十一年，中书门下设置吏房、枢机房、兵房、户房、刑礼房等机构分主众务，并具有独立的印信，演变为专门的宰相治事机构。唐朝宰相治事机构无论门下省政事堂、中书省政事堂及中书门下均在外朝。北宋初年，宰相治事机构中书移至禁中，北宋后期及南宋因袭了这一制度，宰相治事机构三省都堂仍设在禁中。唐宋时期宰相治事机构的这些变化，不仅是唐宋中枢体制变革的重要组成部分，而且对唐宋时期中央政治的发展起到了重要作用。

其次，唐宋时期宰相由兼职演变为专职。唐朝开元以前，宰相“午前议政于朝堂，午后理务于本司”，为兼职宰相治事制度。之后，宰相不归本司，“日在政府”，专职宰相治事制确立。五代及宋朝因袭了这一制度。唐宋时期宰相由兼职演变为专职，一方面有利于提高中央政府的行政效率，但同时也埋下了滋生权相的土壤。

最后，唐宋时期确立了宰相轮流秉笔主政制度，轮流的时间和人员复杂多变。唐肃宗鉴于宰相李林甫、杨国忠专权的教训，确立了宰相旬日更替秉笔主政制，唐德宗朝曾改为宰相轮日更替秉笔主政制。北宋确立了副宰相与宰相轮流押班主政制度。南宋不仅逐渐取消了副宰相与宰相“轮日当笔”主政制，而且宰相多兼领枢密院治事职权。这一变化对当时宰相权力的膨胀起到了催化作用。

（原刊于《中州学刊》2011年第4期）

注　释

1 魏向东《论唐玄宗时期的政事堂宰相独断制》，《中国史研究》1992年第4期；刘后滨《唐代中书门下体制研究》，齐鲁书社，2004年；陈振《关于北宋前期的中书》，《中国史研究》1979年第4期；《关于北宋前期的宰相制度》，《中州学刊》1985年第6期；姜锡东《关于北宋前期宰相制度的几个问题》，《中州学刊》1990年第2期。

2 杜佑《通典》卷21《职官三》，中华书局，1984年，第120页。

3 刘肃撰，许德楠、李鼎霞点校《大唐新语》卷10《厘革第二十二》，中华书局，2004年，第152页。

4 《资治通鉴》卷203，唐高宗弘道元年十二月甲戌，中华书局，2005年，第6416页。

5 《新唐书》卷46《百官一》，中华书局，2003年，第1182页。

6 《旧五代史》卷81《晋少帝纪一》，中华书局，1986年，第1068、1069页。

7 《宋会要辑稿》职官1之17,中华书局,1997年,第2338页。

8 《宋史》卷161《职官一》,中华书局,1977年,第3776页。

9 《宋会要辑稿》职官1之32,第2345页。

10 《宋会要辑稿》职官1之33,第2346页。

11 李心传《建炎以来系年要录》卷22,建炎三年四月庚申,中华书局,1988年,第474页。

12 王淮、杨士奇编《历代名臣奏议》卷47《治道》,《四库全书》文渊阁本,第434册,第329页。

13 程大昌《雍录》卷3《太极入閤·图一六》,中华书局,2002年,第61及附图一六页。

14 李林甫等撰,陈仲夫点校《唐六典》卷7,中华书局,2005年,第218页。

15 马端临《文献通考》卷47《职官考》,中华书局,1991年,第437页。

16 李焘《续资治通鉴长编》以下简称《长编》卷341,元丰六年十二月甲申,中华书局,1979—1993年,第8211页。

17 《新唐书》卷46《百官一》,第1182页。

18 《通典》卷23《职官五》,第135页。

19 《资治通鉴》卷214,唐玄宗开元二十二年五月戊子,6807页。

20 《资治通鉴》卷214,唐玄宗开元二十四年十一月戊戌,第6823页。

21 《资治通鉴》卷214,唐玄宗开元二十四年十一月壬寅,第6825页。

22 《资治通鉴》卷214,唐玄宗开元二十四年十一月壬寅,第6826页。

23 胡如雷《唐"开元之治"时期宰相政治探微》,《历史研究》,1994年第1期,第74页。

24 《资治通鉴》卷215,唐玄宗天宝二年正月,第6857页。

25 《资治通鉴》卷215,唐玄宗天宝二年正月注文,第6857页。

26 《旧唐书》卷106《杨国忠传》,中华书局,2002年,第3244页。

27 《资治通鉴》卷215,唐玄宗天宝五载四月己亥,第6872页。

28 《旧唐书》卷106《杨国忠传》,第3244页。

29 《唐会要》卷51《中书令》,上海古籍出版社,2006年,第1036页。

30 《资治通鉴》卷225,唐代宗大历十四年五月癸卯,第7257页。

31 洪迈《容斋随笔》卷3《典章轻废》,中华书局,2006年,第43、44页。

32 《资治通鉴》卷234,唐德宗贞元九年五月甲辰,第7543页。

33 《资治通鉴》卷234,唐德宗贞元九年六月丙午,第7547页。

34 《资治通鉴》卷234,唐德宗贞元九年七月,第7548页。

35 《唐会要》卷51《官号·中书令》,第1036页。

36 叶梦得撰、宇文绍奕考异《石林燕语》卷6,中华书局,1984年,第89页。

37 《旧唐书》卷14《宪宗上》,第423页。

38 《旧五代史》卷141《五行志》,1882页。

39 《旧五代史》卷126《冯道》,第1658页。

40 《资治通鉴》卷282,后晋高祖天福四年八月壬寅注文,第9207页。

41 《资治通鉴》卷282,后晋高祖天福四年八月壬寅,第9207页。

42 洪迈《容斋随笔》卷3《典章轻废》,第43、44页。

43 《资治通鉴》卷288,后汉高祖乾祐元年四月壬午,第9392页。
44 《长编》卷5,乾德二年正月戊子,第118页。
45 《长编》卷5,乾德二年正月庚寅,第119页。
46 《宋史》卷256《赵普传》,第8932页。
47 《长编》卷5,乾德二年四月乙卯,第125页。
48 《长编》卷5,乾德二年四月乙卯注文,第125页。
49 《长编》卷14,开宝六年六月壬寅,第303页。
50 《长编》卷14,开宝六年六月庚戌,第304页。
51 《长编》卷14,开宝六年六月壬寅,第303页。
52 《长编》卷14,开宝六年六月庚戌,第304页。
53 陈均《皇宋编年纲目备要》卷5,至道元年四月,中华书局,2006年,第102页。
54 《长编》卷37,至道元年四月戊子,第812页。
55 《长编》卷40,至道二年七月庚申,第847页。
56 《长编》卷40,至道二年闰七月辛未,第848、849页。
57 李心传撰,徐规点校《建炎以来朝野杂记·甲集》卷10《丞相》,中华书局,2000年,第196页。
58 《宋史》卷471《蔡确》,第13699页。
59 《建炎以来朝野杂记·甲集》卷10《丞相》,第196页。
60 《长编》卷377,元祐元年五月丁巳,第9147页。
61 《宋会要辑稿》职官1之31,第2345页。
62 李纲撰,王瑞明点校《李纲全集》卷171《靖康传信录上》,岳麓书社,2004年,第1575页。
63 《建炎以来系年要录》卷74,绍兴四年三月己未,1223页。
64 《建炎以来系年要录》卷109,绍兴七年三月壬申,第1773页。
65 《建炎以来系年要录》卷114,绍兴七年九月癸酉,第1845页。
66 《宋史》卷161《职官一》,第3775页;卷213《宰辅四》,第5581页。
67 《宋史》卷162《职官二》,第3801页。
68 《宋史》卷474《韩侂胄传》,第13775页。
69 《宋史》卷161《职官一》,第3775页。
70 (元)佚名撰,李之亮校点《宋史全文》卷33《宋理宗三》,黑龙江人民出版社,2005年,第2236页。
71 《宋史全文》卷35《宋理宗五》,第2320页。
72 《宋季三朝政要》卷4,咸淳三年,《四库全书》文渊阁本,第329册,第1011页。

唐代东都洛阳皇帝宗庙存、毁礼仪之争

郭善兵

绪　论

与以往大多围绕帝王宗庙“五庙”、“七庙”的数量；“七庙”究竟是由某一朝代的“始祖”庙、因有功德而有“祖”、“宗”庙号，世世不毁的二“祧庙”以及在位帝王的高祖父以下高、曾、祖、父四世“亲庙”组成，还是由该朝代的“始祖”庙和在位帝王六世祖以下六世“亲庙”组成；及宗庙四时祭、“禘”、“祫”（或称“殷”）祭礼仪等问题而争辩不休不同的是，唐代中、后期，统治阶层围绕唐初在洛阳修建的皇帝宗庙的存、毁问题，爆发了旷日持久、激烈的争辩。虽然近年来中国学者高明士、章群、陈戍国、盖金伟、董理、美国学者 Howard J. Wechsler、日本学者金子修一、户崎哲彦等对唐代皇帝宗庙庙数、祭祀礼制、唐初洛阳太庙的修建与唐、周政治的关系等问题，分别进行较为广泛、深入的探讨，[1] 然而，迄今中、外学人对唐代中、后期洛阳皇帝宗庙的存、毁礼仪之争及相关诸问题，似尚无专门、系统的研究。笔者虽曾对这一礼仪之争的经过及原因进行粗略探讨，提出这一礼仪之争，主要是当时统治阶层试图遵循儒家经典有关记载，强化礼制，进而巩固统治心态的体现，最终，洛阳皇帝宗庙之所以得以保留、重建，除系遵循若干儒家经典的有关记载外，更主要的原因是唐统治者对洛阳重要战略地位具有深刻、清醒的认识，[2] 然受时间、学识的限制，当时对这一问题的探讨，颇为疏略。有鉴于此，笔者在借鉴中、外学人相关研究成果的基础上，通过对相关史料的梳理、分析，对此问题作进一步的考证。

一

唐代在洛阳修建皇帝宗庙，始于唐睿宗垂拱四年（688 年）。该年，唐睿宗在洛阳为唐高祖、唐太宗、唐高宗三帝修建宗庙。武则天以周代唐后，以洛阳为神都，在洛阳兴建周皇帝“七庙”。唐中宗复国后，改周宗庙为唐宗庙，同时在长安、洛阳修建皇帝“七庙”。唐初的这一举措虽有例可循，如西周除在京师或大都邑宗周、成周外，在因迁徙而被废弃的旧都和天子行至之处皆修建宗庙。[3]《左传・庄公二十八年》：“凡邑有宗庙先君之主曰都，无曰邑。”[4] 西汉初、中期，主要出于维护皇权的需要，在王国国都和中央直辖郡为高祖、文帝、武帝修建宗庙。东汉初，除在京师洛阳为西汉高帝、文帝、武帝、宣帝、元帝及东汉光武帝以下历代诸帝修建宗庙外，还将西汉成、哀、平三帝神主置于西汉故都长安高帝庙中。三国吴在长沙临湘、吴郡等地为孙坚、孙策修建宗庙。北魏道武帝、明元帝先后在京师平城、平城西南的白登山及云中、盛乐拓拔部旧居之地为诸祖先立庙。[5] 不过，上述做法皆违背春秋战国以来逐渐确立的礼制。

春秋战国时，传统礼乐制度虽逐渐崩坏，但适应现实需要的新的礼制日渐确立。随着君主集权程度的不断加强，君主对宗族独尊无二的控制权也日渐强化。与此相应，宗子垄断了祭祀本宗族祖先的权力：“支子不祭，祭必告于宗子。”[6] 宗庙只能设于宗子处，否则就属“非礼”：“诸侯不敢祖天子，大夫不敢祖诸侯。而公庙之设于私家，非礼也。”[7]

上述观念对秦汉以后人影响较大。汉元帝永光四年（前 40 年）皇帝宗庙礼制改革的主要措施之一就是废弃郡国庙。三国魏初虽以长安、谯、许昌、邺、洛阳为五都，在邺修建曹氏宗庙，但魏明帝最终于太和元年（227 年）在洛阳修建皇室宗庙，将邺宗庙中祖先神主迁至洛阳宗庙。北魏孝文帝也遵循古礼，于 482 年毁弃修建于京师外的诸帝宗庙。隋炀帝虽欲仿效周、汉先例，在东都洛阳为隋文帝修建宗庙，但这一设想没有付诸实行。[8]

由此可见，自魏晋时起，在京师修建皇帝宗庙已逐渐成为历代政权较为普遍遵循的礼仪。因而，贞观九年（635 年），唐太宗意图仿效西汉、三国魏先例，在太原修建皇帝宗庙，因遭颜师古等人反对，而未实施。唐睿宗在洛阳为唐高祖、唐太宗、唐高宗三帝修建宗庙。[9] 唐中宗复位后，继续保持洛阳的皇帝宗庙，显然并非沿袭古礼，而是另有原因。这或许与当时统治者对洛阳的重要战略地位有较为充分、深刻认识有关。

中国古代历代政权选择建都地址时，都必须要兼顾所选城市的自然环境，满足城市人口社会生活所必需物资的农业、手工业等经济部门生产能力，四通八达的陆路、水路交通网、险要的军事防守凭借和足够的兵力配置军事因素，及该城市的地方势力、民族关系等社会基础。[10]西周初虽以镐为都，但在灭商后，又迅即选择位于洛水之畔，北有邙山，南有伊阙，西靠秦岭，东临嵩岳，伊、洛、瀍、涧四水绕流其间，群山环绕、诸水汇流、关隘屏蔽、交通四达的战略要地洛邑为新都，加强对广袤东方地区的控制。东周王室衰微，蹙居洛邑一带，无力经营四方。春秋战国时，秦人占据的西起汧渭、东至河华，即位于今陕西宝鸡市和潼关县之间，由渭河、泾河、洛河及其支流冲积形成的关中地区，由于气候温和、雨量丰沛、土质肥沃、土壤组织疏松，自然条件优越："关中自汧、雍以东至河、华，膏壤沃野千里，自虞夏之贡以为上田"，[11]山河四塞，交通便捷，守攻随己，所以，关中地区在这一时期频繁、惨烈的战争中，较少受冲击、影响，经济发展较快，自战国至秦汉一直是全国经济最为发达、富庶的经济区："故关中之地，于天下三分之一，而人众不过什三；然量其富，什居其六。"[12]这就成为秦、西汉选择长安为首都的首要考虑因素。

虽然秦汉时，最为广大的富庶产粮区在今河南东北部和山东西南部，以及山东东部沿海地区，但秦汉统治者多采取努力开发长安周围农田水利、开凿水陆通道，由关东地区调拨、运输关中匮乏物资等方式予以解决，[13]并未影响长安的都城地位。经过秦、西汉的不断开发、建设，关中地区逐渐成为全国政治、经济、文化中心。

王莽新朝末年、东汉末年、魏晋十六国时，兵燹毁掠，关中地区毁坏相当严重。曾经修缮完备、繁华富庶的长安，这一时期只有东汉献帝、西晋愍帝，十六国中的前赵、前秦、后秦，西魏定都于此，且历时甚短，前后合计尚不足百年。加之秦汉魏晋北朝历代对关中地区森林、草原的滥伐、滥垦和不合理的耕作，破坏了土壤植被，引起气候较大变化，最终导致关中地区生态失衡，生态环境遭到破坏，黄河流域，特别是西北黄土高原水土严重流失、河道淤塞、黄河泛滥、沙漠扩大，经济呈现停滞和退缩的趋势。北周虽以关中地区为统治中心，定都长安，但长安此时却呈现"俗具五方，人物混淆，华戎杂错"[14]的衰颓景象。虽经西魏、北周开发、经营，关中地区人烟稀疏，经济、文化相对滞后的面貌有所改观，但较之以洛阳为中心的关东地区，尚有一定差距。

鉴于长安偏处西部僻隅，难以有效控制广袤的山东地区，仁寿四年(604 年)，隋炀帝诏令营建东京洛阳。大业二年(606 年)，洛阳城初步建成。洛阳不仅成为隋朝政治中心之一，而且也是经济重地，尤其是南北运河开通后，洛阳成为两段运河的衔接点，成为南北经济交流和物资集中的枢纽，地位益显重要。大业五年正月，隋改东京为东都。

唐初虽定都长安，拆毁洛阳宫殿建筑，取消洛阳“东都”名号。然与以洛阳为中心的关东地区经济协调、平衡发展、日益繁荣相比，关中地区却日呈衰颓迹象：关中地区人口数量远远低于关东地区，且分布不均衡；关中地区自身生产能力急剧下降，难以满足人们的基本物质，尤其是粮食的需求；长安僻居西北，地形崎岖，水道艰险，与当时富庶产粮区，即今河南东北部、山东西南部和东部沿海地区以及太行山以东和淮水以北地区，[15]路途遥远，长途运输困难。这迫使唐初统治者在干旱和歉收时，往往不得不到洛阳就食。

与长安相比较而言，洛阳既有地势险峻之优势：南有三涂山，北有太行山，中有黄河、伊水、洛水，东有成皋，西有崤渑，关隘大都依三川河谷的山川险阻而立：潼关拒其西，扼崤函之险；虎牢阻其东，扼嵩山北麓与黄河之间的通道；伊阙关（今洛阳龙门）阻其南，扼嵩山与熊耳山之间伊河河谷通道；孟津阻其北，扼黄河渡口；另有广成关（今临汝西）控制经由汝河河谷的往来通道、轘辕关（今巩义西南）控制由颍河方向来的通道。且距当时富庶产粮区较长安为近，又远在黄河砥柱下游，无须顾虑黄河汹涌波涛对水路运输的威胁。[16]

或许因上述缘故，贞观初，以善于纳谏而闻名于史的唐太宗竟多次拒绝臣僚劝谏，坚持营建洛阳宫，并先后于贞观十一年、十五年、十八年三次驻跸洛阳，仿照京师长安规格，设置留守处理政务。显庆二年（657 年），唐高宗恢复洛阳“东都”名号。他先后七次巡幸洛阳，累计十一年，占在位时间的三分之一。他还规定，洛州官员同长安所在地雍州相应官员级别相同。唐睿宗时，在洛阳为唐高祖、唐太宗、唐高宗三位先帝修建宗庙。尽管洛阳一度是武周首都，但唐中宗复国后，依旧以洛阳为东都，社稷、宗庙、陵寝、郊祀、官名、行军旗帜、服色、文字等等，一准高宗时制度，予以恢复。[17]这实际反映出唐统治者对洛阳重要战略地位的高度认同。

二

“安史之乱”爆发后，唐军与安史叛军在洛阳一带展开激烈、反复争夺，洛阳成为废墟：“世治则都，世乱则墟。”[18]修建于洛阳的皇帝宗庙也毁于兵燹，宗庙旧址则成为军营。由于军政事务繁冗，唐统治者暂时无暇顾及不切时用的礼仪建制。“安史之乱”被平定后，随着社会秩序的逐渐稳定，象征正统性的各项礼仪制度重新引起统治阶层的关注，洛阳皇帝宗庙的存、毁及是否应重新修建等问题，也成为德宗、穆宗、文宗、武宗、宣宗时朝野议论、争辩的焦点问题之一。

唐德宗建中元年（780年），礼官建议重修洛阳皇帝宗庙，朝野争论纷纭，逐渐形成三种观点："其一曰，必存其庙，遍立群主，时飨之。其二曰，建庙立主，存而不祭，若皇舆时巡，则就飨焉。其三曰，存其庙，瘗其主，驾或东幸，则饰斋车奉京师群庙之主以往。"[19]争论虽历时弥久，却终无定论。

贞元十五年（799年）四月，归崇敬援引《礼记·曾子问》记载的孔子之语，阐述无论是唐初于洛阳修建皇帝宗庙，还是此时重建，都不合传统礼仪，应毁弃洛阳宗庙："东都太庙，不合置木主……所以神无二主，犹天无二日，土无二王也……又所阙之主，不可更作，作之不时，非礼也。"[20]据唐穆宗长庆元年（821年）郑絪"德宗嗣统，坠典克修，东都九庙，不复告飨"[21]之语推测，唐德宗时，虽停止东都洛阳皇帝宗庙的祭祀，但洛阳皇帝宗庙的存、毁问题，却始终没有定论。郑絪认为，无论是夏商周三代，还是唐高祖、唐太宗时，"未尝有并建两庙、并飨二主之礼"。[22]应毁弃洛阳皇帝宗庙。

王彦威等人对此提出异议："伏寻《周书》、《召诰》、《洛诰》之说，实有祭告丰庙、洛庙之文，是则周人两都并建宗祧，至则告飨。然则两都皆祭祖考，礼祀并兴……是则立庙两都，盖行古之道，主必在庙，实依礼经。"[23]王彦威等人援引《尚书》，认为洛阳皇帝宗庙合乎古礼，不应毁弃。

由于二人皆引经据典，各持一端，众说纷纭："而郎吏所议，与彦威多同。丞郎则各执所见，或曰'神主合藏于太微宫'；或云'并合埋瘗'；或云'阙主当作'；或云'舆驾东幸，即载上都神主而东'。咸以意言，不本经据。竟以纷议不定，遂不举行。"[24]尽管唐文宗采纳太学博士的建议，"以为东都不合置神主，车驾东幸，即载主而行。"[25]洛阳宗庙中不设祖先神主，如果皇帝至洛阳，则携带长安宗庙祖先神主，以便在洛阳宗庙中举行祭礼。洛阳宗庙因无神主，不举行四时祭、禘祫祭，实际上已形同毁弃。

会昌五年（845年），唐武宗采纳部分臣僚建议，诏令重新修建洛阳宗庙，激烈争议随之而起。段瓌等人认为，周虽在镐京、洛邑东、西二都修建天子宗庙，但不过是一时权宜之计，不合礼制："昔周之东西有庙……但缘卜洛之初，既须营建，又以迁都未决，因议两留……伏以东都太庙，废已多时，若议增修，稍乖前训。何者？东都始制寝庙于天后、中宗之朝，事出一时，非贞观、开元之法……愚以为庙不可修，主宜藏瘗。"[26]此时重建洛阳皇帝宗庙，既不合古礼，也不符唐初祖宗旧制。顾德章对此深表赞同："凡不修之证，略有七条：庙立因迁，一也；已废不举，二也；庙不可虚,三也;非时不造主,四也;合载迁主行,五也;尊无二上,六也;《六典》不书,七也。”[27]

薛元赏等人则据《礼记》、《尚书》有关记载建议,洛阳宗庙虽应予保留,但其中不宜陈列祖先神主:“今国家定周、秦之两地,为东西之两宅……既严帝宅,难虚神位,若无宗庙,何谓皇都……两庙始创于周公,二主获讥于夫子。自古制作,皆范周孔……臣所以言东都庙则合存,主不合置。”[28]郑遂等人赞成此议:“正经正史,两都之庙可征……则废庙之说,恐非所宜废。谨按《诗》、《书》、《礼》三经及汉朝两史,两都并设庙,而载主之制,久已行之……东都太庙,合务修崇,而旧主当瘗……皇帝有事于洛,则奉斋车载主以行。”[29]

郑亚等人对上述主张皆不以为然:“有乖经训,不敢雷同……皆以为庙固合修,主不可瘗”,[30]洛阳宗庙、神主不应偏废。

尽管顾德章随后又两次上奏,陈述洛阳宗庙不应重建。[31]但皆被唐武宗以见识浅薄为由予以驳斥。唐武宗虽认为,应酌人情而制礼,诏令择日重建洛阳宗庙。但事隔不久,唐武宗去世,重建洛阳皇帝宗庙事一度停顿。唐宣宗即位后,决定重建洛阳宗庙。至此,围绕洛阳皇帝宗庙存、毁问题长期激烈、胶着的争议,始宣告结束。

三

若仅从表面上看,唐德宗、穆宗、文宗、武宗、宣宗时,统治阶层围绕洛阳皇帝宗庙的存、毁问题而屡屡爆发的激烈争议,似不过是无谓的空谈,与如何振颓起弊,探寻适宜途径恢复唐代盛世,似不相关涉。但若结合唐中期以后政治、思想、社会现实,不难看出,洛阳皇帝宗庙的存、毁礼仪之争,实际上具有深层次的政治、思想背景,它是当时统治阶层中部分儒学臣僚试图通过对儒家礼经经义的确切辨析,对以往若干与儒家经典记载的“周礼”不合的旧规范进行变革,[32]进而强化礼制,恢复因“安史之乱”及随后愈演愈烈的藩镇割据、宦官专权、党争攻讦而遭严重损害的尊卑贵贱有序礼治秩序观念的具体体现。[33]

耐人寻味的是,尽管唐初于洛阳修建皇帝宗庙因与儒家经典有关记载抵牾不合,而曾遭致儒学臣僚的抨击,然而,唐武宗、唐宣宗却一再置毁弃洛阳皇帝宗庙者的言论渐居舆论上风的现实于不顾,先后决定重建洛阳皇帝宗庙。虽然若干儒家经典也不乏周于镐、洛邑修建宗庙的记载,统治阶层中的部分儒学臣僚也据此倡议保留、重建洛阳皇帝宗庙，但这似乎不是唐武宗、唐宣宗决定重建洛阳皇帝宗庙的唯一或主要原因。

综合史籍有关记载推测，洛阳皇帝宗庙得以保存、重建的真正原因，或与唐武宗、唐宣宗对关中地区环境的恶化、洛阳在当时政治、经济、军事方面的战略地位较之唐初更加重要这一局面具有更清醒、深刻的认识密切相关。

如前所述，秦汉时富庶甲天下的关中地区，自魏晋南北朝时期起，日渐衰蔽。西魏、北周、隋、唐时，关中地区经济虽有所恢复、发展，较之黄河中下游和江淮地区，仍具有明显的军事优势。然而，由于唐代在关中地区大规模、不科学的屯垦、开发，导致森林、草原遭到严重破坏。[34]水土流失日益严重，生态环境日益恶化，水、旱灾害频繁、剧烈。据统计，隋唐五代(581—960年)的380年中，今陕西地区共发生旱灾151次，大致每2.5年一次。大旱灾、特大旱灾、毁灭性大旱灾共36次，平均每10.56年一次。水涝灾害发生年为86年，大约每4.5年一次。大面积水涝灾害年、特大面积水涝灾害年共16年，平均每23.75年一次。较汉魏晋南北朝时期，相当频繁。[35]

此外，唐代关中地区的旱灾大都集中于春、夏两季，水灾主要集中于秋季，这明显严重妨碍了农业生产，导致唐代关中地区饥荒频繁发生。据统计，唐至南宋653年时间内，今陕西地区有明确记载的饥荒发生年为112年，平均每5.83年一次。较之从秦穆公十四年(前646年)至隋1264年内平均每35.11年，自西汉至隋平均每25.75年发生一次饥荒[36]的频率而言，增长幅度较大。加之关中地区土狭人稠，农业生产所得往往不敷所需："唐都长安，而关中号称沃野，然其土地狭，所出不足以给京师，备水旱，故常转漕东南之粟。"[37]唐统治者虽采取疏浚水道、开凿陆路、大力发展农业、在关中推行和籴法等多种措施，粮食供应尚较充足。"安史之乱"前，关中地区的粮食自给率曾达到97.8%。[38]开元二十五年，唐玄宗因关中地区粮食充足，"停今年江、淮所运租。自是关中蓄积羡溢，车驾不复幸东都矣"。[39]但关中地区粮食匮乏问题并未得到彻底解决。

除水、旱天灾外，唐朝中、后期的频繁战乱，也使关中地区农业生产遭到严重损害。"安史之乱"时，叛军攻陷长安，大肆洗劫。"安史之乱"后，关东地区藩镇林立，割据混战，实际上已程度不等的脱离唐中央政府的控制。为维持统一，唐中央政府不得不屡屡调集尚能控制的军队，甚至抽调西部边防军，讨伐某些公开反叛的藩镇。由此造成边防空虚，吐蕃乘虚攻入长安，大肆掳掠，致使"关中为吐蕃蹂躏者二十年矣，北至河曲，人户无几"。[40]此后，长安屡屡遭受兵燹劫掠。天灾、人祸，导致关中地区土地长期荒芜，经济衰退。

水、旱天灾及战乱，造成粮食产量锐减，关中地区本已难充足保障官吏、军士及城市居民的粮食供应，由外地向关中地区调运钱、粮物资，却又因陆路险峻、水路不畅等原因，难以为继。为便于向关中调运物资，隋文帝于开皇四年(584 年)下令开通广通渠(唐称之漕渠)，引渭水从大兴城(今陕西西安)东至潼关，以利水运，但因其所引渭水含沙量大，经常淤塞，至唐初已不堪使用。唐朝前期，自山东、江淮地区向关中输送物资，多借助牛力，通过陆路运输，然耗费巨大。唐中宗景龙三年(709 年)，“关中饥，米斗百钱，运山东、江、淮谷输京师，牛死什八九”。[41]唐玄宗天宝元年(742 年)虽再次疏浚漕渠，但至唐代宗大历年间，又因沙土淤塞严重而逐渐难以通行。另一条通向长安的重要水道渭水则因水力“大小无常，流浅沙深，即成阻阂。计其途路，数百而已”，[42]也不便于航运。即便渭水水流量充足、淤沙疏浚，自洛阳至长安 800 多里的水路，不仅路途遥远，水流湍急，而且三门砥柱天险常使船只行驶艰难，且多覆溺，使水运陷入停顿：“河流如激箭，又三门常有波浪，每日不能进一二百船，触一暗石，即船碎如末，流入旋涡中，更不复见。”[43]虽然唐玄宗时改革漕运，使每年运入关中的粮食比唐高宗初增加 10 多倍。但这并没有一劳永逸的解决问题。

此外，由外地向关中地区输运物资的重要水道汴河(隋称通济渠，从洛阳至山阳)也因以黄河水为源，水量不足，含沙量高，通航能力极低。据史书记载，自江、淮经汴河至关中，一千余里长的汴河航行时间，竟需二、三个月：“至四月已后，始渡淮入汴，多属汴河干浅，又般运停留，至六七月始至河口。即逢黄河水涨，不得入河。又须停一两月，待河水小，始得上河。”[44]每天平均航程竟不到 10 华里。为保持河道畅通，漕运顺利，唐初，每年初春征发汴河附近州县丁男疏通、维护管道。唐中宗时，由于修浚不及时，梁公堰年久破损，致使“江淮漕运不通”。[45]唐玄宗虽分别于开元二年、十五年两次诏令大规模疏浚汴渠，但“安史之乱”使疏浚工程中断，黄河、汴河再度淤塞。

为保障漕运畅通，唐代宗命刘晏领东都、河南、江淮、山南等道转运租庸盐铁使。刘晏大力疏通水道，“自此每岁运米数十万石以济关中”。[46]由于漕运艰难，运进关中的钱、粮物资往往是杯水车薪，不敷所需。岑仲勉先生虽指出：若或采取消极之政策，如取关内诸州之庸调资课，原征绢布者可改征粟米，河南、河北粟运不便者改征绢布，既省运输之费，又增加京师之储；移民；收购附近余粮；或兴修水利、开发关中西北部地区，皆可缓解或消除关中地区物资匮乏的窘况。[47]但诚如布罗代尔所说：“不妨承认人类天生脆弱，不足以抵御自然的威力。不论好坏，‘年景’总是主宰着人。”[48]钱、粮等物资的极度匮乏，迫使捉襟见肘的唐统治者不得不极力压缩财政支出、多方筹措。如唐代宗永泰元年(765年),“百僚上表,以军兴急于粮饷,请纳职田以助费。”[49]

结 语

综合上述,曾因物产丰饶、地势险峻、交通便捷而成为隋、唐“基本经济区”[50]的关中地区,至唐朝中、后期,因水、旱等天灾及战乱影响,经济凋敝、生态环境恶化,已经逐渐丧失了以往在政治、经济、军事上的优势地位。而隋及唐前期,经济最为富庶,因而也曾是中央政府主要财赋来源的黄河下游及其南北地区,因“安史之乱”及随后愈演愈烈的藩镇割据混战而日益萧条。且各藩镇控制本地财赋,不向中央缴纳:“户版不籍于天府,税赋不入于朝廷。”[51]而以太湖流域为中心的长江下游地区,因魏晋南北朝及唐中、后期社会相对安定、大量劳动力涌入、先进生产技术的引进与应用,经济迅速发展。“安史之乱”以后,南方经济逐步赶上并超过北方。江、淮地区“赋税型”的藩镇在政治、经济上,尚向中央政府提供程度不等的支持。[52]财政日益穷蹙的唐中央政府逐渐改变以往经济上主要倚重北方的传统,改而从富庶的江、淮地区筹措维持国家机器运转的巨额费用。[53]上述因素使洛阳在唐朝中、后期因既是唐中央政府经略中原的战略基地,也是其与尚臣服的江、淮藩镇保持联系的通道、获取东南财赋支持的周转站。同时,由江、淮地区输运至洛阳的物资,也无须再费尽周折向关中地区转运,因而,洛阳的战略地位日渐提高。唐武宗、唐宣宗之所以力排众议,甚至置若干儒家经典的权威记载和被时人“非礼”攻讦于不顾,决定保留、重建洛阳皇帝宗庙,无疑是认可洛阳这一重要战略地位的体现。

上述表明,尽管尊古、适时是唐朝中、后期统治者制定宗庙礼仪制度遵循的基本原则,但当两者发生矛盾,且又难以折中时,因时适宜,甚至不惜冒非礼无圣之大不韪,是统治者制定礼制遵循的基本准则。

(原刊于《亚洲研究》(韩国)2011年第8期,收录时对格式及个别注释内容进行了修改)

注 释

1 参见高明士《皇帝制度下的庙制系统——以秦汉至隋唐作为考察中心》,《台湾大学文史哲学报》,1993年第40期。高明士《礼法意义下的宗庙——以中国中古为主》,黄俊杰主编、高明士编《东亚传统家礼、教育与国法(一):家族、家礼与教育》,华东师范大学出版社,2008 年,第 17—71 页。章群《宗庙与家庙》,郑学檬、冷敏述主编《唐文化研究论文集》,上海人民出版社,1994 年,第 154—173 页。陈戍国《中国礼制史》(隋唐五代卷),湖南教育出版社,1998 年,第 8—9 页、114—116 页。盖金伟、董理《论东都太庙与唐代政治》,《新疆师范大学学报》(哲学社会科学版)2001 年第 4 期。(美)Howard J. Wechsler: Offerings of Jade and Silk: Ritual and Symbol in the Legitimation of the T'ang Dynasty, Yale University Press, 1985.(日)金子修一《关于唐代后半的郊祀和帝室宗庙》,中国唐代学会编辑委员会编辑《第二届国际唐代学术会议论文集》(下),台北文津出版社有限公司,1993 年。《关于魏晋到隋唐的郊祀、宗庙制度》,刘俊文主编《日本中青年学者论中国史》(六朝隋唐卷),上海古籍出版社,1995 年,第 337—386 页。(日)户崎哲彦《唐代的禘祫论争及其意义》,《咸宁师专学报》2001 年第 4 期。

2 郭善兵《中国古代帝王宗庙礼制研究》,人民出版社,2007 年,第 431—436 页。

3 刘正《金文庙制研究》,中国社会科学出版社,2004 年,第 41—51 页。

4 《左传·庄公二十八年》,(清)阮元校刻《十三经注疏》,中华书局,1980 年,第 1782 页。

5 郭善兵《中国古代帝王宗庙礼制研究》,第 82—95、174—187、252—253、315—316 页。

6 《礼记·曲礼下》,《十三经注疏》,第 1269 页。

7 《礼记·郊特牲》,《十三经注疏》,第 1448 页。

8 郭善兵《中国古代帝王宗庙礼制研究》,第 121—134、239—240、324—325、369 页。

9 郭善兵《中国古代帝王宗庙礼制研究》,第 91、433 页。

10 史念海《中国古都和文化》,中华书局,1998 年,第 180—212 页。

11 (西汉)司马迁《史记》卷 129《货殖列传》,中华书局,1982 年,第 3261 页。

12 《史记》卷 129《货殖列传》,第 3262 页。

13 史念海《中国古都和文化》,第 193、254—258 页。

14 (隋)魏征《隋书》卷 29《地理志上》,中华书局,1973 年,第 816 页。

15 史念海《中国古都和文化》,第 193 页。

16 史念海《中国古都和文化》,第 244—245 页。

17 郭善兵《中国古代帝王宗庙礼制研究》,第 397 页。

18 (唐)李庾《东都赋》,(北宋)李昉等编《文苑英华》,中华书局,1966 年,第 199 页。

19 (后晋)刘昫《旧唐书》卷 30《礼仪志六》,中华书局,1975 年,第 979 页。

20 《旧唐书》卷 30《礼仪志六》,第 979—980 页。

21 《旧唐书》卷 30《礼仪志六》,第 980 页。

22 《旧唐书》卷 30《礼仪志六》,第 980 页。

23 《旧唐书》卷 30《礼仪志六》,第 980—981 页。

24 《旧唐书》卷 30《礼仪志六》,第 982—983 页。

25 《旧唐书》卷 30《礼仪志六》,第 983 页。

26 《旧唐书》卷 30《礼仪志六》,第 984—985 页。

27 《旧唐书》卷 30《礼仪志六》,第 988—992 页。

28 《旧唐书》卷 30《礼仪志六》,第 986 页。

29 《旧唐书》卷 30《礼仪志六》,第 987 页。

30 《旧唐书》卷 30《礼仪志六》,第 987 页。

31 《旧唐书》卷 30《礼仪志六》,第 993—995 页。

32 姜伯勤《敦煌艺术宗教与礼乐文明》,中国社会科学出版社,1996 年,第442—457 页。

33 葛兆光《中国思想史》(第二卷),复旦大学出版社,2001 年,第 114—121 页。

34 史念海《河山集·二集》,三联书店,1981 年,第 261 页。

35 袁林《西北灾荒史》,甘肃人民出版社,1994 年,第 58—95 页。

36 袁林《西北灾荒史》,第 292—293 页。

37 (北宋)欧阳修、宋祁《新唐书》卷 59《食货志三》,中华书局,1975 年,第 1365 页。

38 余蔚《浅谈唐中叶关中地区粮食供需——兼论关中衰弱之原因》,《中国农史》1999 年第 1 期。

39 (北宋)司马光《资治通鉴》卷 214《唐纪三十》,中华书局,1956 年,第 6830 页。

40 《新唐书》卷 59《食货志三》,第 1374 页。

41 《资治通鉴》卷 209《唐纪二十五》,第 6639 页。

42 《隋书》卷 24《食货志》,第 683 页。

43 曾慥编《类说》,文渊阁《四库全书》本,台北商务印书馆,1986 年,第 26 页。

44 《旧唐书》卷 53《食货志下》,第 2114 页。

45 《旧唐书》卷 53《食货志下》,第 2114 页。

46 《旧唐书》卷 127《刘晏传》,第 3514 页。

47 岑仲勉《隋唐史》,河北教育出版社,2000 年,第 141—143 页。

48 (法)布罗代尔《15 至 18 世纪的物质文明、经济和资本主义》(第一卷),顾良、施康强译,三联书店,2002 年,第 53 页。

49 《旧唐书》卷 11《代宗本纪》,第 280 页。

50 冀朝鼎《中国历史上的基本经济区与水利事业的发展》,中国社会科学出版社,1981 年,第 10 页。

51 《旧唐书》卷 145《田承嗣传》,第 3838 页。

52 张国刚《唐代藩镇研究》,湖南教育出版社,1987 年,第 100—101 页。

53 陈勇《唐代长江下游经济发展研究》,上海人民出版社,2006 年,第 390—402 页。

论冯道"不知廉耻"历史形象的塑造与传播

张明华

提起冯道，人们总会联想到"不知廉耻"的字眼，这种简单、概念化的评价与冯道真实的历史形象有很大出入。从古至今，虽然不乏替冯道鸣不平或试图为其翻案者[1]，但由于没有从记载冯道史籍的相关史料入手，不仅没有澄清冯道这一形象与真实冯道之间的差距，反而有"为翻案而翻案"的先入之嫌，故无法从根本上动摇冯道"不知廉耻"的历史形象。本文拟从冯道事迹的史料记载、评价演变及传播入手，对冯道"不知廉耻"形象的塑造、妖魔化过程及传播所起的作用进行梳理，以期对冯道研究有实质性的推动。

一、《新五代史》前有关冯道史料的改动及其评价

冯道(882—954年)，字可道，自号"长乐老"，历仕后唐、后晋、后汉、后周四朝，三入中书，在相位二十余年，是五代颇具影响的官员。有关冯道史料的形成顺序应是：最早记录其事迹的后唐、后晋、后汉、后周四朝实录，最早对冯道做出概括性评价的后周《世宗实录》，然后是在历代实录基础上，由北宋初年范质所修的《五代通录》和薛居正的《旧五代史》。

(一)《新五代史》前有关冯道史料的改动

北宋初年，王禹偁就发现，《五代通录》以三百六十卷的篇幅记五代五十三年的历史虽相当丰富，出于"或史氏避嫌，或简牍漏略"等诸原因，仍有一些为当时人

耳熟能详的内容没有载入,为了不致被后人遗忘,出于"善恶鉴诫"之初衷,王禹偁将这些"闻于耆老者"的内容加以辑录,"补一十七篇,集为一卷",即《五代史阙文》。[2]《五代史阙文》有关冯道纪事补充有1篇,共3件事:

1,"周太祖在汉隐帝朝为枢密使,将兵伐河中李守贞。时冯道守太师,不与朝政,以疾请告。周祖谒道于私第,问伐蒲策。道辞以不在其位,不敢议国事。周祖固问之,道不得已,谓周祖曰:'相公颇知博乎?'周祖微时,好蒱博,屡以此抵罪,疑道讥己,勃然变色。道曰:'是行,亦犹博也。夫博,财多者气豪而胜,财寡者心怯而输。守贞在晋累典禁兵,自为军情附己,遂谋反耳。今相公诚能不惜官钱,广施恩爱,明其赏罚,使军心许国,则守贞不足虑也。'周祖曰:'恭闻命矣。'故伐蒲之役,周祖以便宜从事,率成大功。然亦军旅归心,终移汉祚。"

2,"周祖入京师,百官谒。周祖见道犹设拜,意道便行推戴。道受拜如平时,徐曰:'侍中此行不易。'周祖气沮,故禅代之谋稍缓。"

3,"及请道诣徐州,册湘阴公为汉嗣,道曰'侍中由衷乎?'周祖设誓。道曰'莫教老夫为缪语,令为缪语人。"[3] 此条史料的后一句显然读不通。《资治通鉴》引用该条史料文字为:"周祖请道诣徐州,册湘阴公为汉嗣。道曰:'侍中由衷乎?'周祖设誓。道曰:'莫教老夫为谬语人。'及行,谓人曰:'平生不谬语,今为谬语人矣。'"[4] 显见,文渊阁《四库全书》所录《五代史阙文》在该条史料记载上不仅脱漏"及行,谓人曰:'平生不谬语",又将原文中的"今"讹误为"令"。

从《五代史阙文》所补史料看,第一条史料说明冯道曾帮周太祖出谋划策、成功平定李守贞等叛乱,还帮其赢得军心,同时也揭示出周太祖嗜赌的恶习;后两条史料则反映出冯道对后汉政权的忠诚,这些内容不见于《五代通录》,只有两种可能:一、范质等人在修《五代通录》故意略去;二、周世宗朝,史臣修《周太祖实录》,对冯道与周太祖之间事迹的记载,"所宜讳矣"[5],范质等看到的是已经改动过的史料。在此,笔者倾向后一种推测。以上两种可能均可导致依据五代实录所修的《旧五代史》于此记载的缺失和避讳。

由于现存《旧五代史》为一不完整的辑本,我们无法看到《旧五代史·冯道传》的原貌,但从其于后汉、后周政权嬗变之际仅存两件事:一,周太祖"平内难",与大臣商议立徐州节度使刘赟为后汉嗣,派冯道等到徐州迎接刘赟;二,"澶州兵变"后,郭威又派亲信郭崇追杀刘赟,刘赟属下又欲杀冯道,冯道"偃仰自适,略无惧色"[6],最终获免。另,《旧五代史·周书一》以较长篇幅记载周太祖平定李守贞等叛乱过程中的种种表现,唯独于问策冯道之事只字不提[7],则显然是有意回避,"为尊者(周太祖)讳"的痕迹已十分明显。今人陈尚君《〈旧五代史〉新辑会证》于《冯道传》也未补入《五代史阙文·周太祖冯道》[8]，可见，王禹偁的推测至今都未得到修史者和研究者的重视。

（二）《新五代史》前有关冯道的评价

北宋君臣对冯道态度转变发生在真、仁时期。北宋初年，冯道还享有极高声誉。宰相王溥撰写《自问诗》，述其阅历，与冯道所撰《长乐老叙》颇“相类”[9]；宰相范质也称赞冯道“厚德稽古，宏才伟量”[10]，虽朝代变迁，少有微词；尽管《旧五代史》批评冯道事四朝、相六帝，大节有亏，依然称赞他“以持重镇俗为己任，未尝以片简扰于诸侯”、“平生甚廉俭”、“道之履行，郁有古人之风；道之宇量，深得大臣之体”[11]。雍熙二年（985年），宋太宗欲伐契丹，暗示大臣：他看到史书中记载，晋高祖向契丹求援，自称儿皇帝，父事契丹，又割给契丹燕云十六州土地，使数百万百姓沦落异族统治。冯道、赵莹等位居宰辅，奉命出使契丹是莫大的屈辱。隐含收复之意。宰相宋琪回答宋太宗：晋高祖派冯道出使契丹，亲自为冯道饯行，嘱咐冯道，此行肩负着“达两君之命，交二国之欢”、“息民继好”的重任，所以才委派重臣出使。[12]从以上对话可以看出，宋太宗虽视石敬瑭君臣父事契丹是一种耻辱，但对冯道本人并无贬义；宋琪引石敬瑭之语，以示冯道出使对维系两国关系的重要，冯道出使系忍辱负重，丝毫没有贬义。

景德四年（1007年），宋真宗与辅臣论及五代，批评冯道历事四朝十帝、依阿顺旨、以避患难，告诫大臣：“为臣如此，不可以训也。”[13]天禧元年（1017年），宰相王旦去世，时人将其比作冯道，批评他“逢时得君，言听谏从，安于势位而不能以正自终”[14]，虽有贬义，但无人身攻击。明道元年（1032年），刘太后垂帘听政，录用冯道后人，同享殊荣的惟有后周名臣王朴，足见当时冯道的名臣地位。[15]宋仁宗时期，朝廷对冯道的态度发生转变。皇祐三年（1051年），冯道曾孙冯舜卿上冯道官诰20通乞求朝廷录用，被宋仁宗驳回，“道相四朝，而偷生苟禄，无可旌之节。”[16]

二、不知廉耻——《新五代史》的冯道形象

朝廷对冯道态度的转变，与真仁之际儒学复兴的社会文化背景密切相关。欧阳修重修五代历史不仅与“春秋学”向史学渗透的学术背景有关[17]，还与其特殊的政治经历密不可分。[18]欧阳修以“褒贬”为宗旨，借古讽今，揭露五代乱世的社会现象和政治龌龊，以期达到瘅恶扬善、扭转世风的教化目的。尽管今天我们所能看到

的《旧五代史》是一辑本,但如果以《旧五代史》作为主要参照,兼以它著,就会发现:为树立冯道这一“不知廉耻”的典型形象,欧阳修对相关史料的取舍远远背离了史家的“实录”、“直书”精神:

(一)以论代史

欧阳修把冯道列入《杂传》文臣之首,已表明其爱憎。因为凡列入《杂传》者,皆“仕非一代,不可以国系之者”,“诚君子之所羞”。[19]冯道卒于后周而位居《杂传》文臣之首,足见在欧阳修的眼中,冯道乃最可羞者。在撰述冯道事迹之前,欧阳修引经据典,用近《冯道传》之半的篇幅写了一篇序文,直指人伦,力辩士大夫不知廉耻于已、于社会、于国的危害:“传曰:‘礼义廉耻,国之四维,四维不张,国乃灭亡。’善乎,管生之能言也!礼义,治人之大法;廉耻,立人之大节。盖不廉,则无所不取;不耻,则无所不为。人而如此,则祸乱败亡,亦无所不至,况为大臣而无所不取不为,则天下其有不乱,国家其有不亡者乎!”接着,批评冯道,“予读冯道《长乐老叙》,见其自述以为荣,其可谓无廉耻者矣,则天下国家可从而知也”。欧阳修针对五代士人以习儒自况,享受朝廷俸禄,占据国家官职而不能尽忠,徒使忠义之节归于“武夫战卒”,责备五代士人不能为国尽忠。《序文》最后引五代小说一则,讽刺五代士人“不自爱其身而忍耻以偷生者”[20],识见反不如妇人。这篇序文以论代史,误导读者以此为《冯道传》序文,将欧阳修批评目标集中于冯道一人,加重了冯道“不知廉耻”的砝码。

(二)以偏盖全

《新五代史·冯道传》虽保存了冯道刻苦自励、生活俭约;任掌书记时与士兵同甘共苦、不好女色;居父丧期间赈济乡里、替人劳作;居相时,谏唐明宗居安思危、体察民情、推行仁政等善举,但均是一笔带过。与之相较,《新五代史·冯道传》以大量篇幅记载冯道迎来送往的仕宦经历,旨在突出冯道辗转于频繁更迭的政权之间、独享荣华富贵并引以为乐、“不知廉耻”的品行[21]。为突出冯道的“不知廉耻”,《新五代史》还记载了冯道与契丹国主耶律德光的两次对话,以示冯道对耶律德光的臣服和谀美。[22]在欧阳修笔下,冯道“少能矫行以取称于世”纯属沽名钓誉之举,而不讲名节、“视丧君亡国亦未尝以屑意”方是真实面目,而五代士人无论贤愚都以冯道为“元老”,“称誉”冯道,足见其对社会造成的不良影响。[23]故,冯道不能守节自律不仅使自己蒙羞,更败坏了社会风气、混淆了是非观念。

欧阳修还指责冯道“前事九君,未尝谏诤”,唯一一次谏诤是劝阻周世宗迎击北汉,不仅与此前其所记"冯道谏唐明宗居安思危"自相矛盾,与史实也有很大出入。为了突出这次谏诤的失败,《新五代史·冯道传》完整、生动地记载了此事:"世宗初即位,刘旻攻上党,世宗曰:'刘旻少我,谓我新立而国有大丧,必不能出兵以战。且善用兵者出其不意,吾当自将击之。'道乃切谏,以为不可。世宗曰:'吾见唐太宗平定天下,敌无大小皆亲征。'道曰:'陛下未可比唐太宗。'世宗曰:'刘旻乌合之众,若遇我师,如山压卵。'道曰:'陛下作得山定否?'世宗怒,起去,卒自将击旻,果败旻于高平。……其击旻也,鄙道不以从行,以为太祖山陵使。"[24]仔细分析这段历史,却非欧阳修所述。《旧五代史·冯道传》载"及太祖崩,世宗以道为山陵使。会河东刘崇入寇,世宗召大臣议欲亲征,道谏止之,世宗因言:'唐初,天下草寇蜂起,并是太宗亲平之。'道奏曰:'陛下得如太宗否?'世宗怒曰:'冯道何相少也。'乃罢。及世宗亲征,不令扈从,留道奉太祖山陵。时道已抱疾。"[25]从时间看,冯道出任山陵使在前,谏诤在后,与周世宗"鄙道不以从行"毫不相干。从制度看,作为前朝宰相,冯道出任山陵使,不仅是制度使然,也是极荣耀的事。从事态发展看,冯道的担忧并非空穴来风:后周、北汉军队交战之初,大将何徽、樊爱能等率众临阵脱逃,后周军队全线溃退,周世宗孤注一掷,方扭转战局,"高平之战"确有侥幸取胜的成分。事后,周世宗斩樊爱能、何徽等更能说明冯道持反对态度系事出有因。今人据《册府元龟》卷三一四《宰辅部·谋猷四》和卷三二八《宰辅部·谏诤四》统计,仅后唐明宗朝,冯道进谏就达十余次[26],足以证明欧阳修所谓冯道"前事九君,未尝谏诤"根本站不住脚。

(三)舍弃史料

冯道仕宦累朝,忠于职守、敢于担当,从不推卸责任,因此得到历代统治者的褒扬,这些史料均不见于《新五代史·冯道传》。以辑本《旧五代史》为例,即有7条:1,唐庄宗与梁军夹黄河对垒期间,与枢密使郭崇韬发生矛盾,唐庄宗赌气要让路避贤,命冯道草诏示众,冯道不肯听命,劝说唐庄宗:"今大王屡集大功,方平南寇,崇韬所谏,未至过当,阻拒之则可,不可以向来之言,喧动群议,敌人若知,谓大王君臣之不和矣。幸熟而思之,则天下幸甚也。"2,后唐明宗赞扬冯道,"真士大夫也。"3,在冯道倡导下,后唐学官田敏等取郑覃所刊石经雕为印版,为保存典籍和传播文化起到了积极作用。4,晋高祖时,冯道出使契丹,劝慰晋高祖:"陛下受北朝恩,臣受陛下恩,何有不可?"一副替君分忧的胸怀。5,冯道在处理军国大事上从不敷衍搪塞、不懂装懂,如实回答唐明宗和晋高祖不懂军事。6,冯道为人低调,认为自己德行"虚薄",能得到"是非相半"的评价已属过誉。7,契丹北撤时,冯道顺应士兵反抗情绪，驱逐契丹留守，安抚百姓，“出橐装”为被掳中原士女赎身，使其得与家人团聚。[27]另外还有，冯道在关键时刻不计前嫌，力辩任赞等无罪[28]；兼之《五代史阙文》所载3事，凡9条11事。总之，凡是能显示冯道忠、善、诚、谦等品德的史料均被欧阳修弃置不用。

（四）混淆史实

欧阳修记载冯道事迹还有混淆史实之痕迹：《旧五代史》载，“契丹入汴，道自襄、邓召入”[29]，与《新五代史》所载“契丹灭晋，道又事契丹，朝耶律德光于京师”[30]迥然不同。《旧五代史》称“召”，其动作发出的主体是朝廷，冯道面临着应召、臣服于新政权或不应召、与新政权决绝两种选择，冯道选择了前者。《新五代史》载冯道“事契丹”在前，“朝耶律德光于京师”于后，显见是冯道主动离开任所、朝见耶律德光，以此达到突出冯道主动讨好契丹的目的。司马光在处理此事时并不赞同欧阳修的改动，下揭专有论述，此不赘言。

《兔园册》一事在《旧五代史·冯道传》为：“有工部侍郎任赞，因班退，与同列戏道于后曰：‘若急行，必遗下《兔园册》。’道知之，召赞谓曰：‘《兔园册》皆名儒所集，道能讽之。中朝士子止看文场秀句，便为举业，皆窃取公卿，何浅狭之甚耶！’赞大愧焉。”[31]此事在《新五代史·冯道传》中失载，在《刘岳传》记载为：“道旦入朝，兵部侍郎任赞与岳在其后，道行数反顾，赞问岳：‘道反顾何为？’岳曰：‘遗下《兔园册》尔。’《兔园册》者，乡校俚儒教田夫牧子之所诵也，故岳举以诮道。”[32]《兔园册》性质究竟如何，时人孙光宪的说法应比较接近实际：“北中村塾多以《兔园册》教童蒙，（刘岳）以是讥之。然《兔园册》乃徐庾文体，非鄙朴之谈，但家藏一本，人多贱之也。”[33]《兔园册》由“名儒所集”、“非鄙朴之谈”的发蒙教材变为“乡校俚儒教田夫牧子之所诵”的通俗读物，其内涵、品味均发生很大的变化。从文学讲，冯道擅长篇咏，秉笔立成，典雅华丽，义含古道，被远近士人传写，对当时文风、士风产生很大影响，以致“班行肃然，无浇醨之态”。[34]欧阳修通过混淆《兔园册》的性质，嘲讽冯道才智低下，确属不公。

（五）断章取义

欧阳修指责冯道“不知廉耻”的重要依据是冯道所撰《长乐老叙》，指责其“陈己更事四姓及契丹所得阶勋官爵以为荣”[35]，通读《长乐老叙》则会发现，《新五代史》对该文引用存在有明显的断章取义，《长乐老叙》还有大量篇幅反映冯道的人生哲学和生活态度，其内容与欧阳修“不知廉耻”的结论大相径庭。《长乐老叙》总结了冯道一生奉行“在孝于家，在忠于国”的立身原则；“口无不道之言，门无不义之货”的为官原则；“下不欺于地，中不欺于人，上不欺于天”的做人准则。另外，《长乐老叙》还有冯道自我评价和身后安排等内容：冯道对其一生政绩评价并不高，“或有微益于国之事节”，他一生的最大遗憾是未能辅佐国君“致一统、定八方”，愧对所任官职。冯道提出不立神道碑、不请谥号、不以珠玉含口、以时服入敛、以竹席或草席裹尸、选荒地安葬、不以活物祭奠的薄葬要求。[36]然而，这些能够体现冯道政治操守和个人修养的内容全被欧阳修舍弃了。

从《新五代史·冯道传》所提供的史料中，后人只能得出与欧阳修相同的结论，即冯道是一个没有政治操守、没有真才实学、“不知廉耻”的士人。朱熹对欧阳修的做法有如此评价，在称赞“欧公文字锋刃利，文字好，议论亦好”[37]的同时，也批评其“盖以此（五代史）作文，因有失实处”[38]的著史态度。

三、不知廉耻、奸臣之尤——《资治通鉴》中的冯道形象

熙宁五年（1072 年）欧阳修病逝后，宋神宗令其家人上《新五代史》。《新五代史》上奏朝廷后，宋神宗曾询问宰相王安石的看法。王安石就所读数册发表看法，认为“其文辞多不合义理”。宋神宗与王安石的看法截然不同，宋神宗认为：从道德层面讲，欧阳修这样做是对的。欧阳修于每卷末都发出“呜呼”之感慨，是因为五代历史“事事皆可嗟叹也。”[39]继《新五代史》之后，司马光等史家著《资治通鉴》、胡三省为《资治通鉴》作注又继承、发展了欧阳修的观点。

（一）《资治通鉴》正文中的冯道形象

作为一名严肃历史学家，司马光《资治通鉴》对冯道的事迹记载与评价基本采取了一分为二的态度。在冯道事迹记载上，《资治通鉴》多取材于《旧五代史》，其正文中保留了冯道谏刘守光、谏唐庄宗、后唐明宗称赞冯道“多才博学，与物无竞”、谏唐明宗居安思危、答晋太祖“不知兵”、常山安抚百姓、迎立刘赟、令田敏等人雕版印刷经书、谏周世宗等内容[40]。即使在“冯道入京”一事上，《资治通鉴》也弃新旧《五代史》两种说法不用，采取“会威胜节度使冯道自邓州入朝，契丹主素闻二人（冯道、李崧）名，皆礼重之”[41]的谨慎态度，将冯道入京视作既非响应契丹之“召”，也非主动献媚之“朝”，而是一种时间巧合。契丹国主礼遇冯道是因为其一贯名望，而非其一时表现。由于司马光对冯道的贬斥程度甚至超过欧阳修，故不会

替冯道回护,《资治通鉴》的记载应当更接近史实。

司马光在《资治通鉴》正文、《考异》中虽采纳了《五代史阙文》的相关记载,但对文字进行了一定删改,使其旨趣与前者大不相同。如“周太祖问计冯道”在《资治通鉴》正文中被改为:“威将行,问策于太师冯道。道曰:‘守贞自谓旧将,为士卒所附,愿公勿爱官物,以赐士卒,则夺其所恃矣。’威从之。由是众心始附于威”[42],略去了周太祖嗜赌、冯道将平叛比为赌博等文字。而在后周代汉的这件事上,司马光通过《考异》对《五代史阙文》进行批驳:其一,司马光反对冯道成功阻挠周太祖称帝的结论。司马光认为,周太祖不立即称帝的原因是:北汉宗室刘崇、刘信、刘赟尚占据河东、许州、徐州,一旦称帝,就会引起三镇起兵,所以才暂时拥立后汉宗室。刘信庸愚,不足畏忌,而刘赟乃刘崇之子,故迎立刘赟,可以消除刘崇、刘赟的敌意。等刘赟离开徐州、临近京城时,一并铲除刘赟和刘信,三镇去其二,然后自立,其对手只剩下刘崇一人。周太祖早就如此谋划,并非因冯道的反对而不敢称帝。冯道神情自若地接受周太祖的礼拜,正是为了突出其“器宇凝重”而已[43]。其二,司马光对《五代史阙文》所载“周祖设誓”一事也提出异议。司马光认为,冯道一贯圆滑世故、明哲保身,肯定不会揭穿周太祖欲取后汉而代之的真实意图。该条也是推崇冯道者的掠美之词。[44]从《资治通鉴》对《五代史阙文》所载三条材料的删削、质疑不难看出,司马光的分析虽有合理成分,但也明显打上了为“尊者讳”而贬抑冯道的烙印。

为弥补编年体记事分散的缺陷,司马光在冯道“卒”条做足了文章,集中反映了他对冯道的看法。司马光不仅照录了《新五代史·杂臣传》前的整篇序文,还发展了欧阳修的观点。首先,司马光认为:贞女不嫁二夫、忠臣不事二君,冯道作为宰相“历五朝、八姓”,视江山易主、政权更迭如店主对待过客,朝为仇敌,暮为君臣,见风使舵,毫无愧疚,已经丧失忠君大节,虽有小善,不足称道。接着,司马光批评五代失节者甚多,冯道不当独受谴责的观点。司马光认为:忠臣应当“忧公如家,见危致命”,君主有过则要强谏力争,国家败亡就应尽忠死国;智士太平时期应入仕为官,奉献才智,乱世则要归隐山林,保持气节,远离统治中心。冯道位尊权重,身份、地位与常人不同,其一举一动为天下瞩目,士大夫效仿。而冯道在政权稳定时,依违拱默、尸位素餐;政权危亡时,又明哲保身,背弃旧主,投靠新君。无论君主如何更换,冯道却能不易其位、永保富贵,给大臣们树立了坏的样板,混淆了士大夫们的是非判断,动摇了士大夫们的政治操守,产生了长期、严重、恶劣的社会影响,堪称“奸臣之尤”。最后,司马光将冯道一生作为视为“小善”,将其不能为后唐、后晋、后汉政权殉节视为“大节”,全盘否定了冯道。与欧阳修稍有不同的是,司马光还批评五代君主对冯道“不诛不弃”,屡屡复用,也助长了冯道的不忠行为。[45]

元祐元年(1086年),《资治通鉴》校定完毕,送杭州雕版。元祐七年,付梓刊印,与《新五代史》、《旧五代史》并行于世。与欧阳修相比,司马光对冯道事迹记载较为全面,但他对个别史料进行剪裁、考异的做法远比欧阳修的处理方法要高明、隐蔽得多,在冯道整体评价上,司马光与欧阳修则是一脉相承。

(二)《资治通鉴》注文中的冯道形象

作为南宋遗民,胡三省在元朝隐居不仕,闭门著述,将对南宋政权的“忠爱之忱”倾注于《资治通鉴音注》[46],因此,《资治通鉴音注》自写作之日起就被赋予浓厚的忠君爱国思想,这种思想与冯道在五代时期的表现有着天壤之别,胡三省在注《资治通鉴》五代部分时,对冯道进行了猛烈的抨击,表达了作者强烈的爱憎。胡三省笔下的冯道形象大致如下:

《资治通鉴音注》于后唐注冯道者有3条:1,冯道趋利避害,历事唐晋汉周,虽位极人臣,不再谏诤的根本原因是“惩谏(刘)守光”被囚禁之祸。[47]2,冯道为保全安重诲,进言唐明宗解除安重诲的枢密使职务,为知人之举。[48]3,冯道、李愚、卢导三人身为宰相,不能担负起持危扶颠的重任。[49]

《资治通鉴音注》于后晋注冯道者有3条:1,冯道、李崧推荐杜重威代替刘知远为都指挥使、充随驾御营使,是“希上指而荐之”[50],属谄媚之徒,还埋下冯道在后汉不能得以重用、李崧被杀的隐患。2,冯道、景延广立石重贵为嗣,与三国吴主孙休托孤于濮阳兴、张布“略同”,冯道等擅改晋高祖立嫡子石重睿之意,而立其侄石崇贵,对后晋灭亡负有不可推卸的责任。[51]3,“依违两可,无所操决”是冯道终生信奉的人生哲学。冯道为人如同禅僧,“静寂为宗”、“不杀为教”,虽然“辩机无穷”,但“不能应物”,在太平时期可为良相,在国运艰难之际无所施为。[52]

《资治通鉴音注》于契丹灭晋注冯道者有2条:合并其意,冯道一贯“依阿免祸”,虽“持身谨静”也不应受到耶律德光的尊重。[53]

《资治通鉴音注》于后周注冯道者3条:1,郭威是“卒伍之雄”,而冯道系“老腐者”。即便冯道的建议被郭威采纳,为郭威平叛起到了积极作用,更暴露冯道才识与品德不一,[54]“老腐”一词,充满鄙夷。2,耶律德光和刘赟反对属下杀冯道,是由于冯道位居宰相,“素怀冲澹,与物无竞,人都敬其名德”,对冯道个人而言,可用以保全自身,确实有利;对国家而言,则不当为相。胡三省结合后唐同光以后,枢密使擅权、丞相充位的客观现实,体察了冯道处境的艰难,从这个角度看,也不能完全归罪冯道。[55]此中,不难看出司马责备冯道的同时、也有责备五代君主的痕迹。3,拾欧阳修之牙慧，同样认为冯道仕宦累朝，身为宰辅，从不建言，平生只有谏世宗亲征一件事[56]。

胡三省以大量篇幅为冯道“卒”作注，基本沿袭了欧阳修、司马光的观点，稍有不同的是：一，对《新五代史》所引《长乐老叙》进行补充。二，批评范质给予冯道过高评价，其原因是“盖学冯道者也”。三，解释冯道所事“五朝”为“唐、晋、辽、汉、周”，所事“八姓”分别是“唐庄宗、明宗、潞王各为一姓，石晋、邪律、刘汉、周太祖、世宗各为一姓”，明显将冯道列入辽大臣之列。四，以盗跖、子路为例，证明盗者并非恶报、贤者未必善终，其弦外之音则是，冯道寿终正寝与盗跖等同，不足称道。[57]

由以上所分析可知，胡三省对冯道同样肯定者少，否定者多，基本沿袭了司马光、欧阳修的观点。《资治通鉴音注》刊入《资治通鉴》后，与《资治通鉴》正文、考异并行于世，可谓珠联璧合、天衣无缝，与《新五代史》一脉相承。如果说，在冯道“不知廉耻”形象的塑造中，欧阳修为始作俑者，司马光、胡三省是推波助澜者。

四、冯道“不知廉耻”形象的传播及影响

冯道“不知廉耻”形象能够在社会传播中占据主流地位，与《旧五代史》地位的衰落与散佚密不可分。从新旧《五代史》、《资治通鉴》并行于世，到《旧五代史》丧失官学地位、退出社会传播领域，经历了百余年的时间，自此《新五代史》独霸官学地位达几百年，即使《旧五代史》辑本复出，也无法动摇《新五代史》的固有地位，冯道“不知廉耻”的历史形象在民国时期乃至今日依然被许多学者接受。

《新五代史》何时取得官学地位？正史尚无明确记载。《邵氏闻见录》称：“今欧阳公《五代史》颁之学官，盛行于世。[58]”考邵伯温生卒年代为至和三年（1056 年）到绍兴四年（1134 年），《邵氏闻见录》又是其晚年作品，可以推测，至少在北宋末至南宋初，《新五代史》已经占据社会主流传播地位，此推测也可以当时的大臣上书和君臣对话佐证。

靖康年间，金人包围北宋都城，北宋君臣将亡国责任完全推到蔡京等身上。侍御史孙觌上书要求罢免蔡京宰相职务，“使京尚在相位，安知其不开边卖国如冯道辈乎？”[59]始将冯道纳入“开边卖国”之列。南宋初年，宋金交战，民族矛盾上升，在政权存亡的危机关头，倡导“忠孝节义”、痛斥卖国求荣的变节者，成为觊觎偏安的宋高宗、致力收复失地的文臣武将乃至普通民众的共同要求。在特定的历史环境下，《新五代史》、《资治通鉴》对冯道的批评便具有了现实政治意义，被南宋君臣和

史家们普遍接受。宋高宗引用《新五代史》欧阳修对冯道的评价，指责宰相朱胜非、颜岐等“当轴处中，荷国重担”，在“苗刘兵变”中“不能身卫社稷，式遏凶邪”[60]。沈与求试侍御史时，将“靖康之难”的责任归咎于王安石变法，攻击王安石虽富有才学，由于心术不正，其行事如同投靠王莽的杨雄和“左右卖国，得罪万世”的冯道，著书立说，标新立异，混淆是非观念，败坏社会风气，使士大夫丧失节义操守[61]，直接将冯道视作引狼入室的“卖国”之徒。

南宋时期，也有吴曾等个别学者认为管仲虽曾“降志辱身”，但对社会贡献巨大，“非圣人不足以知其仁”，后世只有“狄仁杰、冯道”堪与管仲相匹，冯道自被欧阳修诋毁后，后来的读书人“一律不复分别”，是知识界的一件憾事。吴曾甚至断言：欧阳修对冯道做出“不知廉耻”的评价与其年轻气盛、阅历较浅有关，如果在其晚年著《新五代史》，他对冯道的评价定会发生“如出两手”[62]的改变。吴曾替冯道辩诬不仅没有得到任何声援，反而自取其辱，成为别人攻击其屈事秦桧的遁词。

《新五代史》取得官学地位后，成为官方宣讲的合法教科书，冯道“不知廉耻”的形象在南宋士人阶层更是大行其道。从史籍看，袁枢的《通鉴纪事本末》完全沿用了《资治通鉴》对冯道的评价；而文天祥所作《壬午》诗，内有“王衍劝石勒，冯道朝德光。末俗正靡靡，横流已汤汤。余子不足论，丈夫何可当”[63]，无论在史实、还是人物评价上，明显受《新五代史》的影响。值得注意的是，《新五代史》也被金国统治者所接受，泰和七年（1207年）十一月，金章宗下诏，“新定学令内削去薛居正《五代史》，止用欧阳修所撰。”[64]

元、明以后，理学成为官方统治思想，《新五代史》的官学地位日益巩固，《旧五代史》日益遭人冷落，以致元明以后，不仅很少有人援引此书，甚至《旧五代史》的传世版本也随之泯灭，鲜为人知。到明修《永乐大典》时，虽然保存有《旧五代史》的文字，却已经是次序颠倒、支离破碎，“已非居正等篇第之旧”。[65]《旧五代史》地位的衰落及散佚后，《新五代史》、《资治通鉴》成为人们了解冯道的主要门径，欧阳修、司马光因此垄断冯道评价的话语权。作为历史人物的冯道淡出了人们的视线，脱离历史真实、完全被道德化评价、“不知廉耻”和“奸臣之尤”的冯道形象逐渐演变为一种文化符号在知识界流传开来，在一次次民族存亡之际被仁人志士们贬斥、鞭挞，妖魔化程度日益加深，也彻底沦为“以禄位为故物，以朝署为市廛，以陛下为弈棋，以革除年间为故事”[66]的贰臣典型。那些替冯道辩护之作也被视为离经叛道、仅存于政府的禁毁书目，如：李贽的《焚书》。[67]明末清初，抵抗异族统治的强烈愿望再度将冯道推至风口浪尖，王夫之在历数冯道罪证之后，竟得出“道之恶浮于纣，祸烈于跖”[68]的结论。

清修《四库全书》时，邵晋涵将《旧五代史》从《永乐大典》中辑出并编入《四库全书》，但辑本《旧五代史》的复出并未改变对冯道的评价，替冯道美言、“以冯道为大人”的《能改斋漫录》和《青箱杂记》在《四库全书总目提要》中仍被批评为“其是非甚为乖刺”或“颇乖风教，不但记录之讹也。”[69]民国前夕，甚至有学者将冯道视为“衣冠禽兽。”[70]冯道遭到了来自异族统治者与被统治者的两面夹击。

经过自南宋至清几百年的文化薰习，尽管《旧五代史》的单行本已经面世，强调忠孝节义的专制制度已经灭亡，《新五代史·冯道传》在士人中的影响已根深蒂固，积重难返。民国初年，蔡东藩编著《五代史演义》。《五代史演义》完成于民国十二年(1923年)，此时新旧制度交替、新旧文化思想碰撞，内忧外患，军阀混战，蔡东籓认为五代历史适可作为一映照现实的镜子。在比较各种版本后，蔡东藩认为其他五代史籍都不及《新五代史》，他基本采取司马光的做法，“叙事则蒐证各籍，持义则特仿庐陵”[71]，自撰自注，夹叙夹议，其注冯道恭迎李从珂为“丑极”、“越丑”，注冯道拜谒耶律德光为“无非面谀”、注“太师冯道，最号老成”为“实最无耻”、注“冯道被郭威所派刺杀刘赟的人放归”为“实可杀却，何必放归”，注冯道谏周世宗勿击北汉为“冯道历事四朝，未闻献议，此次硬加谏阻，无非怯敌所致”，不一而足。在冯道总体评价上，蔡东藩更是拾欧阳修之牙慧，称“忠臣不事二主，烈女不事二夫。如王凝之妻才算烈女，冯道最是无耻，最是不忠，若与王凝妻相较，真正可羞，愿后世勿效此长乐老”[72]，告诫后人要警钟长鸣，不可步其后尘。

结　语

五十三年之间，变易五姓十三君，而亡国被杀者八人，统治时间最长者不过十余年，短者三四岁，这就是五代提供给当时人活动的历史舞台。

按照传统道德标准，乱世中士人的最佳选择是隐居，否则就要不可避免地卷入改朝换代的纷争，面临臣节不保的尴尬。与当时许多士人一样，冯道选择了入仕。冯道入仕期间，竭诚尽力，辅佐历代君主，积极施为，对稳定政局起到了一定作用；秉承“但教方寸无诸恶，狼虎丛中也立身”[73]的定力，冯道严格自律，独善其身，起到了持重镇俗、抑制浮薄侥幸的作用；与那些为一己私利而紊乱朝纲、倾城灭国，或兵戎相见、引狼入室的文臣武将相比，冯道不是任何朝代灭亡的启衅者，也未造成严重的社会危害。从这个角度看，冯道非“不知廉耻”者。

但从道德层面看，冯道确实有无法抹煞的政治污点——大节有亏。作为声震朝野的重臣,冯道不仅辗转于五代中原政权之间,还接受了异族统治者耶律德光的委任,成为契丹人统治中原的工具,造成恶劣的社会影响。即使用今天道德尺度衡量,冯道虽不是“开关卖国”、“左右卖国”的元凶,也是外来入侵者建立、巩固政权的帮凶,理应被后人唾弃。有过如此耻辱经历的冯道不能反躬自省,从官场引退,依然置身于后汉、后周的政治舞台,由此看来,欧阳修指责其“不知廉耻”,亦不为过。冯道虽私德可淑,但大节有亏。冯道的经历也提醒世人:得失一朝,荣辱千载。大是大非面前,容不得丝毫妥协和犹豫。玉碎,名垂青史;瓦全,遗臭万年。可不慎哉!

确如陈寅恪所言:“(《新五代史》)作义儿冯道诸传,贬斥势利,尊崇气节,遂一匡五代之浇漓,返之淳正。故天水一朝之文化,竟为我民族遗留之瑰宝,孰谓空文于治道学术无裨益耶?”[74]作为倡导忠义廉耻、民族气节的文化符号,《新五代史·冯道传》无疑是一成功典型;为突出冯道“不知廉耻”的形象,欧阳修删削、混淆、改动史实的处理方式也有悖于直笔、实录的著史精神,《新五代史·冯道传》无疑又是一误导后人的败笔之作。受《新五代史》的直接影响,冯道“不知廉耻”历史形象的不断变异不仅反映出在历史人物评价过程中意识形态的变化对史家的重大影响,更反映出统治者通过掌握社会话语权和控制传播主渠道所造成的人云亦云、以讹传讹的严重后果。冯道历史形象变异提醒我们:必须以严谨、实证的态度对待历史研究,在弄清史料的形成以及史料之间的关系之前,慎下结论,以免一叶障目不见泰山,对同一史源史料的大量堆砌。同时,历史研究也并非胜利者的颂歌,只有尊重史料、尊重史实,才能避免肤浅、重复性的研究,真正推动历史研究的深入,使我们的结论更接近历史的真实。

(原刊于《史学月刊》2012年第5期)

注　释

1 赵翼《廿二史札记》卷22,“(冯道)亦实能以救济为心,公正处事,非貌为长厚者”,中华书局2001年,第487页;张杰《历仕四姓十一帝的冯道》,《辽宁大学学报》1989年第5期;葛剑雄《乱世的两难选择——冯道其人其事》,《读书》1995年2期;郝兆矩《论冯道》,《浙江学刊》1996年第4期;房锐《虎狼丛中也立身——从〈北梦琐言〉所载史事论冯道》,《晋阳学刊》2004年第2期;路育松《从对冯道的评价看宋代气节观念的嬗变》,《中国史研究》2004年第1期;严修《重新审视冯道》,《复旦大学学报》2006年第1期;陈晓莹《历史与符号之间——试论两宋对冯道的研究》,《史学集刊》2010年第2期。

2 王禹偁《五代史阙文》,台湾文渊阁四库全书1987年影印本第407册,第633页。

3 王禹偁《五代史阙文》,第638—639页。

4 《资治通鉴》卷289《后汉纪四》,乾祐三年十一月己丑,中华书局,1956年。

5 王禹偁《五代史阙文》,第639页。

6 《旧五代史·冯道传》,中华书局,1976年,第1664页。

7 《旧五代史·周书一》,第1450—1451页。“不数日,周设长堑,复筑长连城以逼之。帝在军,居常接宾客,与大将燕语,即褒衣博带,或遇巡城垒,对阵敌,幅巾短后,与众无殊。临矢石,冒锋刃,必以身先,与士伍分甘共苦。稍立功效者,厚其赐与,微有伤痍者,亲为循抚,士无贤不肖,有所陈启,温颜以接,俾尽其情,人之过忤,未尝介意,故君子小人皆思效用。守贞闻之,深以为忧”。

8 陈尚君辑纂《〈旧五代史〉新辑会证·冯道传》,复旦大学出版社,2005年,第3861—3880页。

9 洪迈《容斋随笔·三笔》卷9,上海古籍出版社,1996年,第517页。

10 《资治通鉴》卷291《后周纪二》,太祖显德元年四月庚申。

11 《旧五代史·冯道传》,第1665—1666页。

12 李焘《续资治通鉴长编》卷26,太宗雍熙二年正月丙戌,中华书局,2004年。

13 《续资治通鉴长编》卷65,真宗景德四年五月庚寅。

14 《续资治通鉴长编》卷90,真宗天禧元年九月己酉。

15 《续资治通鉴长编》卷111,仁宗明道元年七月壬申。

16 《续资治通鉴长编》卷171,仁宗皇祐三年八月乙巳。

17 刘复生:《北宋中期儒学复兴运动》。台湾:文津出版社,1991年,第87页。

18 张明华:《〈新五代史〉研究》,中国社会科学出版社,2007年,第1—17页。

19 《新五代史·梁臣传第九》,中华书局,1997年,第207页。

20 《新五代史·冯道传》,第611—612页。

21 《新五代史·冯道传》,第613—614页。“道相明宗十余年,明宗崩,相愍帝。潞王反于凤翔,愍帝出奔卫州,道率百官迎潞王入,是为废帝,遂相之。废帝即位,愍帝犹在卫州,后三日,愍帝始遇弑崩。已而废帝出道为同州节度使,踰年,拜司空。晋灭唐,道又事晋,晋高祖拜道守司空、同中书门下平章事,加司徒,兼侍中,封鲁国公。高祖崩,道相出帝,加太尉,封燕国公,罢为匡国军节度使,徙镇威胜。契丹灭晋,道又事契丹,朝耶律德光于京师。……德光北归,从至常山。汉高祖立,乃归汉,以太师奉朝请。周灭汉,道又事周,周太祖拜道太师,兼中书令”。

22 《新五代史·冯道传》,第614页。一、“德光责道事晋无状,道不能对。又问曰:‘何以来朝?’对曰:‘无城无兵,安敢不来。’德光诮之曰:‘尔是何等老子?’对曰:‘无才无德痴顽老子。’德光喜,以道为太傅”。二、“耶律德光尝问道曰:‘天下百姓如何救得?’道为俳语以对曰:‘此时佛出救不得,惟皇帝救得。’”

23 《新五代史·冯道传》,第614页。

24 《新五代史·冯道传》,第615页。

25 《旧五代史·冯道传》,第1665页。

26 房锐《狼虎丛中也立身——从〈北梦琐言〉所载史事论冯道》,《晋阳学刊》2004年第2期。

27 《旧五代史·冯道传》,第1656—1660页。

28 《旧五代史·明宗本纪第十》,第609—610页。

29 《旧五代史·冯道传》,第1660页。

30 《新五代史·冯道传》,第614页。

31 《旧五代史・冯道传》,第1656—1657页。

32 《新五代史・刘岳传》,第632页。

33 孙光宪《北梦琐言》卷19,中华书局,2002年,第350页。

34 《旧五代史・冯道传》,第1657页。

35 《新五代史・冯道传》,第614页。

36 《旧五代史・冯道传》,第1663—1664页。

37 朱熹语、黎靖德编《朱子语类》卷139,中华书局,1988年,第3308页。

38 《朱子语类》卷134,第3204页。

39 《续资治通鉴长编》卷263,熙宁八年闰四月丁未。

40 《资治通鉴》卷268《后梁纪三》太祖乾化元年十一月壬午、卷270《后梁纪五》贞明五年七月丙戌、卷275《后唐纪四》明宗天成二年正月壬戌、卷276《后唐纪五》明宗天成四年九月、卷282《后晋纪三》高祖天福四年八月壬寅、卷287《后汉纪二》高祖天福十二年八月壬午、卷289《后汉纪四》隐帝乾祐三年十一月己丑、卷291《后周纪二》太祖广顺三年六月丁巳、卷291《后周纪二》太祖显德元年二月附。

41 《资治通鉴》卷286《后汉纪一》,天福十二年正月癸巳。

42 《资治通鉴》卷288《后汉纪三》,乾祐元年八月壬午。

43 《资治通鉴》卷289《后汉纪四》,乾祐三年十一月丙戌。

44 《资治通鉴》卷289《后汉纪四》,乾祐三年十一月丁亥。

45 《资治通鉴》卷291《后周纪二》,显德元年四月庚申。

46 陈垣《通鉴胡注表微・小引》,中华书局,1962年,第1页。

47 胡三省《资治通鉴音注》,附《资治通鉴》卷268《后梁纪三》,太祖乾化元年十一月壬午。

48 《资治通鉴音注》,附《资治通鉴》卷277《后唐纪六》,明宗长兴元年九月甲戌。

49 《资治通鉴音注》,附《资治通鉴》卷279《后唐纪八》,潞王清泰元年三月己巳。

50 《资治通鉴音注》,附《资治通鉴》卷282《后晋纪三》,高祖天福六年八月戊子。

51 《资治通鉴音注》,附《资治通鉴》卷283《后晋纪四》,高祖天福七年六月乙丑。

52 《资治通鉴音注》,附《资治通鉴》卷284《后晋纪五》,齐王开运元年六月辛酉。

53 《资治通鉴音注》,附《资治通鉴》卷286《后汉纪一》,高祖天福十二年正月乙未、附《资治通鉴》卷286《后汉纪一》,高祖天福十二年正月癸丑。

54 《资治通鉴音注》,附《资治通鉴》卷288《后汉纪三》,高祖乾祐元年八月壬午。

55 《资治通鉴音注》,附《资治通鉴》卷289《后汉纪四》,隐帝乾祐三年十二月戊午。

56 《资治通鉴音注》,附《资治通鉴》卷291《后周纪二》,太祖显德元年二月附。

57 《资治通鉴音注》,附《资治通鉴》卷291《后周纪二》,太祖显德元年四月庚申。

58 邵伯温《邵氏闻见录》卷15,中华书局,1997年,第167页。

59 徐梦莘《三朝北盟会编》卷39,上海古籍出版社,1987年,靖康元年二月十八日甲寅。

60 李心传《建炎以来系年要录》卷25,建炎三年七月甲申,中华书局,1956年。

61 李心传《建炎以来系年要录》卷46,绍兴元年八月庚午。

62 吴曾《能改斋漫录》卷10,中华书局,1960年,第299页。

63 文天祥《文山先生全集》卷14,商务印书馆1936年影印四部丛刊初编本,第319页。

64 《金史·章宗本纪四》，中华书局，1997年，第282页。

65 永瑢《四库全书总目》卷46，中华书局，1965年，第411页。

66 张廷玉《明史》卷17，中华书局，1974年，第4761页。

67 李贽著、管玉林校《焚书》卷5，“（冯道）只所以历事五季之耻，而不忍无辜之民日遭涂炭，要皆有一定之学术，非苟苟者。”中华书局，1961年，第227页。

68 王夫之《读通鉴论》卷29，中华书局，1975年，第2430页。

69 《四库全书总目》卷118，第1018页、卷140，第1191页。

70 张亮采《中国风俗史》，东方出版社，1996年，第117—118页。

71 蔡东藩《五代史演义·自序》，江苏人民出版社，1996年，第2、1页。

72 《五代史演义》，第195、290、362、370、401、410—411页。

73 吴处厚《青箱杂记》卷2，中华书局，1997年，第16页。

74 陈寅恪《赠蒋秉南序》、《寒柳堂集》，上海古籍出版社，1980年，第162页。

试论宋仁宗朝宰相兼枢密使之职权

田志光

宋初至元丰改制以前，宋朝的中书与枢密院号为“二府”，为宋代最高的民政与军事机构。中书以同平章事（宰相）、参知政事为正副长官，枢密院以枢密使（知枢密院事）、枢密副使（同知枢密院事）为正副长官，有时亦设签书枢密院事，他们共同构成了北宋前期的宰辅决策集团。在北宋时期，曾有七人以宰相兼任枢密使，分别是太祖建隆至乾德时的魏仁浦和仁宗庆历时的吕夷简、章得象、晏殊、杜衍、贾昌朝、陈执中。仁宗庆历二年七月，因宋朝与辽、夏政权关系紧张，军政事务繁重，宋廷再次施行宰相兼枢密使制度。由于此时军事形势与政治氛围的变化，致使仁宗时期宰相兼枢密使的权能与太祖时相比表现出很大差异。本文拟在前人研究的基础上，[1] 对北宋仁宗时期的宰相兼枢密使制度作一探讨，不足之处，请方家指正。

一、由文武分途走向协商：宰相兼枢密使前的二府权能关系

仁宗明道二年（1033 年）三月，垂帘听政的刘太后病逝，仁宗开始亲政。而此时曾主张与宋和平相处的西夏首领李德明去世，其子李元昊袭位，开始了对宋的跋扈不臣与侵扰，北方辽国也伺机而动，乘势威逼勒索。宋仁宗在对外关系上面临着一个全新的课题。宝元元年（1038 年）十月甲戌，元昊正式称帝，建国号大夏，并遣使以告宋廷。关于元昊的反叛自立，宋朝有识之士早有察觉，史载：“景祐中赵元昊尚修职贡，蔡州进士赵禹庶明言元昊必反，请为边备。宰相以为狂言，流禹建州。明年，元昊果反，禹逃归京，上书自理。宰相益怒。下禹开封府狱。是时，陈希亮为

司录，言禹可赏不可罪，宰相不从，希亮争不已，卒从。”[2] 由此可知，当时朝廷并没有察觉到元昊的叛立意图，对此叛逆之举缺乏心理上的准备。美国学者 Michael Mcgrath 认为，在宝元元年十月元昊正式提出独立之前，宋廷对西夏政治、军事的发展没有给予及时密切的关注，而西夏正是利用这一时期进一步控制了河西走廊的贸易路线并借此扩充了军事实力，建立了军事化色彩极浓的中央与地方政权。[3] 宝元二年（1039 年）正月，元昊所派通告使奉表抵京，将西夏建国之事通告宋廷。宋仁宗面对既成事实，不知如何是好，只得将西夏奉表送交抠密院，由他们去拿出对策。[4] 然而枢密院内部意见并不统一，史载：“枢密院议数日不决，王德用、陈执中欲斩之，盛度、张观不可。”[5] 时王德用、盛度任知枢密院事，陈执中、张观任同知枢密院事，四人意见形成了二对二的情况且双方各有长贰之任。在枢密院计议数日并未达成一致的情况下，仁宗采纳了盛度、张观的意见，决定遣还西夏使者。宋廷拒绝承认元昊建国称帝的要求后，元昊则以战争手段来逼迫宋廷，康定元年（1040 年）正月，元昊对“地阔而寨栅疏远，士兵寡弱，又无宿将为用”[6] 的延州发动了大规模侵袭，与宋鄜延、环庆副都部署刘平、鄜延副都部署石元孙大战于三川口，结果刘、石二将力战不支，而宋鄜延都监黄德和居阵后，见宋军退却，惧而不救，却率军逃循。后来宋军皆溃，刘平、石元孙等战败被俘。[7] 而黄德和逃循后竟然上奏诬陷刘平、石元孙二人投降西夏，知枢密院事夏守赟力辨二人冤枉，并援引康保裔之事为证。[8] 于是朝廷派御史文彦博前往鞫劾，文彦博“具得德和按兵不救及枉路遁还之状，又明二将不降，朝廷命斩德和于河中府”。[9] 宋夏三川口之战，是宋夏交恶以来首次大规模的会战，宋方损兵折将，伤亡惨重，宋廷为之震动，至此西部边患成为北宋朝廷议事日程上的头等重大问题，即所谓“空国事边”。[10] 此后群臣纷纷上书争言边事、军政，其中多有涉及二府军事决策机制的奏疏。如针对“元昊反，边奏皆不关中书”的现状，翰林学士丁度建言：“古之号令，必出于一。今二府分兵民之政，若措置乖异，则天下无适从，非国体也。请军旅重务，二府得通议之。”[11] 知谏院富弼上书言：“臣伏见自来兵机公事，全委密院。今边鄙多故，不同往时，若无更张，必有败阙。况事干治乱，执政岂可不知？文武二途，自古一致。臣窃观《周史》，宰相魏仁浦曾兼枢密使。国初，范质王溥亦以宰相参知枢密院事。臣今欲乞依故事，亦令宰相兼枢密使。所贵同心协力，各无猜嫌，共议安边，必能集事。”[12] 面对臣僚的如上奏请，仁宗于康定元年（1040 年）二月丁酉，诏：“枢密院自今边事并与宰相张士逊、章得象参议之，即不须签检。”张士逊在接到诏令后，觐见仁宗，并与富弼有一番对话：

士逊等以诏纳上前，曰：“恐枢密院谓臣等夺权。”弼曰：“此宰相避事尔，非畏夺权也。”时西蕃首领吹同乞砂、吹同山乞自唃厮啰界各称伪将相来降，诏补三班奉职、借职，羁置湖南。弼言二人之降，其家已诛夷，当厚赏以劝来者。上命以所言送中书，弼见宰相论之，宰相初不知也，弼叹曰："此岂小事，而宰相不知耶！"更极论之，士逊等乃不敢辞。[13]

通过以上史料可知，在康定元年二月之前二府分理军民之政。军事由枢密院负责，中书军事不得与闻。前文所述的西夏使者奉表赴阙，黄德和诬奏刘平、石元孙二事的处理中，只有枢密院官员，中书宰辅并未参与其中，这也是康定元年二月之前中书不预军政的具体实例。然而这次仁宗诏令"中书预军政"的规定是很不彻底的，其命枢密院军事只与中书宰相商议，至于中书副相——参知政事并不在议军事的行列，限制了中书宰辅的参与度，而且宰相与议，"不须签检"，即在形成的书面决策上可以不签署名，这意味着宰相可以不承担军事决策失误或是军政工作不力带来的责任，致使宰枢权责不明确，同样也不利于调动宰相参议军事的积极性，这与富弼奏请的令"宰相兼枢密使"还有一定的差距。同年三月戊寅，工部侍郎、知枢密院事王鬷，右谏议大夫、知枢密院事陈执中，给事中、同知枢密院事张观并罢。关于三位枢密院长贰的罢免原因，《长编》卷一二六载：

（王鬷）入枢密，元昊果叛。帝数问边计，不能对。及刘平、石元孙等败，议刺乡兵，久不决。帝不悦，宰臣张士逊言："军旅之事，枢密院当任其咎。"于是鬷及执中、观三人同日罢。[14]

王鬷、陈执中、张观三人的罢免，一方面反映出他们确实是工作不力，在其位而没有很好地谋其政，另一方面也表现出在仁宗命宰相参议边事的诏令下发后，中书宰相并没有尽职尽责地与枢密院共议边事，但宰相可以在"不须签检"的情况下，把责任全部推到枢密院官员身上。面对中书宰相推诿责任、不能与枢密院通力合作、参知政事被排除在共议行列之外等一系列问题，知枢密院事晏殊在上任后的第三天即三月庚辰便向仁宗奏请令参知政事同议边事，并令"书检"，仁宗从其请。[15]即中书宰辅全体成员包括宰相、参知政事都必须参与边事的计议，并与枢密院官员一体承担责任。仁宗在批准晏殊奏请的三天后又诏："中书别置厅于枢密院之南，与枢臣议边事"[16]，即专门开设了供宰枢同议边事的场所，是为"开南厅"之始，对宰枢共议军事作了进一步的规范。根据以上分析，我们可以勾勒出此时宋廷二府军事决策的基本程序，如下图所示：

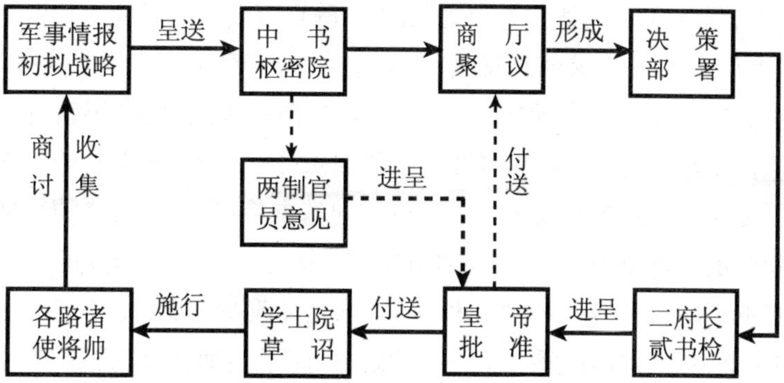

（注：上表中虚线指二府在决策过程中有时会征求两制以上官员的意见，但未成定制，对此下文将述及。）

康定元年（1040 年）五月壬戌，张士逊被罢相，同时仁宗任命吕夷简为昭文相。[17]吕夷简上任后主张对西夏采取强硬措施，田况《儒林公议》载："康定辛巳岁，韩琦为陕西经略安抚副使，尹洙为判官，同诣阙献入攻元昊之策，欲自鄜延、泾原两路出师。夏竦作太师，意不甚主。时吕夷简居上弼，天下之务一断于己，杜衍方副位枢地，深以入攻为非。"吕因谓人曰："自刘平败覆以来，言羌事者人人震怯。今韩、尹健果如此，岂可沮之也？"[18]由此可以看出当时吕夷简在朝中的显赫地位，其言语铿锵有力，表现了他对西夏采取攻策的强硬态度。关于这次进攻西夏的决策过程，《长编》卷一二九亦载："上与两府大臣共议，始用韩琦等所画攻策也。枢密副使杜衍独以为侥幸出师，非万全计，争论久之，不听，遂求罢，亦不听。"李焘在其后作注云："《欧阳修墓志》曰：'大臣至有欲以沮军罪衍者'。不知大臣谓谁，当考"[19]。以上只记仁宗与两府宰臣共议，而不言中书宰相之名。据以上《儒林公议》所言，此时中书首相吕夷简在"共议"中应是起了主导作用，促使仁宗采用韩琦的攻策，并制订了"鄜延、泾原两路取（庆历元年）正月上旬同进兵入讨西贼"的计划。枢密副使杜衍虽极力反对，亦无济于事，还险些以"沮军"之名得罪。这次二府"共议"的结果证明了此时军事决策的天平已倾向中书。庆历元年（1041 年）二月，韩琦在得到"元昊阅兵折姜会，谋寇渭州"的战报后，于该月己丑急赴镇戎军，尽出所部兵马，又招募敢勇八千人，任命奉诏前来泾州议事的环庆副都部署任福为大将，泾原驻泊都监桑怿为先锋，钤辖朱观、泾州都监武英继之，率兵迎击元昊。临行前，韩琦向任福等人面授作战方案："令并兵自怀远城趋德胜寨至羊牧隆城，出贼之后；诸寨相距仅四十里，道近且易，刍粮足供，度势未可战，则据险设伏，待其归然后邀击之。"[20]然而任福等在进攻时中了西夏诱敌深入之计，在好水川遭西夏大军伏击,宋军大败,任福、武英、桑怿等皆战死,士卒阵亡万余人。对此次战败负有领导责任的韩琦“上章自劾”,请求朝廷惩处,仁宗削夺了韩琦的陕西经略安抚副使之权。李华瑞先生认为:“经过康定元年、庆历元年连续两次大败,使得宋朝野上下开始比较客观地认识来自元昊的威胁和审视自己的弱点,故一度很不得势的主守反战的朝议逐渐占了上风。其后主守成为仁宗朝对夏的基本策略,这一策略的发展便为后来与西夏议和奠定了思想基础。”[21]李先生的观点,从此后宋朝对西夏的宏观政策趋向上来讲是基本正确的。然而宋朝在此战后并未立即改变对夏的进攻策略,史载:三月丙辰“任福等既败,朝议因欲悉罢诸路行营之号,明示招纳,使贼骄怠,仍密收兵深入讨击。诏范仲淹体量士气勇怯,如不至畏懦,即可驱策前去,乘机立功。”[22]此诏令虽在陕西经略安抚副使、知延州范仲淹的谏请下没有再次出兵进讨,但朝廷的进攻基调并未调整。宋朝由进攻向主守议和策略的转变大约经历了八、九个月的时间,其间夹杂着宋廷内部的权力斗争。如前所述,对好水川之败负有领导责任的边帅韩琦被削夺使权,而在朝廷的主战派代表、策动此次军事进攻的宰相吕夷简虽未受到牵连,但其在朝中的地位不像战前那么的不可一视。吕夷简为稳固自己的权势,急需调整二府执政官员,排除异己,任用亲信。同年四月癸未,一向与吕夷简不和且主守的范仲淹,因派遣部下韩周持书私入西界,为吕夷简所诘,韩周坐削官,监通州税。范仲淹也由陕西经略安抚副使、兼知延州、龙图阁直学士、户部郎中降为户部员外郎,知耀州。[23]在处理了范仲淹后,五月辛未,右谏议大夫、参知政事宋庠守本官,知扬州;枢密副使、右谏议大夫郑戬加资政殿学士,知杭州。关于宋庠、郑戬罢政的原因,史载:

先是,吕夷简当国,同列不敢预事,唯诺书纸尾而已,独庠数与争论,夷简不悦。上顾庠颇厚,夷简忌之,巧为所以倾庠未得。及范仲淹擅通书元昊,又焚其报,夷简从容谓庠曰:“人臣无外交,希文何敢如此?”庠以夷简诚深罪仲淹也,他日于上前议其事,庠遽请斩仲淹,枢密副使杜衍力言其不可,庠谓夷简必助己,而夷简终无一言。上问夷简,夷简徐曰:“杜衍之言是也,止可薄责而已。”上从之,庠遂仓皇失措,论者喧然,皆咎庠,然不知实为夷简所卖也。于是,用朋党事与戬俱罢。[24]

宋庠、郑戬为同年进士,一为参知政事、一为枢密副使,并据要地,且不阿附夷简,于是成了吕夷简的眼中钉,夷简用阴险手段将宋庠罢免,又指郑戬为宋庠朋党,于是宋、郑二人并罢。同日,仁宗任命“厚重寡言”的翰林学士、兵部郎中、知制诰王举正为右谏议大夫、参知政事。[25]关于王举正的这一任命是由谁推荐的,史无明文,然以事理推断,此应出于吕夷简的手笔。王举正为故相陈尧佐之婿,陈尧佐为相是由吕夷简推荐确是不争的事实。[26]由此裙带关系,吕夷简推荐王举正是极有可能的,更重要的是王举正"厚重寡言"的性格和"懦默不任事"[27]的作风,由其作为参知政事更有利于吕夷简专权固宠。在推荐参知政事的同时,吕夷简也绞尽脑汁地安排着枢密副使的人选,同日仁宗诏令枢密直学士右谏议大夫知益州任中师、龙图直学士给事中知河南府任布并为枢密副使。关于"二任"的任命情况,史载:

> 先是,(任)布数上书论事,帝欲用之,吕夷简荐(任)中师才不在布下,遂俱擢任。或曰:"中师前罢广州,尝纳赂于夷简。"于是,枢密副使阙,上谓夷简曰:"用谏议大夫任姓者。"盖指布也。夷简遽进中师名,上徐曰:"今在西川。"夷简因言中师可用,乃并用两人。[28]

吕夷简通过偷梁换柱的方式,推荐了自己的亲信任中师为枢密副使,此时的枢密使晏殊在政治上是否支持吕夷简,史无明文,然从之后的对辽政策来看,晏殊是站在吕夷简这一边的(下文详析)。此时二府中的异己官员已被吕夷简排挤出外任职,可以说身为中书首相的吕夷简此时已经基本控制了二府,其在宋廷的地位也得到了进一步巩固。此时二府对夏决策虽然有了主守趋势,但还没有具体的政策措施出台。同年十月辽朝的介入,促使宋廷对夏政策作出了根本性的调整。庆历元年十月戊寅,河北转运司将"契丹将谋入寇"的情报上奏了朝廷,并请"调夫修诸州城"。[29]此情报对宋廷来说应是十分震惊的,契丹如入寇,宋朝将面临两线作战的危险,这迫使宋廷不得不迅速调整对夏政策。十月壬寅,也就是宋廷得到"契丹谋入寇"情报的二十日后,知谏院张方平上疏仁宗,提出"和戎为利,征戍为害"的理念,请求仁宗与二府宰臣商议调整对夏政策。仁宗阅其疏,喜曰:"是吾心也。"并令张方平以疏付中书,宰相吕夷简读之,拱手曰:"公言及此,社稷之福也。"[30]关于此次上疏的结果,王巩《张方平行状》亦载:"庆历元年冬郊,公乃请因赦书招怀夏寇,因令边臣通其善意。仁宗喜曰:'此朕心也。'至中书,又详白执政。'嘉奏也,非君孰发此者!'郊礼成,肆大眚,赦文所载,皆如公请。因是西贼通问遣使,至于纳款,解兵息民,公启之也。"[31]由此可知仁宗与以吕夷简为代表的二府接受了张方平的意见,反映在具体措施上,就是同年十一月丙寅宋廷即诏令:"自今仰边臣但谨守封疆,精练军伍,非因战斗,毋得枉杀老幼及熏烧族帐。"[32]即第一次明确了对夏采取防守的战略基调。同月辛酉又诏延州:"若元昊专遣人投进表章,即且拘留之,先具事宜以闻。若令伪官持私书至州,须候朝廷处分,然后报之。"[33]即改变了之前禁止边臣接纳元昊表书的规定,开启了与元昊接触与谈话的大门。这些举措的施行,表明宋朝彻底转变了原先的进攻基调,改为防守与招怀的"和戎"政策。此后宋廷一方面对元昊施行招怀措施,一方面又要腾出精力来应对和防范突如其来的辽朝威胁。同年(辽重熙十年)十二月乙未,辽兴宗派遣萧英、刘六符使宋,正式向宋提出索要后晋旧割关南十县之地,并"议伐宋,诏谕诸道"[34],随之"聚兵幽、涿,声言欲入寇"[35],以武力威胁宋廷。面对辽朝咄咄逼人的气势,仁宗不知所措,为之"旰食"。此时宰相吕夷简一方面推举右正言、知制诰富弼为接伴使,赴宋境延接辽使。另一方面针对辽朝可能发动的入侵也作了积极的防御。二月丁丑,仁宗诏旨与中书札子并付河北安抚司,令其"密修边备"。[36]二月己亥,中书、枢密院又调拨马步军六十四指挥一万三千八百四十人赴抗辽前线澶州驻扎。[37]辛丑,朝廷以"契丹将渝盟"而起用大将王德用为知澶州、保静军节度使,以"藉德用威名镇抚尔"。[38]三月下旬辽朝使节萧英、刘六符至东京,向仁宗呈递辽兴宗致书。契丹在国书中主要阐明了两个问题,一是明确提出索要关南十县之地,二是责问宋方为何讨伐西夏。面对辽使的要求,仁宗"命宰臣吕夷简、枢密使晏殊于殿庐中置酒与议事。"[39]最后二府作出"议所欲与,不许割地,而许以信安僖简王允宁女与其子梁王洪基结婚,或增岁赂"[40]的决策,即除割地外,希望通过联姻或是增加岁币的方式与辽达成和解。然回谢契丹国信使、知制诰富弼对辽态度较为强硬,不完全同意二府的上述决策,史载:"公闻之,语所亲曰:'北朝无名肆慢,朝廷遽有许与,若增岁币犹可,如结婚其可哉?'"[41]其认为"结婚"即"和亲",有辱国体,即反对与辽联姻。辽方闻此,联姻之意遂缓。富弼也返朝汇报此阶段的谈判情况。

二、以文制武理念的发展:宰相兼枢密使的职权

由于此时宋朝中书与枢密院需要处理大量有关辽国与西夏的军机事务。虽然宰相吕夷简此时在二府军政事务处理中已居于主导地位,但他在名义上毕竟只是中书门下的长官,而主管军政的枢密院自有一套规章制度和固定执掌,许多军政事务仍可自行奏请施行,中书宰相无从获知。Michael Mcgrath 在《剑桥中国史(宋代卷)》"宋夏战争"一节中认为,此时宋廷实行的"宰枢同议"制度已不能适应宋廷繁忙的军政事务,宋廷需要进一步协调二府,加强中书对枢密院的监管,使二府合流为军事决策的统一体。[42]为了使宰相通知军政事务,提高军事决策效率,加强二府对边防的统一指挥。七月壬寅,知谏院张方平奏请"省枢密院归于中书,若又重于改为,则莫若通枢密院之职事于中书。"[43]同月戊午,仁宗诏:"右仆射、兼门下侍郎、平章事吕夷简判枢密院,户部侍郎、平章事章得象兼枢密使,枢密使晏殊同平章

事。”[44]这是继康定元年二月诏“枢密院自今边事并与宰相参议”，三月诏“参知政事同议边事”之后仁宗对二府决策机制所作的第三次调整。宰相兼枢密使自太祖乾德二年正月废止后，至今重新施行已有近八十年，其间二府军政决策机制虽多有变迁，但从未令宰相兼枢密使。由此至庆历五年（1045 年）十月，宰相兼枢密使成为一项正式的制度确定下来，凡在任宰相必兼任枢密使，在此期间共有六位宰相兼任枢密使，分别是吕夷简、章得象、晏殊、杜衍、贾昌朝、陈执中。现将这六人的任（罢）相、兼（罢）任枢密使的时间、任期等情况作一简表如下[45]：

宰相姓名	拜相时间	兼枢密使时间	罢兼枢密使时间	罢相时间	任相时长	兼枢密使时长
吕夷简	康定元年（1040）五月壬戌[46]	庆历二年（1042）七月戊午	庆历三年（1043）三月戊子	庆历三年（1043）三月戊子	2 年 10 个月 17 天	9 个月 1 天
章得象	宝元元年（1038）三月戊戌	庆历二年（1042）七月戊午	庆历五年（1045）四月戊申	庆历五年（1045）四月戊申	7 年 1 个月 3 天	2 年 9 个月 11 天
晏殊	庆历三年（1043）三月戊子	庆历三年（1043）三月戊子	庆历四年（1044）九月庚午	庆历四年（1044）九月庚午	1 年 5 个月 3 天	1 年 5 个月 3 天
杜衍	庆历四年（1044）九月甲申	庆历四年（1044）九月甲申	庆历五年（1045）正月丙戌	庆历五年（1045）正月丙戌	4 个月 3 天	4 个月 3 天
贾昌朝	庆历五年（1045）正月丙戌	庆历五年（1045）正月丙戌	庆历五年（1045）十月庚辰	庆历七年（1047）三月乙未	2 年 2 个月	9 个月 21 天
陈执中	庆历五年（1045）四月戊申[47]	庆历五年（1045）四月戊申	庆历五年（1045）十月庚辰	皇祐元年（1049）八月壬戌	4 年 3 个月 20 天	6 个月 28 天

这里需就仁宗的此次任命作两点说明：一是，仁宗命中书首相吕夷简判枢密院事，而不是兼枢密使，次相章得象为兼枢密使。在宋代，凡由本官兼任它官者，有如下规定，即“官高则言判某官事，或官次则言知某官事，或未即真则言权知某官事”。[48]宋朝元丰改制前中书与枢密院在名义上为对等之二府，然因此时吕夷简在朝中权势的突出，所以才令其以首相身份判枢密院事来掌管枢密院事务。虽后因臣僚建言“二府体均，判名太重，不可不避”而改命夷简兼枢密使，但仍可反映出此时由吕夷简主导的二府的实际地位。二是，在处理辽、夏繁重军务的特殊时期，仁

宗令“枢密使晏殊同平章事”,按宋朝规定:“亲王、枢密使、留守、节度使兼侍中、中书令、同平章事者,皆谓之使相,不预政事,不书敕,惟宣敕除授者,敕尾存其衔而已。”[49]此时晏殊以枢密使同平章事是为使相,按规定是不参与中书政事的。晏殊之前在枢密使任上加带同平章事者有曹彬、王钦若、陈尧叟、曹利用。此四人在枢密使同平章事任上,基本上是不干预中书事务的。马玉臣先生即认为,北宋前期枢密使带同平章事是为枢相而不是宰相,包括晏殊等在内的枢相没有宰相权力,只是俸禄、待遇高于宰相,其实际权力仍同于枢密使。[50]而朱瑞熙先生则认为“枢密使晏殊加‘同平章事’即宰相之职”。[51]关于枢密使晏殊同平章事之后是否能参与中书事务,具有宰相的权力,这要从其以后的理政情况来分析。同月癸亥,也就是仁宗颁行此诏令的六日后,回谢契丹国信使富弼与副使张茂实再次使辽,史载:

> 弼与茂实再以二事(结婚及增岁币)往,于是吕夷简传帝旨,令弼草答契丹书并誓书,凡为国书二,誓书三。议婚则无金帛。若契丹能令夏国复纳款,则岁增金帛二十万,否则十万。弼奏于誓书内创增三事:一,两界塘淀毋得开展;二,各不得无故添屯兵马;三,不得停留逃亡诸色人。弼因请录副以行。中使夜赍誓书五函并副,追及弼于武强,授之。弼行至乐寿,自念所增三事皆与契丹前约,万一书词异同,则敌必疑,乃密启副封观之,果如弼所料,即奏疏待报。又遣其属前陵州团练推官宋城蔡挺诣中书白执政。上欲知敌中事,亟召挺问,挺时有父丧,听服衫帽对便殿。乃诏弼三事但可口陈。弼知此谋必执政欲变己所与北朝初议者,乃以礼物属茂实,疾驰至京师,日欲晡,叩閤门求对。閤门吏拘以旧制,当先进名,对仍翌日。弼责之,遂急奏,得入见,曰:“执政固为此,欲致臣于死,臣死不足惜,奈国事何?”上急召吕夷简等问之,夷简从容曰:“此误尔,当改正。”弼语益侵夷简,晏殊言夷简决不肯为此,真恐误尔。弼怒曰:“殊奸邪,党夷简以欺陛下。”遂诏王拱辰易书。其夕,弼宿学士院,明日乃行。[52]

以上记载传达了如下几方面的信息,富弼等此次使辽,以中书首相判枢密院事吕夷简、枢密使同平章事晏殊为首的二府作出了“辽国如愿与宋联姻则无岁币,如能令西夏纳款,则岁增金帛二十万,否则十万”的决策,并以国书、誓书的形式将以上条款确定。此次决策除了之前议定的“联姻”与“增岁币”二事外,又将西夏问题纳入宋辽谈判中,宋廷二府希望借助辽国力量对西夏施压,令西夏向宋称臣纳款,达到“以夷制夷”的目的。田况《儒林公议》亦言:“富弼使契丹报聘,再立盟约。时吕夷简方在相位,命弼讽契丹谕元昊,使纳款。”[53]进一步证明了此决策确实出于吕夷简为首的二府之手。而富弼在以上基本条款之外又奏请增加了三事，从仁宗"诏弼三事但可口陈（于契丹）"一句可得知，富弼创增之三事得到了仁宗的批准。而在二府"录副"时，夷简则将富弼奏请之三事删除，而言"奏疏待报"。由此可知，吕夷简对富弼干预二府决策，擅自奏请增加谈判条目是十分不满的，破坏了二府既定的对辽政策。然因仁宗已经同意富弼之请，所以又不便强加阻拦，于是使出这么一招。待富弼发现后回朝陈奏，仁宗"急召吕夷简等问之"，说明仁宗对夷简此举并不知情，"奏疏待报"是夷简等擅自所为。在这一事件中，晏殊坚定地站在吕夷简这边，并言之凿凿"夷简决不肯为此，真恐误尔"。晏殊作为富弼的岳父，本应为富弼鸣不平。但其却极力为吕夷简辩解。此时富弼亦不顾翁婿之情，怒斥"殊奸邪，党夷简以欺陛下"。由此可以断定，作为枢密使同平章事的晏殊参与了对辽谈判条款的制定，亦反对富弼增创的"苛刻"条款及与辽谈判时的强硬态度，这在宋输辽岁币的名称议定上也有所反映。

庆历二年（1042 年）八月乙未富弼、张茂实至契丹清泉淀金毡馆会见辽兴宗，将宋廷议定的和谈条款告知辽方。关于宋朝输辽岁币如何称谓，辽兴宗最初坚持令宋方称"献"，富弼据理力争，予以拒绝，后辽方又要求称"纳"，富弼仍不同意，并援引"唐高祖遗突厥岁币"一事来佐证。辽兴宗见富弼"词色俱厉，度不可夺"，于是绕过富弼直接派使节耶律仁先、刘六符赴宋廷索求。富弼闻此，急忙传书于仁宗言："彼求'献'、'纳'二字，臣既以死拒之，敌气折矣，可勿复许。"[54]但是此时二府首长吕夷简、晏殊都主张向辽妥协退让，晏殊更是赞成称"纳"，朱熹在《宋名臣言行录后集》卷二引《温公日录》言："及（富弼）还，而晏公已称'纳'矣。"[55]通过以上分析可知，此时晏殊作为枢密使、同平章事参与了所有的对辽交涉，在涉及国家尊严的"献"、"纳"等关键问题上亦起了决定性作用。虽然枢密院具有职掌国信的权力，如起草贺辽帝登位、辽国母生辰等普通国信文字。但此时晏殊所参与的事务已远远超出枢密院所掌普通国信文字的范围，其权力也远在枢密使固有职权之上。所以笔者认为此时晏殊的同平章事衔与之前枢密使同平章事是存在差别的，不仅仅是象征俸禄、待遇提高的使相、枢相了，此时枢密使同平章事具有了行使部分相权的职能。但此时的枢密使加'同平章事'并非宰相之职，因为此时晏殊是同中书首相判枢密院事吕夷简立场、政见相同，才能在"宰枢互兼"的名义下行使部分宰相的权能，而不是代行宰相职权。仁宗此次施行宰相兼枢密使（枢密使同平章事）制度，是二府协调立场、交换意见的有效途径，促进了二府工作效率的提高，为宋辽紧张关系的缓解与和谈的迅速达成起了重要的推动作用。同月乙丑，宋辽达成和议。通过谈判，宋朝的关南十县之地得以保全，但宋朝也为此付出二十万金帛的代价,加上真宗“澶渊之盟”时议定输辽的绢二十万匹、银一十万两,使宋输辽金帛总量高达五十万两(匹),这成为宋朝一个不小的财政负担。然而值得庆幸的是,此次“增币交涉虽然使宋朝蒙受了很大的损失,但是岁币中的十万金帛是契丹答应约束西夏的代价,在这方面未尝没有收获”。[56]辽方同意向西夏施压,这使得宋朝二府实施“以夷制夷”的决策成为可能。这里需要指出的一点是,辽方答应约束西夏的条款,并没有在协议书中体现,辽方以何种方式施压,施压到什么程度,是否如宋方期待的能令西夏“称臣纳款”,这些具体细节辽方并没有述及。笔者认为作为西夏宗主国的辽方对西夏能约束到什么程度,心里并没有十足把握。西夏如不听约束,与之反目成仇,届时辽在宋面前将颜面无存,所以辽方为给自己留有回旋的余地,只在口头上应允,在协议中并未言明。以后的事实也证明了此时辽的担心并非多余。因此时西夏“元昊声言入寇”[57],宋方迫切需要与辽达成和议,以便得以专力应付元昊,所以宋廷对此问题也未作深究。

在宋辽签署和议后不满一月,西夏突然对宋发动定川砦战役,宋军惨败。此后,宋廷一方面重新起用范仲淹为环庆路都部署、经略安抚缘边招讨使、兼知庆州,韩琦为秦凤路都部署、经略安抚缘边招讨使、秦州观察使、知秦州,庞籍为鄜延路都部署、经略安抚招讨使、兼知延州共同经制边备,对元昊严加防范。另一方面,宋廷亦放宽了招怀元昊的条件,即“元昊苟称臣,虽仍其僭号亦无害;若改称单于、可汗,则固大善”[58]。而此时辽国亦按宋辽达成的协议遣使“谕夏国与宋和”。[59]元昊在闻知宋、辽的新动向后也表示愿意议和,并遣使赴宋商议和解事宜。正当宋夏筹划议和之时,主导二府的中书首相兼枢密使吕夷简因“感风眩不能朝”而乞罢政事,仁宗未同意,夷简奏言:“所患未痊,右手尚难举,忝居重任,深不遑安,乞罢政事,未赐俞允,切虑中书、枢密院公事稽滞,已面说与章得象、晏殊等,两府事并请一面商量进呈施行,乞特降指挥。”[60]仁宗诏依所奏,由此可知,吕夷简虽披疾患,但仍然控制着二府事务。庆历三年(1043年)三月乙酉,吕夷简以疾再次上书辞位,戊子,罢相及免兼枢密使,然仁宗为优礼老臣,仍特命夷简军国大事与中书、枢密院同议。针对仁宗的这一任命,时谏官蔡襄上疏劾吕夷简“尚贪权势,不能力辞”[61]。两日后,吕夷简上书请罢豫军国大事,仁宗从其请。至此,吕夷简完全退出宋廷二府决策层。吕夷简从康定元年五月第三次为相,后又以首相身份判枢密院事至庆历三年四月罢军国大事与中书、枢密院同议,其主导二府决策近三年。这一时期宋廷正面临宋夏交战、议和,宋辽割地冲突、谈判等一系列复杂问题。此时吕夷简以“强势为政”的作风主导二府,与枢密使晏殊(后加同平章事)通力合作,二府在决策的制定、执行过程中表现出高度的一致性,为宋朝成功应对辽夏威胁,维护朝政稳定作出了重要贡献。虽然其间夹杂着吕夷简用不当手段排除异己、任用亲信、独断专行的行为,但这些行为亦是历代权臣政治的窠臼,不宜深责,况且其上述行为并未给朝政带来不稳定。《宋史·本传》对吕夷简作了较为公允的评价:

> 自仁宗初立,太后临朝十余年,天下晏然,夷简之力为多。其后元昊反,四方久不用兵,师出数败;契丹乘之,遣使求关南地。颇赖夷简计画,选一时名臣报使契丹、经略西夏,二边以宁。然建募万胜军,杂市井小人,浮脆不任战斗。用宗室补环卫官,骤增奉赐,又加遗契丹岁缯金二十万,当时不深计之,其后费大而不可止。夷简当国柄最久,虽数为言者所诋,帝眷倚不衰。然所斥士,旋复收用,亦不终废。其于天下事,屈伸舒卷,动有操术。后配食仁宗庙,为世名相。[62]

吕夷简的功过是非自有后人评说,然其作为宰相主导军国大政的生涯已落下帷幕。其后,仁宗诏命章得象为平章事、昭文馆大学士、兼枢密使,枢密使、同平章事晏殊为平章事、集贤殿大学士、兼枢密使,枢密副使杜衍为枢密使。[63]在新的二府宰辅中关于对夏关系问题,首相兼枢密使章得象继续秉持其"浑厚有容"、"无所建明"、"居位自若"[64]的为政作风,次相兼枢密使晏殊主张对夏议和,枢密使杜衍的对夏态度,如前所述,其一开始就反对兵讨西夏,主张通过外交途径来解决问题,所以其也是宋夏议和的坚定支持者,二府主要官员的调整为以后宋夏和议的顺利进行奠定了基础。同年七月乙酉,元昊再次遣使赴宋议和,"所要请凡十一事,其欲称男而不为臣,犹执前议也"。[65]以晏殊为代表的二府最高层表示同意,而枢密副使韩琦则以为不可。[66]正当中书、枢密院在讨论是否接受元昊纳款条件时,元昊请求辽与之联兵攻宋,遭到辽的拒绝[67],元昊不满契丹背弃联盟而坐收宋朝岁币,于是开始侵扰辽国边境,并招诱辽境内的党项及夹山部族。元昊的招降纳叛和不听指挥,使辽兴宗大为恼怒,不仅答应宋廷令元昊"称臣纳款"的允诺无法兑现,现在又遭到元昊的侵扰,其宗主国的颜面尽失,"契丹以词责问,元昊辞不报。自称西朝,谓契丹为北边,又言请戢所管部落,所贵不失两朝欢好。宗真(辽兴宗)既以强盛夸于中国,深耻之,乃举众西伐。"[68]辽兴宗为了邀功于宋廷,遣使耶律元衡赴宋在名义上将讨伐西夏说成是"元昊负中国当诛",故遣兵"问罪"。[69]辽对西夏进攻,使西夏处在腹背受敌的状态中,元昊为避免两线作战,遂使其对宋的态度发生根本转变,一改原先"称男不称臣"、"自称年号与'吾祖'"的议和条件,愿向宋称臣纳款。而此时辽兴宗为孤立西夏,则请宋不要接受元昊称臣,"或再乞称臣,或依常作贡,缅惟英晤,勿赐允从"。[70]面对西夏议和态度的突转及辽夏关系的剧变,宋廷应如何处置？二府经过协商，采纳了参知政事范仲淹的意见，认为元昊“削号称臣，名体颇顺”，不宜拒绝其称臣纳款，元昊对辽有不臣之状，辽“自可问罪，何故便要朝廷绝元昊进贡”。如因辽之请而拒绝元昊是宋失信于夏，“大信一失，将来却以何辞与他和约，纵巧能设辞，元昊岂肯以前来所诉，屈伏于朝廷”？[71]二府采纳了范仲淹的意见，草拟告契丹书（征求意见稿），并于八月乙未公开征求两制以上官员意见，翰林学士承旨丁度，学士王尧臣、吴育、宋祁，知制诰孙抃、张方平、欧阳修，权御史中丞王拱辰，侍御史知杂事沈邈等经过聚议协商，对二府拟定的答书提出修改意见，认为不应拒绝契丹的请求而与西夏议和，建议采取中庸之策，使“大义而两存”[72]，但总的基调是偏袒于辽国，即要求西夏归顺辽国后，宋再正式与之议和。针对众官员的意见，仁宗与二府是否采纳，史无明言，然通过三日后（八月戊戌）宋廷致辽的正式答书来看，显然是没有采纳他们的意见，《宋大诏令集》卷二二八《回契丹书》载：

> 顷者元昊不庭，俶扰西鄙，以其罪在首恶，国人何辜，但发军备边，以防寇掠。前年萧英来，得书，谓元昊称藩尚主，是甥舅之亲。本来所谓出兵则恐违邻好，纵寇则深害边人。故富弼等行，具令咨述，及得答书，谓欲告谕元昊，俾之归款，即未尝议及西讨。去春元昊虽遣人屡至，犹未尽率朝会，今夏再有奏来，名体始顺，然以未行册命，故未及修报。今耶律元衡至，闻元昊诱过边民，议定亲领师徒直临贼境，且言恐北军深入，元昊却于本朝称臣作贡，约以勿从者。盖是北朝未知元昊今夏有奏来，名体已顺，遂及此议。若以其于北朝失事大之礼，则自宜问罪，若以其于本朝稽效顺之故，则不烦出师。况今月五日延州奏，元昊已遣杨宗素赍誓文入界，若不依自初约束，则犹可沮还，如尽已遵承，则南朝何以却之。[73]

宋廷回契丹书在八月戊戌日，也就是二府征求两制大臣意见的三日后就最终确定了如何答复契丹的请求。从七月癸未辽兴宗遣使耶律元衡来告将伐元昊，参知政事范仲淹提出应对意见，到二府采纳并拟定答契丹书，再到八月乙未的征求意见至八月戊戌最终正式回复契丹，共用了十五天的时间。可以说二府处理此次重大军事外交的效率是迅速的，即二府意见一致。虽然征求其他官员们的意见，但当意见相左时，二府仍以原定内容作了回复。此事说明了以晏殊、杜衍为首的二府此时强力推行与西夏和议的既定方针，再加上参知政事范仲淹的支持，所以与西夏和议的方针被迅速地执行。以上宋廷致契丹书的内容是按照范仲淹的意见拟定的，其主旨内容如“若以其于北朝失事大之礼，则自宜问罪”、“今夏再有奏来，名体始顺”、

“尽已遵承,则南朝何以却之”等几乎与范仲淹的言辞一致。陶晋生先生认为此次宋廷答复契丹,“只有余靖提出了不同的意见,结果为朝廷采纳,回契丹国书,是照余靖的意思”[74]。李焘《长编》卷一五一庆历四年八月戊戌条在“右正言、集贤校理、同修起居注余靖假右谏议大夫、史馆修撰,为回谢契丹使”之后有如下一段记载:

先是,靖言:臣窃料北人因弋猎之势,为举兵之名,欲邀成功,以德于我。若报之曰:“天下之民一也,本朝之兵,尚不忍令其战斗,以趋死伤之祸,况邻国之兵,冒白刃而不恤其伤,非所以为心也。宁失一小蕃,不可烦兄弟之国。萧使回日,曾达此诚,且未尝乞师,无烦大举。若元昊自有衅隙,违忤北朝,今之出师,非复预议。又元昊使来每称北朝之意,早缘名体未顺,难以从之。近者称本朝正朔,去羌人僭伪之号而称臣矣。只以事要久远,故须往覆商量。今若事体准前,固当拒绝,但业已许其每事恭顺,则受其来归,若来而拒之,则似失信。且中国以信自守,故能与四海会同,傥失信于人,谁复信其盟约?若北朝怒其叛而伐之,南朝因其服而舍之,共成德美,亦春秋之义也。”敌虽强悍,固当闻此而悛心矣。惟重币轻使以给之,使其有邀功之心,则必缓图我之患也。[75]

余靖的上述意见与宋廷回契丹书的内容比较接近,主张接受西夏的称臣纳款,但措辞比较婉转,语气较为缓和,与范仲淹及国书中较为的严厉措辞还是有差别的。余靖的意见具体何时发表,不得其时,然李焘将之系于八月戊戌日,而将范仲淹的意见系于七月癸未日也就是辽使耶律元衡至宋廷的同一日。二府官员在信息获取与决策制定方面享有的优先权可以使参知政事范仲淹在第一时间发表对辽夏的意见,并且被二府采纳,从宋廷回契丹书的基调来分析也确实是按范仲淹的言辞拟定的,余靖之意见虽略同于范仲淹,但其晚出是毋庸质疑的。通过以上论证说明了宋廷回契丹书是采纳了范仲淹的意见,而不是陶晋生先生所言的“照余靖的意思”。陶先生所谓的“只有余靖提出了不同的意见”很可能是针对八月乙未两制以上官员就二府回契丹书(征求意见稿)所发表的意见。而在这之前的七月癸未范仲淹已经有了明确意见,这一点正是陶先生所忽略的。

宋廷在作出接受西夏纳款称臣的决策后,于同年十月赐元昊誓诏,两月后又册命元昊为夏国主。从康定元年正月宋夏爆发战争至此宋册命元昊,宋夏长达五年的战争敌对状态正式结束。宋廷拒绝辽国请求后,遣余靖携国书使辽转达宋廷意见,史载:“公(余靖)从十余骑驰出居庸关,见虏于九十九泉。从容坐帐中辩折(一作言),往复数十,卒屈其议。取其要领而还,朝廷遂发夏册,臣元昊,西师既解严,而北边亦无事。”[76]经过余靖的出使,辽国对宋廷拒绝其请求也未再加纠缠,宋辽关系一如之前盟约所定,双方正常交往,相安无事。由于宋夏、宋辽关系步入正轨,军政事务不再像之前那样繁重,庆历五年(1045年)十月,时任宰相兼枢密使的贾昌朝、陈执中上奏乞罢宰相兼枢密使,其言:“军民之任,自古则同,有唐别命枢臣专主兵务,五代始令辅相亦带使名,至于国初,尚沿旧制。乾德以后,其职遂分,是谓两司对持大柄,实选才士,用讲武经。向以关陕未宁,兵议须壹,复兹兼领,适合权宜。今西夏来庭,防边有序,当还使印,庶协邦规,臣等愿罢兼枢密使。”[77]贾、陈二人所言“乾德以后,其职遂分,是谓两司对持大柄”,再一次证明了乾德二年魏仁浦罢兼枢密使后,宋廷实行了中书、枢密院分掌文武的决策模式,其间真宗至仁宗庆历之前二府权能关系虽然出现一些新的变化,但其基本格局并未改变。二人的奏请得到仁宗批准,遂罢宰相兼枢密使,这标志着在制度上中书宰相主导二府,掌控枢密院事务的结束。宰相兼枢密使制度自庆历二年七月施行至此罢废,共实行了三年三个月。

三、事为之防,曲为之制:二府职权的重新调整

一项制度长时间的施行往往会带有一定的惯性,顷刻间取消可能会给政治运作带来一些不便。所以仁宗在罢宰相兼枢密使的同时又诏令枢密院,凡军国机要依旧同中书共同商议施行。时翰林学士张方平上仁宗《乞令中书枢密院依旧聚厅议事》,奏曰:

> 臣伏见宰相贾昌朝、陈执中等乞解兼枢密使,已降诏允所请。……今疆埸虽即渐宁,戍守未能解备。蓄北虏如蓄虎,饥则噬人;养西戎如养鹰,饱且扬去。两相既罢去此职,退朝必更不聚厅,便如路人,往来杜绝。今虽有处分,凡于军国机要及边陲事宜,令依旧同共商量施行。又缘朝廷举动惜体,中外人情易摇,三边忽有小虞,两地即须聚议,便是非常之事,远动四方之疑。合固易离,离则难合。今圣恩已听昌朝等解罢使名,即密院文书自不通署,诸房事务亦罢呈禀。臣愚以为其边防奏报、军马机宜,依旧常且聚厅,每事并皆同议。于后或有警急,庶务得以周知。倘值有事商量,亦免动人视听。若或圣心采纳,乞特宣谕施行。[78]

张方平此疏上于庆历五年十月，从奏疏内容来看应在十月庚辰仁宗罢兼枢密使之后不久所奏，此疏传达给我们诸多信息：一、罢宰相兼枢密使后，二府聚厅议事制度随之而罢，致使二府官员往来杜绝，给军机要事的协商带来诸多不便。梁天锡先生言："庆历而后，边事略定，二府同议极鲜，几至寝废，然未有明诏废除。"[79]宋廷对二府聚议虽未明确下诏废除，但从此疏可知此制度确实是不实行了。二、在宰相兼枢密使期间，二府聚厅议事是经常性的政治活动，即"忽有小虞，两地即须聚议"，证明了康定元年战事紧迫以来二府"开南厅"的聚议制度切实得到了施行。三、从"密院文书自不通署"可以得知自康定元年三月晏殊奏请的令中书宰辅与枢密院长官共同签署文书的规定至庆历五年十月罢宰相兼枢密使之前是一直施行的。此疏上奏后，史籍中没有直接记载仁宗对此疏发表的意见。所幸宋人王明清在《挥麈录》后录卷一中记载了张方平此疏所论之事及结果，其言："张文定复言宰相既罢兼枢密院，则更不聚厅，万一边界忽有小虞，两地即须聚厅每事同议，自是常事。则密院专行至涉边事，而后聚议，谓之开南厅。然二府行遣终不相照。"[80]由此可知仁宗并未采纳张方平的建议而令二府再次聚厅议事。这也在日后的诏令中得以证明，同年十一月癸未，仁宗诏命"自今进退管军臣僚、极边长吏、路分兵马钤辖以上，并与宰臣同议"[81]，即对于中高级将官的任命，枢密院需与中书宰相商议任免，这使宰相保留了一部分任用将官的人事权。在"西夏纳款、契丹请盟"的相对和平环境中，涉及到"军国机要"层面的重大战略决策几乎很少，宋廷二府协作程度的密切与否往往体现在一般军政事务的商讨中。从以上仁宗命宰枢同议将官任免这一诏令上可以看出张方平奏请的"每事并皆同议"的制度性"二府聚厅"并未再次实行。至和二年(1055年)四月，知谏院范镇在上仁宗《乞中书枢密院通知兵民财利》一疏中言道：

> 今中书主民，枢密院主兵，三司主财，各不相知。故财已匮而枢密院益兵不已，民已困而三司取财不已。中书视民之困而不知使枢密减兵，三司宽财以救民困者，制国用之职不在中书也。……欲乞使中书枢密院通知兵民财利大计，与三司量其出入，制为国用。[82]

范镇此疏将至和二年时期的宋朝中央三大机构——中书、枢密院、三司的职能及相互关系概括的十分清楚，其中，中书与枢密院在军政事务协调方面大不如前，二府又回到了分理军、民之政的状况。此疏上奏后，仁宗是否采纳，史无明文。然嘉祐七年(1062)五月，宰相韩琦上了一封类似的奏疏，得到了仁宗批准。其言："愿诏密院同三司量岁入金帛数，约可赡兵马几何，立为定额。仍核见开宝、至道、天禧、庆历中外兵马之数。”于是诏令中书枢密院同议。[83]此事证明了仁宗末期二府制度性的聚议已经不再施行，二府聚议只是临时性就某一军政事务的商议。

四、结　语

综上所述，随着宋朝与周边政权关系及内部政治环境的变化，中书与枢密院的权能与军事决策机制不断调整和改革，仁宗时期二府参与军事决策的情况如下图所示：

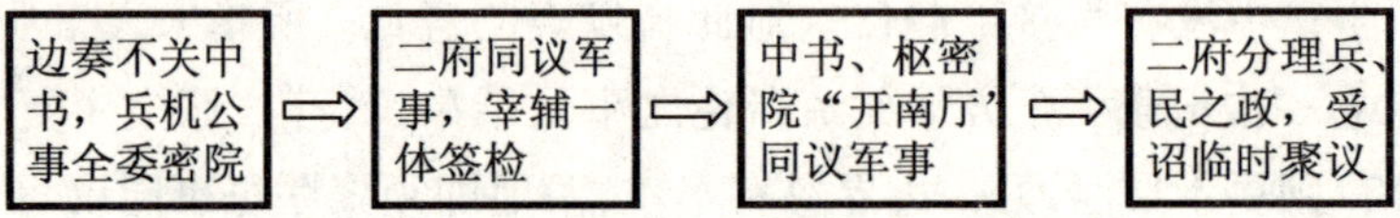

北宋宰相兼枢密使制度的施行及二府决策机制的调整，是由宋朝复杂多变的政治军事形势所决定的，这要求二府不断调整角色，以适应新环境的需要。然而在这种机制调整的背后隐藏着更深层次的内涵，那就是宋朝皇帝军事指挥能力下降的同时其治国的基本方略却得以巩固和提升。宋太祖出身行伍，后随周世宗南征北战，累功为殿前都点检，统率中央禁军。入宋后，又亲自统兵进行平叛与指挥国家统一战争，可谓身经百战，具有十分出色的军事指挥才能。所以在太祖一朝宰相兼枢密使魏仁浦只是负责二府的日常事务，对军事决策基本不做干预。而到了仁宗时期，其从小在深宫成长，对军事知之甚少，在威望上更不能与开国之太祖相媲美，所以在决策上已离不开二府官员的集思广益，除此之外亦需要一两个强势臣僚来主持局面，借此来强化君主权威。因此在仁宗时出现了宰相兼枢密使吕夷简、晏殊等这样强力推动制度运行与决策实施的重臣。对此，仁宗也习以为然，其言：“措置天下事，正不欲自朕出。若自朕出，皆是则可。如有不是，难以更改。不如付之公议，令宰相行之。行之而天下以为不便，则台谏得言其失，于是改之为易矣。”[84]再者，宋朝“以文制武”的治国方略决定了中书对枢密院的掌控，所以当二府职权调整时，尤其是宰相兼枢密使时期（仁宗时），中书宰辅总是能掌控枢密院事务，致使枢密院在一定程度上成为中书的附属。然而“事为之防，曲为之制”[85]的治国理念又不允许中书一府独大，所以枢密院在战争与冲突紧张的环境下虽被中书控制，但仍能发挥自己应有的作用，待战事与冲突缓和后又能脱离中书控制，独立施行职权。诚如邓小南先生所讲的：“认识特定的官僚政治制度、特定的官僚机构之性质，离不开对其渊源背景以及所处社会情势的理解，离不开对其职事规章的研究，也离不开对其职掌人选与机构、制度问题的结合分析。”[86]所以我们在认识北宋宰相兼枢密使制度时，既要结合当时的政治军事形势，关注制度中的人与事、情与境，又要把握其背后的基本治国方略，这样才能更好地阐释、解读政治制度运作与演变的整个过程。北宋宰相兼枢密使制度较为成功地应对了辽、夏威胁，为宋朝（尤其是南宋）统治集团提供了处理危机的经验，在南宋与金、（蒙）元政权的战争冲突中，高宗、孝宗都曾令宰相兼任枢密使，宁宗开禧以后宰相兼枢密使更成为定制，在南宋共施行了 149 年，[87]约占两宋享国时间的一半，南宋宰相兼枢密使制度亦是一个值得深入探讨的问题。

（原刊于《史学集刊》2011 年第 5 期，此次收录略有修改）

注　释

1　关于宋代宰相制度的研究，之前学者多集中于考察宋代相权的强弱，如钱穆先生、（美）刘子健先生、（日）王瑞来先生、张邦炜先生、张其凡先生等就宋代相权强化或削弱提出了不同观点。对于本文所探讨的北宋宰相兼枢密使（非使相、枢相）制度，迄今为止学界尚无专门成果，仅在一些论著中偶有涉及，如朱瑞熙先生《中国政治制度通史·宋代卷》（人民出版社，1996 年）第三章《中央决策体制》中对仁宗时宰相兼枢密使有所提及，第 118 页。梁天锡先生《宋枢密院制度》（台北黎明文化事业股份有限公司，1981 年）第一章《枢密院之产生极其发展》对庆历二年宰相兼枢密使有所述及，第 20 页。以上著述限于研究题材，对北宋宰相兼枢密使制度只是一笔带过，未作深入具体地论证。马玉臣先生《试论北宋前期之枢相》（《中州学刊》2002 年第 5 期）一文认为北宋前期的枢相不是宰相，也不是宰相兼枢密使，而通常是指带侍中或平章事衔的特殊枢密使。笔者将结合以上诸家观点进行分析探讨。另，在宋太祖朝只有魏仁浦一人曾任宰相兼枢密使，太祖之所以任命魏仁浦担任此职，与当时政治环境及魏仁浦个人因素紧密相关，然魏仁浦作为后周旧臣，毕竟稍存形迹，在此任上并未获得通掌二府的实际权力，对此笔者另有专文论述。

2　王辟之《渑水燕谈录》卷 1 之《说论》，中华书局，1981 年，第 6 页。

3　Michael Mcgrath,“The War with Hsi Hsia (1038—1044)” in Denis Twitchett and Paul Jakov Smith, The Cambridge History of China: The Sung Dynasty and Lts precursors, 907—1279. Cambridge: Cambridge Universit Press ,2009, p. 301.

4　李华瑞《宋夏关系史》，河北人民出版社，1998 年，第 45 页。

5　李焘《续资治通鉴长编》卷 123，宝元二年正月甲寅，中华书局，2004 年，第 2894 页，以下简称《长编》。

6　《长编》卷 126，康定元年正月癸酉，第 2967 页。

7　《长编》卷 126，康定元年正月戊寅，第 2967—2968 页。

8　《长编》卷 126，康定元年二月丙戌，第 2971 页。按：关于康保裔一事，史载：真宗咸平三年正月，“契丹兵大入，诸将与战于河间，保裔选精锐赴之，会暮，约诘朝合战。迟明，契丹围之数重，左右劝易甲驰突以出，保裔曰：‘临难无苟免’。遂决战。二日，杀伤甚众，蹴践尘深二尺，兵尽矢绝，援不至，遂没焉。时车驾驻大名，闻之震悼，废朝二日，赠侍中”。（参见《宋史》卷446《康保裔传》，第13151页。）

9 魏泰《东轩笔录》卷9，中华书局，1983年，第105—106页。

10 张方平《张方平集》卷21之《请罢陕西招讨经略司事》，中州古籍出版社，1992年，第296页。

11 《长编》卷126，康定元年二月丁酉，第2975页。

12 赵汝愚《宋朝诸臣奏议》卷46《上仁宗乞令宰相兼枢密使》，上海古籍出版社，1999年，第486页。按：赵汝愚将富弼上此疏的时间定为康定元年四月，而李焘《长编》将此疏系于康定元年二月，据当时情形分析，康定元年正月戊寅（23日）宋夏三川口之战，宋大败，正月癸未（28日）战报至朝廷，仁宗即诏群臣言攻守策，时田况、吴育、文彦博、张方平、夏竦、陈执中等皆上奏边策。富弼上此疏的时间应在二月，恐不会迟至四月，此处以《长编》所记为是。

13 《长编》卷126，康定元年二月丁酉，第2975—2976页。

14 《长编》卷126，康定元年三月戊寅，第2987页。

15 《长编》卷126，康定元年三月庚辰，第2992页。

16 王应麟《玉海》卷167之《宋朝枢密院》，江苏广陵书社，2007年，第3071页。

17 《长编》卷127，康定元年五月壬戌，第3010页。

18 田况《儒林公议》，《全宋笔记》第一编第五册，大象出版社，2003年，第89—90页。

19 《长编》卷129，康定元年十二月乙巳，第3062页。

20 《长编》卷131，庆历元年二月己丑，第3100页。

21 《宋夏关系史》，第49页。

22 《长编》卷131，庆历元年三月丙辰，第3110页。

23 《长编》卷131，庆历元年四月癸未，第3114页。

24 《长编》卷132，庆历元年五月辛未，第3127—3128页。

25 《长编》卷132，庆历元年五月辛未，第3128页。

26 《儒林公议》，《全宋笔记》第一编第五册，第105页。按：吕夷简与陈尧佐在政治上互相援助，夷简在推荐尧佐为相之前，尧佐对夷简也多有襄助，史载：仁宗天圣中“祥符知县陈诂治严急，吏欲罪诂，乃空县逃去，太后果怒；而诂连吕夷简亲，执政以嫌不敢辨。事下枢密院，（枢密副使）尧佐独曰：‘罪诂则奸吏得计，后谁敢复绳吏者？’诂由是得免。”（参见《宋史》卷284《陈尧佐传》，第9583页。）陈尧佐冒着得罪垂帘太后的危险而为吕夷简排忧解难，可见二人关系非同一般。

27 脱脱《宋史》卷266《王举正传》，中华书局点校本，1985年，第9186—9187页。

28 《长编》卷132，庆历元年五月辛未，第3128页。

29 《长编》卷134，庆历元年十月戊寅，第3187页。

30 《长编》卷134，庆历元年十月壬寅，第3194页。

31 《张方平集》附录《张方平行状》，第786—787页。

32 《长编》卷134，庆历元年十一月丙寅，第3198页。

33 《长编》卷134，庆历元年十一月辛酉，第3197页。

34 脱脱《辽史》卷19《兴宗本纪》，中华书局，1974年，第227页。

35 《长编》卷135，庆历二年三月己巳，第3230页。

36 《长编》卷135，庆历二年二月丁丑，第3220页。

37 《长编》卷135,庆历二年二月己亥,第3226页。

38 《长编》卷135,庆历二年二月辛丑,第3226页。

39 《张方平集》附录《张方平行状》,第809页。

40 《长编》卷135,庆历二年三月己巳,第3231页。

41 范纯仁《范忠宣集》卷17《富公行状》,文渊阁《四库全书》本,第1104册,第719页。

42 Michael Mcgrath,"The War with Hsi Hsia (1038—1044)" in Denis Twitchett and Paul Jakov Smith,The Cambridge History of China: The Sung Dynasty and Lts precursors,907—1279. Cambridge: Cambridge Universit Press ,2009,p. 313.

43 《宋朝诸臣奏议》卷46《上仁宗乞省枢密院归于中书》,第486页。

44 《长编》卷137,庆历二年七月戊午,第3283页。

45 此表主要据《宋大诏令集》、《续资治通鉴长编》、《宋宰辅编年录校补》、《宋史》、《宋会要辑稿》、《东都事略》、《名臣碑传琬琰集》、《隆平集》等书的相关条目制作而成。

46 按:此为吕夷简第三次任相,其以昭文相判枢密院事(后改兼枢密使)是在其宰相的第三任期内。

47 按:此为陈执中第一次任相,其以集贤相兼枢密使是在其宰相的第一任期内。

48 彭百川《太平治迹统类》卷29《官制沿革上》,江苏广陵书社,1981年,第19册,第87页。

49 《宋史》卷161《职官志一》,第3774页。

50 参见马玉臣《试论北宋前期之枢相》,载《中州学刊》2002年第5期。

51 朱瑞熙《中国政治制度通史·宋代卷》,人民出版社,1996年,第118页。

52 《长编》卷137,庆历二年七月癸亥,第3286—3287页。

53 《儒林公议》,《全宋笔记》第一编第五册,第115页。

54 《长编》卷137,庆历二年九月乙巳,第3293页。

55 朱熹《宋名臣言行录》后集卷2《富弼》引《温公日录》,文渊阁《四库全书》本,第449册,第150页。

56 陶晋生《宋辽关系史研究》,中华书局,2008年,第70页。

57 《长编》卷137,庆历二年闰九月癸巳,第3300页。

58 《长编》卷138,庆历二年十二月,第3332页。

59 脱脱《辽史》卷19《兴宗纪二》,中华书局,1974年,第228页。

60 《长编》卷138,庆历二年十二月,第3329—3330页。

61 《长编》卷140,庆历三年四月壬戌,第3367—3368页。

62 《宋史》卷311《吕夷简传》,第10210页。

63 《长编》卷140,庆历三年三月乙酉,第3359页;四月乙巳,第3364页。按:在枢密使、同平章事晏殊升任宰相兼枢密使后,仁宗曾命忠武节度使、南院使判蔡州夏竦为枢密使,夏竦至京师,台谏论其奸邪,怯于用兵,遂罢,距任命诏下才十七日,即以杜衍替之为枢密使。此次仁宗诏命夏竦、杜衍为枢密使并未加带同平章事衔。

64 《宋史》卷311《章得象传》,第10205页。

65 《长编》卷142,庆历三年七月乙酉,第3403页。

66 《长编》卷142,庆历三年七月癸巳,第3408页。

67 《辽史》卷19《兴宗纪二》,第229页。

68 《儒林公议》,《全宋笔记》第一编第五册,第115页。

69 《长编》卷151,庆历四年七月癸未,第3668页。

70 佚名《宋大诏令集》卷232《答契丹劝和西夏书又回札子》,中华书局,1962年,第902页。

71 《长编》卷151,庆历四年七月癸未,第3668—3669页。

72 《长编》卷151,庆历四年八月乙未,第3677页。

73 《宋大诏令集》卷228《回契丹书》,第884页。

74 《宋辽关系史研究》,第73页。

75 《长编》卷151,庆历四年八月戊戌,第3682页。

76 余靖《武溪集》卷20《余襄公神道碑铭》,文渊阁《四库全书》本,第1089册,第212页。

77 《长编》卷157,庆历五年十月庚辰,第3805页。

78 《宋朝诸臣奏议》卷46《乞令中书枢密院依旧聚厅议事》,第490页。

79 《宋枢密院制度》第一章《枢密院之产生及发展》,第20页。

80 王明清《挥麈录》后录卷1,上海书店出版社,2001年,第53页。

81 《长编》卷157,庆历五年十一月癸未,第3805页。

82 《宋朝诸臣奏议》卷46《乞中书枢密院通知兵民财利》,第494页。

83 《玉海》卷139,第2593—2594页。

84 杨时《龟山先生语录》卷12《语录三·余杭所闻》,文渊阁《四库全书》本,第1125册,第222页。

85 《长编》卷17,开宝九年十月乙卯,第382页。

86 邓小南《祖宗之法——北宋前期政治述略》,三联书店,2006年,第252页。

87 梁天锡《宋宰辅制度研究论集》,香港中国佛教文化出版有限公司,1996年,第8页。

《宋史·赵思忠传》笺证

齐德舜

赵思忠，藏文名字为木征，唃厮啰长子瞎毡之长子，在唃厮啰家族史上是一位承上启下的重要人物。木征最初占据河州地区，后来归降宋朝，赐姓赵，成为唃厮啰家族史上第一位姓赵的人物。木征虽然不是唃厮啰家族政权的继承者，但是《宋史》在为河湟吐蕃政权的历任统治者唃厮啰、董毡、阿里骨、瞎征写完传记之后也破例为木征立了传记，这就足可以证明木征在唃厮啰家族史乃至于西北吐蕃史中的地位之重要。但是《宋史》对赵思忠所立传记过于简略，全文一共四百零八字，并不足以完整了解其一生。本文根据其他一些资料对《宋史·赵思忠》传作一笺证，以求完整展现赵思忠之一生。现笺证如下：

赵思忠即瞎毡之子木征也。

瞎毡，唃厮啰之长子，"初，嘉勒斯赉娶李埒克遵女，生二子，曰辖戬，曰默戬觉。又娶乔氏，生子曰董戬。"[1] 因此，木征即是唃厮啰之孙。关于木征这一藏文名字之含义，在文献中有两种说法，一种认为木征之名与他在唃厮啰家族中的世系有关，"木征者，华言龙头也。以其唃厮啰嫡孙昆弟行最长，故谓之龙头，羌人语倒谓之头龙。"[2] 也即是说，木征之意即指唃厮啰嫡长孙之意。另一种说法认为是以其长相来命名的，"木征蕃中语谓大颐颏"。[3]

关于木征出生时间，在《宋史·赵思忠传》中并没有交待，在其他文献中也没有明确记载，只是在《太平治迹统类》中有这样一句话："（瞎毡）自母失宠为尼，即遁去。瞎毡居河州龛谷[4]，生木征。磨毡角居宗哥城。"[5] 瞎毡和磨毡角与其父唃厮啰分裂在景祐三年，即1036年，从这段话来看，木征当生于景祐三年（1036年）或者此后不久。

瞎毡死，木征不能自立，青唐族酋瞎药鸡啰及僧鹿遵迎之居洮州，欲立以服洮岷叠宕、武胜军诸羌。

景祐三年（1036 年），唃厮啰政权发生分裂，瞎毡与磨毡角分别在河州和宗哥城复立文法，“唃厮啰有长男瞎毡，第二男磨毡角，皆叛其父。瞎毡在河州，磨毡角与母安康郡李氏在宗哥耶卑城住坐，分据土地、部族，各立文法”。[6] 占据河州的瞎毡沿袭了唃厮啰联宋抗夏的政策，接受了宋朝册封的澄州团练使一职，并屡次上表称自己将并力讨西夏。宋朝对瞎毡大加赞赏：“汝款塞输诚，举宗效顺，奉宣王略，式遏边虞，侦狡寇之陆梁，谋成师之犄角，忠情壮节，朕甚嘉之。”[7] 但是，瞎毡与唃厮啰分裂之后，毕竟是身单力孤，庆历二年（1042 年），瞎毡在与西夏的战斗中大败，“是时，元昊筑城阿干城，河旁距龛谷七十里，中国命瞎毡为缘边巡检使，出兵图之。元昊恶其逼，遣将攻龛谷，大破之，唃厮啰不能救”。[8] 瞎毡兵败之后，其势力大减，再无力量组织与西夏进行大规模地对抗了。

嘉祐三年（1058 年），瞎毡去世，木征被当地的部落大酋推举为首领。此时木征可能仅仅二十二岁，毕竟年幼，并不能自立，因此各部酋长均希望控制木征，因为控制了木征就意味着控制了对河州地区的管辖权。最先挑起这场争夺战的是青唐族大酋瞎约（即《宋史》中的瞎药鸡啰），“青唐族酋辖约、格罗及僧罗尊迎居洮州，欲立以服洮、岷、叠、宕、武胜军诸羌”[9]。

秦州以其近边，逐之，乃还河州，后徙安江城。

迁居洮州的木征仍然不能站稳脚跟，一方面就是《宋史》中提及的秦州吐蕃的威胁，因洮州邻近秦州，秦州吐蕃对木征占据洮州非常不满。另一方面就是来自内部的权力分争。辖约与木征之舅李都克占（高永年称都克占为李立遵之子，熙州蕃官李楞占讷芝叔，而汪藻则以都克为提克星子，辖智母恰凌之弟）均试图控制木征，辖约把自己的妹妹嫁给木征，李都克占遂“举兵攻摩正，摩正徙居安乡城，伪与都克占和，遂杀都克占”。[10]都克占被诛之后，秦州吐蕃派人晓谕木征，希望木征离开洮州地区。正是在此时，木征与瞎约发生矛盾，“秦州遣人谕之，会诸羌不从，摩正逐辖约，复还河州”。[11] 经过一系列的斗争之后，木征独自在河州地区站稳了脚跟。后来，秦州吐蕃的另一支瞎药部与木征联合，“秦州土（上）丁族瞎药恕（怒）质其父厮铎心，乃逃去与木征相合”。[12]瞎药这一支力量的注入壮大了木征的势力，木征成为河州地区一支不可小视的力量，“木征自知与汉有隙，日夜练兵，其党不能禁，部族往往归附，用其妻弟瞎药为谋主，与夏人解仇”。[13]

董毡欲羁属之，不能有也。

河湟吐蕃在董毡即位之后基本上处于一种互不统属的状态，河湟吐蕃的这种分裂形势，宋朝的一些有志之士看得非常清楚："今董毡虽在河湟间，而沿边诸族自为种落，如木征、瞎药及欺巴温之徒皆与汉界相近，在洮河间，其种落大者不过一、二万，小者二、三千人，皆分离散处，不相统一。"[14]王韶在对西北形势进行实地考察之后也说："今唃氏子孙，唯董毡粗能自立，瞎征、欺巴温之徒，文法所及，各不过一二百里，其势岂能与西人抗哉！"[15]

董毡和木征互不统属的情况在宋朝发动熙河之役后有所改观，熙宁五年(1072年)据宋朝派往青唐城探访的人回来说"秦州遣人往董戬所，摩正坐之庭下。"[16]

母弟瞎吴叱，别居银川聂家山，至和初，补本族副军主。

木征弟兄一共六人，除木征之外，其余五人分别为董谷、结吴延征、瞎吴叱、巴毡角、巴毡抹。木征弟兄六人的说法在《宋史》、《宋会要辑稿》和《续资治通鉴长编》卷二五四，熙宁七年六月丁亥条记载均是一致的。但是在《续资治通鉴长编》卷一百八十八，嘉祐三年十月辛丑条却略有不同，"以故西蕃奖州团练使辖戬子辖奇鼎摩正为河州刺史(李焘自注：辖奇鼎摩正即赵思忠，熙宁七年六月赐姓名，治平元年七月丙戌更授河州。)辖结策丹乌沁为本族都军主，(按李焘自注：辖结策丹乌沁不知后来有无曾赐姓名)。辖乌察为副军主(按李焘自注：辖乌察即赵绍忠。《本传》云：摩正母弟辖乌察居银川聂家山，至和二年补本族副军主，与《实录》不同。《会要》至和二年亦无辖乌察补副军主事，今不取。《本传》又称辖乌察为摩正母弟，与高永年《元符陇右录》及汪藻《青唐录》不同，当详考)。辖戬居龛谷，屡通贡，初授澄州团练使，……辖戬从之，遂举兵逆其女以归，生辖智及辖乌察(李焘自注：此据高永年《陇右日录》及汪藻《青唐录》。汪藻云：生辖智。高永年云：生辖乌察。今两存之)。而辖戬又有子曰辖乌纳克戬(按李焘自注：辖乌纳克戬后不及赐姓名)，曰辖乌延正(按李焘自注：后赐姓名曰赵济忠，辖戬凡五子，此据汪藻《青唐录》)。"

后来的研究者对瞎毡之子的争论主要是缘于上述的记载。在这段记载中，瞎毡之子分别为①瞎奇鼎摩正，即木征，对木征的记载各种史籍均一致；②辖结策丹乌沁，对他在《续资治通鉴长编》之外再无记载；③辖乌察，在其他文献中记为瞎吴叱，这也是各种文献记载比较一致的一人；④瞎智，瞎智亦为其他文献所不载；⑤辖乌纳克戬，亦为其他文献所不载；⑥辖乌延正，在其他文献中记载为结吴延征。

这就可以看出，在《续资治通鉴长编》所记的六子中能与《宋史》及其他文献对应的仅有木征、辖乌察、结吴延征。在《宋史》中所记载的董谷、巴毡角及巴毡抹均与《续资治通鉴长编》中的辖结策丹乌沁、瞎智、辖乌纳克戬不相对应。这又是为什么呢？

这段让人匪夷所思的文字曾引起学术界的关注，汤开建先生经考证后认为《宋史》中的董谷即为《长编》中的结吴延征。[17]汤先生的一个重要证据是熙宁五年结吴延征与其母一起降宋，而在此之前董谷亦与其母降宋且两人所授官职亦相同。但是应该清楚的是除此之外，两人还有一些活动是不能重合的，所以不能由此即断定两人是一人。例如治平元年（1064年）十月十九日，“秦凤路经略安抚使司言：邈川瞎毡男结瓦鄗征陈乞官职奉钱。诏为副军。三月，给茶彩有差”。[18]这段记载与董谷之活动并不相符。同样熙宁五年（1072年）五月，宋朝廷“诏摩正弟董谷以下诸首领各转补及赐茶彩有差”。[19]这此活动都是两人不能重合的，因此董谷与结吴延征是同一人的说法是难以置信的。

再次，汤先生认为董谷赐名为继忠，结吴延征赐名为济忠，“继忠”和“济忠”字异而音同，“其实一也”。对这种解释显然没有可信度，如果这样解释可行的话，那么巴毡角和巴毡抹亦应该为一人，两人所赐姓名分别为“醇忠”和“存忠”同样是字异而音同，难道二人亦同为一人？

对其他不一致的情况，汤先生也作了考证，他认为“如以音近比勘，大概结吴那征（辖乌纳克戬）当是巴毡角，瞎欺丁兀籛当是巴毡抹”。[20]但是很明显，他的这种说法并非很有说服力。因此，为何《续资治通鉴长编》会出现与其他文献记载不一致的情况，还有待发现新的材料并继续考证。

木征弟兄几人均占据一定区域，成为当地部族所拥立的首领。瞎吴叱占据“银川聂家山”[21]。后来瞎吴叱迁至岷州，并成为当地比较有实力的一支力量，“辖乌察者，摩正诸弟也，居岷州，虽有部族，无文法”。[22]从后来熙河之役的发展来看，木征弟结吴延征应该居住在武胜城或巩令城，熙宁五年（1072年）宋军攻破武胜及巩令城时，结吴延征则“举其族二千余人并大首领李楞占讷芝等出降”。[23]另外，巴毡角则居住在洮州界，熙宁六年（1073年），“王韶自以兵穿露骨山南，入洮州界，破摩正弟巴珍觉，尽逐南山诸羌”。[24]巴毡抹及董谷之住地尚不可考。

嘉祐中，为河州刺史。

嘉祐三年（1058年），瞎毡去世之后，宋朝承认了木征在河州的地位，“以故西蕃奖州团练使辖戬子辖奇鼎摩正为河州刺史”。[25]对木征被授予河州刺史前后的一些活动，在《太平治迹统类》中有一段记载：“于是木征迁于武胜，谓巡检。程从简曰：‘武胜亦河州界，可以给付真命矣。’从简以候申帅司为报。偶牙校送厮罗加告，木征乃执牙校，语以得刺史告身，即放尔归帮秦州。程从简勘以妄许之罪，既而出从简，令亲谕之归牙，木征又质留从简。木征自知与汉有隙，日夜练兵，其党不能禁，部族往往归附，用其妻弟瞎药为谋主，与夏人解分。进行务怀来，卒授以河州刺史”。[26]

王韶经略熙河，遣僧智缘往说之，啖以厚利，因随以兵；

宋神宗熙宁年间，“试制科不中，客游陕西，访采边事”[27]的王韶上《平戎策》三篇和《和戎六事》[28]，这几篇文章影响颇大，提出了经制西北吐蕃的理论，于是一场以打击河湟吐蕃为主要目的的“熙河之役”便拉开了帷幕。

王韶到达秦州后，一方面在沿边蕃部中招纳弓箭手进行屯田，并在古渭州设立市易司，开展对蕃部的贸易。另一方面，王韶则招抚当地的大首领。王韶的这两项政策均收到预期的效果，熙宁二年（1069年），青唐族大首领俞龙珂首先率部归附，“蕃部俞龙珂在青唐最大，渭源羌与夏人皆欲羁属之，诸将议先致讨。韶因按边，引数骑直抵其帐，谕其成败，遂留宿。明旦，两种皆遣其豪随以东。久之，龙珂率属十二万口内附，所谓包顺者也”。[29]

王韶深知吐蕃人信奉佛教，吐蕃各部的首领均与僧人关系密切的特点，请求朝廷派僧人智缘前往蕃地，利用佛教僧人的特殊身分来开展招抚事宜。同时，王韶还在古渭寨地区建立通远军，把宋朝的统治势力继续向吐蕃腹心地区挺进。

通远军的设置，直接威胁到了木征在河州地区的统治。木征并没有象《宋史》中所说的“随以兵”，相反他在熙宁五年（1072年）二月派人向宋朝廷提出抗议并声称要投奔董毡以报复王韶，“王韶元与我咒誓约，不取渭源城一带地及青唐盐井，今乃潜以官职诱我人，谋夺我地，我力不能校，即往投董戬，结连蕃部来巡边”。[30]于是，宋军与木征之间的战争便不可避免地爆发了。

前后杀其老弱数千，焚族帐万数，得腹心酋领十余人，又禽其妻子，皆不杀。

木征的抗议并没有停止北宋统治者所发动的熙河之役的脚步，相反王韶将进攻的矛头指向了木征，“若得摩正即洮河一带皆当为朝廷致死，无所不可。缘羌惟畏大种，摩正既禽，即威申于诸羌”。[31]王韶还专门研究制定了讨伐木征的步骤，“但令边将先阴厚抚强摩正下首领，使其心内乡，又善抚初附，令彼首领见而慕羡，则摩正孤，特若取之则取一夫而已，何难之有？”[32]熙宁五年（1072年）七月，北宋以木征“言语悖慢”为借口对木征进行征讨。这场战役打得相当激烈，八月，宋军占领武胜，取得战争的胜利。木征手下首领瞎药败走，曲撒四王阿珂投降。[33]木征战败之后退守巩令城，[34]但是在宋军的追击之下不得不放弃巩令城。其弟结吴延征则“举其族二千余人并大首领李楞占讷芝等出降”。[35]

木征从巩令城败退后，率部退守洮河西岸，继续坚持抵抗，力图收复失地。宋军则希望一鼓作气拿下河州,以期取得更大的胜利,"诏谕沿边安抚司晓谕木征,限一月降,优与官爵。不从,即多设方略擒讨。仍以内殿崇班告一道钱五千缗募人捕送"。[36]在宋朝的利诱之下,木征所统治的河州地区逐渐被分化,瓦解,瞎药和温逋昌厮鸡等陆续降宋,使木征受到更严重地威胁。

另一方面,在威逼利诱之外,宋军继续使用武力征讨。熙宁六年(1073年)三月,宋军占领河州,"先锋斩首千余级,木征遁去,生擒其妻瞎三牟并子续本洛,言尽得六州之地二千余里"。[37]

遂以熙宁七年四月举洮、河二州来降,赐以姓名,拜荣州团练使。

木征兵败之后与王韶又数度交战,并曾经收复河州。但是毕竟双方实力差距太大,而且王韶采取了对木征釜底抽薪的做法,大规模地招降吐蕃诸部,并且在外围不断地给木征施以压力。熙宁六年(1073年)八月,王韶又一次占领河州,"修复熙(今临洮)、河(今临夏)、洮(今临潭)、岷(今岷县)、叠(今迭部)、宕(今宕昌)等州,幅员二千余里,斩获不顺蕃部一万九千余人,招抚大小蕃族三十余万,各降附者"。[38]木征则率部退守山林,继续组织抵抗,熙河之役宣告结束。

熙宁七年(1074年)四月,踏白城战役发生,景思立兵败被杀。王韶立即率军"急驰而西,会兵于熙州,以三月九日度洮,翌日,破耳金于结河川口,斩千余级,进军宁河,讨蕃族于铺心、把离等谷,复斩千余级,释河州围,走鬼章等三万余人,木征窜入南山"。[39]此时的木征腹背受敌,转而寻求西夏的支持,"走投夏国,引众争复故地,梁乙埋先以七千人伏马衔山后,大队从结河川援之"。[40]然而,善于用兵的王韶派兵断径路,直奔定羌城,西夏兵不得已而还。接着,王韶又在河州集中溃散的宋军,攻击吐蕃人占据的要寨,摧毁鬼章的有生力量,木征在不得已的情况之下,"率酋长八十余诣军门降"。[41]这样,木征归降于宋朝。

熙宁七年(1074年)六月,宋朝下诏"赐木征姓赵,名思忠,为荣州团练使"。[42]

封其母郢成结遂宁郡太夫人,妻包氏咸宁郡君。

宋朝在册封木征的同时,也加封其母亲及妻子,"母安郡君郢成结赐姓李,封遂宁郡太夫人,月赐脂粉钱三十千。妻俞龙七为安定郡君,结施卒为仁和县君"。在此处提及木征两位妻子,但是从文献来看,木征至少还有两位妻子,其中一位就是前面提及的瞎三牟,她于熙宁六年(1073年)被生擒后便不知所终;另一位就是包氏,木征与包氏关系并不睦,以至于宋朝皇帝曾经奉劝木征要夫妇和睦,"又诏思忠、包氏,闻汝夫妇不相能,自今当和睦。思忠不能奉诏,乃诏思忠居熙州,包氏、俞龙七居河州"。[43]

弟董谷赐名继忠,补六宅副使。结吴延征赐名济忠,瞎吴叱曰绍忠,巴毡角曰

醇忠,巴毡抹曰存忠;

木征弟兄在宋军的打击之下不得已而相继投降宋朝。木征弟兄之中,最早投降宋朝的可能为董谷,董谷在木征弟兄之中并没有任何实力,早在熙河之役刚刚打响之时,董谷"虽非首领,然能于捺罗城先同其母诣景思立前锋请降"。[44]第二个投降宋朝的就是结吴延征,熙宁五年(1072年)五月,当熙河之役进行正酣时,木征败走巩令城,其弟结吴延征"举其族二千余人并大首领李楞占讷芝等出降"。[45]熙宁六年(1073年)春天,景思立率军由香子城进攻河州,宋军与木征展开拉锯战,木征弟瞎吴叱率军"急攻滔止(山)不能下,去围临江,兵不敌。熙河蕃汉部巡检刘惟吉率所部兵赴之力战,瞎吴叱败,遂走"。[46]这年夏天,王韶又击败木征另一弟巴毡角,"遂由露骨山南入洮河界,破木征弟巴毡用(角),尽逐南山诸羌"。[47]此后,王韶率军两路迎击木征,"木征走,遂围河州,结彪以城降,瞎吴叱、巴毡角、木令征、钦令征等各以城降"。[48]木征另一兄弟巴毡抹投降宋朝的时间不见于史籍,估计也是在熙宁五年或者六年熙河之役进行之时。

木征弟兄相继降宋之后,宋朝相继委任他们一定的官职。早在木征投降之前,先于木征投降的几位就得到了宋朝的封赏,"以岷州都首领瞎吴叱、洮州都首领巴毡角并为崇仪副使,董谷为礼宾副使"。[49]木征投降之后,宋朝上下非常高兴,"捷书至,朝廷以为大庆"[50],对木征全家进行封赏并赐名,赐董谷为赵继忠,结吴延征为赵济忠,瞎吴叱为赵绍忠,巴毡角为赵醇忠,巴毡抹为赵存忠。这就是唃厮啰后裔赵姓的开始。

长子邦辟勿丁呃曰怀义,次盖呃曰秉义,皆超拜官。

《宋史》在此处提及木征有两个儿子,即邦辟勿丁呃(赵怀义)和盖呃(赵秉义)。但是从文献记载来看,木征应该有五个儿子,除赵秉义和赵怀义之外,前面提及的续本洛也是其中之一。除此之外,熙宁七年十二月,木征进京之后,木征的另一位妻子裕罗勒齐(俞龙七)曾要求朝廷册封其二子,"(木征)妻裕罗勒齐乞巴鄂多尔济、巴勒索诺木与董古一例官职,诏各迁一资。又乞各赐以名,乃赐巴鄂多尔济名忠,巴勒索诺木名毅"。[51]

以思忠为秦州钤辖,不涖事,而乞主熙河羌部,经略司以为不可。诏以二州给地五十顷。

木征弟兄相继赴朝廷受封后,由于当时熙河地区尚有一些蕃部没有投降,王韶上书请求让木征返回熙州招降蕃部,翰林学士王珪上书建议木征不应返回熙州,"西番大首领其桀黠更无有过摩正者,自韶经制一方,捕获无虑数万级,其威名蚤立。今所遗一二种落,岂等摩正还而后定?摩正之降,盖势不获已,即非诚有向汉之心。如使居熙州,我之动静、虚实,一以得之,其种人皆腹心,又怨汉深,一旦引夏国与栋戬乘间发兵,扼通远之冲,绝枹罕之包饷,四面蕃部合力而攻熙州,洮、岷、叠、宕连衡而挠结沁方,是之时,恐熙河非复我有也"。[52]王珪的建议引起宋朝政府的重视,木征返回熙州的动议没有获得批准。

熙宁七年(1074年)十二月,在木征离京之时,朝廷让其改任为秦州钤辖。[53]第二年,木征上任,因为在任无所事事,木征上书经略司希望"主熙河羌部",经略司没有同意木征的要求,仅仅是"于熙、河二州给地五十顷,包氏、俞龙七各十顷。"[54]

后迁合州防御使,卒,赠镇洮军节度观察留后。

熙宁十年(1077年),木征又迁合州防御使。这一年,木征协助李宪讨平了隆吉卜的进攻,"先是,隆吉卜诱山后生羌扰边,摩正请自效,众以为不可。宪曰:'何伤,羌戎畏服贵种,其天性也。'摩正盛装以出,诸羌耸视皆无斗志,我师乘之,获级、生降以万计"。[55]也正是在这一年,木征去世,"合州防御使赵思忠卒,赠镇洮军留后,官给葬事,放以牌印从葬,录其子左侍禁怀义为内殿承制,右侍禁秉义为内殿崇班"。[56]

木征去世之后,其子赵怀义一直为宋朝效力。他与其部族一直居住于河州地区,在与阿里骨的战争中为宋朝屡立战功,绍圣二年(1095年)十一月,宋朝对赵怀义等进行嘉奖,"熙河路蕃官包顺、诚、李忠杰、赵怀义、赵永寿累立战功,可经略司差使臣管押乘驿兼程赴阙,欲略与慰劳遣还,责以后效"。[57]

赵怀义在岷州地区经过多年经营后到元符年间已经有了一定的实力,宋朝在元符年间占领青唐城之后,宋朝考虑到"缘溪巴温、隆赞并系嘉勒斯赉房族,非本族子孙,按右旗骥使赵怀义在河州,乃嘉勒斯赉之嫡长曾孙,于董戬最是亲嫡子姓"[58],令赵怀义随王瞻等人到青唐城作善后工作。在处理完青唐城的善后工作之后,赵怀义又返回岷州地区。元符三年(1100年),陇拶辞京时提出要去岷州居住,宋哲宗问他是什么原因时,陇拶回答"无他,欲与包顺、赵怀义家部族相依耳"。[59]从这句话也可以看出,赵怀义一直居住在岷州地区。除赵怀义之外,木征其他几位儿子均不见于史籍。

(原刊于《西藏研究》2011年第2期)

注　释

1 (宋)李焘《续资治通鉴长编》卷119,景祐三年十二月辛未,中华书局,1992年,第2814页。

2 (宋)沈括《梦溪笔谈》卷25《杂志二》,上海书店,1984年,第260页。

3 （清）徐松辑《宋会要辑稿》蕃夷六之一二，中华书局影印本，1957 年，第 7824 页。

4 原文作合龙谷，应为龛谷，今甘肃榆中县境。

5 （宋）彭百川《太平治迹统类》卷 16《神宗开熙河》。

6 （宋）张方平《乐全集》卷 22《秦州奏唃厮啰事》，台湾商务印书馆，1983 年。

7 （宋）宋痒《元宪集》卷 228，《内制》，商务印书馆，1933 年。

8 （清）吴广成《西夏书事》卷 15，上海古籍出版社，1996 年。

9 （宋）李焘《续资治通鉴长编》卷 188，嘉祐三年十月辛丑，第 4530 页。

10 （宋）李焘《续资治通鉴长编》卷 188，嘉祐三年十月辛丑，第 4530 页。

11 （宋）汪藻《青唐录》，参见李焘《续资治通鉴长编》卷 188，嘉祐三年十月辛丑注，第 4530 页。

12 （清）黄以周等辑注、顾吉辰点校《续资治通鉴长编拾补》卷 3 上，熙宁元年七月乙亥，中华书局，2004 年，第 110 页。

13 （宋）彭百川《太平治迹统类》卷 16《神宗开熙河》。

14 （宋）彭百川《太平治迹统类》卷 16《神宗开熙河》。

15 《宋史》卷 328《王韶传》，第 10579 页。

16 （宋）李焘《续资治通鉴长编》卷 233，熙宁五年五月癸未，第 5648 页。

17 参见汤开建《唃厮啰家族世系考述》，载《青海社会科学》1982 年第 1 期。

18 （清）徐松辑《宋会要辑稿》蕃夷六之五，第 7820 页。

19 （宋）李焘《续资治通鉴长编》卷 233，熙宁五年五月癸巳，第 5659 页。

20 汤开建《唃厮啰家族世系新考》，载氏著《宋金时期安多吐蕃部落史研究》，上海古籍出版社，2007 年，第 230 页。

21 （元）马端临《文献通考》卷 335《四裔考十二》，中华书局，1986 年，第 2631 页。

22 （宋）李焘《续资治通鉴长编》卷 247，熙宁六年九月戊午，第 6013 页。

23 （宋）李焘《续资治通鉴长编》卷 238，熙宁五年九月丙午，第 5786 页。

24 （宋）李焘《续资治通鉴长编》卷 246，熙宁六年八月丙申，第 5998 页。

25 （宋）李焘《续资治通鉴长编》卷 188，嘉祐三年十月辛丑，第 4529 页。

26 （宋）彭百川《太平治迹统类》卷 16《神宗开熙河》。

27 《宋史》卷 328《王韶传》，第 10759 页。

28 对王韶的《平戎策》和《和戎六事》，各种史籍记载亦不统一。《宋史》中明确记载《平戎策》有三篇并摘录其要点，但未提及《和戎六事》。在《太平治迹统类》中仅说王韶有《平戎策》，并未提及有三篇，只说王韶上《平戎策》后又上《和戎六事》，但是在《国朝诸臣奏议》所收录的《和戎六事》中却含有《平戎策》的内容，据此来推断则《和戎六事》和《平戎策》当为同一篇。

29 《宋史》卷 328《王韶传》，第 10759 页。俞龙珂降宋后，被赐姓包姓，其子孙后代亦以包为姓。这样，在安多藏族中便发展成为另一支极为显赫的汉姓部落——包氏家族。对包氏家族的发展历程，参见汤开建、杨惠玲《宋、金时期安多藏族部落包家族考述》（载《民族研究》2006 年第 1 期）一文。

30 （宋）李焘《续资治通鉴长编》卷 230，熙宁五年二月癸亥，第 5595 页。

31 （宋）李焘《续资治通鉴长编》卷 233，熙宁五年五月丁亥，第 5651 页。

32 （宋）李焘《续资治通鉴长编》卷 233，熙宁五年五月癸亥，第 5648 页。

33 对王韶夺取武胜城的战役,在《太平治迹统类》卷16《神宗开熙河》中记载比较详细:(熙宁五年)秋七月,诏筑乞神平堡,而蕃酋抹耳居抹邦山,与水巴族相结,时入寇。韶率兵度行一岭逼之,斩首百余级,焚其帐,洮西震动。会木征渡河来寇,而抹耳复依其声势保集抹邦山。闰月,知德顺军景思立以泾原第六将兵并第一等弓箭手五千骑出南路,且分遣诸将一击抹耳,一击木征,韶将大军从东进趋武胜。贼至则迎击,贼兵败还走,追至其城,酋领瞎药弃城夜遁,唯曲散四王阿南阿出降,乃城武胜。

34 巩令城,在《续资治通鉴长编》中写作观凌城。《十朝纲要》卷9"(熙宁五年八月)甲辰,王韶破西蕃首领河州刺史木征于巩令城。"巩令城的具体方位在《读史方舆纪要》卷60,陕西九《临洮府》记载"在府西南二百五十里,吐蕃所置城也。宋熙宁六年,王韶图武胜,使德顺将景思立分兵制蕃夷于南路,自南甲趋巩令城。或云南甲在府南三十里"。

35 (宋)李焘《续资治通鉴长编》卷238,熙宁五年九月丙午,第5786页。

36 (宋)彭百川《太平治迹统类》卷16《神宗开熙河》。

37 (清)徐松辑《宋会要辑稿》兵一四之一八,第7001页。

38 (宋)王安石《临川先生文集》卷56《表·百寮贺复熙河路表》,商务印书馆1936年。

39 (清)徐松辑《宋会要辑稿》蕃夷六之一〇,第7823页。

40 (清)吴广成《西夏书事》卷24。

41 (清)徐松辑《宋会要辑稿》蕃夷六之一〇,第7823页。

42 (清)徐松辑《宋会要辑稿》蕃夷六之一〇,第7824页。

43 (清)徐松辑《宋会要辑稿》蕃夷六之一二,第7822页。

44 (宋)彭百川《太平治迹统类》卷16《神宗开熙河》。

45 (宋)李焘《续资治通鉴长编》卷238,熙宁五年九月丙午,第5786页。

46 (宋)彭百川《太平治迹统类》卷16《神宗开熙河》。

47 (宋)彭百川《太平治迹统类》卷16《神宗开熙河》。

48 (宋)彭百川《太平治迹统类》卷16《神宗开熙河》。

49 (清)徐松辑《宋会要辑稿》蕃夷六之九,第7824页。

50 (清)徐松辑《宋会要辑稿》蕃夷六之一二,第7822页。

51 (宋)李焘《续资治通鉴长编》卷258,熙宁七年十二月丁卯,第6295页。

52 (明)杨士奇《历代名臣奏议》卷344《四裔》,文渊阁四库全书本。

53 (宋)李焘《续资治通鉴长编》卷258,熙宁七年十二月丁卯条下"荣州团练使赵思忠等入辞。诏以思忠为秦州钤辖不厘事。"从这段话来看,木征并没有返回熙河。

54 (清)徐松辑《宋会要辑稿》蕃夷六之一二,第7824页。

55 (宋)李焘《续资治通鉴长编》卷282,熙宁十年五月壬戌,第6904页。

56 (宋)李焘《续资治通鉴长编》卷283,熙宁十年六月壬辰,第6924页。另见《宋会要辑稿》蕃夷六之一二。

57 (清)徐松辑《宋会要辑稿》蕃夷六之二八,第7832页。

58 (宋)李焘《续资治通鉴长编》卷519,元符二年十二月癸丑,第12348页。

59 (清)徐松辑《宋会要辑稿》蕃夷六之三八,第7837页。

宋代富弼家族墓志史料价值刍议

马玉臣

2008年，洛阳市第二文物工作队在洛阳西工区史家屯村北发现并发掘了富弼(1004—1083年)家族墓葬，出土宋代墓葬11座，其中的8座墓葬有墓志共14方。经考古辨认，为北宋宰相富弼夫妇及其家族成员之墓。富弼家族墓葬曾经被盗过，幸存最有价值的东西是14方墓志。此次发掘是2008年度中国重要的考古发现之一。洛阳市第二文物工作队以最快的速度将出土发掘报告公诸于世，[1] 为大家研究提供了宝贵的一手文献。[2] 兹在已有研究基础上，结合传世的宋代文献，试对宋代富弼家族墓志文献史料的特点、文献价值略陈管见[3]，欢迎批评指正。

一、宋代富弼家族墓志史料的特点

作为2008年度全国重要的考古发现，河南洛阳宋代富弼家族墓葬的发掘，虽然无法与1996年度中国十大重大考古发现之一——四川华蓥宋代安丙家族墓地和2010年度中国十大重大考古发现之一——陕西蓝田县五里头北宋吕氏家族墓地考古发现相比[4]，但也出土有一定文物价值的少量铁器、瓷器、陶器、铜钱、壁画等[5]。其中，最值得学界震惊的是富弼家族墓葬考古出土了数量可观、价值不菲的墓志。墓志材料既有文献史料价值，又有书法史料价值。就富弼家族墓葬的墓志而言，其书法史料价值最大是，由著名的史学家、政治家司马光撰写的5行大篆体书墓盖“宋开府仪同三司守司徒致仕韩国公赠太尉谥文忠富公墓铭”25个字。[6]而其墓志文献的史料价值,则远远大于墓志文字的书法艺术和残存文物、壁画的价值。对宋史研究而言,富弼家族的墓志史料有以下特点:

1. **墓志数量多**。考古界出土宋代墓葬很多,但一次性发掘某一家族多座墓葬的情况比较少见,富弼家族墓地发掘出土墓葬多达11座。11座墓葬仅其中的8座墓葬就有墓志14方,而作为1996年度中国十大重大考古发现之一的四川华蓥宋代安丙家族墓地也只是出土了5座墓1方墓志。[7]因此,这个数量应当是目前出土最多的宋代墓志之一。[8]

2. **仅存史料多**。众所周知,宋代的史料,虽不及明清时期的史料多,但也足够丰富,传下来的宋朝史料远远超过唐代[9]。也正是缘于传世史料多,学界对出土文献的关注和使用远不及治汉唐史学者的重视。富弼家族墓地发掘出土的墓志铭,不仅数量多,更重要的是其稀缺性和独特的史料价值,这是其他史料所不能取代的。据我们排查,新出土的14方墓志,除富弼[10]、富绍京(富弼次子)[11]二人的墓志碑铭文尚见于传世文献外,另12方墓志的墓主人分别是晏氏(富弼妻)、富鼎(富弼弟)、侯氏(富鼎妻)、张氏(富弼长子富绍京妻)、富绍宁(富鼎子)、富绍修(富鼎子)、李氏(富绍修妻)、富绍荣(富鼎子)、范柔(富绍荣妻)、富直方(富绍京子、富弼长孙)、范氏(富直方妻)、富直英(富绍荣子)等墓志,为世之独存,稀世之物,且为各墓主(即富弼家族成员)现存唯一的传记材料。金人元好问评价出土文献的价值时说:“今史册散逸,既无以传信,名卿巨公立功立事之迹不随世磨灭者,系金石是赖。”[12]宋代富弼家族大批成员的传记因“金石”而得以保存!因此,新出土的富弼家族墓葬墓志,具有相对唯一性,是研究宋代富氏家族最为珍贵的第一手史料。

此外,这12方墓志除了墓主人传记史料具有唯一性外,多数墓志铭文又是迄今为止发现的墓志铭作者的唯一作品。

表1　富弼家族墓志有关情况简表

墓主人	墓志铭篇名	墓志铭作者	在传世文献中的状态	备注
富弼	富文忠公墓志铭[13]	韩　维	见《南阳集》卷29	富弼的传记，除有出土墓志和传世文献两种同源版本的墓志铭外，还有范纯仁所撰的行状、苏轼所撰的神道碑及《宋史》本传
富绍京	供备库副使富君墓志铭	范祖禹	见《范太史集》卷38	富绍京传记，有出土墓志和传世文献两种同源版本
晏氏（富弼妻）	宋赠太尉谥文忠韩国富公周国太夫人晏氏墓志铭	李　藻	《全宋文》无李藻录文，晏氏墓志铭为李藻存世唯一撰述	唯一
富鼎	宋故朝奉郎比部员外郎致仕上轻车都尉赐绯鱼袋富君墓志铭并序	李　寔	《全宋文》无李寔录文，富鼎墓志铭为李寔存世唯一撰述	唯一
侯氏（富鼎妻）	宋赠太尉谥文忠韩国富公周国太夫人晏氏墓志铭	富绍荣	《全宋文》卷2527“富绍荣”仅录1篇，不含侯氏墓志铭	
张氏（富绍京妻）	宋故供备库副使赠右卫将军富公夫人太室人张氏墓志铭	范　埴	《全宋文》卷2823“范埴”仅录1篇，不含张氏墓志铭	
富绍宁	宋故朝奉大夫富君墓志铭	富绍荣	《全宋文》卷2527“富绍荣”仅录1篇，不含富绍宁墓志铭	
富绍修	宋奉议郎富君墓铭	富绍修弟，名字不详	富绍修墓志铭为无名氏撰述，《全宋文》无此文	唯一

续表

墓主人	墓志铭篇名	墓志铭作者	在传世文献中的状态	备注
李氏（富绍修妻）	宋故永康孺人李氏墓志铭	贾　登	《全宋文》无贾登录文，李氏墓志铭为贾登存世唯一撰述	唯一
富绍荣	宋故奉直大夫前提举利州路常平等事富公墓志铭	苏　觉	《全宋文》无苏觉录文，富绍荣墓志铭为苏觉存世唯一撰述	唯一
范氏（富绍荣妻）	宋故宜人范氏墓志铭	撰者不详	富绍荣妻范氏墓志铭为无名氏撰述，《全宋文》无此文	唯一
富直方	宋朝奉郎致仕富公墓志铭	范之才	《全宋文》卷3055“范之才”仅录2篇，不含富直方墓志铭	
范氏（富直方妻）	宋安人范氏墓志铭	张　泽	《全宋文》无张泽录文，富直方妻范氏墓志铭为张泽存世唯一撰述	唯一。《全宋文》卷6761“张泽”所述南宋孝宗朝“张泽”，与范氏墓志铭撰者北宋末张泽系同名
富直英	宋将仕郎富公墓志铭	富直柔	《全宋文》卷3402“富直柔”有录文多篇，但无富直英墓志铭	

按，《全宋文》是目前宋史学界收录宋代人撰述最为全面的文献，兹以此为参照，检验富弼家族14方墓志铭流传情况。

据上表，上述12方墓志铭文，由11名宋人撰写，其中有2篇铭文作者不详，系无名之作，有2篇铭文出自富绍荣之手。这些撰者多生活在北宋中后期、南宋初期，他们传下来的作品很少，而此次出土的墓志铭，是迄今为止这些宋人幸存不多的作品之一，有7篇墓志铭文是各自作者目前唯一仅存的作品，尤为珍贵。

3. **材料原始、保存完整。**与纸质墓志铭文屡经翻刻转抄而遭到改动相比，出土墓志为石质或砖质文献的优势在于其原始性，因为它一经刻石、埋在地下人为改动的可能性很小,除非时间久远被风化剥落,字迹模糊,或者为盗墓贼所破坏。因此,出土墓志文献是最原始的,保持了文献内容、字体、排列款式的原貌。富弼家族墓葬出土的14方墓志无疑是原始的,没有任何改动。前文已述,12方墓志铭文为世之独存,其原始性不容置疑。富弼、富绍京二人的墓志铭文,尚见于传世文献,但经比对,后者已经后人传抄改动,内容有别,字体、款式也已面目全非,这更能说明出土材料原始、真实。[14]所幸的是,遭受盗墓贼打劫后的富弼家族墓葬,其出土的14方墓志没有被破坏,除富弼、晏氏、侯氏、范氏(富绍荣妻)4方墓志铭文有极少量的文字因年久剥落无法识读外,其他10方均完整无损、清晰可辨。铭文内容长达6595字的富弼墓志仅有38个字无法识读,但保存于韩维《南阳集》卷29的文本可以补上。晏氏墓志铭文有1895个字,有26个字笔迹剥落难于卒读。侯氏墓志铭文874字,其中的10个字不清楚。富绍荣妻范氏墓志铭文有432字,不能识读者仅7字。这4篇铭文缺字率均不超过1.5%,并且缺字分散,不影响整篇铭文内容的主旨。这也是迄今为止出土宋代墓碑石中内容保存最完整的家族墓志之一,远比1996年度中国十大重大考古发现之一——四川华蓥宋代安丙家族墓地出土的唯一一方墓志内容完整。[15]

二、宋代富弼家族墓志史料价值

前面已述,《富弼家族墓地》对宋代富弼家族墓志的史料价值作了初步介绍和研究,笔者认为它的第一价值是研究宋代富弼家族史的一手完整的资料,这是宋代富弼家族墓志史料特点所决定的,众所周知,无需赘言。除此之外,宋代富弼家族墓志史料还有极珍贵的文献价值,主要表现如下。

1. 出土富弼、富绍京2方墓志有校勘二人传世墓志铭文的价值

上文提到,新出土的富弼、富绍京2方墓志,其纸质文本分别保存于韩维《南阳集》卷29和范祖禹《范太史集》卷38中。但是,二者有明显差别,前者是石质“祖本”,后者是纸质“传抄本”,前者对后者有校勘的价值。仔细对照富弼、富绍京2方出土墓志和传世墓志文献,除了字体、书法、版式显著不同之外,二者的内容也有不少差异,尤其是字数较多的富弼墓志铭。为了便于对比,兹将两种版本不同的富弼、富绍京墓志铭文有异之处摘撷于一起,列表如下。

表2 富弼、富绍京两种不同版本墓志铭文异文比照表：

序号	出土文本	传世文本	备注
1	且以太尉告其第	且赠太尉、郑国公	文异义别。“行状”“神道碑”无对应叙述
2	夜不设寝榻，困则以冰雪沃面	夜分略假寐凴几，既寤	文异义别。“行状”同前者
3	真王佐才也	真是王佐才也	文异义同。“行状”“神道碑”同前者，疑后者衍一“是”字
4	授将作监丞，知河南府长水县	授将作监丞，出知河南府长水县	文异义同。“行状”“神道碑”同前者，疑后者衍一“出”字
5	应李文定公辟	用李文定公辟	文异义同。“行状”“神道碑”同后者
6	何由得忠臣之心、来谏者之论哉	何由得忠臣之心、来谏诤之论哉	文异义同。“行状”与之俱异
7	除通判绛州	降通判绛州	文异义别。“行状”同前者
8	迁太子中允	擢太子中允	文异义同。“行状”同前者
9	用人或失其当	用人多失其当	文异义别。“行状”同前者
10	以示国威	以张国威	文异义同。“行状”同前者
11	非所以重威安民	非□□重威安民	“行状”同前者，前者可补后者缺字
12	重伤元元	重伤民力	文异义同。“行状”与之俱异
13	不宜以节旄王爵购募首恶	不宜以厚禄高爵购募首恶	文异义别。“行状”同前者
14	备边乏人	造次乏人	文异义别。“行状”同前者
15	以收才能	以备任使	文异义别。“行状”同前者
16	抚以德音	抚以恩信	文异义别。“行状”同前者
17	二年，召为开封府推官	三年，召为开封府推官	文异义别。“行状”同前者。“二”“三”字形相近致异。疑“三”字误
18	擢知谏院	兼知谏院	文异义别。“行状”作“改知”，与之俱异

续表

序号	出土文本	传世文本	备注
19	而东南九道颇乏守备	而东南九道俱无守备	文异义别。“行状”作“至乏”，与之俱异
20	立帅训练	部署训练	文异义别。“行状”同前者
21	以备他虞	可以备他虞	文异义同。“行状”同前者，疑后者衍一“可”字
22	贫尼抵罪者众	贫尼误犯罪者众	文异义别。“行状”作“抵刑”，与之俱异
23	以佐国用而弛其禁	以佐国用而弛其税	文异义别。“行状”同前者
24	公请罢燕与乐，以答天戒，戎使止就馆赐食，饮而不乐，不从	公请罢燕徹乐，以答天戒，戎使止就馆赐饮食，而不乐不宴	文异义同。“行状”与之俱异，疑后者落“不从”二字
25	公曰	且曰	文异义别。“行状”同前者
26	后使北者还，虏果罢燕	后使北虏，归言：“虏果罢燕”	文异义别。“行状”“神道碑”与之俱异，但据文义后者更合理
27	因贬谏者	因贬言者	文异义同。“行状”同前者
28	使人人各得陈上过失	使人各得陈上得失	文异义别。“人人”，“行状”同前者；“过失”，“行状”同后者，作“得失”
29	尽除越职之禁	革除越职之禁	文异义同。“行状”同前者
30	寻诏许臣僚皆得言事	寻诏许臣下皆得言事	文异义同。“行状”同前者
31	乞选侍臣详阅	乞选侍臣分阅	文异义别。“行状”与之俱异
32	刘平战没，中贵人黄德和逃归，	刘平战没，中贵人黄德和上章，	文异义别。“行状”同前者
33	诬平以降敌	诬平以降贼	文异义别。“行状”同后者
34	公又言：“（刘）平受命，即日引道，……”	公言：“中贵传命，（刘）平即日引道，……”	文异义别。改动较大。“行状”与之俱异
35	兼闻遣内侍按实	兼闻遣内侍往勘	文异义同。“行状”与之俱异
36	愿更遣文武信臣以往	愿更遣文武谨信者以往	文异义同。“行状”同前者

续表

序号	出土文本	传世文本	备注
37	有唐之衰,始疑将帅,遂内臣监军	有唐之世,上始疑将帅,遂内臣监军	文异义别。"行状"同前者
38	臣恐兵权遂移	臣恐将权遂移	文异义别。"行状"同前者
39	西夏酋领吹同乞砂、吹同山乞各称伪将相来降	西夏首领吹同乞砂、吹同山乞各称伪将相来降	文异义别。"行状""神道碑"同后者
40	朝廷补乞砂以奉职,山乞以借职,安置荆湖间。	朝廷补乞砂以奉职,山乞以借职安置,戍之荆湖间	文异义别,改动较大。"行状""神道碑"与之俱异
41	其家必已种族	其家必尽种族	文异义别。"行状""神道碑"与之俱异
42	纠察在京刑狱	纪察在京刑狱	文异义别。"行状""神道碑"同前者,疑后者误
43	某以公事来,奈何以甘言见诱邪	某以公事来察,何以甘言见诱邪	文异义别。"行状"与之俱异
44	遣使萧英、刘六符来有求	遣使萧英、刘六符来求地	文异义别。"行状""神道碑"与之俱异
45	遂先命公为接伴	上先命公为接伴	文异义别。"行状"同前者
46	今君岂得闻天子命而不拜邪	今君岂得闻天子命而不拜	文异义同。"行状"同前者,疑后者落一"邪"字
47	(萧)英惕然起	萧英惕然起	文异义同。"行状"与前者,疑后者衍一"萧"字
48	九仞之功已大,岂以一篑而遽弃邪	九仞之功已大,岂以一篑之微而遽弃邪	文异义同。"行状"同前者
49	虏欲得晋祖所与关南十县者	敌欲得晋祖所与关南十县者	文异义同。"行状"与之俱异
50	朕欲得者祖宗故地耳	朕欲得者祖宗故地	文异义同。"行状"无对应字句。疑后者落一"耳"字
51	无乃复欲谋燕蓟乎	无乃复欲窥燕蓟乎	文异义别。"行状"同前者
52	其时北朝先遣拽刺梅里来聘,既而复出兵石岭关,以助河东	其时北朝先遣拽刺梅里来聘问,而复出兵石岭关,以助河东	文异义别。"行状"同前者

续表

序号	出土文本	传世文本	备注
53	遂伐燕蓟	故伐燕蓟	文异义别。“行状”同前者
54	朕为人子孙	凡为人子孙	文异义别。“行状”同前者,疑后者误
55	昔澶渊白刃相向	昔澶渊之役,盟约相好	文异义别。“行状”同前者。文字改动较大
56	不欲使之肝脑涂地,不爱金帛,屈己以徇北朝之意	不忍使之肝脑涂地,不爱金帛,屈己以徇北朝之欲	文异义同。“行状”同前者
57	亦不愧天地神祇矣	亦不愧于天地神祇矣	文异义同。“行状”同前者
58	亦安可复理哉	亦安可复理此事	文异义同。“行状”同前者
59	退而六符谓公曰	退而六符告公曰	文异义同。“行状”同前者
60	然金帛必不欲取	然金帛坚不欲取	文异义同。“行状”同前者
61	结婚易以生衅,况夫妇情好难必复,人命修短或异,则所讬不坚,不若增金帛之便也	结婚易以生衅隙,盖夫妇情好难必兼,人命修短或异,则所盟不终,不若增金帛之便也	文异义别。“行状”同前者。后者文字改动较大
62	南朝皇帝必自有女	南朝皇帝向自有言	文异义别。“行状”作“必有女”,与前者略同,疑后者误
63	虽允宁女成婚,亦在四五年后	虽选女成婚,亦须四五年后	文异义别。“行状”同前者,疑后者误
64	二论未决,安敢徒还	二论未决,何敢便还	文异义同,“行状”同前者
65	又辞不受	又以辞不受	文异义同。“以”字,“行状”作“恳”字,与之俱异
66	复假前官持二事以往	复假前官议前事以往	文异义同。“行状”同前者
67	公既行,至乐寿	公既行,至灵丘	文异义别。“行状”同前者,疑后者误
68	其中或有与口传者异	其中或有与口传违异	文异义别。“行状”作“小异”,与之俱异
69	因宿待漏舍一夕	因宿待宿舍一夕	文异义别。“行状”作“既而宿于漏舍一夕”,与之俱异

续表

序号	出土文本	传世文本	备注
70	以必不可冀相要耳	以必不可势相要耳	文异义别。“行状”作“事”字，与之俱异
71	卿毋固执	卿无固执	文异义同。“行状”作“勿”字，与之俱异
72	岂不祸乃国邪	岂不祸乃国耶	文异义同。“行状”作“乎”字，与之俱异。“邪”“耶”形同
73	安知其不败邪	安知其不败耶	文异义同。“行状”作“乎”字，与之俱异。“邪”“耶”形同
74	或称献、纳，则不可知。	或称纳，今不可知。	文异义别。“行状”同前者，疑后者脱一“献”字
75	其后颉利为太宗所擒	况其后颉利为太宗所擒	文异义别。“行状”同后者，疑前者脱“况”字
76	我自遣使与南朝皇帝议之	我别遣使与南朝皇帝议之	文异义别。“行状”作“自当”，与之俱异
77	则如天不可得而升也	则如天不可得而上也	文异义同。“行状”同前者，疑后者误
78	值元昊使辞	值元昊致辞	文异义别。“行状”“神道碑”同前者，疑后者误
79	有诏促公缀枢密院班	有诏促公假枢密院班	文异义别。“行状”“神道碑”同前者，疑后者误
80	择诸路转运使，委转运使择知州，知州择知县	择诸路转运使，转运使择知州，知州择知县	文异义别。“行状”同前者，疑后者落一“委”字
81	元昊遣使奉书，称“男兀卒曩霄上父皇帝”，而不臣	元昊遣使奉书，称“男兀卒曩霄上父皇帝”，而称不臣	文异义别。“神道碑”同前者，疑后者衍一“称”字
82	谗不验	谗言不验	文异义同。“神道碑”同前者
83	官吏自前资待阙寄居者	官吏自前资待问寄居者	文异义别。“行状”“神道碑”同前者。“阙”“问”形近致误
84	即民所赘聚	即民所聚	文异义别。“神道碑”同前者
85	选其老幼病瘠者，籍名授券	别其老幼病瘠者，籍名授券	文异义别。“行状”“神道碑”同前者

续表

序号	出土文本	传世文本	备注
86	分主而均禀之	分主而均廪之	文异义别。“行状”“神道碑”同后者。“禀”、“廪”形近致误,疑前者为误
87	其明年夏,麦既登,仍为计其道里远近,裹囊遣归业	其明年夏,麦既登,乃为计其道里远近,俾裹囊遣归业	文异义别。“行状”“神道碑”与之俱异。“仍”、“乃”形近致误,疑前者误
88	齐之禁兵谋,以千人屠其城以应	齐之禁兵谋,于时屠其城以应	文异义别。“行状”同前者
89	明堂遂,拜礼部侍郎	未几,又拜礼部侍郎	文异义别。“行状”“神道碑”同前者
90	后数日,翰林欧阳公对	后数日,翰林欧阳公入对	文异义别。“行状”“神道碑”与之俱异
91	岂有宰相一日不见天子乎	岂有宰相一月不见天子乎	文异义别。“行状”同前者。“日”、“月”形近致误,疑后者误
92	遂径入见	径入见上	文异义别。“行状”作“遂直入见上”,与之俱异
93	时仁宗倦勤庶政,皆仰成宰府	时仁宗倦勤庶政,皆仰成宰相	文异义同。“行状”同前者
94	二月,遂除司空,兼侍中、昭文馆大学士	二月,遂除司空,兼侍郎、昭文馆大学士	文异义别。“行状”“神道碑”同前者
95	以示夷狄	以示四邻	文异义别。“行状”同前者
96	铭诸肺腑	铭之肺腑	文异义同。“行状”同前者
97	更愿公不替今日之志	更愿公自兹输诚翊辅	文异义别。“行状”同前者。以下“行状”“神道碑”无对应字句
98	复用□请	复用公请	前者残缺。后者可补之
99	又以□同老言	又以王同老言	前者残缺。后者可补之
100	虽布衣,必与之□。□妄笑语,以下宾客为声名	虽布衣,必与之亢。不妄笑语,以下宾客为声名	前者残缺。后者补之
101	虽高年未尝一日废书不观,以至释氏老庄方外之说,莫□究极精致	虽高年未尝一日废书不观,以至释氏老庄方外之说,莫不究极精致	前者残缺。后者可补之

续表

序号	出土文本	传世文本	备注
102	吾才智非能过人	吾才学非能过人	文异义同
103	北虏□每至	北虏使每至	前者残缺,后者可可补之
104	盖忘其身之老且死,而言之□。□呼	盖忘其身之老且死,而言之也。呜呼	前者残缺,后者可可补之
105	以启神□	以启神圣	前者残缺,后者可补之
106	壞其奸萌	攘其奸萌	文异义别,“壞”、“攘”形近致误
107	晏氏元献公之□□。□静有法度	晏氏元献公之女也。贤静有法度	前者残缺,后者可补之
108	次适霍丘县□□□珪	次适霍丘县令范大珪	前者残缺,后者可补之
109	骤谏弗察	时君弗察	文异义别
110	公之始仕,遘我仁宗	公之筮仕,遭我仁宗	文异义别
111	遂司□□	遂司谏垣	前者残缺,后者可补之
112	完地息民	守地息民	文异义别
113	□□□□	水溢民流	前者残缺,后者可补之
114	峙粮备器	峙粮授室	文异义别
115	□□□□	既极而通	前者残缺,后者可补之
116	□□□□	万世之利	前者残缺,后者补之
117	□□□□	翛然一室	前者残缺,后者可补之
118	明国若否	阙衮是补	文异义别
119	□□□□	实蹈其武	前者残缺,后者可补之
120	□志公墓	以志公墓	前者残缺,后者可补之
121	猗万斯年	亿万斯年	文异义别。以上为富弼墓志铭文
122	司徒韩国公赠太尉之仲子	司徒韩国公赠太尉之第二子	文异义同
123	二子:曰定方、曰直清,皆承务郎	二子:曰定方,授秘书省校书郎;曰直清,守将作监主簿	文异义别。以上为富绍京墓志铭文

注:表中“传世文本”,是指采多种传本之长而精心点校的《全宋文》所收录的富弼和富绍京铭文。“行状”、“神道碑”,系范纯仁所撰的富弼行状、苏轼所撰的富弼神道碑。

由上表,“出土版本”和“传世文本”文字差异多达123处,其中有关富弼铭文的121处,有关富绍京铭文的2处。

在有关富弼铭文的121处文字不同者中,有17处是由“出土版本”或“传世文本”残缺所致,前者16处,后者1处,缺文不同位,可以互补,使得两种版本的铭文内容可以完整复原;另104处异文中,因字体形近而致异者8处,其余96处是因后人有意增删篡改所致,由此可见“传世文本”对原始文献改动是极为严重的。在后人有意改动的104处文字中,导致“文异义同”43处,而导致“文异义别”多达67处。

有关富绍京铭文异文者仅2处,均是人为改动所致,有1处改动导致文异但不害义,而另1处则“伤辞害义”。

姑且不论“传世文本”改动是否合理,单从文献学的角度而言,无论哪一种情况的改动,都是不忠于原文的表现。因此,富弼、富绍京墓志铭文“出土版本”可补“传世文本”缺文1处,可校正“传世文本”异文106处。

为了帮助辨别富弼墓志铭文的“出土版本”和“传世文本”的异文对错,在表中引入了富弼的“行状”、“神道碑”等富弼的另2种个人传记资料。这里,顺便交待一下三者的关系。范纯仁所撰的富弼行状,作于元丰六年(1083年)六月,富弼死后不久;韩维撰写的墓志铭,作于同年十一月,富弼入葬前;而苏轼所撰的富弼神道碑,作于元祐二年(1087年)二月,富弼立碑之时。[16]范纯仁在富弼行状末尾交代了三者的关系:“某谨具公之家世、历官、行事,次为行状,将以求立言者铭于墓、纪于碑,及请谥于考功而书于国史,谨状。元丰六年七月,具位范某状”。[17]可见,范纯仁所撰的长达9000余字的富弼行状,是之后韩维所作的富弼墓志铭、苏轼所撰的富弼神道碑,以及官方《国史》和取材于《国史》的《宋史·富弼传》的蓝本。对照富弼的行状、墓志铭及神道碑的内容,不难发现三者实际上是大同小异的,其中墓志铭取材于行状的文字最多,叙述顺序也与行状最一致。在具体人名、地名、时间、主要引文和主要史实上,富弼的行状、墓志铭及神道碑内容也是基本一致的。因此,富弼行状对甄别富弼墓志铭出土文本和传世文本两种版本异同有最直接的参考价值。稍晚成文的神道碑,对富弼墓志铭对校也有一定参考价值。

按照文献校勘学的方法,出土文本和传世文本两种版本“对校”是校勘富弼墓志铭最主要的方法,而富弼墓志铭直接取材的行状,是版本之外“他校”法的首选材料。神道碑也是实施“他校”法的重要材料。以富弼的行状、神道碑为参照,仔细核对墓志铭两种版本的异文,在行状、墓志铭及神道碑共同叙及的内容中,墓志铭出土文本和传世文本异文有95处(第28条视作2处),有60处异文是行状或神道碑同墓志铭出土文本的不同，有 7 处异文是行状或神道碑同墓志铭传世文本的不同，有 22 处行状或神道碑与之俱异，不能参照。可见，行状或神道碑对甄别墓志铭出土文本和传世文本异文的有重要参考价值，是其他《宋史》、《长编》等宋史研究材料所无法取代的。参照的结果，雄辩地说明富弼墓志铭出土文本是所有传世文本的“祖本”，具有校补传世文本的价值。

2. 其他 12 方墓志有补《全宋文》、《宋史》等宋史研究大型文献不足的价值

2006 年 8 月，曾枣庄、刘琳主编的《全宋文》360 册，由上海辞书出版社、安徽教育出版社出版。该书是一部包含两宋 320 年间所有现存单篇散文、骈文、诗词以外的韵文的大型断代总集，共收集宋人作家 9000 余人，各文体文章十万余篇，字数约 1 亿。它是“迄今为止最大的断代文章总集”，被誉为“宋代百科的资料宝库”，对于“完善宋代的学术文献、填补宋代文化研究的空白、推动传统文化研究意义特别重大”[18]。但客观地讲，《全宋文》很难求“全”，限于主客观条件，遗漏篇章在所难免。晚于《全宋文》2 年出土问世的富弼家族 14 墓志铭，就无法收入其中。正是缘于此，富弼家族 14 墓志铭对《全宋文》有重要的补充价值。新出土的富弼、富绍京 2 方墓志，对《全宋文》卷 1070《韩维 · 富文忠公墓志铭》[19]和《全宋文》卷 2149《范祖禹 · 供备库副使富君墓志铭》[20]的补正，上文表中已清楚显示，兹不赘言。另 12 方墓志铭，据前文表 1，其价值有二：

第一，《全宋文》已有条目，但未收入该条目的宋人所作墓志铭，新出土的墓志铭可以补充之。它们依次是：

富绍荣所撰富鼎妻侯氏墓志，可补《全宋文》卷 2527“富绍荣”；

范埴所撰富绍京妻张氏墓志，可补《全宋文》卷 2823“范埴”；

富绍荣所撰富绍宁墓志，可补《全宋文》卷 2527“富绍荣”；

范之才所撰富直方墓志，可补《全宋文》卷 3055“范之才”；

富直柔所撰富直英墓志，可补《全宋文》卷 3402“富直柔”。

以上共计 5 篇。

第二，《全宋文》无收有关墓志铭作者，新出土的墓志铭可资其开辟新条目、并补充其内容。它们是：

李藻所撰富弼妻晏氏墓志铭，《全宋文》可辟“李藻”条目；

李寔所撰富弼弟富鼎墓志铭，《全宋文》可辟“李寔”条目；

贾登所撰富绍修妻墓志铭，《全宋文》可辟“贾登”条目；

苏觉所撰富绍荣墓志铭，《全宋文》可辟“苏觉”条目；

张泽所撰富直方妻范氏墓志铭,《全宋文》可辟“张泽”条目;

富绍修弟、不详名字所撰富绍修墓志铭,《全宋文》可辟“无名氏”条目;

不详作者所撰富绍荣妻范氏墓志铭,《全宋文》可辟“无名氏”条目。

以上共计7篇。

总之,新出土的富弼家族14方墓志铭,对《全宋文》这部宋人文献总集的价值,既体现在对已收录文献(富弼、富绍京墓志铭)的校订上,又体现在遗漏篇章(另12方墓志铭)的补充上,当引起学界的重视。

元人所修的《宋史》,是宋史研究的基本史料。它计有496卷,其中本纪47卷、列传255卷,为3115人立传。[21]宋代富弼家族成员仅富弼、富绍庭和富直柔,《宋史》有本传,分别见卷312、卷312与卷375。其他家族成员,《宋史》别说立传,几乎无任何显示,如富鼎等人。仅所列富弼、富绍庭和富直柔3人的传记,其生卒年月,《宋史》就没有说清楚。新出土的14方墓志,既可弥补《宋史》传记之缺,又可校正《宋史》仅所列的富弼和富直柔两人的传记。前者已很明白,无须多言。这里就后者试举例予以说明。

先看富弼墓志对《宋史》富弼本传的校补。前面已述,范纯仁所撰富弼行状,是韩维所作的富弼墓志铭、苏轼所撰的富弼神道碑,以及官方《国史》和取材于《国史》的《宋史·富弼传》的蓝本。富弼墓志铭和《宋史·富弼传》取材同源,但差别不小,从篇幅上,富弼墓志铭是《宋史·富弼传》的两倍,同一史实的叙述更详细、具体。从质量上,《宋史》仓促成书,问题很多。[22]仔细对照富弼墓志铭和《宋史·富弼传》,即可发现诸多端倪,兹枚举如下。

(1)富弼墓志铭详细列举了富弼上三代、下两代富氏家族成员数十人的名字、官职、婚配等情况,《宋史·富弼传》仅附有富弼子富绍庭的简单传记。

(2)据富弼墓志铭,天圣八年(1030年),富弼中制举后,初授官将作监丞、知河南府知县,一个月后,应李迪的奏举,签书河阳节度判官厅公事。《宋史·富弼传》不详中举年份,又将富弼初授官错改为将作监丞、签书河阳判官。

(3)宝元元年(1038年),元昊反宋,富弼上疏陈八事,富弼墓志铭有具体8条内容,而《宋史·富弼传》则失载。

(4)宋夏战事正酣,西夏二首领吹同乞砂、吹同山乞降宋,这本是一件大事。富弼墓志铭记载二首领的名字,而《宋史·富弼传》则省略之。

(5)富弼为馆伴使,同辽使谈判的过程和争论的内容,富弼墓志铭记载很细致,而《宋史·富弼传》则一笔带过,比较简略。

(6)据富弼墓志铭,庆历三年(1043年)三月,富弼拜资政殿学士兼翰林侍读学士，知审官院。《宋史·富弼传》则仅记为富弼拜资政殿学士兼侍读学士，不记其差遣官。

(7)据富弼墓志铭，元昊遣使奉书，称“男兀卒曩霄上父皇帝，而不臣”。《宋史·富弼传》则仅记，称“男不称臣”，省去称谓。

(8)据富弼墓志铭，庆历五年(1045年)，富弼除资政殿学士、知郓州，兼京东西路安抚使，寻又罢公安抚使。《宋史·富弼传》直接记为以资政殿学士出知郓州，不载其兼京东西路安抚使一实职。

(9)据富弼墓志铭，嘉祐三年(1058年)，宰相富弼的寄禄官由礼部侍郎升为礼部尚书，职由集贤殿大学士升为昭文馆大学士，监修国史。《宋史·富弼传》没有说富弼寄禄官的变化。

(10)富弼母亲为秦国夫人韩氏，《宋史·富弼传》简单称“母韩有娠”，容易使人产生歧义。

(11)据富弼墓志铭，嘉祐五年(1060年)，丁母秦国夫人韩氏忧而去相位，《宋史·富弼传》误记为嘉祐六年(1061年)三月。

(12)据富弼墓志铭，宋英宗治平年间，富弼解除枢密使后的复杂任职，“拜镇海军节度使、同中书门下平章事，判河阳，封祁国公。今上(宋神宗)践祚，移镇武宁军，进封郑国公。屡乞罢将相任，上以公累朝辅佐，年耆德盛，尤虚心待之。以尚书左仆射、观文殿大学士、集禧观使召公。公以足疾，未任拜，固辞。诏以新官，复判河阳”。而《宋史·富弼传》则简化为：“拜镇海军节度使、同中书门下平章事，判扬州，封祁国公，晋封郑。”后者省去了时间顺序，两次判河阳的差遣，将宋英宗朝的和神宗朝的任命混为一谈。

(13)据富弼墓志铭，熙宁年间，富弼上书言事，得到宋神宗的手诏褒奖曰：“义忠言亲，理正文直，苟非意在爱君，志存王室，何以臻此？敢不置之枕席，铭诸肺腑，终老是戒？更愿公不替今日之志，则天灾不难弭，太平可立俟也。”《宋史·富弼传》则无此内容。

(14)富弼墓志铭中，提到富弼的另两个儿子绍隆和绍京的有关事实，《宋史·富弼传》前者称“其子”，而后者则不提。

此外，新出土墓志材料对《宋史·富直柔传》的史实也有重要的补充作用。富直柔(1084—1156年)官至执政，《宋史》为其立了本传，但对北宋末的相关履历记载较为简略。新出土墓志材料虽无富直柔的墓志，但他人墓志多次提到富直柔，可以补《宋史》本传之缺。《宋史·富直柔传》对其北宋末年有关情况记载称：

富直柔，字季申，宰相弼之孙也。以父任补官。少敏悟，有才名。靖康初，晁说之奇其文，荐于朝。召赐同进士出身，除秘书省正字。

按，《宋史·富直柔传》对富直柔在北宋末年有关情况的记载比较简单，新出土墓志材料可以充实之：大观三年（1109 年），富直柔父富绍庭（1042—1109 年）卒，是时他才 16 岁。他“少失所恃”，依靠叔父富绍京之妻张氏“以遂昏宦”。政和五年（1115 年），叔母张氏卒，富直柔官颍州颍上县（今阜阳市颍上县）主簿，“亟罢官归”赴丧，并请人为张氏撰写碑铭，“行义可嘉”。[23]政和七年（1117 年），从兄富直方卒，身为迪功郎的富直柔“实承家事”，并于宣和二年（1120 年）七月二十三日操办完丧葬家事。[24]宣和二年（1122 年），时任迪功郎、新差充京畿转运司勾当公事的富直柔，为从兄富直方妻范氏书写碑铭。[25]新出土墓志材料，在一定程度上弥补了《宋史·富直柔传》等传世文献中有关富直柔在宋徽宗时期的仕宦、家庭等情况的记载。

3. 宋代富弼家族墓志史料的缺陷

一般而言，墓志史料在记述墓主人的姓名字号、家族谱系、生平履历、婚姻子女等方面，既详细，又准确。这是因为墓志史料出自墓主人的子女亲属或亲朋好友之手，撰写者比较了解墓主人的有关情况。也正是缘于此，撰写者为墓主人曲笔回护的情况比较严重。宋人徐敦立认识到了这一点，他指出：“凡史官记事，所因者有四，一曰时政记，则宰执朝夕议政，君臣之间奏对之语也；二曰起居注，则左右史所记言动也；三曰日历，则因时政记、起居注润色而为之者也，旧属史馆，元丰官制属秘书省国史案，著作郎、佐主之；四曰臣僚墓碑行状，则其家之所上也。四者惟时政，执政之所日录，于一时政事最为详备。……臣僚【墓碑】行状，于士大夫行事为详，而人多以其出于门生子弟之类，以为虚辞溢美，不足取信。虽然，其所泛称德行功业，不以为信可也；所载事迹，以同时之人考之，自不可诬，亦何可尽废云。”[26]赵彦卫也说：“近世行状、墓志、家传，皆出于门生故吏之手，往往文过其实，人多喜之，率与正史不合。”[27]徐敦立等人的提示，值得我们重视。具体到富弼家族墓志，也难脱此窠臼。兹列举诸例，仅供大家参考。

关于富氏何时徙居洛阳，出土墓志说法不一。

关于富氏家族何时徙居洛阳，出土墓志竟然有多种说法：

富鼎墓志认为，富氏家族于富弼曾祖富处谦时徙居洛阳。“少尹（富弼高祖富璘）于五代时自齐徙居汴，而邓公（富弼曾祖富处谦）自汴迁于洛，今为洛阳人也”。[28]

富绍荣墓志认为，富氏家族于富弼为相时徙居洛阳。“富氏在江浙为望族，韩国文忠公以盛德大业为时名相，始居洛，今为河南人（今洛阳）”。[29]

富绍宁墓志也认为，富氏家族于富弼为相时徙居洛阳。“富氏之先见于姬周，显于李唐，逮我宋太师韩国公文忠公起家相三朝，居河南府洛阳县，凡是族属从焉”。[30]

由于富弼墓志未说富氏家族的迁徙问题，上述两种说法的正误，需求诸传世文献。富弼的行状记载，“其先出于周大夫富辰之后，至高祖讳璘，因五代之乱，自齐徙居于汴，仕唐至京兆少尹。至邓公（按，指富弼曾祖富处谦）始迁于洛，今为河南人”。[31]富弼行状记载与富鼎墓志一致，富氏家族自五代时富弼曾祖富处谦始迁于今洛阳，经富弼祖富令荀、父富言，至富弼、富鼎一代，已是四代洛阳人。据富弼为其父富言所作的墓志称，富弼、富鼎之父富言天圣九年（1031年）九月三日，卒于都官员外郎、知万州任上，随其赴行的次子富奭因“跋历险远，不能全以归，用浮屠法火化”。十一月十四日，富言骨灰被带回家乡洛阳，藁穴于上阳佛舍。并于次年十一月十六日，葬于洛阳县北张村之夹马原。[32]也正是缘于富氏族居洛阳之故，富奭才费经周折，将父亲的骨灰葬于洛阳。由此，富绍荣墓志、富绍宁墓志中的说法，显然有希高慕远、曲意饰辞、自欺欺人之嫌。

关于富弼和吕夷简、韩琦的交恶，墓志回避不谈。

出土墓志中，宰相富弼的志文最长，记载最详。即便如此，也有诸多遗漏。墓志铭文将近一半的文字叙述的是富弼使辽、与辽国君臣争论的细致过程。富弼使辽、与辽国君臣斗争之事，是富弼一生中的大功之一，志文理应多写，但比重太大。富弼参与范仲淹集团发动的“庆历新政”的大事，以及富弼贵为宰相后的所作所为，志文记载很少。重要的细节，如富弼和宰相吕夷简的微妙关系，富弼和韩琦两大河南名相的交恶，志文有意回避或丝毫不提。富弼自幼与吕夷简家族有很深的交往。史载：“富言（富弼父）者，（吕）蒙正客也。一日，白曰：‘儿子十许岁，欲令入书院事廷评太祝。’蒙正许之。及见，惊曰：‘此儿他日名位与吾相似，而勋业远过于吾。’令与诸子同学，供给甚厚。言之子，即弼也。后弼两入相，亦以司徒致仕。”[33]宋代吕氏家族是名门望族[34]，宰相吕蒙正、侄宰相吕夷简、孙枢密使吕公弼三代相继执政，后富弼与吕夷简[35]、吕公弼先后同朝共事。但是，富弼与吕夷简关系不和，富弼治宰相吕夷简下属之罪，吕夷简不高兴，打击富弼，有意让他使辽，深入不测之地。志文曰：

> （庆历二年）五月，改右正言、知制诰，纠察在京刑狱，赐三品服。时有用伪祠部牒为僧者，事觉，牒乃堂吏所为。开封府狱具而不及堂吏。公白执政，请收造伪者付吏。执政指其座曰：“他日，公自当居此，奚事沽激为？”公正色曰：“某以公事来，奈何以甘言见诱邪？必得吏，正其罪。”乃已差同判太常寺，

兼礼仪事。时西陲困于用兵,庆历二年正月,北虏乘我间,聚其众境上,遣使萧英、刘六符来有求。朝廷以为忧,历选近臣任使事者,往往怯懦不敢行。执政以公名闻。[36]

此件事,其他文献载曰:

庆历二年,为知制诰,纠察在京刑狱。堂吏有伪为僧牒者,开封不敢治。(富)弼白执政,请以吏付狱,吕夷简不悦。会契丹屯兵境上,遣其臣萧英、刘六符来求关南地。朝廷择报聘者,皆以其情叵测,莫敢行,夷简因是荐弼。欧阳修引颜真卿使李希烈事,请留之,不报。[37]

契丹聚重兵境上,遣其臣萧英等求关南地。兵既压境而使命非时,中外忿之。仁宗命宰相择报聘者,时虏情不可测,群臣皆不敢行。宰相吕夷简不悦(富)弼。弼时为右正言、知制诰。夷简举弼使契丹。[38]

对照上述3则材料,墓志铭中隐去了“执政”的名字,而另两则史料直接点明宰相吕夷简不悦富弼,推荐他使辽,进入随时有生命危险的敌邦。

同样,富弼和韩琦交恶,墓志铭语焉不详:

(嘉祐)五年,丁秦国太夫人忧。诏特罢春宴,五遣中使起公复位,公恳求终丧。从之,仍给半俸,辞不受。英宗即位,公服除,拜枢密使同中书门下平章事,迁户部尚书。踰年,以足疾求解机务,章二十上,拜镇海军节度使,同中书门下平章事,判河阳。封祁国公。[39]

这段文字极为简略地叙述了嘉祐五年(1060年)至治平四年(1067年)8年中富弼职务的变化:由宰相降为枢密使,再到地方官。其中的奥秘在于富弼和宰相韩琦关系的紧张。富弼和韩琦(相州人)都是今天的河南人,同范仲淹发动“庆历新政”,为庆历时代的名臣。富弼至和二年(1055年)拜相,韩琦嘉祐元年(1056年)任枢密使、三年(1058年)六月也拜相,二人共同辅佐仁宗,世称“富、韩”。嘉祐五年(1060年)富弼因母亲去世守丧而离开相位,仁宗5次派人请他复相位,他以子应为母守丧3年为由不从。次年六月,韩琦补富弼之位晋升为宰相。嘉祐八年(1063年)四月英宗即位,五月前宰相富弼服丧期满,被召回京师,但相位为韩琦居,只好任以权位仅次于宰相的枢密使。韩琦身为首相,且为相已久,立足已稳,自然不乐功在其上的富弼重新回到相位,为了保位,为了安慰昔日的上司、僚友,给以他仅次于相位的枢密使加同中书门下平章事官衔(即枢相)[40],并给予他文武百官最高俸禄。[41]曾为首相的富弼退而求其次,接受了任命。自此两人利用东、西二府对峙不断。富弼、韩琦对掌二府长官时期，正是多病不逊的宋英宗与垂帘听政的曹太后斗争最激烈的时期。韩琦站在宋英宗一方，富弼站在曹太后一边。治平元年（1064年）五月，韩琦在“事先未与富公通气”的情况下，逼迫曹太后还政于宋英宗，富弼十分气愤。[42]宋英宗主政后，辅政有功的韩琦拜右仆射，封魏国公。[43]斗争的天秤已明显倒向韩琦，失势的富弼先是消极怠工，而后连续上章20次，请求解除枢密使职务。治平二年（1065年）七月，宋英宗批准富弼出任地方官。[44]上述富弼与韩琦交恶的内容，墓志铭只字未提。这与墓志铭人的作者韩维明哲保身，担心得罪韩琦、吕夷简两大家族有关。

此外，富弼原名富高[45]，富弼墓志铭也不详。[46]

这里仅以字数最长、记述最详的富弼墓志铭为例，指出出土墓志铭记述有不全、不详之处，需要引起大家的特别注意：出土文献是一手材料，有传世文献所不具备的优点，但也有曲笔回护记载失真的缺陷，我们可以信之，但不可全信！

近年来，考古界出土了不少数量多、史料珍贵的宋代墓志，富弼家族墓志就是其中的一个典型。这些出土材料为宋史研究提供了新的、一手史料，应当引起宋史学界同仁们的重视！拙文仅从文献的角度略陈管见，意在抛砖引玉。

（原刊于《史学史研究》2012年第1期，此次收录略有补充）

注　释

1　详见洛阳市第二文物工作队编《富弼家族墓地》，中州古籍出版社，2009年。《富弼家族墓地发掘简报》，载《中原文物》2008年6期，第4—16页。

2　按，台湾学者黄宽重先生曾指出，出土宋人墓志资料是宋史研究的重要史料。参见《宋史研究的重要史料——以大陆地区出土宋人墓志资料为例》，载《新史学》1998年9卷第2期，第143—185页。又见氏著《宋代的家族与社会》，国家图书馆出版社，2009年，第14—46页。

3　按，《富弼家族墓地》第一部分《田野考古发掘报告》第五章第六节“富弼家族墓地出土墓志的学术价值”（第75页）和第六章“富弼家族墓地出土墓志的初步研究”（第77—113页），对出土资料史学、文学、书法艺术价值已作初步研究，本文结合宋代文献资料，具体讨论富弼家族墓地出土墓志文献的史料价值。

4　蔡东洲、胡宁《安丙研究》，巴蜀书社，2004年，第161页。四川省文物考古研究院等编著《华蓥安丙墓》，文物出版社，2008年。张蕴、刘思哲《陕西蓝田县五里头北宋吕氏家族墓地》，载《考古》2010年8期。按，安丙家族家族墓群和陕西蓝田县五里头北宋吕氏家族墓地考古发掘，分别列入1996年度和2010年度中国十大重大考古发现。

5　《富弼家族墓地》，第35—41页。

6　《富弼家族墓地》，第41、277页。

7 四川省文物考古研究院等编著《华蓥安丙墓》,文物出版社,2008 年,第 5 页。

8 2010 年度中国十大重大考古发现之一——陕西蓝田县五里头北宋吕氏家族墓地考古,发掘了蓝田吕氏家族 4 代人 29 座墓葬,出土 24 方墓志,超过以往包拯家族墓地、安丙家族墓地、富弼家族墓地和韩琦家族墓地等名臣的家族墓地发掘成果。见陕西省考古研究院《陕西蓝田县五里头北宋吕氏家族墓地》,载《考古》2010 年 8 期。

9 陈高华、陈智超《中国古代史史料学》(修订本),天津古籍出版社,2006 年,第 223 页。

10 富弼墓志铭,见(宋)韩维《南阳集》卷 29《富文忠公墓志铭(并序)》,影印文渊阁四库全书本,台湾商务印书馆,1986 年,第 1101 册(以下版本、册号同,略),第 744—754 页。

11 富绍京墓志铭,见(宋)范祖禹《范太史集》卷 38《供备库副使富君墓志铭》,影印文渊阁四库全书本,台湾商务印书馆,1986 年,第 1100 册(以下版本、册号同,略),第 425—426 页。

12 阎凤梧主编《全金辽文·元好问》,《嘉议大夫陕西东路转运使刚敏王公神道碑铭》,山西古籍出版社,2002 年,第 2922 页。

13 按,富弼墓志铭全称是:《宋故开府仪同三司司徒检校太师武宁军节度徐州管内观察处置等使徐州大都督府长史致仕上柱国韩国公食邑一万二千七百户食实封肆仟玖佰户赠太尉谥文忠富公墓志铭并序》(以下简称"《富文忠公墓志铭》)",详见《富弼家族墓地》,第 42 页。

14 按,后文将具体比对富弼、富绍京(富弼次子)二人墓志铭石质原始版本与传世纸质版本的异同。

15 按,据四川省文物考古研究院等编著的《华蓥安丙墓》(文物出版社,2008 年,第 79—84 页),安丙家族墓地出土的唯一墓志安丙墓志,已被破坏为大小数十块的残块,志石上部中央、左侧中部及右下部缺失;铭文残缺严重,全文共约 4960 余字,现存 3800 余字,缺失约 23% 内容,且缺失字分布很广,已无法上下串读,严重影响了铭文不少关键信息。

16 (宋)李焘《续资治通鉴长编》(以下简称《长编》)卷 395,元祐二年二月辛卯,中华书局点校本 2004 年(以下版本同,略),第 9629 页;同书卷 411,第 10000 页。又见(宋)苏轼《苏轼文集》卷 18《富郑公神道碑》,第 536 页。

17 (宋)范纯仁《范忠宣集》卷 17《故开府仪同三司守司徒检校太师武宁军节度徐州管内观察处置等使徐州大都督府长史致仕上柱国韩国公食邑一万二千七百户食实封四千九百户富公行状》(以下简称"《富公行状》"),影印文渊阁四库全书本,台湾商务印书馆 1986 年,第 1104 册(以下版本、册号同,略),第 728 页。

18 曾枣庄、刘琳主编《全宋文》第 000 册,上海辞书出版社、安徽教育出版社,2006 年 8 月,第 2、97、98 页。

19 详见第 227—239 页。

20 详见第 319—320 页。

21 据黄慧贤主编《二十五史人名大辞典》下册《宋史》"目录"所列人名统计,《宋史》为 3115 人立传。详见《二十五史人名大辞典》下册《宋史》,中州古籍出版社,1997 年,第 1—20 页。

22 陈高华、陈智超《中国古代史料学》(修订本),天津古籍出版社,2006 年,第 240 页。

23 以上见(宋)范埴《宋故供备库副使赠右卫将军富公夫人太室人张氏(富绍京妻)墓志铭》,载《富弼家族墓地》,第 59—60 页。

24 (宋)范之才《宋朝奉郎致仕富公(直方)墓志铭》,载《富弼家族墓地》,第 66 页。

25 (宋)张泽《宋安人范氏(富直方妻)墓志铭》,载《富弼家族墓地》,第 67—68 页。

26 （宋）王明清《挥麈录》后录卷1《史官记事所因者有四》，上海书店出版社，2001年，第53—54页。

27 （宋）赵彦卫《云麓漫钞》卷8，中华书局点校本1998年，第134页。

28 （宋）李寔《宋故朝奉郎比部员外郎致仕上轻车都尉赐绯鱼袋富君（鼎）墓志铭并序》，载《富弼家族墓地》，第56页。

29 （宋）苏觉《宋故奉直大夫前提举利州路常平等事富公（绍荣）墓志铭》，载《富弼家族墓地》，第63页。

30 （宋）富绍荣《宋故朝奉大夫富君（绍宁）墓志铭》，载《富弼家族墓地》，第61页。

31 （宋）范纯仁《富公行状》，第715页。

32 （宋）杜大珪《名臣碑传琬琰之集》中卷39，富弼《富秦公言墓志铭》，影印文渊阁四库全书本，台湾商务印书馆1986年，第450册，第498页。按，富言葬地，富弼所作的《富秦公言墓志铭》称之为洛阳县北张村之夹马原，而韩维所作《富文忠公墓志铭》（载《富弼家族墓地》，第52页）称作河南府河南县金谷乡南张里，二者当指一处，概因地名的变动而致异。

33 （元）脱脱《宋史》卷265《吕蒙正传》，中华书局点校本1977年（以下版本同，略）第9418页。（宋）徐自明撰、王瑞来校补《宋宰辅编年录校补》卷3，"真宗咸平六年"，中华书局，1986年，第95—96页。

34 （宋）王明清《挥麈录·前录》卷2《本朝祖望之盛》（上海书店出版社，2001年，第16页）记：东莱吕氏，文穆家也。文穆诸子，文靖兄弟也，名连简字。简字，生公字。公字，生希字。希字，生问字。问字，生中字。中字，生大字。大字，生祖字。在宋代，吕氏家族仅次于相州韩琦韩氏家族，官宦、人丁很盛。（宋）费衮《梁谿漫志》卷1《宰相父子袭爵》（上海古籍出版社，1985年，第4页）载："吕文靖（夷简）初封申公，其子正献（公著）亦封申。韩忠献（琦）初封仪公，其子文定（忠彦）亦封仪。本朝父子为相，独此两家。且袭其爵，亦盛事也。"

35 按，庆历二年五月，富弼任知制诰、纠察在京刑狱，因开封府吏伪造度僧牒事，与宰相吕夷简冲突，致吕夷简不悦，遭到打击报复，有意派他与辽使交涉。《宋史》卷313《富弼传》，第10250页。

36 （宋）韩维《富文忠公墓志铭》，载《富弼家族墓地》，第44页。

37 《宋史》卷313《富弼传》，第10250页。

38 （宋）徐自明撰、王瑞来校补《宋宰辅编年录校补》卷5，"仁宗庆历二年"，中华书局，1986年，第244页。

39 （宋）韩维《富文忠公墓志铭》，载《富弼家族墓地》，第50页。

40 参见拙文《试论北宋前期之枢相》，载《中州学刊》2002年5期。

41 《长编》卷205，治平二年七月壬戌，第4977页。时任枢相的富弼承认："使相者文武中并是第一等俸禄。"按，枢相是使相的一种。

42 蔡绦《铁围山丛谈》卷3，中华书局，1983年，第48页。

43 《宋史》卷312《韩琦传》，第10226页。

44 按，关于富弼与韩琦交恶的研究，参见黄燕生《宋仁宗、宋英宗》，吉林文史出版社，1997年，第291—300页。

45 （宋）叶梦得《石林燕语》卷9，中华书局点校本，2006年，第136页。按，富弼原名富高，富弼的传记资料均失载。

46 （宋）韩维《富文忠公墓志铭》，载《富弼家族墓地》，第42页。

韩绛生平政绩初探

苗书梅

韩绛(1012—1088年),字子华,祖籍真定府灵寿(今属河北省),其祖父"游学过河,遂不北还",曾居住在开封郊县雍丘(治今杞县)。其父亲韩亿在北宋真宗、仁宗两朝累任地方和中央要职,官至参知政事,并在许州(神宗后改称颍昌府,郡名颍川)长社县(治今许昌)买地安家,修筑坟茔,其后代遂称颍川人。宋真宗大中祥符五年(1012年),韩绛即出生在长社。[1]

韩亿进士及第之前,韩家是一个普通的家庭。自韩亿之后,其子孙人才辈出,他们以好学、忠孝、为官富于才干而知名,晋身显宦或成为知名学者,"门族之盛,为天下冠。在朝廷评其德,在士大夫语其学,在公卿之后论其世,咸多韩氏"。[2] 颍川韩氏遂与吕蒙正家族的河南吕氏齐名,成为两宋知名大家族。

韩绛为韩亿第三子,他的青少年时代,生逢真宗、仁宗之间,这时,北宋建国已半个多世纪,由于太宗、真宗一贯奉行因循守旧、清静无为的治国方略,任用官员务求老成持重,加上北部、西北部辽、夏政权对北宋的军事威胁,国内阶级矛盾日益尖锐,有识之士开始不满现状,要求革弊图强的呼声日益高涨。庆历以后,宋廷先后推行了范仲淹主持的"庆历新政"和王安石领导的"熙宁变法",韩绛的仕宦生涯正处在庆历新政失败后改革与守旧斗争的历史洪流中。他为官从政以忠直无私、刚毅任重、临事果敢、积极有为而著名。但是,和熙丰新政的其他骨干力量一样,韩绛没有文集传世,这阻碍了后世对这一重要人物的研究,不利于对这一时期历史面貌深入全面的了解。本文借助韩绛的传记和墓志铭等有限资料,力图较为全面地展现他的生平事迹,并揭示他在熙丰政治变革中的地位。

一

北宋建国以后重视文治，特别重用科举考试选拔出来的知识型文官，恩荫入仕者难得高升。因此，当时一些学有所成的官宦子弟，往往在恩荫入仕之后，再参加科举考试，以便获得进士出身，韩绛就是如此。韩绛早年曾因父亲的官荫补官，并迁至大理评事，庆历二年(1042 年)，他又参加了科举考试，并取得了第三名的好成绩，与他同榜进士及第的还有王安石、王珪、吕公著、韩缜、苏颂等北宋中后期显赫一时的著名大臣。

作为进士高科，韩绛初次出官，被任命为陈州(治今河南淮阳县)通判，任满后召试学士院，改任同知太常礼院，继任开封府推官。推官的一个重要职责是协助知府办理诉讼案件。皇祐二年(1050 年)，京城开封有个医生的儿子叫冷清，自称他母亲曾在宫中做事，出宫后生了他，意思他是皇子。当时，宋仁宗已 40 岁，尚无子嗣，冷清的言论传得满城风雨，开封府逮捕了冷清，但事涉宫禁隐密，开封府的官员不敢对他严加惩治，准备把他送到外州。此事与皇位继承及政局稳定关系很大，韩绛认为应该认真追查，否则，冷清在外地还会继续造谣惑众。在韩绛坚持下，朝廷派人查明了真相，冷清是他母亲出宫数年生罢一个女儿以后所生，冷清被依法惩治，此事的妥善处理使韩绛声名远扬。随后，韩绛被任命为三司户部判官，成为最高财政机构的重要官员之一。

皇祐三年(1051 年)八月，江南地区发生了严重的自然灾害，朝廷选派几名大臣前去安抚，韩绛被临时任命为江南东西路体量安抚使。这次出使过程中，韩绛认真体察民情，干了十几件减轻百姓负担、惩恶扬善的好事。如改革衙前役法；打破大地主对水利设施的垄断，使周围中下民户共同受益；处分贪暴不法的地方官员，奖励政绩显著者等等，深得民心。回京以后，韩绛被升为右正言，赴谏院供职，成为弹纠皇帝及百官违失的言谏官。

庆历年间，宋仁宗虽然曾在国家危急时不得已重用范仲淹进行了“庆历新政”，但是，新政实施仅一年多就失败了，宋仁宗依然喜欢任用老成持重、不思改革进取的高官。韩绛已经以勇于有为知名于世，所以，宋仁宗在任命他为谏官时，特意告戒韩绛：你是我亲自提拔的，今后弹劾国事，虽然不能姑息迁就，但也不可过于激切，“当存朝廷大体，要令可行”，免得让人说我拒谏。[3] 但是，韩绛并没有听从这一劝告，在谏官任上，他恪尽职守，不畏权势，曾抵制了宋仁宗重用宦官王守忠的旨意,劾罢了涉嫌指使杀人的当朝宰相和开封府知府。后来,宋仁宗又准备起用被劾罢的这两名官员,韩绛认为不可,由于所言未被采用,韩绛遂多次上疏,坚决请求辞去谏官。皇祐五年(1053年)十一月,韩绛改任纠察在京刑狱,并同判太常寺兼礼仪事。后通过馆阁召试,擢任知制诰,晋升为皇帝身边的侍从要职,他曾建议减少宦官人数,并与蔡襄等大臣一起讨论役法改革。

正常情况下,宋代的官员往往内外交替任职。至和二年(1055年)五月,韩绛出知孟州,几个月后,又被召还,改任判吏部流内铨,职掌繁难的中下层文官考核铨选事宜。次年夏,黄河决口,河北水灾泛滥,韩绛被任命为河北体量安抚使,他弹罢了倡议开挖六塔河,治水失当,祸国害民,但受宰相袒护的李仲昌。其间,曾被任命为龙图阁直学士、出知瀛州,在欧阳修等大臣强烈要求下,被继续留在京城任职。

河北检灾回京不久,韩绛被召拜翰林学士兼群牧使。嘉祐四年(1059年)三月,迁右谏议大夫、拜为御史中丞,执掌最高监察权。在御史台担任长官期间,韩绛与谏官陈旭等一起,参与修改茶叶专卖法,“其所经制,一时便之”。他劝戒宋仁宗放出后宫过多的宫女236名。他坚持执法“当自贵近始”,先后弹罢了因缘私情、举官不当者十人。嘉祐五年(1060年)五月,最终因弹奏宰相富弼用人不当,事涉宫禁,而请求辞职。先后出知蔡州(治今河南汝南)、庆州(治今甘肃庆阳)、成都府。在外任职的五、六年间,韩绛仍然恪尽职责,所至有绩效。例如在成都府时,留心盐的专卖等,以便给予贫民实惠;严禁边境砍伐林木,以减少沿边地区的民族冲突;筹集资金责令僧寺埋葬“戍兵、贫民之死者”等等。“诸所兴建,今皆行之”。[4]

宋英宗治平二年(1065年)七月,迁尚书户部侍郎、权知开封府,仅十天,又改任权三司使,执掌全国财政大权。在三司使任内,他按条例办事,“中旨横恩,一切固执弗下”,坚决杜绝宦官额外希求恩赏。[5]

治平四年(1067年)正月,在位不到四年的宋英宗病死,宋神宗赵顼即位。按当时的惯例,皇帝死了要花费巨额资金修筑皇陵,新皇帝即位要大赦天下,赏赐文武百官及诸军将校。而从宋仁宗朝开始,由于冗官、冗兵造成的冗费,已使国家财力不济,除皇帝控制的内库之外,三司的财政收支几度出现赤字,不得不向内库借钱。因此,在神宗即位之初,作为三司长官的韩绛实事求是地向新皇帝陈述了当时“内外公私,财费不赡,再颁优赏,府藏虚散”的严峻现实,指出:“方今至要,莫先财用。财用者,生民之命,为国之本,散之甚易,聚之实难。财用不足,生民无以为命,国非其国也。”他建议裁损对百官及将校的赏给,并在修建英宗皇陵时尽量节俭。[6]在新皇帝即位之初,直言不讳地提出如此重大的现实问题,无疑是需要很大勇气的,这也是韩绛忠直无私、果敢有为的体现。

当年六月，韩绛又结合自己曾经出使江南、河北及在陕西、四川任地方官的真实体会，向皇帝奏陈当时实施的差役法的危害，“周访害农之弊，无甚于差役之法”。当时，差役法按家产的多少让农户轮充衙前等役，其结果是农户家家不敢添丁，不敢增殖田产，甚至父亲自缢以便儿子免役，或强迫年迈的祖母改嫁，以便降低户等，躲避差役，这对农业生产的发展极为有害。当时，有识之士如司马光等等，都先后上疏批评差役法。在韩绛的陈请下，神宗诏令中外官员讨论差役法的利害，并陈述改革意见，展开了对于役法改革的大讨论，形成了役法必须改革的共识，只是如何改革尚未议定，后来王安石变法时变差役为雇役法，就是因此而起，可以说，韩绛是当时役法改革的主要倡导者和推动者。[7] 后来，王安石也说：“今言役事，乃绛本议”。[8] 同年九月，三朝元老韩琦罢相，宋神宗请韩琦推荐可任执政的人，韩绛是韩琦举荐的唯一人选。结合韩绛的言行，宋神宗当天就拜韩绛为枢密副使，成为最高军政副长官。

二

熙宁二年（1069 年）二月，宋神宗拜当时声望很高的翰林学士、工部侍郎兼侍讲王安石为参知政事，作为副宰相，领导规模宏大、影响深远的变法改革运动，史称熙宁变法。史载：“初，安石与韩、吕二家兄弟韩绛、韩维与吕公著友，三人皆游扬之。名始盛。”[9] 作为科举同时及第的“同年”，王安石与韩、吕两个官僚大家族的领袖人物关系密切，这是一种政治资本。王安石升任翰林学士时，有韩绛的推荐之功，可以说在朝中任职时间较长，家族势力影响更大、地位较高的韩绛、韩缜兄弟，在为自己的同年王安石提高声誉、提拔重用方面发挥有重要作用。

变法之初，在王安石要求下，成立了“制置三司条例司”，作为制定新法的决策机构，由中书门下和枢密院各选一人主持工作，副宰相参知政事王安石和知枢密院事陈升之首领之。王安石与韩绛对于改革有颇多相同的看法，《宋史》卷三一五《韩绛》传称：“安石每奏事，[绛]必曰：臣见安石所陈非一，皆至当之言，可用。”所以，熙宁二年十一月二日，当陈升之拜为丞相兼任制置三司条例司时，韩绛便以枢密副使兼任同制置三司条例，成为与王安石密切合作的、变法组织的重要领导者之一。当年十二月，条例司就奏上了免役新法，继续征求意见、展开讨论；同时对三司的簿历展开调查，并派官编写了《三司岁计》及《南郊式》、《三司簿历》等。[10]

次年四月，因为参与变法态度积极，韩绛被宋神宗和王安石欣赏，又以枢密副使兼任参知政事，仍兼制置三司条例司，五月，制置三司条例司罢归宰相府。可以说，韩绛在该机构存在的大部分时间中，发挥了重要作用。

当时，宰相曾公亮、陈升之在青苗法等改革措施出台以后，均与王安石议论不合，长期请病假在家，不按时上朝理政。熙宁三年(1070年)二月，当宋神宗坚持任用全面反对新法的司马光为枢密副使时，韩绛虽曾极力称赞司马光，但是，最终还是站到了王安石一边，“徐以安石所言为然”，反对重用司马光。[11]韩绛始终坚定地推动改革，五月，他与王安石共同商议，甚至避开枢密使文彦博，创置审官西院，改革武官选任与管理体制，把原来由枢密院承担的任免、考核大使臣等60余项日常事务，交给审官西院，目的是使大使臣的任用管理更合理，而枢密院得以专门致力于军政大事。[12]同时，针对存在已久的军队中严重的空额等问题，改革派采取了并省军营、裁汰老弱等，旨在增强军队战斗力的整顿措施。韩绛还参与制定了宗室出官法案，以便减少国家支出。当时反对新法的人很多，而韩绛和吕惠卿是王安石最得力的支持者，反对派因此把韩绛指为王安石的“死党”。[13]

正在朝廷大张旗鼓地推行新法时，西北沿边地区宋、夏之间产生了磨擦。熙宁三年(1070年)九月，由于庆州(治今甘肃庆阳)知州李复圭轻举妄动，邻国西夏大举攻宋，庆州境内军民死伤严重。在此危急时刻，韩绛与王安石争着前往边疆处理边防事务。由于韩绛仍保留着枢密副使职务，又坚持说新法事业离不开王安石。所以，宋神宗同意韩绛出任陕西路宣抚使。

熙宁三年十月，韩绛从京城开封出发，他推举朝中大臣直舍人院吕大防、李清臣等作为高参与自己同行。神宗一改宋初以来皇帝直接干预前线指挥方针的做法，给予韩绛任官用将、军机战略等方面以很大独立权。于是，韩绛派边将种谔攻破西夏的抚宁、开元等寨，修筑啰兀等城。诸将伺机攻讨，取得了十七次战斗的胜利，杀获、招降以千万计，以至于西夏在沿边一二百里之中不敢住人，他们“虽时出兵马，弱势已露”，[14]这是宋真宗朝以来宋夏关系史上少有的宋方处于主动地位的局面。

当年九月、十月，曾公亮和陈升之先后罢任宰相。十二月丁卯，尚在边疆的韩绛和朝中的王安石同时被拜为宰相，韩绛排名在王安石之上。后来，由于西夏夺回抚宁堡寨，庆州将官指挥不当引起了庆州驻军的变乱，反对同西夏继续作战的大臣把兵变的责任归咎于宣抚司。熙宁四年(1071年)三月，韩绛主动承担责任，请求处分，被罢相，以本官吏部侍郎、出知邓州。此次拜相四个月，韩绛一直在西北。宋军在朝廷指令下撤兵，边事虽罢，但宋军这次对西夏的反击，导致西夏数年不敢攻宋，而是主动请求与宋讲和。[15]

熙宁五年(1072年)四月，60岁的韩绛连上十章，坚请提前退休，均被宋神宗否决。为了让他照顾家属，经王安石说情，宋神宗特许韩绛回家乡任职，即知许州。

这在宋代是很难得的荣誉,因为宋代任用地方官有严格的乡贯回避制,一般不担任家乡的地方官员。韩绛受此任命,不敢辞让。次年二月,又以观文殿大学士,移镇北京大名府(今属河北)。

这时,以王安石为首的变法派陆续出台一系列新法,有些地方官怀疑观望,或者不努力贯彻执行,甚至拒不执行,有些则为了邀功请赏,而操之过急,于是,新法遭到了一些人的反对,加之天旱成灾,宋神宗也意志动摇,对新法始有疑虑。熙宁七年(1074 年)四月,王安石坚请罢相,被改任为知江宁府(治今江苏南京)。按当时的惯例,宰相离任,可以保举能替代自己的官员,称举官自代,王安石离开朝廷前推荐了韩绛。王安石罢相的同一天,宋神宗再度拜韩绛为宰相,并拜吕惠卿为参知政事辅佐之,接替王安石,继续推行新法,充分显示了宋神宗和王安石对韩绛支持新法立场的信任。

再次拜相以后,韩绛准备大力整顿财政,当年十月,他设立三司会计司,自己亲自挂帅任提举官,在三司使章惇的配合下,对全国每年的户口、赋税、工商税收等的收入数量及其支出情况进行比较,即"以天下户口、人丁、税赋及场务、坑冶、河渡、房园之类祖额、年课,及一路钱谷出入之数,去其重复注籍,岁比较增亏及其废置钱物、羡余、横费等数",以便比较财赋"出入之数",有无相通,量入制出,并以此考察各级官员的任职绩效,使宰相府明白全国基本的财政运行状况。[16]但是,他的计划很难推行,特别是他与参知政事吕惠卿政见往往不一致,因此,他自己多次请求罢相,而极力请求宋神宗起用王安石。[17]

熙宁八年(1075 年)二月,王安石复相,居位在韩绛之上,韩绛仍居相位,两人在任官用人等问题上多有异议,虽然王安石一再挽留,但是,在韩绛的一再请求下,当年八月,宋神宗同意韩绛罢相,再次出知许州。次年二月,又北上知太原府兼河东路经略安抚使,在太原,他仍然积极有为,修整汾河河堤以减少水患,改革盐法等。元丰二年(1079 年)八月改知定州。定州地处北宋北部,是防御辽朝的边地重镇,韩绛在那里积极贯彻新法派主动防御的策略,推行保甲法,并增修抵御辽军的塘泊,大力经营屯田;营修城墙,并形成了后世遵照的"元丰城隍制度"。[18]

元丰六年(1083 年),到了致仕年龄,宋廷仍派韩绛知河南府(治今河南洛阳市)。次年,恰逢伊、洛河水暴雨成灾,洛阳城中军营、官衙、仓库等大半被淹,年迈体弱的韩绛指挥属官奋力救灾,并及时奏明朝廷,申请赈济经费,安定人心,水退之后,亲自指挥灾后重建,并增修加固河堤,以防后患。

元丰八年(1085 年)三月,宋神宗英年早逝,年幼的赵煦即位,是为宋哲宗。八月,韩绛又被移任北京,知大名府兼大名府路安抚使。元祐二年(1087 年),韩绛自感体力不支，坚决请求致仕。七月，遂以司空、检校太尉致仕。次年三月九日，韩绛病逝，享年77岁。赠官太尉，谥曰献肃。

三

韩绛一生从地方到中央，担任了诸多重要的职务，所到之处毫无因循推诿之态，而是敢说敢为，这在当时众多官员士大夫默守成规、因循守旧的大环境中是少见的。他果敢而不失忠厚，在熙宁变法改制的政局中，和王安石互相欣赏和援引，成为维持新法的主导者，[19]却没有像吕惠卿等其他变法派那样受到诸多指斥，他本人也没有留下攻击或者陷害他人的言行，因此，被誉为“公正”、“忠直”及“中正”，这一点尤为难得。时人萧注对宋神宗评价王安石和韩绛时说：王安石“意行直前，敢当天下大事，然不如绛得和气多，惟和气能养万物”。[20]

笔者尚未理出头绪的是，在熙宁、元丰那个政见歧出的年代，朝中要官要么赞扬新法，要么批判新法，或者始则支持，未几转向批判，朝中大臣没有不受到各种诋毁的，以至于“天下无一全人”[21]。韩绛始终支持新法，虽然在行政方面曾与吕公弼等有争论，[22]也受到过陈襄、胡宗愈等人的批判，但是他没有受到反新法派的激烈攻击，其中的原因是什么？加强对当时官僚群体类型、派别的研究，应该是今后的课题之一。

韩绛原有《文集》50卷，《内外制集》13卷，《奏议集》30卷，可惜均佚。《全宋文》据《续资治通鉴长编》等书仅辑得残篇断文2卷。《全宋诗》中仅存其诗13首。这为后人研究这样一位重要人物带来了巨大困难，因此，关于韩绛的论著几乎空白，这是非常令人遗憾的事情。本文仅仅对他的主要履历进行了粗略的整理，希望得到方家雅正。

（原刊于北京大学中国古代史中心编《邓广铭教授百年诞辰（1907—2007）纪念论文集2007》，中华书局，2008年）

注　释

1 张方平《乐全集》卷39《推诚保德……谥忠献韩公墓志铭并序》，文渊阁四库全书影印本。关于韩亿家族的乡贯，北宋人曾巩的《隆平集》卷7、南宋人王稱所撰《东都事略》卷58《韩亿传》、元朝人所修《宋史》卷315《韩亿传》（中华书局点校本，第10297页）等，均载韩亿的父辈从真定灵寿迁至开封府雍丘县（治今杞县),后来诸书多沿用此说。这是不对的。韩绛同时代的人范纯仁所撰《司空康国韩公墓志铭》(见《范忠宣公集》卷15)、李清臣所撰《韩献肃公绛忠弼之碑》(见《名臣碑传琬琰集》上集卷11),均称他为长社人,以上并出文渊阁四库全书影印本。许州在元丰三年升为颍昌府,以前曾名"颍川郡",因此韩绛本人自称"颍川韩绛"。南宋时韩氏后代韩璜也被称为"颍川人忠献公之后也",见《宋元学案》卷34,中华书局点校本,第1189页。参见王善军《宋代真定韩氏家族研究》,载《新史学》8卷4期,第125—126页,1997年12月。

2　《名臣碑传琬琰之集》中卷41《韩太保惟忠墓表》,文渊阁四库全书影印本。

3　《宋史》卷315《韩绛传》。中华书局,1977年,第10302页。

4　以上俱出范纯仁《范忠宣公集》卷15《司空康国韩公墓志铭》,文渊阁四库全书影印本。

5　《名臣碑传琬琰集》上集卷11,李清臣撰《韩献肃公绛忠弼之碑》,文渊阁四库全书影印本。

6　李焘《续资治通鉴长编》(以下简称《长编》)卷209,中华书局,2004年,第5074页。

7　《宋会要辑稿》食货六五之一,治平四年六月二十五日。中华书局,1987年。

8　《长编》卷212,熙宁三年六月壬午,第5158页。

9　徐自明撰、王瑞来校补《宋宰辅编年录校补》卷7,引《丁未录》。中华书局,1986年,第386页。又参见《宋史》卷327《王安石传》。第10543页。

10　《宋会要辑稿》职官五之六。

11　《长编》卷213,熙宁三年七月壬辰,第5168页;《宋宰辅编年录校补》卷7,第413页。

12　《宋会要辑稿》职官一一之四,熙宁三年五月二十八日。参见《长编》卷211,第5138页。

13　《宋史》卷427《张载传附张戬传》,第12725页。

14　《长编》卷221,熙宁四年三月丁未,第5389—5390页。

15　关于韩绛宣抚陕西及其作为,可参阅李华瑞《宋夏关系史》,河北人民出版社,1998年9月,第178—180页。

16　《长编》卷257,第6276页;《宋会要辑稿》食货五六之一八至一九,熙宁七年十月十六日。

17　元丰初年,由毕仲衍最终完成的《中书备对》中,有详细的全国各种收支旧额及熙宁时期的定额数,当受此影响。

18　《宋会要辑稿》方域八之一二,元丰四年四月二十二日;八之一二至一三,建中靖国元年正月六日。

19　司马光在为宋神宗陈述变法不当时就曾指出:"今条例司所为,独安石、韩绛、吕惠卿以为是,天下俱以为非。"当王安石首度罢相,韩绛和吕惠卿任正副宰相期间,两人分别被称为"传法沙门"和"护法善神"(《长编》卷252,第6170页;《宋史》卷327《王安石传》,第10548页;《宋宰辅编年录校补》卷8,第437页。)

20　《清波杂志校注》卷4,中华书局,1994年,第162页;《宋史》卷334《萧注传》,第10734页。韩绛的中和,在熙宁三年六月知谏院胡宗愈因批评设置审官西院而罢职时,韩绛请包容胡这件事上有所反映。事见《长编》卷212,丙戌日记事,第5159页。另如,在对待范纯仁等人的任用上,韩绛与王安石意见相左。

21　《宋宰辅编年录校补》卷7,引《元城先生语录》,第415页。

22　司马光著、李裕民校注《司马光日记校注》,中国社会科学出版社,1994年5月,第63页。

北宋西京洛阳的文教成就

张祥云

北宋时期，西京洛阳的文化教育相当发达，是京师开封之外的又一文教重镇。“河洛发祥，文物炳然，硕儒挺出，故学校……续兴乎郏鄏”，[1] 悠久的都城历史，深厚的文化积淀，使西京洛阳号称“衣冠渊薮”，是文人士大夫荟萃的地方。“由汉及唐，名士大夫之居洛者不一，而皆末若宋中兴之盛。”[2] 由此可见北宋西京洛阳文化教育发达之一斑。

一、官学的发展

北宋立国伊始就崇奉文教：“建隆中，凡三幸国子监，谒文宣王庙。太宗亦三谒庙，诏绘三礼器物制度于国学讲论堂木壁。又命河南府，建国子监、文宣王庙，置官讲说及赐九经书。”[3] 宋真宗、宋仁宗时期，文化教育事业得到了进一步发展。“宋兴八十载，天下久承平……专用厚风俗、向廉让为体。故郡府立学校”，[4] 在这样的社会背景下，西京洛阳的文教事业有了显著发展。

1. 府学、国子监的建立

洛阳是除开封之外最早建立官学的地方。早在宋太宗年间就建议在河南府建立西京国子监，后为河南府学。宋仁宗景祐初，正式定名为国子监：“河南天子西都，学馆宜鉴唐故事，建名比上京，遂请易其号为国子监。”[5] 国子监建立后，“延致旧儒，解经术以教学者”。如谢绛主讲国子监，亲自为诸生立程序、评点诗文。得到好评者立即声名大振，于是更加勤奋，“业成而登仕者，比旧加众”。[6] 学生数量显著增加，甚至许多远方的学子负笈前来，“自远而至者数百人”，[7] 有力推动了西京教育的发展。“洛下为学安稳无”、[8]“莫忘西都日，寒窗夜读书”等诗句，[9] 就是众多外地学子就学西京，而为家中亲人所牵挂、叮嘱的真实写照。

2. 诸县学的建立

从宋仁宗天圣年间到庆历以前，是宋代地方官学开始建立时期。西京河南府县级官学较为兴盛，为该地区教育的后续发展奠定了坚实基础。

据笔者不完全统计，河南府地方大部分州县都建有学校，基本上为各县知县所建。地方官为推动西京洛阳的文化教育发挥了重要作用。

3. 西京宗学的建立

宋徽宗时，由于皇族人数大增，为减轻京师开封人口的压力和财政困难，宋徽宗诏令一部分宗室迁居洛阳，谓之“西外”。[10]为此，宋政府成立了西京宗正司及敦宗院，专门管理这些宗室移民。[11]迁居西京的宗室人数因史料缺乏尚不得而知，但其人数想必相当可观。为加强西京宗室的教育，宋徽宗崇宁年间，蔡京建议“置学立师，为量试之法”，得到了宋徽宗的同意。[12]这是西京宗学建立的开始。随着迁居西京宗室人数的增多，政和年间，宋政府诏令：“取应未卖官田物业拨充，每州府各置宗室官庄……其逐州自今后有没官田产物业，更不出卖，并拨入官庄。仍先于京西北路拨田一万顷……伏请非袒免亲以下两世，欲分于西京、南京、近辅或沿流便近居止，各随州郡大小，创置屋宇，仍先自西京为始……置学添教授，立法教养，量试宗室。”[13]拨给宗学学田 1 万顷，并添置教授，扩大宗学的办学规模。

二、私学的勃兴

1. 良好的文化教育氛围

深厚的文化积淀、良好的文化氛围，促成了洛阳崇尚文教的良好传统。“嵩洛神秀锺妙词，关西子弟多习武”、[14]“书田付与子孙锄”等诗句，[15]就是对西京洛阳重视文教传统的真实写照。正是在这种教育风气浓厚的良好环境下，“洛诵日洋洋”成为一大教育景观。[16]家庭教育尤被看重。如尹师鲁“居家未尝不以古圣贤之道诲其子弟,故(其子)处厚不独天性超绝,以承父之教,薰炙渐渍,而至于大成焉”。[17]有些家长购置书籍、石经,“参酌正舛讹”,作为施教教材,希望孩子出人头地,有所成就。即便是大儒之子邵伯温,也是“入闻父教,出则事司马光等”,[18]广闻博览,积极求学。

2. 硕儒云集,私学勃兴

早在宋初,名臣李建中就因蜀平,“侍母居洛阳,聚学以自给”。[19]宋太宗时期的宰相沈伦,也“少习三礼于嵩洛间,以讲学自给。”[20]可见,四方名士,荟萃洛阳后,讲学授徒成为他们立足当地的重要途径。此后的二程、邵雍、司马光、尹惇等名师硕儒不断汇聚西京,他们创办私学,延纳生徒,促进了西京私学的勃兴。程颢在洛阳“日以读书讲学为事,士大夫从学者盈门。自是身益退,位益卑,而名益高于天下”。[21]时人范祖禹评价说:“颐之经术行谊,天下共知。”[22]邵雍在西京隐居治学,四方之学者“慕其风而造其庐”,[23]一时间,出现了“千古师资,孰与洛中之比”的盛况。[24]

3. 书院教育独树一帜

在西京私学发展的过程中,书院教育表现尤为突出。有学者统计,西京洛阳各州县有书院9处:即龙门书院(洛阳)、河洛书院(洛阳)、嵩阳书院(登封)、颍谷书院(登封)、鸣皋书院(伊川)、和乐书院(嵩县)、嵩洛书院(嵩县)、同文书院(不详)、首阳书院(偃师)等。而当时京师开封、南京应天府总共建有书院才6所,远远少于西京洛阳。[25]其中最著名的是被称为宋代四大书院之一的嵩阳书院。该书院始建于后唐,盛极于宋真宗朝。宋仁宗景祐年间,王曾在原来的基础上重建嵩阳书院,博延生徒,师生多达数百人。[26]为鼓励嵩阳书院的发展,宋政府多次赐书、赐田。如宋真宗大中祥符三年(1010年)“赐太室书院九经”。[27]景祐二年(1035年)给嵩阳书院田一顷(100亩),宝元元年(1038年)又赐田10顷。[28]有感于此,李廌有诗说:“嵩阳敞儒官,远自唐之庐。章圣旌隐德,此地构宏居。崇堂讲遗文,宝楼藏赐书。赏田逾千亩,负笈若云趋。”[29]嵩阳书院由于受到皇帝的嘉奖,一时学者云集。当时的名师程颢、程颐、张载等都曾在嵩阳书院授徒讲学。宋神宗时,官方将赐田出卖求利,书院废弃。大约在宋哲宗时,重又恢复。

伊川书院是仅次于嵩阳书院的又一著名书院。伊川书院位于洛阳南近百里处的伊川县鸣皋镇,为著名理学家程颐所建。伊川书院原名鸣皋书院,是宋代中原三大书院之一。伊川书院在培养人才和弘扬理学思想上发挥了重要作用,在中国书院史、中国教育发展史和思想文化史上均占有重要地位。宋神宗元丰五年(1082年),应程颐请求,时任西京留守的文彦博以“龙门庵久芜,虽然葺幽,岂能容之”为由,自愿将其“伊阙南鸣皋镇小庄一址，粮地十顷，谨奉构堂。以为著书讲道之所”。[30]即把伊川鸣皋镇一处庄园赠给了程颐，作为学田，以供其著书讲学之用。自程颐创建伊皋书院至去世时20多年间，大部分时间在书院著书讲学，其思想体系和著述及其传道活动大多在伊皋书院完成，故被称为“伊川先生”。伊川书院为北宋政府培养了大量的人材，成为北宋时期最重要的理学传播基地。此外，西京其他书院在当时也有一定的名气，如洛阳龙门书院，陈登原《国史旧闻》将其列入八大书院中，吸引了众多的学子前来求学。北宋名臣吕蒙正与温仲舒少年时就在龙门书院求学。[31]

三、人才的荟萃

河南府官、私学的兴盛，吸引了大批学子云集西京，使陪都西京成为人才之渊薮，为国家培养了大量栋梁之才。钱若水“少时读书嵩山佛寺”[32]，沈伦“少习三礼于嵩洛间”，[33]其他如名相赵普、吕蒙正、张齐贤、王随、富弼等，也均是在洛阳接受的教育而走上治国安邦的仕途。甚至开国皇帝赵匡胤也是在洛阳接受的私学教育，“艺祖生西京夹马营，营前陈学究，聚生徒为学，宣祖遣艺祖从之。”[34]据统计，北宋时期从西京洛阳走出的宋代明人可谓是群星灿烂，为宋代社会的发展做出了积极贡献。

此外，北方地区中的应试人数以京西河南府为多。宋神宗熙宁四年(1071年)的诏书中指出：“(北方)五路举人最多处，惟河南府、青州。”[35]可惜具体数字不得而知。诚如欧阳修所言：“冠盖盛西京，当年相府荣。曾陪鹿鸣宴，遍识洛阳生。”[36]此足见西京人才培养之盛。在这些众多的莘莘学子之中，有很多外地的求学者，如张载于花洲书院先师从于范仲淹，后又游学于嵩阳书院，与程颢程颐切磋道学之要，焕然自信，成为著名理学家；好学上进的张谊，“潜诣洛阳龙门书院，与宗人沆，銮湜结友，故名闻都下”；[37]河阳人李唐，先后游学于百泉、嵩阳、龙门等书院。尤为值得一提的是，福建人杨时，先师从程颢，学于龙门书院，后又到伊皋书院学于程颐，留下“程门立雪”的千古佳话。其他如云集程门的刘绚、谢良佐、游酢、张绎、苏昞等众多学子“皆班班可书”。[38]因此，宋人刘敞写诗赞扬西京，“名都士渊薮，盛德世璠玙”[39]，并非过誉，西京文教中心的地位是当之无愧的。

应该指出，在宋神宗之后，西京官学气势上远胜于私学，尤其是王安石新学成为士人学习的主要内容。苏辙曾受朝廷差使到西京考试诸生，就曾对当时王安石新学之盛而感叹说：“旧学日将落……选试谬西洛。群儒谁号令，新语竞投削。”[40]由此可见宋政府在控制思想意识方面的强化和科举指挥棒对学子们的影响。

四、藏书与著述

西京乃古都之地，士大夫之渊薮。案籍档案存量之多、藏书风气之盛、学术著述之富，与西京规模庞大的古建筑群、遍地皆是的名胜古迹一样，是历史文化名城、文化之都——西京洛阳的重要标志。

1. 藏书丰富

熊禾说“河洛乃图书之府”，[41]张琰言西京洛阳“声诗之播扬、图画之传写，古今华夏更莫比”。[42]这些说法并非空穴来风，西京洛阳富有藏书当是事实。首先，前朝案籍档案存量丰富。在西京大内诸省寺、銮和诸库以及留司御史台存储有大量的唐、五代档案材料，成为学者治史和进行学术研究的不可或缺的珍贵资料。宋仁宗至和二年（1055 年），翰林学士刊修《唐书》，欧阳修就曾让“编修官吕夏卿，诣彼检讨”。[43]即到洛阳搜集有关史料，以备编书所用。宋神宗熙丰年间，司马光闲居西京，能够组织一批学者编著出历史巨著《资治通鉴》，也必然得益于这些珍贵的文献资料的存在。在河南县官署之东有一官方的东斋，“多取古书文字贮斋中”，[44]藏书很多，大约有万余卷史书。

其次，大量官宦文士私家藏书风气盛。富弼家居洛阳，藏书“无虑万卷”；[45]司马光聚书独乐园“文史万余卷”；[46]家居洛阳的著名藏书家李淑，家藏书数万卷，并依据所藏书编成《邯郸书目》10 卷，为我国目录学的发展作出了重要贡献。[47]老年移居西京的张咏也藏有丰富的图书，史载其“平生嗜书，藏书万卷”。[48]洛阳人赵安仁嗜读书，俸禄及所得赏赐，大多用来买书，并亲自校勘，藏书多，且为善本。其家所藏唐人虞世南《北堂书钞》，连朝廷三馆都没有，宋真宗下令调充三馆，“嘉其好古，手诏褒美”。[49]一般士人家庭也有大量藏书，一位王姓司农少卿“家所藏书，虽子弟求阅，必手自检授，出入甚谨”。[50]靖康元年（1126 年）金军占领洛阳，“广求大臣文集、墨迹、书籍等”。[51]此足见洛阳藏书之富、名气之大。

2. 学术重镇

正如黄公度所言：“西都经术富”，[52]西京洛阳不仅是藏书之地，更是北宋时期学术研究中心、著述基地和思想文化的融合升华之地。大量的学术著作和思想文化从这里产生、传播，对当时和后世产生了重大影响。首先，洛阳士大夫，多好古文。如洛阳尹师鲁少有高识，与穆修游学，力为古文“而振起之”，[53]使古文大显风采，引起了众多士大夫们的倾慕与学习。其次，有众多学者潜心于学术研究。如洛阳人高志宁之父祖，“皆以儒术自富，不求闻达。父素，能世其学”，高志宁在此熏陶下，“幼沈敏，博学强记，未冠已能通六经”。[54]尤其是二程，善于汲取各家学说之长为己所用，圆融而不偏执。“泛滥于诸家，出于老、释者几十年，返求诸六经而后得之”。[55]最终升华体贴出“天理”二字，成为统治中国思想界数百年，影响到东亚、东南亚的“程朱理学”奠基人。客居洛阳的司马光，潜心学术十余年，终于在洛阳成就出史学巨著《资治通鉴》而彪炳史册。

现依据《宋史》、《直斋书录解题》、《河南艺文志稿》、《嘉庆河南洛阳县志》等文献资料，将部分西京学者、大儒的著述成果列表如下：

表1　西京学者著述成果表

姓名	学术成果	史料出处
郭忠恕	《佩觿》、《汗简集》、《辨字图》、《归字图》、《正字赋》。	(元)脱脱《宋史》卷202《艺文志》1。
种放	《□书》、《嗣禹说》、《表孟子》、《太一祠录》。	(元)脱脱《宋史》卷457《种放传》。
邵雍	《渔樵问对》、《大定易数》、《万物数》、《观物外篇》、《皇极经世书》、《太元准易图》、《古周易》、《问答杂说》、《性说》、《春秋说》、《太玄准易图》、《击壤集》。	(清)《嘉庆河南洛阳县志》卷42。又(民国)河南通志馆编《河南艺文志稿》。
高志宁	《周易化源图》。	(清)《嘉庆河南洛阳县志》卷41。
邵伯温	《周易辩惑》、《辨诬》、《褒德录》、《皇极经世内外篇解》、《闻见录》。	(清)《嘉庆河南洛阳县志》卷42。
王曙	《周书音训》、《两汉诏议》、《戴斗奉使录》、《王曙集》、《唐书备问》、《庄子旨归》、《列子旨归》。	(元)脱脱《宋史》卷286《王曙传》。
程颐	《程子诗说》、《孟子解》、《易传》、《尧典舜典解》、《程子书说》、《春秋传》、《大学定本》、《论语说》、《河南经说》、《祭礼》、《伊洛礼书》、《伊洛遗礼》。	(民国)河南通志馆编《河南艺文志稿》。又(清)《嘉庆河南洛阳县志》卷42。
聂崇义	《三礼图》。	王偁《东都事略》卷113《聂崇义传》。
尹焞	《论语说》、《论语解》、《孟子解》、《尹和靖集》。	(民国)河南通志馆编《河南艺文志稿》。

续表

姓名	学术成果	史料出处
程颢	《大学定本》、《中庸解》。	同上。
郭忠孝	《兼山易解》、《四学渊源论》。	(元)脱脱《宋史》卷202《艺文志》1。
富弼	《富文忠札子》、《三朝政要》、《奏议》、《奉使语录》、《契丹议盟别录》、《救济流民经画事件》。	(民国)河南通志馆编《河南艺文志稿》。又陈振孙《直斋书录解题》卷5等。
尹洙	《五代春秋》、《象棋经》、《书判》、《河南集》。	(民国)河南通志馆编《河南艺文志稿》。
尹源	《唐说》、《叙兵十篇》、《尹源集》。	同上。
李淑	《三朝宝训》、《六贤传》、《笔语》、《书殿集》。	同上。
朱光庭	《奏议》。	同上。
赵安仁	《戴斗怀柔录》。	同上。
刘温叟	《开宝通礼》。	(元)脱脱《宋史》卷204《艺文志》3
王处讷	《新历》、《新历二十五运甲子编年历》、《太一青虎甲寅经》。	(民国)河南通志馆编《河南艺文志稿》。
姓名	学术成果	史料出处
王熙元	《灵台秘要》。	同上。
陈与义	《简斋词》、《简斋集》、《法帖刊误》。	陈振孙《直斋书录解题》卷20。又(民国)河南通志馆编《河南艺文志稿》。
朱敦儒	《岩壑老人诗文》、《樵歌》。	陈振孙《直斋书录解题》卷18。
符彦卿	《五行阵图》、《新集行军月令》、《云气图》、《统戎式镜》、《行军气候秘法》、《天子气章云气图》、《预知歌》、《从军占》、《兵书论语》、《彭门玉帐歌》、《太一行军六十甲子禳厌秘术诗》、《兵机举要阳谓歌》等。	(元)脱脱《宋史》卷207《艺文志》6。
杨忠辅	《大衍本原》。	(民国)河南通志馆编《河南艺文志稿》。
陈敬	《香谱》。	同上。
邵博	《闻见后录》。	同上。
王随	《传灯玉英集》。	晁公武《郡斋读书志》卷3。
李度	《奉使南游集》。	(元)脱脱《宋史》卷440《李度传》。
钱若水	《太祖实录》、《太宗实录》。	陈振孙《直斋书录解题》卷4。

由上表可见,这些著作著述内容丰富,种类繁多。既有启蒙读物《蒙学》,也有高深的学术读物《大学定本》;既有杂著述《香谱》、《书判》,也有军事书籍《人事军律》、《五行阵图》;既涉及高深莫测的《易学》知识,也包含严谨精密的天文内容;既有对当时社会产生重大影响的《三礼图》,也有流传千古的闻见杂录、严谨厚重的的历史著作等等,既展现了西京学人的学术创新能力,也丰富了西京乃至我国古代文献典籍,对当时和后世产生了积极的学术和社会影响。之所以能够如此,当与西京文化教育兴盛、文献典籍藏书丰富和人才荟萃等因素相关。而大量的学术著述和创新,无疑又增进了其文化教育的吸引力。正是在这一点上,西京文教文化事业实现了良性循环。

(原刊于《郑州航空管理学院学报》2012 年第 4 期)

注　释

1 张方平撰、郑涵点校《张方平集》卷 11《刍荛论·学校》,中州古籍出版社,1992 年,第 139 页。

2 (元)吴澄《吴文正集》卷 41《十贤祠堂记》,文渊阁四库全书本,第 1197 册,第 436 页。

3 (元)脱脱《宋史》卷 105《礼志》8,中华书局,1977 年,第 2547 页。

4 尹洙《河南先生文集》卷 4《巩县孔子庙记》,四部丛刊本,第 1 册,第 12 页。

5 苗书梅等,王云海校《宋会要辑稿·崇儒》,河南大学出版社,2001 年,第 40 页。

6 蔡襄《莆阳居士蔡公文集》卷 20《谢公堂记》,北京图书馆出版社,2004 年,第 10 页。

7 (元)脱脱《宋史》卷 295《谢绛传》,中华书局,1977 年,第 9847 页。

8 郑獬《郧溪集》卷 25《通州雨夜寄孙中叔》,文渊阁四库全书本,第 1097 册,第 336 页。

9 司马光撰、李之亮笺注《司马温公集编年笺注》卷 6《赠外兄吴之才》,第 1 册,巴蜀书社,2009 年,第 351 页。

10 黎靖德编、王星贤点校《朱子语类》卷 111《论财》,中华书局,1986 年,第 2721 页。

11 (元)脱脱《宋史》卷 19《徽宗纪》1,中华书局,1977 年,第 357 页。

12 潘自牧《记纂渊海》卷 34《睦宗院·宗教》,文渊阁四库全书本,第 930 册,第 751 页。

13 李攸《宋朝事实》卷 8《玉牒》,丛书集成初编本,第 129 页。

14 孔平仲《清江三孔集》卷 27《诗戏》,文渊阁四库全书本,第 1345 册,第 507 页。

15 赵必像《覆瓿集》卷 1《挽邓南山》,文渊阁四库全书本,第 1187 册,第 282 页。

16 郭印《云溪集》卷 3《李文山书堂》,文渊阁四库全书本,第 1134 册,第 19 页。

17 韩琦撰、李之亮等编年笺注《安阳集编年笺注》卷 47《故河南尹墓志铭》,巴蜀书社,2000 年,第 1502 页。

18 (元)脱脱《宋史》卷 433《邵伯温传》,中华书局,1977 年,第 12851 页。

19 (元)脱脱《宋史》卷 441《李建中传》,中华书局,1977 年,第 13056 页。

20 (元)脱脱《宋史》卷 264《沈伦传》,中华书局,1977 年,第 9112 页。

21 朱熹《伊洛渊源录》卷 2,文渊阁四库全书本,第 448 册,第 426 页。

22 程颐、程颢撰、王孝鱼点校《二程集·附录》,中华书局,2004 年,第 601 页。
23 朱熹《伊洛渊源录》卷 5《康节先生》,文渊阁四库全书本,第 448 册,第 451 页。
24 罗愿《罗鄂州小集》卷 4《爱莲堂上梁文》,文渊阁四库全书本,第 1142 册,第 497 页。
25 张显运《简论北宋时期河南书院的办学特色》,《开封大学学报》2005 年第 4 期,第 3 页。
26 (清)汤斌《汤子遗书》卷 4,文渊阁四库全书本,第 1312 册,第 499 页。
27 王应麟《玉海》卷 167《宫室》,江苏古籍出版社,1987 年,第 3075 页。
28 (元)佚名撰、李之亮校点:《宋史全文》卷 7,黑龙江人民出版社,2005 年,第 332 页。
29 李廌《济南集》卷 2《嵩阳书院诗》,文渊阁四库全书本,第 1115 册,第 728 页。
30 程颐、程颢撰,王孝鱼点校《二程集·伊川先生文八》卷 12,中华书局,2004 年,第 652 页。
31 邵伯温撰、李剑雄等点校《邵氏闻见录》卷 7,中华书局,1983 年,第 62 页。
32 苏辙撰、俞宗宪点校《龙川别志》卷下,中华书局,1982 年,第 248 页。
33 (元)脱脱《宋史》卷 264《沈伦传》,中华书局,1977 年,第 9112 页。
34 刘延世《孙公谈圃》卷上,文渊阁四库全书本,第 1037 册,第 97 页。
35 李焘《续资治通鉴长编》卷 221,熙宁四年三月庚寅,中华书局,1992 年,第 5372 页。
36 欧阳修撰、李逸安点校《欧阳修全集》卷 10《送楚建中颍州法曹》,中华书局,2001 年,第 163 页。
37 (元)脱脱《宋史》卷 306《张去华传》,中华书局,1977 年,第 10107 页。
38 (元)脱脱《宋史》卷 427《程颐传》,中华书局,1977 年,第 12723 页。
39 刘攽《彭城集》卷 16《将至洛中先寄宋次道诸幕府》,文渊阁四库全书本,第 1096 册,第 156 页。
40 苏辙撰、陈宏天、高秀芳点校《苏辙集》卷 4《和子瞻监试举人》,中华书局,1999 年,第 78 页。
41 熊禾《勿轩集》卷 4,文渊阁四库全书本,第 1188 册,第 804 页。
42 张琰《洛阳名园记原序》,李格非《洛阳名园记》,文渊阁四库全书本,第 587 册,第 240 页。
43 李焘《续资治通鉴长编》卷 181,仁宗至和二年九月庚戌,中华书局,1992 年版,第 4381 页。
44 欧阳修撰、李逸安点校《欧阳修全集》卷 64《东斋记》,第 935 页。
45 黄伯思《东观余论》卷下《跋元和姓纂后》,文渊阁四库全书本,第 850 册,第 356 页。
46 费衮撰、金圆校点《梁谿漫志》卷 3,上海古籍出版社,1985 年版,第 29 页。
47 陈振孙撰、顾美华等点校《直斋书录解题》卷 8,上海古籍出版社,1987 年,第 231 页。
48 曾枣庄、刘琳编《全宋文》卷 859,巴蜀书社,1993 年,第 427 页。
49 (元)脱脱《宋史》卷 287《赵安仁传》,中华书局,1977 年,第 9659 页。
50 蔡襄《莆阳居士蔡公文集》卷 36《司农少卿致仕王君墓志铭》,北京图书馆出版社,2004 年,第 14 页。
51 徐梦莘《三朝北盟会编》卷 63,上海古籍出版社,1987 年,第 504 页。
52 黄公度《知稼翁集》卷上《送汪内相移镇宣城》,文渊阁四库全书本,第 1139 册,第 558 页。
53 (元)脱脱《宋史》卷 295《尹洙传》,中华书局,1977 年,第 9838 页。
54 韩琦撰、李之亮等编年笺注《安阳集编年笺注》卷 47《故卫尉卿致仕高公墓志铭》,文渊阁四库全书本,第 1089 册,第 511 页。
55 (元)脱脱《宋史》卷 427《程颢传》,中华书局,1977 年,第 12716 页。

宋代的诣阙上诉

程民生

宋代的诣阙上诉,或称"诣阙论事"、"诣阙披陈"、"诣阙披诉",[1] 类似于现今的进京上访。本文探讨的诣阙上诉,即百姓、官吏、军兵有了冤屈或其他问题,地方政府或基层解决不了,或是认为处理判决不公,或是根本不信任他们,或者反映的问题就是朝廷、皇帝的责任,直接诣阙上诉,向朝廷、皇帝申诉、请愿,民间一般俗称"告御状"。这种情况不仅关系到社会稳定,更事关政治清明、朝政运作、法制建设、沟通渠道等问题,是宋代政治史的重要内容。

宋代诣阙上诉主要有两种形式。

一是击登闻鼓。宋朝沿袭前代,设立专门的信访机构——登闻鼓院,"掌受文武官及士民章奏表疏。凡言朝政得失、公私利害、军期机密、陈乞恩赏、理雪冤滥及奇方异术、改换文资、改正过名,无例通进者,先经鼓院进状;或为所抑,则诣检院。并置局于阙门之前"。[2] 受理的是无法按正常渠道(通进司)递交到皇帝手里的文字。北宋时,此院的具体位置在皇宫大门前:"鼓在宣德门南街西廊,院在门西之北廊。"[3] 有申诉、请愿者,可到鼓院敲击登闻鼓,便有人接访,接收词状,经整理筛选后进呈皇帝。击登闻鼓没有身份限制,不分高官还是农民,以至于有退休高级武将向宋仁宗抱怨道:"每进文字,须诣登闻鼓院,与农民等",[4] 感到有失身份。这正说明在一定程度上的平等与机会均等。

二是邀车驾。敲击登闻鼓一般并不能见到皇帝,另一更直接的形式就是邀车驾——趁皇帝出宫之际,拦路直接申诉。如景德年间宋真宗曾说:"开广言路,理国所先,而近日尤多烦紊。车驾每出,词状纷纭,洎至披详,无可行者。"[5] 大中祥符元年(1008 年)正月,因"国家既受瑞行庆,会上元车驾出游,诉事希恩甚众"。[6] 都是任意拦截皇帝车驾，冀希得到最公正、最权威决断的表现。

一、诣阙上诉的内容

由于诣阙上诉包括各色人等，所以其内容包罗万象，几乎可以说无所不有，涉及个人利益、家庭利益、地方利益、国家利益，反映着社会现实的复杂与光怪陆离。在此，介绍以下几个主要方面。

1. 政治问题和政治斗争

向朝廷报告谋反等紧急绝密情报，是最重要的政治问题。如景德三年（1006年），武昌县民闻人若拙支使其外甥韩宁到开封伐登闻鼓，揭发永兴民李琰结党三十余人，“谋杀官吏据城叛”。宋真宗遂诏度支判官李应机、阁门祗候侍其旭“乘传按问，并其党皆伏诛。”[7] 将叛乱镇压于萌芽状态。也有泛泛而谈的政治问题，如大中祥符二年（1010年）春旱，布衣林虎伐登闻鼓上言：“国家遣官祈雨，车驾遍诣宫寺，虽再雨而未足。愿去邪佞尸素之臣，明赏罚黜陟之令，则天自雨。”[8] 借气象事件要求整肃吏治。

更多的政治斗争针对宰相等大臣，事关国家大事和政策变更。如宋初官员雷德骧与宰相赵普积怨甚深，雷德骧之子雷有邻寻找机会报复，“击登闻鼓，诉中书不法事，赵普由是出镇河阳”。[9] 竟导致开国宰相倒台。南宋时，还有直接要求诛杀宰相的诉求：嘉泰元年（1201年），吕祖泰到登闻鼓院上书，“论韩侂胄有无君之心，请诛之以防祸乱”。[10]最激烈的请愿是靖康年间以陈东为首的太学生运动。当时朝廷被迫向金国割地求和，并罢免了主战派执政大臣李纲，“太学诸生陈东等及都民数万人伏阙上书，请复用李纲及种师道，且言李邦彦等疾纲，恐其成功，罢纲正堕金人之计。会邦彦入朝，众数其罪而骂。吴敏传宣，众不退，遂挝登闻鼓，山呼动地。殿帅王宗濋恐生变，奏上勉从之。遣耿南仲号于众曰：‘已得旨宣纲矣。’内侍朱拱之宣纲后期，众脔而磔之，并杀内侍数十人。乃复纲右丞，充京城防御使”。[11]数万人的请愿很快酿成暴乱，但最终迫使朝廷顺应民意改变任命，扭转了抗战形势。

2. 控告地方官的不法行为

许多民众、官吏之所以诣阙上诉，就是因为所控告的对象是地方长官，必须直达朝廷才可能有效。宋初，著名武将、颍州长官曹翰“掊克苛酷，在郡不法”，汝阴令孙崇望忍无可忍，遂诣阙控诉其违法事实，朝廷随即派专员前往调查处理。[12]宋太宗时，知辰州董继业，由于贩卖私盐并强行高价摊派与百姓，遭到投诉后被免职："私贩盐赋于民，斤为布一匹，盐止十二两，而布必度以四十尺，民甚苦之。有诣阙诉其事者，下御史狱鞫实，于是责继业为本部中郎将。"[13]咸平年间，武将张思钧自恃平贼有功，颇为骄恣。曾向巴西尉傅翱索求一匹骏马，遭到拒绝后便公报私仇，竟然寻机将其斩首："思钧怒，托以馈运稽期，輙斩之。"傅翱家人即诣阙诉冤，朝廷于是召张思钧付御史台鞫治，"罪当斩，特贷死，削籍，流封州。"[14]冤情得以伸张。

地方官执行朝廷政策过程中出现误差，也是越诉上访的内容，而且由于事关一方民众，往往是群体事件。熙宁年间，因王安石变法，即曾引起受到利益危害者的大规模上访：开封府酸枣、阳武、封邱县民千余人奔赴司农寺，"诉免保甲教阅，已牓谕无令越诉。盖畿县令佐或非时追集，以故致讼。胙城一县，未命教阅而诉，并下提点司按察。上批：今正当农时，非次追集，于百姓实为不便。令提点司劾违法官吏以闻，自今仍毋得禁民越诉"。[15]控诉农忙季节训练保甲的危害，得到了皇帝的支持。

3. 经济问题

赋税以及财产，关系到民众的切身利益，也关系到地方官和朝廷的利益，自然常常发生冲突，需要皇帝出面亲自裁决、调节。

五代时期，河北曾实行严峻的盐法，周世宗北伐到此，根据当地人民的请求，"以盐课均之地税而弛其禁"。宋初，"征利之臣请复榷盐之法，河朔父老诣阙叙陈，太祖皇帝问其本末，法竟不行"。[16]解除了一方重复征收的赋税。熙宁初，赵抃曾报告说："窃闻卫州百姓，动数百人诣阙陈诉，为均税官员将逐县版簿上诸色欠阙诡名夏秋税钱一并增起，编户旧额几及大半之赋，名为均平，实则偏重，千里嗟怨，殆无生意。"[17]地方官借均税之名而增税，祸害一方，百姓被迫集体上访投诉。当时还有保州民"集众数百，挝登闻鼓，诉屯田水利事，久不决"。[18]

4. 司法问题

就个人上访而言，因地方司法判决不公而受到冤屈是最主要的原因。

雍熙元年(984 年)，开封寡妇刘某指使婢子到开封府，起诉其夫与前妻所生子王元吉向她下毒，致使濒危垂死，王元吉被捕后屈打成招。刘氏不久死去，王元吉妻张氏便"击登闻鼓称冤"。宋太宗亲自召见询问，重新审理后，得知是刘氏因有奸情怕王元吉发现而诬告所致。[19]宋真宗时，穆修任泰州司理参军，因与通判关系甚僵而遭诬陷,被朝廷贬到池州。穆修"中道窜诣阙下,叩登闻鼓称冤,会贰郡者死,复受谴于朝"。[20]诬陷者即使亡故也难免受责。

更多的情况,是对地方官草菅人命的控诉。如建隆三年(962年),控鹤右厢都指挥使尹勲带领丁夫修浚五丈河,陈留县的丁夫半夜溃逃,"勲擅斩其队长十余人,追获亡者七十余人,皆刵其左耳"。因而"有诣阙称冤者"。[21]宋太宗时,澧州有百姓因报案不实,竟被知州赵彦韬杀死,并剖其心肝,"民家诣阙诉其事"。赵彦韬坐杖脊,配隶淮西禁锢。[22]知秦州韩缜"尝宴客夜归,指使傅勍被酒,误随入州宅,与侍妾遇,缜怒,令军校以铁裹杖棰杀之。勍妻持血衣,挝登闻鼓以诉",韩缜遭到免去官职分司南京的处罚。[23]冤情稍得伸张。

另一种情况是为遭诬陷的清官请愿。知杭州祖无择为政宽平,受到民众的爱戴,"只因监察御史里行王子韶察访过实,遂兴大狱"。自祖无择被捕后,"州人皇皇如系父母,斋僧祈福,为之涕,雪于府,以至诣阙告诉。非无择惠政得人之深,何以得此?"[24]维护爱民的地方官,实质上就是维护百姓的利益。

5. 文化问题

对文化方面的越诉请愿,集中在科举和宗教、意识形态问题上。

在宋初的一次科举中,宋准被知贡举李昉擢为甲科,但有考生举报考官作弊:"会贡士徐士廉击登闻鼓,诉昉用情取舍非当。太祖怒,召准覆试于便殿,见准形神伟茂,程试敏速,甚嘉之,以为宜首冠俊造,由是复擢准甲科"。[25]端拱元年(988年)的科举,也遭到考生的质疑:"牓既出,而谤议蜂起,或击登闻鼓求别试。上意其遗才,壬寅,召下第人覆试于崇政殿。"[26]还有一种情况是落榜生为另寻出路,不惜谎报情况:景德元年(1004年),开封府落解士人百余击登闻鼓,"自陈素习武艺,愿备军前役使"。宋真宗遂将其召来面试,"能挽弓者才三人,各赐缗钱,令赴天雄指使"。[27]满足了其愿望。

僧人宗教方面的请愿,只是为了佛教发展。乾德四年(966年),僧行�等一百五十七人诣阙上言,"愿至西域求佛书",朝廷予以批准。[28]淳化中,婺州开元寺为新建大藏经楼,僧人"相率诣阙击登闻鼓,求方借版摹印真文。奏牍上闻,帝俞其请"。[29]如此虚张声势,不过是向朝廷借用大藏经印版而已。

意识形态方面,主要有禁书与异端著作之争。天禧元年(1017年),婺州民黄衮伐登闻鼓,控告州民袁象家藏禁书,"课视星纬,妖妄惑众"。宋真宗遂诏派员乘驿鞫治。[30]嘉祐年间,著名异端学者、四川陵州人龙昌期向皇帝进上所著书百余卷,宋仁宗让大臣审查。审查报告认为:"昌期诡诞穿凿,指周公为大奸,不可以训。

乞令益州毁弃所刻板本。”年近九十的龙昌期不服,遂“诣阙自辨”。在其学生文彦博等人的支持下,朝廷一度赐龙昌期五品服,绢百疋。[31]

6. 军事问题

宋代边患频繁,沿边民众由于切身利益,对边防军事多有关注。如康定元年(1040年),西夏元昊进犯鄜延地区,宋军战败,军情危机,“延州民二十人诣阙告急。上召问,具得诸将败亡状”。[32]基层瞒报军情,来自百姓的报告才使皇帝得到边防真实战况。庆历元年(1041年),位于河东边防前线的麟、府州民吏及僧道“诣阙,请益兵以御西贼”。宋仁宗予以接见并慰劳。[33]

7. 家庭私事

一人一家的私事、小事,也常常闹到朝廷。如个人家庭财产的处置,有时需要朝廷的支持。宋太宗时,开封一李姓女子击登闻鼓,“自言无儿息,身且病,一旦死,家业无所付。诏本府随所欲裁置之。李无它亲,独有父,有司因系之。李又诣登闻,诉父被絷”。[34]一件私事,两次有劳皇帝解决。宋太宗时,康延泽为东京畿内都巡检使,他的六个侄子“皆恣用家财,不事生产,公以礼义勖之,反生怨怼,乃挝登闻鼓,愿析祖业以自给。诏公以理处割。事未定,会灵昌河决,公受诏塞之。诸子复诉公违诏,遂罢使职,退居洛阳”。[35]家庭私事惊动皇帝,并因为当事人没有及时处理,高级将领受到撤职的处分。一些民间细微私事,甚至也得到皇帝的亲自解决,典型例子是:宋太宗时,开封居民牟晖击登闻鼓,所诉居然是其家奴丢失了他的一头公猪。诏令“赐千钱偿其直”。皇帝对宰相解释说:“似此细事悉诉于朕,亦为听决,大可笑也。然推此心以临天下,可以无冤民矣。”[36]朝廷对官员一生的评价,事关千秋功过,若家属有异议,常常会上诉。如名声一直不大好的钱惟演死后,太常礼院议定谥为“文墨”,属于恶谥,其子难以接受,“挝登闻鼓上诉”。[37]希望得到更改。

8. 诬告

一些别有用心者为了达到不可告人的目的,冒险向最高统治者诬告,妄图置人于死地。在平定南唐的战役中,“富民高进者,豪横莫能禁”,负责后勤供应的张永德“乃发其奸,置于法。进潜诣阙,诬永德缘险固置十余砦,图为不轨。太祖命枢密都承旨曹翰领骑兵察之,诘其砦所。进曰:‘张侍中诛我宗党殆尽,希中以法,报私愤尔’”。[38]另一典型案例是:有军校自西山诣阙,诬告当地军政长官郭进,“太祖诘知其情状,谓左右曰:‘彼有过畏罚,故诬进求免尔。’遣使送与进,令杀之”。[39]南宋初张浚镇守四川,“大抵专黜陟之典,受不御之权。则小人不安其分,谓爵赏可以苟求,一不如意,(更)[便]生觖望。是时蜀士至于醵金募人,诣阙讼之,[以]无为有”。[40]这类有组织的诬告属于政治斗争。

9. 其他

此外,宋代还有许多是群体性诣阙上诉,如请求地方官连任,请求为地方官树立德政碑,请求皇帝封禅,请求皇帝临幸,州升府谢恩等等。这些歌功颂德、粉饰太平或为地方增光之类的拍马式诣阙请愿,一般多有地方官暗中操作背景。如对于请求地方官连任的请愿,景德元年(1004 年)有诏指责道:“诸州民诣阙举留官吏,多涉狥私,或非素愿,因而率敛,重有烦劳。自今百姓僧道,更不得辄诣阙庭,及经邻部举留官吏,如实有善政,候转运使到州即得举陈,仍委本使察访能否以闻。如敢违越,其为首者论如律。”[41]或者“事出侥幸,皆是妄作干请”。[42]此类诣阙请愿,未必都是民众的真实心愿表达,未必能反映真实情况,或属侥幸蒙求地方私利,且无关本文宗旨,不多论述。

二、官方对诣阙上诉的态度

无论是内容还是形式,诣阙上诉都涉及方方面面,官方不得不高度重视。在此基础上,对诣阙上诉的态度,可以分为中央与地方政府两种。

1. 中央

就朝廷而言,基本态度是在符合规定条件下允许诣阙上诉。出发点是建立下情上达的渠道,以防地方、基层官员欺下瞒上,激化矛盾。如前引开封李姓女子击登闻鼓“诉父被絷”,宋太宗吃惊地说:“此事岂当禁系,辇毂之下,尚或如此。天下至广,安得无枉滥乎? 朕恨不能亲决四方之狱,固不辞劳尔!”[43]皇帝不辞劳苦亲自处理百姓投诉的家事,并庆幸由于上访使他得知真实的下情,表明了对上访的基本态度,在一定程度上视为仁政。

建国初期,曾明令禁止越诉。乾德二年(964 年)诏:“应论诉人不得蓦越陈状,违者科罪。”[44]禁止越诉是指不按程序越级上诉,不包括符合程序或特殊诉求的诣阙上诉。至晚在乾德四年(966 年),就有人击登闻鼓控告地方官。[45]乾德二年以后，这种笼统的禁令再未见到，有关政策不断调整。

宋太宗时允许上访。史载：“自端拱以来，诸州司理参军皆上躬自选择，民有诣阙称冤者，立遣台使乘传案鞫，数年之间，刑罚清省矣。”[46]不久又具体规定了一些限制。至道元年(995年)诏令各地：“今后部下吏民有再诣阙陈诉，朝廷勘鞫，事皆不实者，更改陈诉，州不得为理，即禁锢，具前后事状奏取进止。”[47]意思是若连续两次上访，经朝廷调查审理与事实不符，如再向州政府提出诉讼，不但不准受理，还要将其禁锢——显然是对无理取闹者的处罚。景德二年(1005年)，朝廷对上访设置了一个前提，诏令：“诣阙诉事人，须因州县理断不当，曾经转运使诉理月日，鼓司、登闻院乃得受。”[48]必须经过县、州、路三级地方衙门审理而不服者，才可以进京投诉。可见原来许多案件并没有经过地方审理，而是直接进京告御状了，如此，既破坏了司法程序，又大大增加了朝廷的压力，不利于社会秩序的稳定。

宋真宗朝进一步规范了诣阙上诉的诉讼程序，要求尽可能在地方三级衙门解决问题，但“或论长吏及转运使、在京臣僚，并言机密事，并许诣鼓司、登闻院进状。若夹带合经州、县、转运论诉事件，不得收接”。[49]如果投诉的是长官、朝廷官员或者是机密事，才允许进京越诉，其他应当经地方审理的一概不予受理。当时的“禁民越诉”，是指直接向皇帝投诉：“先是，更置登闻鼓院及检院，禁民越诉。有司以国家既受瑞行庆，会上元车驾出游，诉事希恩甚众，有司以违制论，悉从徒坐。上悯愚民不晓科禁，辛卯，诏自今邀车驾越诉者，令有司告谕而宽其罚。”[50]设置登闻鼓院等就是为了代表皇帝受理民众投诉，不能直接向皇帝投诉。但常常有人趁皇帝外出拦截，按律应判处徒刑。为表示宽大，宋真宗下令从宽处理。

至宋仁宗朝，放宽了诣阙上诉的限制。皇祐元年(1049年)诏：“民有诉冤枉而贫不能诣阙者，听投状转运、提点刑狱司，附递以闻。”[51]为维护穷苦人的权益，皇帝对那些因经济条件无力诣阙上诉者，准许向路级机构报告，由其按正常官方通讯渠道将诉讼状递交到朝廷。表明朝廷支持诣阙上诉。有时还允许邀车驾。如皇祐四年(1052年)十月，宋仁宗前往景灵宫，登辇后传令卫士：“今岁天下举人皆集京师，如有投诉者，勿呵止之。”但途中也有军卒邀车驾进状，“卫士亦不之禁，有司欲论罪，上具以其事语辅臣而贷之”。[52]特别允许举人邀车驾，而对未经允许的军人邀车驾行为也默认了，因而免除了对警卫人员的处罚。

从宋徽宗朝起，大开越诉之门。“崇、观以来，每下赦令，必开越诉。以荆门言之，则造私酝户、酗酒学生、鬻茶猾吏，诉郡太守于监司而罢之者三。以荆南言之，贾客、豪民诉都钤辖于朝省而罢之者二”。[53]这个越诉，包括了诣阙上诉。至南宋，更是广立越诉之法，多在下达政策时专门附带允许越诉的规定，准许越诉的内容集中在州县官吏私自科敛百姓违法行为，扩大了百姓的诉讼权。[54]在这种氛围中，诣阙上诉情况更加普遍。

2. 地方

诣阙上诉要么是针对地方官的，要么彰显着地方官的无能，因而地方官的态度基本上是反对的。

熙宁初，保州百姓"集众数百，挝登闻鼓，诉屯田水利事，久不决。郡邑患之"。[55]对于数百群众诣阙上诉，州县两级政府均感到忧虑不安。地方官多以反对"顽民健讼"为借口，反对诣阙上诉。袁说友即言："今之民讼，外有州县监司，内有六部台省，各有次第，不可蓦越。而顽民健讼，视官府如儿戏，自县而之监司，自州而之台部，此犹其小者耳。今州县未毕，越去监司台部，径诉都省，以至拦马叫号，无所不有。夫以岩廊之重，乃使顽民敢于越诉，轻于干犯，岂不益恩中书之务哉！"[56]以维护朝廷尊严为借口，反对随意上访，将其以讼棍视之。袁说友的政敌、理学大师朱熹在这个问题上却与其一致，甚至认为："今若有个人不经州县，便去天子那里下状时，你嫌他不嫌他？你须捉来打，不合越诉。"[57]公然表示应当对直接告御状者予以刑罚。庆元三年(1197年)，临安府长官报告："迩岁以来，顽狠之人公然腾越，至有事属细微，巧词饰说，一经所属，不待施行，遽投检鼓，或径伏阙，或邀车驾陈诉。匪独轻法熳令、亵渎不恭，复有事涉虚妄，惧其章露，故欲挠蔑有司。……其有辄伏阙及妄邀车驾陈诉之人，并从临安府照条科罪，所诉事不理。仍令刑部申严累降诏旨并前后所定条法，俾诸路提刑司遍牒郡县，使人通知。"[58]在他们眼里，诣阙上诉者多属"亵渎不恭"的"顽狠之人"，要求对其不合规定的行为严惩不贷。

因而，也就出现了截访情况。王安石推行农田水利法时，原武等县民"因淤田侵坏庐舍、坟墓，又妨秋种，相率诣阙诉。使者闻之，急责其令追呼，将杖之。民即缪曰：诣阙谢耳。使者因代为百姓谢淤田表，遣吏诣鼓院投之，状有二百余名，但二吏来投，安石喜，上亦不知其妄也。"[59]200多人在进京路上，被主持推行农田水利法的专使指示县衙派人追上截住，并威胁要处以杖刑以示惩罚。上访群众谎称是要到朝廷感谢推行新法，才免遭暴力摧残。地方官也不含糊，写了谢淤田表并派衙吏代表民众进京递交到登闻鼓院。这种偷天换日的行径既剥夺了民众的申诉权，强奸民意，也犯下欺君之罪。而其目的是既遮挡了自己的错误丑陋，又增添了民众感谢的光彩，可谓化真相为谬误。

三、对诣阙上诉人员的接待处理

诣阙上诉的内容和性质都很复杂,因此朝廷采取了不同的对待方式。

一般而言,告御状就是要直达皇帝。但皇帝毕竟精力有限,不可能全部接见或亲自审理,要看机遇,看内容,还要视皇帝的心情而定,因此只有极少数人能够得到皇帝的接待。宋太祖时,有军校自西山诣阙投诉长官郭进,“太祖诘知其情状”。[60]皇帝直接询问,才得以探明真假。康定元年(1040 年),西夏军队进攻鄜延,“延州民二十人诣阙告急。上召问,具得诸将败亡状”。[61]有时还亲自审理案件。咸平年间,三司军将赵永昌“素凶暴,督运江南,多为奸赃。知饶州韩昌龄廉得其状,乃移转运使冯亮,坐决杖停职。遂挝登闻鼓,讼昌龄与亮讪谤朝政,仍伪刻印,作亮等求解之状。真宗察其诈,于便殿自临讯,永昌屈伏,遂斩之”。[62]也正是如此,所以有真知灼见的底层士人,极力呼吁皇帝应亲自接见诣阙者,如范浚指出:“若四方之士,诣阙上封,或徒步千里,奏书百牍,越月踰时,客食旅次,岂无去故乡之念,岂无怀亲爱之心?抗直辞,触忌讳,岂无干不测之惧?徒以感慨愤发,思济时艰,心不忘忠,惓惓为此。彼其所陈,借皆荒唐之狂言,琐屑之常谈,犹当间一召见,时加咨询,捐斗升之禄,轻束帛之赐,以求庶言,以通治道。况夫愚者有千虑之得,负薪有廊庙之言,亦岂无一策为可取,一事为可効?”[63]道理无疑正确,具体实施困难。

对反映重大问题有功者,朝廷给予奖励。庆历元年(1195 年),位于河东边防前线的麟、府州民、吏及僧、道“诣阙,请益兵以御西贼”。宋仁宗“召对便殿,赐茶彩,慰遣之,僧、道仍赐紫衣、师号”。[64]这种上访,属于国防大事、涉及军事机密,所以受到了皇帝的赏赐。对于揭发重大谋反案件者,则予以重赏。宋徽宗大观年间,妖人张怀素“以左道游公卿家,其说以谓金陵有王气,欲谋非常,分遣其徒游说士大夫之负名望者”。不久其徒范寥叛变,“遂诣阙陈其事。朝廷兴大狱,坐死者数十人。寥以无学籍,授左藏库副使,赐予甚厚”。[65]可谓升官发财。

绝大部分上访事务,都是由有关部门接待处理的。自然常常就会陷入官僚机构的推诿扯皮程序之中,有的拖延一两年不决,致使上访人员倾家荡产。绍圣元年(1094 年),殿中侍御史郭知章就指责道:“近年官吏、军民诣阙,辨明酬奖,理诉冤抑,司勋、刑部会问稽留,有逾一二年不决者,辨诉之人致竭资产,困踬道涂,而官吏习为卤莽,惟以沮格为能。”他建议:“乞令左右司每季分取司勋、刑部辨诉未了事,具情节及诘难、疏驳因依,如(望)[妄]作滋蔓,行遣稽留,随事大小罪之。”即要求指令有关部门按季度督察案件办理情况，无故拖延者予以治罪。皇帝随即下诏："左右司郎官取索司勋、刑部酬奖、叙雪事催促，如有违滞，举劾施行。"[66]要求按照有关奖惩规定执行，对拖延者弹劾处罚。毕竟，大批情绪激昂的有冤屈者滞留京师，无论从哪个角度说都是有害的。

有些上访人员为引起朝廷重视，不惜采取自毁肢体的极端作法，社会影响较大，也使朝廷感到压力。如大中祥符七年（1014 年），就有忻州民到检院自钉手掌诉田地事，对此"外州百姓诣登闻院钉足断指诉事者，有司以妄自伤残，并先决杖，流离道路"，以往都是按"妄自伤残"罪名处以杖刑，使之伤上加伤，流亡于返乡的道路，宋真宗感到"深可嗟悯"，诏令："自今并送所属州县，依法决罚。"[67]由官方将其遣送还乡，交由地方政府依法处置。

对于那些无理取闹、侥幸欺诈越诉者，朝廷则予以严厉处理。开宝四年（971 年），川班内殿直军兵因郊赏钱不如御马直多，"乃相率击登闻鼓陈乞"。宋太祖十分生气，杀心陡起："斩其妄诉者四十余人，余悉配隶许州骁捷军。其都校皆决杖降职，遂废其班。"[68]彻底清除了这支由后蜀亲兵改编的部队。大中祥符四年（1011 年），针对"诸色人邀车驾进封事，悉无异见奇策，又非枉抑，但欲侥望恩泽"的情况，朝廷颁布条禁，"违者论其罪"。[69]这些人往往是官员，多受到惩处。如天禧四年（1020 年），前同谷县主簿李士程"伐登闻鼓上军机密事，以所言狂悖，责授惠州司户参军"。[70]可谓弄巧成拙。南宋初，有军官因到朝廷欺诈越诉被处分，皇帝的制词云："具官某：礼辨等威，律严诬告。尔饰词以伪，越诉于朝，镌秩两阶，以惩诞率，其归营垒，益务省愆。"[71]降两级后归营反省。宋初名将王汉忠死后，其子王从吉"诣阙上书讼父冤，因历诋群臣有行赂树党及蒙蔽边防屯戍艰苦之事"。宋真宗命令枢密王继英等讯问盘查，王从吉却只会重复状子中的言语，后来得知是进士杨逢代写的不实之词，处治结果是：王从吉被除名，配隶随州，杨逢处杖刑后配隶春州。[72]更有诬告被处斩者：宋真宗时，毕士安与寇准同居相位，由于寇准耿直，遭到不少人嫉恨，遂击登闻鼓控告他谋反："小人多不便莱公，有欲倾之者。布衣申宗古伐登闻鼓，告莱公与安王元杰通谋，朝听大骇。莱公皇恐，未有以自明。公徐起论于上前，请治宗古，具得其诬罔，遂斩之，莱公复安于位。"[73]有赖毕士安的论辩，避免了一场政治地震发生。

为避免大批人诣阙上诉以及打击违法不实者，刑法规定："车驾行幸在路，邀驾申诉，及於魏阙之下挝鼓，以求上闻，及上表披陈身事，此三等如有不实者，各合杖八十。注云，即故增减情状，有所隐避诈妄者，从上书诈不以实论。谓上文以理诉不实，得杖八十，若其不实之中，有故增减情状，有所隐避诈妄者，即从上书诈不实论,处徒二年。”[74]邀车驾、击登闻鼓、上书自诉都是允许的,但如果反映的情况不实,则是违法的,处以80杖的肉刑;若其中还有伪造、隐瞒事实的欺诈,判处二年徒刑。不按司法程序而诣阙上诉,则不予受理或依法治罪:“如未经鼓院进状,检院不得收接。未经检院,不得邀驾进状。如违,亦依法科罪。如是令人代笔为状,即不得增添情理,别入言词,并元陈状人本无枝蔓论奏事,被代笔人诱引、妄有规求者,以代笔人为首科罪。”[75]如果代写状纸者歪曲事实,提出无理要求,照样治罪。

四、对诉求问题和对象的处理

对于民众反映、投诉的问题和对象,朝廷如何处理,是问题的关键。事实表明,朝廷通常是高度重视,及时调查审理的,大体分以下几种情况。

1. 引以为戒,形成制度

诣阙上诉反映的重大问题,揭露出一些制度上的漏洞或弊端,常引起朝廷的警觉,及时更改,完善制度。开宝六年(973年)的科举中,落第举人徐士廉等击登闻鼓,控诉权知贡举李昉徇私情录取。宋太祖于是接见落第举人360人,当场考试,亲自阅卷,录取了包括徐士廉在内的进士26人,诸科101人,并将李昉降职为太常少卿,其他考官一并处分,“自兹殿试遂为常式”。[76]也即从此开始了殿试制度,我国科举乡试、礼部试、殿试三级考试体系至此完备,所录取的进士因此成了天子门生。另一例子也是科举方面的。淳化元年(990年)的科举前,因过去“有击登闻鼓诉校试不公者”,为避免请托以及避嫌,新任知贡举苏易简在朝廷受诏后不再回家,而是立即直接前往贡院,并将考卷中考生姓名等个人信息一律糊盖:“仍糊名考校,遂为例。”[77]直接促使了主考官接到任命即锁院以及糊名制度的产生。通常所说科举制度开创于隋朝,发展于唐朝,完善于宋朝,所谓的完善,主要就是指的这三点。

2. 惩治有关官员

由于民众的检举或指责,常导致包括宰相在内的官员下台。如端拱初,布衣翟马周击登闻鼓,指责时相李昉:“讼昉居宰相位,当北方有事之时,不为边备,徒知赋诗宴乐。”宋太宗“乃诏学士贾黄中草制,罢昉为右仆射,且加切责”。[78]建隆二年(961年),大名馆陶县民郭贽诣阙投诉括田不均,“诏令他县官按视,所隐顷亩皆实。上怒,本县令程迪,决杖流海岛”。当时的括田使常准已升任给事中,也被“夺两官，授兵部郎中免。"[79]宋太宗时，有庐州尼道安"讼弟妇不实，府不为治，械系送本州。弟妇即徐铉妻之甥。道安伐登闻鼓，言铉以尺牍求请"，负责刑狱的官员张去华因而不予处治。宋太宗大怒，将已经升任左谏议大夫并有意提拔为执政大臣的张去华贬为安州司马。[80]南宋时，知绍兴府钱端礼"籍人财产至六十万缗，有诣阙陈诉者，上闻之，与旧祠。侍御史范仲芑劾端礼贪暴不悛，降职一等"。[81]贪暴的钱端礼受到罢免实权差遣并降级的处分。有些投诉的事件并不严重，但朝廷仍严肃对待。宋真宗时，柴成务判尚书刑部，因"小吏干犯，怒而笞之"，该吏竟"诣阙诉冤"。皇帝照样派"朝官问状。公以为抶一胥而被劾，何面目复据堂决事耶。即上章解职，以本官奉朝请。"[82]柴成务感到因小事而被责怪有失脸面，愤然辞职，朝廷并不挽留。

3. 及时处理问题

民间投诉的冤假错案，一般多得到朝廷的复审以及改正。如宋太宗时，"自端拱以来，诸州司理参军皆上躬自选择，民有诣阙称冤者，立遣台使乘传案鞫，数年之间，刑罚清省矣"。[83]凡是诣阙上诉者，立即派御史台官员前往案发地复核，从而纠正了许多不当判决。如雍熙元年(984 年)，开封寡妇刘某诉其继子王元吉下毒案，王元吉被捕后屈打成招，其妻张氏便"击登闻鼓称冤"。宋太宗亲自召见询问，"立遣中使捕元推官吏，御史鞫问"，很快查明真相。[84]

其他问题也多能很快处理。如乾德二年(964 年)，前开封府户曹参军桑埙挝登闻鼓，"诉吏部条格前后矛盾，己当为望县令，乃注中县"。宋太祖便诏集三署官在尚书省讨论，"以埙所诉为是，擢殿中丞"。[85]并不顾及制度的尊严，被人指出错误即予改正。大中祥符九年(1016 年)，大名府民伐登闻鼓"诉秋旱，且言本部吏不纳其辞"，随即有诏"遣官按视，蠲其赋"。[86]元丰中，刘绚任长子县令，逢岁旱，按规定应当减免田税十分之七八，但"府遣官覆视，所蠲才二三。君力争不能得，乃封还其榜请改之，不听。民诣阙诉，诏遣通判躬按，卒得如君言"。[87]百姓的越诉，使当地赋税因旱灾而得到大幅度的蠲免。

4. 接受建议除弊兴利

有些诣阙上诉带有公益性质，朝廷也乐于解决。如解州永丰渠是后魏开挖的运盐水道，至宋朝早已湮浅难通，但运盐差役依然存在，致使"主运者耗家产几尽。州校麻处厚诣阙诉，而右班殿直刘达因请治渠，起安邑至白家场，转运使王博文亦言其便，复诏三司度利害。是岁，卒成之，公私果利。"[88]以进京上诉无法执行的盐运为契机,促使朝廷重修了渠道。福建罗源县衙门原来处于两条河水之间,“初治水陆寺西双溪之间,地庳潦,官物陷溺,即配富民偿。”庆历八年(1048年),士民陈智津、倪昱等击登闻鼓请求迁移,经朝廷同意,“乃移今治于旧县东北”。[89]从此保障了财产安全,对一个县来说可谓百年大计。

5. 不受理或不解决问题

面对众多的投诉请愿,宋政府未必能件件处理,许多问题听之任之或因循不决,更有护短现象。宋初名将董遵诲部下的军卒曾击登闻鼓,“诉其不法十余事,太祖释不问”。[90]放任容忍是念及其功劳和忠诚,表明皇家私利重于百姓利益。还有明文规定不接受的状纸,如庆历五年(1045年)诏:“登闻鼓院自今勿收接蛮人文状。”原因是:“以下溪州彭士羲等遣人赍状求进,上令实封送枢密院,因有是诏。”[91]大概是事关少数民族的边防事宜,应由枢密院处理。对于那些受处分官员的申诉,有时也不受理。如天圣九年(1031年)诏:“诸州行军副使、上佐文学参军自今毋得擅去贬所,令登闻鼓院不得輙通奏状。”“时贬降官多妄诉于朝,既命监送本州,复戒约之”。[92]穆修任泰州司理参军时,自负有才,与同僚关系很僵,“通判忌之,使人诬告其罪,贬池州。中道亡至京师,叩登闻鼓诉冤,不报”。[93]尽管遭到诬陷诣阙申诉,但朝廷并没有受理。永新县豪民龙聿引诱少年周整饮博,骗取了其家良田,“立券,久而整母始知之,讼于县,县索券为证,则母手印存,弗受。又讼于州、于使者、击登闻鼓,皆不得直”。[94]这个诈骗案一直申诉到皇帝也得不到公正判决。有些关系一州百姓利益的大事,众人再三鼓登闻鼓也无用:“峡路诸州,承孟氏旧政,赋税轻重不均,阆州税钱千八百为一绢,果州六百为一绢。民前后击登闻鼓陈诉,历二十年,诏下本道官吏,因循不理。”[95]相邻的两个州赋税有较大的差异,即使不减少官方收入均平一下也不难解决,但20多年来因循不决。有的问题故意拖延则是因为徇私舞弊。如宋真宗时,奸相丁谓的同党林特之子“在任,非理决罚人致死,其家诣阙诉冤,寝而不理。盖谓所党庇,人不敢言”。[96]更有皇帝认为请求不当而被惩罚者:宋初,有僧人多次击登闻鼓,请求恢复被周世宗废为仓库的龙兴寺地。宋太祖派中使持剑责问道:“此寺前朝所废,为仓敖以贮军粮,汝何故烦渎帝庭?朝廷命断取汝首!”另外交代使者:“倘偃蹇怖畏,即斩之。或临刑无惧,即未可行刑。”其僧面对斩首威胁神色自若,皇帝听说后十分感慨,同意了他的要求。[97]

结 语

综上所述,宋人对公平、公正的追求和维护个人、地方乃至国家利益的诉求,使诣阙上诉成为一种比较普遍的社会现象。如宋太宗时,“远近士庶小有诉讼,即诣鼓进状”。[98]宋仁宗时的开封:“王畿之吏,大抵尚因循,好取誉;民狃悍猾,务不直以乱治,亡所尊畏,侮慢骄狠,或时执上官短长,侧睨若相角,急则投銗筩,挝登闻鼓矣”。[99]南宋更是普遍,如“夫人赴愬于上,如水欲决,如火欲达,一或遏之,为害滋甚……今也无远近,无强弱,操盈尺之纸,书平时之愤,曾不崇朝即彻渊听,视帝阍万里若咫尺”。[100]从官方角度而言,反映了宋代皇帝十分重视倾听民间意愿,力图维护稳定,纾解民怨;从民间角度而言,反映了宋代民众对皇帝、朝廷的信任度较高以及对地方政府信任度较低。作为民众的一种权利,其作用一是下情得以更快捷准确地上达,二是避免或阻止了许多不利于社会稳定的恶劣行为,三是纠正并完善了某些制度,四是平反冤假错案从而促进法治建设。这些有利于历史发展的积极因素,值得充分肯定。这种对官方权力的制约、监督以及民众正当权利的维护,核心价值是宋人对命运的抗争和对制度的抗争。

从人权和法律角度看,诣阙上诉是宋人对诉讼权、申诉权的争取和运用。诉讼权是指人们为解决争议进行诉讼活动,要求国家予以保护和救济的权利,主要内容,一是享有以诉讼方式解决自己与他人、社会组织及国家之间利益冲突,维护自身合法利益的权利;二是在诉讼活动中享有与程序相关的各种权利;三是享有其诉讼行为受司法机关平等对待的权利。申诉权则指人们对因行政机关或司法机关的错误或违法的决定、判决,或者因国家工作人员的违法失职行为,致使其合法权益受到损害时,有权向有关国家机关申述理由,提出改正或撤销决定、判决或赔偿损失的请求。我们看到宋人享有一定的诉讼权、申诉权并充分运用,本质是追求公正权,包含着一定程度的人权意识。

但是,对此作用也不能过高估计,毕竟诣阙上诉情况是有限的,取得满意效果的情况有限。就诣阙上诉者而言,成本太高。如范浚所说:“若四方之士诣阙上封,或徒步千里,奏书百牍,越月踰时,客食旅次,岂无去故乡之念,岂无怀亲爱之心? 抗直辞,触忌讳,岂无干不测之惧?”[101]既需要很大的财力精力,还需要很大的勇气、毅力,甚至需要倾家荡产或赌上身家性命。因而,有能力诣阙上诉者也是有限的。如真德秀指出:“许民庶以越诉矣,所能赴愬者几人?”[102]得以诣阙上诉者,不过是想诣阙上诉者中冰山的一角罢了。再看下列一条资料：

乾道四年八月十七日，监登闻鼓院翟畋言："本院省记一司旧条例，收接四方士庶、命官、诸色人等投进文字通封、实封状，计一十六件。实封状：公私利济、机密、朝政阙失、言利害(利)[事?]、论诉本处不公、理雪抑屈、论诉在京官员，已上八项，并系折角实封。不(?当衍)通封状：大礼奏荐、敕断、致仕恩泽、遗表恩泽、已得指挥恩泽、试换文资、改正过名、陈乞再任，已上八项，并通封。本院依得逐项事目，方许收接投进。"[103]

根据文意，窃以为这可能是登闻鼓院在乾道四年(1168年)八月十七日一天接受的上访材料。如果这个判断不误，那么，一天16件是一个较大的数字，而因不合规定等原因不予接受者当更多。从接收的每件内容看，诣阙上诉者多是官员：如8项通封状可以肯定全是官员的个人行为，8项实封状中，也可能有官员投进者。这就意味着，在接收的诣阙上诉状中，官员至少占半数，同时意味着普通百姓的机会少于官员，即使在这个领域中，官员也有特权。这种非制度的特权，更说明问题。

(原刊于《文史哲》2012年2期)

注　　释

1　徐松辑《宋会要辑稿·刑法》三之十三、三之六十三，台北新文丰出版公司，1976年，第6570页、6595页。

2　《宋史》卷161《职官志》一，中华书局，2007年，第3782页。

3　徐松辑《宋会要辑稿·职官》三之七十四，第2420页。

4　李焘《续资治通鉴长编》卷156，庆历五年六月戊寅，中华书局，2004年，第3787页。

5　李焘《续资治通鉴长编》卷65，景德四年五月戊申，第1456页。

6　李焘《续资治通鉴长编》卷68，大中祥符元年正月己丑，第1524页。

7　李焘《续资治通鉴长编》卷62，景德三年二月癸未，第1387页。

8　李焘《续资治通鉴长编》卷71，大中祥符二年二月庚戌，第1596页。

9　《宋史》卷278《雷德骧传》，第9453页。参见徐自明著、王瑞来校补《宋宰辅编年录校补》卷1，开宝六年，中华书局，1986年，第22页。

10　《宋史》卷455《吕祖俭传附祖泰传》，第13371页。

11　《宋史》卷23《钦宗纪》，第424页。

12　王称《东都事略》卷28《曹翰传》，台北文海出版社，1979年，第465页。

13　李焘《续资治通鉴长编》卷18，太平兴国二年三月乙亥，第401页。

14　李焘《续资治通鉴长编》卷47，咸平三年四月辛未，第1014页。

15　李焘《续资治通鉴长编》卷245，熙宁六年六月壬辰，第5970页。

16　张方平《乐全集·附录》，王巩《行状》，中州古籍出版社，1992年，第793页。

17 赵抃《清献集》卷10《奏状乞罢天下均税》,文渊阁四库全书本第1094册,第891—892页。

18 吕陶《净德集》卷24《朝散郎费君墓志铭》,丛书集成本,第271页。

19 《宋史》卷200《刑法志》2,第4986页。

20 苏舜钦《苏舜钦集》卷15《哀穆先生文》,上海古籍出版社,1981年,第199页。

21 李焘《续资治通鉴长编》卷3,建隆三年三月戊午,第63页。

22 李焘《续资治通鉴长编》卷19,太平兴国三年十月癸酉,第435页。

23 《宋史》卷315《韩缜传》,第10310页。

24 陈襄《古灵集》卷6《论祖无择下狱状》,文渊阁四库全书本,第1093册,第534页。

25 《宋史》卷440《宋準传》,第13022页。

26 李焘《续资治通鉴长编》卷29,端拱元年闰五月壬寅,第654页。

27 李焘《续资治通鉴长编》卷58,景德元年十一月庚申,第1281页。

28 《宋史》卷490《天竺传》,第14104页。

29 杨亿《武夷新集》卷6《婺州开元寺新建大藏经楼记》,文渊阁四库全书本,第1086册,第420页。

30 李焘《续资治通鉴长编》卷89,天禧元年二月癸巳,第2045页。

31 李焘《续资治通鉴长编》卷190,嘉祐四年八月癸未,第4586页。

32 朱熹《宋名臣言行录·后集》卷2《富弼》,台北文海出版社,1967年,第414页。

33 李焘《续资治通鉴长编》卷134,庆历元年十一月戊申,第3196页。

34 《宋史》卷199《刑法志》1,第4969页。

35 王禹偁《小畜集》卷28《前普州刺史康公预撰神道碑》,四部丛刊本,第17页。

36 李焘《续资治通鉴长编》卷34,淳化四年十月癸未,第757页。

37 《宋史》卷330《张瓌传》,第10625页。

38 《宋史》卷255《张永德传》,第8717页。

39 《宋史》卷273《郭进传》,第9336页。

40 李心传《建炎以来系年要录》卷80,绍兴四年九月壬子,中华书局,1988年,第1305页。方括号中文字据文渊阁四库全书本校补(第326册,第114页)。

41 李焘《续资治通鉴长编》卷56,景德元年六月丙辰,第1238页。

42 张方平《乐全集》卷24《许州颍州举人父老僧道诣阙进奏以皇帝自忠武军节度使颍王即位乞恩泽事令两制定归一处》,第372页。

43 《宋史》卷199《刑法志》1,第4969页。

44 王林《燕翼诒谋录》卷4《禁越诉》,中华书局,1981年,第33页。

45 李焘《续资治通鉴长编》卷7,乾德四年八月壬寅,第175页。

46 李焘《续资治通鉴长编》卷34,淳化四年十月庚申,第754页。

47 徐松辑《宋会要辑稿·刑法》三之十一,第6569页。

48 李焘《续资治通鉴长编》卷60,景德二年七月己未,第1350页。

49 徐松辑《宋会要辑稿·刑法》三之十二,第6569页。

50 李焘《续资治通鉴长编》卷68,大中祥符元年正月辛卯,第1524页。

51 徐松辑《宋会要辑稿·刑法》三之十九,第6573页。

52 李焘《续资治通鉴长编》卷173,皇祐四年十月甲午,第4177页。

53 胡寅《斐然集》卷25《先公行状》,中华书局,1993年,第531页。

54 参见郭东旭《南宋的越诉之法》,《河北大学学报》1988年3期。

55 吕陶《净德集》卷24《朝散郎费君墓志铭》,丛书集成初编本,第1924册,第271页。

56 袁说友《东塘集》卷10《体权札子》,文渊阁四库全书本,第1154册,第258页。

57 黎靖德编《朱子语类》卷90《礼七》,中华书局,1986年,第2292页。

58 徐松辑《宋会要辑稿·职官》三之七十三,第2420页。

59 马端临《文献通考》卷6《田赋考》6,中华书局,2003年,第70页。

60 《宋史》卷273《郭进传》,第9336页。

61 朱熹《宋名臣言行录·后集》卷2《富弼》,第414页。

62 《宋史》卷200《刑法志》2,第4987页。

63 范浚《香溪集》卷14《赏功》,中华书局,1985年,第137页。

64 李焘《续资治通鉴长编》卷134,庆历元年十一月戊申,第3196页。

65 王明清《挥麈录·后录》卷8,中华书局,1985年,第563—564页。

66 徐松辑《宋会要辑稿·刑法》三之二十至二十一,第6574页。

67 徐松辑《宋会要辑稿·刑法》三之十五至十六,第6571页。窦仪等《宋刑统》卷24《邀车驾挝鼓上表自诉事》(中华书局,1984年,第378页):"邀车驾以下,诉人所诉非实,辄自毁伤者,皆杖一百。若所诉虽是实,而自毁伤者,笞五十。"

68 李焘《续资治通鉴长编》卷12,开宝四年十一月壬戌,第274页。

69 李焘《续资治通鉴长编》卷76,大中祥符四年十月癸卯,第1737页。

70 李焘《续资治通鉴长编》卷96,天禧四年九月庚戌,第2215页。

71 王洋《东牟集》卷8《王褒降官制》,文渊阁四库全书本,第1132册,第428页。

72 《宋史》卷279《王汉忠传》,第9478页。

73 杜大珪编《名臣碑传琬琰之集》下集卷4,毕仲游《毕文简公士安传》,江苏广陵古籍刻印社,1988年,第5页。

74 窦仪等《宋刑统》卷24《邀车驾挝鼓上表自诉事》,第378页。

75 徐松辑《宋会要辑稿·刑法》3之13至14,第6570页。

76 李焘《续资治通鉴长编》卷14,开宝六年三月辛酉,第298页。

77 《宋史》卷155《选举志》1,第3608页。

78 《宋史》卷265《李昉传》,第9137页。

79 李焘《续资治通鉴长编》卷2,建隆二年四月甲午,第43页。

80 《宋史》卷306《张去华传》,第10109页。

81 《宋史》卷385《钱端礼传》,第11831页。

82 杨亿《武夷新集》卷11《故太中大夫行给事中上柱国临汾郡开国侯食邑一千二百户赐紫金鱼袋柴公行状》,文渊阁四库全书本,第1086册,第492页。

83 李焘《续资治通鉴长编》卷34,淳化四年十月庚申,第754页。

84 《宋史》卷200《刑法志》2,第4986页。

85 李焘《续资治通鉴长编》卷 5，乾德二年正月丁亥，第 118 页。

86 李焘《续资治通鉴长编》卷 88，大中祥符九年十月壬申，第 2021 页。

87 朱熹《伊洛渊源录》卷 8，李吁《刘绚墓志铭》，台北文海出版社，1968 年，第215—216 页。

88 李焘《续资治通鉴长编》卷 104，天圣四年闰五月己酉，第 2408—2409 页。

89 梁克家《淳熙三山志》卷 3《地里类三・叙县》，四川大学出版社，2007 年，第 754 页。

90 《宋史》卷 273《董遵诲传》，第 9342 页。

91 李焘《续资治通鉴长编》卷 155，庆历五年五月戊辰，第 2772 页。

92 李焘《续资治通鉴长编》卷 110，天圣九年六月丁丑，第 2559 页。

93 《宋史》卷 442《穆修传》，第 13069 页。

94 《宋史》卷 343《元绛传》，第 10906 页。

95 《宋史》卷 267《陈恕传》，第 9202 页。

96 李焘《续资治通鉴长编》卷 96，天禧四年十一月丙寅，第 2225 页。

97 江少虞《宋朝事实类苑》卷 43《建寺》，上海古籍出版社，1981 年，第 567 页。

98 徐松辑《宋会要辑稿・职官》三之六十二，第 2414 页。

99 文同著、胡问涛、罗琴校注《文同全集编年校注》卷 26《屯田郎中石君墓志铭》，巴蜀书社，1999 年，第 833 页。

100 潜说友《咸淳临安志》卷 8《行在所录》，赵梦极《记鼓院题名》，中华书局，1990 年，宋元方志丛刊本，第 3431 页。

101 范浚《香溪集》卷 14《赏功》，第 137 页。

102 真德秀《西山真文忠公文集》卷 2《辛未十二月上殿奏札三》，四部丛刊本，第 75 页。

103 徐松辑《宋会要辑稿・职官》三之七十一，第 2419 页。

宋人的同年观念及其对同年关系的认同

祁琛云

一、引　言

同年关系是科举的产物，是科举时代新出现的一种有着广泛而深远影响的社会关系，它是通过科举考试进入官场的士人间赖以交往的主要途径，也是促成唐宋以降文人频繁结党与结社的重要因素，正如著名学者王水照先生所说：同年关系“是封建时代的一种重要关系，无论对士人今后的仕途顺逆、政治建树、学术志趣和文学交游都产生不同程度、不同性质的复杂影响。”[1] 可见，同年关系对士人的影响是全方位的。不过，就同年关系本身而言，它是一种非血缘的人际关系，在传统的以血缘为基础的交际网络中，是作为社会学意义上的次级社会关系而存在的，故同年关系的凝聚力与吸引力相对较弱，唐人李绛就说：“同年，乃九州四海之人偶同科第，或登科然后相识，情于何有！”[2] 如李绛所言，则同年关系乃偶遇而成，既无关乎亲情，又不见诸友情，是一种相当边缘化的普通关系。然而，就是这样一种边缘化的人际关系，却得到了人们普遍的认同，甚至将亲情融于其中。缘何？科甲士人对同年关系产生认同感，除了亲历试场、金榜题名等士大夫所怀有的终身难忘的科场情怀外，在科举考试成为选拔官员的重要途径及科甲出身的士人在官僚队伍中占据优势的考试选官时代，对同年关系的追溯及认同则又是广大士人社会身份之介定、地位之诉求、交游之需要、仕进所必需的一种方式。

那么何为同年认同？社会学中的认同即是指认同主体认为彼此是同类，具有亲近感或可归属的愿望。据此可知士人对同年关系的认同,乃是在社会归属感的驱使下进行的一种心理活动,即寻求社会归属的行为。在科举时代,官僚士大夫除了出身科甲外,出自荫恩、军功等杂途者也占有相当比例,就宋代而言,以科举为主体的选官制度,还包括学校考选、恩荫任子、摄官及流外出职等途径。在所有这些选官方式中,毫无疑问,通过国家统一考试,有皇帝亲自参与的科举选官法最受世人重视,而通过科考、金榜题名的"天子门生"们不论其社会地位、政治前途还是舆论认可度都远高于其他被斥为"杂途"出身的官僚。即使在科举内部,也存在地位不等的考试科目,自唐代就为世人所注目的进士科是明经等诸科所难以比肩的,而进士出身与诸科出身者的差别一点不比科甲出身与杂途出身的差距小。在科甲与杂途、进士与诸科并进的情况下,科甲出身、进士及第的士大夫在入仕后为了使自己有别于杂途之人,需要对其出身加以认定,这种认定要通过寻求群体归属来实现,即对自己在所属的群体中的身份与地位明确化和具体化,这就是社会学中所说的群体归属感。如就某位进士出身的官员而言,包括同榜及第的所有士人在内的官僚群就是一个同年群体,其划分的标准就是同年及第的经历及进士出身的共同性,当这位官员在及第后若干年、人们对其及第的过程及科甲出身逐渐淡忘的情况下要证明自己曾属于这个群体,就需要展示他与这个群体相关联的某些特征,而他与该榜进士中的一些知名人物的同年关系无疑是最好的证明,这便是他或其后人对同年关系加以认同的主要原因。

学术界对同年关系的探讨并不多见,除了陈寅恪、王炎平、何冠环等人曾通过同年关系研究唐代及宋初政治外,尚未有人做过相关之专题研究[3]。前辈学者的研究成果足以体现同年关系的学术价值,而对于历史上700多次进士科榜的同年关系及大量的同年史料,显然并非个别研究所能涵盖,尚需更为广泛的探讨。本文基于笔者对同年关系的长期关注,拟从北宋时士人对同年关系的理解出发,探讨当时人的同年观念及其对同年关系的认同状况。

二、宋人的同年观念

宋代是科举制度大发展的时期,随着进士科成为国家进用人才的最主要途径,进士同年关系受到越来越多的关注,在人们对同年关系深入了解与认知的基础上逐渐形成了一种士林社会普遍接受的关于同年关系的见解,笔者在这里将这种见解称之为同年观念,即是宋人怎样看待同年关系的,或者说在他们的眼中,同年应是一种什么样的人际关系？通过对史料的梳理，可以看出，宋人对同年有如下几种理解：首先是友情的象征，即以同年为朋友；其次是亲情的载体，即视同年若兄弟。当然，在党争激烈的宋代，这些关于同年的观念很大程度上是人们在对同年关系理想化的前提下提出的美好愿望，这种愿望只有在关系密切的同年之间才会实现，对于那些交往不多甚或相互交恶的同年而言，友情、亲情与同年关系风马牛不相及。因而这里所说的宋人的同年观念，是有着很大的相对性的。

（一）同年关系是友情的象征——同年即朋友的观念

正如李绛所言，同年进士在及第之前来自五湖四海，其中大多数人之间了无关联，因而没有什么感情可言。维系其关系的是同年在及第后的交往活动及在交往中所积累的友情，故同年关系在人们的眼中首先是友情的象征。

同年士人常互称为同年友，同年关系被视为是友情的象征。唐刘禹锡在《送张盥赴举》一文中称："古人以偕受学为同门友，今人以偕升名为同年友。其语熟见，搢绅者皆道焉。"[4] 可见以同年为友，自唐已然。在宋代，称同年以友的现象更为普遍，如曾巩在《赠黎安二生序》中称苏轼为"同年友"，他说："赵郡苏轼，余之同年友也。"[5] 苏轼也多称同年为友，其在送同年家定国赴任诗中有"吾州同年友"之句。[6] 又在同年李惇的《哀词》中称："同年友李君讳惇，字宪仲，贤而有文，不幸早世，轼不及与之游也。"[7] 虽然他与李惇并无交往，却仍以"同年友"相称。苏轼等人笔下的"同年友"多为泛称，即并不是针对某位关系密切的同年而言，而是对所有有同年关系的士人的一种泛称。可见，称同年为友，并不以关系密切程度为准，"同年友"乃是对所有同年的一种昵称，这就意味着在他们的观念中，同年与朋友是可以等量齐观的。除称同年为友，宋人多称同年关系为"年契"，如赵抃在赠同年高赋的诗中就以"年契"相称，其《得守虔州过乡邦赠别衢州太守高赋同年》诗曰："桂宫旧有同年契，梓里今逢太守贤。"[8] 又如赵善璙在叙刘安世与司马光的关系时称"元城先生（安世）父开府与司马温公为同年契，因遂从学于温公"。[9] 再如强至在与同年的交往中，也常以"年契"指称同年关系，他在致同年阎谏议的信中说："函音遽及，特缘年契之深。"[10] 另在同年刘元瑜的祭文中说："追惟昔游，慈恩宴醵。三纪于兹，年契所托。"[11] 可见以"年契"代称同年关系，在宋时比较流行。"契"在传统社会中通常表征一种十分密切的关系，如古人常称世代交往关系为"世契"。以"年契"来指称同年关系，与以"同年友"称同年一样，在时人的眼中，同年关系就是一种非常密切的朋友关系。

这种存在于同年之间的友情往往被延及后代，成为一种数世相沿的世交关系。

如司马光在赠钱公辅的诗中叙及父辈的同年关系，并认为这是他与公辅交好的重要原因，其《钱君倚(公辅)示诗有归吴之兴为诗三十二韵以赠》诗曰："吴越为君土，崤函是我家。……奕世交朋重，同僚分谊加。"其自注称"二先君景德二年同年进士"。[12]光与公辅一为北人、一为南士，正是同年世契拉近了二人在地域上的距离。另如在哲宗元祐元年科举考试中，邓忠臣、张耒、晁补之等人充试官，于同文馆考校试卷，其间数人多相唱和，后将唱和诗编集成册，即著名的《同文馆唱和诗》[13]。忠臣父与张耒父、晁补之叔祖同登仁宗庆历二年榜为同年，而忠臣又与补之堂弟晁应之为同年，故在与二人的唱和诗中以"年家"一词来指代三家世代同榜的缘份。其《夜听无咎文潜对榻诵诗回应达旦钦服雄俊辄用九日诗韵奉贻》诗曰："连床交语响春容，激楚评骚彻晓钟。俱是年家情不浅，依兰应许丐香浓。"自注曰："先子与张丈职方、晁丈都官同年，忠臣与应之同年，两家俱有事契。"[14]张、晁策名"苏门四学士"，又有年契，交情甚笃，故"连床交语"，以至达旦，忠臣亦以"年家"有"事契"，作诗叙交。

通过上述，可以看出，在宋人的观念中，同年意味着交善、友爱，是友谊的象征。

在科举时代，有"同袍"之谊的同年士人间不仅拥有友情，更被融入了亲情，同年如兄弟的观念使得同年关系这种非血缘的人际关系成为亲情的载体。

(二)同年关系是亲情的载体——同年如兄弟的观念

虽然李绛否认同年有情，然进士同年相互称兄道弟的习俗自唐即有，而因同科目互称兄弟的现象甚至在科举之前就已存在。宋项安世称："进士称同年兄弟，初谓起于唐世，按应劭《风俗通》言：后汉人伍世公与段辽叔同岁，及守广汉，先举其子；后守南阳，又以与蔡伯起同岁，先举其弟。皆谓同时孝廉，则科目之有同年尚矣。盖汉世最重辟举，受其辟则为君臣，受其察则为父子，则同时共察者，安得不谓之兄弟乎？"[15]据项氏，进士以兄弟相称的习惯乃承自汉代察举制下的将兄弟亲情融于非血缘的同孝廉、共察举的人际关系，当时人之所以称兄道弟，是因为"辟举"之制为世所重，获辟举者，可以由一介平民一跃成为官宦、由寒门跻身士流，命运从此发生彻底改变，这无异于再造重生，故受举之人视察举者为再生父母，"共察"之人当然为异姓兄弟了。

其实，在科举时代，金榜题名对于通过读书以博取功名的士人而言，其意义并不比汉代的辟举入仕小，尤其是进士科，自其确立以来，就备受世人重视，进士及第者，在唐代号为"白衣卿相"，非进士出身，虽"位极人臣"，而"不以为美"[16]，在宋代，进士高科不十年而位至宰辅者比比皆是[17]。进士出身带给广大读书人的不仅仅是高官厚禄,还有高人一等的社会地位及无与伦比的荣誉感。故考中进士者视考官为师座,号为座主,生则执弟子礼以示其敬,死则披麻戴孝以表其哀。同登第者相与为同年,修同榜之好,叙兄弟之情,以致延及后世,累代相因,宋初人柳开在给同年李巨源的信中就曾描述了这样的同年情谊,他说:"由词学进士中出以为贵。同时登第者,指呼为同年。其情爱相视如兄弟,以至子孙累代,莫不为昵。"[18]

自唐始,同榜进士在及第后都要专门叙兄弟之情,以示永结同好之意,这种叙交的活动被称之为"拜黄甲"。南宋人胡寅称:"进士同年登科相为兄弟,自唐至今亦已久矣。今之朝事,既赐第,授勅而出,则涓日集于一所,用官给金钱设酒馔为宴集。同年者毕至,按先后列庭下,推一人年最长者榜首拜之,又推一人年最少者出拜榜首,谓之叙黄甲。……所以训在榜之人勿以科之高下相重轻,而以齿之长幼相伯仲,推此意也。凡在榜之人,是宜先义后利,爵位相让,患难相恤,久相待而远相致也。"[19]拜过黄甲后,凡在榜之人,不论官职高低、年辈长少,均以兄弟相称,见则序齿而拜,如宋初名臣寇准、钱若水等都曾以巨僚之尊拜同年下吏,史载宋初人陶岳"与寇莱公同年。岳调密州幕属,寇守密。寇齿少陶公,就拜,讲长少礼,陶纳之"[20]。又,曾出任枢密副使的钱若水,特重同年之谊,"其在枢密,同年生有为县佐者,每谒见,若水必序齿而拜之"[21]。可见在宋人的眼中,同年之间只有长少之别,没有高下之分,同年之间的交往是不受官场阶级约束的,就如兄弟一样,以少见长,礼当下拜,故寇准以长官拜幕佐,而陶岳亦受之不却。

士大夫同年如兄弟的观念也多见诸他们的文学作品中,如欧阳修在诗中称同年为兄弟,其《同年秘书丞陈动之挽词》曰:"场屋当年气最雄,交游尊酒弟兄同。"[22]苏辙在祭同年黄好谦之子黄寔的文中直呼同年为"异姓弟兄",他说:"尊先使君,与我早岁,旅于天廷。自唐已然,同年友朋,异姓弟兄。南北东西,不约而亲,义均同生。"[23]时人杨杰在致同年的信中表达了与苏辙同样的情怀,他在《交代启》中称:"联登桂籍,已均兄弟之亲;交受竹符,愈重子孙之好。"[24]交代者,宋代官场中的专门称谓,是前任官对继任者的一种专称,时杨杰任满,有同年者来代其任,故修书叙同年兄弟之谊,更期子孙同好。同年称兄道弟,甚至不避辈份,如北宋后期人毕仲游在和同年的诗中称"衣冠相见虽甥舅,场屋同游若弟兄"。[25]虽然以亲戚论,二人有甥舅之亲,然就科场同年而论,虽甥舅亦兄弟,同年兄弟的观念得到了广泛的认同。

既然同年如兄弟,那么于同年的亲戚,当然也要以家人之礼相待,因此父同年之父、兄同年之兄、子同年之子等观念作为同年兄弟观念的延伸,也普遍存在。唐人有以丈人之礼事同年之父的习俗,史载"徐商为襄州节度使,长子彦若与(于)琮同年及第。至咸通六年，商自御史大夫拜相，七年，琮自兵部侍郎拜相，(行)同年丈人之礼”[26]。宋人延续了唐人做法，如宋初人王禹偁在致同年之弟张扶的信中说：“仆之登第也，与子之兄为同恩生，故仆兄事子之兄，父事子之父，子之于仆亦弟也。”[27]禹偁还在为同年之父所作的墓志铭中以丈人相称，其在为同年朱九龄的父亲埋铭时称：“某与大著作(九龄)为进士同年，请以词臣之笔，志于丈人之墓。”[28]承袭唐风，亲事同年之亲的绝非禹偁一人，英宗治平四年(1067 年)榜状元许安世曾在及第后率同第者拜同年徐积之母于堂下[29]。很明显，在王禹偁等人看来，同年关系就是亲情的载体，同年的亲属即是自己的亲人，故执子弟之礼。同年兄弟观念的延伸不仅表现在以子弟之礼事同年父兄，也表现在士大夫对父兄之同年亦行尊长之礼。“宋初三先生”之一的石介就曾以父执之礼拜见父之同年，其《谒兖州通判孟虞部启》曰：“《礼》曰：‘见父之执，不谓之进不敢进，不谓之退不敢退，不问不敢对。’言敬父同志如事父。执事与介先君同年登科，又一宜拜也。”[30]礼事同年父兄及父兄之同年的做法与视同年如兄弟的观念一样，都是将亲情援入同年关系后产生的，正如柳开、胡寅等人所说的，同年亲如兄弟，患难相济、荣辱与共的观念无论在唐代还是在宋代，都得到了科甲士大夫的认同。

综上所述，宋人将友情与亲情融入同年关系，视同年若朋友、如兄弟，赋予了同年关系更为丰富的内涵，使其超越了一般的人际关系，从而受到时人的重视与珍爱。不过，正如前文所述，这些关于同年的观念，有着很大的相对性。两宋时期，每榜动辄取士数百人，要让所有同年都能友爱如朋伴、相亲若兄弟，几乎是不可能的，以喜好交游的苏轼为例，苏轼登仁宗嘉祐二年(1057 年)榜，该榜共录取进士 388 人[31]，而与苏轼有过交往或接触的，明载于史册的不过 30 余人，更多的同年基本上没有什么交接，与之交恶的也大有人在。“泛爱天下士”的苏轼尚且如此，其他人可想而知。因而前文所说的同年如友朋、如兄弟的观念，当只体现于少数关系相对比较密切的同年的交往活动中，对于大多数形同路人的同年而言，友情、亲情不过是一种美好的愿望而已，正如胡寅所说的“进士同年登科相为兄弟，自唐至今亦已久矣。……然昔之取士尚少，少者数十人，多者不过数十百人，故其为兄弟也，交不广而情可厚，其流风余韵犹足以立懦志、敦鄙夫，使不预者生羡心焉。承平既久，三岁一大比，天下之士无虑六七百人，当是时，静躁华质，游衍漫散，既不齐其志，又不常厥居，固不能尽相识知，虽一日叙甲之集，盖亦阒然进旅、退旅，何由问其姓字而窥其声光？……于是同年兄弟之名存而交情契义非故旧已。熟则一时意气倾动，扳联喜合为最笃，其余亦泛泛焉尔矣。”[32]由于同年人数过多，其中鱼龙混杂、良莠不齐，而人各有志、取舍不同，故同榜进士很难真正建立亲如兄弟的交情，其间多数泛泛相交而已。在这种情况下,同年之间相互攻讦、视若仇雠的现象时有发生,如欧阳修与王拱辰同年及第,又同为薛奎之婿,既亲且友,应当有着良好的关系,然而两人在政治上各主一方,互为政敌,故明人彭大翼在评述二人关系时以“同年各党”相称。[33]当同年出于各种原因相互攻伐时,所谓的朋从友爱、兄弟情深也就成了可望不可及的美好愿望了。

通过对宋人同年观念的考察,可以看出,时人对同年关系的态度及看法因人、因事而有所不同,既有以同年为朋友、为兄弟的观念,也存在同年如路人、相交恶的现象。其实无论是友爱还是交恶,都是相对而言的,即相对于个别的、具体的同年士人来说,出于某种原因,可能与某些同年关系密切,而与其他同年交恶,如欧阳修,他虽与王拱辰不协,却与同年蔡襄、石介等交善。从社会学的角度出发,人们之间的交往关系,是多种因素共同发生作用的结果,无论是交善还是交恶,都不能归结于唯一的原因。欧阳修与蔡襄、石介之所以交善,同年关系固然起到了重要的促进作用,而三人间共同的政治立场、志趣及趋同的性格也是他们结为好友的重要原因[34]。所以,同年反目的原因并不是同年关系的阙位,而是同年双方在交往中因政见、志趣等发生冲突所致。同年关系作为一种非血缘的社会关系,其对于交往双方的凝聚力、控制力十分有限,也就是说,在同年士人的交往中,同年关系只是一种必要的条件,而不是起决定作用的因素。这一点,在宋人关于同年的理解中就有所体现,如王安石就持有相交不当待同年而定的观念,他在致同年孙某的信中称:“兄粹淳静深,文彩焰然,……人所趋慕,宜择豪异而朋之。顾眷于某,岂今所谓同年交者,固皆当然哉?某愿从兄游,诚不待同年然后定也”[35]。在安石看来,虽然他与孙某为同年,但二人建交的原因不在同年关系,而是相互钦慕所致。故同年关系在士人交往中是否起作用,关键在于交往的主体是否认同它,当同年之间交往密切,同年关系得到双方认同的时候,同年之谊就会对他们的关系起到积极的促进作用;反之,当双方交恶,不再认同他们的同年关系时,同年关系就不再发挥作用了。故笔者在本文中所讨论的同年观念及人们对同年关系的认同不是一概而论,而是相对而言的。

同年关系是科举时代新出现的一种十分重要的人际关系,尽管存在同年交恶、同年关系不被认同的现象,但对于那些有着浓厚的科场情怀的士大夫而言,对同年关系的认同,不仅是其社会交往的重要内容,也是表达其同年观念的重要方式,故在科举制度勃兴的北宋时期,人们对同年关系的认同是普遍存在的。

三、宋人对同年关系的认同

通过对宋人同年观念的考察,可以看出,当时的士大夫有着浓厚的同年情结,在相互交往中对同年关系进行认同。同年认同主要表现为同年双方在交往中围绕同年关系叙旧论交、对同时及第的经历加以追述,将同年友朋、同年兄弟等观念加诸于具体的交往中,以期增进友谊,加深交往,建立更加密切的关系。同年认同既是科甲士人同年情结的集中体现,也是维持同年关系的重要方式。

同年认同出现在及第之后,依照宋代的任官制度,新科进士在及第之后,直接释褐授官,同年在参加完朝廷组织的一系列庆祝活动后便各赴前程。新及第人一般授州县属官,除了名列前茅的少数人在一任或数任之后可入朝为官、朝夕相处外,大多数人将转辗各地,任职四方,除非在同处任官,否则在交通十分落后的古代社会,要想同年再聚,实属难期。在这种情况下,同年关系很容易中断,因此,为了保证同年交往的连续性,那些热衷于同年友情的士人在各种场合、通过各种方式对同年关系加以认同。认同行为不仅发生于相同处境的同年之间,也存在于不同处境下的同年之间;既有关系密切的同年间的认同,也有相交泛泛的同年间的认同。总之,同年认同普遍存在于士人的交往活动中。

在及第后的仕宦生涯中,同年之间或因同僚、或以偶遇,或藉唱和、或以书信的方式对同榜之谊加以追述,达成对同年关系的心理共识,此即认同行为。根据认同发生时双方的政治与社会地位可将其分为相同处境与不同处境下的同年认同。

(一)相同处境下的同年认同

进行认同的士人大多数身在官场,而在官本位思想浓厚的传统社会中,人们在官场的地位几乎是其社会地位的全部,故这里所说的处境主要指其官场地位,当然也包括认同时的心境与状态。官场地位相同或相似的同年之间更容易产生认同,这是因为在相同的处境下,双方在心理上会产生相近的感受,这能激发出更多的共同语言,从而会形成对共同拥有的经历的认同感,故不管是否相熟,处境相同的同年间更容易达成认同。

官场得意的同年在认同中往往会产生同榜得人的优越感与同居要职的荣誉感,如宋初名臣寇准与向敏中为同年,且先后居相位,二人通过一组唱和诗对同榜之谊加以认同,并对先后秉政颇为得意。史载“向文简敏中、寇忠愍准二相同以太平兴国五年(980年)登第,后文简秉钧,忠愍以使相守长安,作诗寄文简曰:'玉殿登科四十年,当时僚友尽英贤。岁寒惟有公兼我,白首犹持将相权。'文简酬之曰:'九万鹏霄振翼时,与君同折月中枝。细思淳化持衡者,得到于今更有谁'"[36]。如果不是同年,那么寇、向权位再盛,也没有咏唱的意义,正因为同年同盛为难得之事,故二人才在诗中对同年关系进行追述。寇、向以同年先后居相位为荣,天圣五年(1027年)榜进士韩琦、王尧臣、赵概则以同居政府而感叹,时人欧阳修称:"三人并登两府,惟天圣五年一榜而已。是岁,王文安公尧臣第一,今昭文相公韩仆射琦、西厅参政赵侍郎概第二、第三人也。予忝与二公同府,每见语此,以为科场盛事。"[37]同居政府固然值得炫耀,而并莅方面者也不失为科场盛事,故当赵抃与同年程师孟分别以朝廷重臣出镇杭、越二州时,与师孟多相唱和,通过唱和对同年关系加以追述与认同[38],如其《次韵程给事赴越任过杭相会》诗曰:"郡印今分治,科名昔共镌。"[39]又如《有怀前人(师孟)》诗曰:"龙榜昔同科甲乙,虎符今得郡东西。"[40]这些诗通过对同年关系的认同以抒发同年同典大藩的荣誉感。

官场得意的士大夫在追讲同年情谊时多表达对同时身处要职现状的满足感,故常相激赏;而同处逆境的同年则通过认同来表达失落的心情,并相互慰藉。王禹偁及第后初授成武县主簿、再任知长洲县,时同年朱九龄为砀山县主簿,禹偁以同年同困小官,故在寄九龄的诗中表达了失落之情,其《寄砀山主簿朱九龄》诗曰:"忽思蓬岛会群仙,二百同年最少年。……今日折腰尘土里,共君追想好凄然。"[41]对及第时的情景加以追述,对当前的处境深表失望,故有"共君追想好凄然"之叹。仁宗景祐年间,欧阳修以朋党事贬夷陵令,在赴夷陵途中,于江陵遇同年黄注,注时任公安县主簿,颇不如意,二人者一在谪籍、一困县幕,失落之情可以想见,于是相叙同榜之旧,且"握手嘘嚱,相饮以酒",以至"夜醉起舞,歌呼大噱"[42]。又,神宗元丰年间,苏辙受兄轼"乌台诗案"之累,贬监筠州酒税,辙在筠州间,同年冯弋来访,二人赋诗唱和,叙旧论交,弋时亦困于监当之局,故苏辙在《次韵冯弋同年》诗中称:"细雨蒙蒙江雾昏,坐曹聊且免泥奔。卖盐酤酒知同病,一笑何劳赋《北门》。"[43]据诗知冯某时为盐监,两人于落魄之时,相聚一处,以"同病"自嘲、"一笑"相慰。

通过对史料的分析,可以看出,官场处境相同或相似的同年之间更容易产生认同感,由于双方没有身份上的距离感,却对当前的处境怀有相近的体认与感触,此情此景之下,对同年关系产生认同便水到渠成了。

与处境相同的同年之间容易产生认同相比,不同处境下的同年之间要产生认同则会困难的多,他们需要克服官场地位与社会身份的差距所造成的心理上的距离感，只有这样，同年之间才能像兄弟、朋友一样论交，从而达成对同年关系的认同。相同处境中的同年之间的认同更多的是在宣泄一种情绪，认同不是目的，只是表达某种感情的手段或途径，故其认同行为于同年关系本身的意义并不大。相比较之下，那些抛开了身份、地位及官场阶级的不同处境中的同年之间的认同行为，则更多的彰显了他们重视同年关系、珍爱同年友谊的情怀。对同榜之谊的认同，就是他们叙旧论交的最终目的，因而这种认同更能体现同年关系在人际交往中的影响与作用，也更显得弥足珍贵。

（二）不同处境下的同年认同

白居易在赠同年的一首诗中表达了对同年穷达不同命运的感叹，其《寄陆补阙（前年同登科）》诗曰："忽忆前年科第后，此时鸡鹤暂同群。秋风惆怅须吹散，鸡在中庭鹤在云。"[44]初及第时同年济济一堂，不几年便高低分明。即便是在取士较少、进士及第者普遍受到重用的唐代，也不是所有科甲出身的士人都有出人头地的机会，更何况在取士冗滥的宋代，科举制度不仅为朝廷选拔高级官员，更是中下级官吏的重要来源，而且几乎所有新科进士必须从州县幕僚做起，经过一番拣汰考核，最终只有少数人能登上高位而名显于朝，大多数人将沦为下僚，终生平庸。随着官场地位的沉浮变迁，同年之间的交往会越来越少，同年形同路人也就很正常了。不过对于那些对同年关系怀有特殊感情的人来说，即便是身份与地位存在巨大的差异，同年之间仍然可以叙旧论交、以至达成心理上的认同。

两宋时期，士人往往不受身份、地位的约束，时间、空间的阻隔而对同年关系加以认同，这一点在宋初名臣李昉、王溥与同年邓洵美的交往活动中有着集中的体现。邓洵美与李昉、王溥同登后汉乾祐二年（949 年）榜为同年，及第后李昉、王溥相继在后汉、后周朝廷任官，洵美南归，为割据湖南的周行逢所留，遂为幕僚。阻于兵戈，洵美与李昉、王溥及第后二十年间音讯无闻，后李昉以翰林学士出使湖南，与洵美相遇，洵美时龌龊不堪，昉不相弃，与叙旧谊，昉归，言于王溥，溥时任宰相，以同年困顿无聊，特寄诗相慰籍。及宋初，李昉出守衡阳，时洵美已死，昉亲哭其墓次。[45]从三人的交往可以看出，他们之间的同年情谊并未因时过境迁而消失，李昉、王溥与邓洵美千里相隔，不通音问者几二十年，再次相交时洵美仅为藩镇幕僚，形同白衣，而昉身为大国尊使、溥更是贵为宰相，然李昉不以洵美卑下，特与会晤论交，王溥闻其音讯而感泣泪下，三人在唱和诗中对同榜之谊的反复咏唱，足见其同年情谊之深厚。故后人在评价他们的交谊时有"古人布衣交不及此也"的感叹[46]。

李昉、王溥与同年邓洵美的交往活动体现了同年认同是不受身份地位及时空阻隔的限制的，而前述寇准、钱若水不顾官长之尊，遇年长同年即叙同榜之谊、行跪拜之礼，亦是科甲士人同年情怀的体现。与上述诸人情形相似的还有王钦若、宋祁、苏轼等。《挥麈余话》载："王文穆钦若以故相来守杭州，钱塘一老尉，苍颜华发矣。文穆初甚不乐，询其履历，乃同年生，恻然哀之，遂封章于朝，诏特改京秩。尉以诗谢之云：'当年同试大明宫，文字虽同命不同。我作尉曹君作相，东君元没两般风。'"[47]钦若以奸险权诈著称，时以小人目之，如此人品，尚能以人臣之尊与老吏叙同榜之情，同年关系在时人心目中的地位可以想见。又，宋祁与蜀人代渊同年，据宋祁《代祠部墓志铭》载：代渊及第后即辞官归居蜀中，终其一生，未仕中朝。而宋祁官显位崇，二人略无来往。及代渊卒，其子以同年之名请铭于祁，祁出于同年之义埋之，且在墓铭中以"同年弟"自称[48]。又，神宗熙宁中，杭州通判苏轼前往湖州公干，时好友孙觉知湖州，设宴相款，有州幕邵迎者适在座，苏轼初不识，询之则乃同年，于是叙同榜之谊。其《邵茂诚（迎）诗集叙》载："茂诚讳迎，姓邵氏。与余同年登进士第，十有五年而见之于吴兴孙莘老之座上，出其诗数百篇，余读之，弥月不厌。……踰年而茂诚卒。又明年，余过高邮，则其丧在焉，入哭之。"[49]上述王钦若、宋祁、苏轼等或以宰相之尊、或以近侍之贵、或以文学之名为时论所尊，其名位与身份不待言可知，可谓一呼而天下景从者，其尊贵如此，却主动与处于下位、默默无闻的同年论交，对他们的同榜之谊加以追讲，很明显，他们对同年关系的认同并不是为了追名逐利，而是出于对科场经历的怀念及对同年的眷顾之情。

在交通及通讯手段极端落后的古代社会，因时空阻隔而产生的距离感对人际关系造成极大的影响，长期缺乏持续交往的人们之间的关系会随着时间的推移而由密变疏，乃至消失。然而从上述同年交往的情况可以看出，同年关系并没有因为时空阻隔而消失，即便时过境迁，人们的同年观念仍然存在，当同年再聚，仍能产生强烈的认同感。

上面对两种情况下士大夫对同年关系的认同作了史料层面上的分析，通过论述可知，无论是在同一处境中，还是在不同的处境之下，人们对同年关系的认同行为都是普遍存在的，与相同处境下同年之间更容易出现共鸣相比，不同处境下的同年之间产生认同的难度更大，这需要他们克服因现实处境的不同而造成的心理隔阂，从而真正达成对同年关系的认同，因而，不同处境下同年之间的认同行为更能彰显同年关系的交际魅力。

同年关系之所以能不受关系主体的地位、身份及时空距离的影响而得到人们的普遍认同，与它作为科举时代特有的人际关系这一特征密切相关。同年关系由于金榜题名对科甲士大夫犹如重生再造般的重要性而被赋予了兄弟亲情，当亲情被融入同年关系之后，原本非血缘的同年关系也具有了某些血缘关系的特征。与兄弟关系不受交往活动的影响而永恒存在一样，同年关系一旦成立，不管认不认同，都始终存在于同年之间；与靠朝夕相处及持续交往来维系的同僚关系不同，侧重于心理认同的同年关系只会随着交往的多少及时空距离的长短而增强或减弱，却不会彻底消失，这便是众多在官场中声势显赫的士大夫时隔多年后还与落魄无聊的同年叙旧论交的主要原因。

四、同年关系对唐宋政治的影响

如前所述，宋人对进士同年关系的认同言行普遍存在，而这种认同观念反过来对当时的政治产生着重要的影响，尤其表现在对朋党政治的推动与催化方面。

其实，早在唐代，同年进士在官场中相互推挽、引荐，进而互为朋党的现象就普遍存在，而正是这种基于对同年观念认同之上的官场引荐行为成为促使官员结党，进而影响国家政治的重要因素。关于唐代同年进士间相互引荐朋比结党的现象，宋初名臣柳开作如下描述，他说："由词学进士中出以为贵。同时登第者，指呼为同年。其情爱相视如兄弟，以至子孙累代，莫不为昵，比进相援为显荣，退相累为黜辱。君子者，成众善以利民与国；小人者，成众恶以害国与民耳。"[50]这段关于唐代进士同年相互援引，以致朋比结党的论述广为后人引述以为唐代同年结党之确证。姑不论柳开之说是否属实，仅从史料记载看，唐代同年进士之间的引荐行为确有党与之迹。《资治通鉴》卷238载：唐宪宗元和七年正月，"京兆尹元义方为鄜坊观察使。初，义方媚事吐突承璀，李吉甫欲自托于承璀，擢义方为京兆尹。李绛恶义方为人，故出之。义方入谢，因言'李绛私其同年许季同，除京兆少尹，出臣鄜坊，专作威福，欺罔聪明。'……明日，上以诘绛曰：'人于同年固有情乎？'对曰：'同年，乃九州四海之人偶同科第，或登科然后相识，情于何有！'"宪宗与李绛的这番关于同年是否有情的对话似乎能够证明同年关系与朋党政治之间并没有必然联系。然陈寅恪先生以李绛之说为伪，认为"其所言同年无情，乃牛党强自辩护之词，殊非实状也。夫唐代科举制度下座主门生及同年或同门关系之密切原为显著之事"，并称"新兴阶级党派之构成，进士词科同门之关系乃一重要之点"[51]。通过论证，陈先生认为，科举制度所衍生的座主门生及同年关系对唐中后期的党争起着重要的推动作用。

陈先生此论甚确，唐进士同年之间的关系的确并不像李绛所说的那样纯白，其同年之间相援以进、攀附为党之迹尤著于宪宗元和年间权臣皇甫镈与同年令狐楚、萧俛结党固宠之史实。《旧唐书》卷172《令狐楚传》载:楚“与皇甫镈、萧俛同年登进士第。元和九年(814年),镈初以财赋得幸,荐俛、楚俱入翰林,充学士,……(十三)年十月,皇甫镈作相,其月以楚为河阳、怀节度使。十四年(819年)四月,(宰相)裴度出镇太原。七月,皇甫镈荐楚入朝,自朝议郎授朝议大夫、中书侍郎、同平章事,与镈同处台衡,深承顾待。”上述乃令狐楚在政治上发迹的过程,他之所以能在短短数年之中自翰林学士而入阁拜相,全赖同年皇甫镈力相援引,裴度之罢,也正是皇甫镈为引令狐楚为相而力相排挤的结果。《新唐书》卷167《皇甫镈传》载:“镈衔度,乃与李逢吉、令狐楚合挤之,出度太原。”正是在皇甫镈引荐下登上相位,所以令狐楚拜相后与镈深相结交,互为党与。镈、楚共相后,又荐同年萧俛于宪宗,《旧唐史》卷172《萧俛传》载:元和十三年,萧俛任右补阙,时“皇甫镈用事,言于宪宗,拜俛御史中丞。俛与镈及令狐楚,同年登进士第。明年,镈援楚作相,二人双荐俛于上。自是,顾眄日隆。”萧俛虽未即拜相,然得宪宗宠幸,权位日重。这样,朝政几乎完全掌控在了他们的手中。然而好景不常,就在令狐楚拜相的次年,宪宗去世,新登基的穆宗立即罢免了声名狼藉的皇甫镈,就在由皇甫镈、令狐楚组成的同年党执政集团面临瓦解之时,令狐楚乘机荐同年萧俛为相,《新唐书》卷101《萧俛传》载:“穆宗立,逐镈,议所以代者,楚荐之(萧俛),授中书侍郎、同中书门下平章事,进门下侍郎。”这样,以同年关系维系的政治集团继续控制着朝政。萧俛得皇甫镈、令狐楚汲引而拜相,故深德二人之恩。初,穆宗欲诛镈,而楚以镈荐,亦不能自保,萧俛力救而免之。楚《本传》载:“十五年正月,宪宗崩,……时天下怒皇甫镈之奸邪。穆宗即位之四日,群臣素服,班于月华门外,宣诏贬镈,将杀之。会萧俛作相,托中官救解,方贬崖州。物议以楚因镈作相而逐裴度,群情共怒。以萧俛之故,无敢措言。”皇甫镈、令狐楚与萧俛在宪宗元和年间相互汲引、共专国柄的行为实际已经具备了结党的特征。同年引荐成党的论点在这里得到了充分的印证。

同年相互引荐以朋比结党既是唐代同年关系的主要特征,也是唐代党争愈演愈烈的重要推动力,如“牛、李党争”中牛党集团领袖牛僧孺、李宗闵、杨嗣复等人通过同年关系[52]朋比结党,对唐代中后期党争产生了重大影响,《旧唐书》卷176《李宗闵传》载:“嗣复与牛僧孺、李宗闵皆权德舆贡举门生,情谊相得,进退取舍,多与之同。”陈寅恪先生据此曰:“史言牛派巨子以同门之故,遂结为死党。此唐代科举同门关系之一例证也。”[53]正是朋党领袖之间密切的同年关系通过相互援引转为强大的政治凝聚力,才产生了一个牢不可破的朋党集团,可见同年关系对唐代党争影响之大。

与唐代进士同年公开结党的行为相比，在严防朋党的宋代，同年进士间的结党活动更为隐蔽，除了宋太宗初年的太平兴国三年（978年）榜进士曾公开结党外[54]，多数情况下，同年间的朋比关系多是在不经意间发生的，正因为其隐蔽性，并未引起时人过多的关注。但这并不意味着宋代的同年关系对当时的政治没有影响，相反，在官员荐举制度大规模推行的宋代，由进士同年相互引荐而产生的朋党集团对北宋中期以来的党争有着深刻的影响。正因为荐举制度成为国家选拔官吏的重要手段，则同年之间相互引荐变成了合法行为，这也是为什么唐时同榜进士互相荐举被诟为朋比结党，而宋代同年相互援引则被视为为国举贤的主要原因。虽然评价有所不同，但其在推动党争发展的方面并没有什么区别，无论在唐在宋，同年进士间相互引荐都是党争升级的重要推手。

北宋同年进士相互荐举、胶固为朋的现象集中见于太宗太平兴国五年（980年）榜进士长期掌控朝政局面的形成。自真宗咸平元年（998年）该榜进士李沆拜相到天禧四年（1020年）其同年寇准罢相，兴国五年榜进士居相位的时间几乎与真宗君临天下相始终，且从未间断，这不仅在宋代别无仅有，即便是在同年关系对政治产生较大影响的唐代也无有匹者。据《宋史·宰辅》一载：真宗咸平元年（998年），李沆拜相，四年（1001年），同年向敏中与之并相，次年敏中以事罢免。后二年即景德元年（1004年）七月，李沆薨于位，八月，同年寇准拜相，兴国五年榜进士继续执政。景德三年（1006年）二月戊戌，寇准罢相，同日，同年王旦拜相。从此时起到大中祥符五年（1012年），王旦前后独相七年。是年，向敏中再入为相，与王旦并相真宗，至天禧元年（1017年）旦薨于位，敏中始为首相。天禧三年（1019年），寇准再拜相，与敏中并之。四年（1020年）三月，敏中薨于位，六月，寇准以罪罢相，兴国五年榜进士执掌朝政的时代结束。从咸平元年（998年）到天禧四年（1020年），该榜进士执政柄将二纪。其间李沆、王旦皆连续作相以至于卒，寇准、向敏中皆再拜，除寇准外，其他三人均薨于位，前后权位恩宠，举世无类。

该榜进士中不仅有李沆、王旦、寇准、向敏中四位宰相，还包括参知政事苏易简、枢密副使宋湜，而张咏、马亮、晁迥分别以六部尚书起居八座，为一代名臣。另如张秉、王砺、谢泌、边肃、魏廷式、卢之翰等或位列侍从、两制，显于朝堂；或镇守方面，扬名海内。上述诸人《宋史》均有传。得人如此，无怪乎被时人誉之为“龙虎榜”。太平兴国五年榜进士能在仕途上获得如此大的成就，正是他们之间利用同年关系相互朋比推挽的结果。关于是榜进士在官场中朋比推挽的具体情况，因篇幅所限，此不赘言，将另文详述。

太平兴国五年榜进士在政坛中相互推挽以至长期执政的现象，既是唐代同年相援为党的继续，也为北宋同榜进士相互朋比、互为援手树立了榜样，进士通过同年关系结交为党成为常态，如宋仁宗景祐党争中，名士尹洙与同年余靖、欧阳修与同年蔡襄等都积极参与其中[55]。庆历党争中，范仲淹的支持者欧阳修与同年蔡襄、孙甫等组成谏官集团，并联合在国子监任职的同年石介，共同支持新政。[56]在因王安石变法而引起的更大规模的党争中，同年关系也起到了推波助澜的作用。如王安石利用同年关系寻求政治上的支持者，他一方面与同年好友韩绛、王珪等组成变法领导集团，另一方面先后将同年陈襄、吕公著及韩绛的弟弟韩维安排在御史台或谏官，以便控制舆论机构。虽然后来陈襄等人并不买王安石的帐，但从中可以看出王安石利用同年关系寻求政治同盟的强烈意愿。与王安石的做法相类，司马光也联合同年范镇、吕诲等共同反对变法。[57]双方的争论使得党争不断升级，其影响波及整个北宋后期乃至南宋时期的政局。

通过对由唐及宋同年关系与朋党之间联系的考察，可以看出，在同年观念得到普遍认同的唐宋时期，进士同年关系对当时的政治有着重大的影响。

五、结　语

人们对同年关系的认同与溯叙出于各种目的，如身份之认同、交游之需要、仕途之必须等，这些更多的是那些人生不如意者或为了不被士林社会边缘化、保持士大夫身份而做的一种努力，或是为了在沉浮不定的宦海之中得到更多的支持而进行的必要的交往，抑或仅仅是士大夫交往中的应酬行为。身份认同在同年交往中多有表现，如王安石之父王益虽进士及第，然一生默默，其科甲身份几乎被遗忘，故安石为了凸显其父的身份，在为父同年谢绛、郭维、虞肃等人所作的行状或墓志中，多叙及父辈的同年关系。[58]安石汲汲于追讲其父的同年关系，就是为了在全社会普遍重视科举出身的情况下突出其父的科甲身份。扩大交游及增加仕进机会也是士人对同年关系加以认同的重要目的，如前文提及的石介拜谒父同年的行为就是为了增加与上层官僚的交游机会，为日后仕途竞进做准备。

普通士大夫对同年关系的认同固然存在追名逐利的目的，那么，那些官高位显、锦衣玉食的大官巨僚们对同年关系的认同又是出于什么目的呢？正如前文已经反复论述的，科甲士人对金榜题名的强烈认同感才是他们产生认同的真正原因。实际上，在宋代，大人物与小角色之间以同年的名义交往的情况很普遍，前述的宋初宰相王溥、李昉与同年邓洵美的交往、王钦若与同年老吏叙旧等均是此类。另外,在墓志铭、诗文集中,那些官场名流们大多流露出对同年关系的眷恋。这些宦海得意的大人物对潦倒失意的同年的关怀显然并不是出于功利的目的,更非为了身份之认同,他们对同年的帮助及对同年关系的认同是发自内心的,这种认同的根源就在于在其内心深处,有一种自金榜题名以来就存在的同年情结。其实,每位通过科举考试进入仕途的人都怀有同年情结,只不过起于科场数面之缘的同年情愫对人们心理认同的影响十分有限,很容易受到诸如性格异同、政治立场等因素的冲击与遮蔽,一般很难表露出来。然而,人们对于同榜及第经历的认同作为一种心理现象始终存在,只不过其认同程度的大小因人不同而已。士大夫对同年关系认同的最根本原因当是科场经历、金榜题名对他们整个人生的影响,唐宋社会之最大不同就在于在唐代还有很大影响的门阀士族在宋代已经完全退出了历史舞台,以前还只是少数寒士进入官场门径的科举考试在宋代变成了大多数读书人跃入"龙门"的唯一途径。在官文化十分发达的中国传统社会中,作为由"民"入"官"之恒途,科举考试及金榜题名对士人的巨大影响不仅是物质上的,更多的体现在精神方面。所以有人生三大喜,金榜题名居其一之说,也有诸如"范进中举"现象之存在。从科举对士人的影响来说,它无异于是通过科举而飞黄腾达的人们的第二次生命的起点,生于父母是一个人肉体生命的开始,金榜题名则是其另一种生命即"官生命"的起点,同生于父母者曰兄弟,同起于金榜者号手足,这也许就是科举时代人们普遍以同年为异姓兄弟的主要原因吧!

综上,在科举制度大规模推行及进士科被普遍视为通往高官厚禄之恒途的宋代,人们对进士同年关系怀有特殊的感情。本来只是社会学意义上的很普通的人际关系,在被宋人赋予了友情与亲情这两种最具认同性的情感之后,同年关系便成为人们社会生活及政治活动中的一种十分重要的社会关系,在各种场合及不同的人们之间,同年关系得到了普遍的认同,在对同年关系认同的基础上,同榜士人在生活上与仕途中相互援助、提携,胶固为党,进而在很大程度上影响着国家政局。

(原刊于《西南大学学报》(社会科学版)2012 年第 1 期)

注　释

1 王水照《嘉祐二年贡举事件的文学史意义》,《王水照自选集》,上海教育出版社,2000 年,215 页。

2 司马光《资治通鉴》卷 238,唐宪宗元和七年正月辛未,中华书局,1976 年,7689 页。

3 参见陈寅恪《唐代政治史述论稿》,载《陈寅恪集》,三联书店,2001 年;王炎平《牛李党争》,西北大学出版社,1996 年;何冠环《宋初朋党与太平兴国三年进士》,中华书局,1994 年。

4 (唐)刘禹锡《刘禹锡集》卷28,中华书局,1990年,第377页。

5 (宋)曾巩《曾巩集》卷13,中华书局,1984年,第217页。

6 (宋)苏轼《苏轼诗集》卷28《次韵子由送家退翁知怀安军》,曾枣庄、舒大刚主编《三苏全书》第8册,语文出版社,2001年,第371页。

7 《苏轼诗集》卷25《李宪仲哀词·叙》,《三苏全书》第8册,第271页。

8 (宋)赵抃《赵清献公文集》卷3,北京图书馆古籍珍本丛刊,书目文献出版社,1998年。

9 (宋)赵善璙《自警编》卷2,四库全书珍本三集。

10 (宋)强至《祠部集》卷27《回邠州阎谏议书》,四库全书珍本别辑。

11 《祠部集》卷34《祭青州刘元瑜待制文》。

12 (宋)司马光《传家集》卷7,影印文渊阁四库全书本。

13 (清)永瑢等撰《四库全书总目》卷186,中华书局,1965年。

14 (宋)邓忠臣等《同文馆唱和诗》卷4,文渊阁四库全书本。《张耒集》卷48《祭李深之文》载:其父与李深之(处道)兄弟交游,"遇公兄弟,则无间言,惟屯田君,则实同年"。据《淳熙三山志》卷26载:李处道,字深之,李亚荀之子,其兄李处厚,字载之,庆历二年进士,曾官屯田员外郎。则张耒之父"张丈职方"实庆历二年进士,李处厚同年。"晁丈都官"者即晁仲约,《欧阳修全集》卷31《文简程公(琳)墓志铭》载:"女五人……次适都官员外郎晁仲约。"仲约,字质夫,于补之为叔祖,亦庆历二年进士,有该榜名臣王安石《寄深州晁同年》诗(《王文公文集》卷59)为证,仲约尝知深州,见梅尧臣《送晁质夫太丞知深州》诗(《瀛奎律髓》卷4)。另据张剑《晁补之研究》(学苑出版社,2005年)一书考证,"应之同年"即补之堂弟晁应之。

15 (宋)项安世《项氏家说》卷8,四库全书珍本别辑。

16 《新编古今事文类聚》前集卷26,第293页。

17 《苏轼文集》卷83,《三苏全书》第13册,第455页。

18 (宋)柳开《河东先生集》卷9《与朗州李巨源谏议书》,四部丛刊初编本。

19 (宋)胡寅《斐然集》卷19《送刘伯称教授序》,文渊阁四库全书本。

20 (宋)范公偁《过庭录》,中华书局,2002年,第318页。

21 (宋)李焘《续资治通鉴长编》(以下简称《长编》)卷41太宗至道三年六月甲辰,中华书局,2004年,第869页。

22 (宋)欧阳修《欧阳修全集》卷57,中华书局,2001年,第819页。

23 (宋)苏辙《苏辙集》卷90,《三苏全书》第18册,第482页。

24 (宋)杨杰《无为集》卷11,中华再造善本丛书,北京图书馆,2003年。

25 (宋)毕仲游《西台集》卷20《和宋开叔监簿解榜》,四库全书珍本别辑。

26 (宋)乐史《广卓异记》卷7,傅璇琮等主编《全宋笔记》(第一编),大象出版社,2003年,第3册,第57页。

27 (宋)王禹偁《小畜集》卷18《答张扶书》,四部丛刊初编本。

28 《小畜集》卷30《朱府君墓志铭》。

29 (宋)陈直撰、(元)邹铉续编《寿亲养老新书》卷2,文渊阁四库全书本。

30 (宋)石介《徂徕石先生文集》卷20,中华书局,1984年,第240页。

31 《长编》卷185,仁宗嘉祐二年二月己丑,第4472页。

32 《斐然集》卷19《送刘伯称教授序》。

33 （明）彭大翼《山堂肆考》（文渊阁四库全书本）卷85“同年各党”条曰：“欧文忠公与王懿恪公拱辰同年进士，同为薛简肃（奎）公子婿，然文忠心少之。文忠为参政时，吏拟进懿恪仆射，文忠曰：‘仆射，宰相官也，王拱辰非曾任宰相者，不可改东宫。’以至拜宣徽使，终身不执政。盖懿恪主吕文靖（夷简），文忠主范文正（仲淹），其党不同故耳。”

34 参见拙文《欧阳修与蔡襄关系考论——兼论北宋中期的朋党政治》，载《宋史研究论丛》，河北大学出版社，2009年。

35 （宋）王安石《王文公文集》卷5《与孙子高书》，上海人民出版社，1974年，第64页。

36 《新编古今事文类聚》前集卷29，第331页。

37 （宋）欧阳修《归田录》卷1，中华书局，1997年，第17页。

38 《宋史》卷316《赵抃传》载：熙宁中，抃两守杭，第二次守杭在熙宁末。卷331《程师孟传》载：师孟熙宁末以给事中、出知越州，前任赵抃移杭州。中华书局，1977年。

39 《赵清献公文集》卷2。

40 《赵清献公文集》卷4。

41 《小畜集》卷7。

42 《欧阳修全集》卷27《黄梦升（注）墓志铭》，第419页。

43 《苏辙集》卷11《三苏全书》，第16册，第281页。据孔凡礼《三苏年谱》（北京古籍出版社，2004年），诗作于元丰四年，时苏辙监筠州盐酒税。

44 （唐）白居易《白居易全集》卷13，上海古籍出版社，1999年，第168页。

45 （宋）阮阅《诗话总龟》前集卷14载：邓洵美“乾祐二年中进士第，与司空昉，少保溥同年。……（后）归武陵，时周氏有其地，且辟在幕府，司空氏自禁林出使武陵，与洵美相遇，赠诗曰：‘忆昔词场共著鞭，当时莺谷喜同迁。关河契阔三千里，音信稀疏二十年。君遇已知依玉帐，我无才藻步花砖。时情人事堪惆怅，天外相逢一泫然。’洵美和云：‘词场几度让长鞭，又向清朝贺九迁。品秩虽然殊此日，岁寒终不改当年。驰名早已超三院，侍直仍忻步八砖。今日相逢番自愧，闲吟对酒倍潸然。’相国归阙，……语同年少保公（王溥），公时在黄阁，……又为诗寄之云：‘衡阳归雁别重湖，衔到同人一纸书。忽见姓名双泪落，不知消息十年余。彩衣我已登黄阁，白杜君犹葺旧居。南望荆门千里外，暮云重迭满晴虚。’周氏疑洵美漏泄密谋，急追捕，至易俗场而遇害。建隆初王师下湖湘，相国复牧衡阳，道经易俗场，作诗吊曰：‘十年衣染帝乡尘，踪迹仍传活计贫。高掇桂枝曾遂志，假拖蓝绶至终身。侯门寂寞非知己，泽国恓惶似旅人。今已向公坟畔过，不胜怀抱暗酸辛。’”人民文学出版社，1987年，第168页。

46 （宋）周羽翀《三楚新录》卷2，《全宋笔记》（第一编），第2册，第126页。

47 《挥麈余话》卷1，第293页。

48 （宋）宋祁《景文集》卷59《代祠部墓志铭》，四库全书珍本别辑。

49 《苏轼文集》卷84，《三苏全书》，第13册，第475页。

50 《河东先生集》卷9《与朗州李巨源谏议书》。

51 陈寅恪《唐代政治史述论稿》中篇《政治革命及党派分野》，载《陈寅恪集》，270页，三联书店，2001年版。

52 据徐松撰，孟二冬补正的《登科记考补正》载：牛僧孺、李宗闵、杨嗣复同登顺宗永贞元年（805年）进士第，僧孺与宗闵又于宪宗元和三年（808年）同举制科。北京燕山出版社，2003年。

53 见《陈著》,272 页。

54 关于该榜进士的朋党活动,详见何冠环《宋初朋党与太平天国三年进士》,中华书局,1994 年。

55 参见拙文《进士同年关系与北宋景祐朋党事件》,载《许昌学院学报》2008 年第 6 期。

56 参见前引拙文《欧阳修与蔡襄关系考论——兼论北宋中期的朋党政治》。

57 参见《宋史》王安石、司马光等人本传。中华书局,1977 年。

58 《王文公文集》卷 85《谢公(绛)行状》称:"先人与公皆祥符八年进士";卷 93《郭公(维)墓志铭》称:"先人与公祥符八年以进士起";卷 95《虞君(肃)墓志铭》曰:"祥符八年,真宗第进士于廷,先人与上饶虞君俱在其选。其后庆历二年、皇祐元年,虞君之诸子相继以进士起,而先人之孤亦在焉。"

王应麟《通鉴地理通释》述评

张保见

《通鉴地理通释》，今本十四卷，南宋王应麟撰，是对《资治通鉴》地理问题加以专题研究的最早成果，也是历史地理学名著之一。

一

王应麟，字伯厚，号厚斋、深宁老人，世居浚仪(今河南开封)，迁居庆元府(今浙江宁波)，是宋末著名学者。宋宁宗嘉定十六年(1223年)生，九岁通六经，十八岁试国子监，次年登进士第，假馆阁之书读之。后从王埜受学，得吕祖谦、真德秀之传。三十四岁中博学宏词科，历官太常博士、秘书郎、著作佐郎兼崇政殿说书，迁著作郎，权直学士院，迁将作监兼侍立修注官，迁秘书少监兼侍讲，迁起居舍人兼权中书舍人。四十七岁以秘阁修撰主管建康崇禧观，后召为秘书监，权中书舍人兼国史编修、实录检讨，兼侍讲，迁起居郎。授中书舍人，兼直学士院。兼同修国史、实录院同修撰，兼侍读。迁礼部侍郎，兼中书舍人。寻转尚书，兼给事中。宋亡，杜门著述。元成宗元贞二年(1296年)，卒，年七十四。《延祐四明志》卷四、《宋史》卷四三八有传，此外钱大昕、张大昌、陈仅等皆著有《年谱》，亦可资参考。

从其生平可见，王应麟一生嗜学，且久历馆阁，得以博览群书。宋亡后，又长达二十年闭门著书。此外，王应麟交游学林贤俊，师承朱熹、吕祖谦、陆九渊三大派，治学得以博采众长。再加上自身的勤奋，是以著述颇丰。据文献记载，其撰辑计有《易考》、《周易郑康成注》、《诗辩》、《诗草木鸟兽虫鱼广疏》、《诗考》、《诗地理考》、《尚书草木鸟兽谱》、《春秋三传会考》、《论语考异》、《孟子考异》、《蒙训》、《小学绀珠》、《词学指南》、《词学题苑》、《笔海》、《小学讽咏》、《姓氏急就篇》、《补注急就篇》、《六经天文编》、《汉艺文志考证》、《通鉴地理考》、《通鉴地理通释》、《汉制考》、《集解践阼篇》、《补注王会篇》、《困学纪闻》、《深宁集》、《玉堂类稿》、《掖垣类稿》[1]、《玉海》、《通鉴答问》、《论语郑康成注》、《三字经》等凡三十三种著述[2]。现存者为《周易郑康成注》、《诗考》、《诗地理考》、《小学绀珠》、《姓氏急就篇》、《补注急就篇》、《六经天文编》、《汉艺文志考证》、《通鉴地理通释》、《汉制考》、《集解践阼篇》、《补注王会篇》、《困学纪闻》、《玉海》、《词学指南》、《通鉴答问》、《论语郑康成注》、《三字经》等十八种,另有明人所辑王应麟文章而成之《四明文献集》一种。

王氏著述以现存各书为例,相当部分都具有较大影响,如辑佚之作《周易郑康成注》、《诗考》,四库馆臣云"筚路蓝缕,终当以应麟为首庸也。"《小学绀珠》为后来同类著述之先导,四库馆臣云张九成《群书拾唾》、宫梦仁《读书纪数略》"实皆以是书为蓝本",《汉艺文志考证》是已知对《汉书·艺文志》加以研究的第一部专著,对后世学者示范意义重大。

二

在王应麟庞大的学术大厦中,舆地之学是一个重要组成部分,且成绩显著。对于地理资料的辑录集中体现在《玉海》一书,地理门凡十二卷,较之唐代类书篇幅有较大增加,其下又分地理图、地理书等十七个子目,较之唐代类书之收载更为广泛。此外,在"朝贡"、"宫室"、"食货"、"兵捷"诸门中也辑录有大量的地理资料,在地理文献流传和整理方面王应麟做出了一定贡献。而搜集"凡涉于诗中地名者荟萃成编"的《诗地理考》[3],是第一部系统研究《诗经》地理学的专书,因此有人认为"王应麟是第一位在著作中提出并实践其《诗》地理学观点的学者"[4],是"《诗》地理学"的奠基人和开创者。此外,被梁启超称之"为清代考证学先导"的《困学纪闻》卷一〇有"地理"一类,卷一六有"汉河渠"、"漕运"等专节,其他卷次也有不少地理考订内容,《困学纪闻》的地理考订方法和学术札记性质的撰写体例,对于以顾炎武、钱大昕、阎若璩等为代表的清代学者影响巨大。

较之《玉海》的辑录资料,《诗地理考》的"案而不断",《困学记闻》的零篇考述,《通鉴地理通释》无疑是王应麟最成体系也最具有代表性的地理学著作。

《通鉴地理通释·跋》云:“余闲居观《通鉴》,将笺释其地名,举纲提要,首以州域,次以都邑,推表山川,参以乐毅、王朴之崇论宏议,稽《左氏》、《国语》、《史记》、《战国策》、《通典》所叙历代形势,以为兴替成败之鉴。”四库馆臣云:“是书以《通鉴》所载地名异同沿革最为纠纷,而险要阸塞所在,其措置得失亦足为有国者成败之鉴,因各为条例,厘订成编。”并进一步称赞道:“其中征引浩博,考核明确,而叙列朝分据战攻尤一一得其要领,于史学最为有功。”在宋代已经较多的“通鉴学”研究著述中,《通鉴地理通释》突破了以考订或评介《资治通鉴》史实为研究对象的局限,从地理学、地名学的角度审视《资治通鉴》,使“通鉴学”的研究领域进一步得到扩展,也标志着“通鉴地理学”的形成,王应麟成为事实上的开创者。

《通鉴地理通释》虽冠“通鉴”之名,实则泛考古今地理,依次为历代州域总叙、历代都邑考、十道山川考、周形势考、名臣议论考、七国形势考、三国形势考、晋宋齐梁陈形势考、河南四镇考、东西魏周齐相攻地名考、唐三州七关十一州考、石晋十六州考,既关注疆域、都邑、政区沿革的考察,又及山川河流的钩沉,而重点在叙述历代攻防形势,对于历代军事战略也有所着墨。因此,《通鉴地理通释》也可以看作是一部杰出的历史地理学经典著作,而本书对于地理名物的阐释也远远超出了《资治通鉴》自身,并且尤其关注于对军事形势的探讨,杭世骏称自己读史时“于形势割据间多所未谙,一以浚仪王氏为的”,以致于有人认为“这书可以视为历史地理撰著的一个首创[5]”,有人称本书为“流传至今的第一部系统论述历代疆域政区沿革的著作”,王应麟本人为系统论述历史“军事地理的先驱”[6]。萌芽于秦汉之际,在《续汉书·郡國志》中已经有了显著体现的历史军事地理研究,到了王应麟时期终于有了质的变化。杭世骏《〈通鉴地理通释〉跋》云:“《通释》一书,七国之际贯串《国策》、《史记》诸史家,尤有法。魏吴蜀之险塞,六朝南北之重镇,分析皆若指掌。”从这些方面来看,《通鉴地理通释》在中国古代地理学史上占有一定地位。

《通鉴地理通释》的编撰体例及学术着眼点、研究方法还深刻影响了以胡三省和顾祖禹等为代表的一批学者,影响不可谓不深远。如,受其通鉴学思想之影响,弟子胡三省著有《资治通鉴音注》一书,而顾祖禹在其名著《读史方舆纪要》之《凡例》中则说道:“王厚斋《玉海》一书中所称引类多精确,而《通释》一种,为功于《通鉴》甚巨,胡身之从而益畅其说,搜剔几无余蕴,余尤所服膺,故采辑尤备”,故顾祖禹在撰述《读史方舆纪要》时,体例上参考了《通鉴地理通释》,内容上也多有采辑。

三

王应麟考证史地之法成就显著，深得清儒赞赏，甚至长于地理考据的阎若璩，对王应麟《通鉴地理通释》中之精到之处亦不吝溢美。如《尚书·禹贡》所云“夹右碣石，入于河”，又云“太行恒山，至于碣石，入于海”，对于碣石之地望，历代注家聚讼纷纭，莫衷一是。《通鉴地理通释》卷五《河北道·碣石》：

在平州石城县西南，汉右北平郡骊城县，《通典》：在平州卢龙县南二十余里。《郡县志》：“卢龙县南二十三里。”碣然而立在海旁。《水经注》：“骊城枕海，有石如甬道数十里，当山顶有大石如柱形，其山昔在河口海滨，历世既久，为水所渐，沦入于海，去岸五百余里。”秦筑长城，起所自碣石，在今高丽界，与此碣石异。《禹贡》：“夹右碣石，入于河。”《山海经》：“碣石之山，绳水出焉。”《注水经》曰：“今在辽西临渝县南水中，秦皇刻碣石门，登之以望巨海。”汉武帝东巡海上，至碣石。《通典》：“碣石山，在汉乐浪郡遂城县，长城起于此山。长城东截辽水而入高丽，遗趾犹存。”右碣石，即河赴海处，在平州，高丽中为左碣石。

意犹未尽，在卷一〇《燕·碣石》进一步加以详细考述：

《地理志》：大揭石山，在右北平骊成县西南。《通典》：平州卢龙县有碣石山，《正义》：“燕东南。碣然而立在海旁。”《晋太康地志》：“秦筑长城，所起自碣石。”在今高丽界，非此碣石也。《括地志》：“在卢龙县南二十三里。”《史记》：“驺衍如燕，昭王筑碣石宫，身亲往师之。”《正义》云：“碣石宫，在幽州蓟县西三十里宁台之东。《通典》：碣石山，在汉乐浪郡遂城县，长城起于此，长城东截辽水而入高丽，遗趾犹存。《禹贡》右碣石在平州南二十余里，则高丽中为左碣石。《水经》：在辽西临渝县南水中。《注》云：“大禹凿其石，右夹而纳河，秦皇、汉武皆登之，海水西侵而苞其山，故言水中。”《山海经》：“碣石之山，绳水出焉，东流，注于河。”文颖曰：“在辽西参县，今属临渝。始皇三十二年刻碣石门，武帝元封元年至碣石。”《舆地广记》：在平州石城县故骊城。今按：碣石在海旁，雁门有盐泽，故云“碣石、雁门之饶”。郦道元言：“骊城枕海，有石如甬道数十里，当山顶有大石，如柱形。其山昔在河口海滨，历世既久，为水所渐，沦入于海，已去岸五百余里矣。”

从引文可见王应麟的碣石考相当精彩,短短两篇文字,标明出处的引用文献即达十余种,凡历代与碣石相关之文献几搜罗殆尽。在广泛收集文献加以比较分析的基础上,详细考察了文献所记载的碣石之方位,然后得出结论。条分缕析,通畅明白。阎若璩《潜邱札记》卷二称赞道:"《通鉴地理通释》曰碣石凡有三:邹衍如燕,昭王筑碣石宫,身亲往师之,此碣石特宫名耳,在幽州蓟县西三十里宁台之东,非山也;秦筑长城,所起自碣石,此碣石在高丽界中,当名为左碣石;其在平州南三十余里者,即古大河入海处,为《禹贡》之碣石,亦曰右碣石。其説可为精矣!"

四

此外,《通鉴地理通释》引用资料极其丰富,具有较高的文献学价值。其所引文献部分今已失传,或已经难明其所由来。如卷一三"安蜀城"条引倪氏语:"桓温经理中原,先平李势;刘裕削平燕、秦,先取谯纵。故蜀于天下形势最重。孙氏以蜀先亡也,王浚顺流而下而吴亡;陈以蜀先为隋有也,杨素顺流而下而陈亡。本朝先平孟昶,然后南唐不能以自立。故蜀于东南形势尤重。"论述颇有道理,宋人长于议论于此可窥一斑,其论实赖王应麟本书之征引才得以流传至今。而本书所引林氏、刘氏、叶氏等等诸儒之语,类多精当,此种引文在学术史上亦有一定价值,而我们今天只能从《通鉴地理通释》中方得以略睹诸儒风采,是故吉光片羽,弥足珍贵。

再者,《通鉴地理通释》所载本朝之事,以熟知当朝典故制度或多亲身参与当朝大事之人记载当代之事,资料可信度大,其所记载或可补正史之不足,或可校现存文献之错讹,或可证辑佚文献之当否与真伪。如卷二"盐官"条云:"今以绍兴末年考之,两浙有场四十二,淮东有场二十,视古益密矣。"徐松《宋会要辑稿·食货》二三之一三——六《盐额》:绍兴三十二年,浙西路秀州有华亭买纳场,青墩、下砂、袁部、浦东催煎场,海盐买纳场,海盐腰、鲍郎催煎场,广陈(买)纳场及管下芦沥催煎场;平江府有江湾买纳场,江湾、南跄催煎场,黄姚买纳场;临安府有仁和、盐官买纳场,上管、蜀山、严门、下管、南路袁花黄湾新兴催煎场,西兴买纳场,钱塘、西兴催煎场。浙东路绍兴府有曹娥、石堰、钱清、三江买纳场;明州有昌国、岱山、鸣鹤、玉泉、清泉、太嵩买纳场;台州有黄岩买纳场,杜渎、长宁场,温州有永嘉、双穗、长林、天富南监、天富北监买纳场。是两浙盐场共计四十二。又绍兴三十二年,淮东路通州有在城买纳场,西亭豊利石港兴利永兴、金沙、余庆催煎场,海门买纳场及管下吕四港催煎场;泰州有海安买纳场,角针煎(催)煎场,拼桑、虎墩古窖催煎场,如皋买纳场，掘港、豊利、马塘催煎场，西溪买纳场，丁溪刘庄、梁家县垛何家垛小陶催煎场；楚州有盐城买纳场，五佑、新兴催煎场。是淮东盐场共计二十。从一个侧面可知，徐松所辑《宋会要》是较为可靠的宋代文献。

此外，《通鉴地理通释》所引唐、宋诸家著述，如《元和郡县志》、《太平寰宇记》、《舆地广记》等，今多残损不全，《通鉴地理通释》之引文可补其缺。如卷二“盐官”条引《元和郡县志》云：“楚州盐城县，本汉盐渎县，州长百六十里，在海中洲上，有盐亭百二十三所，每岁煮盐四十五万石。”可补今《元和郡县志》淮南道部分之缺。是故，《通鉴地理通释》也具有一定的辑佚价值。

五

《通鉴地理通释》尽管拥有较高的学术和参考资料价值，但是书目前也存在不少问题，使用时应当引起重视。

首先，全祖望《翁注〈困学纪闻〉三笺序》称王应麟之书：“援引书籍奥博，难以猝得其来历。”这个案语放在《通鉴地理通释》上也是较为允当的，本书在引用文献资料时多作“某氏曰”而极少标明所引作者全名及其书名，故增加了阅读难度。

其次，有些引文过于简略且很少解释，加之多用典故，导致本书在使用时难度较高，对于一般文史爱好者尤其如此。如本书卷五《十道山川考·关内》“南据终南之山”条引柳宗元谓：“东至于商颜。”其中商颜究竟为何山？王氏并未作解释。考《汉书》卷二九：“于是为发卒万人穿渠，自徵引洛水至商颜下。”颜师古注云：“徵，音惩，即今所谓澄城也。商颜，商山之颜也。谓之颜者，譬人之颜额也，亦犹山额象人之颈领。”《元和郡县志》卷二《同州·冯翊县》：“商颜，今在冯翊县界。”《舆地广记》卷一三《同州·冯翊县》：“商原，所谓商颜。”即商颜为山原名，在同州。乐史《太平寰宇记》卷二八《同州·澄城县》：“商颜，今在马邑县界。”马邑在河东道朔州（今山西北部朔县一带），以地理形势和汉代的技术条件而言，洛水是无必要也不可能越过黄河引到商颜山去的。故颜氏所注商颜，非乐史所谓马邑之商颜山，而为同州之商颜山原。乐史有《商颜杂录》二十卷，而《汉书》为常见且被《太平寰宇记》大量征引之书，《寰宇記》本身亦有“商颜”之記載，故乐史当曾亲见师古之注，此作品之名“商颜”显非指商颜山，而是取师古注“商山之颜”之意。是此山当指商山。商山，谓秦岭商州（今陕南商县、商南县一带）段。商山之颜，当谓商山向北延伸如人之颈领，在渭河之南。宋真宗咸平二年，乐史尝知商州，从《商颜杂录》书名上看，疑此书当作于咸平年间知商州时及其后不久一段时间内，所述或为为官商州时之见闻。即商颜山原、商山均可稱商颜。商颜山原，在同州治冯翊县界，即今陕西大荔，位於渭河以北。柳宗元此云中南山东至于商颜，由山脉走向及上文"西至于陇首"以陇首代指陇山之语判断，则此所谓商颜当指商州商山，而非同州商颜山原。

第三，王应麟自身在引用史料时并不是十分严谨，对有些引文并未加以考订或仔细核对，致使部分引文存在错讹或衍、脱现象。如卷一"千八百国"条引《晋书·地理志》云"百三十九知其所居"下连书有"过、有过"二国。今按：《左传》襄公四年"处浇于过"。杜预注：过，国名，东莱掖县北有过乡。此外，遍检《春秋》经传并无"有过"之国名，而《左传》哀公元年有"昔有过浇杀斟灌以伐斟寻"一文，疑《晋书》或系自此处误抄，或为与"过"连书书写致误。又如卷二"汉郡国盐铁官"条列举《汉书·地理志》所载设有"盐官"之郡县为河东郡安邑县、太原郡、晋阳县、南郡巫县、巨鹿郡堂阳县、渤海郡章武县、千乘郡、北海郡都昌县、寿光县、东莱郡曲成县、东牟县、惤县、昌阳县、当利县、琅邪郡海曲县、计斤县、长广县、会稽郡海盐县、蜀郡临邛县、犍为郡南安县、巴郡朐忍县、陇西郡、安定郡三水县、北地郡弋居县、上郡独乐县、龟兹县、西河郡富昌县、朔方郡沃壄县、五原郡成宜县、雁门郡楼烦县、渔阳郡泉州县、辽西郡海阳县、辽东郡平郭县、南海郡番禺县、苍梧郡高要县，"总三十有六"。今按：王应麟以上所列实仅三十五，再核《汉书·地理志》设有盐官之处共计三十七，王应麟此处脱益州郡连然县、朔方郡广牧县二处。

再则，王应麟自身考订史地部分方面也有值得商榷之处。如卷八《七国形势考·秦》"四塞"条，王应麟所作按语云：秦地"北有萧、居庸、天井关以临胡庭"。今按：《汉书·地理志》上谷郡居庸县有关，《太平寰宇记》卷六九《幽州·昌平县》"居庸关，在今县西北"，《大清一统志》卷七《顺天府·关隘》："居庸关，在昌平州西北，去延庆州五十里。关门南北相距四十里，两山夹峙，巨涧中流，悬崖峭壁，称为绝险，即《吕氏春秋》九塞之一也。"是此居庸关在上谷郡，战国时为燕地，疑王应麟此处为不审而误书为秦地。又如卷九《七国形势考·魏》引《战国策·魏策·昭王》"魏将与秦攻韩"条"秦叶阳、昆阳与舞阳、高陵邻"，王应麟云"高陵，今京兆府县，汉属左冯翊，《地理志》魏地'其界自高陵以东'，谓京兆之高陵"。今按：《史记·魏世家》此文无"高陵"二字。《战国策》鲍彪注："高陵属瑯邪。"吴任臣补正云："高陵属京兆，与下文地不相近。《史》无'高陵'字，《策》或误也，《注》尤非。《正义》云：叶阳，今许州叶县。昆阳故城在叶县北。舞阳故城在叶县东。"从地理方位来看，此处高陵显系今河南叶县附近某地，王应麟以此高陵即京兆高陵，误。

又,《通鉴地理通释》剪裁亦欠精,条目或文字重复现象较为严重。如两处“碣石考”,重复文字就较多,可为典型。

此外,《通鉴地理通释》在传抄中错、讹、衍、脱、移等情况较多,不同版本之间部分文字差异也较大。如浙江书局等诸本卷一《九畿九服六服五服》条引陈傅良语“卫侯之外”,库本则作“卫服之外”,核宋人王与之《周礼订义》引陈氏言亦作“卫服”,考上下文意,疑库本是,诸本误。卷一《千八百国》条浙江书局本引《晋书·地理志》有“宁”国,津逮秘书及学津讨源本作“胄”,库本作“晋”,核《晋书·地理志》亦作“晋”,“晋”是。而诸本卷十《楚·邓林》条下小注均有较多脱文。

(原刊于《唐山学院学报》2012年第2期)

注　释

1 据王应麟《浚仪遗民自志》:“《制稿》凡四十五卷。”《延祐四明志》卷4:“《内外制》四十五卷。”是《玉堂类稿》、《掖垣类稿》均为朝廷制词。胡文学《甬上耆旧诗》卷2作“《玉堂类稿》十三卷,《掖垣类稿》二十二卷”,误。今有王应麟《四明文献集》五卷,四库馆臣云:“所著《深宁集》本一百卷,然《宋志》已不著录,焦竑《国史经籍志》亦不载其名,则散佚久矣。此本乃明鄞县郑真、陈朝辅所辑《四明文献》之一种,故一人之作冒总集之名也。通一百七十余篇,制诰居十之七,盖捃拾残剩,已非其旧矣。应麟以词科起家,其《玉海》、《词学指南》诸书剩馥残膏尚多所沾溉,故所自作无不典雅温丽,有承平馆阁之遗,且所载事迹多足与史传相证”,“则虽零章断简,固不以残缺弃矣”。可以断定《四明文献集》所辑之文,大多为《玉堂类稿》、《掖垣类稿》之遗,部分为《深宁集》所有,是三书虽佚,睹此可窥一斑。

2 有关王应麟著述问题,详见拙作《王应麟撰著考》,载《安康学院学报》2010年4期。

3 纪昀等《四库全书总目提要》,影印文渊阁四库全书本。

4 陈叙《诗地理考》,载《南京师范大学文学院学报》2006年第2期。

5 靳生禾《中国历史地理文献概论》之《通鉴地理通释》专题,山西人民出版社,1987年,第193页。

6 吴松弟《王应麟》,谭其骧主编《中国历代地理学家评传》,山东教育出版社,1990年,第190、192页。

宋代专门编敕机构
——详定编敕所述论

孔　学

详定编敕所后也称详定敕令所、详定一司敕令所（简称“编敕所”、“敕令所”、“敕局”、“一司敕令所”），是宋代的专门编敕机构，以“删立法令为职”，[1] 即从事“编敕”工作。由于宋代的律书《重详定刑统》（《宋刑统》）在宋初修撰成书后，未再从事重修工作，而代之以连续不断的编敕，编敕也就成为宋代经常性的立法活动。对于编敕所的研究前人在有关专著中有所涉及[2]，但未见专文论述，因此有进一步深入研究的必要。

一、详定编敕所创立的时间和背景

关于编敕所设立的时间，有两种说法，一是《宋会要辑稿》的说法，据该书刑法一之三载：《大中祥符编敕》是由编敕所上进的；同书刑法一之四又载：“天禧元年（1017 年）六月七日，编敕所上《条贯在京及三司敕》共十二卷。”而《大中祥符编敕》始修于大中祥符六年（1013 年），大中祥符九年（1016 年）进呈朝廷。[3] 也就是说编敕所设立于 1013 年。李焘《续资治通鉴长编》卷八十二，大中祥符七年（1014 年）三月丁未条、四月丙寅条、六月辛酉条均记载了编敕所的活动。可旁证《宋会要辑稿》的说法不误。二是，南宋著名史学家李心传的说法，他认为宋初律敕的删修属大理寺，“逮天圣编敕，始有详定编敕所，别命官领之”。[4] 著名学者王应麟的看法与此相同。[5] 而《天圣编敕》于仁宗天圣五年（1027 年）五月诏修，天圣七年（1029

年）六月进呈朝廷。[6] 也就是说敕令所开始设立于天圣五年（1027 年）。

上述两种说法看似有矛盾，但如果仔细考虑一下，我们会发现，二者所说的名称并不相同，前者为“编敕所”，后者为“详定编敕所”。考参与《大中祥符编敕》编修的是判大理寺王曾以及翰林学士陈彭年等人，所设之官只有删定官和详定官。机构简单。建议编修《大中祥符编敕》的则是判大理寺王曾。说明他们并没有跳出宋初由大理寺负责编敕的模式。而“详定编敕所”设立后所修的《天圣编敕》，由宰执大臣提举管勾，作为领导机构，下面又有详定官和删定官。是政府直接领导下的一个机构。所以李心传特别强调“别命官领之”。以此来说明详定编敕所是一个独立的机构。这也是“踵修《十三朝会要》”，[7] 精通本朝故事的李心传把“详定编敕所”作为本朝敕局开始的原因。而事实上，以后的“编敕所”或“敕令所”前面均有“详定”、“重修”或“详定重修”及“编修”的字样。除简称外，没有仅仅称呼“编敕所”或“敕令所”的。

因此，我们可以这样认为，《大中祥符编敕》时已经有编敕所，但这个编敕所仅仅是附属于大理寺的一个编敕机构。只是到了《天圣编敕》时的详定编敕所，才真正是一个由政府直接领导的独立编敕机构。宋初的编敕主要是补律所未备，以《刑统》作参照进行刊修，补其未备，删其重复，除去一时之权制，到柴成务《咸平编敕》“准律分十二门”，[8] 与《刑统》的编撰体例基本一致。《刑统》分为名例律、卫禁律、职制律、户婚律、厩库律、擅兴律、贼盗律、斗讼律、诈伪律、杂律、捕亡律、断狱律12 门。编敕的 12 门也当是如此。至仁宗《天圣编敕》始有“丽于法者”，对大辟、流、徒、杖、笞、配隶等皆有增附，冲破了编敕不附刑名的旧制，实质上对《刑统》作了修改，所有这些“皆在律令之外”。[9] 编敕从不附刑名到附刑名，反映了编敕工作的重要性提高，同时，随着社会经济的发展，阶级矛盾和民族矛盾的日益尖锐，需要编修的敕条也是逐年增多。而大理寺作为一个司法机构，本身工作繁杂，显然已经不能再兼顾日益繁重的编敕任务，详定编敕所的正是在这种背景下应运而生的。

二、详定编敕所的演变

详定编敕所在《天圣编敕》时设立，神宗时称为“重修编敕所”、[10]“详定重修编敕所”，[11] 中间因修诸司敕式和一司敕式，又改名为“详定编修诸司敕式所”、[12]“详定一司敕式所”。[13] 哲宗元祐年间，“改熙丰之法，则又以重修敕令所为名”。[14] 哲宗绍圣年间称为“详定重修敕令所”，[15] 徽宗大观年间，一度改为“详定一司敕令所”。[16]南宋绍兴修敕时，仍以“详定重修敕令所”为名。[17]而绍兴末年，财政困难，朝廷讨论削减机构，减少开支，由于敕令所官吏猥多，赏费亦滥，所以首当其冲。绍兴二十九（1159年）年八月甲戌，御史建议“敕令所见修吏部法，乞催促投进外，官吏尽罢，今后遇特旨编法，临时委刑部或大理寺官编修，应内侍充提举承受等官及三省吏人供检并罢”。得到朝廷的批准。[18]绍兴三十一年六月癸卯，朝廷正式下诏：“并敕令所归刑部。”[19]绍兴三十二（1162年）年六月甲午（孝宗已即位，未改元），由于要修《高宗圣政》，吏部侍郎徐度请求复置敕令所，得到朝廷的批准。但此时的敕令所仅仅用来修《高宗圣政》，并不用来编撰法律书籍。乾道四年（1168年）十一月二十八日乙酉，汪大猷上言：“建炎后，续旨凡二万条，前后殊不合，请删修为书，俾吏不得肆。”要求恢复敕令所，进行编敕。得到朝廷的批准，“乃以重修敕令所为名。”到乾道六年（1170年）十一月十九日乙未，又以详定一司敕令所为名。但敕令所的规模大大减小，比以前“官减三之一，吏胥减三之二”。[20]淳熙十五年（1188年）六月，林黄中认为当时所修的条法，没什么用处，并建议对“京西、两淮未了条法，仍令日下删修结局。捐不急之官，省无用之费，不为无补”。得到孝宗皇帝的首肯，于是，于六月三日戊辰，罢敕令所，限一月结局。[21]光宗绍熙二年（1191年）夏，工部侍郎潘景珪言：“法令一书，久不删润。”于是复置“详定敕令局”。这年的四月庚寅，差详定官一员，删修官三员，五月癸丑，始立局名。[22]宁宗庆元二年（1196年）二月六日丙辰，“复置提举、同提举，仍以编修敕令所为名。”[23]

理宗景定三年（1262年）七月“辛巳，诏敕令所重修《吏部七司条法》”。[24]这是见于文献记载宋代敕令所的最晚的活动。度宗以后由于时局的动荡，未见有敕令所的立法活动。所谓“度宗以后，遵而行用，无所更定矣”。[25]编敕所的一般情况是：“差朝臣提领编敕，事已则罢。”[26]“遇修书则置局，书成则罢”。[27]加上经济原因的废罢，则编敕所有中断，但由于宋代编敕频繁，加之对敕令修改等原因，编敕所的中断时间均不太长，基本上是一个常设机构。大致以神宗中期为界限，该机构的演变可分为前后两个阶段，前一个阶段可称为“编敕所”阶段，后一个阶段可称为“敕令所”（或敕式所）阶段。这主要是因为编敕体例改变而造成的，神宗《熙宁编敕》以前，仅仅是把与刑名相关的宣敕按《宋刑统》十二律的名称分别加以编撰，仁宗《天圣编敕》开始编入刑名敕，而对“令”则以“附令敕”的形式编入书中，对于“格、式”则单独编书。神宗锐意变法，“以律不足以周事情，凡律所不载者，一断于敕”。把原来的律、令、格、式改为敕、令、格、式，并对他们的含义做了区分解释。[28]编敕体例随之发生变化，开始以法律形式敕、令、格、式四大部分进行编纂。同一条宣敕，可能包括两个或四个方面的内容，在书中，就编入相应的部分。“编敕所”随之也就变成了“敕令所”。

三、详定编敕所的组织

作为一个独立的机构，编敕所有他自己的一套组织和运行规则。详定编敕所组织构成示意图：

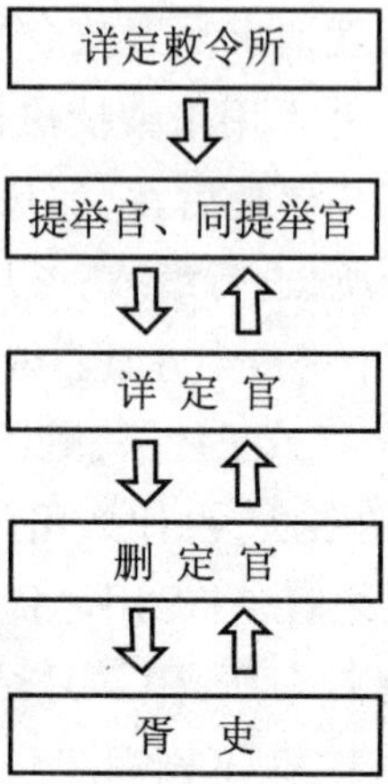

从《天圣编敕》起，编敕所的领导则为提举管勾和同提举管勾，提举管勾由宰相担任，同提举管勾则由执政大臣担任，南宋时，由于避高宗皇帝赵构之讳，提举管勾只称为提举，同提举管勾称为同提举。下面以编修全国性的综合编敕为例列表说明之。

宋代全国性的综合编敕提举官和同提举官表

编敕名	提举官	同提举官	出处	备注
《天圣编敕》	宰相吕夷简	枢密副使夏竦	《宋会要》刑法一之五。	
《庆历编敕》	宰相贾昌朝	参执政事吴育	《宋会要》刑法一之五，《宋宰辅编年录》卷五。	
《嘉祐编敕》	宰相韩琦	参执政事曾公亮	《宋会要》刑法一之六，《宋宰辅编年录》卷五。	

续表

编敕名	提举官	同提举官	出处	备注
《熙宁详定编敕》	宰相王安石		《宋会要》刑法一之九。	
《元丰编敕令格式》	无			由神宗皇帝亲自领导
《元祐详定敕令式》	吏部尚书苏颂		《宋会要》刑法一之一四，及一之一八。	
《元符敕令格式》	宰相章惇	门下侍郎安焘	《宋会要》刑法一之一八。	
《政和重修敕令格式》	宰相何执中为"兼领"	同知枢密院事王襄为"同兼领"	《宋会要》职官四之四二。	
《绍兴重修敕令格式》	宰相范尹宗	参执政事张守	《宋会要》刑法一之三五。	
《乾道重修敕令格式》	宰相虞允文	《宋史》卷203《艺文志》		
《淳熙重修敕令格式》	不详	参执政事李彦颖	《宋会要》刑法一之五一。	
《庆元重修敕令格式》	宰相京镗		《玉海》卷66。	
《淳祐敕令格式》	宰相史嵩之		《续资治通鉴》卷170	
《重修淳祐敕令格式》	不详			
《淳熙条法事类》	宰相赵雄	参执政事钱良臣	《宋会要》刑法一之五二。	
《庆元条法事类》	宰相谢深甫		《直斋书录解题》卷7。	
《淳祐条法事类》	宰相郑清之		《宋史》卷43《理宗纪三》。	

元丰编敕时，由神宗亲自主持，未设提举之官，所以到元祐编敕时，就出现由吏

部尚书苏颂主持的怪现象。徽宗修政和敕令时,命尚书左仆射何执中为提举,同知枢密院事王襄同提举。何执中鉴于元丰修敕时,轻重去取一出神宗笔削,未设提举官,上奏要求寝罢自己提举敕令之名,请徽宗刊削。徽宗命"以兼领为名",同提举王襄改为"同兼领"。南宋时恢复了以宰执大臣为提举同提举的旧例。并且在乾道年间,"置提举官二,以属宰相。同提举一,以属执政"。[29]提举官的设立,表明了朝廷对修敕工作的高度重视。提举官下面设有详定官,早在《淳化编敕》时,就设有此官。编敕所建立后因之。"以侍从通法令者充"。[30]他们实际主持敕令所的编修工作,对删定官送来的初稿进行裁定。

北宋时全国性综合编敕详定官一览表(从《天圣编敕》起)

编敕名	担任职官	详定官名	出处
《天圣编敕》	翰林学士 知制诰 龙图阁待制 判大理寺 权大理少卿	蔡齐 程琳 韩亿、燕肃 赵括 董希颜	《宋会要》刑法一之五。
《庆历编敕》	翰林学士 侍读学士 天章阁待讲[制] 权大理少卿	张方平 宋祁 曾公亮 钱象先	《宋会要》刑法一之五。
《嘉祐编敕》	龙图阁直学士	钱象先、卢士宗	《宋会要》刑法一之六。
《熙宁详定编敕》	翰林学士 龙图阁待制 权知审刑院	曾直 邓绾 崔台符	《宋会要》刑法一之九。
《元丰编敕令格式》	不详	不详	《宋会要》刑法一之一二。
《元祐详定敕令式》	不详	不详	《宋会要》刑法一之一四至一五。
《元符敕令格式》	户部侍郎 大理少卿	王古 刘赓	《宋会要》刑法一之一八。
《政和重修敕令格式》	不详 不详	李孝称 任良弼	《宋会要》刑法一之二六。

从上表可以看出,详定官基本上由侍从官员担任,人数在二到五员之间。南宋章如愚说:"旧制一员,宣和中七员,靖康减(为)三员。"[31]然而,宣和元年五月十九

日,中书省反映臣僚上奏说:“一司敕令所上下官属,无虑三十余员,而详定官居半,”这些详定官“类多中台长贰或侍从官领宫祠者兼之。”[32]可知当时的详定官高达十五员以上。但大多为兼职。这年的十二月,尚书省曾建议“详定官今后以三员为额”。[33]但可能并未执行,直到靖康元年,当时的详定敕令所才把详定官减为三员。[34]南宋时,除详定官外还有同详定官。根据《宋会要》刑法一载,南宋在修《绍兴敕令格式》及《淳熙条法事类》时,均是详定官一员,同详定官一员。乾道六年(1170年),设“详定一,从官为之。”但“视曩时官减三之一”。如果按此比例计算,以前的详定官要有三员。光宗绍熙设详定敕令局时,详定官仍为一员。[35]

详定官下面还设有删定官,此官在真宗《咸平编敕》时就已出现。编敕所设立后因之。

北宋时全国性综合编敕删定官一览表(从《天圣编敕》起)

编敕名	担任职官	删定官名	出处
《天圣编敕》	秘书丞	庞籍、张颂	《宋会要》刑法一之五。
《庆历编敕》	屯田员外郎 太常博士 国子博士 秘书丞 殿中丞	成奕 陈太素 卢士宗 郝居中、田谅 张太初、刘述	《宋会要》刑法一之五。
《嘉祐编敕》	都官员外郎 权大理少卿 屯田员外郎 太常丞	张师颜 王惟熙 宋迪 张宗易	《宋会要》刑法一之六。
《熙宁详定编敕》	秘书丞	虞太宁	《宋会要》刑法一之九。
《元丰编敕令格式》	尚书刑部侍郎 中书舍人 知制诰 宝文阁待制	崔台符 王震 熊本 李承之、李定	《宋会要》刑法一之一二。
《元祐详定敕令式》	不详	不详	《宋会要》刑法一之一四至一五。
《元符敕令格式》	不详	不详	《宋会要》刑法一之一八
《政和重修敕令格式》	不详	刘宏、杜充、张寀、钱随、尚谕、杜严、刘寄	《宋会要》刑法一之二六。

由上表可以看出,北宋时删定官并没有定员,多者七员,少者一员(元祐编敕成书后,受到奖赏的官员除提举官苏颂外,其他还有十三人,从担任的官职看,删定官居多)。[36]一般选差在京的职事官担任(元丰编敕时,未见有详定官,而从删定官大多由侍从担任来看,可能二者合一)。但品阶一般要低于详定官。宣和元年十二月,尚书省建议删定官以十员为额,得到皇帝的批准。[37]南宋章如愚认为,"旧删定(官)无定员"。绍兴十二年,"复置删定官,以三员为额"。[38]而李心传则记载,乾道六年,删定官五员。光宗绍熙二年复置详定敕令局时,删修官为三员。[39]在编敕所,提举官和详定官是领导者和定稿者。神宗熙宁四年曾下诏:"编敕所应删定官众议有不同,即各具所见,令详定官参详,如尚未安,申中书裁下。"[40]大量的具体工作则由删定官去做。工作是十分繁重的,所以从嘉祐编敕时,对删定官采取二年为任,五年为二任(宋代官员一般三年为一任)的奖励办法。到神宗熙宁三年十月十九日,详定编敕所建议:"乞自今应删定官,每月各修敕十条,送详定官,如二年内了当,不计月日,并理为任,如有拖滞,虽过二年,亦理一任。"[41]实行严格的奖惩制度。这种制度在元丰年间仍然在使用,元丰三年五月十五日,详定重修编敕所上奏说:"奉诏月具功课以闻,缘参取众议,研究义理,及照会抵牾重复遗略,正是难立课程之时,乞免奏功课。"然而神宗下诏不许。仍令中书立式。[42]元祐元年十一月壬午,尚书省奏请:"门下、中书后省并详定重修敕令所删定、检阅、点检文字使臣,并依在京职事官禁谒法。"[43]得到朝廷的批准。良好的制度,需要人来执行,同样的制度在不同的政局情况下是不同的,"大抵嘉祐敕必出于士人之手,故士人喜观之,前政和修敕时,详定官一时贵人,漫不省事,删定官多贵游子孙,故政和敕皆出于文吏之手,故文吏喜道之"。[44]南宋时,删定官"于行在职事官内差兼"。[45]高宗绍兴十三年元月下诏明令:"今后敕令所删定官差曾任亲民,参用刑法官。"[46]但到孝宗时,"故例,删定官多以选人为之,往往未尝通练古今,明习法律,经历州县,一切受成于吏手,书成牴牾,言论驳杂,辄复更定,间有至局旬月,未尝笔削一字,适遇进书,亦得改官,遂为宰执周旋亲故之地,失当时建局命官之意矣"。[47]神宗《熙宁编敕》时,除设有以上官员外,还设有检详官、对点官、编排官。《元符敕令格式》时设有校勘官。《元祐详定敕令式》时设有检阅官,点检官。《政和重修敕令格式》设有承受官。[48]

除正式的官员外,每次编敕还有一定数量的胥吏,负责敕令所的日常事务及文字的检索和抄写工作。如供检文字,掌寻检、供应编敕所所需的诸朝前后续降文字。[49]法司,掌编敕所需条法等查检,位次于供检,职事相近。如供检或法司有阙,"即将试中刑法人依名字(次)差充"。[50]编修文字,参与整理业经删定官删修的文字,由令史、书令史等文书吏充任。[51]书写人,誊清抄写本所修订的文字。[52]书奏,置于详定官下,专一祇应详定官行遣事。[53]敕书修成后,一般由提举官或同提举官领衔奏进朝廷,参加编写人员均可得到升官、减磨勘、赐银绢的奖励。

四、敕令所的职能

敕令所是一个以编敕为主,兼及其他功能的一个机构。编敕是其主要职能。宋代的编敕有所谓的"海行敕",即可通行全国的编敕。如《庆历编敕》、《绍兴重修敕令格式》等;有一司敕,即某个部门的编敕,如《宗正寺敕令格式》、《大观马递铺敕令格式》等等;另外还有一州、一县、一路、一务敕。如《淳熙一州一路酬赏法》。而敕令所主要编修海行敕与一司敕。在宋代凡"圣旨、札子、批状,中书颁降者,悉名曰'敕';枢密院颁降者,悉名曰'宣'。"[54]合称为"宣敕",这些"宣敕"一般是对特定的人和事而发,为一时的权制,开始并不具备普遍和稳定的法律效力。这样的宣敕称为"散敕"。《唐律·断狱》规定:"诸制敕断罪,临时处分,不为永格者,不得引为后比。"(《宋刑统》沿用)要使这些"散敕"上升为一般法律,则必须通过"编敕"这一立法程序。宋代则是在这些宣敕(或称"续降")积累到一定数量后,由某一大臣建议,皇帝下诏,组织人员进行编敕。所谓"纲条既繁,则必建局命官,一加删定"。[55]下面以全国性综合编敕为例说明编敕所是如何编敕的。

首先,对这些"散敕",删除重复。因为这些"散敕"中,有一些是不同时间对同一事情而发,所以要做删除重复工作。早在咸平编敕时,"凡敕文与《刑统》令、式旧条重出者,及一时机宜非永制者,并删去之"。[56]《庆历编敕》时,"擿除重复","数勅而申一事者,并文示简"。[57]《嘉祐编敕》则要"存其便安,汰其重复"。[58]《熙宁编敕》是"删除烦复"。[59]《元祐详定敕令式》则"文有重复者,削除之"。[60]

其次,是除去一时之权制和旧文中过时的条文,很多"散敕"是针对某一特定的事或人而发,不具有普遍的适用意义,所以也要删除。一般来说,新编敕时,旧敕中的适用条文,被新敕吸收,而旧敕中的一些条文,由于时间的变迁,环境的改变,已不再适用,也需要删除或修改。如乾道六年十月十五日,宰相虞允文上言:"伏见乾道新书系将诸处录到续降指挥计二万二千二百余件,除合删去外,今于旧法有增损元文五百七十四条,带修创立三百六十一条,全删旧文八十三条,存留指挥一百二十八件。"这里"合删去外,"就是指的一时权制。"全删旧文八十三条",[61]则指的是旧敕中的过时条文。

第三,对所编敕条进行必要的加工润色。由于续降宣敕有的言辞冗长,有的逻辑不周,有的语义不明,都需要对其润色。如《庆历编敕》对续降的宣敕要"周所未详"。"言某月日敕详定者,则微加修润"。[62]《嘉祐编敕》则"参旧文而发新意"。[63]《元祐详定敕令式》则认为"义欲著明,理宜增损"。并且对"意有阙略者,润色之"。[64]上文提到虞允文谈道的"乾道新书""于旧法有增损元文五百七十四条",也是对所编续降指挥宣敕的加工润色。

第四,创立新的条文,编敕官发现续降和旧敕对某些方面规定不够或者是空白,就根据具体情况,创立新的条文,以弥补不足。而《庆历编敕》首开先例,大概是仿照《宋刑统》,有"臣等参详新立者,是众议建明,务合大中,庶全体要"。[65]《嘉祐编敕》则"禁当立,则特为之条"。[66]《元祐详定敕令式》有"今来敕令式内,事有未备,与删定官等同共讨论,具为条目者,即以庆历故事,注曰:'臣等参详新立'"。[67]上文谈到虞允文提到"乾道新书"有"带修创立三百六十一条"。也是新创立的条文。

第五,按照一定的体例,对敕条进行编纂。编敕所创立后,每次编敕体例,均在以前的基础上有所改进。如《庆历编敕》"因事标目,准《律》制篇",准《律》制篇是学习《咸平编敕》,即按照《唐律》十二门进行编纂,而因事标目,是于每门中分立细目。又"每敕系年,……其言某年月日敕者,则尽如原降;言某年月日敕详定者,则微加修润;言臣等参详新立者,乃是众议建明"。每敕注明时间,便于法官了解敕条创立年月。又"先卷发例,省烦文也"。创立在卷首立凡例的办法,借此精练正文部分。[68]《嘉祐编敕》在继承《庆历编敕》的基础上,首先把《庆历编敕》于每条正文后附注颁布时间的形式,改为注于目录之中,以使正文更加简明。其次,是对《宋刑统》所附敕及参详条进行了一次全面整理,"取其现今可行者",逐门收入《嘉祐编敕》。[69]

神宗《元丰敕令格式》在编敕体例上作了重大改革,把原来各种法律规范混而为一的编纂体例,改为按敕、令、格、式四种法律形式分类编纂。并对这四种法律形式下了定义:"设于此而逆彼之至曰格;设于此而使彼效之曰式,禁其未然之谓令,治其已然之谓敕。"[70]并且亲自领导编敕所进行工作,这次编成《元丰敕令格式》"以刑名为敕",依《唐律》分篇,自《名例》至《断狱》,分十二门,十二卷。"以约束为令",自《品官》至《断狱》,分三十五门,五十卷。"以酬赏为格",格分等级,不分门,五卷。"有体制模楷者皆为式",如表、帐籍关牒和符檄之类,不分门,五卷。[71]从此,编敕必分敕、令、格、式,"著为成宪"。[72]《元祐详定敕令式》是站在反变法的立场上编修的,他删去了《元丰敕令格式》的"格"。又在每门之内分立类目,以消除

《元丰敕令格式》因没有分门而在“检用之际，多致漏略”的弊端。又仿照《宋刑统》的体例，收辑出编敕内“余条准此例”六十四件，别为一卷，以备检索。[73]哲宗亲政后，锐意恢复新法，当时所编《元符敕令格式》又恢复了被《元祐详定敕令式》所删除的“格”。而徽宗时期修成的《政和重修敕令格式》其“条目甚繁”而“文简”。[74]文风发生了改变。

南宋时基本上是沿袭《元丰敕令格式》的编纂体例。然而到孝宗时，为了提高检索法条的效率，防止漏检。又在“敕令格式”外，创立了“条法事类”，这类书分门进行编纂，每门之下又分许多小类，每小类则按敕、令、格、式，旁照法，随敕申明的顺序进行编排，在正文中，如有特别的法律术语，则以小字加注进行解释。之后，按照这种体例分别改编《淳熙重修敕令格式》、《庆元重修敕令格式》、《重修淳祐敕令格式》，编纂了《淳熙条法事类》、《庆元条法事类》、《淳祐条法事类》三部条法事类，三书与原《敕令格式》内容完全一致。

第六，听取众人意见，对编敕进行修订。如《天圣编敕》在修成未雕印前，“令写录降下诸转运发运司看详行用。如内有未便事件，限一年内逐旋具实封闻奏”。[75]以便敕令所修正。《进嘉祐编敕表》云：“臣等又以四海之广，独见莫周，虽当局之勤，谓所思之已至，及约情而用，或在理以犹差。必欲成本朝之善经，固当合天下之公论，首祈博访，亟奉俞音，果众说之毕伸，亦寸长而备采。”[76]元祐元年五月十七日，敕令所建议：“应官吏民庶等，如见得现行条贯有未尽未便合行更改，或别有利害未经条约者，并许陈述。”从之。[77]《进元祐编敕》则认为：“古之议刑，必询于众。”因此对“四方士庶陈述利害，参酌可否，互有从违”。[78]《熙宁编敕》修成后，提举王安石等人上奏请求：“新修编敕，虽已经审刑、刑部、大理寺、殿前马步军司等看详，尚虑事理未尽，欲更送中书、枢密院再看详签贴，及付在京刑法司、律学官吏等，各具所见，申中书，送提举详定官看详，如当改正，即改正刊印颁行。”从之。[79]此后大致形成了这样的惯例，开始修敕时，令臣民对将要删修的敕条指出“有未尽未便合行改正或别有利害未经条约者”。编敕修成后则“必下之逐路监司”和各职能部门，审覆可否。改正之后，然后施行。并采取奖惩措施，鼓励人们议论法条的得失。[80]南宋修敕时，相沿无改。

编敕所除编纂法条外，还兼有以下职能：一、创立新法，前文提到，编敕所在进行编敕时，有权根据实际情况，直接创立新的法律条文。他们平时也享有立法权，如哲宗元符元年四月，详定一司敕令所言：“擅借转运司钱物及借之者，干系官吏，各徒二年。”从之。[81]再如“勅令所奏：‘诸州以公使酒馈送出本州界者，以违制论，以公使见钱、金帛、珍宝遗人，准盗论。知而受之，坐赃论。’以言者请立法也”[82]。二，因事立法,熙宁年间,宗室赵世居因藏图谶之书而谋反,对此,神宗"诏送编敕所立法以闻,其后立法:'私有图谶及私传习者,听人告,赏钱百千。'从之"。[83]三、请求修改法条,如元符元年七月,详定一司敕令所言:"乞删去因强盗杀人者不用犯时不知律敕条。"从之。[84]四、对有关立法进行审查,如神宗熙宁七年六月乙卯,"诏在京一司、一路、一州、一县编敕修讫,并上中书,在京一司敕送检正官,余送详定一司敕令所再详定"。[85]同年的七月丙辰,"诏诸房创立或删改海行一司敕,可并送法司及编敕所详定讫,方取旨颁行"。[86]

五、余 论

在我国封建社会,皇帝是最高的立法者,所谓"前主所是,著为律,后主所是,疏为令"。[87]宋代编敕的法源也是出自皇帝的诏令,然而,皇帝个人的精力毕竟有限。在以他的名义发布的诏令中,除极少部分是皇帝本人拟订的外,绝大部分是各职能部门及臣民们建议或申请,经过皇帝首肯后而发布的。在宋代,如刑法方面的法律一般由刑部、大理寺及地方各级司法部门和关心刑法的臣民提出;军事方面的法律一般则由兵部、枢密院及军队将领提出;等等,然后以皇帝的名义发布。事实上,皇帝发布诏令有一套相当严格的制度,正常的程序:北宋前期,皇帝的命令发出后,首先,负责起草诏书的中书舍人如果认为不当,可以封还词头。给事中可以进行封驳。台谏官可以进行弹奏,宰执大臣要签署。即使下发到执行单位,执行官员认为不妥,也可以"执奏"。神宗元丰官制改革后,"命令之出,尚书省勘会,中书省取旨,门下省封驳,若有不便,有司得论"。[88]当时人认为:"制敕不由门下,及省审,书读不备,则不成命令,其经历之司,必不敢放过,被受之人,必不敢当"。[89]当然,也有皇帝在个别时候,不经过有关部门,直接下诏给执行部门。即所谓"内降"或"内批",但在当时被讥讽为"斜封墨敕"。并被认为"不足效也"。[90]由于在宋代由中书(政事堂)与枢密院分执文、武二柄。所以"圣旨、札子、批状,中书颁降者,悉名曰'敕';枢密院颁降者,悉名曰'宣'"。[91]编敕所的职责就是在这些宣敕达到一定数量时,听取臣民的意见,对其进行删修,即删其重复,去其抵牾,周其不全,补其不足。使其上升到常法的地位。编敕修成后,听取众人意见,无异议后,雕版颁行。由此可见,编敕所是宋代立法链条上的终端环节,如果把皇帝通过中书、枢密院下发的宣敕比作原料的话,那么详定编敕所就是把这些原料加工成产品的工厂。

需要指出的是详定编敕所并不是宋代唯一的编敕机构,一些部门法,往往是由这些部门自己编纂的。如元丰三年“六月十八日,武学上新修敕令格式,诏行之”。[92]再如徽宗政和六年五月二十七日,“礼制局编修《夏祭敕令格式》颁行”。[93]而“修军马敕则属枢密院”。[94]神宗变法时的“制置三司条理司”之后的“司农寺”也是当时的编敕机构。只不过详定编敕所是贯穿两宋的编敕机构,有时还对一些部门法进行审查。详定编敕所以编敕为主要职责,所以在当时被列为书局,南宋高宗时“修书局凡四:曰日历,曰玉牒,曰实录,曰敕令所”。[95]宋代的修书之官为清显之官,是宋朝储才之地。敕令所也是如此,因此,“删定官于职事官中班高职清”。[96]“所置删定员,率资历未可登他曹,则于此乎储之,士得优游其间,敛身于防益,明习国家宪令,以适于务”。目的是“谨法度,广贤才”。[97]吴自牧也认为:“敕令所……专为详定编修诸司敕令,盖谨法度,广贤才耳”。[98]正是看到了删定官美好的前途,朝中高官纷纷把自己的亲故安排到编敕所,所以政和修敕时,“删定官多贵游子孙,故政和敕皆出文吏之手”。[99]南宋孝宗时,“除授浸轻,初不问其能否履历”。[100]“遂为宰执周旋亲故之地,失当时建局命官之意矣”。[101]所以在很多时候,并没有起到培养人才的作用。

详定编敕所设立后,从制度上保证了宋代定期与不定期进行编敕,宋代的全国性综合编敕从《天圣编敕》开始都是由敕令所编纂的。根据笔者考证,宋代全国性综合编敕有十九部,如果再加上内容重复的三部“条法事类”,则有二十二部。[102]而其中《天圣编敕》以后的全国性综合编敕均在编敕所或敕令所完成。有十七部之多。其他海行敕与一司敕的大部分也是由敕令所编纂。甚至一些州县敕也是由敕令所编纂的。根据李心传统计,南宋高宗一朝编敕,“通海行法为二千六百二十卷有奇”。而孝宗朝,“自乾道以后,新修之书又为三千一百二十五卷。……而一路别法已修者一千二百余卷不预焉”。宁宗庆元以后的编敕也是“编帙浸繁矣”。[103]因此,详定编敕所编敕功绩是巨大的。可惜,大量的宋代编敕今大多已失传。宋代全国性综合编敕,今天还残存有《庆元条法事类》35 卷半。一司敕今天还残存有南宋所修的《吏部条法》一部。《庆元条法事类》后还附有《开禧重修尚书吏部侍郎右选格》二卷。其他还则散见于《宋会要辑稿》、《宋史》、《续资治通鉴长编》、《文献通考》等有关宋代典籍之中。对法令的编纂在详定编敕所出现以前,要么是由司法机构官员如大理寺、刑部来完成,要么是朝廷临时指派官员完成。宋代以后仍然如此。近代西方社会有所谓“行政、立法、司法”三权分立政权运行体制。宋代出现独立的编敕机构,虽然与此相比,相去甚远,但仍然是值得我们关注的中国封建社会的新气象。

(原刊于《河南大学学报》2007 年第 1 期)

注　释

1 徐松辑《宋会要辑稿》刑法一之二九,台湾新文丰出版公司影印本,1976年。

2 详见王云海主编《宋代司法制度》(河南大学出版社,1992年)、郭东旭《宋代法制研究》(河北大学出版社,1997年),及国内出版的一些法制史教科书。

3 徐松辑《宋会要辑稿》刑法一之三,台湾新文丰出版公司影印本,1976年。

4 李心传《建炎以来朝野杂记》乙集卷5《炎兴以来敕局废置》,中华书局,2000年。

5 王应麟《玉海》卷67《宋朝敕局》,文渊阁四库全书本。

6 徐松辑《宋会要辑稿》刑法一之四至五,台湾新文丰出版公司影印本,1976年。

7 脱脱等《宋史》卷438《李心传传》,中华书局点校本,1977年。

8 李焘《续资治通鉴长编》卷43,咸平元年12月丙午,中华书局点校本,2004年。

9 脱脱等《宋史》卷199《刑法志》1,中华书局点校本,1977年。

10 徐松辑《宋会要辑稿》刑法一之一〇。

11 徐松辑《宋会要辑稿》刑法一之一二;李焘《续资治通鉴长编》卷43,咸平元年十二月丙午。

12 徐松辑《宋会要辑稿》刑法一之一一。李心传《建炎以来朝野杂记》乙集卷5《炎兴以来敕局废置》。

13 徐松辑《宋会要辑稿》刑法一之一一。

14 李心传《建炎以来朝野杂记》乙集卷5《炎兴以来敕局废置》。

15 徐松辑《宋会要辑稿》刑法一之一六至一七。

16 徐松辑《宋会要辑稿》刑法一之二五。

17 李心传《建炎以来朝野杂记》乙集卷5《炎兴以来敕局废置》;徐松辑《宋会要辑稿》刑法一之三五。

18 李心传《建炎以来朝野杂记》乙集卷5《炎兴以来敕局废置》。

19 李心传《建炎以来系年要录》卷190,文渊阁四库全书本。

20 李心传《建炎以来朝野杂记》乙集卷5《炎兴以来敕局废置》。

21 李心传《建炎以来朝野杂记》乙集卷5《炎兴以来敕局废置》;《宋史》卷35《孝宗纪》3。

22 李心传《建炎以来朝野杂记》乙集卷5《炎兴以来敕局废置》;佚名《两朝纲目备要》卷2,中华书局点校本,1995年。

23 李心传《建炎以来朝野杂记》乙集卷5《炎兴以来敕局废置》;佚名《两朝纲目备要》卷4。

24 佚名《宋史全文》卷36,黑龙江人民出版社点校本,2005年。

25 脱脱等《宋史》卷199《刑法志》1。

26 徐松辑《宋会要辑稿》职官四之四五。

27 徐松辑《宋会要辑稿》刑法一之五六。

28 脱脱等《宋史》卷199《刑法志》1。

29 李心传《建炎以来朝野杂记》乙集卷5《炎兴以来敕局废置》。

30 章如愚《群书考索》后集卷11,文渊阁四库全书本。徐松辑《宋会要辑稿》刑法一之一〇。

31 章如愚《群书考索》后集卷11。

32 徐松辑《宋会要辑稿》刑法一之三一。

33 徐松辑《宋会要辑稿》刑法一之三二。

34 佚名《靖康要录》卷7,靖康元年7月27日,文渊阁四库全书本。
35 李心传《建炎以来朝野杂记》乙集卷5《炎兴以来敕局废置》。
36 李焘《续资治通鉴长编》卷408,元祐三年二月乙未。
37 徐松辑《宋会要辑稿》刑法一之三二。
38 章如愚《群书考索》后集卷11。
39 李心传《建炎以来朝野杂记》乙集卷5《炎兴以来敕局废置》。
40 李焘《续资治通鉴长编》卷220,熙宁四年二月甲戌。
41 徐松辑《宋会要辑稿》刑法一之八;李焘《续资治通鉴长编》卷216,熙宁三年十月丙子。
42 徐松辑《宋会要辑稿》刑法一之一二。
43 李焘《续资治通鉴长编》卷392,元祐元年十一月壬午。
44 王洋《东牟集》卷9《后论今日之法当然札》,文渊阁四库全书本。
45 章如愚《群书考索》后集卷11。
46 徐松辑《宋会要辑稿》刑法一之三八。
47 李心传《建炎以来朝野杂记》乙集卷5《炎兴以来敕局废置》。
48 参见徐松辑《宋会要辑稿》刑法一之九;一之一四至一五;一之二六。
49 参见徐松辑《宋会要辑稿》职官四之四七。
50 徐松辑《宋会要辑稿》职官四之四六、四九。
51 徐松辑《宋会要辑稿》职官四之四六、四九。
52 徐松辑《宋会要辑稿》职官四之四六。
53 徐松辑《宋会要辑稿》职官四之四六;参见龚延明《宋代职官大辞典》中华书局,1997年,第98—99页。
54 李焘《续资治通鉴长编》卷286,熙宁十年十二月壬午条注文。
55 韩琦《安阳集》卷27《进嘉祐编敕表》,文渊阁四库全书本。
56 李焘《续资治通鉴长编》卷43,咸平元年十二月。
57 张方平《乐全集》卷28《进庆历编敕表》,文渊阁四库全书本。
58 韩琦《安阳集》卷27《进嘉祐编敕表》,文渊阁四库全书本。
59 王安石《临川文集》卷56《进熙宁编敕表》,文渊阁四库全书本。
60 苏颂《苏魏公集》卷44《进元祐编敕》,文渊阁四库全书本。
61 徐松辑《宋会要辑稿》刑法一之四八至四九。
62 张方平《乐全集》卷28《进庆历编敕表》,文渊阁四库全书本。
63 韩琦《安阳集》卷27《进嘉祐编敕表》,文渊阁四库全书本。
64 苏颂《苏魏公集》卷44《进元祐编敕》,文渊阁四库全书本。
65 张方平《乐全集》卷28《进庆历编敕表》,文渊阁四库全书本。
66 韩琦《安阳集》卷27《进嘉祐编敕表》,文渊阁四库全书本。
67 苏颂《苏魏公集》卷44《进元祐编敕》,文渊阁四库全书本。
68 张方平《乐全集》卷28《进庆历编敕表》,文渊阁四库全书本。
69 韩琦《安阳集》卷27《进嘉祐编敕表》,文渊阁四库全书本。
70 徐松辑《宋会要辑稿》刑法一之一二。

71 李焘《续资治通鉴长编》卷344，元丰七年三月乙巳条注文；卷407，元祐二年十二月壬寅。
72 徐松辑《宋会要辑稿》刑法一之二二。
73 苏颂《苏魏公集》卷44《进元祐编敕》，文渊阁四库全书本。
74 王洋《东牟集》卷9《后论今日之法当然札》，文渊阁四库全书本。
75 徐松辑《宋会要辑稿》刑法一之四。
76 韩琦《安阳集》卷27《进嘉祐编敕表》，文渊阁四库全书本。
77 徐松辑《宋会要辑稿》刑法一之一三。
78 苏颂《苏魏公集》卷44《进元祐编敕》，文渊阁四库全书本。
79 李焘《续资治通鉴长编》卷247，熙宁六年九月辛丑。
80 徐松辑《宋会要辑稿》刑法一之七，一之二四至二六，一之三四，一之四九。
81 李焘《续资治通鉴长编》卷497，元符元年四月丁亥。
82 李心传《建炎以来系年要录》卷101，绍兴六年五月癸巳，文渊阁四库全书本。
83 李焘《续资治通鉴长编》卷262，熙宁八年四月庚辰。
84 李焘《续资治通鉴长编》卷500，元符元年七月壬子。
85 李焘《续资治通鉴长编》卷254。
86 李焘《续资治通鉴长编》卷254。
87 班固《汉书》卷60《杜周传》，中华书局，1962年。
88 李焘《续资治通鉴长编》卷465，元祐六年闰八月壬午。
89 李焘《续资治通鉴长编》卷370，元祐元年闰二月乙卯。
90 脱脱等《宋史》卷405《刘黻传》。
91 李焘《续资治通鉴长编》卷286，熙宁十年十二月壬午条注文。
92 徐松辑《宋会要辑稿》刑法一之一二。
93 徐松辑《宋会要辑稿》刑法一之二九。
94 章如愚《群书考索》后集卷11。
95 李心传《建炎以来系年要录》卷179，绍兴二十八年三月辛未。
96 徐松辑《宋会要辑稿》职官四之五〇。
97 潜说友《咸淳临安志》卷7《敕令所》，文渊阁四库全书本。
98 吴自牧《梦粱录》卷9《秘书省》，文渊阁四库全书本。
99 王洋《东牟集》卷9《后论今日之法当然札》。
100 徐松辑《宋会要辑稿》职官四之五〇。
101 李心传《建炎以来朝野杂记》乙集卷5《炎兴以来敕局废置》。
102 孔学《宋代全国性综合编敕纂修考》，载《河南大学学报》1998年4期。
103 徐松辑《宋会要辑稿》职官四之五〇。

元代黄河漕运考

周　松

黄河是中国北方最重要的河流，习惯上对黄河水运的研究均集中于中下游河段的晋陕黄河以下部分，而关于黄河中上游河段的水运开发利用情况则涉及不多。元代大运河漕运和海运开通之前与元末漕运阻滞、海运失控之后，西北黄河漕运都显现出重要的地位。吴宏岐、陈广恩的相关文章[1]对元代由宁夏通东胜的黄河漕运之历史沿革、漕运路线、漕运运行情况多有揭示，但考虑到元代陆上漕运与海运空前发展的背景，西北黄河漕运在当时究竟发挥了怎样的实际效用，黄河沿岸屯田的密集分布与黄河漕运到底存在何种内在联系等问题尚须认真考察。刘再聪及笔者均曾著文[2]涉及或讨论元代宁夏漕运，但难见全貌，在诸如黄河漕运开辟的时间，所开置水路驿站的分布、名目等环节，也有再行置喙探讨的必要。本文试图通过对以上各问题之分析，纠谬补缺，以求明确漕粮生产、运输、存贮相结合的黄河漕运结构，并联系本地区的内外部条件动态地把握元代西北黄河漕运的整体面貌，进而较为客观地评价其实际功效。这对于全面理解元代西北交通网络构建、农业经济的恢复和发展、北方粮食资源调配方式的灵活性，以及元代甘青藏区与内地联系的强化具有重要意义。

一、元代西北黄河漕运开辟的条件

元世祖忽必烈称帝后即开始关注宁夏粮食的生产与运输，并由此开始了宁夏东通东胜的黄河漕运。虽然史载中统二年（1261 年）七月，朝廷“命西京宣抚司造船备西夏漕运”。[3] 但它绝不意味着黄河漕运已经开辟。由于运粮目的地、粮食生产条件等因素直接决定了黄河漕运的开置，那么，元代西北黄河漕运开辟的时间不应被简单地系于中统初年，而应是一个从中统初到至元初的数年中，逐步创造漕运条件，最终确立黄河漕运的发展过程。其中，宁夏等地政治局势的稳定、农业生产的恢复、航运路线的勘查等都是不应回避、也无法回避的先决条件。

蒙哥死后，忽必烈与胞弟阿里不哥分别在各自控制区称汗自立，随即爆发大规模内战，军粮供应的紧迫性立即凸现出来。然而当时南宋政权尚未消灭，依靠江南粮食、财物供应根本无从谈起，所以忽必烈必须想方设法通过各种管道筹集北边战事所需粮秣。北方前线的军粮问题成为忽必烈一方能否取得胜利的关键因素。中统元年(1260 年)“六月戊戌，诏燕京、西京、北京三路宣抚司运米十万石，输开平府及抚州、沙井、(靖)净州、鱼儿泺，以备军储”。[4] 次年八月朝廷再次“敕西京运粮于沙井，北京运粮于鱼儿泺”。[5] 这些举措正是忽必烈确保对漠北战争胜利的重要条件，其实现方式主要是由山西大同府地区向位于漠南碛口一带的沙井(今内蒙古四子王旗大庙古城)、净州(今内蒙古四子王旗土城子古城)、鱼儿泺(今内蒙古克什克腾旗达里诺尔)地区运粮。须知西京(大同)等地原有农业生产水平就难以和中原地区相比，短期内筹集大军军粮的困难程度可想而知，于是必须利用一切可能的方式保证前方粮食供应满足战、守的需要。在这种情况下，宁夏粮源自然成为筹粮所关注的选项之一。这是中统初年元朝初置西北黄河漕运的背景和原因。

地理位置上，宁夏原本与漠南前线及西京地区相去甚远，陆路交通不便。但是黄河河套的大拐弯却将宁夏平原地区与之联系起来，黄河顺流而下，单向水路交通运输极为便捷。这是启动黄河漕运的地理条件。

农业经济上，宁夏平原发展农业生产的自然条件相对优越，基础较好。如果宁夏农业得以正常发展，对于漠南军粮供应必能贡献良多。这是启动黄河漕运的经济条件。

由西北地区的政治形势看，中统元年忽必烈漠南称帝后，阿里不哥所属的阿蓝答儿、浑都海等人即盘踞河西图谋东进。为消灭叛军，当年五月，朝廷“以总帅汪良臣统陕西汉军于沿河守隘”[6]，控制了宁夏黄河沿岸，配合诸王合丹等伺机平叛。及至九月汪良臣与合丹、合必赤等兵分三路在西凉府姑臧击灭了河西叛军[7]，扫除了宁夏以西的叛乱所造成的威胁。这是黄河漕运启动的基本政治前提。

从上述主观愿望和对宁夏农业、运输条件的基本估计以及政治形势出发，才有了忽必烈于中统二年“命西京宣抚司造船备西夏漕运”之事，习惯上以此作为黄河漕运开辟的时间。然而揆诸史料，结合当时西北战局发展的情况分析，恐难维持这样的认识,因为初遭战乱的宁夏尚无法为黄河漕运提供可资调配的粮食。实际上经过蒙古灭夏战争以来的三十多年中,宁夏地区惨遭破坏,城镇荒芜,人民逃徙,水利设施废坏,再经浑都海之乱蹂躏[8],短期内不可能完全恢复农业生产,朝廷运粮东胜的企图短期内难以实现。

既然制约西北黄河漕运体系实施的瓶颈就是宁夏农业生产的恢复与发展,那么整顿宁夏行政秩序、招徕亡散、组织生产、兴修水利就成为当务之急。从中统二年起到至元元年的四年中一直未见事关黄河漕运的片言只语也反映出黄河漕运被暂时搁置以俟宁夏农业生产恢复的事实,这在当时实属无可奈何。至于浑都海之乱是导致西夏漕运一度中顿说法则并不准确,至多可将中统二年视作黄河漕运筹办的起点。原本急迫的黄河漕运缘何步履迟缓,个中缘由有必要略作分析。蒙古国初年曾将包括宁夏在内的河西地区分封给窝阔台系诸王阔端以为封地,此时由支持忽必烈的阔端子只必帖木儿袭封[9]。对忽必烈而言,这种来自阔端后王的支持在平定阿里不哥的战争中显得极为宝贵。浑都海之乱戡定,只必帖木儿重返封地后,"其下纵横,需索无算,省臣不能支",更"毒虐百姓,凌暴官府"[10],政务混乱。虽然中统二年九月,忽必烈即在宁夏设立中兴等路行中书省,以粘合南合行省事,但是粘合南合次年即迁转,于宁夏并无建树。更兼与阿里不哥战争未止,如果事关宁夏地区的治理措置跟进太繁,有操之过急,影响大局之嫌。所以包括设立漕运在内的整顿宁夏政务的进程从缓亦是在意料之中的事情了。

随着至元元年(1264年)阿里不哥战败来降,忽必烈政权获得了巩固。朝廷立即开始强化中央对宁夏的控制,派遣董文用等人任职于西夏中兴等路行中书省,约束诸王势力,招徕亡散,积极组织恢复生产。

至元初年,宁夏的情况并未有大的起色。"中兴自浑都海之乱甫定,民间相恐,动窜匿山谷",新任西夏中兴等路行省郎中的董文用在努力遏制诸王亲贵跋扈不法的同时,"始开唐来、汉延、秦家等渠,垦中兴、西凉、甘、肃、瓜、沙等州之土为水田若干,于是民之归者户四五万,悉授田种,颁农具。更造舟置黄河中,受诸部落及溃叛之来降者。"[11]此时已到至元三年(1266年)。经过"复唐来以溉濒河之地"等措施的初步治理整顿,达到了"灵、夏储用足"[12]的目的。

与此同时,元廷于至元元年"五月乙亥,诏遣唆脱颜、郭守敬行视宁夏河渠,俾具图来上"。[13]郭守敬等人考察宁夏水利的具体情况兹不赘述[14]。值得注意的是郭守敬在巡视宁夏的报告中特别提到"向自中兴还,特命舟顺流而下,四昼夜至东胜,可通漕运"。[15]齐履谦《郭守敬行状》系此事于至元二年。然而史载至元元年十二月"戊辰,命选善水者一人,沿黄河计水程达东胜可通漕运,驰驿以闻",[16]这正是中央得到郭守敬考察结果后,对黄河漕运开置作出的反应。所以郭守敬汇报的内容至迟亦应于至元元年底达于朝廷。

宁夏境内获得初步安定,农业生产亦开始复苏,正式开通黄河漕运的主客观条件至此才大体具备了。

二、元代黄河漕运的路线与水站名目

1. 中兴—东胜十水站与茶速秃—燕乙里十四水站的安置及其关系

(1)中兴—东胜十水站的置立

据《经世大典》所载宁夏漕运水站的建立是"中统四年"[17],与《元史》所载不合。通过前面分析可知,中统四年开置漕运之说不确。另就史料本身而言,也能发现《经世大典》原文系年显误。《永乐大典·站赤》是按照时间顺序排比编辑的,如对《站赤一》的内容加以简单检索,年代抵牾也可迎刃而解。《站赤一》卷尾所载系年已至至元二年[18],所以《站赤二》卷首系年"中统三年"无疑有误,当作"至元三年"。

史载至元四年"秋七月丙戌朔,敕自中兴路至西京之东胜立水驿十"。[19]《经世大典》自同年四月至七月详细记录了起中兴,迄东胜的黄河水站置立事宜。文曰:

> 四月中书省遣忙古解、锁赤等赍奉御宝圣旨,谕阿出凤哥、东胜达鲁花赤等官及八令迭儿、朵鲁不解纳怜站民:仰从应理,下至东胜,站十所。用水手二百四十人,驿船六十艘。宜令应付者。
>
> 五月二十一日,中书省据西夏中兴等处宣抚司呈:东胜合立三站,本路合立七站。除从权以东胜见在船二十一艘散给各站行用外,未造船三十艘,拟用已伐到大通山木植。其余物料计该价钞四十余定,及工匠粮食,合无令转运司应办。又忙古解回称:只打忽等处旧有船三十六艘,合令修整。
>
> 七月一日,中书省奏:准新造船三十艘,修整旧船,一切物料、口粮、铁木之工,官为应付。据冰手二百四十名内,拟令各投下差拨一百六十二名,中兴府民户内差拨六名,西京抄海所管水手内,差拨七十二名。每站给牛一十只、祗应羊一百口,起置馆舍衾褥,标拨种养之地。札付制府及西夏中兴等路宣抚司施行讫。[20]

中兴到东胜的水站建立之前,沿黄河一线已经有纳怜站道连接河西。至元四年新设之东胜十水驿虽然线路相近,但是性质却明显不同。水站按最初规划是每站有船6艘、水手24人,牛10只,羊100口,侧重于大宗物品运输的特色鲜明[21]。元代河套以北、阴山以南的行政区划实际上沿袭了辽夏、金夏长期政治对峙的结果,从而分属于两个行政区域。表现在对水站的辖属关系上,同样由中兴路、东胜分别控制。两地除了领属水站数量差别较大之外,还应注意差拨水站站户主要来自于沿黄地区的诸王领地。当站240名水手内,来自各王投下的有162名,占到67.5%,中兴、西京合计差拨占32.5%,其中中兴仅占2.5%。引文中之"八令迭儿、朵鲁不解纳怜站民"就是出自诸王投下的站户。至元初年,中兴府地区是阔端后王只必帖木儿属地,并且其辖区地跨黄河两岸[22],在忽必烈子爱牙赤分封兀剌海地区前,也应当包括后套地区,范围不小。

元代中期,中兴—东胜十水驿的统属关系发生了变化。成书于1331年的《经世大典》载"大同路所辖站二十六处:陆站一十九处……水站五处……牛站二处……水站:东胜五处,只达温站……白崖子站……九花站……怯竹里站……梧桐站……"[23]。元初东胜领3站、中兴领7站的情况说明大部分北黄河沿线都是属于中兴路的辖区[24],所以只达温(亦即前引之"只达忽")等三站属东胜,而梧桐、怯竹里站应归中兴路。此时,中兴—东胜水站应役船只、牛羊数量较元初有了明显增长也是水站重要性逐步提升的表现。

(2)茶速秃—燕乙里十四水站的起讫点

然而,《元史》和《经世大典》中至元四年的另一条史料却值得分析。至元四年正月"壬寅,立茶速秃水十四驿"。[25]茶速秃为蒙语"雪",空泛不详所指。所以仅凭《元史》中记载无从知晓十四驿站的性质、方位和走向。而《经世大典》至元四年正月条有更详细的说明,现引述如下:

> 四年正月十四日,线真、脱欢等传旨送茶速秃之地至燕乙里创立驿馆一十四处图本与中书省,令与制国用使司官同议规划驿船、铺马、人粮之数。续奉旨每站给羊二十口,羖羪三十口,乳牛九只,强牛一只。其价与买驿马钱共斟酌支给。制府钦遵放支钞四百定下陕西等路转运司,于五月内和买,给付各站去讫。
>
> 茶速秃至燕乙里立十四站
>
> 拽船牛二百二十只、驴二百二十头、马二百二十匹、孳生羊二百八十口、羖羪羊四百二十口、乳牛一百二十六只、强牛一十四只、船五十六艘、人工二千名,备三月粮;常役水手二百二十四人、兀剌赤一百一十人、递送小站者七十

人,计四百四户。[26]

这段史料表明:

其一,茶速秃等处的驿站是从“茶速秃之地”到“燕乙里”的14处地点。从驿站数量看高于中兴—东胜漕运线,是一条线路很长的驿路。其二,14处驿站配备的驿船、拽船牛、船只、常役水手等名色与普通的马站、牛站不同,很明显属于水驿。联系《本纪》壬寅条的内容即可明了并非茶速秃等14驿,而是以茶速秃为起点的水驿14处(“水十四驿”应为“十四水驿”)。其三,14水驿的筹建事宜落实到地方上由“陕西等路转运司”负责办理,暗示了其所处的地理范围当在陕西行省辖区内。由于至元三年西夏行省被废,至元四年的陕西行省辖境就非常广阔,包括了今陕西、甘肃、宁夏、内蒙西部和四川北部地区。

综合上述三方面的条件,在当时的陕西行省辖区内惟有黄河中上游沿线地区才具备三种共性,也就是说至元四年最初的黄河水驿规划是沿黄安置十四处水驿。这与最后形成的中兴至东胜十处水驿,不仅数量有异,而且水驿起止点名称也无法建立对应关系,为此须就茶速秃至燕乙里水驿的起止点作一辨析。

先讨论茶速秃水驿的位置。茶速秃一词用于山名的情况在蒙语中比较普遍,早期蒙古史书《蒙古秘史》中即已出现这一地名。可是《秘史》研究者们对此的看法颇不一致。道润梯步既不赞同那珂通世的贺兰山、龙头山说,也未服膺伯希和的六盘山说,而是强调《元史》中的“浑垂山”可能就是茶速秃山,但仍未给出具体地望[27]。札奇斯钦认为察速秃(chasutu)并非专有名词,而应是泛指,同样比较笼统地把“浑垂山”与茶速秃山联系起来[28]。余大钧则采信了施世杰的茶速秃为甘肃张掖南山之说,同时还引证了村上正二的看法,将浑垂山作为公主山的音讹,并视为祁连山之一部[29]。此外,岑仲勉认为元太祖第五次攻夏的战役中的驻夏之地——雪山(茶速秃)在河套北,他还引述《蒙古游牧记》证其地位于乌拉特旗以北90里的雪山,蒙古名察苏台,从而与《蒙古秘史》之茶速秃相对应[30]。这样茶速秃的位置至少有以下四种说法:①祁连山(浑垂山)说、②贺兰山说、③六盘山说、④阴山说。

第一种说法纵然提倡者众,但它远离黄河,并不符合水驿安置要求,应予剔除。其余三种说法虽然均与黄河相关,但只有经过分析辨别才能确定“茶速秃”的合理位置。

首析阴山说。与中兴—东胜十水驿相比,茶速秃—燕乙里十四水驿的驿站数量明显多于前者,这就意味着茶速秃——燕乙里的水驿线路也较其长得多。基于此,如果认定茶速秃在河套北的阴山,则在远比前者距离大为缩短的黄河上设立远比其数量多的水驿根本无法解释。因此,茶速秃十四水驿之“雪山”,不能被视为阴山西北部的雪峰,而只能于黄河沿线的它处另求之。这是阴山说的最大缺陷,也就成为其被摈除的理由。

再及贺兰山说。贺兰山雪峰当位于宁夏境内山脉的中部地区,而不可能出现在贺兰山脉南北延伸,低矮干旱的余脉上。以贺兰山雪峰而言,东距黄河至少 80 里,此处黄河沿线业已分布了多个水驿,在其间无论如何也安插不下一个茶速秃站。因此无论立站位置,抑或水驿分布密度,都无法支持贺兰山说的观点。

至于六盘山说,批判者多;另从具体位置考虑也与黄河距离较远,不当取。

那么,茶速秃站究竟应位于何处?本文认为至元四年所称之茶速秃水驿的雪山,首先要满足临近黄河的条件,其次是就其长度而言当在中兴路的黄河上游,并且与中兴路境内各州水路交通不存在天然障碍,第三则应是山峰积雪不消。据此,茶速秃山只能位于中兴路黄河上游,同时又是兰州黄河峡谷以下的无峡谷河段沿岸才是其理论上应当存在的位置。检诸《明一统志》有“雪山,在(靖虏)卫城北一百二十里,山势高峻,积雪不消”。[31]以今地度之,当在今靖远县北的哈思山,该山海拔 3017 米,更兼“积雪冬夏不消”,元明时代也被称作“雪山”。这个雪山才是茶速秃山——十四处水驿的起点。

至于终点的燕乙里,的确在黄河沿线不见有类似的地名。理论上,根据前面考订的茶速秃位置为起点,沿黄河顺流分布 14 水驿后,其终点应置于东胜州一带能够提供航运的水道附近。这一区域除了黄河水运之外,黄河支流的大黑河也早就有了航运的历史。隋大业三年(607 年),炀帝于“八月壬午,车驾发榆林,历云中,泝金河”[32],幸启民可汗牙帐事表明至少在隋代大黑河下游与黄河之间已经形成了水路交通。那么,黄河进入大黑河的航运在元代也能够应用则无疑义。

明初洪武四年投降明朝的蒙古诸千户中有一燕只千户所[33],和田清认为“燕只”就是“燕只斤”[34],但他认为燕只斤千户所地在套内,则误。据考,燕只千户所在今大黑河流域也就是元代的东胜、云内州地区[35]。燕只斤部是弘吉剌部的一支,蒙古国早期即已南迁至沙、净州黑水一带,其中部分应据此西徙至大黑河流域,甚至更远。元代大黑河流域有燕只哥赤斤站[36],当与此有关。史载,至元九年八月“壬辰,敕忙安仓及净州预备储粮五万石,以备弘吉剌新徙部民及西人内附者廪给”。[37]

大黑河流域的燕只或燕只斤(Iljiqin)[38]应为燕乙里。早期畏兀儿字体蒙古文中“j”、“y”为同一字母,故燕只也可汉译作燕乙里。因之,燕乙里站大体位于元代丰州、云内州地区大黑河岸边。

(3)两水站系统的内在关系

概言之,茶速秃—燕乙里水站是西起今甘肃靖远县北的黄河岸边,沿黄绕河套顺流而下,东达东胜州附近,再折入今大黑河流域的水驿线路。它在至元四年初的黄河水驿构建计划中是最早的方案,与数月后作为黄河漕运线路推出的中兴—东胜线路存在着直接联系。茶速秃—燕乙里水驿实际上包括了中兴—东胜水驿。两者的不同之处在于水驿线路的长度和水驿数量。既然中兴—东胜十驿系指"仰从应理,下至东胜站十所",那么应理州以上的站赤就是茶速秃—燕乙里水驿的组成部分,当然中兴—东胜的十个水驿也应包括在茶速秃—燕乙里十四水驿之中。但中兴—东胜水驿绝非对茶速秃—燕乙里水驿的简单替代。笔者倾向于认为这两条大部分重迭的线路是由于其作用的差异而被提出,并且并行不悖。茶速秃水驿是一般意义上的舟船、站马兼备的驿路运输线,它对河流水文条件的要求相对较低,可以最大限度的利用天然河道形成的交通线;中兴—东胜线则是专为黄河漕运设定的运粮专线。由于运粮船载重量较大,吃水较深,因此适合通行的黄河线路长度也就不及前者。

以前的研究者们往往忽视"茶速秃水驿",认为"延祐三年的东胜至哈温一十四站,就是由元初十站发展而来"。[39]这就意味着东胜十水驿与东胜—甘肃十四纳怜站道具有同一性[40]。事实上"哈温至东胜一十四站"以及"哈剌温至哈必儿哈不剌一十四站"[41]都是东胜直西穿过阴山达于甘肃行省亦集乃路的东西向陆路驿道,与水站无关。

2. 黄河水站名目

史籍中对于黄河中上游水站缺乏系统记载,也无从考知其具体情况,唯有通过借助沿黄屯田、仓储、渡口以及水陆驿道内在联系推求黄河水站名目与地望。

(1)中兴府境内的黄河水站位置

宁夏境内的黄河水站位置多数可考。《经世大典》至元二十五年条所载"(正月)二十五日,通政院奏阿蓝哈迹言,中兴府、朵儿灭站、麻沙、应去里、也孙帖里温五站",[42]这里提到的5站应为陆路纳怜站道。但是5站所在均地近黄河,因之,以5站名当水站并无不妥之处。进一步说,应理州以上站名当属茶速秃—燕乙里水驿系统。

也孙帖里温站,蒙语意为"九头",考之《元史·本纪》"秋,取西凉府搠罗、河罗等县,遂逾沙陀,至黄河九渡,取应里等县",[43]则"黄河九渡"可当"也孙帖里温",也孙帖里温是位于今甘肃靖远县哈思山以下至宁夏中卫县以上的黄河岸边。

应去里站,《河源志》作“应吉里州”[44],《站赤二》作“应理”,当为“应理”,即今宁夏中卫,是中兴—东胜水站的起点。

麻沙站,是“鸣沙”之讹,在今宁夏中宁县东北。

朵儿灭站,即是朵儿篾该(Turmegei)[45],系宁夏灵州,则朵儿灭站为灵州站,在今宁夏灵武市。

中兴府站,就是今宁夏银川市,属于在城站。

省嵬站。宁夏中兴府以北的站名目前并无直接证据。宁夏银川以北石嘴山市一带无论从距离上,还是从军事、政治上的重要性来看均应在此立站。吴文、陈文都把西夏时期的定州作为中兴以北的水站名目。《经世大典》至元三年曾载“十月,中书右丞相安童等,奏西凉、甘州、庄浪等处增站事。今议除甘、肃、瓜州,其间合立站赤,候阿沙来时区处外,就令凤哥斟酌到中兴、西凉、兰州、甘州、信嵬添设站,可用马一百三十五疋、牛六十八只、驴六十头,于官钱内买置。奉旨准”。[46]这是黄河水驿设立之前元朝在原西夏统治的河西地区增设站赤的举措。其中“信嵬”,实际上就是西夏时代著名的省嵬城。《西夏书事》载“(宋)天圣二年(1024年)春三月,德明作省嵬城于定州。定州省嵬山在怀远西北百余里,土地膏腴,向为蕃族樵牧地。德明于山之西南麓筑城,以驭诸蕃”。[47]定州在今宁夏平罗县南,因此省嵬城无疑在宁夏平原北端。《蒙古游牧记》载“(右翼中旗)西北至阿尔布坦山,旧名省嵬山。二百二十里接赛因诺颜部界。《寰宇通志》:山踰黄河,因省嵬城而名。黄河东有省嵬口,为防御要地,其下有城,西夏所筑也”。[48]1965年至1966年在石嘴山市庙台南1公里处曾发掘一属于西夏时代的城址,边长590米左右,总面积约36000平方米,被认为是西夏省嵬城遗址[49]。该城早在西夏正式立国前即已兴造,用以控驭蕃族,屏蔽首府兴州。鲁人勇认为它应是西夏中期增置的北地中监军司,防线恰在贺兰山东麓和定州一线[50]。它与黑山威福军司(中期更名为官黑山军司,约当今内蒙古后套平原西部)一起构成了宁夏以北直至后套阴山的防御纵深,具有重要的战略地位。因此,其重要性不应随着蒙古灭夏而骤然地位下降。再加上元初忽必烈兄弟争国的政治局势造成宁夏地区政治军事的紧张局面,也就不难理解省嵬(信嵬)置驿的作用及其必要性了。

(2)后套及其以东黄河水站

省嵬城以北直至后套平原之间,黄河流经乌兰布和沙漠和河套西北荒原之间,自然条件相对恶劣,人烟稀少,因此缺乏较为理想的安置水驿的条件。《经世大典》称“黄河沿路别无村疃,西至宁夏路七百里”。这种情形直到清代仍然没有什么变化,高士奇曾亲历此地,称“出宁夏百余里,即哨界外地。沿河西北岸行五百余里，至船站，绝无人迹”[51]，一片荒凉的景观。自后套平原到土默川平原黄河沿线水站名目考证难度很大，史料中偶有涉及也难详所指，利用屯田地、仓储地和转运渡口的位置关系加以考订还是目前较为可行的方案。

梧桐站。周清澍先生主张在后套西夏国新安州故城可以安置一个水驿[52]，但是新安州的准确位置须结合《经世大典》再加讨论。

> **（甲）塔塔里仓** 英宗皇帝至治元年（1321 年），河东宣慰司委官朔州知州荅里牙赤言，塔塔里诸屯田相视，议拟各项事理就差荅里牙赤计，禀中书省准，下兵部移文枢府，逐一开具于后：
>
> **（乙）纳怜仓** 见于屯田近南，黄河北岸，内有正教[53]东西廒房二十一间，缘其空闲，已行呈索，于空闲仓房周围拨地三十亩，作赡仓地甚便。委官议纳怜平远仓既近黄河口十里，西即经行要冲……
>
> **（丙）忙安仓** 去黄河颇远，运粮不便，已别建新仓，其旧仓今空闲。如令河东宣慰司拆移前来贮粮便。委官相视，忙安旧仓二十一间，墙壁倒塌，木石俱全，砖瓦三损其二。若移此仓，则陆地相距屯田故城七百余里，可用车千余，约费脚直五千余定。至彼又须添补木瓦诸物，亦不下五千余定。若黄河运载，至忙安仓南，三十里陆路才至渡口，泝流一千里，约费万余定。
>
> **（丁）至纳怜平远仓** 复行十里入陆，至旧新安州又七十里。黄河殊无往来客舟……屯田万户府仓敖廨宇，本府与所委官那海等议，合于兀郎海山下旧新安州故城内建，四向立屯为便……相视兀郎海山下旧新安州故城，方围七里，并无人烟。黄河沿路，别无村疃，西至宁夏路七百里。若修上项公廨，合用木植，令宁夏计料收用买，顺流运至古城，或于纳怜平远仓募夫匠建立，诚便……[54]

《经世大典》的这段文字包含了大量后套平原地区屯田、仓储、运输、交通、行政建置等方面的信息。本文在分析这部分材料的同时感到首先必须对其分段处理，理清线索，否则至少在道里远近数字上出现的巨大抵牾会严重影响对本段史料的理解。本文将至治元年（1321 年）筹建塔塔里仓的内容分作四个部分，其中后三个部分分别涉及纳怜仓位置、忙安仓与屯田故城水陆两道距离、新屯田万户府位置等三个主要问题。

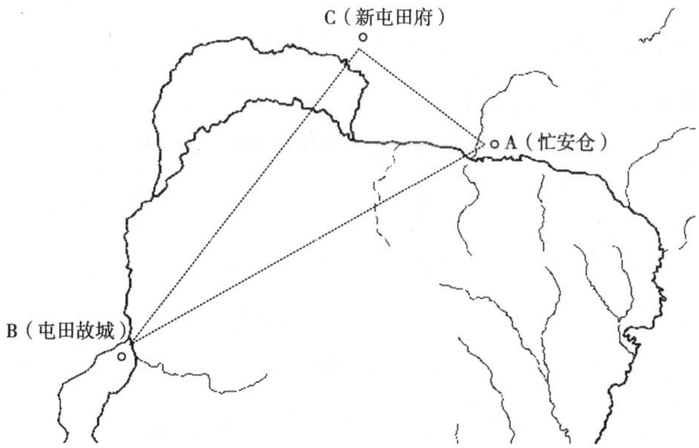

“丙段”专门讲到了忙安仓与屯田故城间的距离：陆路距离700多里；黄河水路距离至少1030里。从水、陆距离的差距可见两地间陆路捷直而短，反观水路却迂曲而长。将这一情况落实在后套地区的交通地理实地上，以对应的黄河河段来确定屯田故城与忙安仓的位置关系应得出如上图示。其中A点对应的是忙安仓、B点对应的是屯田故城、C点是新屯田府；AC和BC连起来构成忙安仓到屯田故城的水路线路、AB则属于忙安仓到屯田故城的陆路线路，于是水旱两路形成了这样一种三角形的地理位置关系。

从图示上看忙安仓与屯田故城的陆路距离当是在鄂尔多斯高原内部的通道。以今日情况视之，则经涉沙漠，并非理想坦途。然而《西夏地形图》[55]等证实西夏使用了西南——东北方向穿越高原的驿道，在元代，这里一定延续和使用着类似的便捷通道。

水路距离迂回较多，一则是因为黄河略呈直角型的弯曲延伸了长度；再则黄河故道主流在北河[56]，不在南河，一定程度上又加长了距离，以至于水旱两路之差高达300多里。

两条迂直不同的线路最终交汇点的屯田故城理论上也应位于今内蒙、宁夏两省的沿黄交界地区。考诸史籍，《嘉靖宁夏新志》载“塔塔里城，唐郭元振以西城无援，安丰势孤，置安远镇。此盖安丰镇城也。元为塔塔里千户所居，今黑山北，去城二百里”。[57]《元史》则提到“（至元）二十一年，遣塔塔里千户所管军人九百五十八户屯田，为田一千四百九十八顷三十三亩”。[58]至元二十一年新立之塔塔里屯田当属宁夏新附军屯田的组成部分，规模很大。对比宁夏平原其他屯田的位置，无疑塔塔里屯田应置于宁夏平原的北部。这就是“丙段”所谓“屯田故城”，即早期的塔塔里千户所屯田故城。

以上是塔塔里屯田万户府与新安州的对应关系。西夏新安州地在“兀郎海山下”，应为西夏之兀剌海城，在元为兀剌海路。

王颋认为兀剌海是兀剌城的意思，并将其来源与《元和志》之“牟纳山”联系起来[59]。陶克涛认为“兀剌海亦为族名，它应当就是王延德出使高昌时所历的欧羊梁劾特族，为九姓鞑靼之一，地在今阿拉善境”。[60]陶克涛说更切近实际，惟有其将欧羊梁劾特族（查《宋史》卷四九〇《外国六》，第14110页作“卧梁劾特族”）活动地区视为阿拉善境内恐不准确。王颋文考兀剌海城地望“其地当在今内蒙古五原县或乌拉特前旗境内”，并希望能有考古发掘的证实。90年代，鲍桐撰文称今内蒙古乌拉特中旗新忽热乡之古城当是兀剌海城[61]，可备一说。

西北地区习惯上将干旱区特有的耐旱耐盐碱高大乔木——胡杨，俗称为“梧桐”，因此也有了不少以梧桐为名的地名。梧桐站之得名当源于与植物有关的地名。《嘉靖宁夏新志》载：“洪武间，指挥徐呆厮出兵河套，地名梧桐树。一日午间，又一大星坠于河中。”[62]这表明梧桐树在黄河岸边。《明实录》载永乐七年十月“辛丑，镇守宁夏宁阳伯陈懋率兵至下梧桐之地，遇鞑官知院秃赤与弟司徒知院伯颜不花率家属来归”。[63]又陈懋“永乐七年于塔塔山、好来口收失保赤连有功”[64]。陈懋兵行之下梧桐、塔塔山处于同一地区，相去不远。《边政考》载：

> 河外：东北自宣大界起，至西北贺兰山头止，南离黄河甚远。禅水海子、忽力干秃、车车忽都、革鲁察罕、哈剌秃罕、八剌浑都、客儿卜剌、红寺儿口、里足吉口、也可卜剌、兀剌卜剌、里嬴山口、阿祝剌、好来口、把沙口、赤确口、生花口、折子口、塔滩山、沙子口、台卜剌、石崖山、李风口、速麦都、失剌哈答、马阴山、杨山、察罕那革吉、高阙山、小小可可必、赤剌哈山口、陶山。
>
> 河外，东北自东胜州起至西北贺兰山止，沿河一带：东胜州、拦马墙、风史峪、红山儿、石山儿、忙合仓、八剌树、篱孩站、梧桐树、神木海子、革足结站、也可卜剌、瑶车儿树、石嘴儿山、沙井、界井、朵迷岔口寺、麦你干渠口、红柳树、哈剌卜花渠口、叉罕虎客儿。[65]

根据上述材料可见，塔塔山亦作塔滩山，似得名于塔塔里屯田万户府。这样梧桐站与新安州故城渡口直接对应起来，是屯田万户府附近的水站无疑。

怯竹里站。据前考怯竹里站应为元初宁夏所辖水站之最东处，位置推测应在今乌拉山麓之下的黄河岸边或以西的山嘴处。周清澍认为是《边政考》中提及的革足结站（里足结站）。乌拉山麓周边地区的黄河沿岸分布了数量较为可观的牧户和鹰户，《元史》载至顺元年十月“木纳火失温所居住牧人三千户，黄河所居鹰坊五千户，各赈粮两月”。[66]贾敬颜考证木纳火失温就是木纳山嘴，即乌拉山嘴[67]。本文认为，鹰坊五千户就是黄河昔宝赤（Šibauči），它也应该是洪武四年投降明朝蒙古五千户之一的昔宝赤千户所，活动地域正在东胜以西。这就表明东胜以西直到乌拉山西端的黄河沿岸一直活动着不少的从事牧放、狩猎的蒙古人。所以，不论是就近提供粮食赈济，还是保障漕运通畅的中继点，在这一地区建仓立站都在情理之中。《经世大典》载纳兰不剌仓“既近黄河口十里，西即经行要冲”[68]。据“丁段”史料可知，纳兰卜剌仓距塔塔里屯田府80里，在塔塔里屯仓未建前，则为后套主要的粮食贮存地。其南10里的黄河岸边必设水站以利交卸。

九花站。《边政考》卷七作“篛孩站”。清代陶保廉《辛卯侍行记》在包头镇后记“在黄河北岸，用舟逆流而上，可运宁夏之米下达秦晋沿河诸邑”。[69]直到清代今包头地区仍然是黄河水运过程中的重要中转站地之一。包头西距后套平原水路距离应在500里左右，符合旧新安州塔塔里屯田万户府驻地距离包头的大致长度。所以，忙安仓的位置也应置于此处。《经世大典》称，忙安仓距屯田故城（塔塔里千户所所在之黑山北）水路约千余里，黑山距离宁夏中兴又200里，则忙安仓至宁夏的距离为水路1200余里。又屯田万户府距离宁夏府700里，则万户府至忙安仓的距离应为忙安仓至宁夏的距离减去新安州屯田府到宁夏的距离，结果为500里左右。比照实际距离，再考虑到河道的迂曲，大致可知忙安仓的位置应在今包头附近。

再据《辛卯侍行记》自包头向西，陆路“七十里黑儿脑包。以下皆蒙古地。六十里乌喇特，西北七十里乌拉胡同，八十里乌兰板升，一百八十里莫儿古捡梁，七十里乌兰乌苏，五十里竹拉克濠赖”。笔者以为其中的“竹拉克濠赖”当是《边政考》卷七的“阿祝剌、好来口”，张雨很可能将此一地分作两名。前考好来口在塔塔里屯田府，即今乌拉特中旗新忽热乡附近。按陶保廉所载包头至此道里约560里，减去塔塔里黄河水站北行的陆路70里，仍为500里左右，亦可确定忙安仓是在今包头附近。

近年，包头南郊燕家梁曾发现元代遗址。据称“燕家梁遗址南临黄河，地处阴山山脉大青山和乌拉山分界的昆都仑河谷南口，向北通往阴山北部草原，地理位置重要，交通便利。元代从东胜州（今内蒙古托克托县）至应里州（今宁夏中卫县）设置了水驿，燕家梁遗址应该是当年重要的水驿之一。从东胜州经亦集乃路（今内蒙古额济纳旗）到哈喇和林的陆驿也经过这里。这里应设置过重要的驿站管理机构。一些出土的比较珍贵的器物除了与从事商业、餐饮等居民有关外，更主要的应当与驿站的设置有关”。[70]这一考古发现也为本文提供了元代包头地区水站和忙安仓故址的佐证。明洪武二年（1369 年），李文忠“遂进兵东胜州，至莽[71]哥仓而还”。[72]《元史》、《经世大典》之忙安仓，《边政考》之忙合仓，《明实录》之莽哥仓同为一地，它的废弃当是在元末明初的战争中。

白崖子站。位于九花站和只达温站之间。今天托克托至包头间相距约 140 多公里。由元代水陆站赤分布相距自五六十里至百数十里以上不等，实则水站分布的间隔相对更大，据此白崖子站当在今土默特右旗（萨拉齐镇）一带。令人困惑之处是此地属于土默川平原，沿黄河并无明显山地。元代土默川平原的黄河较今日偏北，更加接近大青山，所以其站名恐与平原北缘的山地，亦即《边政考》卷七“石山儿”、“红山儿”等地名有关。

只达温站。据《经世大典》载可知该站是东胜州所辖与东胜州最近的驿站，可视作东胜水站。本文前引“西京宣抚司造船”、“西京抄海所管水手”、“只打忽等处旧有船三十六艘”等语从拥有船只数量、管领水手、负责造船的职司表明了东胜州在水陆交通中的中枢地位。只达温站（或只达忽站）当位于黄河与大黑河的交汇处。

燕乙里站。前考该站应位于大黑河流域，大黑河的水文条件也不允许该站距东胜州只达温站过远。

通过以上分析，初步拟构了包括中兴——东胜十水驿在内的整个黄河水站（茶速秃——燕乙里）名目十三个。但是北出宁夏直到梧桐站（或塔塔里屯田）之间，理论上还应该存在一个水站以利接济，惜于文献无征，目前尚不可考。

3. 元代黄河水驿向河源的延伸

黄河上游的水文地理条件决定了自甘肃靖远县以北到内蒙古托克托县一带的黄河水道最具有水路交通运输的现实可操作性[73]。由靖远县上溯至甘青黄河上游直至河源一线，几乎全为高山深谷与山间盆地交错断续排列，事实上并无全线通航的条件。自然无法使用前述黄河水驿继续延伸并加以利用。

另一方面，甘青黄河上游地区是内地与“西番”的主要接合部之一。历史上，无论是内地政权经略西羌，还是吐蕃政权东进拓地，都离不开这个跳板，蒙元时期的吐蕃之地是较早归附的地区，蒙哥汗时期又曾被划分为不同的蒙古宗王属地[74]。于是在蒙元统治者的眼中，吐蕃始终具有某种特殊重要性，所以蒙古政权很早就建立了吐蕃连接内地的驿站系统。忽必烈即位初年在派遣郭守敬等人整饬中兴各地河渠的同时,也赋予了他搜集河源信息的任务[75]。可惜,我们现在无法透过片言只语窥测当时考察河源的真正意图了。

1269年,南宋覆亡,中原一统,元世祖得以着手加强对边境地区的控制。虽然吐蕃归附日久,但直到元世祖朝中期,元朝并未在吐蕃之地真正驻军防守,加之吐蕃各种政教势力矛盾发展的复杂内外因素影响,形势微妙,常有纷争,对元世祖扶植萨迦一系控驭吐蕃的基本政策造成了一定的威胁,所以,忽必烈选择以军事手段强化元朝在吐蕃的统治地位。

至元十七年(1280年),忽必烈毅然派遣桑哥(又作相哥,sang - gah),率蒙古军入藏,诛杀了萨迦本钦公哥藏卜(dpon - chen - kun - dkav - bzang - po)。此后,桑哥留军驻守藏区,全面接管了藏区的驿站系统。与此同时,元世祖又委托都实、阔阔出兄弟再探河源,开置驿站。都实是女真族蒲察氏人,颇受世祖器重。此次领受勘查河源任务的目的绝非现代意义上的地理探险,对此,世祖曾讲道:

> 黄河之入中国,夏后氏导之,知自积石矣。汉唐所不能悉其源。今为吾地,朕欲极其源之所出,营一城。俾番贾互市,规置航传。凡物贡水行达京师。古无有也。朕为之,以永后来无穷利益。[76]

从中可见,元世祖的真正目的是为了确保元朝西部边疆与中央政府关系的进一步密切,实施的关键在于保持内地达至吐蕃驿路的畅通[77]。元世祖“凡物贡水行达京师。古无有也。朕为之,以永后来无穷利益”的宏大构想确为前宋后明的汉族君主无人企及,具有独特的战略眼光和恢宏气势。

进一步分析,都实肩负的任务是根据黄河上游地理水文条件的制约,相择合宜的地点安置水驿。我们知道甘青黄河上游不可能象宁夏—东胜那样实现全河段通航。于是本段驿传线路只能采取水驿与陆驿相结合的方式来构建驿传系统。它与此前的内地—吐蕃驿路的区别在于不再象以前那样单纯依靠马站,而是在部分路段尽可能依托黄河以利用其水路运输载重量大这一优势条件。所以,从更为现实的角度看,忽必烈的本意恰恰是从强调货物运输量的提升这一点出发的。

经过至元十八年的实地踏勘,都实将勘察结果、置驿计划上报朝廷,准备从内地征调人工、物料建置水陆驿站[78]。笔者认为《辍耕录》所附之《黄河源》图当出自潘昂霄《河源志》,潘氏所本则必源自于“图城传位置以闻”所涉及之河源地区置驿图本。图中所列水旱站名有10处,其中水站名4个(三巴水站、上桥水站、寺子保水站、安乡关水站）。水旱站的分布表现出一定的规律性，即在《黄河源》图中靠近下游水站分布的密度越大；再者水站与旱站呈现间隔分布。这两个特点是被甘青黄河上游地区的地形条件所决定的。因此，都实计划中的黄河源地区的驿站是水旱两路相结合的驿站系统。以上 4 处水站平均每站 15 艘船只，其保有量也不算小。

然而此时完成吐蕃善后工作的桑哥出面极力反对，其事遂寝。汉文史料中看不到桑哥反对都实计划的理由。对此，可通过藏文史书略窥桑哥用兵吐蕃及其善后措施的端倪。《汉藏史集》称"从此，乌斯地方之人，不必在藏北驻站，而是每年派人把应交付给驿站的物资运送到藏北交给蒙古军，驿站常有乌拉供应，对众人俱有利益，这也是桑哥的恩德"[79]。概言之，在桑哥看来，完全按照汉地驿传制度新建的甘青黄河水陆驿站计划并不完全适用于吐蕃，它的实施可能会造成吐蕃当站站户的差役负担过重，引发站户逃亡，将严重影响驿站系统的稳定性、有效性。因此，桑哥力主自己规划的驿站模式取代都实的方案。桑哥在吐蕃置驿的基本思路是将以前由各万户人户直接对应支应驿站的方式改为蒙古人驻站，各万户提供物资支持的方式[80]。从日后吐蕃驿站发展的效果考察，桑哥方案的确在追求中央强化控制和减轻吐蕃站户负担间找到了平衡点。终元一代，吐蕃的驿传长期有效维持，桑哥功不可没。

当然，我们不能由此得出黄河源地区水驿建设中顿结论。实际上，从到元末，藏区与内地持续存在的交通联系看，黄河源地区的水旱驿站是在充分考虑了当地环境与民族特点之后的折中选择。

三、沿黄屯田、仓储的分布

1. 沿黄屯田布局

整个蒙元时期，朝廷在西夏故地平原上积极创造条件，大力组织农业生产，大致形成了六大屯田区域，综合元代宁夏以及后套屯田情况如下表：

名称	时间	地点			人口		屯地数		
		《元史·兵志》	《元史·地理志》	《经世大典序》*	《元史·兵志》	《经世大典序》	《元史·兵志》	《元史·地理志》	《经世大典序》
宁夏等处新附军万户府屯田	至元十九年(1282)	宁夏等处	——	西安州置司,塔塔里里置屯	1382 户	2300 户	1498 顷 33 亩	——	1490 顷
	至元二十一年(1284)	塔塔里千户所			958 户				
宁夏营田司屯田	至元十一年(1274)	中兴居住	本路枣园、纳怜站等处屯田	枣园、纳怜站、唐来渠尾屯田	1107 户	2100 户	1800 顷	1800 顷	1800 顷
	至元二十三年(1286)				300 丁				
宁夏放良官屯屯田	至元十一年(1274)	——	鸣沙州	鸣沙州置司	904 户	900 户	446 顷 50 亩	440 余顷	440 顷
塔塔里军民屯田万户府屯田	延祐六年(1318)	《元史·仁宗三》	河西塔塔剌地		——		——		
	至治元年(1321)	《经世大典》	新安州故城						
六盘山军屯	至元十五年(1278)	《元史·李进传》《元史·世祖九》《元史·成宗二》	六盘山、六盘山至黄河		——		——		
宣镇侍卫屯田万户府屯田	后至元三年(1337)	《元史·顺帝二》	宁夏府路		——		——		

元代沿黄屯田分为军屯和民屯,以军屯为主。其中新附军、塔塔里、宣镇侍卫、六盘山均属军屯;营田司与放良官则为民屯。

军屯的情况远较民屯复杂。

(1)宁夏等处新附军万户府屯田

元廷于至元十九年(1282 年)将南方新附军调往宁夏成立万户府进行军屯。一般认为“西安州即今宁夏海原县,塔塔里在海原县西”。[81]还有人认为塔塔里屯田应在镇远关和黑山之间的今石嘴山市境内[82];更有人指出《经世大典·序录》中的“西安州”当为“新安州”之误,地在今内蒙古五原县北。[83]本文总体上赞同否定新附军屯田在宁夏海原的看法,但是对于新附军万户屯田的真正位置另有所见。

其一,判定西安州为宁夏海原县的依据当出自北宋西安州和明代西安所,金代地归西夏,元代废。因此王颋之说颇有见地。

其二,自然条件上,海原县以西并无河流流经,兼属黄土丘陵区,水分、土壤等条件较差,并不适于发展农业。

其三,元代的宁夏地区缺乏的是人力,因此在屯田中均将注意力放在宁夏中卫沿黄平原区,没有必要选择生产运输条件均不佳的海原以西。当然这不是最主要的原因。

其四,塔塔里千户所的位置,并非如《古代西北屯田开发史》中所揣测的那样在海原以西。《嘉靖宁夏新志》载塔塔里城位于今银川市以北二百里处的石嘴山境内[84],史料言之凿凿,可见所谓今海原以西为新附军屯田的看法的确值得商榷。

其五,表中所依据史料事实上具有先后顺序,那么通过分析史料的时间界限就能够发现万户府屯田的位置变动情况。《元史》各志来源并不相同,总体上看各志的依据多是《经世大典》,但是《元史·地理志》部分很明显源于《大元一统志》。所以,元代宁夏地区屯田的记载在不同类型史料中表现为不同时间段上的屯田措置记录。《大元一统志》成书于 1303 年,而《经世大典》成于 1331 年,两书在新附军屯田位置上的记载明显有差异,对此唯有两种情况可以解释:一是万户府屯田位置根本不在宁夏府路境内;二是万户府成立于 1303 年以后,遂为《一统志》不载,而为《元史》沿袭,或者万户府的位置在 1303 年到 1331 年的时段内有过迁移。

(2)塔塔里军民万户府屯田

塔塔里屯田万户府系由宁夏新附军屯田分离而独立的军屯单位。在世祖朝,塔塔里屯田是从属于宁夏新附军屯田的组成部分,其地位于塔塔里千户所所在的宁夏平原北部今石嘴山市地区。可是宁夏平原北部在整个平原的农业自然条件中属于排水不利,易成盐碱的瘠薄之地,因此就地屯田虽有可能,但可以肯定规模有限。真正意义上的塔塔里屯田应该是在延祐六年(1318 年)十二月“河西塔塔剌地置屯田,立军民万户府”。[85]这次新立的塔塔里军民万户府并未置于宁夏北部的沿黄荒僻之地,而是在内蒙古后套平原上。前述“丁段”史料载军民屯田万户府筹建时的情况,谓“相视兀郎海山下旧新安州故城,方围七里,并无人烟。黄河沿路,别无村疃,西至宁夏路七百里”。该万户府选址或迁址时间是至治元年(1321 年),它被列于“塔塔里仓”条下,谓修建万户府系“塔塔里诸屯田”。据此,新安州屯田的正式名称就是塔塔里军民屯田万户府屯田。

塔塔里屯田尽管史料极少涉及,但是其经营情况反而较为稳定,延续时间也长。元末至正十六年(1356 年)的《大元赠敦武校尉军民万户府百夫长唐兀公碑铭》以及《述善集》载:濮阳杨氏始祖唐兀台家“世居宁夏路贺兰山”(《述善集》危素文作“武威处士”)。唐兀台本人 1235 年随拖雷出征。其重孙塔哈出、卜兰台均任职于塔塔里军民万户府,“卜兰台,攻习儒书及蒙古文字,深通农务,晓知水利,蒙塔塔里军民屯田万户府选保,充本府百户”;“塔哈出,天历兵兴,出征有功,至元四年(1338 年)蒙枢密院除塔塔里军民万户府百户”。[86]前者以专业任职,后者以军功得职,渠道不同,屯田军民万户府的经营至元末的情况由此可见一斑。

(3)六盘山屯田

六盘山自蒙古国入侵漠南的早期就连续不断地出现在历史记载中,成吉思汗征夏、忽必烈远征云南均在此驻扎过。六盘山区成为蒙古重要的驻军地之一,也有了六盘山的军屯。李进“(至元)十三年,领军二千,屯田河西中兴府。……十五年,移屯六盘山……十九年……命屯田西域别石八里”。[87]至元十九年六月“乙未,发六盘山屯军七百七十人,以补刘恩之军”[88],即是明证。此后在元贞二年(1296年)二月“自六盘山至黄河立屯田,置军万人”。[89]当是在李进屯军调往西域之后而新置的六盘山军屯。这一军屯从位置上看,系自六盘山至黄河一带设立屯田,实际就是沿清水河流域,特别是在清水河流入黄河的下游地区设立的屯田。受地形和清水河河水矿化度很高的限制,这一屯田不可能完全依照清水河南北走向呈现带状分布,而是相对集中在河谷范围较宽、河水矿化度较低的有限区域中。它的北部应该与放良官屯田位置接近,在卫宁平原的黄河东南岸平原地带。

民屯中宁夏营田司屯田建立的时间较早。至元八年(1271 年)元朝将 1259 年投降的随、鄂等州的民户 1107 户迁往中兴居住,在 1274 年正式编为屯田户,因此从性质上说是民屯。《元史 · 袁裕传》的记载较为详细:“(至元八年)时徙鄂民万余于西夏,有司虽与廪食,而流离颠沛犹多。裕与安抚使独吉请于朝,计丁给地,立三屯,使耕以自养,官民便之。”[90]到 1286 年元朝再签成丁屯丁(渐丁)300 人。屯田的位置所指是“中兴居住”,系指整个中兴府路辖区内安置,具体地点在《地理志》和《经世大典》中均有明确交代,分布于枣园、纳怜站、唐来渠尾,可知不在一处,也正好对应了《袁裕传》“立三屯”之说。枣园屯田应位于今卫宁平原东部的枣园堡地区;纳怜站屯田是在行经宁夏境内的纳怜站道周围;唐来渠尾屯田,唐来、汉延诸渠在中统至元之际业经郭守敬等人治理,当位于今银川附近地区[91]。整个宁夏营田司屯田在宁夏军民屯田中属于垦地面积最大的一个。

1274 年还组织放良人口 900 户从事民屯,屯地在鸣沙州,即今宁夏中宁县东。放良人口屯田亦出于袁裕的建议,史谓“(至元八年)又言:‘西夏羌、浑杂居,驱良莫辨,宜验已有从良书者,则为良民。’从之,得八千余人,官给牛具,使力田为农”[92]。有学者径直将营田司屯田和放良官屯田作为民屯合并处理统计,自有其道理。[93]

经过营田使朵儿赤等人的努力，至元二十九年（1292 年）“（八月）辛丑，宁夏府屯田成功”[94]。屯田的成就为实施粮食转运创造了前提。

2. 沿黄仓储的分布

粮食存贮仓库常置立于交通运输点——水站附近。“中统二年，远仓之粮，命止于沿河近仓输纳，每石带收脚钱中统钞三钱，或民户赴河仓输纳者，每石折输轻赍中统钞七钱”。[95]这里面所反映的仓库分布于交通线的原则同样也适用于黄河沿线。仓库一般位于生产、运输条件兼备的地点上，质言之，应分布于黄河沿岸的屯田区、军政中心附近以及多条交通线的交汇点上，由此看来，几乎黄河沿线所有的屯田区都具备了上述特征。

至元二十五年“秋七月甲申朔，复葺兴、灵二州仓，始命昔宝赤、合剌赤、贵由赤左右卫士转密输之，委省官督运，以备赈给”。[96]宁夏沿黄河一带的灵州、中兴府都有此类的仓贮设施。实则元代陕北屯田开始得也很早，史称“延安屯田打捕总管府，秩从三品。管析居放良人户，并兀里吉思田地北来蒙古人户。至元十八年始设，定置达鲁花赤一员，总管一员，同知一员，经历、知事各一员。官打捕屯田官员一十二员”。[97]正是在陕北毗邻河套这样的农牧交错地带设置了兼及打捕和屯田的管理机构。但是仔细分析，其中屯田部分不应是最早包含的职事，即屯田应是在原延安打捕总管府基础上增设的新内容。另据《元史·兵志》载“贵赤延安总管府屯：世祖至元十九年，以拘收赎身、放良、不兰奚及漏籍户计，于延安探马赤草地屯田，为户二千二十七，为田四百八十顷”。[98]对比上引材料，初设的“延安总管府”只是管领所谓“兀里吉思田地北来蒙古人户”，专司打捕之事，属于贵赤军管辖[99]。到次年由于增开放良等属民屯田而成为“延安屯田打捕总管府”。延安路屯田与宁夏诸屯田相比具有人地比高的特点，产量较为稳定，有粮食长期外运的可能，侧面证明了延安余粮很早就形成了西送宁夏存贮的传统。

纳兰不剌仓也是黄河沿岸著名的仓库之一，对此《经世大典》载“（至元）二十六年（1289 年）十二月二十日丞相桑哥、平章阿鲁浑、撒里等奏纳兰不剌建仓。宁夏府粮船顺流而下，易于交卸；忙安仓粮虽是泝流，亦得其便。迤北孔居烈里、火阿寒塔儿海里、镇海等处住冬军人及和林送粮俱近，进呈仓图。上从之”。[100]在纳兰不剌建仓是基于运输便利的角度考虑。该仓既能吸纳来自上游的宁夏粮食，又可存贮来自下游的忙安仓仓粮，它还承担着为岭北边地屯聚粮料的任务。纳兰不剌之地设立的仓库，其正式名称很可能就是纳怜平远仓。

塔塔里新仓建于 1321 年，在纳怜平远仓以北 70—80 里处。此处建仓贮粮运输漠北，与纳兰卜剌仓一样是北行穿越阴山山脉，汇入木怜站道，度碛到达岭北目的地，这一线路较迂回东胜入木怜道要径直许多。

另外一个重要的仓库就是忙安仓，其地当在今包头附近地区[101]，它同纳兰不剌仓、塔塔里仓性质相同，均属黄河沿线粮食转运重要仓储之一。

元代粮仓平均每间存粮约2500石。塔塔里新仓、忙安仓都是拥有21间仓房的仓库，所以，其贮粮量都在52500石上下。纳兰卜剌仓的情况想来也是如此。

以上沿黄各处屯田从元朝早期一直延续到晚期，屯田性质从军屯到民屯兼备，屯田地域遍及卫宁平原、银川平原、后套平原以及土默川平原。各处屯田均密迩黄河水口，更兼遍设仓廪，尤其是那些集中于北黄河北岸地区，呈带状分布者。诸仓之北就是阴山山脉。阴山中自然形成的众多隘口成为联系漠南与漠北的交通孔道。诸仓、屯田承载了安置军民、储备粮料、赈济灾荒、运粮岭北的众多职责，事关重大。史载，至元九年八月“壬辰，敕忙安仓及净州预备储粮五万石，以备弘吉剌新徙部民及西人内附者廪给”。[102]大德十一年（1307年）八月“甲辰，以纳兰不剌所储粮万石，赈其旁近饥民”。[103]

于是，经过有元一代的经营，宁夏到东胜沿黄河地带的农业生产区、粮食贮藏地都被水路运输线联系起来，成为一个有机的整体。

四、黄河漕运的作用与地位

1. 元代黄河漕运的实际成效

虽然有人进行过黄河漕运量的讨论，但尚不能令人满意。可以考虑从一般的大运河漕运入手，以此比拟黄河漕运量。元代大运河漕运“每编船三十置为一纲。船九百余艘，运粮三百余万石，船户八千余户”。[104]船只和船户的多寡是制约漕运量的最主要因素。

中兴路到东胜的黄河沿线船只总数不超过100艘，船工人户及其变动情况无从考证。即使将其全部用于黄河粮食漕运，也不会超过运河漕运量的1/9—1/10，即每年30万石。黄河沿岸平原区的粮食生产主要受到人力不足的严重制约，对其生产能力不容作过高估计。黄河漕运作用更多地体现在调剂粮食供应不足，缓和供需矛盾方面。此外，还应该参考船只与船民的比率以及每处水站马、牛牲畜的配置情况。事实上，宁夏水运每站有马20匹、牛40只，总数马200匹，牛400只。水驿牛只数量已较普通马驿为巨,正反映了牛只的性质属于拖曳船只,陆地转运的职责。因为,宁夏粮船顺流而下自不需要外力干预,而船只溯流逆返之际则不得不假以畜力,这是水驿牛只数量较多的主要原因。比较大运河水运的船人比约为1:9,而宁夏水运的船人比竟是1:2.4,相差悬殊,难以理解。本文认为,黄河漕运可能更加依靠畜力牵曳,而非人力是船人比率极低的原因。

北魏黄河漕运的运输量有具体记载,在基本水运条件未发生根本改变的前提下,根据北魏黄河漕运量的情况估计元代黄河漕运量也有其参考价值。《魏书·刁雍传》载:“造船二百艘,二船为一舫,一船胜谷二千斛……一运二十万斛,方舟顺流,五日而至,自沃野牵上,十日还到,合六十日得一返。从三月至九月三返,运送六十万斛。”[105]南北朝时3斛多相当于元代1石,北魏黄河漕运的年运输量不过20万石。元代中兴—东胜十驿的船只总量为100只左右,不及北魏黄河漕运船只数的一半;而元代黄河漕运的距离却是北魏的一倍。经测算,北魏时黄河漕运顺流而下,日行达150里以上,每两月一次往返,到元代只能每3—4月方能实现一次往返。进而推断,元代的黄河总漕运量达不到20万石。

再者,通过探讨元代宁夏地区的粮食实际产量也可以估计出漕运量的上限。《郭守敬行状》记载宁夏地区的农田总量高达9万顷,实际并不可信,据考证,元代宁夏耕地总量只能维持在1万顷左右。[106]而整个元代从包括宁夏在内的整个甘肃行省征调的税粮仅有60586石,[107]再加上宁夏军民屯田子粒数即可估计宁夏全境上纳粮食的上限。通过本文附表统计宁夏军民屯田总数约在3750顷,明代继承了元代的屯田制度,如果以明初军屯上纳子粒数则例计算也可窥得元代宁夏屯田的子粒数量。据《明史》所载可知军屯上纳数在1斗/亩—2.4斗/亩之间,[108]那么元代宁夏屯田上纳数应在37500石至100000石之间,取最高值再加甘肃行省税粮之半,可以看出整个宁夏地区的上缴粮食总量无论如何应低于15万石。

概言之,元代黄河漕粮运输量不会超过15万石。

至于元代黄河漕运的管理制度层面,虽然元世祖朝已经形成了结合水驿、屯田、仓储的完整系统,至今未见有材料证明曾有过专设的管理机构,有人以“黄河漕运提举”一职作为元代加强黄河漕运管理的证据,实则似是而非。“黄河漕运提举”并非元代设置的官职,而是金末迁都南京(汴梁,今河南开封)后为运送陕西粮食而建立的机构,与元代黄河漕运无涉。[109]

2. 元代黄河漕运与元魏、李唐黄河漕运之比较

中国古代对黄河中上游漕运大规模的正式利用应始于北魏时期。史载,北魏太平真君七年(446年)薄骨律镇将刁雍就各军镇粮食运输问题提出了利用黄河水运的建议,得到朝廷批准,并且规定“自可永以为式”。元代黄河漕运与北魏黄河漕运两者存在着线路上的部分重迭,北魏漕运起点在“牵屯山(今六盘山)河水之次”,终点是北方新建立的沃野镇(今内蒙古乌加河南岸),距离薄骨律镇约八百里。以今地度之,则是灵武至后套平原的黄河水路运输线。目的和性质也相似,均属于由宁夏产粮区向北方的粮食消费区以水运方式供应粮料。《刁雍传》称“穀在河西,转至沃野,越度大河”,[110]则表明粮食来自于黄河以西的平原地区,应在今灵武以西的中宁平原上。此外,它们的共同之处更在于,都属于北方政权在没有取得对淮河以南中国的控制之前,解决漠南粮食短缺和调剂的重要途径。元初南宋尚存,北魏与宋、齐对峙,均为同一政治格局;元末的情形在一定程度上类似。黄河漕运的兴盛恰恰是中国南北未获政治统一之时,北方政权经常使用的运输方式。而在国家实现统一后往往因粮源制约、粮食运输损耗过大甚至脚费支出等经济成本过高,黄河漕运的作用明显降低。

除去共性之外,两者之间存在着相当大的差异:第一,元代与北魏相比,由于控制了大漠南北,因此,其黄河漕粮运输的着眼点和目的比北魏更为深远。元代是宁夏漕粮支援漠南、漠北、京畿(元末)的更大距离的调配方式。而北魏仅仅着眼于解决北方六镇中的沃野镇,即后套地区的粮食短缺问题,这样两代产生的影响就有很大的不同。第二,北魏时比较单一的从薄骨律镇作为粮食供应区直接运送粮料。而元代黄河漕运则是从宁夏到东胜的黄河沿线所有宜农区的开发、运输于一体的更为复杂的系统。几乎所有的水驿设置地点都有相应的各种类型的屯田与之相联系,每处驿站的设置地都具有粮食产地、储藏地、运输地的三种功能,从而使黄河水道成为实际提领各地的交通脉络。

唐代的黄河漕运盛况不下于北魏。“开元二十九年,除王忠嗣,又加水运使”。[111]《新唐书》亦载同年“朔方节度兼六城水运使”[112]。所谓“六城”,当是有异说,不在本文讨论范围,大体而言包括了三受降城外加宁夏地区的丰安、定远诸城,相当于元代宁夏到东胜黄河沿岸地区。陈鸿祖《东城老父传》提及开元天宝间“河州墩煌道,岁屯田实边食,余粟转输灵州。漕下黄河,入太原仓,以备关中凶年”。[113]甚至在唐末,黄河漕运仍在正常运行中,大中元年(847 年)八月“突厥掠漕米及行商,振武节度使史宪忠击破之”。[114]与李唐相比,元代黄河漕运在运输线路、屯田保障、持续时间上看,有更多的相似性。

3. 元代北方漕运的比较

元代除了黄河漕运之外,还曾一度设想过滦河漕运。史载,至元二十八年八月,省臣奏:“姚演言,奉敕疏浚滦河,漕运上都,乞应副沿河盖露囷工匠什物,仍预备来岁所用漕船五百艘，水手一万，牵船夫二万四千。臣等集议，近岁东南荒欠，民力凋敝，选舟调夫，其事非轻，一时并行，必致重困。请先造舟十艘，量拨水手试行之，如果便，续增益。制可其奏，先以五十艘行之，仍选能人同事。”[115]据此，滦河漕运的规模较之黄河漕运似不相上下。但是在具体实施过程中，却遭遇到意想不到的困难，因而最终放弃。《郭守敬行状》称：“（至元）二十八年，有言漕事便利者，一谓滦河自永平挽舟逾岭而上，可至上都；一谓卢沟自麻峪可至寻麻林，朝廷令各试所说。其谓滦河者，至中道，自知不可行而罢，其谓卢沟者，命公与往，亦为哨石所阻，舟不得通而止。”[116]《元史·洪君祥传》也提到至元二十八年“议者欲自东南海口辛桥开河合滦河，运粮至上都，奉旨与中书右丞阿里相其利害，还，极言不便，罢之”。[117]滦河上游地连上都，滦河漕运上都主张的提出正反映出元上都粮食供应困难局面长期存在的事实。联系到黄河漕运漠北输粮之意图，可见，整个元代虽然在大漠南北广置屯田，然而实际成效并未达到预期的目标。在一定程度上，屯田只是解决驻在地军队军粮供应的补充管道之一，决非主要方式。因此，元代政府一直关注南粮北运问题，不断试图采取各种方法弥补运输量的不足，提高运输效率。滦河漕运与黄河漕运性质类似，也是在政府看到水运效率较高的优势后所进行的尝试。只是在当时的条件下，许多水利工程因为地形因素上一些难以克服的自然障碍，才不得不导致工程下马，滦河漕运中顿的原因也正在此。

4. 元代早晚期黄河漕运的比较

元代自海运渐兴之后，包括大运河漕运在内的内河粮食运输均让位于海运，中兴至东胜的黄河漕运也逐渐衰落，居于次要地位。元末南方红巾军兴起后，产粮区遂不为元朝所控制，海运、漕运无法发挥南粮北运的作用，不得不再次关注黄河中上游漕运。更为紧迫的是从至正十九年到二十一年间，中国北方（包括大都地区）发生了全面饥荒[118]，就地屯田无法立见成效。为缓解大都地区粮食供应的紧张状况，黄河漕运又出现了一次短暂复兴。史载：至正二十年（1360年）五月十九日，廷臣上奏“因为近年调兵，军储仓廪不敷……俺商量来，陕西所辖延安路与东胜州相近有。今后专委陕西省官一员，延安路所出粮斛内斟酌交和籴，运赴东胜州收贮，攒运入京等事”，得到朝廷批准。及至七月“已经差官于延安等处和籴粮斛，就于彼处创造船只，径由黄河运至东胜州，权且收贮，攒运入京”。[119]有人认为这是将延安路所产粮食沿延河下行至黄河，再逆流送至东胜州[120]，但这一认识存在诸多问题。其一，从自然条件看，黄河穿行于晋陕山峡之中，水急滩多，行舟困难，逆流运粮的条件并不具备。其二，即使延河—黄河运粮方案可行，也无必要逆流上行至东胜州辗转调运，只须在延河入黄处附近就近运至黄河东岸交卸粮料，即可径由山西中部运送大都。何须绕行东胜、增设十四处牛站，以致延长运输线路，增加运输成本。其三，《析津志》明言“骆驼站：宁夏运粮，即延安粮运入东胜，所造船只顺流而下”，实则证明了元末的确是再度启用了黄河中上游的水运通道。

不过，元末黄河漕运与元初相比有一明显不同，就是水陆联运取代了元初的水路运输。元初的中兴—东胜十水驿运路在至正年以前可能已经衰败，否则不会有再次“创造船只”之说。元末的黄河漕运所依靠的粮食供应地也不象元初那样在宁夏，而是以延安路作为粮食来源地，先通过陆路运输方式运至宁夏黄河岸边，再上舟下河递运至东胜。有趣的是，延安至宁夏运粮列于“骆驼站”之下，暗示了以骆驼作为主要运输工具的特点。骆驼取代牛只运输说明延安—宁夏运输路线必然要穿越沙碛之地，也就是穿过了毛乌素沙漠的南缘直通宁夏的快捷方式。

至于元末黄河漕运的作用有多大也值得怀疑。至正十九年(1359 年)四月“己丑，贼陷宁夏路，遂略灵武等处”。[121]经过元末的战乱，宁夏农业经济再次受到打击，以至于至正二十年筹措黄河漕运军粮时，提供粮源的地区已经不是宁夏而成为延安路了，粮食供应的确有限。相比较而言至正后期勉强维持京师粮食供亿的管道主要是张士诚、方国珍之浙江、福建海运[122]以及大都周边的屯田[123]，黄河漕运延安粮食至多只是补充罢了，况且这一补充手段也包含着不确定性[124]。

五、元代黄河漕运的特点与启示

元代黄河漕运始于元初，终于元末，历经有元一代，是元代对黄河水运利用的盛举。其特点在于：

第一，元政府在利用北方天然河流组织粮食跨区域调拨方面进行过多次努力和尝试，尽管最终成效并不相同，但是这种摸索过程反映了开发利用北方当地自然条件的积极态度和注重实效的行政追求，是其突出特点。元政府根据国内政治格局的发展变化，往往就水路粮食运输问题不断做出调整。如从早期开发黄河漕运，到中期国家统一后大兴运河漕运、倚重海运，元末再度关注黄河漕运的变化轨迹都反映了政府因其控制地域和能力的变化而作的调整。也是元政府在南粮北运的总体格局未有根本性改变的前提下，善于从实际出发，及时开设或恢复北方大河的粮食水运，对于北方政治核心区的粮食供应的基本稳定和维持政权的物质基础等方面都起了不小的作用。虽然在平宋之前和元末漕运、海运中断以后，黄河漕运的地位突出了，但是在元朝的大多数时间里，元代黄河漕运的价值并非体现在对京师的粮食供应方面，它更多地体现在对漠北的军粮供应以及灾荒应对等领域。

第二，从交通地理的角度分析，元代更加注重交通运输的实效性。在选择交通路线时，往往并不一味沿用传统的交通线，而是尽可能使用那些线路较短的，为北方游牧民族所熟悉的快捷方式。如宁夏运粮亦集乃路不走河西走廊，而走贺兰山后穿越沙漠的路线。这与游牧民族迁徙无常的生产、生活特性有着更为直接的关系。另一方面，在选择物资运输的路线时，元朝更加侧重于选择运输成本较小，实际运量更大的水路运输方式，如黄河漕运、运河漕运，乃至海运。这些特点是元朝前后的其他中央政府在开发利用黄河中游地区的过程中很少见到过的。

第三，元代黄河漕运形成了一个包括生产、运输、供应于一体的完整系统。它依托黄河中游有利的地理条件，形成了粮食生产、水路运输、屯聚供给同时兼备的格局。对于推动沿黄平原区农业经济的恢复和发展具有重要意义，在客观上也起到了联系中书腹里河东地区与甘肃行省宁夏地区的作用。

启示在于：从更大的背景上看，西北黄河漕运的兴盛反映了国家统一，特别是控制河套地区对边疆经济（交通事业）发展的直接推动作用，尤其是象元代、北魏，甚至清代（黄河盐运）这一类型的少数民族政权更加注重因势利导，推动边疆地区社会经济的发展。

（原刊于《中国史研究》2011 年第 3 期，人大报刊复印资料《宋辽金元史》2011 年第 4 期全文转载。本次收录时略有修改。）

注　释

1　吴宏岐《略论元朝的西路漕运》，《河北学刊》1991 年第 5 期；陈广恩《试论元代开发黄河》，《江苏社会科学》2004 年第 5 期。

2　刘再聪《甘、宁、青地区的水运航道—甘、宁、青水上交通史研究之一》，《中国社会经济史研究》2008 年第 1 期；周松《元代宁夏漕运新论》，《宁夏社会科学》2007 年第 6 期。

3　《元史》卷 4《世祖一》，北京，中华书局点校本，1976 年，第 72 页。

4　《元史》卷 4《世祖一》，第 66 页。

5　《元史》卷 4《世祖一》，第 73—74 页。

6　《元史》卷 4《世祖一》，第 66 页。

7　注：一作在“甘州东”，见［元］苏天爵辑撰姚景安点校《元朝名臣事略》卷 11《商挺传》，中华书局，1996 年，第 220 页。

8 参见邱树森《浑都海、阿蓝答儿之乱的前因后果》,《宁夏社会科学》1990年第5期。

9 参见胡小鹏《元代阔端系诸王研究》,《内蒙古社会科学》1998年第3期。

10 《元史》卷148《董文用传》,第3496页。

11 《元朝名臣事略》卷14《内翰董忠穆公》,第281页。又《元史》卷6《世祖三》载:至元三年五月"丙午,浚西夏中兴汉延、唐来等渠。"同年七月"诏西夏避乱之民还本籍。"

12 《元朝名臣事略》卷9《太史郭公》,第193页。

13 《元史》卷5《世祖二》,第97页。

14 《元史》卷164《郭守敬传》;并见《元朝名臣事略》卷9《太史郭公》;《元文类·郭公行状》。三者所载略同。

15 《元朝名臣事略》卷9《太史郭公》,第186页。

16 《元史》卷5《世祖二》,第101页。

17 《永乐大典》卷19417《站赤二》引,中华书局影印本,1960年。

18 《永乐大典》卷19416《站赤一》。

19 《元史》卷6《世祖三》,第115页。

20 《永乐大典》卷19417《站赤二》引《经世大典》。

21 吴宏岐《略论元朝的西路漕运》所附表一《应理至东胜各水站运输工具表》推断10各水站每站有牛200只,马100匹,于是乎牛、马总量高至2000只、1000匹,显得极不正常。查《永乐大典》卷19422《站赤七》引《经世大典》"中书省所辖腹里各路站赤·河东山西道宣慰司所辖各路站"条下原文为"水站:东胜五处。只达温站,船一十只,马二十匹,牛四十只,羊一百口。白崖子站,船一十只,马二十匹,牛四十只,羊一百口。九花站,船一十只,马二十匹,牛四十只,羊一百口。怯竹里站,船一十只,马二十匹,牛四十只,羊一百口。梧桐站,船一十只,马二十匹,牛四十只,羊一百口。"陈广恩、刘再聪二文不察,均沿其误,都影响了对元代黄河漕运量的准确估计。

22 注:只必帖木儿辖区地跨黄河之证,可见甘肃环县城北一里古塔之《环州景福寺重建相轮碑铭》。铭文曰"皇帝万岁只必帖木里大王千秋国泰民安法轮常转……中统五年仲秋上旬有五日"。(环县县志办公室黄志远先生提供)。

23 《永乐大典》卷19422《站赤七》引《经世大典》。

24 注:这里暗示了兀剌海路在世祖初年并未设立。检《元史》卷93《食货一》,第2358页有:至元"八年又定西夏中兴路、西宁州、兀剌海三处之税"。文中其余两处有"路"、"州"的行政区划字样,而兀剌海未见,说明甚至到至元八年也没有出现"兀剌海路"的建制。

25 《元史》卷6《世祖三》,第113页。

26 《永乐大典》卷19417《站赤二》引。

27 道润梯步译注《新译简注蒙古秘史》,内蒙古人民出版社,1978年,第356页。

28 札奇斯钦译注《蒙古秘史新译并注释》,台北联经出版社,1979年,第418页。

29 余大钧译注《蒙古秘史》,河北人民出版社,2001年,第462页。

30 岑仲勉《元初西北五城之地理的考古》(初刊于《中央研究院历史语言与究所集刊》第十二本,1948年),收入氏著《中外史地考证》(下),中华书局,2004年,第537页。

31 (明)李贤《大明一统志》卷37《靖虏卫·山川》,三秦出版社,1990年,第650页。另,[清]梁份著、赵盛世等校注《秦边纪略》卷4《靖虏边堡》,青海人民出版社,1987年,第278页载,靖虏卫(今甘肃省靖远县)北“裴家营……东枕雪山……雪山者冬常积雪,故名雪山”。[清]陈之骥纂修、李金财等校注《[道光]靖远县志》卷2上《山川·雪山》,《靖远会宁红水县志集校》点校本,甘肃文化出版社,2002年,第38页,提到“在(靖远县)北一百二十里。西距黄河,南接分水岭,峰峦层列,岩壑横峙,松柏丛茂,鸟兽番庶,积雪冬夏不消,遥望晴岚素雾,亦一方之名胜也。”

32 《资治通鉴》卷180,第5633页。

33 注:《明太祖实录》卷60,台北中央研究院历史语言研究所影印本,1961年,第1179页,载洪武四年正月“故元枢密都连帖木儿等自东胜州来降。诏置失宝赤千户所一,百户所十一;五花城千户所一,百户所五;干鲁忽奴千户所一,百户所十;燕只千户所一,百户所十;瓮吉剌千户所一,领百户所六。以都连帖木儿、刘朵儿只、丑的为千户,给三所印……复遣侍仪司通事舍人马哈麻赍燕只、瓮吉剌千户所印二,往东胜州命伯颜帖木儿、答海马里卜兰歹、也里沙、朵列图、阔阔歹为千户”。

34 [日]和田清著、潘世宪译《明代蒙古史论集》(上册),商务印书馆,1984年,第12—13页。

35 参见曹永年《从白塔题记看明初丰州地区的行政建制—呼和浩特万部华严经塔明代题记探讨之三》,《内蒙古师范大学学报》1992年第3期;周松《明与北元对峙格局中之东胜卫变迁》,《史学月刊》2007年第5期。

36 陈得芝《元岭北行省诸驿道考》,《蒙元史研究丛稿》,人民出版社,2005年,第　页。

37 《元史》卷6《世祖三》,第142页。

38 亦邻真先生拟作“Elzhigin”,并称来源于“驴”(Elzhigen,明人译作“额里只干”),见其《中国北方民族与蒙古族族源》(初刊于《内蒙古大学学报》1979年第3、4期),收入氏著《亦邻真蒙古学文集》,内蒙古人民出版社2001年,第575页。

39 周清澍《蒙元时期的中西陆路交通》(原载《元史论丛》第4辑,1992年),收入氏著《元蒙史札》,内蒙古大学出版社,2001年,第264—265页。

40 胡小鹏《元甘肃行省诸驿道考》,《西北史地》1997年第4期;李云泉《蒙元时期驿站的设立与中西陆路交通的发展》,《兰州大学学报》1993年第3期均持类似观点。胡文将哈剌兀速脱脱禾孙置于今内蒙都思兔河,有误。哈剌兀速脱脱禾孙实际设于亦集乃路之黑水(额济纳河)附近。

41 《永乐大典》卷19421

42 《永乐大典》卷19418引《经世大典》。

43 《元史》卷1《太祖纪》,第24页。

44 《元史》卷63《地理八》,第1566页。

45 详见陈寅恪《灵州、宁夏、榆林三城详名考》(初刊于《中央研究院历史语言研究所集刊》第1本第二分册,1930年),收入氏著《金明馆丛稿二编》,上海古籍出版社,1980年,第108—114页。

46 《永乐大典》卷19417引《经世大典》,至元三年十月条。

47 (清)吴广成撰《西夏书事》卷10,《续修四库全书》第334册影印清道光五年小岘山房刻本,上海古籍出版社,2002年,第375页。

48 (清)张穆著、张正明等点校《蒙古游牧记》卷6,山西人民出版社,1991年,第129页。

49 宁夏回族自治区展览馆《宁夏石嘴山市西夏城址试掘》,《考古》1981年第1期。另,按历史记载省嵬城应位于黄河东岸,目前考古发掘所见却位于黄河西岸。汪一鸣《历史时期黄河银川平原段河道变迁初探》(《宁夏大学学报(自然科学版)》1984 年第 2 期)一文中认为这是由于黄河主河道在历史时期不断“跳跃式东徙”造成的结果,使得河东的省嵬城在明末清初以后成为河西废城。

50 鲁人勇《西夏监军司考》,《宁夏社会科学》2001 年第 1 期。

51 (清)高士奇《扈从纪程》,王锡祺辑《小方壶斋舆地从钞》第一帙,上海著易堂印行。

52 周清澍《蒙元时期的中西陆路交通》,《元蒙史札》,第 264 页。

53 注:“教”疑误,似应为“廒”

54 《永乐大典》卷 7511。

55 (清)张鉴《西夏纪事本末》卷首下,《续修四库全书》第 387 册影印清光绪十一年刻半厂丛书初编本,上海古籍出版社,2002 年,第 550 页,所载之顺序为:马练驿、吃啰驿、启哆驿、卒李驿、瓦井驿、布袋驿、连袋驿、陌井驿、乳井驿、咩逋驿、梁唛驿、横水驿。从漠北南下进入河套,可取道有经今乌梁素海、西山嘴渡河入伊克昭盟(鄂尔多斯市),西南行可达宁夏平原;再者经由包头昆都伦沟南行渡河入河套腹地。

56 参见禾子(谭其骧)《北河》,《中华文史论丛》第六辑,中华书局,1965 年,第 180,214 页,认为北河长时间是黄河的经流,这种情况一直持续到明末清初才发生改变。清代前期,南河由支流变为经流,而北河逐渐湮塞为支流——乌加河。因此,元代黄河的主河道仍在今乌加河。

57 (明)胡汝砺编、管律重修,陈明猷校勘《嘉靖宁夏新志》卷 2《宁夏总镇·古迹》,宁夏人民出版社,1982 年,第 175 页。

58 《元史》卷 100《兵三·屯田》“宁夏等处新附军万户府屯田”条,第 2569 页。

59 《兀剌海方位探索》,《历史地理研究》[1],复旦大学出版社,1986 年。

60 《土达原叙》,《民族研究》1986 年第 2 期。

61 《兀剌海城地望和成吉思汗征西夏军事地理析》,《宁夏社会科学》1994 年第 6 期。

62 《嘉靖宁夏新志》卷 2,第 150 页。

63 《明太宗实录》卷 97,永乐七年十月,第 1281 页。

64 (明)吏部清吏司编《明功臣袭封底簿》(不分卷),台北学生书局,1970 年影印明朱格抄本,第 452 页。《明英宗实录》卷 354,天顺七年七月,第 7082 页载陈懋“(永乐)七年征塔塔山、好来口,获失保赤都,加封宁阳侯”。

65 (明)张雨《全陕边政考》卷 7《北虏河套·山川表》,国立北平图书馆善本丛书第一集明嘉靖刻本。注:该《山川表》中所列地名并未严格按照某一方位有序排列,因此不易完全拘泥于张雨的地名序列。

66 《元史》卷 34《文宗三》,第 768 页。

67 详见朱风、贾敬颜译注《汉译蒙古黄金史纲》,内蒙古人民出版社,1985 年,第 25—26 页注释 2。

68 《永乐大典》卷 7511。

69 《辛卯侍行记》卷 2“山西北路及西北路”条,《续修四库全书》第 737 册影印清光绪二十三年养树山房刻本,上海古籍出版社,2002 年,第 488 页。

70 塔拉、张海斌、张红星《水旱码头燕家梁》,《文物天地》2007 年第 2 期。

71 《校勘记》:旧校改莽作莽

72 《明太祖实录》卷 44,洪武二年八月,第 0860 页。

73 参见汪公亮《西北地理》,重庆正中书局民国二十五年(1936 年),第 136 页。

74 达仓宗巴·班觉桑布著、陈庆英译《汉藏史集》,西藏人民出版社,1986 年,第 138 页;东嘎·洛桑赤列、陈庆英译《论西藏政教合一制度》,中国藏学出版社,2001 年,第 36 页;[意]伯戴克(LucianoPetech)、张云译《元代西藏史研究》,云南人民出版社,2002 年,第 10—11 页;较为详细的论述参见张云《元代吐蕃地方行政体制研究》,中国社会科学出版社,1998 年,第 12—20 页等。

75 《元朝名臣事略》卷 9《太史郭公》,第 186 页。

76 (元)陶宗仪著《南村辍耕录》卷 22《黄河源》,中华书局,1959 年,第 265 页。

77 注:藏文史书中提到整治内地到吐蕃驿路是为了方便帝师往来,参见《汉藏史集》。不可否认,这是原因之一,但更为重要的则是为了提高行政命令、人员往来的效率与便利,即本质上,就是要强化对边疆的控制不容置疑。

78 《南村辍耕录》卷 22《黄河源》第 265 页云:"工师悉资内地,造航为艘六十。"

79 《汉藏史集》,第 160 页。

80 详见《汉藏史集》,第 159—160、165—166 页。

81 赵俪生《古代西北屯田开发史》,甘肃文化出版社,1997 年,第 268 页。

82 张维慎《宁夏农牧业发展与环境变迁》,2002 年陕西师范大学博士研究生学位论文,第 92 页。

83 参见王颋《元代屯田考》,《中华文史论丛》1983 年第 4 期,上海古籍出版社,第 233、245 页。

84 《嘉靖宁夏新志》卷 2,第 174 页。

85 《元史》卷 26《仁宗三》,第 593 页。河西,蒙元时代指西夏故地(又作合申),包括了原西夏控制的阴山西段,黄河沿岸以及河套高原。"塔塔剌地"可理解为"塔塔地"。蒙元时期词尾带有 -r、-l 者往往与其前的元音有再拼的现象,则"Tatar(塔塔)"亦可读作"塔塔剌"。

86 录文见穆朝庆、任崇岳《〈大元赠敦武校尉军民万户府百夫长唐兀公碑铭〉笺注》,《宁夏社会科学》1987 年第 1 期;朱绍侯《〈述善集〉选注(二篇)》,《史学月刊》2000 年第 4 期。

87 《元史》卷 154《李进传》,第 3639—3640 页。

88 《元史》卷 12《世祖九》,第 243 页。

89 《元史》卷 19《成宗二》,第 402 页。

90 《元史》卷 170《袁裕传》,第 3999 页。

91 《秦边纪略》卷 5《宁夏卫・宁夏边堡》第 301 页:"枣园堡,其渠源远而流长,其滩地平而草茂……昔余硖口筑唐来、汉延二渠,引水灌田,故朔方之地,媲美江南,渠之力也。"《嘉靖宁夏新志》卷 1《宁夏总镇・水利》,第 20 页,唐来、汉延渠"汉渠自峡口之东凿引河流,绕城东逶迤而北,余波仍入于河,延袤二百五十里"。"唐渠自汉渠口之西凿引河流,绕城逶迤而北,余波亦入于河,延袤四百里"。又《中国自然地理图集(第二版)》,中国地图出版社,1998 年,第 186 页,"宁夏灌区"图附表载宁夏灌区主要渠道基本情况有:汉延渠长度 87.7 千米,唐徕渠长度 154.1 千米。

92 《元史》卷 170《袁裕传》,第 3999 页。

93 《元代屯田考》附表一《元各司、路、府、州屯田情况表》。

94 《元史》卷 17《世祖一四》,第 365 页。

95 《元史》卷 93《食货一》,第 2358 页。

96 《元史》卷 15《世祖十二》,第 313—314 页。

97 《元史》卷 86《百官二》,第 2169—2170 页。

98 《元史》卷 100《兵三》"陕西等处行中书省所辖军民屯田"条下,第 2568 页。

99 注:《元史》卷86《百官二》,第2169页又载贵赤卫亲军都指挥使司初置于至元二十四年。

100 《永乐大典》卷7511。

101 罗开富、楼同茂、罗来兴、张荣祖《论包头的城址与建设》,《地理学报》1952年21期。载“地形上还有一项优势,阴山是由河套到后山的障碍物(阴山在包头以西称为乌拉山,以东称为大青山,两山以北的地方,通称‘后山’,乌盟的大部分在此)。根据地形的观察阴山在包头附近,似乎发生了一个水平断层。结果,包头以西,山麓向北移;以东,向南移。这样又增加了包头的两个优点。第一,因为山麓南移,黄河在包头附近最接近山麓,也就是最接近交通大路,所以包头除了是一个陆路集中点之外,更为水陆转运最理想的地点。第二,水平断层造成了一条穿过阴山南北的通道。河套到后山的交通路线集中在这条孔道上,也就是集中到包头”。

102 《元史》卷6《世祖三》,第142页。

103 《元史》卷22《武宗一》,第486页。

104 《元史》卷85《百官一》“户部·京畿都漕运使司”条下,第2134页。

105 《魏书》卷36《刁雍传》,中华书局标点本,1974年,第868页。

106 详见吴宏岐《元代北方边地农牧经济的发展及其地域差异》,《中国历史地理论丛》1989年第2期。另,《嘉靖宁夏新志》卷2“郭守敬”条下亦云“以河渠副使从张文谦至西夏,浚唐来、汉延诸渠,溉田万顷”。

107 《元史》卷93《食货一》,第2360页。及至元末,情况如旧。[元]权衡著、任崇岳校注《庚申外史笺证》卷下,中州古籍出版社,1991年,第101页:“当元统、至元间,国家承平之时,一岁入粮一千三百五十万八千八百八十四石,而浙江四分强,河南二分强,江西一分强,腹里一分强,湖广、陕西、辽阳一份强,通十分也。”任崇岳引《元史·食货志》论后三省实不及一分。

108 《明史》卷77《食货一》,第1884页。

109 陈广恩《试论元代开发黄河》引《大元宣差陕西京兆府总管大夫人尼庞窟氏墓志铭》(以下简称“《尼铭》”,[元]李庭《寓庵集》卷6,收入[清]缪荃孙《藕香零拾》,中华书局影印本,1999年)文字证明元朝设立“黄河漕运提举”一职。然而仔细研读《尼铭》及《大朝宣差京兆路总管仆散故夫人温迪罕氏墓志铭》(以下简称“《温铭》”,《寓庵集》卷6),发现与该官职有关的仆散氏家族系金代名宦大族,此时其家庭成员的主要活动均集中于金蒙政权更迭时期的陕西地区。在追述该家族男性成员社会政治地位时所及之官称大多属于金代旧号,所以“黄河漕运提举”一职作为元代初设的官职之说明显动摇了。以下自三方面再更加辨析:

尚书左丞相兼枢密使仆散端(延安郡王)

|

定国军节度使仆散纳坦出+尼庞窟氏(《尼碑》主人)

|—————|—————|

黄河漕运提举仆散沂(余子从略)宣差陕西京兆府总管仆散浩(疑即仆散忙押门)+温迪罕氏(《温碑》主人)

第一,《尼铭》载尼庞窟氏死于中统三年(1262年),死时78岁高龄。其夫已先故。尼氏所生诸子中,“长曰沂,信武将军,黄河漕运提举”,而且包括仆散沂在内的三个兄弟“皆先节使公卒。”这“节使公”就是尼氏之夫。这就意味着尼庞窟氏诸子早在忽必烈登基之前死去,而环河套黄河漕运已是中统至元间事,所以仆散沂的"黄河漕运提举"一职并非元代专司黄河漕运所设的官职。进一步结合《尼铭》、《温铭》可知,仆散沂是金末延安郡王仆散端之孙。仆散端,《金史》有传(《金史》卷101),据《仆散端传》得知所谓节使公正是仆散端之子金定国军节度使仆散纳坦出。根据《尼铭》、《温铭》所载,纳坦出死时不晚于中统元年(1260年),那么其三子死于纳坦出前更早遂无疑义。此外,参酌《金史·本纪》和《仆散端传》的记载,纳坦出出任定国军节度使的时间不会很长,应为1217—1222年之间。其后的天兴元年(1232年)纳坦出子芒押门(本文以此人就是仆散浩)叛金降于蒙古,全家下狱。虽然未遭严谴,但是革职处理是自然之事。所以,仆散沂任职"黄河漕运提举"的时间至多也就延续到这一年。可见,仆散沂担任的"黄河漕运提举"与元世祖朝初年宁夏黄河漕运并无关系。

第二,金末以南京汴梁为都,在筹集粮料的过程中,金朝于元光元年(1222年)"六月戊寅朔,造舟运陕西粮,由大庆关渡抵湖城"。(《金史·宣宗下》,页362)大庆关(今陕西大荔县东黄河岸边)至湖城(今河南灵宝县西北黄河岸边)的水运恰为今山、陕、豫三省交界处的黄河拐弯处,长度并不长。另,《故京兆路都总管提领经历司官太傅府都事李公墓志铭》(《寓庵集》卷6)中提到在正大(1224—1231年)末年以前,李仪(李君瑞)曾"佩银符驰传往来关陕,漕运粮储"。可见,"黄河漕运提举"官确是金末专督黄河关陕短途漕运的官职。由于事系金末,值政权鼎革,于是并未被《金史》注意到乃情理中事。但它绝非蒙古国创设的管理黄河漕运机构。

第三,蒙古国占领京兆等地后,也部分的利用过黄河水路运输。综合《故宣差京兆府路都总管田公墓志铭》(《寓庵集》)及《元史·田雄传》,田雄于1233年出任镇抚陕西总管京兆等路事。《田铭》更明确提到田到任后,"于是,水路运漕河东之粟以济饥羸。"也就是说,1240年以前,陕西曾经通过水旱两路输送河东(山西)的粮食到陕西赈饥饥民。此时所涉及的黄河水运应与金末黄河漕运路径有部分的重迭,但在经过渭河口时,就转向渭河了,这是其不同之处。或者直接经由大庆关黄河渡口递运粮料,由旱路西入京兆。但是无论如何,从运输路线、粮食筹集与送达的目的地看均与宁夏黄河漕运毫无瓜葛。总之,《寓庵集》所见之"黄河漕运提举"的机构设置属于金代创设,范围所及至为有限,降及蒙古国时期,最多也是部分利用其运送河东粮食。所以,没有充足的理由将这一设置视为元朝宁夏黄河漕运的专设机构。

110 以上所引均出自《魏书》卷38《刁雍传》,第868页。

111 (宋)王溥撰《唐会要》卷78《节度使·朔方节度使》条,中华书局,1955年,第1425页。

112 《新唐书》卷64《表四·方镇一》,中华书局标点本,1975年,第1764页。

113 周绍良《〈东城老父传〉笺证》,《文史》第十七辑,中华书局,1983年,第178页。《太平广记》卷484亦载。注:周绍良先生在《笺证》中将"转输灵州"与"漕下黄河"分作两事,似难解释"漕下"之意,今不取。刘再聪《甘、宁、青地区的水运航道》支持唐代灵州黄河漕运说,并认为"河州敦煌道"为"河州枹罕道","太原仓"为"太丰仓"之误,更加合理。

114 《资治通鉴》卷248,大中元年(847年)八月下,第8031页。

115 《元史》卷64《河渠一》,第1602页。

116 《元朝名臣事略》卷9,第192页。

117 《元史》卷154《洪君祥传》,第3632页。

118 《庚申外史》卷下,第99页载,至正十九年"京师大饥,民殍死近百万。十一门外各掘万人坑掩之"。但《元史》卷46《顺帝九》所载大都饥荒时间与此不同,谓:至正二十一年"是岁,京师大饥"。在至正十九年,《元史》卷45《顺帝八》载,五月“山东、河东、河南、关中等处,蝗飞蔽天,所落沟壑尽平,民大饥”。

119 《永乐大典》卷19426引《析津志》。

120 陈广恩《试论元代开发黄河》。

121 《元史》卷45《顺帝八》,第947页。

122 参见吴缉华《元朝与明初的海运》,《中央研究院历史语言研究所集刊》第28册上,台北,1956年。

123 《元史》卷45《顺帝八》第946页至正十九年二月:“是月,诏孛罗帖木儿移兵镇大同,以为京师捍蔽。置大都督兵农司,仍置分司十道,以孛罗帖木儿领之。所在侵夺民田,不胜其扰。”《元史》卷46《顺帝九》第958页载至正二十一年“屯田成,收粮四十万石”。

124 《元史》卷46《顺帝九》第960页载至正二十二年“八月己亥,扩廓帖木儿言:‘孛罗帖木儿、张良弼据延安,掠黄河上下……’”。

明代黄河下游的河道治理与河神信仰*

牛建强

有关黄河灾害及其治理的研究，岑仲勉《黄河变迁史》（人民出版社，1957年）第13节、徐福龄《黄河水利史述要》（水利出版社，1982年）第8章皆有集中论述；另有代表性论文，如姚汉源的《明代山东、河南的借黄行运——济宁西河及沙颍运道》和《明代的引黄济运》（收入氏著《黄河水利史研究》，黄河水利出版社，2003年）等。上述论著或因论题侧重不同，对黄河治理与治河河神信仰关系皆未涉及。笔者利用新材料，在相对细致勾勒黄河治理相关史实的基础上，对有别于传统河神祭祀的明代治河河神信仰做了系统探讨。明代治河河神信仰是黄河治理史上值得重视的特殊文化现象，它既反映了当时在河道治理过程中面临技术困境背景下民间信仰向官方祭祀的过渡，同时也是黄河发生严重灾害的时段坐标。

一、明代黄河灾害之表现

从华北平原地质年代的构造和黄河灌溉、水运等利用角度来讲，黄河是条利河，然从具体历史时段对具体地域的破坏而言，它又是条令人恐惧的害河。明成化末年丘濬的议论颇具代表性。他说，“天地间利于民者莫大乎水，害于民者亦莫大于水”。“中国四大水，惟河之来为最远，其为害亦最大”。“自汉以来，屡为中国害”。“今日为中原民害之大者，莫甚于河”。“中国之水非一，而黄河为大，其源远

* 本文系教育部人文社科基地重大研究项目“明清以来河南基层社会转型研究”（06JJD770010）阶段成果。

而高，其流大而疾，其质浑而浊，其为患于中国也视诸水为甚焉”。由于黄河源远流长，所经地域广大，不少支流汇入其中，加上它穿越黄土高原，水体浑浊且携带大量泥沙，至下游时便沉积并抬升河床，自然就在中原地区酿成决溢灾害。他还从预防角度讲，旱灾和涝灾只要“先事为备”，防患在前，在某种程度上是可以预防的。而大河、大海就不同了，因其破坏力强大，一旦遭际，人力则相形见绌，所谓“若夫河海之患，则有非人力所能为者矣”[1]。对黄河的这一看法其实并不始于明代，在宋、元时期即已出现，这是与当时黄河危害不断加重的情形相联系的。自北宋仁宗时起，黄河从较早的河道南徙，形成二支，其南派由南清河（即徐州至邳州一线运河，所谓的泗沂故道）入淮。到金、元时，形成了黄河大致在今河南东北部和山东西南部范围内滚动的格局，给这一地区带来灾难，以致当时人发出“今河之害可谓大矣”、“河之为中国患久矣”[2]的感叹。而明代河患变得愈形剧烈的因素较为复杂，除了自然因素的作用外，作为人为因素的治河方略的影响尤其值得关注。

1. 黄河灾害的自然因素

河南东部和山东西南部成为黄河泛滥的主要区域，这有地貌等方面的自然因素。黄河自孟津以降，地势平衍，河面展阔，流速减缓，河床淤垫，加上土质疏松，堤防极易溃决。元武宗至大三年（1310 年）十一月，河北河南道廉访司就曾言：

> 大抵黄河伏槽之时，水势似缓，观之不足为害。一遇霖潦，湍浪迅猛。自孟津以东，土性疏薄，兼带沙卤，又失导泄之方，崩溃决溢可翘足而待[3]。

明景泰六年（1455 年），被委以治理张秋决口重任的徐有贞曾说：

> 河自雍而豫，出险固而之夷斥，其水之势既肆。又由豫而兖，土益疏，水益肆[4]。

万历十六年（1588 年）二月，工部在复议工科都给事中常居敬和河南抚按的集议时奏道：

> 黄河为患自古已然，而治河之难中州为甚。何也？其地沙壅土疏，修筑既难。平原多旷，一望千里，无崇山复岭之束，独恃卷扫[埽]以列防自为悍蔽，故功难就而费亦滋[5]。

稍后，曾 4 次受命治水并有 27 年治河经历的潘季驯也在一份奏疏中说：

> 黄河防御甚难，而中州为尤难。盖河自昆仑，历关陕以至河南，则伊、洛、渭、沁谓[诸]水合焉。水愈多，势愈盛。而自三门、七律[津]以下，地皆浮沙，

最易汕刷。故自汉迄今，东冲西决，未有不始自河南者也[6]。

众口一词，可见平缓地势确实是中原地区屡遭河患的重要因素。在如此区域内，即使黄河不发生决口之事，若连续霖雨，也会积水成湖，引发内涝；若是碰上数十年一遇的大水年份，黄河河道的溃决就难以避免了。

2. 黄河治理中漕运与治河间的纠结

元时，作为全国经济中心的江南地区乃是京师粮食的依赖之地。“元都于燕，去江南极远，而百司庶府之繁、卫士编民之众，无不仰给于江南”[7]。元初，南方物资北运采用的是陆运和河运联运的方式，即“自浙西涉江入淮，由黄河逆水至封丘县中滦旱站[8]，陆运至淇门，入御河（即卫河），以达于京”。不过，由于元朝的开拓性格、海运成本的低廉和每次运载数量的庞大等优势，海运渐成为主导的运输方式，“终元之世，海运不罢”。到了元末，海上漂溺损失和海口航道沙壅，部分漕粮开始改为内河漕运。至正二十六年（1366年）开凿会通河，只是“河道初开，岸狭水浅，不能负重载，每岁运不过数十万石，不若海运之多也”[9]。

明代经济上对江南地区的依赖程度较元远为过之。明初，起先是出于防御北方蒙古势力对北边威胁的需要；稍后到了永乐十四年（1416年），因政治中心北移，漕粮等物资皆需从南方调集，以苏州府为中心的江南地区的赋税成为国家命脉。明前期有人道，“苏，畿内重郡也，粮赋居天下之半。国用所需，多于苏焉取之”[10]。到了明后期，这种看法更成通识，如云“国家定鼎金台（指北京），官饩、军饷仰给东南，岁输粟四百万石”[11]。“国家都燕，西北地皆硗瘠，财赋不得不仰给东南”[12]。这些议论充分道出了江南地区对京师北京的价值和意义。

洪武二十四年（1391年），河南原武县黄河决口，流向东北方向，漫过山东安山湖，致使会通河（自济宁到临清段运河的称谓）淤塞，漕运功能丧失。永乐元年（1403年），明成祖改北平为北京，因运河淤阻，物资北运只得采用类似于元初的河运和陆运结合的联运模式：先是由江浮淮，通过黄河南支（即南直颍州→河南陈州→中牟县），经黄河混流区（荥泽县和原武县）运抵阳武县或者新乡县的八柳树，经陆路运至卫辉，在淇口入卫河，然后运抵北京。在山东境内似也存在着陆运的方式，共设八处递运所，“每所用民丁三千、车二百余辆”用以转输[13]。此时，海运仍是主要的运输方式[14]，而会通河和卫河只是“以浅船相兼转运”[15]，但“海险陆费，耗财溺舟，不可胜数，官民皆畏之”[16]。在这种大背景下，山东济宁州同知潘叔正说，会通河长450余里，而其淤塞河段只有三分之一。“浚而通之，非惟山东之民免转输之劳，实国家无穷之利”[17]。在工部尚书宋礼和都督周长考察后，永乐九年（1411年）二月兴工。命刑部侍郎金纯先后征发山东、徐州、应天、镇江等地民丁共十余万人开浚[18]，八月完工。会通河开浚后不久，到了永乐十三年（1415 年）便下令停罢海运，这样漕粮等物资的北运从根本上说进入了依赖运河的时代，运河作为沟通南北物资通道的地位和作用也就凸显出来。诚谓“漕运固朝廷血脉，会通尤漕运咽喉”[19]。弘治时倪岳曾说：

我国家建都北京，上而宗庙、朝廷之奉，下而百官、万姓之给，皆漕于东南，借运河一水以达京师，故河堤决则运舟阻，运舟阻则上供缺，军国之计奚赖焉？圣天子之所以注意者在是，群工之所以建议者在是，固亦宜然哉[20]。

弘治六年（1493 年）十二月，河南巡按涂升也有类似议论：

河之为患，或决而南则其患在河南，或决而北则其患在山东……今京师在北，专借会通一河漕东南之粟，以供军国之需。若河决而北则漕河受患，其害有不可胜言者[21]。

我们还可以从当时运输繁忙的景象中感受到运河举足轻重的地位和所担负的重要使命。在山东济宁州城东南五十步左右的运道上，有名为“会源”的重要闸门，元时已建，明初相沿，改称“天井闸”。正统十三年（1448 年）左右，陈文在一篇碑记中记载了舟楫通过该闸时的情形：“凡江浙、江西、两广、八闽、湖广、云南、贵州及江南直隶苏松、常镇、扬淮、太平、宁国诸郡军卫、有司岁时贡赋之物，道此闸趋京师。往来舟楫，日不下千百”[22]。既然运河对国家具有如此重大的意义，那么对其无条件地加以保障自然就成为铁律。这里讲的是国家存在与运河的关系，即运河关乎着国家机器正常运转的基础。

还有一层与此相关且是同样重要的关系，乃是黄河和运河的关系。“漕为天下重务，而其通塞恒视乎河。河安则漕安，河变则漕危。漕之安危，国计民生系焉”[23]。也即是说，黄河的通塞和安危关系着运河的通塞和安危。

由于北方政治中心对南方经济中心的依赖，明代江南地区粮食等物资须通过运河输送。为了保证运道的畅通，黄河治理常不能按照客观的步骤和计划实施，这样必然导致黄河治理路径的畸形，从而加重下游地区黄河灾害的范围和程度。诚如《山居赘论》的作者所云，“大河东，则会通河废；会通河不废，则大河不可得而东，两者不并立矣。此终明之世所以屡决而东，终抑之使南也与”[24]。这是严重困扰黄河正常治理的人为因素。

通过明代黄河变迁资料的排比和综合分析，大体可以获知：在明初洪武至弘治前,黄河在下游的南、中、北三个分支一直并存着。每个分支在不同年份因其水量差异而呈现出不同的变化,也因水量和泥沙淤积量的变化而导致流经路线的迁移,表现出极大的不稳定性。在这个阶段相当长的时间内,从荥泽→新乡南部→胙城和延津之间→长垣的北支和从荥泽→中牟→项城的南支的水量是丰盈的。而从原武、阳武→祥符的中支不是经兰阳、仪封和考城一线东流,而是从开封东南附近便南折入淮了。这样相对混乱的水网是元末紊乱水系的继续和恶化。这即是明前期黄河下游水系的基本状况。基于这种水系状况,当时欲实现漕运安全畅通的目标,主要面临以下两个难题。

第一个难题是:人们隐约意识到,豫东和鲁西之间南高北下,故河道决后通常北流,破坏运道。早在元时即有如此看法。元贞元年(1295年)秋,河决蒲口(在今杞县境),元成宗命廉访使尚文相度形势,为久利之策。尚氏发现:

> 河自陈留抵睢,东西百余里,南岸视水高六七尺或四五尺;北岸故堤,水视田高三四尺。南高北下,堤安得不坏、安得不北哉?为今之计,河北郡县宜顺水性筑长堤以御泛滥;河南退滩以为业,归德、徐、邳之民任择所便,避其冲突,不然河北桑田尽为鱼鳖之区矣[25]。

在他看来,从陈留县到睢州的黄河河段,南岸比水面高六七尺或四五尺,而水面又比北岸田地高三四尺,这样累计起来,南岸比北岸整体高出八九尺,甚至更多。所以,他建议黄河以北郡县注意修筑堤防,以免沦为鱼鳖之区。元人余阙也说:

> 南方之地本高于北,河之南徙难而北徙易。自宋南渡至今殆二百年,而河旋北。议者虑河之北则会通之漕废,当筑堤起曹南讫嘉祥东西三百里以障遏之,不使之北。予则以为河北而会通之漕不废,何也?漕以汶而不以河也。

他也无有二致地认为,黄河南岸地势总体上高于北岸,所以才会出现容易北徙的情况,但他认为河水北徙不会影响漕运,对此清康熙时学者胡渭以明中叶黄河屡决会通河的事实做根据提出了不同看法:

> 渭按:余阙此言正与挽河之议相左。盖河在梁卫之郊,北流为顺,其曰南徙难而北徙易是也。谓河北而会通之漕不废则大非。明之中叶,河屡贯会通,挟其水以入海,而运道遂淤,河之不可北也审矣[26]。

弘治六年(1493年)十月,河道总理刘大夏在上奏中道,河南、山东和南直接壤区域,“西南高阜,东北低下。黄河大势,日渐东注。究其下流,俱妨运道”[27]。次年九月,礼科给事中孙孺也提出过类似看法,他认为南高北低的情况非始于明初,而是到了成化年间才出现的：

黄河自国初以来，虽迁徙不常，然其势北高南下。至成化间，始南高而北下，以至贻今日之患[28]。

孙氏的解释倒是隐含了一种变化和转化的思想。其实，黄河迁移的这种情况在任何时候都是存在的，这和它富含泥沙的特性是联系的。由于河南境内分流过多，导致水速减缓，最易淤积。经过一个阶段，流经区域的地表就会抬升，从而发生河道朝较低方向滚动的现象。

为了保证山东境内的河不被冲决，当时惯常的做法是，或在豫东地区的黄河北岸筑堤，逼河南流；或在河道冲决时为了及时堵塞，在稍微靠上的河南境内河段开凿支河，表现出不兼顾漕河与黄河、不兼顾上段和下段河道的严重弊病，这样就使豫东和鲁西南部分地方成了汪洋之区。下面我们分别述之。在黄河北岸筑堤逼河南下是保漕而抑黄的最赤裸的表现。弘治七年十月到次年二月，在堵塞河南诸决口时，唯有黄陵冈屡合屡决，最难堵塞。为防以后溃决，“特筑堤三重以护之。其高各七丈，厚半之”[29]。并“筑长堤，起胙城，历东明、长垣，抵徐州，亘三百六十里”[30]。嘉靖十三年(1534年)左右，仪封人郭维藩(正德六年进士)在《观河涨歌》中特别提到，“军储漕挽须运河，无令此水北胜波。千谋万虑驱南向，数城不惜随漩涡”[31]。为保护运河，驱使黄河南向，不惜牺牲他处利益，虽说不是明言的国策，但至少也是朝廷默许的。如时人有言，“国家都燕，挽江南之粟，上下咸寄命焉”。“粟至稍后，举国困惫”，而“一邑一郡之灾不暇恤矣”[32]。弘治六年二月，孝宗任命刘大夏全面强固运河时，给他的敕命中有段话说得最为露骨：“古人治河，只是除民之害。今日治河，乃是恐妨运道，致误国计。”[33]这种只管运河而无视黄河的偏颇思路决定了当时的黄河治理不可能兼顾两者、综合地和客观地施治。从发生在弘治七年的一个极端事件中也能清楚地看出这种政策的危害性。该年十月，在堵塞仪封县黄陵冈决口后，山东委官派民夫在贾鲁河北岸构筑大堤，当地的河南百姓闻讯后，即欲谋杀治河官员。“河南之民不欲黄河入境，但见山东委官往彼增筑贾鲁堤，即谋欲杀之”，以致惊动了明孝宗。孝宗命工部会同其他部门商议，认为，河南之民阻筑河堤，河南巡抚等官应严行禁约，“该管有司不行禁止者，一体治以重罪”[34]。在这种绝对命令之下，地方利益只有牺牲的资格了。保漕而抑黄的另一表现是，在治理中目光短浅，只顾及黄、运河重叠的河段，而不考虑稍处上游的河南境内河段。自刘大夏弘治七年治理后，归德至徐州段黄河经历短暂稳定后开始向北摆动。继弘治十八年(1505年)、正德三年(1508年)两次北移后，正德四年六月又北徙120里,在沛县飞云桥进入漕河。因山东单县至南直丰县间的河道狭窄,无法容纳过多水量,致使河水横流,泥沙停滞,造成“故道淤塞”,个别地方甚至“两岸相对阔百余里”,上游来水严重受阻,宣泄不畅,泛滥范围上移,又造成稍微靠上的豫东段出现新的决口[35]。到了嘉靖年间,这一带依然如此,“漫流平地,无渠可归。深者不过数尺,浅则尺余耳”[36]。人们一般认为,河南段与运河不直接相关,不会有何威胁,因而往往受到忽视。万历六年(1578年)八月,富有卓见的潘季驯曾提出开复河南归德府新集至徐州间250里的黄河故道,但因工程浩大、花费颇巨终被否决[37]。直到万历十六年他第四次治河时对此仍耿耿于怀,提出强烈批评:

> 黄河并合汴、沁诸水,万里湍流,势若奔马,陡然遇浅,形如槛限,其性必怒,奔溃决裂之祸,臣恐不在徐、邳,而在河南、山东也。缘非运道经行之处,耳目所不及见,人遂以为无虞,而岂知水从上源决出,运道必伤,往年黄陵冈、孙家渡、赵皮寨之故辙可鉴乎[38]。

潘季驯所批评的这一狭隘的视野也是黄河不能得到较好治理的根源之一。

尚需特别指出的是,明代治河理念和与此相关的技术经历了一个发展过程。在明前期,因尚未摸索到对付黄河携带大量泥沙的较好办法,一味开挖支河或疏浚河道成为当时的常见做法。如弘治七年(1494年)下半年,为了堵塞山东境内运河旁的张秋堤决口和河南境内的荆隆口、黄陵冈等决口,“凿荥泽孙家渡河道七十余里、浚祥符四府营淤河二十余里以达淮,疏贾鲁旧河四十余里由曹县梁靖口出徐州运河”[39]。嘉靖七年(1528年),在开封府兰阳县治北三里的赵皮寨开挖支河,南下宁陵,至亳入涡,以分水势。嘉靖二十二年(1543年),在兰阳县治北十里的李景高口开挖支河,东达丁家道口,至徐入淮,以分水势[40]。其结果仍是不旋踵又淤,造成河道屡决的危害。又如,弘治七年,为配合荆隆口等决口的堵筑,河道总理刘大夏让河南布政司右参议张鼐和右参政朱瑄督兵民七千人,从开封府郑州荥泽县孙家渡开河,南流朱仙镇、项城县入淮,以分杀水势。可是,次年河道便“渐壅弗泄”,“奔流横溃”。身为专理河事(时已升为按察司副使)之责的张鼐,担心黄陵受害,继而波及安平运河,弘治九年请于河南巡抚陈道,用五千人疏浚,“六旬而举”,从朱仙镇到项城的南支河道“水势复通”[41]。可见河道壅淤速度之快。这种消极的做法在当时治河的过程中收效甚微,危害甚大。诚如嘉靖十二年(1533年)初崔铣所评论的,“夫浚故道、分横流而后安,舍是无策矣。然沙积地高,导然后塞;升沙并岸,水至复然,万人之功付于乌有”。并提出“随势相宜”以导之,“毋与水争,毋犯水怒,毋惜弃田,毋阻多口”的治河原则[42],颇有可取之处,然从总体上看,这种表面上看颇合情理的治河思路是当时治河理念和技术的表现。只是到了隆、万时期，潘季驯提出“修堤束水、使之归槽、用水刷沙、以水攻水”相对成熟的思路后，通过修筑缕堤、遥堤和与之辅助的月堤、格堤的手段，找到了相对科学的治理途径，使随修随淤的问题得到了一定程度的缓解。[43]

第二个难题是：山东境内运河河段东侧山地的泉流微细，张秋、沙湾水量不足；在南直运河段的徐州、吕梁二洪缺乏水源，也常枯水，不能满足运河运输正常所需。为了解决运河的水源问题，开挖或利用河南境内黄河支流在明前期是惯常的做法。而这样则导致了水系紊乱、支流淤浅、在大水来临时无法吞纳而致溃决横流的现象。如宣德十年（1435 年）九月，攒运粮储总兵官和各处巡抚以及廷臣举行会议，讨论次年即正统元年的合行事宜，其中一款道：“沙湾、张秋运河，旧引黄河支流自金龙口入焉。今年久沙聚，河水壅塞，而运河几绝，宜加疏凿。”[44]从这则材料知，在宣德十年之前相当长的时间内，沙湾至张秋的运河用水是从流经封丘县金龙口（即荆隆口）的黄河支河引去的，由于年久沙积，引河壅塞，无法正常给运河供水，所以政府才决定把这段河道的疏通列入正统元年的工作计划。景泰六年（1455 年），徐有贞堵塞了沙湾决口后，“犹于开封金龙口、桶（铜）瓦厢开渠三十里，引黄河水东北入漕河以济运”[45]。而这却为弘治二年（1489 年）荆隆口河决埋下了隐患。

徐州、吕梁二洪，在正统时也“皆分黄河水以通舟楫”，其分水处在开封府祥符县泰（太）黄寺和陈留县东北 35 里的巴河，也因“年久淤塞，水脉微细”。正统十二年（1447 年）冬，都督同知武兴曾奏请疏浚，“以冬寒土坚而止”。次年二月，他再次奏请，于是命有司发军夫疏浚[46]。这段自祥符县通往徐州的支河被河南巡抚王暹称为“小黄河”。正统十三年六月，黄河泛涨，北支“从黑洋山后径趋沙湾入海”，一部分入南支。中支水量减少，所谓“小黄河”的水量因而受到影响，“岸高水低，随浚随塞，以是徐州之南不得饱水”。景泰二年（1451 年）七月，河南巡抚王暹不得不遵圣谕，“自黑洋山东南直至徐州，督同河南三司疏浚”[47]，以保证徐州段运河的用水。景泰四年八月，河南巡按张澜又上奏：原在开封府原武县的黄河东岸开有二河，与黑洋山旧河道的下游相合，以供应徐、吕二洪用水。自河决而北后，新开的二河淤塞不通，“恐徐、吕乏水，有妨漕运”，请求在黑洋山北面的黄河纡回处开一缺口，改挑一河，以接旧道，用灌徐、吕。据其估算，大约需工二万人，一个月可以完成。得到允准[48]。看来景泰二年王暹负责疏浚的黑洋山至徐州的河道并未完成，所以才有后来张澜的上奏。景泰六年八月，管河主事李蕃上奏：初因徐、吕二洪水浅，曾从阳武县东南 30 里的脾沙冈凿引黄河水以通舟楫；近又发现在封丘县新集等处起夫浚河，分脾沙冈的外水以济沙湾。他反对分水以济沙湾的做法，认为“脾沙冈水微细，不能兼济二处，恐沙湾得水，而徐、吕干涸。得一失一，非计之善”[49]。从这则材料知，景泰六年已实现了从阳武县境内开凿支河以供给南直徐州用水，但山东境内的张秋运河用水也希望从这条支河得到补给。脾沙冈应是从阳武县黑洋山到徐州的这条支流的起点，而这条支流已为此后天顺五年(1461 年)七月开封城的溃决种下了祸根。

“既赖河以利舟楫，亦恐其遂啮漕渠”[50]。漕运既依赖黄河之水，又恐惧黄河冲决，这是对矛盾，有点类似饮鸩止渴的做法。黄河决口造成运河淤塞只是黄河下游灾害的一个方面，而另一方面(这点往往被人们所忽略)则是由上述畸形治河方略造成的对包括河南省会开封在内的豫东地区屡屡被黄河冲决的灾难。此前人们习惯认为，黄河在豫东地区的多次决口只是自然因素作用的结果，而研究提醒我们，当时国家根本不可能更改的错误政策应该承担重要责任。这种无数次冲决、堵筑、开凿、疏浚的结果，逐渐塑造了今日豫东和鲁西南地区的地貌和水生态环境格局，而明代前期则是豫东平原生态系统构造过程中的重要阶段。

3. 弘治以后豫东地区始成黄河泛滥之区

弘治八年(1495 年)后，因开封府所属封丘县荆隆口、兰阳县铜瓦厢等决口的堵筑以及从祥符县于家店到归德州虞城县一线黄河北岸两重堤防的构建，黄河决溢范围开始在豫东和鲁西南一带游移，此前河患未甚的兰阳、仪封、考城、归德、虞城等州县逐渐成为严重的泛滥区域，“其筑堤、卷埽、浚浅、疏塞，殆无旷岁。而送往迎来、遣官差吏亦无遗力矣”[51]。如兰阳县，“弘治初，自东山刘公大夏塞黄陵口以筑巨坝，然后吾邑之地河役滋兴，丁夫签派洊至，而民无余力矣。迩来设法招募，阳为顾役，而实驱之”[52]。这一转折点对河南如此，对山东也是如此。犹诉讼之两造，一方受损，而另方获益。如《万历兖州府志》所说，“弘治初年，(鲁西南十一州县)屡被河水冲决，运道为梗。自金龙口、黄陵冈筑塞以来，黄流阻绝，郓(郓城县)、定(定陶县)等州、县俱各安居食力，有乐土之风”[53]。这种情形只是相对的，其实山东南部地区也未能幸免。在正德、嘉靖时期，和河南归德府的情形一样，山东曹县、单县到南直丰县、沛县之间的广大地区都是黄河泛滥的重灾区。如从弘治中期到正德初年，黄河河道不断北徙，正德四年(1509 年)六月从南直沛县的飞云桥入漕。河道不断滚动，造成大量泥沙淤积，使这一带河水浅涩，河道甚阔，影响了上游来水的宣泄，从而造成新的决口和更大范围的泛滥。继考城黄陵冈决后，曹县的梁靖口又决，在从曹县到丰县之间，“田庐实多淹没”，“人畜死者、房屋冲塌者甚众”[54]。

弘治之后，豫东州县护城堤防开始修筑和不断加固。弘治六年（1493年），兰阳县始筑护城堤，周长六里，高五尺，宽七尺；设四郭门，并在上面筑墙。正德五年（1510年）七月，河水溢，围兰阳县（今兰考县西部），护城堤几溃[55]。嘉靖二年（1523年），加固护城堤和堤墙。嘉靖十二年（1533年），增宽、增高护城堤，至高一丈二尺，宽二丈五尺；并在堤上重新筑墙[56]。保护县城的护城堤不断升级，表明河患加重的趋向。嘉靖中期所修《兰阳县志》记述了当时洪水肆虐的情形，“吾邑重承其害，崩我土地，决我城郭，溺我人畜，倾圮我墙屋，淹没我禾稼，为患有不可胜言者矣”[57]。其东邻仪封县的情况也与之相同。仪封人郭维藩在给总河刘天和（嘉靖十三年闰二月至十四年九月任）的《观河涨歌》中表达了遭受河决的苦难，兹节引如下：

> 中原土性疏更弱，孟津东下恣喷薄。角亢之野四十城，十城九城遭其虐（开封府境属角、亢分野，河自孟津入府境，始为大患）。仪封为邑当下流，三河包络如小洲（邑境内大河并二洮河在焉）。南北东西接水涯，村落时时集鹳鸥。顷来河涨疑海势，树杪悬沙注平地。没禾杀木未须言，决墓浮棺苦作祟。须臾四野即江湖，村墟漂荡人号呼。浮尸随浪委丛树，怪蛟争食切长鬐。绝[数]日怀[坏]城来往绝，无食无薪忧惙惙。城中万命悬一堤，人家咫尺邻鱼鳖。军储漕挽须运河，无令此水北胜波。千谋万虑驱南向，数城不惜随漩涡。皇仁如天重物命，匹夫匹妇安常性。九重万里应未知，忍使无辜堕陷阱[58]？

黄河灾害在该区不断趋重的情况，还可从豫东地区普遍添设管河官员和朝廷固定设置总理河道官员一职的侧面窥出。为了有效地应对河患和获得组织上的保证，设置各个层次的管理专员势在必行。在省级层面，设置专门的治河官员。弘治八年（1495年）二月，张秋筑塞工毕后行赏，河南布政司参议张鼐升为按察司副使，“专治河道”[59]，表明河南开始出现专门负责治河的省级官员。为方便管河道副使查勘河堤工程和及时处理河务，嘉靖二十一年（1542年）在兰阳县西北的铜瓦厢建造管河宪副衙门，即按察河道分司[60]。在跨地区协调层面，正德四年（1509年）设置总理河道衙门，驻扎济宁。将衙署设在济宁恐怕出于以下考虑：一是距鲁西南黄河泛区较近，二是“凡漕、河事，悉听区处”[61]为总河使命，治河之外的漕运同为其工作侧重。这样就不难理解为何将其设在运河边上了，这也反映出国家重漕轻河的一贯思路。不管其重点在漕运上还是治河上，总河一职在弘治后不久即出现表明黄河问题的严重和朝廷对此的关切。后来，随着治河思路的变化，人们对总河一职的弱点也有了深入认识：与巡抚责任关系不明，意见抵牾，推诿卸责；总河位处下游,不能快捷应对上游和大范围内瞬间出现的河患。对此,万历七年(1579 年)七月南直巡按姜璧即指出,总河"驻扎济宁,而南北直隶、河南、山东皆为统辖之地",."然延袤五六千里之间,足不及遍,目不及睹。形势要害,东西南北,俱若梦寐,岂能遥制"? 因此建议撤销总河。到了万历十六年(1588 年)十一月,河南巡按王世扬对总河一职的存在虽未全然否定,但基于"河流虽经数省,乃所经于中州者实则居半"和河南巡抚"利害之切,见闻之近"[62]、"驻扎河干,未决先防,随决即塞,且与管河各官群聚一城,面相可否,无烦文檄,不费日时"的优势,主张扩大河南巡抚权限,在敕书内增加"兼理河道"内容,以弥补总河之不逮[63]。这则当属另外一个问题了,在此暂不讨论。在府级层面,增设管河通判或同知。弘治九年(1496 年)十月,户部会议巡抚所奏事宜后,提议增设开封府管河通判一员[64]。正德十一年(1516 年)五月,总理河道赵璜建议,把开封府同知中的一员变换功用,"专理河道"[65]。管河同知衙门设在府属兰阳县。据载,"嘉靖元年,总理(河道)者题奏,添设开封府管河官衙门于县内,凡河道事务于此听处焉"。嘉靖二年(1523 年),兰阳县知县邓鋐(正德十五年任)负责建署,位置在县预备仓西的旧养济院地。嘉靖三年,首任管河同知赵华赴任,继任者有桑仟、潘国臣、王景明、王诏、杨煦、张完等人[66]。根据万历十三年纂修的《开封府志》载,当时开封府职官的设置中只有 2 名同知,且题名中皆有上面开列的治河同知的名字[67]。到万历十六年(1588 年)年底,在潘季驯第四次担任总理河道期间,认为"河南实运道上流,关系甚重",因而注意上、下河段的综合治理,并对与徐州段直接相关的河南段黄河的防护给予了颇多关注。他亲自考察,看到河南境内几乎所有的危险河段都在开封府境内,"歧分两岸,延袤千里",险要颇多,而管河同知却只有一员,"平时修守已难周遍,若遇河涨风涛,两岸相隔,顾此失彼",于是接受河南管河道和分守、分巡大梁道官员合议意见,奏请依照淮安府和兖州府各设二员管河同知的事例为开封添设一员,驻扎黄河北岸的封丘县荆隆口,"专管河务",兼理捕务。得到允准[68]。在县级层面增设管河主簿。如弘治年间,兰阳县添设主簿一员,"专治河事"[69]。嘉靖十四年(1535 年)二月,复设兰阳、封丘、仪封、夏邑等县管河主簿各一员[70]。

上述诸处皆属于开封府的范围,皆系豫东之地,说明自弘治以后,黄河及其灾害开始和豫东地区产生紧密的关联,不得不设置各类专门的管河官员以处理和应对与河道相关的事务。

4. 直接性和次生性黄河灾害的呈现

就明代黄河造成的灾害而言,有直接性的,也有间接性的或说是次生性的。黄河决溢，田地淹没，庐舍冲毁，人畜伤亡，这些皆属于直接性的灾害。如正统十三年（1448 年），发生了自明初以来罕见的大水，黄河河道分为两支，分别于北面的卫辉府新乡县八柳树和南面的开封府荥泽县境内决口。前者朝东北方向直冲山东沙湾运河；后者漫流附近的原武县后，朝东、南两个方向的更大区域蔓延，淹没的州县包括祥符、通许、太康、陈州、尉氏、扶沟、西华、商水和项城等，“没田数十万顷”[71]。灾害持续久，波及范围广，给开封府的广大地区造成了严重破坏。

荥泽县和原武县地处黄河分岔处，常遭河决之苦。天顺元年（1457 年）六月到十月，“天雨连绵，黄河泛滥，田禾俱被淹没”[72]。成化十三年（1477 年）初春，又发生了“黄河水溢”事件，“淹没民居，弥漫田野”，到四月春耕时积水尚未消退，百姓“不得播种”。在这青黄不接之时，河南巡抚张瑄不得不请求将上纳的王府禄米改做赈恤被灾军民之用[73]。

河南省城开封是黄河下游泛滥区域内唯一的省城。作为地域政治中心，加上其为皇族周王的藩府所在，对于黄河灾害的防护更加重视，比如有较高规格的护城堤和坚固城池，还有数量不少的军队可以随时调集，可它在天顺五年（1461 年）七月初却遭受了黄河冲决后的灭顶之灾。该年六月底，霖雨不停，黄河溢涨。到七月初四日，河决土城，人们赶紧筑塞 5 个城门。至初六日，砖城北门溃决，水入城中。据河南巡按陈璧（天顺五年任）奏，“城中稍低之处水深丈余，官舍民居漂没过半，公帑私积荡然一空。周府宫眷并臣等各乘舟筏，避于城外高处”。尽管邻近州县也多率舟筏来救，“然死者已不可胜纪”[74]。

黄河灾害有时还成为迫使州县治所迁移的直接原因，反映了灾害的烈度。如仪封县（今兰考县东部）县治原在沙沟村西、鬼张营东，因圮于河，洪武二十二年（1389 年）二月，知县于敬祖将县治改迁到西南 15 里的通安乡白楼村[75]。大约在正统十三年（1448 年），黄河在原武县和新乡县一带决口后，直奔山东张秋，中间穿过山东东昌府濮州（今河南范县南），结果濮州州治被淹，无奈徙至王村，然未筑城，直到景泰七年（1456 年）七月情况稍有好转时方才考虑[76]。正统十三年的决口漫流范围广大，南支、北支交汇处犹如汪洋，直到五年后的景泰四年（1453 年），北自黑洋山界、南到陈桥铺界相去 50 里的区域依然浸泡在水中。原武县治也未能幸免，城垣和学舍俱皆沦没。“男欲耕而无高燥之地，女欲织而无蚕桑之所。束手愁叹，坐待其毙”[77]。后在河南巡抚王暹的奏请下，县治迁到十里外“地颇高爽”的古卷县旧址[78]。出于同样原因，西华县治因地处卑洼，“累遭水害”，在得到上方同意后，景泰三年徙建于高阜之地[79]。成化十五年（1479 年）正月，为“避黄河水患”，荥泽县治迁到了北丁铺[80]。弘治十五年（1502 年）六月，黄河决口，归德州（今商丘）

治所遭到严重破坏。河水“流入沙河堤,积与城平。自女墙灌入,公私廨舍屋庐荡然无遗,人民溺死无算”[81]。城墙大部圮坏,只有西、南两面“尚存其址”。正德六年(1511年),经河南抚、按会奏,迁移到稍北的“城北高地”[82]。上述县治或州治的迁移,都是在黄河大水逼临之下不得已而为之的。有些城址在遭受毁坏后6年或9年才重新修建,这固然与水灾未彻底平复有关,但迁移时所伴随的大量公私建筑、街道等设施建设所需浩大费用筹措的艰难,恐怕是主要原因。

至于次生性灾害也有多种,如国家为堵筑决口和加固堤防投入了大量资金;百姓被征发筑堤、疏浚;有时田庐淹没,还要承担赋税等。嘉靖时兰阳县知县李应虞在诗中道:“千金卷埽徒为尔,万里奔泻可奈何?”县人许廷弼(正德三年进士)用同韵和道:“国赋岁修诚费矣,土民时役奈如何?”[83]这些诗句皆道出了国家治理河道的庞大财政投入情况。每项大的堵决工程过后,则有为奏销而开列的庞大的物料和用工清单。兹就修筑堤防的夫役征发情况略举几例。永乐九年(1411年)前后,开封境内“河水累岁为患,修筑堤防,民用困毙”,然仍不解决根本问题,终致“河决,坏民田庐益甚”。事闻,朝廷派遣工部侍郎张信前往考察。经过访查获知,从祥符县鱼王口至封丘县中滦有段长达20余里的旧黄河,“岸与今河面平”,若疏浚后“俾循故道,则水势可杀”,并绘图上进。于是,诏发河南民丁,命兴安伯徐亨、工部侍郎蒋廷瓒率运木夫与侍郎金纯一道相度开浚。这一工程因与当时开挖的会通河相通,且同时施工,故命督工开凿会通河的工部尚书宋礼兼理[84]。六月动工,月余而毕,役使民丁十一万零四百多[85]。其他大的工程,役用夫力莫不在一二十万人之上,小的工程也常达数万人。征用夫力是沿河百姓最为沉重的负担之一。特别是在豫东地区,由于问题的恶性循环,黄河渐成习惯性决溢现象,筑堤出夫随而成为经常性的负担。弘治八年(1495年)八月兵部尚书马文升曾云,“今天下之民,河南者因黄河迁徙不常,岁起夫五六万”,“逐年挑塞以为常”[86]。再如,正德十年(1515年)六月,赵璜由山东巡抚升为工部右侍郎兼都察院左佥都御史总理河道。次年三月,他曾作《次壁间韵》律诗一首:

汴水西头几度过,忧民恨不为吞河。
当春膏雨年年少,障日妖霾处处多。
望极阆瀛空有梦,缘疏诗酒幸无魔。
苍生岂独黄河害,不尽疏排奈如何?

并为诗作注道:“修河不易事也,乃以属予,非其才矣。既承上命,敢不勉为之?于是浚南渠、增北堤、塞下流决口,往来汴水之上,岁至再三。时经春不雨,连日风霾,问其民则病于征求者十室而九,为之恻然。兹作盖有所激耳。”[87]除了黄河之害和被征筑堤外,百姓无有收成,还要负担赋税。

黄河决溢,庄稼无收,比较廉明的官员上疏为百姓求免[88],而事实上依然征收的情形却不时发生。如弘治六年闰五月,北直巡按曹凤奏道:

> 近者南、北直隶及河南地方俱被灾伤,州县申报,所司不与准理,催征如故。臣自今岁二月过山东,抵凤阳等处,见饥民流移者众,可为痛心。然当此荒旱之时,又修理黄河,劳费甚巨,未即成功,乃可忧之大者。乞谕被伤处所,量减赋税,仍命工部会议,暂停修河工役[89]。

这里反映的是百姓处于灾伤之中,赋税未减二河工照征的情形。

二、治河工程中河神庇佑的诉求和治河河神的产生

黄河浩淼广大,浊浪滔天,无束无羁,奔泻而下。只有置身于这样的气势中,才会对以上所述黄河灾难造成的剧烈伤痛产生形象的理解和深切的感受。濒河而生的兰阳县人许廷弼在《次渡黄河有感韵》诗中这样描述道,“排空猛浪飞危巘,震地威声起浩波”[90]。北直大名府长垣县知县张治道(正德十年任)在登临大堤时记下了他的感受:“每一临眺,见其巨浪洪浸,骇心眩目。时日之间,盈缩百变。其来无御,其去无迹,若神灵为之者焉。”[91]除了黄河颇具威慑力的气势外,其瞬息变幻和不可捉摸更增加了它的灵性和神秘。在超越人力不知多少倍的大自然面前,充斥人们脑际的只是渺小、无奈和恐惧。而这种感受一旦生发,就像幽灵一样,挥之不去。在人类认识水平和治河技术还未能达到相对控制自然力所带来灾害的时候,换言之,当人类还不能基本掌握自身命运的时候,对异化的自然力的膜拜就成为必然选择,治河河神崇拜的产生也是如此道理。

明代在治河过程中,在遭受冲决之处,或于施工前,或在合龙后,为了祈祷或答谢河神的佑助,大多举行祭祀活动。这种祭祀行为往往是和黄河决溢的持续时间以及某项具体治河工程的施工难度联系在一起的。也即是说,出于对黄河灾害的深度恐惧和治河技术的限制,黄河表现出强大威力。这两者间的反差愈大,人们乞灵于河神的活动也就愈为突出,因此这种和治河紧密联系的河神信仰,带有民间信仰普遍具有的强烈的功利性,和长期形成的例行的或者说纯粹礼仪性的河渎神祭祀显然有别(详见第三部分)。为了区别两者,我们称与治河相伴而生的河神信仰

为“治河河神”信仰。

就明代治河河神而言，经历了一个演变过程。最初只是把它当做专司河道的神祇做一般性祭祀。如永乐九年（1411年）三月，开封一带河决，“坏民田庐益甚”。明成祖遣工部侍郎张信进行实地调查。之后，明廷决定于开封城西北30里黄河北岸的鱼王口开挖新河，至封丘县中滦东入黄河故道，长20余里。当时共征河南民夫11万多。为确保工程顺利，施工前遣定国公徐景昌用太牢祭祀河神[92]。此时的河神祭祀，给人的感受是和民间从事较大规模的活动前所做的祈祷活动无有太大区别。宣德、正统之际，河南、山西巡抚于谦的做法同样能够说明这个问题。在他的文集中存有2篇祭河神文。据此不难推想，处在普遍信奉神灵的时代，在黄河泛滥之时，除了积极应对之外，借助冥冥力量唤起百姓响应的做法是极为常见的。此时，其祭祀河神的称谓也很朴素，径称之为河神[93]。

到了景泰年间，治河河神之祭祀发生了较大的变化，具体体现在给河神加封和建祠上。这与黄河泛滥程度的加重和治理难度的增大有关。正统十三年（1448年）六月，河决荥阳，从开封城北，经山东曹、濮等州，直冲从阳谷县张秋镇到寿张县沙湾一线的运河西岸，溃决运河而东趋大海，致使运河浅涸，漕船胶阻。到景泰二年（1451年），时间已过三年，问题仍未解决。在开封府境内，因东南入淮河道的淤浅而致河水漫流，溃决后直奔东北，冲垮了山东境内的漕运堤岸，于是景帝命工部尚书石璞等前往堵塞。当时“水势湍急，石铁沉下若羽，非人力可回”，甚至有人建议让有戒行的僧道设醮祈禳。自然力远超出人力之外，严峻形势可见一斑，所以景帝封河神为“朝宗顺正惠通灵显广济河伯之神”，希图获得河神庇佑，使问题得到解决[94]。

早在唐、宋、元时，便给予河神不同封号，而且不断升级。如唐天宝六载（747年）正月初八日，玄宗在五岳既封王位的基础上将四渎升以公位，河渎被封为灵源公[95]。北宋真宗曾车驾澶州，致祭于河渎庙，在唐代的基础上诏封河渎为显圣灵源公，并遣右谏议大夫薛映到河中府祭告[96]。康定元年（1040年），宋仁宗将四渎由公升格为王，河渎被封为显圣灵源王[97]。元至正十一年（1351年）四月初七日，顺帝下诏加封河渎神为灵源神佑弘济王，并重建河渎神庙[98]。河神的位阶模拟大臣封号，字数由2字增至6字。到了明初，随着国家秩序的确立，洪武三年（1370年）六月初三日，明太祖对国家祀典做了规范，包括岳、镇、海、渎诸神的称谓。他在诏书中说，“永惟为治之道，必本于礼。考诸祀典，知五岳、五镇、四海、四渎之封起自唐世，崇名美号历代有加”。在他看来，这种做法是有问题的，“夫岳、镇、海、渎，皆高山广水，自天地开辟以至于今，英灵之气萃而为神，必皆受命于上帝，幽微莫测，岂国家封号之所可加？渎礼不经，莫此为甚”。命令“依古定制”，取消前代给岳、镇、海、渎所封各种名号，“止以山水本名称其神”。这样，作为传统河神祭祀的西渎便改称“西渎大河之神”[99]，简称河渎之神。

可能受明初祖制的限制，景泰间的这次加封只敢称“河伯之神”，而不像唐、宋那样加封公、王之号，然通盘来看，这毕竟是一个转折和变化，事实上它已背离了明太祖神灵至上、不应加封的精神，在某种程度上已突破了祖制。此时之所以敢于采取这种稍微大胆的折中做法，恐是出于对神灵的新的认识和理解，即可能认为加封能够取悦于神而使神灵更加主动地发挥作用。也即是说，在人们处于无奈之时，极易在心灵深处泛起这种宗教情思。

石璞看到山东沙湾决口不易堵筑，试图利用从原武县黑洋山至徐州的河道“以通漕舟”代替山东运道，以解决转漕问题，但最终无果。到景泰三年四月（或五月），在内官黎贤、阮落和御史彭谊的协助下，开月河二道引水以补益运河，且杀决势，而此时的水流也渐细微，决口才侥幸堵塞，在沙湾筑了石堤[100]。石璞觉得这是神佑之功，便奏请在黑洋山和沙湾为河伯之神建两新庙，景帝同意并命河南、山东两布政司在每年的春秋仲月择日祭祀[101]。赋予河神以灵性，将神体从水体中分离出来，幽微莫测的神灵获得了无边神力，反过来又左右着人们的心灵和行为。山东沙湾的河神庙，即是稍后徐有贞所说的“大河祠”。河南黑洋山的河神庙，位于黑洋山乾隅（西北）的河北之滨，在原武县东北20里，在阳武县西20里，因其恰处两县交界，故“责令原、阳二县春秋轮祀”[102]，以配合布政司官员或上方来员的祭祀活动。此庙建成后，渐因周围淹没淤塞，陷入低洼之地，“其地形下，周围水聚，祭时病涉，规制狭窄，兼被淹塌”。成化四年（1468年），河南布政司参议王汝霖督令地方有司迁至高阜之处[103]。

在河神庙建成的次年，即景泰四年，河南地方官员确实按照景帝诏令在仲春举行了祭祀活动。实施这次祭祀的是河南巡抚王暹，级别比布政司官员高。时间是在二月二十九日，符合春仲月的要求。其御祭文为：

维景泰四年岁次癸酉二月戊子朔，二十九日丙辰，皇帝谨遣都察院右都御史王暹致祭于朝宗顺正惠通灵显广济河伯之神曰：惟神奠镇兹土，以庇利为职。比闻连岁伏阴，雨雪过多，农事艰举，人民乏食，困毙不胜，朕心悯恻。此固朕之不德所致，然念朕与神受育民之责于天，其任惟钧。而神则又独司阴阳阖辟之机、物理变化之运，忍令此沴为民病乎？咎固当归于朕，神亦焉得而辞？故敢以告，尚冀神休。大布阳和之惠，溥成发育之功。专俟感通，以慰舆望。

谨告[104]。

秋季又有祭祀,只不过时间不在仲秋,提前了一个月,在七月十七日;祭祀官员不是地方官员,而是朝廷派来的给事中。

前此因石璞敷衍了事,未治根本;加之当时水势太盛,沙湾复决。所以三年"四月修完","五月即决"[105]。九月,景帝不得不遣都察院左都御史王文再来治理。他在给王文的敕谕中说,"往因黄河奔溃,北流散漫,冲决漕河堤岸,阻滞官民运输。虽尝遣人修浚,尚未有经久计"[106],此即是指石璞所修工程脆弱。王文来到沙湾后,在祭祀河神的祭文中道:

> 景泰三年岁次壬申,九月庚申[寅]朔,初三日壬辰,皇帝谨遣太子太保兼都察院左都御史王文祇捧香帛,以太牢致祭于朝宗顺正惠通灵显广济河伯之神曰:兹者河流泛滥,自济宁州以南至于淮北,民居农亩皆被垫溺,所在救死不赡,朕实伤切于怀。夫朕为民牧,神为河伯,皆帝所命。今河水为患,民不聊生,伊谁之责?固朕不德所致,神亦岂能独辞?必使河循故道,民以为利而不以为患,然后各得其职,仰无所负而俯无所愧。专候感通,以慰悬切。谨告[107]。

从这段文字的字里行间,既可看到景帝出民垫溺的焦虑心情,又可看到他对河神不助的委婉责备。王文来后,效果似乎不佳。河伯神祭祀后的效果既然不甚显著,那就不妨试试其他神灵的收效,甚至连铁牛也搬了出来,真是病急乱投医。景泰四年二月初一日,命山东巡抚薛希琏、河南巡抚王暹分祭东岳泰山神和境内应祀的河渎诸神,希望对治河有所帮助[108]。十一日,景帝命"京厂给铁牛十八、铁牌十二"[109]。铁牛于治河有何作用?古人认为:牛,黄色,属土,可克水,故铁牛被用来镇水。宣德、正统间,于谦在任河南、山西巡抚时,就曾采用过这种包含五行生克理论的做法,当时铸了2只铁牛,背上铸有镇水铭文,其中一只至今仍存[110]。景帝命造的铁牌,大概是河神的令牌吧。从这些祭祀做法中可以看出,河神从一开始即是作为功用神来对待的;在利用河神的同时,也未放弃其他神祇。说明此时的河神并非至上独尊,只是享有较之一般神灵稍高的地位。因为河神毕竟是专业神祇,所以河神还是照祭不误。如,同月二十一日,又命山东巡抚薛希琏以太牢祭祀河神[111]。御祭文如下:

> 景泰四年岁次癸酉,二月戊子朔,二十一日戊申,皇帝遣刑部尚书薛希琏以太牢致祭于朝宗顺正惠通灵显广济河伯之神曰:兹者漕河东注,不循故道,遣人修筑,屡见颓决,民徒用力而不得济,神视其患忍不恤乎?兹特加封神为朝宗顺正惠通灵显广济大河之神,尚翼神休,顺正河道,民得享无穷之利,神亦

着莫大之勋。专候感孚，以慰虔祷。尚飨[112]。

从正统十三年(1448年)夏开始的这次黄河泛滥，水流旺盛，规模超前。据山东东昌府、兖州府的耄耋老人讲，“今兹之水，盖洪武以来所未尝有，而大耋之人所未尝见也”[113]。景泰四年(1453年)十月十一日，在河决沙湾持续6年无解的情况下，景帝召集大臣在文渊阁议举人选，最后推左佥都御史徐有贞前往治理。景帝在敕书中提到了当时的严峻形势，“惟河决于今七年(应为六年)，东方之民，厄于昏垫；劳于堙筑，靡有宁居。既屡遣治，而弗即功。转漕道阻，国计是虞”。徐氏抵达山东后，并未骤然堵塞，而是“戒吏饬工，抚用士众，咨询群策”，并从东至西，“逾济涉汶，沿卫及沁，循大河道范以还”，亲自沿河巡视，“究厥源流”，“度地行水”，找寻规律。最后决定从上游的河、沁之地，经开州、濮州到张秋金堤，修渠筑闸，上下协调，适时节宣。“河、沁之水过则害，微则利，故遏其过而导其微”。此次工程从景泰五年春动工，至六年夏收功，秋天告成。工程包括正堤、副堤、护堤、水门大堰、泄水渠、制水闸、放水闸等设施，总称为广济渠，称其闸为通源闸。不仅解决了沙湾运河的决堤问题，还使运河西岸的许多田地露出，可以耕作。“阿(东阿)西、鄄(鄄城)东、曹(曹州)南、郓(郓城)北之区，出余波而资灌溉者，为顷百数十万”[114]。据称，“自始告祭兴工，至于毕工，凡五百五十有五日”，说明在兴工前首先祭祀了河神。徐有贞在《治水功成题名记》中说，“铸玄金而作法象之器，建之堤表大河、感应二祠之中以为悠久之镇”。此感应祠应为此次功成之后在沙湾敕建之河神祠。对此，万历末年担任北河管理之任的工部郎中谢肇淛曾有记载：“感应祠，在沙湾，祀大河之神。景泰间敕建。仍加封朝宗顺正惠通灵显广济大河之神。其左祀护国金龙四大王及平浪侯晏公、英佑侯萧公。以春、秋二仲及起运、运毕凡四祭。北河郎中主之。”[115]

景泰六年六月初三日，在工程接近尾声时，徐有贞又代皇帝祭祀河神，祭祀活动应是在感应祠中举行。祭文中对这次河神转患为福的功劳给予了高度评价：

> 恭承大命，重付眇躬。民社所依，灾祥攸系。志恒内省，政每外乖。兹者雨泽不敷，河流灾泱，舟船浅滞，禾稼焦萎，疾患由臻，公私所病。究惟所自，良有在兹。然因咎致灾，固朕躬罔避。而转患为福，实神职当专。夫有咎无勤，过将惟壹。而转患为福，功孰与均？特致恳祈，幸副悬望，谨告[116]。

从上面的叙述可以看出，从景泰二年首次给河神加封，到景泰三年六月工部尚书石璞奏请在黑洋山和沙湾为河神建祠，再到景泰六年六月左佥都御史徐有贞在沙湾奉敕建感应祠，皆表明官方在治河河神信仰上所迈出的不断推进的实质性步骤。

弘治年间河道和漕运治理的时间跨度长达七年,和上述从正统末到景泰六年的那次治理在用时上恰合,也是明代治河史上的关键时段。此期问题的症结和前者稍异,即不单纯是水量的丰盈,还有河南境内众多支流在一段时间后出现严重淤塞和排泄不畅,从而引发溃决、威胁运道的问题。弘治二年(1489年)五月,开封境内黄沙冈、苏村等处河道决溢,“所经郡县多被害,而汴梁尤甚”[117]。河道自荆隆等口溃决后分为二股,其中一股经北直大名府南境流入山东,直接威胁张秋至沙湾段运河,“所过闸座间有淹没,堤岸多被冲塌”。有人担心降水若增,“必至溃决旁出”,冲毁运河,“有妨漕运”[118]。于是九月升南京兵部左侍郎白昂为户部左侍郎修治河道。白氏在河南境内勘查后,在三年正月的上疏中披露了他的治理方案,即采取“南北分治”的办法:对黄河北分支,“于北流所经七县筑为堤岸,以卫张秋”;对黄河南分支,“东南则以疏为主”[119],但问题并未得到解决。弘治五年八月,又命工部左侍郎陈政总理河南等处水道。孝宗在敕书中分析了当时的河道形势,“黄河流经河南、山东、南北直隶平旷之地,迁徙不常,为患久矣,近者颇甚。盖旧自开封东南入淮,今故道淤浅,渐徙而北,与沁水合流,势益奔放。河南兰阳、考城,山东曹县、郓城等处,俱被淹没,势逼张秋运道。潦水一盛,难保无虞”[120]。陈政到后,历山东、河南进行调查,发现河南境内原来入淮的南支、中支的几条分支河道“今已淤塞,因致上流冲激,势尽北趋”,并在祥符县孙家口、杨家口、车船口,兰阳县铜瓦厢等处决为数道,俱入运河,以致张秋一带“势甚危急”,故打算“浚旧河以杀上流之势,塞决河以防下流之患。修筑堤岸,增广闸座。已集河南丁夫八万人,山东丁夫五万人,凤阳、大名二府丁夫二万人,随地兴工,分官督役”[121]。可是不久陈政病故,吏部尚书王恕等推举刘大夏接任。

弘治六年(1493年)二月,升浙江布政司左布政使刘大夏为都察院右副都御史,修治河道。孝宗心情急切,见大夏未有成功,弘治七年五月,又命内官监太监李兴、平江伯陈锐前往,与刘大夏协同治理。敕书中道,“今河既中决,运渠干浅。京储不继,事莫急焉”。说明运河此时已经溃决。三人商议,首先在运河西挖月河一道三里许,使漕舟畅通。接着确定了先疏浚分流,夺上游之势,继而堵筑决口、复筑大堤的方策。弘治七年十二月,堵筑了张秋决堤,改张秋镇为“安平镇”,以求永远平安之意。并从太监李兴等人之请,赐额建庙,额曰“显惠”,祀真武、龙王和天妃[122]。弘治八年二月前堵塞了铜瓦厢、黄陵冈等六处决口,在薄弱环节黄陵冈外筑堤坝三重,“又筑长堤:荆隆口之东西各二百余里,黄陵冈之东西各三百余里,直抵徐州,俾河流恒南行故道,而下流张秋可无溃决之患矣”[123]。此后黄河决口北流的情况基本杜绝,这对黄河及其支流的走向影响颇大。

值得注意的是，在这次治河活动中出现了祭祀多种神灵的现象。这样做或许是出于获得诸神合力的考虑，河神祭祀仍是其中的重头。弘治七年十月，山东按察司副使杨茂元担心令出多投、责任不专，在建议撤回太监李兴和总兵陈锐的上奏中道："各官初祭河神，天气阴晦，帛不能燃。久之，似焚不焚之处宛然人面，耳目口鼻皆具。万目盛见，众口骇叹。"[124]说明在动工之前各官曾举行了隆重的河神祭祀典礼。八年三月在黄陵冈功成之后，太监李兴等为祈冥佑，奏请为河神赐额建祠，孝宗赐额"昭应"，令有司春秋致祭[125]。在祭祀的功用上似与安平镇的显惠庙有所分工。从一般建庙到赐额建庙，表明官方河神祭祀又行升格，开启了明清时期国家河神祭祀中皇帝赐额建庙的先河，明后期和清雍正、乾隆时期对河神的赐额建庙（观）都可在此找到源头。

此后，河道总理莅任或实施河工之时，皆伴有祭祀河神的活动，成为治河中一种特殊的文化景观。如正德十一年（1516 年）左右，河决山东曹县梁靖口，黄陵冈昭应神祠也"荡覆无余，祀礼久缺"。九月治河功成，总河赵璜建议，"今宜答神贶，乞重造祠宇，令有司以时致祭"，得到同意[126]。南直沛县为黄河与运河交汇之处。嘉靖六年（1527 年）六月，因漕河重新畅通，议者以为神助。工部为请，诏建河神祠，春秋致祀[127]。隆庆四年（1570 年）八月，下诏于南直沛县夏镇和山东的梁山各建河神祠，分别赐名"洪济"、"昭灵"，命夏镇闸、徐州洪主事春秋致祭[128]。

万历二十四年（1596 年）八月，河道总督杨一魁条议分黄导淮事宜，在第八款"议建庙宇以答灵贶"中云："盖河之有神所从来（久）矣。而自建功以至竣役，河伯效顺，酬报宜隆。除岔庙及五港口立庙外，议于黄坝、周庄处所各建庙祀，请赐庙额以示崇报。"[129]岔庙、五港口、黄坝、周庄庙均属于南直境内的黄、运、淮交汇区域。

自万历三十三年（1605 年）十一月始，至次年四月止，河道总督曹时聘征夫 50 万人，花费 80 万两银子，费时五个月，对南直砀山县朱旺口到徐州北小浮桥 170 里的河道进行大挑，"渠势深广，筑堤高厚"，使黄河溃流复归故道。曹氏在工毕报闻时，恳请"建祠赐祭，以旌河神"[130]。

天启六年（1626 年）九月，以南直淮安府清河县清口涨水而"粮船速济"，总漕苏茂相请求加封河神，后加封为"护国济运龙王通济元帅"[131]。此时已近明亡，边疆危机，农军渐兴，地方动荡，运河沿岸不稳定因素增加，漕粮运输紧迫艰难，而国家财政捉襟见肘，在治河和治运上不可能有太多的投入，在这种情势下，某些偶发因素的作用更容易被视为河神庇佑的结果。这是明廷给河神的第二次加封，清楚地显示出河神人格化的特点。这虽不能代表整个明代河神信仰的形态特征，但却反映出河神信仰新的走向，即逐渐游离出明初祖制的困缚，远汲唐、宋河渎神的人格化资源，开启了治河河神人格化的进程。

三、明代治河河神信仰之特征

1. 具有鲜明的功利性

传统的大河祭祀，即河渎祭祀，是对上古自然崇拜观念的继承和延续。在远古或上古时，出于对名山大川力量的敬畏和对其聚云生雨、润泽大地、降祥造福的感戴以及人们有限的自然认识，便产生了自然神崇拜现象。五岳四渎的祭祀体系确切形成的时间虽无法确定[132]，但至迟至秦就有了相关的祭祀记录。秦并天下后，“令祠官所常奉天地、名山、大川、鬼神，可得而序也”。且明确把临晋作为河神的祭祀地[133]。西汉高祖刘邦二年（前 205 年）冬下诏，说他“甚重祠而敬祭”，对于上帝和山川诸神以时礼祀之[134]。到了宣帝神爵元年（前 61 年）三月，为祈天下年丰，补全江海缺典，祭祀体系趋于规范，自此“五岳、四渎皆有常礼”。河渎祭祀的对象为大河，它是河神的具体指征。当时，“唯泰山与河岁五祠”[135]，河渎仍于临晋祭祀。按唐人张守节的说法，秦汉时代的临晋应在河西，非后来位于河东的同名之地[136]。两地位置有异，但距离不远，盖因不同阶段京师所在不同，为方便祭祀而做出的不同调整。到了唐、宋、元时期，作为河神的河渎不断被加封公、王等号，显示了其阶段变化和逐渐人格化的走向。

到了明初，太祖朱元璋认为神灵与天地同存，所来久远，神力广大，人莫能测，所以采取自然主义态度，下令取消先前朝代给神的各种王、公封号，以本名称之。河神因此改为“西渎大河之神”，简称“河渎之神”，但仍延续了元之前历代作为河神信仰的河渎祭祀活动，宣德时奏修河渎庙的事情即是明证。宣德九年（1434 年）四月，山西蒲州临晋县题奏：境内的西渎大河神庙朽坏，请求让临晋等五县民夫修治，得到允准。[137]明初太祖的诸神祭祀改革使河神人格化的进程中断，然从河渎神的祭祀地、祭祀时间和性质看，与先代未有差别，仍属于因沿袭而形成的纯粹祭祀类型，即国家祀典中如同天地、社稷和风云雷雨祭祀一样的例行祭祀的组成部分。

这种属于常例性的河渎祭祀，在表象上虽与治河河神有着高度的一致性，但两者其实是属于完全不同的祭祀体系。

首先，河渎祭祀并未因治河河神的出现而中断或是被替代。景泰四年（1453 年）七月初七日，景帝遣太保宁阳侯陈懋祭告昊天上帝、厚土地祇，让安远侯柳溥祭告太社、太稷之神，让礼部侍郎姚夔等赍香币、牲醴，分别祭告于在京东岳庙、都城隍、大小青龙、西南龙宫山、龙潭、北岳恒山、北镇医巫闾山、东岳泰山、东镇沂山、中岳嵩山、济渎北海、淮渎、西海、东海、大河、河伯等神[138]。在这里，大河（河渎）之神是和其他岳、镇、海、渎诸神祇并列的，都是例行的国家祀典中的祭祀对象。值得注意的是，其中还增加了刚封不久的河伯神这一新成员。它与大河神同列，说明两者是平行祭祀的。不仅如此，我们还可找到在这次祭祀活动中它们同时祭祀的证据。

景泰四年重七日的这次祭祀京师内外众神的御祭文在《实录》中有载，内容如次：

> 国以兵民为本，兵民以食为天。仁政所先，于此。方百谷将实，重以漕运方殷，雨泽罕敷，河流多决。兵民所望，畴当副之。夫朕为国子民，而神为民捍患，实皆天职。然有司存朕所能为，岂敢畏难于朝夕？神之易举，讵可辞劳于指麾。沛膏雨以作丰年，助顺流而为之通道。愿有祷也，冀无负焉。[139]

如前所述，在这次祭祀活动前一年的景泰三年五月，在山东阳谷县张秋和河南原武、阳武二县间的黑洋山皆建河伯神庙。河伯神和大河神因为都在祀典之列，所以自然也成为这次活动中的祭祀对象。景泰四年七月，刑科给事中姚旭来黑洋山代行祭祀，他在祭文的引子中说，"维景泰四年岁次癸酉，七月丙辰朔，十七日乙未，皇帝谨遣刑科给事中姚旭以香币、牲醴祭告于朝宗顺正惠通灵显广济河伯之神曰"[140]。祭祀时间在七月十七日，祭文内容上引《实录》相同。同年七月，吏科给事中萧斌来山西临晋县河渎大河神庙代行祭祀，他在祭文的引子中说，"维景泰四年岁次癸酉，七月丙辰朔，皇帝谨遣吏科给事中萧斌以香帛、牲醴祭告于河渎之神曰"[141]。这段文字或有点小差池，因为京师的祭祀活动是在该月初七日，萧斌远道来山西祭祀不可能早于初七日。又，按祭祀文的书写格式，先写朔日，即七月初一，后写祭祀日，因此该祭文应是遗漏了祭祀日。其祭文也同《实录》内容。此外，值得注意的是，在河渎庙志书《西渎大河之神志》的有关门类中，保留着从天顺直到弘治间祭祀河渎神的御祭文。[142]这些事实表明，明代治河河神祭祀与例行的河渎祭祀有异，属于另一祭祀类型或祭祀系统。

其次，治河河神具有治河的针对性，且具有与民间神相同的很强的功用性。由前述知，从治河河神产生和祭祀地或建庙处的选择皆体现着这些特征，这是与河渎神的不同之处。最初，河渎神或许也被人们赋予了担负庇护治河的功能，但当具有专业性的治河河神出现之后，河渎神原先的这一功能便被淡化或渐丧失。

治河河神祭祀因治理黄河而生，随着治理的进展而渐行完善。从景泰年间的给予封号，到治水工程奏功后的建祠，再到赐额建祠和新的加封，这一过程不仅是祭祀要素的完善，而且也是祭祀空间的扩展。所以，治河河神与黄河治理以及与之密切联系的治漕直接相关，是出于祈求河神庇佑的功用性考虑的产物。从其所拥有的明显针对性和功用性来看，河神形象是对民间神的借用和翻版，其纳入国家祀典从本质上说是民间神的上升和转换。

2. 属于含有部分人格化因素的自然神形态

有明一代，治河河神几乎以“河伯之神”相称，虽有封号，但称谓朴素。直接以河神或河伯之神相称，表明治河河神是以自然神的形象呈现的，这与洪武三年国家祀典调整时所规定的不得加封神祇基调的潜在影响不无关系。说治河河神包含人格化因素，是指自景泰后的加封中无论如何竭力保留河神的原始形态，但其结果毕竟是被加封了。特别是到了天启六年(1626 年)九月，当河神被加上“护国济运龙王通济元帅”封号时，其人格化特征更加昭著。但这一封号为时甚短，且具有地方性，不能视为长达二百多年的明代治河河神主体特征的代表。

当步入清朝时，治河河神的躯壳被作为人神的金龙四大王所填充，四大王成为河神的化身和内涵。金龙四大王是实实在在的人神，原名谢绪，南宋末谢太后之侄，元陷没杭州后，入水殉国，而后成神。神力广大，被人崇奉。据和四大王同乡的明代文士徐渭在嘉、万时所撰碑记称：

> 王姓谢，名绪。宋会稽诸生。晋太傅安之裔。祖达，父某。有兄三人，曰纪，曰纲，曰统。王最少，行第四。居钱塘之安溪，后隐金龙山白云亭，素有壮志，知宋鼎将移，每慷慨愤激。甲戌秋八月，大雨，天目山颓，王会众泣曰：天目乃临安之镇，苕水长流，昔人称为龙飞凤舞，今颓，宋其危乎？未几，宋鼎移，王昼夜泣，语其徒曰：吾将以死报国。其徒泣曰：先生之志果难挽矣，殁而不泯，得伸素志，将何以为验？曰：异日黄河北流，是予遂志之日也。遂赴水死，时水势高丈余，汹汹若怒，人咸异之。寻得其尸，葬金龙山之麓，立祠于旁。元末，我太祖与元将蛮子海牙战于吕梁，元师顺流而下，我师将溃，太祖忽见空中有神披甲执鞭，驱涛涌浪，河忽北流，遏截敌舟，震动颠撼，旌旗闪烁，阴相协助，元师大败。太祖异之。是夜梦一儒生披帏语曰：余，有宋会稽谢绪也，宋亡赴水死，行间相助，用纾宿愤。太祖嘉其忠义，诏封为金龙四大王。金龙者，因其所葬地也。四大王者，从其生时行列也。自洪武迄今，江淮河汉四渎之间屡著灵异。商舶、粮艘，舳舻千里，风高浪恶，往来无恙，佥曰王赐，敬奉弗懈。各于

河滨建庙以祀，报赛无虚日。九月十七日为其诞辰，祭赛尤盛。[143]

在明前期，因运河的南北孔道作用和南方人士的往来，这一信仰沿运河一线向北传播，成为北方沿运河民间甚或官方的信奉神之一[144]，具有一定影响力。据载，在济宁州城南东去五十步的运道上，“旧有金龙四大王庙，凡舟楫往来之人皆祈祷之，以求利益”。岁久颓毁，漕运总督石璞、参将汤节让卫、州僚属及义士捐资更新。正统十三年(1448 年)十月三日动工，至腊月庙成。后来这一信仰逐渐扩展，以致从淮北到山东北部临清的整个运道上皆建祠崇祀，“自吕梁、徐州以达临清，凡两岸有祠，皆祀金龙四大王之神”。[145]它不仅是漕运水手、过往商人的奉祀对象，还纳入了国家祀典。如景泰七年(1456 年)十二月，接受左副都御史徐有贞奏请，在沙湾建金龙四大王祠，命有司春秋致祭。[146]一直到明中期后，这一信仰仍在不断强化，如隆庆六年(1572 年)六月，朝廷还遣总河万恭代为祭祀。有祭文为证：

隆庆六年六月癸亥，敕遣总河佥都御史万恭致祭敕封金龙四大王之神曰：兹者漕河横溢，运道阻艰，特命大臣总司开浚，惟神职主灵源、功存默相，式用遣官，备申祭告。伏望鉴兹重计，纾予至怀，急竭洪澜，佑成群役，俾运储以通济，永康阜于无疆。谨告[147]。

这说明，在明后期，金龙四大王在北方的影响不断扩大[148]。不仅是运河沿岸，即便是河南的黄河沿岸也是如此。下面通过余继登亲历的一件事情来做说明：万历十六年(1588 年)五月，余氏受命赴周藩行册封礼。二十一日抵达开封，二十三日礼毕后拟取道陈桥北旋。及抵河滨，日已近暮。次日诘旦，舟发，“闻波涛撼舟，舟与水敌，澎然有声。声渐猛，如铁骑千群衔枚而疾趋也，如万章之松怒飙吼而为涛也，又如雷霆震发而岩崖摧裂也”，舟随胶，舵已折。舟人求余氏祷神，“舟设神所”。余氏看到神所中的“神可尺许，为武夫状而甚雅”。有顷，“舟忽震动，座几倾”。余氏以为舟破，其实是舟始动。“舟望陈桥行，如有挽之者”。舟中老人兴出意外，跪着向余氏道：“适祷于大王。大王有灵，舟今果不操而发。”余氏亲自感到大王的灵应，急问大王何神，舟人答曰金龙四大王[149]。所以，万历末年谢肇淛曾说，“北方河道多祀真武及金龙四大王，南方海上则祀天妃云”[150]是有一定道理的。同时，他又详载了运河旁沙湾感应祠的神位布列情况：该祠祭祀主神仍是大河之神，其配祀神灵有平浪侯晏公和英佑侯萧公，此外从祀的还有金龙四大王。关于萧公和晏公，有载：“江河之神多祀萧公、晏公，此皆著有威灵、受朝廷敕封者。萧，抚州人也，生有道术，没而为神。”[151]金龙四大王的配祀情形表明：尽管四大王也是敕封神祇，且在万历末影响不断增强，然其地位仍逊于河神，在祭祀体制内仍处于从属位置。清顺治二年(1645 年)年底,金龙四大王地位骤变,被封为黄河之神,成为河神实体和化身,这应是明中期后这一民间信仰不断积聚的必然结果。必然性往往通过偶然性来实现。该年十二月,流经河南怀庆府孟县境的一段黄河数日清澈,被视为祥瑞之兆,河神因而被封为“显佑通济金龙四大王之神”,命河道总督致祭。[152]后来又被加封为“显佑通济昭灵效顺金龙四大王之神”。河神和人神叠合,治河河神实现了由自然神形态到彻底人格化的过渡。再后来,河神又和黄大王联系起来,称为“灵佑襄济之神”。[153]其实这些都是河神躯壳与地方人神结合的结果,这一渐进过程表明治河河神不断人格化的走向。把明代治河河神信仰的变化放置到较为长时段的历史过程中观照,可以发现,它则属于包含了部分人格化因素的自然神性质。

对这种治河河神信仰现象做客观的理解,应是当河工难度超越了人们的能力极限而深陷无奈窘境时,从内心深处生发出的祈求冥冥力量佑助的结果。某些决口得到堵塞、大溜顺利导入引河等,也会碰到一些回风和顺畅的偶然情况,与人们最初的祈愿相合,则会强化他们对固有信仰的笃信,因此从本质上说这是当时人们认识能力和水平的反映。在某个阶段,由于社会还未达到足以使人们理解某个方面问题的时候,他就只会在那个阶段打转而不能有所突破,这是正常的。或许以为,拥持了这种信仰,人们即放弃了全部的主动和努力,把希望完全寄托于河神,这是表面上的和非历史的看法。实际上,在面临险工时,把河神抬出,因其在人们心灵中的无比威力,可以使人们获得某种慰藉和依仗,暂时缓解心中恐惧,增强某些信心,摆脱望河兴叹、无助失望的被动和消极。必须从精神角度剖析这种现象,才能理解它长久存在的深层原因。同时,透过明代治理河神演变轨迹的梳理,也反映出明代不同时段黄河灾害日渐严重的史实。

(原刊于《史学月刊》2011 年第 9 期,人大复印资料《明清史》2011 年第 12 期全文转载)

注　释

1　丘濬《大学衍义补》卷 17《治国平天下之要·固邦本·除民之害》,文渊阁四库全书本。

2　按:此语出自北宋中期孔武仲之口,见《清江三孔集》卷 15,孔武仲《送顾子敦使河北序》(文渊阁四库全书本)。后语出自北宋中期苏轼和元人余阙之口,分见苏轼《东坡全集》卷 37《奖谕敕记》(文渊阁四库全书本)和《万历兖州府志》卷 21《黄河》(天一阁藏明代方志选刊续编本)。

3 《元史》卷65《河渠志二·黄河》,中华书局,1976年。

4 徐有贞《敕修河道工完之碑》,黄训《皇明名臣经济录》卷50《工部》,文渊阁四库全书本。

5 《明神宗实录》卷195,万历十六年二月丁丑。

6 潘季驯《河防一览》卷11《申明河南修守疏》,中国史学丛书本。按:“谓”字据文渊阁四库全书本改,“律”字据《河防一览》卷1《全河图说》中标示文字改。

7 《元史》卷93《食货志一·海运》。

8 按:此“滦”字在实录中常写做“栾”字,误。据洪武间所修《寰宇通衢·至河南其路有二·至卫辉其路有二》(续修四库全书本)载,中滦驿在大梁驿北50里,故知应为“滦”字。此地后因黄河河道滚动而被淹没。

9 宋礼《会通河记》,《万历兖州府志》卷20《漕河》附。

10 徐有贞《武功集》卷3《史馆稿·送太守况侯述职诗序》,文渊阁四库全书本。

11 《万历兖州府志》卷20《漕河》。

12 徐三重《采芹录》卷3,文渊阁四库全书本。

13 《明太宗实录》卷113,永乐九年二月己未,台湾中研院史语所影校本。按:以下所引明实录皆出自该本,不再注出。

14 按:直到会通河贯通之初,海运方式仍占相对优势地位。据永乐十三年闰九月初三日行在户部奏,每年海运遮洋船1100余只,运粮80余万石到北京。而会通河浅船1300余只,载荷有限,每年可运三次,累计运粮60余万石,赶不上海运的总量。见席书等《漕船志》卷6《法例》,玄览堂丛书本。

15 王在晋《通漕类编》卷9《国朝海运考》,四库全书存目丛书本。

16 宋礼《会通河记》,《万历兖州府志》卷20《漕河》附。

17 《明太宗实录》卷113,永乐九年二月己未。

18 宋礼《会通河记》,《万历兖州府志》卷20《漕河》附。

19 《万历兖州府志》卷20《漕河》。

20 倪岳《青溪漫稿》卷19《送大总戎平江陈公总督治河诗序》,文渊阁四库全书本。按:此平江陈公乃平江伯陈锐,其曾祖乃永乐九年开凿会通河的平江伯陈瑄。

21 《明孝宗实录》卷83,弘治六年十二月丁亥。

22 陈文《重建会通河天井闸龙王庙碑记》,谢肇淛:《北河纪》卷8《河灵纪》,文渊阁四库全书本。

23 孙承泽《河纪》卷末《自跋》,续修四库全书本。

24 顾祖禹《读史方舆纪要》卷126《川渎异同三·大河下》,续修四库全书本。

25 《嘉靖长垣县志》卷1《地理·山川》,天一阁藏明代方志选刊本。

26 胡渭《禹贡锥指》卷13下《附论历代徙流》,文渊阁四库全书本。

27 刘大夏《议疏黄河、筑决口状》,黄训《皇明名臣经济录》卷50《工部》。

28 《明孝宗实录》卷92,弘治七年九月丁酉。

29 刘健《黄陵冈塞河功完之碑》,黄训《皇明名臣经济录》卷50《工部》。

30 《明史》卷182《刘大夏传》,中华书局,1974年。

31 《嘉靖仪封县志》卷下《艺文志》,天一阁藏明代方志选刊续编本。

32 崔铣《治河通考序》,刘隅《治河通考》卷首,续修四库全书本。

33 《明孝宗实录》卷72,弘治六年二月丁巳。

34 《明孝宗实录》卷93,弘治七年十月甲戌。

35 《明武宗实录》卷56,正德四年十月癸卯。

36 潘季驯《河防一览》卷11《申明河南修守疏》。

37 《明神宗实录》卷78,万历六年八月己亥;潘季驯《河防一览》卷11《申明河南修守疏》。

38 潘季驯《河防一览》卷11《申明河南修守疏》。

39 刘健《黄陵冈塞河功完之碑》,黄训《皇明名臣经济录》卷50《工部》。

40 《嘉靖兰阳县志》卷1《地理志·河渎》,天一阁藏明代方志选刊本。

41 佚名《孙家渡神祠记》,黄训《皇明名臣经济录》卷50《工部》。

42 崔铣《治河通考序》,刘隅《治河通考》卷首。

43 按:潘季驯在长期治河经历中摸索和总结出了体系性的经验。他批评开挖支流解决河水暴涨的做法,说"分流诚能杀势,然可行于清水耳。黄水沙居其六,分则势缓沙停",因此主张黄河治理只能采取合水的办法,"借势行沙,合之所以杀之也"(《明神宗实录》卷247,万历二十年四月己亥)。对挖新河胜于复故道的机械认识做了辨正,说"水行则沙行,旧亦新也。水溃则沙塞,新亦旧也。河无择于新、旧也。借水攻沙,以水治水。但当防水之溃,毋虑沙之塞也"。河无论新旧,只要堤不溃决,就不必过虑沙之壅塞[潘季驯:《刻河防一览引》(万历庚寅年嘉平月,即十八年十二月),《河防一览》卷首]。潘氏所批评的两种认识和做法在当时和后来一直存在着。

44 《明英宗实录》卷9,宣德十年九月壬辰。

45 《万历兖州府志》卷21《黄河》。

46 《明英宗实录》卷163,正统十三年二月乙巳。

47 《明英宗实录》卷206,景泰二年七月庚申。

48 《明英宗实录》卷244,景泰五年八月戊戌。

49 《明英宗实录》卷257,景泰六年八月丁巳。

50 崔铣《治河通考序》,刘隅《治河通考》卷首。

51 《嘉靖兰阳县志》卷4《署制志·河道》。

52 《嘉靖兰阳县志》卷2《田赋志·河夫》。

53 《万历兖州府志》卷21《黄河》。

54 《明武宗实录》卷56,正德四年十月癸卯。

55 《嘉靖兰阳县志》卷1《地理志·河渎》。

56 《嘉靖兰阳县志》卷3《建置志·堤防》。

57 《嘉靖兰阳县志》卷1《地理志·河渎》。

58 《嘉靖仪封县志》卷下《艺文志》。

59 《明孝宗实录》卷98,弘治八年三月壬辰。

60 《嘉靖兰阳县志》卷4《署制志·河道》。

61 《万历会典》卷209《都察院一·督抚建置》,广陵书社,2007年影印本。

62 《明神宗实录》卷205,万历十六年十一月甲子。

63 按:姜璧的《条陈治安疏》和王世扬的《中州河防为要疏》收入潘季驯:《河防一览》卷13。其奏疏观点扼要收入《明神宗实录》卷89“万历七年七月戊申”条和同书卷205“万历十六年十一月甲子”条。两条建议均未采纳，实录中云“皆从之”是错误的。

64 《明孝宗实录》卷118，弘治九年十月丙戌。

65 《明武宗实录》卷137，正德十一年五月丙戌。

66 《嘉靖兰阳县志》卷4《署制志・河道》。

67 《万历开封府志》卷7《官师志》，四库全书存目丛书补编本。

68 潘季驯《河防一览》卷11《添设管河官员疏》；《明神宗实录》卷206，万历十六年十二月甲申。按：明清时期，沿黄地区如山东兖州府、南直淮安府以及河南开封府皆设置两员治河同知，显然这是这些地区河患风险严重存在的反映。从开封府万历十七年又增添一名治河同知起，两名治河同知的体制便已形成。驻省会者为南河同知，驻封丘荆隆口者为北河同知。其中，北河同知衙署因顺治九年圮于水而移驻祥符县陈桥镇。从《康熙开封府志》（康熙三十三年刻本）卷20《职官志》的题名知，清代沿袭了这一制度。据广陵刻印社1987年影印本《雍正河南通志》卷36《职官七》知，雍正二年又将南河同知和北河同知各分为上、下，等于说又增加了两员，其中上南河同知驻扎中牟县阳桥镇，上北河同知驻扎阳武县太平镇，显示出对河南河务的关切和重视。现存乾隆十三年《大清缙绅新书》和乾隆二十五年《大清缙绅全本》（清代缙绅录集成本）开封府部分皆标为“要缺”或“最要缺”，可见其治河任务綦重。

69 《嘉靖兰阳县志》卷6《官师志・主簿》。

70 《明世宗实录》卷172，嘉靖十四年二月戊申。

71 《明英宗实录》卷230，景泰四年六月己丑。

72 《明英宗实录》卷283，天顺元年十月庚子。

73 《明宪宗实录》卷165，成化十三年四月乙卯。

74 《明英宗实录》卷330，天顺五年七月丁巳。

75 《明太祖实录》卷195，洪武二十二年二月癸亥；《嘉靖仪封县志》卷上《建置沿革・县治》、卷下《古迹》。

76 《明英宗实录》卷268，景泰七年七月己巳。

77 《明英宗实录》卷232，景泰四年八月乙酉朔。

78 《明英宗实录》卷215，景泰三年四月丙子。

79 《明英宗实录》卷221，景泰三年闰九月丁亥。

80 《明宪宗实录》卷186，成化十五年正月戊寅。

81 《嘉靖归德志》卷8《杂述志・祥异》，天一阁藏明代方志选刊续编本。

82 《嘉靖归德志》卷2《建置志・城池》。

83 《嘉靖兰阳县志》卷1《地理志・河渎》。

84 《明太宗实录》卷114，永乐九年三月壬午。

85 《明太宗实录》卷117，永乐九年七月乙酉。

86 《明孝宗实录》卷103，弘治八年八月丁丑。

87 《嘉靖长垣县志》卷9《文章・诗》，天一阁藏明代方志选刊本。

88 如弘治六年六月，以黄河水患，免河南兰阳、仪封、考城三县夏税麦4670余石、丝2640余两，秋粮11640余石、草15700余束。见《明孝宗实录》卷77，弘治六年六月癸未。

89 《明孝宗实录》卷76，弘治六年闰五月丁酉。

90 《嘉靖兰阳县志》卷1《地理志·河渎》。

91 《嘉靖长垣县志》卷1《地理·山川》。

92 《明太宗实录》卷114,永乐九年三月壬午;卷117,永乐九年七月己卯;李濂《汴京遗迹志》卷5《河渠一·黄河》,中国书店,1959年影印本。

93 牛建强《于谦与明宣德、正统年间的河南地方社会》,《明清论丛》第7辑,紫禁城出版社,2006年。

94 《明英宗实录》卷216,景泰三年五月丙申。

95 《旧唐书》卷9《玄宗本纪下》,中华书局,1975年。

96 《宋史》卷102《礼志五·吉礼五·岳渎》,中华书局,1977年。

97 《宋史》卷102《礼志五·吉礼五·岳渎》。

98 《元史》卷42《顺帝本纪五》。

99 按:此处引文均据日本京都大学人文科学研究所所藏《历代碑刻文字拓本》中编号为MIN0004X的立于陕西华岳庙中之洪武三年六月初三日所颁诏书碑拓片。按:《明太祖实录》卷53"洪武三年六月癸亥"条记,发布诏书时间为该年六月初六日,现存河南济源市济渎庙中之诏书碑有月无日,应以华岳庙碑拓为准。又,实录中部分文字不见于华岳庙碑拓和现存原碑,应为纂修者所加。

100 《明英宗实录》卷216,景泰三年五月丙申。

101 《明英宗实录》卷217,景泰三年六月乙丑。

102 吴英《黑洋山河渎庙碑记》,《乾隆怀庆府志》卷6《河渠·河防》,清乾隆五十四年刻本。按:吴英,阳武人,弘治二年举人。

103 《嘉靖阳武县志》卷1《祠祀》,天一阁藏明代方志选刊续编本。

104 《嘉靖阳武县志》卷1《祠祀》。

105 《明英宗实录》卷219,景泰三年八月甲子。

106 《明英宗实录》卷220,景泰三年九月辛卯。

107 谢肇淛《北河纪》卷8《河灵纪》。

108 《明英宗实录》卷226,景泰四年二月戊子。

109 《明英宗实录》卷226,景泰四年二月戊戌。

110 牛建强《于谦与明宣德、正统年间的河南地方社会》。

111 《明英宗实录》卷226,景泰四年二月乙未。

112 谢肇淛《北河纪》卷8《河灵纪》。

113 徐有贞《治水功成题名记》,黄训《皇明名臣经济录》卷50《工部》。

114 徐有贞《敕修河道工完之碑》,黄训《皇明名臣经济录》卷50《工部》。

115 谢肇淛《北河纪》卷8《河灵纪》。

116 谢肇淛《北河纪》卷8《河灵纪》。

117 《明孝宗实录》卷26,弘治二年五月庚申。

118 《明孝宗实录》卷30,弘治二年九月庚辰。

119 《明史》卷83《河渠志一·黄河上》。

120 《明孝宗实录》卷66,弘治五年八月庚戌。

121 《明孝宗实录》卷72,弘治六年二月丁巳。

122 《明孝宗实录》卷95,弘治七年十二月庚午。

123 刘健《黄陵冈塞河功完之碑》,黄训《皇明名臣经济录》卷50《工部》。

124 《明孝宗实录》卷93,弘治七年十月甲戌。

125 《明孝宗实录》卷103,弘治八年三月壬辰。

126 《明武宗实录》卷141,正德十一年九月己亥。

127 《明世宗实录》卷77,嘉靖六年六月癸亥。

128 《明穆宗实录》卷48,隆庆四年八月庚戌。

129 《明神宗实录》卷300,万历二十四年八月壬寅。

130 《明神宗实录》卷420,万历三十四年四月癸亥。

131 《明熹宗实录》卷76,天启六年九月乙酉。

132 《礼记·王制》(十三经注疏本)载,“天子祭天下名山、大川,五岳视三公,四渎视诸侯。诸侯祭名山、大川之在其地者”。即是说,基于天子、诸侯间的等差,天子祭祀名山大川,即五岳四渎。其中的四渎,包括江、河、淮、济。而地方诸侯祭祀所在地的山川。大部分学者认为《礼记》成于西汉,所以这段材料不能说明周代即有这种山川祭祀制度,它反映的应是汉代的情况。

133 司马迁《史记》卷28《封禅书》,中华书局,1959年。

134 班固《汉书》卷25上《郊祀志上》,中华书局,1962年。

135 班固《汉书》卷25下《郊祀志下》。

136 张守节在注释《史记·封禅书》中“水曰河,祠临晋”句中的临晋时说,“即同州冯翊县,本汉临晋县也。收大荔,秦获之,更名”。这就是说,该地初称大荔,秦获此地后更名临晋,即唐代冯翊县。

137 《明宣宗实录》卷110,宣德九年夏四月丙申。

138 《明英宗实录》卷231,景泰四年七月壬戌。

139 《明英宗实录》卷231,景泰四年七月壬戌。

140 《嘉靖阳武县志》卷1《祠祀》。按:七月初一日为丙辰日,那么十七日应为壬申日,文中十七日为乙未日误。

141 张光孝《西渎大河之神志》卷5《大河祀典》,四库全书存目丛书本。

142 张光孝《西渎大河之神志》卷5《大河祀典》。

143 《雍正河南通志》卷48《祠祀·开封府》,广陵刻印社,1987年影印本。

144 《明孝宗实录》卷95“弘治七年十二月庚午”条载,该年十二月,张秋漕河溃决堵塞功成,改张秋为安平镇,建庙祭祀,其中供奉真武、龙王等众多神祇。

145 陈文《重建会通河天井闸龙王庙碑记》,谢肇淛《北河纪》卷8《河灵纪》。

146 《明英宗实录》卷273,景泰七年十二月戊申。

147 谢肇淛《北河纪》卷8《河灵纪》。

148 按:关于金龙四大王在运河一线的影响,到万历初年已超出淮北和山东的范围,北限已达京师。浙人徐渭在一首为金龙四大王祠的题联中道,“灵满江湖,万里波涛平如掌;神游燕越,两方庙貌俨如生”(徐渭:《徐文长佚草》卷7《榜联·金龙四大王祠》,《徐渭集》本,中华书局,1983年)。四大王信仰在越地流行可以理解,因它本来就是南方的信仰。万历初其祠庙已达燕地,说明此信仰的北传。特别须指出的是,四大王信仰在淮北一带的流行与吕梁洪、徐州洪等运河的危险地段是有联系的,商人为了船货安平，不得不祈求神佑。据徐氏万历初说，“吾乡北贾者日益盛，茗荈之利甲天下”，看来浙江北贩的商人以经营茶叶为主，他们在帆樯往来洪间时提心吊胆，心中默祷。后来为了讨好四大王神，干脆又将流行于徐州洪的四大王的金身请回了四大王的老家，于万历元年五月到十月间建立了洪神行祠，并于次年四月十五日将神的塑像移入（徐渭《徐文长三集》卷23《记·洪神行祠记》，《徐渭集》本）。这种情况和前面正统十三年吕梁洪至临清间运河两岸祠祀四大王的记载是可印证的。但徐渭讲，他仔细翻阅了徐州洪的志书，发现四大王信仰也不是始终的信仰，起初徐州洪供奉的是灵源弘济王，而后改为金龙四大王，后来又变成了“非男子”的“圣女”（估计是妈祖），由此也可窥出民间信仰的功利性和易变性。

149 余继登《淡然轩集》卷5《杂著·金龙四大王灵应记》，文渊阁四库全书本。

150 谢肇淛《五杂组》卷15《事部三》，续修四库全书本。

151 谢肇淛《五杂组》卷15《事部三》。

152 《清世祖实录》卷22，顺治二年十二月甲辰，中华书局，1986年影印本。

153 清代的黄河治理与河神信仰有另文撰述。

明代官员久任法研究

展　龙

在中国历史上，官员久任是指官员在同一职位长期任职（六或九年以上），甚至直到死而后已。早在唐虞之际，即有“三代皆世官，终身不易”[1] 的记载。降及汉代，在中央，有萧何任相 13 年，陈平任相 12 载的经典史实；在地方，有“九年京兆尹，八年郡太守”[2] 的历史画面。及唐代，则有“十余年不易”[3] 的久任边将。继此，久任之典因之不辍；[4] 至明，相关规制渐次完备，成为常制。

作为官员管理制度的重要组成部分，明代久任法既保留着往昔的历史特质，又在承袭中有所发展，表现出鲜明的时代特征。一方面，它与官员考核、铨选、监察、致仕等制度关系密切，并以互动之势相互维系，相互影响；另一方面，明代久任法呈现出鲜明的阶段性特征，大体经历了“国初官皆久任”，弘、正“久任坏败”，嘉靖“行久任之法”，万历以降久任法“由盛而衰”的发展轨辙。[5] 但长期以来，明代久任法这一重要问题尚未引起学界应有关注，既有研究仅仅是在考察官员任期制度、考核制度时略有触笔。[6] 鉴于此，本文拟围绕明代政局之大势，结合考核、铨选、监察等相关制度，试对明代久任法的演进轨迹、运作机制、历史作用及不足之处予以较为深入、全面的探讨。

一

洪武至正德，是明代久任法的滥觞期。此期“官多久任”，相关配套制度由初创趋于完善，并成为官员久任法得以持续、有效推行的重要保障。

（一）明建国之初，国家制度体系处于创设和改革阶段，官僚体制尚不稳定，尤其是人事制度时常处于变动不居的状态。一方面，铨选制度的多元化和科举制度的时废时设，使许多官员上浮下沉，朝任夕黜的现象时常发生。[7] 另一方面，"胡蓝之狱"等事件的发生，造成了人事关系之剧变。在此情况下，为了稳定官僚队伍，提高行政效率，官员久任势在必行。明太祖认为："凡内外庶官，不可不重其任，尤不可不久其职。任重职久，则安官乐业，孰敢有苟且之心，至治可期也"[8]。同时，确立了官员考满之法，按例三年一考，六年再考，九年通考，然后依例考核升迁；[9] 官员"凡升迁，必考满"[10]；小大百司"率九载三考，而后叙迁"[11]。与此相联系，官员久任之例屡见不鲜，尤以勋臣武将为多。如徐达（1332—1385）为将相近 30 年，挂征虏大将军印 17 年；汤和（1326—1395）、冯胜（？—1395）为大将俱 30 余年，沐晟（？—1436）守云南 30 年。[12]除勋臣外，朱元璋特敕部分武官可以世袭，"凡武袭久任外，卫副千户者皆升正千户，俱与世袭"[13]。对于文官，此期久任者也有不少，如李善长（1314—1390）掌中书省 10 年，为太师 23 年。宋讷（1311—1390）任祭酒 8 年，直至老死任上。傅安，任兵科给事中达 32 年之久。[14]钦天监司历杨野、俞钧因"非常选官之比"，亦令久任。[15]王伯贞任琼州知府 16 年。[16]尹希文任宜城知县 20 年。[17]上述事例，虽然不能掩盖洪武时因为一系列血腥事件而造成官员难以久任的事实，但至少可以说明朱元璋不仅提倡官员久任，而且进行了贯彻落实。

总体上，洪武时期的官员久任表现出两个突出特点：一是官员凡考核等级在中上者，"皆俾复职"[18]。如对守令，"凡满三载者，诏铨曹考核治行，其昭著者皆复旧职"[19]；或若官员深得于民，"民至上章乞留，仍使还任"[20]。十二年（1379 年），又诏"稽诸府县官之久任无愆者，仍升秩禄，以终身进"[21]。外官如此，京官也不例外，"苟有治绩，则降诏以褒之，增秩以劝之，不轻改授也"[22]；并在恢复或保持原职时，一般要通过"增秩"、"赐金"、"旌褒"、"加衔"等方式对官员进行补偿。之所以如此，原因很多，最主要者在于："盖所以重斯民，去思之心，以为久任责成之法也。"[23]二是久任之后，再做考核，若考绩显著，则破格超擢，"有善者必旌褒，有功者必超擢"。[24]如十七年（1384 年）九月，升怀庆府通判戴庄，湖广都司断事高翼，静宁州判官元善三人为右佥都御史，皆"以秩满考绩课最，故超擢之"[25]。这些规定，大多被后世所继承，成为明代久任法的鲜明特色。

（二）永、宣时期，官员久任更趋普遍，出现了"官多久任"[26]的情形。永乐时，如张辅（1374—1449），永乐元年（1403 年）封信安伯及英国公，至殁 47 年，为太师 26 年。[27]胡俨，永乐二年（1404 年）任国子监祭酒，直到宣宗即位方罢，前后 22 年。[28]宣德时，"百司守令，久任不更"[29]及"县令多久任"[30]的情况更多。如蹇义（1363—

1435)、夏原吉(1366—1430)任吏部尚书俱27年;黄福(1363—1440)任户部尚书39年;胡濙(1375—1463)任礼部尚书32年;[31]郭资(1361—1433)任户部尚书12年[32];赵豫任松江知府15年;谢子襄任处州知府30年;刘纲任西宁州知州33年;陈本琛任吉安知府18年;贝秉彝(1370—1426)任东阿县令18年;张鼎新任宛陵县令33年;谭思敬任嵊县县令18年;卢秉安任东莞县令19年;[33]吴祥任嵩县知县32年;李信任遵化知县27年;房岩任邹县知县20余年。[34]此外,新生的大学士也多久任殿阁。如黄淮(1367—1449)在阁共13年;[35]胡广(1369—1418)在阁17年[36];杨士奇(1365—1444)43年;杨荣(1371—1440)35年;杨溥(1372—1446)21年;金幼孜(1367—1431)25年[37];等等。

在久任规定上,永、宣时期也有所细化:一是继续以加秩、赏赐等方式补偿久任官员。如洪熙时,令州县官员,"苟得人当加秩而久任之"[38]。刘纲任宁州知州32年,特赐玺书褒异,并加四品章服。思州府通判檀凯九年考满,加正五品俸留任。[39]二是对于有政绩的久任官员,多予以赏赐。如宣德时,令"文官久任有政绩者,给诰敕以示奖劝"[40]。三是根据民众乞留,允准官员复任久任。如永乐时,济宁知州史诚祖,政绩显著,屡当迁职,"辄为民奏留,阅二十九年,竟卒于任"。[41]宣德时,山西参政樊镇九年考最,当升,然"吏民信服,乞留再任",升秩正三品。[42]苏州知府况锺,吉安知府陈本深,俱九年考满,部民请留,"加正三品,仍管府事"。[43]

应该说,这一时期官员久任实为守成政策的表现之一。其间,由于考核严格,用人得当,尤其是"三杨"等久任殿阁,悉心佐命,"吏称其职,政得其平"[44],出现了仁宣盛世之况。

(三)正统至天顺时期,权臣擅政,朝纲日紊,明初建立的铨选、监察、法律等制度逐渐遭到破坏,尤其是英宗复辟、曹石之变等事件的发生,扰乱了政局,从上至下,官员黜旧用新,人事关系骤变。受此影响,此期官员任期呈现出既有久任又有速迁的复杂情势。

一方面,统治者倡导官员久任,出现了不少久任官员。如周忱(1381—1453)巡抚苏松22年(按:《弇山堂别集·文臣久任》作"21年");王翱(1384—1467)提督辽东11年;于谦(1398—1457)巡抚河南、山西18年;陈镒以都御史镇守陕西10余年。[45]又景泰、天顺间,出任两广总督者仅有王翱、马昂两人。[46]除督巡外,其他官员也讲求慎择而久任,"凡百执事皆然也"[47]。如扈暹,任凤翔知府25年。[48]陈敬宗(1377—1459)任祭酒20年[49],直到景泰元年(1450年)致仕。[50]李时勉(1374—1450)任祭酒6年。[51]王佐(?—1449)任户部尚书9年。[52]郑璉任万州知州18年。[53]

对于大学士等近侍之职，因其“典书辞命，其任至重”，故多“久任不迁”。[54]如陈循(1385—1464)在阁13年，商辂(1414—1486)17年，彭时(1416—1475)20年，李贤(1408—1466)10年，[55]等。同时鉴于当时“虏入寇，方急兵”，各边守御、督抚、总兵官，亦“必六年以上迁转，并宜久任”。[56]

另一方面，受政局及吏治之影响，此期官员欲实现久任并非易事。如监察御史，在时人看来最当久任，“每有员缺，必慎择而久任之”；但实际上，御史迁转往往太快，有“仅一考而升者，有未经一考而迁者”，因此有人建议“宜以六年为率，未经两考者，不须迁改”[57]。景泰四年(1453年)，左鼎亦言：“御史迁转太骤，当以六年为率。……巡按所系尤重，毋使初任之员，漫然尝试。”对此建议，景帝欣然接受。[58]

(四)成化至正德时期，巨阉秉政，政局败坏，百官趋势逐利，委曲求全。在此情况下，确保官员久任成为整饬吏治之急务。在中央，久任者如：刘吉(1427—1493)在阁19年，徐溥(1428—1499)12年，刘健(1433—1526)20年，谢迁(1449—1531)11年，李东阳(1447—1516)17年，杨廷和(1459—1529)14年，费宏(1468—1535)13年，[59]梁储(1453—1527)10余年，[60]等；尹旻在吏部14年，王恕(1416—1508)在吏部10余年，马文升(1426—1510)在兵部13年。[61]在地方，正德四年(1509年)，“令诸道御史久任责成”。[62]对于一些要求致仕的官员，也不轻易允准。如顺天府尹王贤年七十，乞致仕，以“京畿人民繁多，非其久任公务难完”，不允。[63]副总兵毛忠乞致仕，也不准，理由是“久任边事，洞识夷情”[64]。

但较之以前，此期官员总体迁转较快，“有一年而屡迁者，有未之任而复他转者”[65]；“藩、臬、守、令，皆久任而责成功，弘治以前皆然也，今则迁徙不常矣”[66]。具体表现在：

1. 巡抚难再久任。弘治元年(1488年)，兵部郎中陆容言：以前巡抚多能“久于其任”，“不以岁月为拘”，而如今“席未及暖即思入朝”[67]。十一年(1498年)，何孟春通过比较宣、弘间巡抚任期的变化，亦指出：弘治以前，巡抚“谨择而久任之”；至弘治时，虽推选巡抚亦严，然“受任往往不久”，“各处巡抚官不二三年辄便召用”[68]，尤其是弘治时规定“岁差御史一员巡按各处”，更使“巡抚不久其任，与巡按无异”。[69]

2. 京官难再久任。正德中，“两京大臣迁转太骤”[70]。以吏部尚书为例：永乐元年(1403年)至天顺元年(1457年)，凡55年，吏部尚书仅有蹇义、郭琎、王直3人；但弘治九年(1496年)至嘉靖三十三年(1551年)，亦56年，历任尚书却达28人，“此后更如传舍”。[71]足见此期官员久任已遭致破坏。

3. 边将难再久任。对此，正德十年(1515 年)，给事中任忠曾言:“近年以来，因守臣数易，赏滥罚轻，以致封守不固，敌人内侵，黎元受祸。”[72]

4. 守令难再久任。成化中，“守令政有异绩者，往往未久即迁”[73]。正德中，“府、州、县官升调不常”[74];“今县令不再考，辄至召用郡守”。[75]尤其是刘瑾纷更朝政，肆行“不时考察之例”，对百官随意考察，致使各抚按、科道劾奏太烦;[76]“凡为郡若邑者，视其官犹传舍，而于其所以为职与夫民生之休戚，漠然弗介之意”[77]。

5. 教官难再久任。对于祭酒等教官的任期，明朝无严格规定。明初，教官多能久任;[78]迄成化初，教官久任之例渐废。成化二年(1466 年)规定:进士出身且在祭酒任上三年考满者，应予以升擢。[79]从此，进士由翰林院、国子监至礼部，递相迁转，成为常例;国子监教官久任之例被打破，成为官员升迁的台阶。

针对上述情况，呼吁官员久任成一时风气。如:对于守令，有人建议“复久任之规，以责效于数年之后”[80]，尤其是“才足济世”的守令，更须“俟九年秩满，然后不次超擢”[81]，如此则“不至数更矣”[82];相反，“亟黜亟补”，则人无固志，“废事愈多”。[83]对于边臣，有人建议须六年以上，方许升转;总兵等官“亦须久任，无故不必更调”[84]。对于巡抚，有人建议“须历年久远，不可轻动，功策显著，就彼升用”，[85]甚至认为“欲行久任之道，宜从巡抚始”[86]。

上述建议，表明此期官员久任确乎近于败坏，而之所以出现这种情形，郭培贵先生总结出四点缘由:一是官场躁进风气日盛;二是官缺必补，“不可久虚”;三是官员递升，拘于资格;四是国事日繁，增官设职。[87]在此基础上，笔者认为此期官员之所以难以久任，尚有以下原因:

一是君臣关系不相亲。[88]一方面，大臣直言敢谏，敢于与皇帝针锋相对，动辄出现百官群谏的场面。另一方面，皇帝对大臣的缺乏信任感，包括首辅、尚书、侍郎、御史等大臣被惩处、免职的事情时常发生，致使官员流动加速，久任难以维持。

二是奔竞之风高涨。正德以来，“士多虚誉而希美官”[89]，奔竞成风，以致“贤否混淆，是非颠倒，欺公罔上，罪恶贯盈”，如吏部尚书尹旻及其子翰林院侍讲尹龙，“假铨衡之公器，植桃李之私门”，于是一些亲信得以“初进而骤升”，“亲党而滥升”，“心反而骤进”。[90]由此出现了贿赂公行，苞苴竞进，百官“以恒情慕荣速化”[91]的局面。

三是三考之制破坏。明初以来，官员按三考之制升迁，但这一制度至弘治中进一步遭到破坏[92]，“近年守令，迁升太速，民不沾恩”，故佥事冯镐奏请“自今天下知州知县，俱照旧制，历任九年”。[93]正德后，三考之制名存实亡，藩、臬、守、令迁徙不常,宛若过客,一如进士授知县,“仅及三年即擢”[94]。另外,此期虽然在外官三年“朝觐考察”[95]基础上,正式确立了“京官六年一察”之例,[96]但在实际操作过程中,往往难以落实,这从前述官员“一考即迁”、“岁岁递升”[97]中可略窥一二。

四是超擢之例趋少。明初以来,官员超擢之例比比皆是,如郎中升侍郎,主事升知府,知府升布政使,其他科道部属升都御史、布政、按察使等官。不同的是,弘治以降,官员迁转循规蹈矩,既不久任,更少超擢,故罗钦顺以为“时方多事,所宜破常格,拔真才,省递迁,隆久任,以为陛下分忧共理”[98]。高拱在其《本语》卷五也认为:“超迁之法不行,小转之法不革,欲久任不可得也。”

五是权阉操控人事。这在正德年间表现得尤为突出,其间京官京察和外官朝觐时,俱要拜见刘瑾,以求脱罪升迁,“大小官奉命出外及还京者,朝见毕,必赴瑾见辞以为常”[99]。即使那些“司铨衡者”,也“不敢违众以招怨谤”。[100]纵然如此,仍有许多官员因权宦的干涉而迁黜无常,出现了“内外官员迁转不常,人思速化,因循苟简,捱日望升”[101]的局面。

可见,弘治至正德间,官员任期之所以呈现出易速迁而难久任的局面,是多种原因造成的,具有一定的必然性,用时人的话说就是:“凡今言治者,必曰久任;然在今,则有势不能者”[102]。“大臣劳于数推,宪职患于亟缺,此非不欲久任之也,势不能也”[103]。

二

至嘉靖,世宗践祚之初,即大刀阔斧,力行改革,尤其在抑制宦官、严肃吏治方面颇有建树。为防止奔竞滥升之习,提高行政效率,嘉靖五年(1526 年)三月正式“定有司久任法”[104]。但受大礼议、首辅之争、严嵩专权等的影响,此期官员久任呈现出有“法”可依,而执“法”不严的怪象。

嘉靖初,受弘、正官员速迁余波的影响,官员“迁徙不常”[105]的现象仍很普遍,“近日中外庶官之迁转,比弘治以前,其速常倍之……久任之废甚矣”[106]。鉴于此,嘉靖革新时,开始对久任事宜及其相关制度予以调整和完善。

(一)在久任观念上,明廷上下进一步认识到久任乃“治体之要”[107],“兴利莫如久任”[108],并辩证分析了久任法意义之所在。如吏部尚书汪鋐疏言:“何谓重久任?盖官不久任,则无固志,无固志则无实心,无实心则施之政事,皆因仍苟且之。”[109]嘉靖四年(1325 年)九月,吏部尚书廖纪疏陈:“迩来官不久任,迁转太频,人无固志,政多苟且。”并将当时社会发展迟缓归咎于守令不能久任,“皇上励精图治,勤政恤民,于兹五年而未臻实效者,殆于守令待之未重,任之未久也”[110]。六年(1527年)十二月,吏部尚书桂萼言:“近来巡抚兵备,类不得人,递迁太速,故事多废弛”;世宗也认为:“巡抚及兵备官安民弭道,尤为紧要,若不久任,何不遵行”,所以下令:“因才授任,毋得仍前数为更易。”[111]二十二年(1543年)三月,给事中龙遂曾言致治之要在于“复久任之法”,尤其是州、县正官,“尤宜久任而专责”。[112]四十一年(1562年)十月,佥事王直更是固辞晋升之命,主动要求久任原职,“臣愿陛下勅行久任,请自臣始”[113]。可见,“行久任之法”[114]已成为时人共识,这一观念对于久任法的有效推行无疑具有积极作用。

(二)在保障制度上,为确保久任法的正常运作,进一步加强化了相关配套制度。

1. 严格致仕制度。正德以来,官员弃仕现象十分普遍,“或因官非地,或因职业不举,或因事权掣肘,或因地方多故,辄假托养病致仕,甚有出位妄言,弃官而去者”[115]。鉴于此,嘉靖四年(1525年)规定:“自今具假托差养病致仕者,俱不准。京官年七十以上,衰朽不能任事,方面官六十以上方准致仕。外官不准养病,京官真病不能行动者,方准具奏。弃官及不俟命而去者,许该部科道及抚按官纠举各罢职。”[116]如都督佥事傅铎病,乞休,都御史张缙等人认为其“久任边陲,晓畅兵事,不宜听其去”,世宗表示同意,“诏褒铎之功,令仍旧供职”[117]。

2. 严肃考核制度。官员的久任与官员考核制度密切相关。[118]为确保官员久任,嘉靖时重视强化官员的考核制度。嘉靖四年(1525年)九月,吏部尚书廖纪疏陈:“今宜遵照旧规,守令必九年为满岁。”[119]五年(1526年)十二月,御史朱豹疏请:“久任守令,抚按严加考核,铨部详为咨访,勿使虚名获进,贪佞幸免。”[120]九年(1520年)题准:“九年考满无过,止升职衔,照旧办事。果有才识可用,操履无玷者,量升品级相近衙门。”[121]三十八年(1559年)十二月,给事中苏景和等奏:“今后总协大臣均责持久,各该将领务积年劳,共臻实效。”[122]这些建议成为朝廷强化考核制度的重要依据。如根据廖纪的建议,规定:“守令俱以九年为满,不必骤迁数易,以致奔走废事。”[123]又按吏部奏请,重申:“凡府州县官治绩卓异者,各抚按以闻,令其加俸管事,俟九年满,不次升迁。”[124]而对于久任且政绩显著的官员,七年(1528年)规定:“凡内外官无问大小,悉以六年为满,贤能卓异者,超擢之。”[125]三十年(1551年)重申:“自今遇有尽心职业劳著闻者,宜加秩增俸,俟其资深功懋,特为破格超迁。”[126]

3. 调整补缺和改调制度。嘉靖前后,为缓解国事日繁之势,不得不因事增官,临时设职,大批官员被“随地按治,考核不待其终”,[127]使官员速迁之势日炽。针对这一点,吏部尚书汪鋐认为:“官缺则当补”,而补官之时欲避免造成官员速迁,则仰赖于铨选部门的“调停之术”,如此积以数年,则“久任之法自然可复”[128]。同时,嘉靖时还以“凡内外官以才能更调”为原则,对官员改调制度进行了调整。十七年(1538 年),“令内外文职官员,须久任责成,不许无故更调”。二十七年(1548 年),又题准:“吏兵二部司官缺,许将各衙门官,素有才识者,奏请调补。”[129]这些规定,一定程度上遏制了官场奔竞之风,有利于久任法的有效推行。

4. 加强褒奖制度。承祖宗旧制,嘉靖时在推行久任法时,也配套采取了颁布玺书、增加品秩、提高俸禄、赏赐金钱等制度,凡“治行课最者,辄以玺书褒奖,增秩赐金,亦不遽迁它任”[130]。如二年(1523 年)规定:“今后巡抚官历任四五年之上,功绩显著者,其降敕增秩如议。”[131]即便官员积有功劳也不轻易调迁,而是给以褒奖,“量加职衔,仍留地方行事”[132]。这些“补偿”制度,虽然没有改变官员的职务或职位,但其政绩得到肯定,待遇得到改善,利益得到保障,名誉得到提升,不仅对当事人有安抚和激励作用,且给后人树立了榜样,一定程度上有利于改善政风吏治。

(三)在久任对象上,扩大久任官员的范围,具体表现在:

1. 久任巡抚。嘉靖初,巡抚“转迁太连”[133]的现象十分普遍。出乎此,久任巡抚成为朝野共识。阁臣张孚敬疏言巡抚“得人最宜久任”,并建议如宣德以来事例,“事久功成保济”[134]。嘉靖七年(1528 年)正月,世宗命吏部推选巡臣也要“秉公推补,务求可久任者,毋袭往时递迁之弊”[135];四月,又接受刑部尚书胡世宁的建议,“久任巡抚守令,并宽其文法”[136]。二十三年(1544 年),侍郎张永明奏请:“各处抚臣必须久任,其有年劳积久,相应论擢者,疏请加升职衔,照旧管事,必使地方宁谧,功绩有成,然后迁任。”[137]

2. 久任将官。嘉靖年间,各边“警变不常”[138],“北虏窥视,南夷窃发,苏松近地海寇啸聚,江西、四川时各有警”[139]。处此情势,久任边将显得尤为紧要,“兵备官员必须久任”[140]。七年(1528 年)正月,规定:“边将宜慎择其人而久任之,勿以细过轻易。”[141]二十五年(1546 年)九月重申:“今边方督抚之臣,久任责成,必阅历岁深声绩茂著,然后升转,不得无故速迁。”[142]次年又题准:“今后南北各边兵备守巡、正辖边境者,皆不得以才力不及官改调。”[143]三十八年(1559 年)十一月,鉴于“京营将领更调不常”,明廷接受时论,规定“将官必久任而后升迁,必候代而后离任”[144]。

3. 久任京官。这一时期人们进一步认识到“欲行久任,当自大臣始”[145]。为此,明廷做了不少努力:一是对称职的京官按例予以久任,出现了杨廷和任首辅十二年,严嵩“一品六考十八年”的现象。[146]二是对不称职的京官则不轻易罢免。如十四年(1535年)七月,御史曾翀、戴铣论劾兵部尚书刘龙、刑部尚书聂贤、左侍郎张云、左侍郎陈璋等十余人“各庸劣猥鄙,宜罢”。但考虑到刘龙等人“无大过”,遂得以留用。[147]三是三十一年(1552年)正月,正式下诏更定御史久任、迁转条例,规定:巡抚、佥都御史三年考满,升副都御史,副都御史三年满,升侍郎;以侍郎等官总督三年者,侍郎升右都御史,右都御史升尚书,尚书量加宫保,然后“俱留任地方,必六年以上,始得内转”[148]。

4. 久任地方官。一是久任布、按使。嘉靖七年(1528年)四月,规定:“久任布政使,径升九卿等官,不必再推巡抚。”[149]二十四年(1545年)六月重申:“布、按二司迁转亦主于久任,参议、佥事必历俸六年以上,参政、副使必历俸三年以上,始以次径转。”[150]二是久任守令。规定:守令历任六年,“果政迹卓异者,加升职衔,照旧管事”;九年考称,“从加职上,不次升擢”[151]。二十七年(1548年)六月重申:“久任府县官,任内粮不足者,不得给由选用”[152]。对于一些处境特殊的守令,此时更提倡久任。如鉴于东南“倭夷”骚扰,地方残破,“民皆相率转徙”,遂要求守令悉心安辑,并“责之久任”[153]。对沿边州县正官,也规定“铨住久任,以充兵备之用”[154]。

总体上,嘉靖时久任法得到了很好执行,“十余年来,久任之说行满易耳”[155]。但由于其间发生的大礼议、首辅之争引发了一系列人事变动;[156]加及世宗长期深居宫中,“崇尚道教,营建繁兴”[157],君臣隔绝,严嵩乘机专权,结党营私,排除异己。在此情况下,纵然“敕旨屡下,久任守令,久任巡抚”[158],但要想真正实现久任并非易事,“彼此更代,视如传舍”[159]的情形依然可见。主要表现在:

一是由“大礼议”引起的内阁纷争导致了阁臣的速迁之势。仅以内阁辅臣为例,据《嘉靖以来首辅传》及《明史·宰辅表》所载:嘉靖一朝辅臣(包括首辅、次辅)从杨廷和退位开始,先后更换了23位,其中任职四年以上者仅有张璁(5年)、夏言(7年)、严嵩(15年)、徐阶(6年)四人。又吏部尚书,“八九年间将四五易矣”[160]。朝廷大员每更换一次,都伴随着人事关系的变动,人事关系的屡变则难免会扰乱朝政秩序。

二是随意罢官成为常态。嘉靖后期,严嵩操控铨选大权,“凡疏远不附严氏者,一切屏斥无遗”[161]。如嘉靖三十年(1551年)京察,严嵩父子“恫愒吏部,中伤善类甚众”[162],一大批科道官被免职。继此,在三十五年(1556年)举行的由严嵩控制的“丙辰京察”[163]中,又有吏部尚书杨行中、礼部尚书葛守礼等15人,因其不愿依附严嵩,遭到罢免。[164]此次考察实际上成为严嵩清除异己,党同伐异的工具,严重影响了久任法的有效推行,一度出现了"朝觐考察罢至五六千人"[165]的场面。当然,此时虽有阉竖擅命,但因"清议颇严,骤迁速化者群讥众讪,不旋踵而罢",所以"久任之法犹未大坏也"。[166]

三是内忧外患导致官员难以久任。以边官为例,如蒙古人南下,造成了边将的速迁,"诸边自庚戌被虏后,将吏数易,踵为故事"[167]。嘉靖年间,"边方久任之法,人人言之",但"竟不能行者",为什么呢?原因就在于"边方危苦,与内地异"[168]。

正因嘉靖久任法存在诸多需要完善之处,故降及隆庆,久任法仍是时论的话题。如隆庆元年(1567 年)四月,主事郭谏臣奏:"府县官贤能者,宜行久任之法。"[169]次年正月,给事中孙枝鉴于"协理戎政大臣,今未及一载而更代者五人",建议"宜审择其人,即不能久任,亦必假以岁月"[170]。三月,有人奏请"久任边将以定将选,以备战守"[171];御史陈于阶也指出:边官久任,并"著为十年、二十年之规。"[172]五年十二月,都给事中魏时亮建议:"自今内外有能修举职业者,宜一切久任。"[173]六年六月,给事中朱南雍又奏请"行久任之法"[174]。这些议论,一定程度上反映了嘉、隆间久任法执行不力的真实状况,"大宰修久任之政以拟诸守令,诸守令多不待年以迁去"[175]。

三

神宗践祚之初,官员速迁之势仍炽,"官不久任,事不责成,更调太繁,迁转太骤"[176]。鉴于此,万历二年(1574 年)四月,根据给事中张楚城"复行久任之法"[177]的建议,下诏"内外官行久任之法"[178]。新法规定:知府通过两考,只能升参政、副使等官;若九年考满,则可以升任布、按。各部官员、各省提学官若未完成本年事宜,不得升调;如有贤能称职者,就地加官,不必纷更部门,以免造成奔竞滥升之风。同时规定:守令"有才不宜于官,官不宜于地者",布、按官员可以自行调换。这些规定使得官员要想获得荣升,就须有所作为,否则将影响升迁。基于此,万历初年,张居正改革集团修举实政,革新更化,本诸"久任以便责成"[179],"官各久任,毋遽迁转"[180]的原则,逐步将官员久任法推向成熟。

(一)万历时期的久任官员

关于万历初官员久任的情况,王世贞论道:"张瀚(张楚城)以久任之说进,然仅能行之藩臬,守令而不能行之。”[181]王氏所谓久任法仅“行之藩臬”,而不“行之守令”有失史实。客观地说,张居正改革时期久任法的推行是较为广泛的,除藩臬而外,至少涉及以下官职:

1. 久任边将。万历初,俺答封贡,边患渐舒,但“北虏南夷”[182]仍是朝野上下的焦心所在。为此,这一时期重视久任边将,规定:“久任边方各属大小将领,或应久任以需成功。”[183]如二年(1574年)十一月,“命镇守山海总兵戚继光、昌平总兵杨四畏、辽东总兵李成梁、保定总兵傅津久任,遇有成功,破格叙赉”[184]。七年(1579年)八月,四川地区发生“都蛮”起义,为抚化机宜,特以“原官经理久任”[185]。同时,不许边将随意乞罢或致仕,如三年(1575年)二月,巡抚辽东右侍郎张学颜、总督蓟辽保定左侍郎杨兆、总督宣大右都御史方逢时自陈乞罢,俱不允。[186]六月,兵部尚书王崇古以病乞休,亦不允。[187]不仅如此,即使边将有所过失,也不轻易罢免。如七年九月,广东瑶民“突行杀掠”,副总兵陈璘等“均当法论”,但因其久任地方,遂“疏免究治,以图后功”。[188]李成梁镇守辽东,“台省交章诋其冒功,皇上终不以一眚弃干城之将”。[189]盖因如此,此期才会出现戚继光镇守蓟镇16年,李成梁镇守辽东30年[190]的久任现象;而万历初年之所以边防渐固,边境渐宁,也与戚继光、李成梁、方逢时、王崇古等久任边官有一定关系。

2. 久任治河官。神宗即位伊始,即接受吏部建议:“管河官员防守修筑,必经岁月……久其任则河务愈精,久其官则河臣益劝。”[191]万历五年(1578年)正式下旨:“有管河司道等官都著久任,不许升转。”[192]十七年(1589年)六月,据都给事中张养蒙所请,强调不仅像潘季驯诸人要“首宜久任”,其他“司道各官,并令一体久任”。[193]缘此,这一时期出现了潘季驯、王宗沐等治河名臣,尤其是潘季驯,其“三任河漕,熟谙水道”[194],功绩卓著,成为治河模范。

3. 久任科道、巡抚诸官。为了从根本上澄清吏治,万历时重视对科道、巡抚诸官的任用。对于科道官,强调任其职者,不仅要“心术端正,事体通达”[195],且不得随意“升转”[196]。对于巡抚,十三年(1585年)下令:“各处巡抚官,历任年久,方许推升,不得骤迁数易,以滋烦扰。”[197]对巡抚久任的落实,也颇为重视。如三年五月,郧阳巡抚方弘静按例当升,但神宗认为其“任浅,不准”。次年二月,方氏又“循例引年乞休”,仍不允。[198]神宗之所以屡次不准,即意在践行巡抚久任之法。于此,大学士申时行称道:“臣等深服圣断,久任法行,不惟人才得以展布,而百姓亦得相安。”[199]

4. 久任守令。守令是明代推行久任法的主要对象,“守令得人则民安,得人而久于任则民愈安”[200]。早在恢复久任法的万历二年(1574年),明廷即题准:“今后守令，大约以两考为期。知府历俸六年上下，乃得升迁。”[201]六年(1579年)，诏知府“今后有称职年深者著改衔久任，不必数易”[202]。经由朝廷的一再申明，此期守令久任者频频出现。如温州知府卫承芳，九岁考满，按例当升，但因其公正廉明，温州百姓“遮道乞留”，遂“加服俸留任供职”[203]。又如瑞安县令章有成、云和县令王世守、武义县令熊秋芳、武康县令王俨之等，万历时皆因“善体民情”，“善兴民利”，“廉明并著”，而得以“加州衔或服俸”，久任原职。[204]

5. 久任学官。教官久任惯例在成化年间既已打破，至嘉靖，更是出现了“国初久任，近乃速迁”[205]的局面。缘此，万历初在整顿学校时，也努力恢复教官久任旧例。先是万历二年(1574年)，下令“今后各省提学官缺，吏部会同礼部，务选年力精壮，学行著闻者久任责成；若未经岁考科举事完，不许辄便升转”[206]。次年五月，又确立了“久任教职，以育人才”[207]的施教纲领。

除上述所列，当时久任的其他官员也为数不少。如六部官员，“当时户、兵二部，皆老成久任”[208]。万历十五年(1587年)正月，据御史梅鹍祚所言，强调：“兵部宜久任而后责成功，无旁挠而后能久任”[209]。巡捕官员，十六年(1588年)正月，谕“以后捕官，非久任经荐叙者，不许推用”[210]。凡此，皆万历官员久任之明证。

(二)完善久任法的保障制度

1. 严格官员考核制度。万历初推行考成法，创造了一个“月有考，岁有稽”，“事可责成”[211]的考核机制。它不仅对于改变“上之督之者虽谆谆，而下之听之者恒藐藐”[212]的疲沓现象颇有裨益，且一定程度上遏制了官场浮躁疲软、奔竞贪权之习，久任法也由此获取了一个可资发展的重要条件，一如给事中徐懋学所言：“陛下临御以来，立考成之典，复久任之规，申考宪之条，严迟限之罚，大小臣工，鳃鳃奉职。”[213]

2. 不允官员乞罢。万历时，官员乞罢次数之多，频率之高，规模之大，在整个明代乃至历朝历代都难有其媲。饶有趣味的是，对于这些乞罢的官员，明廷的态度颇为一致，即往往“不允”、“留之”或“照旧供职”。据笔者不完全统计，仅《明神宗实录》所载，其间官员乞罢[214]而朝廷“不允”的事例多达369次，涉及官员凡570人次，而允许乞罢者仅33人次。具体情况如表所示：

表1　神宗时期官员"乞罢"系年表

时间	次数	"乞罢"人次	卷次
隆庆六年七月	11	张守直、朱衡、王国光、郭朝宾、陈瓒、石茂华、朱大器、曹金、赵锦、熊汝达、王遴、李际春、王道、王凝、孙一正、张居正、栗永禄、王希烈、诸大绶、吕调阳、陶大临、马自强(2次)、丁士美、何永庆、韩楫、王之垣、刘思问、刘淳、陈行健、董尧封、陈联芳、李幼滋、刘尧诲、吴百朋、刘应节、王崇古、吴兑(38人次)	卷3
隆庆六年八月	20	宋纁、万恭、张学颜、吕调阳、传希挚、张居正(4次)、刘应箕、王宗沐、陈一松、梁梦龙、王本固、秦鸣雷、谢登之、王之诰、张瀚、傅颐、汪道昆、汪镗、林燫、王好问、刘一儒、杜拯、张四维、毕锵、张卤、林士章、孙鑨、汪宗伊、张四维、罗良、董传策、戴才、汪道昆、张佳胤、凌云翼、徐栻(39人次)	卷4
隆庆六年九月	6	冀链、殷从俭、秦鸣雷、王之诰、李棠、刘斯洁(6人次)	卷5
隆庆六年十月	2	蔡文、赵贤	卷6
隆庆六年十一月	1	邹应龙	卷7
隆庆六年十二月	3	诸大绶、王崇古、陆树声、曹邦辅	卷8
万历元年一月	9	汪镗(4次)、谭纶(4次)、林树声	卷9
万历元年二月	2	杨博、汪镗	卷10
万历元年十一月	1	葛守礼	卷19
万历二年五月	1	张瀚	卷25
万历二年九月	1	朱笈(允之)	卷29
万历三年正月	2	杨巍、丁士美、何维柏、张居正	卷34
万历三年二月	5	谭纶、王国光、王之诰、万士和、王崇古、陈瓒、李幼滋、毕锵、汪镗、林士章、汪道昆、朱大器(允之)、陈炌、陈一松、张四维、申时行、王好问、王凝、胡执礼、刘光济、傅颐、戴才、刘应节、曹三阳、翁大立、凌云翼、徐栻、石茂华、赵锦、郜光先、何宽、陆光祖、王之垣、刘一儒、杨成、邹应龙、汪宗休(允之)(37人次)	卷35

续表

时间	次数	"乞罢"人次	卷次
万历三年三月	5	陈于陛、孙鑨、屠羲英、刘稳、余有丁、汤标(降调)、罗瑶、王国光、谢鹏举、潘晟(10人次)	卷36
万历三年四月	1	江一麟	卷37
万历三年十二月	1	张瀚	卷45
万历四年一月	3	石茂华、张居正、张四维、张瀚	卷46
万历四年五月	1	徐栻	卷50
万历五年九月	1	王崇古	卷67
万历五年十一月	1	吕调阳	卷69
万历六年二月	1	罗鳳翔	卷71
万历六年三月	2	凌云翼、傅希挚、庞尚鹏	卷72
万历八年十月	1	赵锦(允之)	卷99
万历八年闰四月	1	郑汝璧(允之)	卷105
万历八年十一月	2	潘晟(允之)、林烃(允之)	卷106
万历八年十二月	2	林士章、王国光	卷107
万历九年二月	2	方逢时、胡执礼	卷109
万历九年四月	1	方逢时(允之)	卷111
万历十年正月	2	何宽、刘斯洁	卷120
万历十年二月	3	张士佩、刘斯洁、王国光	卷121
万历十年三月	2	刘斯洁、何宽	卷122
万历十年五月	1	殷正茂	卷124
万历十年六月	1	殷正茂	卷125
万历十年十月	1	张四维	卷129
万历十一年正月	1	吴兑	卷132
万历十年十二月	1	吴兑	卷131
万历十一年二月	2	吴兑(2次)	卷133
万历十一年闰二月	2	郭思极、陈允升(允之)	卷134

续表

时间	次数	“乞罢”人次	卷次
万历十一年六月	1	严清	卷138
万历十一年七月	1	陈炌	卷139
万历十一年九月	1	周咏	卷141
万历十一年十月	1	张学颜	卷142
万历十一年十一月	1	张学颜	卷143
万历十一年十二月	1	刘志伊	卷144
万历十二年四月	1	杨巍、陆光祖	卷148
万历十二年五月	1	杨巍	卷149
万历十二年九月	1	余有丁	卷153
万历十二年十一月	2	陆光祖、耿定向	卷155
万历十三年正月	4	陈瓒、秦耀、李植、周邦杰、齐世臣、沈鲤、许乐善(允之)。(7人次)	卷157
万历十三年六月	1	赵锦	卷162
万历十三年闰九月	1	杨兆	卷166
万历十三年十月	1	王锡爵	卷167
万历十四年正月	1	郑雒	卷170
万历十四年二月	3	郑雒、李弘道、张佳胤	卷171
万历十四年三月	1	傅希挚	卷172
万历十四年七月	2	杨巍、杨兆	卷176
万历十四年十月	1	海瑞	卷179
万历十四年十二月	7	张佳胤(3次)、郑雒(2次)、周子义、郜光先	卷181
万历十五年九月	2	王锡爵(2次)	卷190
万历十六年正月	1	杨巍	卷194
万历十六年二月	2	姜宝、郑雒	卷195

续表

时间	次数	“乞罢”人次	卷次
万历十六年八月	1	孙世忠	卷 202
万历十七年正月	1	申时行、王锡爵、李鸿	卷 207
万历十七年二月	1	孔兼	卷 208
万历十七年三月	1	张位（允之）	卷 209
万历十七年四月	1	黄克念（允之）	卷 210
万历十七年七月	2	吴时来、王锡爵	卷 213
万历十七年八月	1	许国	卷 214
万历十八年七月	1	詹仰庇	卷 225
万历十八年八月	1	王一鹗	卷 226
万历十八年九月	4	申时许、许国（3 次）	卷 227
万历十八年十月	1	王一鹗	卷 228
万历十八年十一月	1	宋纁	卷 229
万历十九年二月	1	徐元器	卷 232
万历十九年三月	2	申时行（2 次）	卷 233
万历十九年四月	1	王之栋、朱孟震	卷 234
万历十九年五月	1	盛万年	卷 236
万历十九年九月	1	申时行	卷 240
万历十九年十一月	4	沈铗、秦燿、孙守廉、宋仕、宋应昌、徐文璧、胡泽（7 人次）	卷 242
万历二十年正月	2	王家屏、韩世能	卷 244
万历二十年四月	1	曾同亨	卷 247
万历二十年八月	1	石星	卷 251
万历二十年九月	2	赵志皋（2 次）	卷 252
万历二十一年三月	1	王锡爵	卷 258
万历二十一年十二月	1	王锡爵	卷 268

续表

时间	次数	"乞罢"人次	卷次
万历二十二年正月	1	孙丕扬	卷 269
万历二十二年五月	1	陈有年	卷 273
万历二十二年六月	1	赵志皋	卷 274
万历二十二年八月	1	赵参鲁	卷 276
万历二十二年九月	1	石星	卷 277
万历二十三年三月	1	吴文华(允之)	卷 283
万历二十三年五月	2	沈思孝	卷 285
万历二十三年六月	1	杨一魁	卷 286
万历二十三年九月	1	沈思孝	卷 289
万历二十三年十一月	1	江东之	卷 291
万历二十四年三月	2	赵志皋(2 次)、张位、陈于陛、沈一贯	卷 295
万历二十四年四月	1	孙丕扬	卷 296
万历二十四年五月	1	赵志皋、陈于陛、沈一贯	卷 297
万历二十四年八月	3	赵志皋、蔡国珍、张位、	卷 300
万历二十四年十一月	1	赵参鲁	卷 303
万历二十五年二月	1	赵志皋	卷 307
万历二十五年四月	1	赵志皋	卷 309

续表

时间	次数	“乞罢”人次	卷次
万历二十五年八月	1	李春先	卷313
万历二十五年九月	1	李春先	卷314
万历二十六年二月	2	谭希思、赵志皋	卷319
万历二十六年三月	1	张位	卷320
万历二十六年六月	1	赵志皋	卷323
万历二十六年九月	2	沈一贯(2次)	卷326
万历二十七年正月	5	李戴、温纯、赵志皋、郭惟贤、陈荐、沈一贯、魏允贞(至此已10次)	卷330
万历二十七年二月	16	赵志皋(2次)、杨俊民、杨一魁、萧大亨、余继登、赵世卿、张养蒙(2次)、朱国祚、王世扬、董裕、姚继可、陈蕖、范仑、刘四科、郑国士、孙炜、方从哲、万自约、李颐、赵可怀、许孚远、田乐、李汶、邢玠、梅国祯、王弘诲、张孟男、赵焕、李廷机、王基、杨时乔、沈应文、游应乾、熊惟学、郑继之、陈洙、谢杰、郭正域(40人次)	卷331
万历二十七年三月	3	王弘诲、赵志皋(2次)	卷332
万历二十七年四月	4	杨俊民、郝杰、王弘诲、刘元震	卷333
万历二十七年六月	1	冯琦	卷335
万历二十七年闰四月	1	赵志皋、杨俊民	卷334
万历二十七年八月	1	刘四科、南企仲	卷337
万历二十七年十一月	1	赵志皋	卷341
万历二十八年正月	1	邢玠	卷343
万历二十八年二月	6	赵志皋(3次)、邢玠、沈一贯、王象乾、支可大(5人次)	卷344

续表

时间	次数	"乞罢"人次	卷次
万历二十八年三月	1	赵志皋(允之,至此已36次)	卷345
万历二十八年四月	1	邢玠	卷346
万历二十八年六月	1	刘东星	卷348
万历二十八年七月	2	孟麟(允之)、郝杰	卷349
万历二十八年九月	1	沈一贯	卷351
万历二十八年十一月	1	张孟男	卷353
万历三十年闰二月	1	田乐	卷369
万历三十年四月	2	黄克缵、朱国祚	卷371
万历三十一年正月	1	王世扬	卷380
万历三十一年二月	4	裴应章、曹于汴(允之)、姚继可、曾朝节(5人次)	卷381
万历三十一年三月	1	赵参鲁	卷382
万历三十一年四月	3	沈一贯、汪应蛟(允之)、曾同亨	卷383
万历三十一年五月	2	沈鲤、曾朝节	卷384
万历三十一年七月	2	曾朝节、张孟男	卷386
万历三十一年八月	1	周应宾	卷387
万历三十一年九月	2	沈一贯、沈鲤	卷388
万历三十一年十月	8	沈一贯、沈鲤、曾同亨、李戴、李廷机、郭正域(允之)、曾朝节、李汶(8人次)	卷389
万历三十一年十二月	2	孙玮、沈鲤	卷391

续表

时间	次数	"乞罢"人次	卷次
万历三十二年正月	1	孙玮	卷392
万历三十二年四月	1	沈一贯	卷395
万历三十二年十二月	1	温纯、杨时乔	卷404
万历三十三年正月	4	杨时乔、史詹沂、赵士登、沈一贯、沈鲤、朱赓、温纯(7人次)	卷405
万历三十三年二月	7	萧大亨、赵世卿(户部尚书)、赵世卿(工部尚书)、周应宾、游应乾、李廷机、唐文献、董谷通、沈子木、郑继之、王守素、许弘纲、王明、杨道宾、黄汝良、萧云举、曾同亨、张孟男、王基、范仑、赵参鲁、叶向高、臧唯一、耿定力、赵钦阳、张鸣冈、林烴、李尧民、刘曰宁、杨芳、陈用宾、沈应文、孙鑛、曹时聘、李成梁、李汶(36人次)	卷406
万历三十三年三月	2	萧大亨、董谷、刘宗周	卷407
万历三十三年四月	4	赵钦阳、张孟男、马鸣銮、张悌、徐学聚、李景元、李三才、周孔教、侯代、尹应元、徐大任(11人次)	卷408
万历三十三年六月	3	沈一贯(2次)、沈鲤	卷410
万历三十三年七月	6	沈一贯、萧大亨、庞时雍、陈子贞、何倬、涂宗濬、桂有根、张问达、朱敬循、项应祥、倪斯蕙、马大儒、赵标、连标、王立贤、黄纪贤、申用懋、许乐善、李思孝、袁九臯、周盘、乔璧星、杨光训、张栋、李茂材、马继文、刘日升、杨应文、徐申、丁宾、李汶、沈鲤(32人次)	卷411
万历三十三年八月	1	沈鲤、李承勋	卷412
万历三十三年九月	1	沈鲤	卷413
万历三十三年十二月	4	张惟贤、常胤绪、郭大诚、陈应诏、徐文炜、朱应槐、陈良弼、王之桢、李成梁(2次)、李汶、杨时宁(12人次)	卷416
万历三十四年正月	1	沈一贯	卷417
万历三十四年二月	2	陈宗契、赵彦鲁	卷418

续表

时间	次数	“乞罢”人次	卷次
万历三十四年七月	1	沈子木、蹇达、冯瑗	卷 423
万历三十五年二月	2	李汶、周如砥（允之）	卷 430
万历三十六年六月	1	徐三畏	卷 447
万历三十六年七月	1	萧大亨	卷 448
万历三十六年九月	1	刘四科	卷 450
万历三十六年十月	3	沈应文、詹沂、赵世卿	卷 451
万历三十六年十一月	1	赵世卿	卷 452
万历三十七年正月	2	赵钦汤、裴应章（允之）	卷 454
万历三十七年三月	1	林尧俞	卷 456
万历三十七年四月	1	康丕扬（允之）	卷 457
万历三十七年五月	1	卫承芳	卷 458
万历三十七年八月	1	李汝华	卷 461
万历三十七年九月	1	孙鑛（允之）	卷 462
万历三十八年正月	1	沈应文	卷 466
万历三十八年三月	1	沈演（允之）	卷 468
万历三十八年五月	1	张文奇（允之）	卷 471
万历三十八年六月	2	李桢、李康先（允之）	卷 472

续表

时间	次数	“乞罢”人次	卷次
万历三十八年七月	1	黄克缵	卷473
万历三十八年八月	2	黄纪贤、骆从宇(允之)	卷474
万历三十九年正月	3	孙丕扬(至此已13次)、李化龙、孙玮、萧云举、王图、翁正春、李汝华、刘元霖、许弘纲、张养志、傅新德(11人次)	卷479
万历三十九年四月	2	王象乾、柯维蓁(允之)	卷482
万历三十九年五月	1	丁宾	卷483
万历三十九年六月	2	叶向高、郑继之	卷484
万历四十年三月	1	王象乾	卷493
万历四十年十一月	1	赵焕	卷501
万历四十一年四月	2	薛三才、王图(允之)	卷507
万历四十一年五月	1	刘元霖(至此已15次)	卷508
万历四十一年六月	1	孙玮(至此已10次)	卷509
万历四十一年九月	1	赵焕	卷512
万历四十一年十一月	1	叶向高(允之)	卷514
万历四十三年七月	1	王佐	卷534
万历四十三年八月	3	张鸣冈、李炳、吴默	卷535
万历四十三年十二月	1	沐昌祚	卷540
万历四十四年六月	1	周嘉谟、吴道南	卷546

续表

时间	次数	"乞罢"人次	卷次
万历四十四年十月	1	方从哲	卷 550
万历四十五年正月	1	吴道南	卷 553
万历四十五年四月	4	葛锡蕃、魏养蒙、梁祖龄、林梓(4 人皆允之)	卷 556
万历四十五年七月	1	方从哲	卷 559
万历四十六年九月	2	沈应文、宋仕礼、孙如游	卷 574
万历四十七年二月	1	李鋕	卷 579
万历四十七年八月	1	陈禹谟	卷 585
万历四十七年十月	1	何宗彦	卷 587
万历四十七年十一月	3	包见捷、刘曰梧、方从哲	卷 588

不仅如此,万历时乞罢的官员多为内阁学士、各部尚书、都御史等朝廷大员;某些月份,乞罢的官员多达数十人。此期官员之所以乞罢成风,原因大体有二:内因,一般为年老疾病、不谐于时、忧谗畏讥、高蹈远引、以退为进等;外因,一般为遭人论劾、考察"不称"、行政不力、党争冲突、受人排陷等,但其中"以考察自陈乞罢"者占居多数(盖与党争有关)。[215]与此相联系,神宗"不允"官员乞罢的理由也不尽相同,大体有"政务未竟"、"任职未满"、"边防事重"、"罪责可免"、"以饬风纪"、"国家多事之秋,正赖匡襄赞理"等,但久任官员"以责其成"、"任用老成,共图政理"[216]则是贯穿其中的主要缘由。[217]正因如此,才会出现了张四维等 5 疏不允,汪镗等 7 疏不允,张居正等 8 疏不允,魏允贞等 10 疏不允,孙丕扬 13 疏不允,刘元霖 15 疏不允,赵志皋 35 疏不允的历史画面。凡此,都使万历年间一些官员实现久任成为可能,同时也表明此期久任法在制度层面上已臻至成熟。

3. 严格久任奖励制度。万历年间的奖励方式与前朝并无二致,仍以加衔、增秩、超擢三途为主。如七年(1579 年)六月,兵部以参政李松实心任事,特"纪录叙用,或久任加衔,以示激劝"[218]。八年(1580 年)三年,规定:凡治河诸臣,"遇三六年考满者,宜加衔管事,俟资俸最久,绩効最著,破格超擢"。[219]次年七月,又令武臣:"即有年久者,宁加俸加衔,不可轻易更动。"[220]总体上,此期加衔久任事例以边将武官为多,一度出现了"加衔游击"、"加衔副总兵"等官名。就超擢而言,六年(1578 年)三月规定:"凡铨擢常使内外均停,而久任、超迁之法仍并行而不悖。"[221]十五年(1587 年)五月重申:"如果称职久任、超迁,务使有司有所观法,以振起吏治。"[222]可见,久任有功则破格优擢,已成为此时久任法的一个显著特征。

4. 调整官员选任标准。洪武时,官员选任方式多样(以征荐为主[223]),标准也不尽相同,仅以征荐标准而言,就有贤良方正、孝弟力田、聪明正直、博学、老成、明经、词章、才干、孝廉诸类。永、宣以后,随着科举地位的凸显,官员选任渐循资格;至弘、正后,"资格始拘"[224],进士出身成为通向高官要职的必要条件;嘉靖时,进一步形成铨选"独重进士"的局面。[225]其间,尽管世宗"屡敕所司,随才任用,不拘资格"[226],但积重难返,"进士偏重,举人甚轻"[227],"岁贡禁方面之升,田野绝举保之路"[228]的情景依然如故。万历时,为了选任贤能,责任久任,进而克服"人尚浮词,不修实行"[229]之弊,张居正建议朝廷:"以后用人,当视其功能,不必问其资格。"[230]循此,明廷对官员的选任标准进行了调整,规定:"大小官员升迁,及行取选用,只视其职业修否,以为殿最,不得复以资格为限。"[231]

(三)明末久任法的废弛

张居正死后,考成法遭致废弃,这使久任法失去了一个重要的制度保障;同时,如火如荼的"清张"运动,引发了更为复杂、持久且影响深远的朋党之争。这些党争虽然是各派各党出于自身利益,围绕"国本"、癸巳(1593 年)京察、楚宗案、妖书案、辛亥(1611 年)京察、丁巳(1617 年)京察、"三案"等事件而展开的,但其结果,却导致了朝政的混乱和人事的变动。如在癸巳京察中,考功郎中赵南星等不徇私情,将"一时公论所不予者,贬黜殆尽"[232];赵南星被贬后,凡救之者,又遭罢免,一时间"善类几空"[233]。在丁巳京察中,以汤宾尹为首的宣、昆诸党联手将"与党人异趣者,贬黜殆尽"[234]。在此情况下,纵然朝廷力行久任之法,但在复杂多变的环境中,万历官员的任期总体不算稳定,任期时限也较为短促。以内阁首辅为例,万历一朝,先后任宰辅者凡 21 位,其中首辅 11 位。据《明史》各传及"宰辅表"所载为:

表 2 万历年间首辅任期简表

首辅姓名	任职时间	去职时间	任职期限
张居正	隆庆六年（1572 年）六月进	万历十年（1582 年）六月卒	10 年
张四维	万历十年（1582 年）六月进	十一年（1583 年）四月丁忧	11 月
申时行	十一年（1583 年）四月进	十九年（1591 年）九月致仕	8 年 5 月
王家屏	十九年（1591 年）九月进	二十年（1592 年）三月致仕	6 月
王锡爵	二十一年（1593 年）正月进	二十二年（1594 年）五月致仕	1 年 4 月
赵志皋	二十二年（1594 年）五月进	二十九年（1601 年）九月卒	7 年 4 月
沈一贯	二十九年（1601 年）九月进	三十四年（1606 年）七月致仕	4 年 10 月
朱　赓	三十四年（1606 年）七月进	三十六年（1608 年）十一月卒	2 年 4 月
李廷机	三十六年（1608 年）十一月进	四十年（1612 年）九月致仕	3 年 10 月
叶向高	四十年（1612 年）九月进	四十二年（1614 年）八月致仕	1 年 11 月
方从哲	四十二年（1614 年）八月进	泰昌元年（1620 年）十二月致仕	6 年 4 月

由表可见，除了张居正任首辅 10 年，申时行、赵志皋、方从哲任首辅 6 年以上外，其他 7 人均不过 4 年，其中不到 1 年有 3 人。首辅尚且如此，以下官员更替之频繁可以想见。对此，清人陈鼎所言甚明，其谓：

万历初年，张江陵当国，慎择本兵，妙选户部。当时户、兵二部，皆老成久任，而九边文武大帅，居正莫不尝试哜啜其材，知之审矣。自居正死，而阁臣之局屡变，户、兵二部因之，边帅又因之。○始之，阁臣一变而为谨愿，盖避前人揽权之名，而席其强盛之实，虽拱手无为，天下未至骤裂。其时户、兵二部，多阁臣之所厚，号膴仕显官，以体统轧边帅，而边帅亦尊富自将，置武备不甚讲，是坏之基也。○继之，阁臣再变而为险伪，快意恩雠，主张朋党，户、兵二部多其私人，以喜怒御边帅，而边帅救过不暇，嗜进无已，阘茸可以为贤，覆败可以为功,是坏之成也。〇继之,阁臣三变,而为贪墨金币惟恐不多,恩荫惟恐不广,交结惟恐不固,以向背为朋党,以利害为恩怨。其时户、兵二部,特阁臣之外府耳,以缓急难边帅,无事则以为豁壑,有事则以为牺牲,甚至归骑饱飏,边臣糜烂;而内阁方以庙算论功,晋官受赏,以至封疆危殆,言路喧呶,大农中枢视履官如传舍,谁秉国钧不自为正,大坏至此。一时所为督抚者,直往而承罪耳,岂不痛哉?自万历癸未(十一年)以后,崇祯甲申(十七年)以前,其履霜坚冰,沦胥及溺之状,真万世规鉴也![235]

在此,陈氏反思了万历一朝阁臣、户兵二部、边帅屡变之情形,指出:万历初,阁臣及户兵二部、边帅大多能"老成久任";张居正死,诸臣"屡变",而每一次变化都起自阁臣,阁臣变则户、兵及边帅因之而变。在其看来,从张居正死到明亡以前,阁臣屡变不仅引发了官员速迁之势,造成了诸臣"视履官如传舍"的局面,而且加剧了朋党之争,导致了边臣糜烂,封疆危殆乃至天下骤裂。[236]

至天启中,魏忠贤乱政,"一时诛斥殆尽,籍其名颁示天下"[237]。崇祯即位后,铲除魏党,励精图治,推行久任之法,并视其为挽救明王朝的希望,"今欲救民水火,可不慎择而久任乎"[238]。崇祯元年(1628年)四月,诏"复外吏久任及举保连坐之法"[239]。二年(1629年)初,又根据顺天府尹刘宗周"请饬定制行久任之法"[240]的建议,下令"久任等法立赐施行,永著为令"[241]。然而,在明季乱亡之际,久任法的作用很难得到充分发挥,"天下皆言久任之利,而未有行者,盖其势有所不能也"[242],"天下之士争以为言,而法卒不可复"[243]。以吏部尚书为例,据《明史·七卿年表》所载:天、崇二朝共24年,历任吏部尚书20位,大约每年更换一位,其中任期不到一年者有:天启朝,李宗延五年七月任,十二月免;王绍徽五年十二月任,次年六月闲住。崇祯朝,商周祚十一年五月任,十一月削职;傅永淳十三年五月任,九月免。其他诸部也不例外,如户部尚书,天、崇二朝共有14位;礼部尚书共有17位;兵部尚书共有24位;刑部尚书共有22位,工部尚书共有21位。可见,除户、礼外,其他诸部尚书大体一年更替一位,较之以往,无论次数还是频率,皆呈增长之势。不仅如此,就连先前坚持久任的边臣,此时亦难以久任,出现了"蓟督半载更五人"[244]的情景。缘此,朝野上下呼吁朝廷践行久任之法,"慎选良吏,持之以久任之法"[245],"罢减俸行取之例,行久任之法"[246]。

总之,万历以降,久任法经历了一个由盛而衰的转变过程。其间,统治者不仅没有废除久任法,反而一再加以强调,力争加以推行;但深受时势之影响,官员速迁之势愈演愈烈,久任法随之而衰,最终近于"名""实"俱亡。这一发展态势表明:与其他任何制度一样,久任法的贯彻执行,不仅需要有力的权力保证、有效的制度保障和广泛的社会基础，更需要稳定的社会秩序和协调的政治秩序；否则，久任法就会走向废弛，甚而因其纰漏和缺陷的日渐凸显，成为阻碍社会发展的负面力量。

四

明代久任法从滥觞到发展，从成熟到废弛，经历了一个复杂多变的演进过程。总体来看，明代肯定久任法的声音是主要的，但这并不能掩盖如斯事实：久任法不过是迁转法的衍生物，它可以在某些时候或某些方面发挥自身作用，但它不可能成为官员任期的主要方式，更无法取代迁转之法。正因如此，万历初在复行久任之法时，即引起强烈反响，“久任之法方行，言者纷纷”[247]。如二年（1574 年）六月，给事中李邦佐就认为官员久任不可囿于成法，而应灵活处理，凡“贤能卓异者”，“仍留地方久任”；相反，“其才力不堪者”，则“速行论调”。[248]次月，给事中郝维乔也认为官员是否应该久任，不可一概而论，“方面堪京堂，有司堪行取，自应久任”，但让那些“不宜久任者参其间”，反而会“妨贤俊之路”，故官员久任，“似皆不可一律论”[249]。可见，明代久任法无论是否得到贯彻落实，除了与时势有关外，也与其固有的价值密不可分。出乎此，以下从正反两个方面，对明代久任法的作用及不足予以辩证分析。

久任法之所以在明代传衍不绝，首先取决于其独到而重要的积极作用，一如时人所言：“官不久任，虽欲言治，皆苟而已，百弊皆生于不久任，百利皆生于久任，非可以言说尽也。”[250]概言之，这些作用主要表现在：

1. 有利于官员践行笃实，不尚浮华。久任法旨在“督课责成”，“非欲姑容不肖也”[251]；而要实现“责成”，就需要官员践行笃实之风，安心效职，有所作为。惟其如此，对国家，才会不悖久任之主旨，对个人，才会有荣升之可能，所谓“任久则民信，民信则政治，政治则职举矣”[252]，“称职必与久任，久任必与优擢”[253]。对此，明初宋讷在谈及官员久任时，举战国子产在郑国的例子说：“昔子产之相郑也，一年而民谤，三年而民诵。岂三年之子产，非一年之子产欤？亦以渐久而民自化也。”[254]暗示了官员久任的意义之所在。明中叶，巡抚周忱久任江南，“与吏民相习若家人父子。每行村落，屏去驺从，与农夫馌妇相对，从容问所疾苦，为之商略处置”[255]，用实际行动诠释了官员久任则百姓受惠的真正内涵。缘此，周氏被后世视为久任官员的典范和亲民官员的楷模，“江南之民至今思慕不忘者，惟知一周忱而已”[256]。明后期，李廷相以亲身经历，感言：“久任乃官人之法，吾在史馆十八年，始得展书。"[257]可见,官员久任有利于培养其务实作风,也有利于政务的持续推行,"官安于久任,而事举于专理"[258]。反之,若迁徙太遽,不仅"贤者不获展其才",而且"不肖者得以逭其责",难免造成"上下无狃习之美,前后有相嫁之心"[259]的局面。

2. 有利于官员深思远图,淡化近利。如果官员迁调不常,任期过短,往往只顾眼前利益、近期政绩,而不做长远打算,谈何了解一方民情?办妥一件实事?所以崇尚虚文,计日待迁,不以民事为急,成为许多速迁官员的基本态度,此足以破坏吏治风气,"盖任不久则泽不流"[260];"数易长吏,则吏皆循资计日,以冀迁改,曾无终岁之计;而继之者又好为纷更,令方行而遽寝,政未成而中罢,弊亦甚矣。"[261]相反,仁明慈惠的官员若能久任,多会深思远图,竭尽才猷,如此则"久远之功可就"[262],"任之愈久而民愈蒙利"[263]。明代官员久任者颇不乏人,若不是任职时间较长,其才干与政绩就难以表现出来。

3. 有利于官员谙练政务,精于本业。明人云:"通达政事,然后可以治人。"[264]但要实现这一目标,一个重要前提就是官员要久任,"盖历久则民情愈谙,施久则民情愈驯,此古之政治,所以功不劳而实惠流也"[265]。如董方,官至刑部尚书,因其"久任刑官",故明习律令,"能记累朝条例",每每堂审时,属官口诵狱辞一过,他即能了其颠末,立为剖决,人服其才。[266]宣德中,宣宗以许廓"久任于朝,谙练政务",特擢为兵部尚书;而对于那些"不达政体,不谙文移"的官员,却"悉送吏部降黜"。[267]如前述蹇义、夏原吉久任吏部尚书,明史馆臣曾评价二人"实能通达政体,谙练章程,称股肱之任"。[268]同时,官员通过久任还可以明察政务之弊,以便于抑邪扶正,防微杜渐,一如按察使李承勋所言:"臣久任东南,目睹诸弊,日甚一日而不能救,不敢不为陛下陈之。"[269]

4. 有利于官员克制私欲,缓解民困。官员任期短促,往往"图塞目前"[270],尸位素餐者甚众,只要任期一到,就会调任他处,将一副烂摊子丢给下任官员;而"继之者又好为纷更,令方行而遽寝,政未成而中罢……送故已去而迎新未来,其代署者肆为侵牟,狼贪虎苛,不餍不止"[271]。这种风气愈演愈烈,最终导致整个官僚体系的败坏。在明代,由于官俸较低,一些短期任职的官员时常不能自律,贪污不检的行为或有发生。这一点,时人深有体会:"新旧频更,迎送烦数,时日旷远,靡弊不赀,而当官者亦皆自比传舍,阳浮度日,始无鞠躬尽瘁之心,而继有转顾他方之望,奔竞之风所由以长,生民蠹害莫此为甚。"[272]相反,若官员久任,则多少可以避免这种情况的发生和泛滥,"有久任责成之道,贪酷者无苟延岁月之弊,庶几民生安而治道成"[273]。

5. 有利于官员上下相安,心系大局。若官员频繁调动,就不会被其属下尊重,上下难以相安,"后先异时也,人己异见也,功罪难执也"[274];而若官员久任其职,其属下及民众知其将长期任职,便不敢欺罔上司,自然就会服从命令,接受领导。同时,官员久任,只要做到安分守己,心系大局,而"不规规于避难,不吸吸于求进"[275],就会与僚属"肝膈相示"[276],有所作为,上不悖国家久任之大旨,下不负黎民之期许。因此在明人看来,推行久任法,实为"省事息民一要计"。[277]从这个意义上说,明代一些官员之所以能够或者愿意做到久任,不惟是一种制度体系下的责任和义务,更是一种出乎修齐治平的价值追求。正因如此,南京兵部尚书薛远才会不无自信地说:"户部多积弊,使吾久于任一厘正之,国可富,边可实,民可安也。"[278]温州知府卫承芳才会甘愿"操心制行,诚心直道",并在考满之后,乞求"留任供职"。[279]

当然,明代官员久任法在实施过程中也产生诸多问题,举其要者有:

1. 如何凸显久任官员的政绩。所谓"久任",即官员在任期间,其职位、职掌不变。在此情况下,如何使官员的努力和贡献得到彰显,对其本人有激励、有回报,对他人有刺激、有呼唤。于此,虽然明代先后推出了"玺书褒奖"、"增秩加衔"、"赐金增俸"等激励体系和补偿措施。但总体来看,这些措施相对按例晋升而言,其诱惑力是有限的,并不能成为官员安心久任的重要砝码。所以在某些时候,官员久任实际成为一种高风亮节的表现,而久任法则成为一种长期被人推扬而又不被追求的尴尬制度。如前述陈敬宗任祭酒近20年,"士大夫益高其风节"[280]。胡直身体力行,主动要求久任,自认为如此则可以"使久任之法得由某以行",并"少裨圣化"[281]。这些事例,多少表明久任法实际是很难被多数官员所接受的。

2. 如何避免久任官员的惰习。明代推行久任法的一个重要目的就是要遏制官场论资排辈、苟且滥升之习,从而提高行政效率,维持官僚体系的稳定。但在推行久任法时,如果忽略了对考核、监督等配套制度的强化,忽略了官员的个人条件和整体素质,久任的官员同样会因为失去制度规约而萌生安于现状,不求进取,苟且偷安之习。所以,推行久任法既要充分考虑到政务之所需,也要兼顾配套制度的建设和完善;既要确保贤能卓异之官有机会脱颖而出,又要通过有效途径和相关机制及早发现并淘汰平庸之辈。惟其如此,久任法方可扬长避短,最大程度地发挥自身的应有作用。

3. 如何避免久任官员形成集团。官员长驻一地,久而久之,就会形成各种关系网络;而官员久任一旦作为一种制度被推广实施,则难免会在关系网络的基础上,进一步形成诸多国家权力以外的利益集团。这些利益集团既有官官结成的集团,也有官民(更多的是地方士绅)结成的集团。客观地说,这些以某些利益为纽带而结成的利益集团，其所带来的负面影响是主要的，尤其是官官利益集团，因其交织在人际和权力的双重网络中，盘根错节，利益相通而官官相护，从而使监察、考核等制度在执行过程中往往流于形式。官场的制衡机制一旦受损，后果极为严重，如明代后期的朋党之争和吏治腐败，虽然不能说是由久任法造成的，但在某些时候，官员久任的确可以造成影响一时的利益集团，诸如严嵩集团、张居正集团、魏忠贤集团等即是如此。

4. 如何避免久任官员势力坐大。官员久任不仅可以形成利益集团，且可以使这些官员及其所属集团的势力继续坐大，成为国家权力以外的权力。这种权力始终是以国家权力为基础的，更多的时候，它与国家权力的价值体系保持一致，但它绝非国家权力的真实体现，甚至在某些时候，这种权力会赫然站在国家权力的对立面，成为削弱、剥夺乃至取代国家权力的敌对力量。在明代，基于利益集团而形成的权力集团并不少见，但由于空前强化的权力机制从一开始就阻止了这些权力集团发展壮大的可能性，所以明代没有出现飞扬跋扈的权力集团和持续不绝的割据势力。也正因如此，明朝才敢于打破“武将不可久任”的传统观念，转而让握有重兵的将领久任边疆。但话说回来，明朝统治者也绝不会对久任官员置之不顾，毕竟历史上官员利用久任而势力坐大的事实不在少数，这就是为什么明朝会出现巡按、巡抚、监军等前所少有的监察官员。

5. 如何避免久任官员仕途淹滞。官员久任固然可以“责成功”、“见成效”，但若久任官员数量过多，实行的领域过广，就会延缓官僚队伍的流动速度，进而造成官场的沉寂和仕途的淹滞。所以，如何把握好久任法的推行力度和广度，是有效发挥其作用的重要前提。在此方面，明朝的做法既有值得借鉴的宝贵经验，又有可以汲取的深刻教训。前者如：采取补缺、推升、超擢等途径来加快官员的流动速度，同时借助考核、监察等制度来规范久任法的实施程序，一定程度上廓清了久任官员迁转晋升的道路。后者如：过分固守了考满在官员考核制度中的作用，过分强调了资格在官员铨选中的地位，使得“众官有迁转之望，而独株守一方势”[282]。

结　语

毋庸置疑，久任法是明朝政治制度的重要组成部分，它的形成、发展和运作都是以维护朱明王朝的政治统治为根本前提的。然而，由于久任法不光具有独到的积极价值，还有难以克服的诸多缺陷。所以明代统治者在推行久任法时，始终着眼于两个问题：一是久任法的管理；一是久任法的实现。前者涉及久任法的制度性规定和与之相联系的配套制度的运作；后者则涉及久任法的运行规则、实现方式和社会功能等。

在久任法的管理上，明廷大体采取了两种措施：一是利用制度层面的规范，诸如官员考核、监察、铨选、致仕等制度，这是维系久任之法正常运作的硬性保障；一是利用道德层面的规范，即对久任法践行者——官员进行伦理说教和道德规约，以期通过官员良好的道德水准来弥补久任法的不足，这是维系久任法正常运作的软性保障。应该说，这些管理措施具有较强的针对性和可操作性。但历史表明：明代久任法在运作过程中，受诸多因素的影响，配套制度的合力作用并不能有效维系久任法的正常运作，官员的道德水准更不会因为官方的伦理说教和久任法的现实需要而有所提高。可以说，在明代只有近乎完备的久任法，只有时兴时废的久任法，而没有持续兴盛的久任法。

在久任法的实现上，与其他任何制度或法规一样，它的实现同样取决于现实社会的允许程度和国家权力的支持力度。客观地说，自明太祖确立官员久任之例后，作为祖宗之法，久任法不仅从来没有被以官方名义废除过，而且一直得到了君臣官绅的倡导、支持和维护，即使在明亡之际也不例外。但是，久任法的存在并不意味着其功能就可以得以实现，明代历史表明：一旦久任之法丧失实现自身价值的两个条件——现实社会的允许和国家权力的支持，其作用就会大打折扣，久任法在明代后期的历史命运便是明证。

总之，在任何历史时期，官员久任法只能是官员迁转制的有益补充，它只能根据需要在某些职位或者地方进行合理、有限地推行，如此才可以真正体现自身的优长，发挥自身的价值；反之，如果在各种条件不具备、不成熟的条件下，过度的夸大久任法的社会功能和制度作用，并加以盲目实行和推广，其缺陷便会逐渐暴露出来，从而扰乱官僚体系，导致一系列社会问题，最终成为阻碍社会发展进步的负面力量。

（原刊于《清华大学学报》（哲学社会科学版）2013 年第 2 期）

注　释

1　孙承泽《春明梦余录》卷 34《久任》，北京古籍出版社，1992 年，第 545 页。

2　宋讷《西隐集》卷 6《送知县金子肃朝京序》，《全元文》第 50 册，凤凰出版集团，2001 年，第 42 页。

3　司马光《资治通鉴》卷 216《唐纪》三十二“天宝六载十二月己巳”条，中华书局，1956 年，第 6889 页。

4 如宋代,《中兴小纪》卷14载,绍兴三年(1133年),高宗曰:"守臣固当久任。……今内外计臣,傥能称职,就加秩以宠之,不须数易。"卷37载,绍兴二十六年(1156年)六月,中丞汤鹏举"乞久任守令",左正言何溥"请久任郡守"。李焘《续资治通鉴长编》所载更详,如卷73载,真宗时,令"知节久任变防,以为御戎之策"。卷149载,仁宗庆历四年(1044年)五月,令"边臣久任,不限岁年"。卷150载,六月:"选长吏并使久于其任。"卷156载,庆历五年(1045年)闰五月,仁宗曾"废沿边久任之制",但不久即予恢复。卷205载,英宗治平二年(1065年)五月,诏"自今三司久任,判官不得别举职任"。卷239载,神宗熙宁五年(1072年)十月,"自今诸路监司并令久任"。卷254,熙宁七年(1074)六月,"诸路转运使得人,更令久任。"同月,令"知州转运使令久任"。卷293载,神宗元丰元年(1078年)十月,"令提举官称职者久任"。卷406载,哲宗元祐二年(1087年)十月,诏:"吏部、户部、刑部三部郎官任满,委本曹尚书、侍郎,保明治状,显著可久任者。"另,《宋名臣奏议》卷73载有文彦博《上哲宗乞中外官久任》、上官均《上哲宗乞讲求内外久任之法》、王觌《上哲宗乞监司久任》等文。可见,宋代官员久任之例已较为普遍。但宋代官员久任一直保持在满岁一考、三考一任的制度框架内,较之明代九年考满之制,久任的时间较短。

5 袁袠《世纬》卷下《久任》,《文渊阁四库全书》本,第717册,第18页。

6 美国学者 James B. Parsons 先生曾对明代官员任期状况做过考究,指出:洪武至永乐初,官员任期相对较长;永乐初至景泰,官员的任期相对缩短,更新速度加快;景泰至明末,官员任期的稳定性再次削弱。参见 James B. Parsons, The Ming Dynasty Bureaucracy: Aspects of Background Forces, edited by Charles O. Huncker, Chinese Government in Ming Times, Columbia University Press, 1969。郭培贵先生在《明史选举志考论》中,围绕《明史·选举志》所载"凡升迁,必考满"一语,扼要分析了弘、正前后官员久任的转变及其原因。(中华书局,2007年,第314—317页)。黄阿明先生《明代户部尚书任职情况分析》(《史林》2006年第4期)一文在论述明代户部尚书任职情况时,分析了户部尚书的任期问题。

7 如《明史·列卿年表》载,洪武三十一年间,出任户部尚书者达44人,变动甚为频繁。

8 宋讷《西隐集》卷6《送知县金子肃朝京序》,第38页。

9 《明史》卷71《选举志三》,中华书局,1974年,第1721页。其间,洪武二年(1369年)九月,诏"府、州、县正官,三年一考课于吏部,核其贤否而黜陟之。佐贰及首领官在任三年,所司具其政迹,申达省吏部"(《明太祖实录》卷45"洪武二年九月癸卯"条,台北中研院史语所,1962年影印本,第882页);至九年(1376年)十二月,始"命中书吏部,自今诸司正、佐、首领、杂职官,俱以九年为满。每三年具录行事之实,朝京以考绩焉"(《明太祖实录》卷110"洪武九年十二月己未"条,第1830—1831页);二十六年(1393年),又对相关通行条例进行了系统规范,至此明代考满制度最终确定。(详见万历《明会典》卷12《吏部·考核》、卷209《督察院·考核百司》,中华书局,1989年影印本,第1页)

10 《明史》卷71《选举志三》,第1716页。

11 袁袠《世纬》卷下《久任》,第16页。

12 王世贞《弇山堂别集》卷4《文臣久任》,中华书局,1985年,第75页。

13 《明太祖实录》卷205"洪武二十三年壬戌"条,第3061页。

14 王世贞《弇山堂别集》卷4《文臣久任》,第75页。

15 《明太祖实录》卷62"洪武四年三月癸卯"条,第1198页。

16 尹守衡《明史窃》卷102《久任吏》,《续修四库全书》本,第599页。

17 尹守衡《明史窃》卷102《久任吏》,第597页。

18 林弼《林登州集》卷10《送蔡孔昭再令上饶序》,《文渊阁四库全书》本第1227册,第86页。

19 宋濂《宋濂全集》卷8《送魏知府起潜复任东昌序》,浙江古籍出版社,1999年,第803页。

20 尹守衡《明史窃》卷102《久任吏》,第597页。

21 吴伯宗《荣进集》卷4《送长山徐县丞序》,《文渊阁四库全书》本,第1233册,第262页。

22 高启《凫藻集》卷2《送樊参议赴江西参政序》,《四部丛刊初编》本,第18页。

23 郑真《荥阳外史集》卷23《送平凉府判官徐公复任序》,《文渊阁四库全书》本,第1234册,第97页。

24 宋濂《宋濂全集》卷8《送魏知府起潜复任东昌序》,第804页。

25 孙承泽《春明梦余录》卷34《考课》,第558页。

26 《明穆宗实录》卷16"隆庆二年正月戊午"条,第430页。

27 王世贞《弇山堂别集》卷4《勋臣久任》,第73页。

28 《明史》卷147《胡俨传》,第4128页。

29 尹直《謇斋琐缀录》卷1《翰林故事》,《丛书集成初编》本,第16—17页。

30 李时勉《古廉文集》卷6《送史知府之任建宁序》,《文渊阁四库全书》本,第1242册,第758页。

31 孙承泽《春明梦余录》卷34《久任》,第547页。

32 《明史》卷151《郭资传》,第4180页。

33 赵豫至卢秉安皆引自尹守衡《明史窃》卷102《久任吏》,第597—601页。

34 《明史》卷281《史诚祖传》,第7102页。

35 《明史》卷147《黄淮传》,第4124页。

36 《明史》147《胡俨传》,第4128页。

37 王世贞《弇山堂别集》卷4《文臣久任》,第75页。

38 《明仁宗实录》卷2中"永乐二十二年九月壬午"条,第60页。

39 孙承泽《春明梦余录》卷34《久任》,第546页。

40 《明宣宗实录》卷55"宣德四年六月丁酉"条,第1318页。

41 《明史》卷281《史诚祖传》,第7193页。

42 《明宣宗实录》卷111"宣德九年六月壬子"条,第2488页。

43 孙承泽《春明梦余录》卷34《久任》,第546页。

44 《明史》卷9《宣宗本纪》,第125页。

45 孙承泽《春明梦余录》卷34《久任》,第547页;王世贞《弇山堂别集》卷4"文臣久任",第75页;李贤《古穰杂录摘抄》和《天顺日录》。

46 参见雷礼《国朝列卿记》卷107《总督两广尚书侍郎都御史年表》、《两广督抚行实》,《续修四库全书》第523册;王世贞《弇山堂别集》卷64《总督两广军务年表》;吴廷燮《明督抚编表》,中华书局,1982年。

47 《明英宗实录》卷227"景泰四年三月戊午"条,第4954页。

48 尹守衡《明史窃》卷102《久任吏》,第599页。

49 焦竑《玉堂丛语》卷5《方正》,中华书局,1987年,第115页。

50 《明史》卷163《陈敬宗传》,第4425页。

51 《明史》卷163《李时勉传》,第4422页。

52 《明史》卷111《七卿列表》,第3417页。

53 尹守衡《明史窃》卷102《久任吏》,第600页。

54 杨士奇《东里集续集》卷11《送钟子勤之官肇庆知府诗序》,《文渊阁四库全书》本,第158页。

55 孙承泽《春明梦余录》卷34《久任》,第547页。

56 《明武宗实录》卷130“正德十年十月壬申”条,第2593页。

57 《明英宗实录》卷227“景泰四年三月戊午”条,第4953页。

58 《明史》卷164《左鼎传》,第4452页。

59 孙承泽《春明梦余录》卷34《久任》,第547页。

60 王世贞《弇山堂别集》卷4《一品考十二年》,第75页;《明史》卷190《梁储传》,第5041页。

61 孙承泽《春明梦余录》卷34《久任》,第547页。

62 《明武宗实录》卷57“正德四年十一月乙酉”条,1278页。

63 《明英宗实录》卷268“景泰七年七月壬午”条,第5684页。

64 《明宪宗实录》卷14“成化元年二月壬辰”条,第320页。

65 《明武宗实录》卷109“正德九年二月丙午”条,第2237—238页。

66 胡世宁《胡端敏奏议》卷4《陈言治道急务以效愚忠疏》,《文渊阁四库全书》本,第428册,第619页。

67 《明孝宗实录》卷20“弘治元年十一月壬申”条,第472页。

68 《明孝宗实录》卷104“弘治八年九月庚子”条,第1904页。

69 何孟春《何文简疏议》卷1《应诏万言疏》,《文渊阁四库全书》本,第429册,第19页。

70 《明武宗实录》卷135“正德十一年三月甲午”条,2675页。

71 孙承泽《春明梦余录》卷34《久任》,第547页。

72 《明臣奏议》卷14王琼《御敌安边疏》,《丛书集成初编》本,第246页。

73 《明孝宗实录》卷6“成化二十三年十一月庚子”条,第101页。

74 《明武宗实录》卷135“正德十一年三月甲午”条,第2675页。

75 《明武宗实录》卷109“正德九年二月丙午”条,第2237页。

76 《明武宗实录》卷98“正德八年三月己丑”条,第2055页。明代外官不时之察始于洪武年间,参见《明太祖实录》卷70“洪武四年十二月丙戌”条(第1299页)和卷79“洪武六年二月壬寅”条(第1444页)、《明史》卷71《选举志》(第1724页)。

77 孙承恩《文简集》卷27《送邦伯喻惕庵奏绩之京序》,《文渊阁四库全书》本,第1271册,第345页。

78 傅维鳞《明书》卷6《学校志》,《国学基本丛书》本,第1234页。

79 《明史》卷163《邢让传》,第4427页。

80 《明武宗实录》卷109“正德九年二月丙午”条,第2237页。

81 《明孝宗实录》卷6“成化二十三年十一月庚子”条,第101—102页。

82 《明武宗实录》卷109“正德九年二月丙午”条,第2238页。

83 《明武宗实录》卷98“正德八年三月己丑”条,第2055页。

84 《明臣奏议》卷14王琼《御敌安边疏》,《丛书集成初编》本,第246页。

85 《明孝宗实录》卷104“弘治八年九月庚子”条,第1904页。

86 何孟春《何文简疏议》卷1《应诏陈言疏》,第19页。

87 郭培贵《明史选举志考论》,第316—317页。

88 魏校《庄渠遗书》卷8《世说》,《文渊阁四库全书》本,第1267册,第838页。

89 《明世宗实录》卷55“嘉靖四年九月乙亥”条,第1342页。

90 《明宪宗实录》卷278“成化二十二年五月乙丑”条,第4687页。

91 章潢《图书编》卷83《皇明百官述》,《文渊阁四库全书》本,第71册,第453页。

92 按:三考之制早在景泰时就难以维持,参见《明英宗实录》卷231“景泰四年七月甲子”条(第5047—5048页)。

93 《明孝宗实录》卷98“弘治八年三月壬寅”条,第1800页。

94 胡世宁《胡端敏奏议》卷4《陈言治道急务以效愚忠疏》,第619页。

95 《明史》卷71《选举志》载:“自弘治时,定外官三年一朝觐,以辰、戌、丑、未岁,察典随之,谓之外察。”(第1723页)。此误。据万历《大明会典》卷13《朝觐考察》载:“洪武初,外官每年一朝,二十九年,始定以辰、戌、丑、未年为朝觐之期。”(第78页)王圻《续文献通考》卷54《朝觐考察》同载。可见,外官三年一朝觐是定于洪武二十九年(1396年)。

96 郭培贵《明史选举志考论》,第372页。

97 陆粲《陆子余集》卷5《计开》,《文渊阁四库全书》本,第1274册,第641页。

98 罗钦顺《整庵存稿》卷10《献纳愚忠疏》,《文渊阁四库全书》本,第1261册,第134页。

99 谷应泰《明史记事本末》卷43《刘瑾用事》,中华书局,1977年,第635页。

100 章潢《图书编》卷83《皇明百官述》,第453页。

101 陆粲《陆子余集》卷5《计开》,《文渊阁四库全书》本,第1247册,第641页。

102 夏良胜《东洲初稿》卷11《议久任》,《文渊阁四库全书》本,第1269册,第949页。

103 《明武宗实录》卷109“正德九年二月丙午”条,第2238页。

104 据《明世宗实录》卷62“嘉靖五年三月丁未”条载:“吏部奏请行久任法。凡府州县官,治绩卓异者,各抚按以闻,令其加俸管事。俟九年满日,不次升迁。报可。”《明史》卷17《世宗本纪》载:“(嘉靖)五年春三月丁未,定有司久任法。”(第220页)。

105 胡世宁《胡端敏奏议》卷4《陈言治道急务以效愚忠疏》,第619页。

106 黄训《名臣经济录》卷11汪鋐《遵奉钦依条陈时政疏》,《文渊阁四库全书》本,第443册,第205页。

107 王世贞《弇州四部稿续稿》卷115《贵州按察司佥事龙公墓志铭》,《文渊阁四库全书》本,第1283册,第614页。

108 海瑞《海瑞集》卷5《启熊镜湖军门》,中华书局,1962年,第420页。

109 黄训《名臣经济录》卷11汪鋐《遵奉钦依条陈时政疏》,第205页。

110 《明世宗实录》卷55“嘉靖四年九月乙亥”条,第1343页。

111 《明世宗实录》卷83“嘉靖六年十二月乙丑”条,第1883—1884页。

112 《明世宗实录》卷247“嘉靖二十年三月壬寅”条,第4955页。

113 胡直《衡庐精舍藏稿》卷20《祈行久任疏》,《文渊阁四库全书》本,第1287册,第441页。

114 唐顺之《荆川集》卷1《廷试策一道》,吉林出版集团,2005年。

115 《明世宗实录》卷55“嘉靖四年九月乙亥”条,第1342页。

116 《明世宗实录》卷55“嘉靖四年九月乙亥”条,第1345页。

117 《明世宗实录》卷48“嘉靖四年二月丙辰”条,第1229页。

118 对此,时人叶春及论曰:“故夫任不能久,而考察之罢不能不多者,凡以取之不精而进之太滥耳。……由是择其人之最贤,职之最重者,久任之,或赐金,或增秩,或褒以玺书;而时纠劾斥去,尤无良者,则朝觐考察虽欲多罢,亦不可得庶几哉。……所谓取之精,而进之不滥;不如是,则久任不行,课法不立,而治出于苟且,其必果于自断。”(叶春及《石洞集》卷2《清仕进》,《文渊阁四库全书》本,第1286册,第252—255页)

119 《明世宗实录》卷55“嘉靖四年九月乙亥”条,第1343页。

120 《明世宗实录》卷71“嘉靖五年十二月辛酉”条,第1601页。

121 万历《明会典》卷5《吏部·推升》,第27页。

122 《明世宗实录》卷478“嘉靖三十八年十一月乙未”条,第8000页。

123 《明世宗实录》卷55“嘉靖四年九月乙亥”条,第1345—1346页。

124 孙承泽《春明梦余录》卷34《考课》,第558页。

125 《明世宗实录》卷85“嘉靖七年二月辛亥”条,第1925页。

126 《明世宗实录》卷379“嘉靖三十年十一月乙巳”条,第6729页。

127 夏良胜《东洲初稿》卷11《议久任》,第949页。

128 黄训《名臣经济录》卷11汪鋐《遵奉钦依条陈时政疏》,第205页。

129 万历《明会典》卷5《吏部·改调》,第29页。

130 焦竑《献徵录》卷85《湖州府知府赵公登传》,《续修四库全书》本,第529册,第534页。

131 《明世宗实录》卷33“嘉靖二年十一月己卯”条,第851—852页。

132 《明世宗实录》卷71“嘉靖五年十二月甲子”条,第1608页。

133 焦竑《献徵录》卷40《大司马竹涧潘公希曾传》,第156页。

134 胡世宁《胡端敏奏议》卷6《计开》,第653页。

135 《明世宗实录》卷84“嘉靖七年正月癸未”条,第1895页。

136 《明世宗实录》卷87“嘉靖七年四月乙丑”条,第1982页。

137 张永明《张庄僖文集》卷1《旱灾疏》,《文渊阁四库全书》本,第1277册,第318页。

138 《明世宗实录》卷71“嘉靖五年十二月甲子”条,第1607页。

139 焦竑《献徵录》卷40《大司马竹涧潘公希曾传》,第527册,第156页。

140 《明世宗实录》卷71“嘉靖五年十二月甲子”条,第1607—1608页。

141 《明世宗实录》卷84“嘉靖七年正月辛卯”条,第1898页。

142 《明世宗实录》卷315“嘉靖二十五年九月壬申”条,第5889—5890页。

143 万历《明会典》卷5《吏部·改调》,第29页。

144 《明世宗实录》卷478“嘉靖三十八年十一月乙未”条,第8000页。

145 《明世宗实录》卷177“嘉靖十四年七月己卯”条,第3816页。

146 王世贞《弇山堂别集》卷4“一品考十八年”条,第74页。

147 《明世宗实录》卷177“嘉靖十四年七月己卯”条,第3816页。

148 《明世宗实录》卷381“嘉靖三十一年正月丁酉”条,第6746页。

149 《明世宗实录》卷87“嘉靖七年四月乙丑”条,第1982页。

150 《明世宗实录》卷300“嘉靖二十四年六月辛丑”条,第5705页。

151 万历《明会典》卷5《吏部·推升》,第28页。

152 《明世宗实录》卷337“嘉靖二十七年六月辛未”条,第6165页。

153 《明世宗实录》卷459“嘉靖三十七年五月丁巳”条,第7764页。

154 《明穆宗实录》卷35“隆庆三年七月庚子”条,第908页。

155 王世贞《弇州四部稿续稿》卷35《贺上海令颜侯中起考绩封父仰庄公母范孺人序》,第1282册,第464—465页。

156 参见胡吉勋《“大礼议”与明廷人事变局》,社会科学文献出版社,2007年。

157 《明史》卷19《世宗本纪》,第250页。

158 《明世宗实录》卷107“嘉靖八年十一月庚子”条,第2527页。

159 《明世宗实录》卷344“嘉靖二十八年正月辛卯”条,第6234页。

160 《明世宗实录》卷107“嘉靖八年十一月丙子”条,第2528页。

161 《明世宗实录》卷433“嘉靖三十五年三月丙寅”条,第7465页。

162 徐学聚《国朝典汇》卷38,第3125页。

163 嘉靖丙辰年本是例行外察之年,而非京察之年。但是年二月,吏部尚书李默主持外察,三月,却由大学士李本主持了一次非同寻常的京察。据《明世宗实录》卷433“嘉靖三十五年三月丙寅”条载:此次京察范围较小,主要是“两京九卿长贰、府寺等衙门堂官及总督巡抚”与科道官。(第7464—7465页)关于“丙辰京察”一事,郑克晟、孙卫国的《丙辰京察与嘉靖后期党争》(《明史论丛》,中国社会科学出版社,1997年)一文有深入探讨,可资参考。

164 《明世宗实录》卷433“嘉靖三十五年三月癸亥”条,第7463页。

165 叶春及《石洞集》卷2《清仕进》,《文渊阁四库全书》本,第1286册,第252页。

166 袁袠《世纬》卷下《久任》,第717册,第16页。

167 《明穆宗实录》卷30“隆庆三年三月丁卯”条,第800页。

168 《明穆宗实录》卷14“隆庆元年十一月辛酉”条,第389页。

169 《明穆宗实录》卷7“隆庆元年四月己酉”条,第216页。

170 《明穆宗实录》卷16“隆庆二年正月甲子”条,第435页。

171 《明穆宗实录》卷18“隆庆二年三月壬戌”条,第509页。

172 《明穆宗实录》卷30“隆庆三年三月丁卯”条,第800页。

173 《明穆宗实录》卷27“隆庆二年十二月丙子”条,第713页。

174 《明神宗实录》卷1“隆庆六年六月辛亥”条,第4页。

175 王世贞《弇州山人四部稿》卷63《赠冯大夫张太宜人赠封锡典序》,《明代论著丛刊》本,第3102页。

176 焦竑《献徵录》卷17《张公居正传》,第525册,第642页。

177 《明神宗实录》卷24“万历二年四月丙寅”条,第622页。

178 《明史》卷20《神宗本纪》,第263页。

179 《明神宗实录》卷57“万历四年十二月丙戌”条,第1325页。

180 王世贞《嘉靖以来首辅传》卷7《张居正传》,《文渊阁四库全书》本,第452册,第505页。

181 王世贞《嘉靖以来首辅传》卷7《张居正传》,第512页。

182 《明神宗实录》卷7“隆庆六年十一月戊申”条,第269页。

183 《明神宗实录》卷281“万历二十三年正月壬午”条,第5190页。

184 《明神宗实录》卷31“万历二年十一月辛未”条,第735页。

185 《明神宗实录》卷90“万历七年八月丁酉”条,第1860页。

186 《明神宗实录》卷35“万历三年二月壬午”条,第817页。

187 《明神宗实录》卷39“万历三年六月丙戌”条,第910页。

188 《明神宗实录》卷91“万历七年九月癸亥”条,第1875页。

189 顾允成《小辨斋偶存》卷2《为李见罗中丞讼冤疏》,海南出版社,2000年,第21页。

190 按,隆庆四年(1570年)李成梁为总兵官,万历二十年(1592年)解任,镇辽二十二年;万历二十九年(1601年)再镇辽东,时年七十七岁,又任职八年,直到万历三十六年(1608年)解任,前后三十年。

191 《明神宗实录》卷3“隆庆六年七月戊子”条,第75—76页。

192 《明神宗实录》卷212“万历十七年六月乙未”条,第3981—3982页。

193 《明神宗实录》卷212“万历十七年六月乙未”条,第3982页。

194 《明神宗实录》卷212“万历十七年六月乙未”条,第3982页。

195 《明神宗实录》卷6“隆庆六年十月壬戌”条,第219页。

196 《明神宗实录》卷27“万历二年七月乙亥”条,第663页。

197 万历《明会典》卷5《吏部·推升》,第27页。

198 《明神宗实录》卷171“万历十四年二月癸未”条,第3107页。

199 《明神宗实录》卷161“万历十三年五月己丑”条,第2955页。

200 温纯《温恭毅集》卷4《计开》,《文渊阁四库全书》本,第1288册,第468页。

201 万历《明会典》卷5《吏部·推升》,第27页。

202 《明神宗实录》卷78“万历六年八月己丑”条,第16678—1679页。

203 温纯《温恭毅集》卷4《计开》,第460页。

204 温纯《温恭毅集》卷4《计开》,第468—469页

205 叶春及《石洞集》卷8《请建射圃塞岐路》,第541页。

206 万历《明会典》卷5《吏部·推升》,第27页。

207 《明神宗实录》卷38“万历三年五月辛亥”条,第891页。

208 陈鼎《东林列传》卷21《潘永图传》,《明代传记丛刊》本第6册,第365页。

209 《明神宗实录》卷182“万历十五年正月己酉”条,第3395页。

210 《明神宗实录》卷194“万历十六年正月丁未”条,第3653页。

211 张居正《张居正集》卷3《请稽查章奏随事考成以修实政疏》,荆楚书社,1987年,第132页。

212 张居正《张居正集》卷3《请稽查章奏随事考成以修实政疏》,第131页。

213 《明神宗实录》卷35“万历三年二月庚辰”条,第810页。

214 《明神宗实录》所载“乞罢”的用语有“自陈乞罢”、“乞休”、“乞罢”、“疏辞”、“求去”、“恳放归”、“乞致仕”、“乞骸骨”、“乞赐罢免”、“乞归”等,但以“自陈乞罢”者为多,故为行文方便,通称“乞罢”。

215 《明神宗实录》卷191“万历十五年十月丁卯”条,第3583页。

216 《明神宗实录》卷191“万历十五年十月戊辰”条,第3588页。

217 万历《明会典》卷5《吏部·改调》,第29页。

218 《明神宗实录》卷88“万历七年六月辛卯”条,1824页。

219 《明神宗实录》卷97“万历八年三月乙巳”条,第1945页。
220 《明神宗实录》卷161“万历十三年五月己丑”条,第2955页。
221 《明神宗实录》卷73“万历六年三月壬子”条,第1571页。
222 《明神宗实录》卷186“万历十五年五月丁酉”条,第3479页。
223 参见笔者《明洪武时期征荐制度考论》,《史学月刊》2009年第8期。
224 《明史》卷71《选举志三》,第1717页。
225 郭培贵《明史选举志考论》,第332页。
226 《明世宗实录》卷109“嘉靖九年正月戊申”条,第2568页。
227 《明史》卷71《选举志三》,第1717页。
228 《明世宗实录》卷119“嘉靖九年十一月己酉”条,第2846页。
229 《明世宗实录》卷119“嘉靖九年十一月己酉”条,第2846页。
230 《明神宗实录》卷55“万历四年十月癸酉”条,1280页。
231 《明世宗实录》卷109“嘉靖九年正月戊申”条,第2568页。《明会典》卷5《吏部·推升》亦载:嘉靖九年(1530年)诏定:官员选任科举、岁贡、荐举三途并用,“但有真才实德者,不拘资格,一体超擢。”(第28页)。
232 《明史》卷224《孙鑨传》,第5895页。
233 《明史》卷243《赵南星传》,第6299页。
234 《明史》卷225《郑继之传》,第5927页。
235 陈鼎《东林列传》卷21《潘永图传》附“外史氏曰”,《明代传记丛刊》本第6册,台北明文书局,1991年,第366—367页。
236 陈鼎《东林列传》卷21《潘永图传》附“外史氏曰”,《明代传记丛刊》本,第6册,第366—367页。
237 纪昀等《四库全书总目》卷58《东林列传》提要,中华书局,1965年,第527页。
238 孙承泽《春明梦余录》卷34《升除》,第553页。
239 《明史》卷23《庄烈帝本纪》,第310页。
240 沈佳《明儒言行录》卷10《刘宗周》,《明代传记丛刊》本,第3册,第438页。
241 刘宗周《刘宗周全集》第三册《仰祈圣明严饬定制以奏郅隆疏》,浙江古籍出版社,2007年,第59页。
242 归有光《震川先生集》卷11《赠熊兵宪进秩序》,上海古籍出版社,1981年,第251页。
243 叶春及《石洞集》卷2《清仕进》,第252页。
244 《明史》卷251《蒋德璟传》,第6501页。
245 刘宗周《刘宗周全集》第三册《钦奉明旨推广德意已拯畿辅黎遗疏》,第63页。
246 刘宗周《刘宗周全集》第三册《敬循职掌条列风纪之要以佐圣治疏》,第189页。
247 《明神宗实录》卷27“万历二年七月乙亥”条,第663页。
248 《明神宗实录》卷26“万历二年六月戊午”条,第649页。
249 《明神宗实录》卷27“万历二年七月乙亥”条,第663页。
250 孙承泽《春明梦余录》卷34《久任》,第545页。
251 毕自严《石隐园藏稿》卷7《国计不容重误疏》,《文渊阁四库全书》本,第1293册,第609页。
252 林弼《林登州集》卷10《送蔡孔昭再令上饶序》,《文渊阁四库全书》本,第1227册,第86页。

253 倪元璐《倪文贞集》卷5《议复积分疏》,《四库禁燬书丛刊》本,史部第69册,第696页。
254 《全元文》卷1520宋讷《送祖州判朝京序》,第42页。
255 《明史》卷153《周忱传》,第4216页。
256 《明孝宗实录》卷20“弘治元年十一月壬申”条,第472页。
257 焦竑《献徵录》卷29李开先《户部尚书蒲汀李公廷相传》,第526册,第465页。
258 《明武宗实录》卷51“正德四年六月戊辰”条,第1164页。
259 叶春及《石洞集》卷2《清仕进》,第252页。
260 王直《抑庵文集后集》卷23《赠徐少卿序》,《文渊阁四库全书》本,第1241册,第876页。
261 袁袠《世纬》卷下《久任》,第16页。
262 《明孝宗实录》卷83“弘治六年十二月丁亥”条,第1568页。
263 黄训《名臣经济录》卷18彭韶《为急缺六科官员照例选补以广言路疏》,第335页。
264 《明史》卷164《左鼎》,第4452页。
265 胡直《衡庐精舍藏稿》卷20《祈行久任疏》,第490页。
266 《明宪宗实录》卷238“成化十九年三月辛亥”条,第4041—4042页。
267 王世贞《弇山堂别集》卷13《在京尚书都御史特勅》,第241—242页。
268 《明史》卷149《赞》,第4156页。
269 《明臣奏议》卷21李承勋《陈八事以足兵食疏》,《丛书集成初编》本,第377页。
270 文徵明《文徵明集》,上海古籍出版社,1987年,第449页。
271 袁袠《世纬》卷下《久任》,第16页。
272 胡直《衡庐精舍藏稿》卷20《祈行久任疏》,第490页。
273 《明英宗实录》卷232“景泰四年八月己丑”条,第5071页。
274 《明史》卷235《张养蒙传》,第6123页。
275 《明孝宗实录》卷20“弘治元年十一月壬申”条,第472页。
276 温纯《温恭毅集》卷4《边海要郡恳乞圣明久任贤能府正官员以安民生疏》,第459页。
277 温纯《温恭毅集》卷26《与凌二洲》,第732页。
278 焦竑《献徵录》卷42王鏊《南京兵部尚书薛公远神道碑》,第527册,第222页。
279 温纯《温恭毅集》卷4《边海要郡恳乞圣明久任贤能府正官员以安民生疏》,第459—460页。
280 焦竑《玉堂丛语》卷5《方正》,中华书局,1981年,第155页。
281 胡直《衡庐精舍藏稿》卷19《奉复座主洞山先生》,第469页。
282 《明穆宗实录》卷49“隆庆四年九月辛巳”条,第1229页。

明清会试十八房制源流考

汪维真

作为“支持官僚政治高度发展的第二大杆杠”[1] 的科举制，经唐宋以来的发展，至明清时期，制度框架渐趋完备，具体细节也更加缜密。通过屡屡推出新规的方式（如录取环节的区域配额制、阅卷环节的十八房制），弥缝着原有框架下的粗疏和罅漏。近些年来，随着科举制度研究的深入，成果可谓丰硕，然关于明清会试中的十八房制尚未引起人们的关注。

概而言之，十八房制是在明清时期科举制度体系中产生并不断完善和发展的重要制度，旨在规范会试同考官（全称为同考试官，一般称做同考官、同考或房考）数和五经房数，以便阅卷环节的合理和高效。查检史籍知，最早对十八房制给予关注的是明末清初学者顾炎武。他说：“今制会试用考试官二员总裁，同考试官十八员分阅五经，谓之十八房。”[2] 清人赵翼乾隆时撰成的《陔余丛考》中，也列有“十八房”专条，在吸收顾炎武《日知录·十八房》和张廷玉《明史·选举志》中明代会试同考官与五经房数变动说法的基础上，又补充了一些清代的内容[3]。顾、赵二人关于会试十八房的介绍虽很简略，却提醒我们对十八房制的注意，且提供了探究这一问题的重要线索。

赵翼云：“本朝会试及京闱乡试，所用同考官凡十八员，谓之十八房。”“今之十八房，盖沿前明制也。然明制亦有不定十八房者”。[4] 赵氏的说法包含两点内容：其一，十八房制是在明清时期形成的，明代是其发展过程中的重要阶段；其二，十八房出现于明，定制于清。揆诸史籍，也确如此。在“明实录”及正德、万历朝先后刊刻的两部《大明会典》中都可找到十八房制形成过程中的相关信息，而张廷玉主修的《明史·选举志》对明代会试同考官数及五经分房的变化也做了相对集中的记载[5]。因信息来源和关注角度的差异，上述史籍所载内容多寡不同，且不同程度地存在着信息不全甚或是矛盾的缺陷。就拿张廷玉《明史·选举志》来说，早在20世纪80年代，黄云眉在其《明史考证》(二)中，曾利用"明实录"、陆深《科场条贯》以及前述顾、赵二氏的著作，对其中的相关条目做了补充和指正。近年，郭培贵又对该志做了考论[6]。或许是因为材料分散且正误错杂的缘故，个别论著对明清会试中的同考官数或五经房数虽有旁及[7]，但未见有人对会试十八房制做正面探讨。

关于这一制度，即便是在运行时的晚清，人们也多不明其来历。齐如山(河北高阳人，名宗康，字如山，以字行)，生于光绪元年(1875年)[8]，18岁时曾参加过秀才试[9]。他在《中国的科名》中写道：曾"闻诸老辈者"言，"应试之卷，例由房官分阅，摘好者荐与主考官，由主考官再定去取。这种房官，例分十八房。这个数字之来源亦未详考，据云最初系照全国省份规定的，后来恒有添减，然变动亦不多"[10]。会试考卷分为十八房最早出现于明万历十四年，其时全国仅有15直、省(南、北2直隶和13布政司)，显然与省份数无关，且该制自清雍正元年稳定后，房数未再变动。故笔者以为，对于这样一个经历了漫长形成期、在科举制度体系中发挥重要作用的制度有必要给予关注和深入研究。而"明代登科录汇编"[11]和"天一阁藏明代科举录选刊"[12]为该课题的研究提供了资料基础。故不揣浅陋，拟做尝试，不当之处，祈请方家指正。

一、预先需要说明的两个问题

在探讨问题前，有必要对与该制相关的两个问题做一交代。

其一，明清乡、会试中的考官与职任。在明代科举必经的乡试、会试、殿试三级考试中，考官[13]的设置与称谓有所不同，乡、会试中皆设有考试官和同考官，殿试因名义上是皇帝临轩策士，故只设读卷官。乡、会试考官既然分为考试官和同考官，担当的角色也因之不同。就会试言，明人黄佐曾云："盖会试去取在各房同考试官，而参定高下则考试官柄之。"[14]这就是说，同考官负责分阅试卷并初步选拔(即荐卷)，考试官(又称总考或总裁)对所荐之卷秉公衡鉴，以定高下。清代科举多承明制，乡、会试考官之设和分工也大体类此，"考官综司衡之责，房考膺分校之任"[15]。虽然考试官在名分上高于同考官，但因同考官具体负责阅卷和荐文工作，因此同样起着重要作用。诚如清世宗所言，"国家抡才大典，首重试官。主考凭房考阅荐之文，定其去取，则一榜衡鉴之当否，系于分校诸臣之贤不肖，亦匪轻矣”[16]。另外，因同考官担当具体的阅卷任务，所以不仅在数量上多于考试官，而且总量也会随着应试人数的增长而增加，而这正是会试同考官不断增加并最终形成十八房制的一个重要原因。

乡、会试中虽皆设同考官，但因乡试以省为单位举行，各省应试人数多寡不等，因此乡试同考官数是因省而异。如明万历七年乡试，河南所聘同考官是7人[17]，云南则是5人[18]。再如，崇祯十二年乡试，山西所聘同考官是14人[19]，陕西却是12人[20]。清代也是如此。如顺治二年(1645年)规定，“其房数悉以各直省科举之数为准”[21]，即乡试同考官数根据各直、省应试人数决定，不做统一规定。再如，乾隆十八年(1753年)议准的直、省同考官制规定：顺天、江南各18人，浙江16人，江西14人，山东、河南各12人，福建11人，陕西、湖北、四川、广东、广西、贵州各10人，湖南、山西各9人，云南8人[22]。所以，本文关于同考官数变动与十八房制形成的探讨限定在会试层面而不涉及乡试领域。

其二，会试中五经房数与同考官数间的关系。自唐宋以来，列入科举考试范围的儒家经典代有不同。就数量而言，自唐至元经历了一个逐渐收缩的过程。如唐代的明经科，即有九经、五经、三经、二经以及三传、三礼、学究诸科，而其中的九经即是指《礼记》、《左传》、《毛诗》、《周礼》、《仪礼》、《周易》、《尚书》、《公羊》、《穀梁》等[23]。宋哲宗元祐四年(1089年)规定，诗赋进士，于《易》、《诗》、《书》、《周礼》、《礼记》、《春秋左传》内听习一经。专经进士，则须习两经。以《诗》、《礼记》、《周礼》、《左氏春秋》为大经，《书》、《易》、《公羊》、《穀梁》、《仪礼》为中经，《左氏春秋》得兼《公羊》、《穀梁》、《书》，《周礼》得兼《仪礼》或《易》，《礼记》、《诗》并兼《书》，愿习二大经者听，不得偏占两中经[24]。至元朝，列入科举考试范围的经典缩减为五种。仁宗皇庆二年(1313年)明确规定，以朱熹所注“四书”以及《诗》、《尚书》、《周易》、《春秋》、《礼记》作为科举考试的主要内容，要求士子于五经中“各治一经”[25]。元代的这一做法为明清两代所承袭。

在列入考试范围的儒家经典的数量发生缩减的同时，我们还应注意科举考试中存在的另一种现象，即无论是宋代诗赋进士于六经中专习一经，还是专经进士从九经中选习二经，抑或是元明清时期于五经中选习一经，士子具体以哪种或哪两种经应试，并不由官方具体规定，而是由士子于官方圈定的经典范围内自主选择。个体自主选择的结果必然存在差异。出于公平性考虑和考试本身对公平性的追求，这一差异终将受到正视，南宋时期要求分经考校便是正视这种差异的具体举措。据载，南宋理宗绍定二年(1229年)，“臣僚言考官之弊：词赋命题不明，致士子上请烦乱;经义不分房别考,致士子多悖经旨。遂饬考官明示词赋题意,各房分经考校"[26]。故顾炎武等认为,科举考试中的"各房分经"始自南宋理宗绍定二年[27]。由于明代承袭了元代的做法,举业中可供选择的儒家经典只有五种,选择的结果也只能是五种,远较宋代经义考试从九经中选择两经所得结果简单,因而南宋"各房分经考校"的做法在明代得以发展,成为固定制度。就此而言,刘海峰称以四书五经作为科举考试的主要内容是"元代科举对后代科举影响最大的一项变动"[28],实不为过。

自南宋绍定二年始行分经考校,至明景泰之前,这一制度的执行以及具体分房情况因史籍缺载而不明。但到景泰元年(1450 年)在阅卷环节实行五经专员制后,按经分房、每房专官校阅成为定制。因明清时期士子皆治一经,故当时按经分房实即按五经分房之意。如商衍鎏曾云:"从前考生各认一经,故有五经分房之例。"[29]既按五经分房,又强调各房专员,这样会试同考官数与五经分数总数之间就形成了一种对应关系。而自景泰以后至十八房成为定制的雍正元年,除了康熙末年实行过一房二名同考官制外,其余绝大多数时间内都是每房由一名房考校阅,这样此期会试同考官数与五经分房总数实际上是一致的,犹如一刀之两刃,因此史籍中无论是此期的同考官数资料,还是此期五经房数数据,皆可从五经房数和同考官数两方面理解(康熙末年实行一房二名房考时期除外)。如说某科会试同考官是 14 人,表明此科五经分房的总数也是 14 房;同理,如说某经增加了一房,表明此年同考官也增加了一人。而所谓的十八房,即是指五经试卷分为 18 房,由 18 名同考官分别校阅。正因为五经房数与同考官数间形成的这种对应关系,"分经本始于宋理宗绍定二年,但不载房数"[30]的情况被改变,会试中的五经房数与同考官数作为一个整体为治史者所关注。本文正是利用这两方面资料,通过明清会试同考官数和五经房数的具体变动来展示十八房制的产生和发展过程。

根据搜检到的资料知,洪武四年明代首科会试的同考官是 4 人,洪武十七年定为 8 人,景泰五年始由 8 人增至 10 人,其后同考官数渐增。到万历十四年达到 18 人,五经试卷首次分为 18 房,宣告十八房制产生。然而,此后直至清初,会试同考官数与五经房数仍在不断变化。顺治十五年虽申明十八房制,康熙朝也曾采行过,但一直处在波动状态,直到雍正元年才固定下来,为以后各朝遵循。故本文关于十八房制产生和演变的探讨,以十八房首次出现的万历十四年为界限分做两个部分进行。

二、明万历十四年前会试同考官数的累进式增加

(一)洪武十七年会试同考官8人的规定及其执行情况

明代科举考试始于洪武三年(1370年),但在当年五月颁布的开科诏[31]中没有涉及到考试官人数问题,明代正史与典制类史籍中也未记载,然从现存《洪武四年会试录》[32]看,此年会试的考试官(时称主文官)是2人,同考官(时称考试官)是4人[33]。

洪武十七年(1384年),是明廷自洪武六年罢停科举十年之后再行开科之年。此年三月颁布科举成式,规定,"同考试官,乡试四人,会试八人"[34]。故正德《大明会典》记,洪武十七年颁行科举成式,会试考试官由礼部敦请,"主文考试官二员,同考试官八员"。"十八年,令会试主考官二员并同考官三员临期具奏,于翰林院官请用,其余同考官五员于在外学官请用"[35]。《明史·选举志》也称,"初制,会试同考八人"[36]。综上可以看出,从立制角度言,明代关于会试同考官的相关规定始自洪武十七年,当时规定是8人。

洪武十七年的规定在明初三朝执行得如何,史籍记载较少,笔者仅搜检到一科"会试录"和一则借助主考官文集而保存下来的"会试录序",反映的是建文二年和永乐十三年的会试情况。就这两科情况看,8名同考官的规定并未严格遵守,遵制和违制的情况各占其一。先看建文二年(1400年)会试情况,这是仅四年的建文朝唯一举行的一次。据《建文二年会试录》[37]载,此年会试同考官为6人,较洪武十七年规定少2人,可视为违规的案例。永乐十三年(1415年)会试情况则与之相反。该年会试主考官梁潜所作"会试录序"中这样道:"永乐十三年春二月,礼部将合天下贡士而考试之,遂闻于上,诏尚书臣震、侍郎臣绶总其事,翰林修撰臣潜、臣淇[洪]合内外儒臣十人往考其文辞。"[38]从往考文辞的10人中除去2名考试官,同考官则为8人,与洪武十七年规定一致。因可搜检到的明初三朝会试同考官的资料太少,仅据这两个正反个案难以弄清此期会试同考官数变动的完整情况,但据现有资料至少可以做出下述判断:在洪武至永乐时期,会试同考官数至少经历过洪武四年4人、洪武十八年8人、建文二年6人、永乐十三年8人这样几次变动。

就明代科举考试发展的总体过程看,洪武十七年复开科举后,虽然设科取士未

再罢停，但其真正步入制度化操作则始自宣德朝[39]，会试同考官数规定的实际执行也是如此。就存世的“会试录”和“会试录序”所载情况看，宣德五年(1430年)至景泰二年(1451年)间的会试，同考官都是按洪武十七年的规定，选用了8人[40]。但至景泰五年，会试同考官数发生了变动。此次变动，既有来自应试士子增多的客观压力，也有景泰元年新确立的“五经专员”制的影响。

(二)景泰元年的五经专员制与景泰五年会试同考官的首次增加

景泰元年(1450年)闰正月，顺天府府尹王贤奏道：“今年该乡试，往者各处取正考试官二员，同考试官四员或三员。臣以五经宜用考官五员，若他经官带一二经，则去取文字岂无谬误。”奏请计议。礼部讨论后同意了王氏的看法，题请“今后在京、在外乡试，取同考试官，五经务要五员，专经考试，不用带考”。景帝从之[41]。

从这则资料可以看出，此前虽对乡、会试同考官数等方面做出了规定，但并未规定每位同考官只能评阅《诗》、《书》、《易》、《春秋》、《礼记》五经中之一经的试卷，这样在应试士子五经人数并不均衡的情况下，一名同考官同时担当两经或两经以上试卷评阅(当时称做“带考”)的情况便会发生。王贤五经不用兼评的提议即是针对这种现象而发的。

这一建议的提出和得到采纳，又与自元代以来行用的举子各治一经的制度有关。在士子各治一经的要求下，不仅存在着考生在本经上的差异，也存在着同考官对五经熟悉程度的差异。同考官在评阅专经以外的经义试卷时，难免存在取舍不当的情况。从这一角度讲，王贤“若他经官带一二经，则去取文字岂无谬误”的说法确实击中了问题的要害。因此，王贤的建议被接受后即于当年付诸实施，对此正德《大明会典》记载道：景泰元年，“又令在京、在外乡试，同考试官，五经许用五员，专经考试”[42]。“五经专员”制虽始行于乡试，但最终也被推广到会试中。不过推行的时间稍晚一点。景泰二年正月，礼科都给事中金达等言二事，其中第一事即要求在会试中为每经增置一名同考官。他说：

> 天生贤以辅君，君用贤以成治，必选取极其精，登庸有其道。今会试举人不下三千，若一经止用考官一员，诚恐心力有限，不能精选，乞于在京各衙门，不拘近侍、风宪，果有精明经学者，每经增置同考官一员，参较可否。

然而“事下礼部”讨论时，以“宜遵旧制”的理由被否决了[43]。从《景泰二年会试录》看，该年会试所用同考官是8人[44]。显然，这里所谓的“遵旧制”应是洪武十七年所定之制。金达此次奏言表面上看似与五经专员无涉，但从其“一经止用考官一员”、“每经增置同考官一员”的措词中，可以感受到他是站在五经专员角度建言的，而且从明廷此后多分别针对某一种经或某几种经增加同考官的做法看，五经专员制也推广到了会试层面。

金达等人的此次奏言虽未被采纳，其“今会试举人不下三千”的说法也未必属实[45]，但随着社会承平与发展，应举人数的增加，同考官与应试人数间比例失衡的问题必将凸现出来[46]，因此同考官数的增加是势所必然，何况还有五经专员、不用带考的制度要求！在现实与制度的双重压力下，会试同考官数于景泰五年(1454年)首次突破旧制，由8人增加到10人[47]，开启了明代会试同考官数不断上升之端，故《明史·选举志》认为，“其后(景泰五年)房考渐增”，这一说法基本符合明代会试同考官数的整体变动趋势。

五经专员制不仅属于明代同考官制改革的范畴，而且其中体现的“经房不用带考”[48]的原则对此后的明代乃至清乾隆朝以前的乡、会试制度都产生了影响，并直接推动了与之相关的会试同考官人员构成、乡会试分房依据等方面的变化。自五经专员制实施以后，在相当长的时间内，按经分房、专员校阅成为会试层面的通行做法，会试同考官数与五经房数之间呈现出等量关系。

从上面的讨论知，五经专员制对五经房考的选任和配置提出了新的要求。此制运行时期，应试者五经人数的变动将直接引发五经房数的变化，因之也成为除了应试人数之外又一引发会试同考官数变化的重要因子。

(三)天顺元年至万历十四年间会试同考官数与五经房数的变动

自景泰五年突破旧制增加2名同考官之后，一直到万历朝，会试同考官数一直处在缓慢上升状态。《明史·选举志》对明初以来同考官数的变动描述道：

> 初制，会试同考八人，三人用翰林，五人用教职。景泰五年从礼部尚书胡濙请，俱用翰林、部曹。其后房考渐增。至正德六年，命用十七人……万历十一年，以《易》卷多，减《书》之一以增于《易》。十四年，《书》卷复多，乃增翰林一人，以补《书》之缺。至四十四年，用给事中余懋孳奏，《诗》、《易》各增一房，共为二十房……至明末不变[49]。

即《明史·选举志》认为，明景泰五年以后会试同考官数经历了正德六年、万历十四年和四十四年的3次变动，最终增至20人并稳定至明末不变。

顾炎武对嘉靖末年至崇祯朝的五经房数变化有过记载。他说：

嘉靖末年,《诗》五房,《易》、《书》各四房,《春秋》、《礼记》各二房,止十七房。万历庚辰、癸未二科,以《易》卷多,添一房,减《书》一房,仍止十七房。至丙戌,《书》、《易》卷并多,仍复《书》为四房,始为十八房。至丙辰,又添《易》、《诗》各一房,为二十房。天启乙丑,《易》、《诗》仍各五房,《书》三房,《春秋》、《礼记》各一房,为十五房。崇祯戊辰复为二十房。辛未,《易》、《诗》仍各五房,为十八房。癸未复为二十房。今人概称为十八房云[50]。

材料中万历庚辰、癸未、丙戌、丙辰分别对应的是八年、十一年、十四年和四十四年,天启乙丑对应的是五年,崇祯戊辰、辛未、癸未分别对应的是元年、四年和十六年。顾氏关于明天启、崇祯两朝五经房数变化的记述是《明史·选举志》中所缺少的内容,它直接否定了《明史·选举志》关于万历以后五经房数保持二十不变的说法。然而顾氏说法是否可信,与史志信息互补后能否全面反映景泰后同考官数与五经房数所经历的变动,还是一个未被完全落实的问题。就笔者掌握的资料看,顾氏关于嘉靖至明末的记载皆可得到印证;而《明史·选举志》关于明代同考官数变迁的记载,不仅万历四十四年以后的情况不确,且遗漏了天顺四年、成化十七年会试同考官数变动的信息。兹将天顺至万历十四年间同考官数变动的原委胪述如下。

1. 天顺四年会试同考官数由10人增至12人

英宗复辟,建元天顺后,对景泰朝的诸多做法做了选择性的取舍。从《天顺元年会试录》[51]所记同考官信息看,天顺元年(1457年)采用的是景泰新制,选派了10名同考官。但此制仅行一年,天顺四年(1460年)会试时,同考官便由10人增至12人[52]。对于这一变动结果,陆深《科场条贯》中载:"正统元年才八人,至景泰五年增二人为十人,天顺四年又增二人为十二人。"[53]

此次同考官增加的原因和经过未见史籍记载[54],但据相关资料推测,可能与应试士子五经人数悬殊的加剧直接相关。理由有二:首先,此期会试应试人数并未猛增。明人张朝瑞《皇明贡举考》一书记载了自宣德五年至万历十一年各科会试的应试人数。根据这些数据制成下面该期应试规模变迁图。从图上可以看出,景泰五年会试参试人数首次达到3000人,整个天顺朝的三次会试也都处在这一规模[55]。然前已有述,景泰五年因应试人数增加等原因已将同考官由8人增至10人,因而此次同考官数调整当与应试人数关系不大。

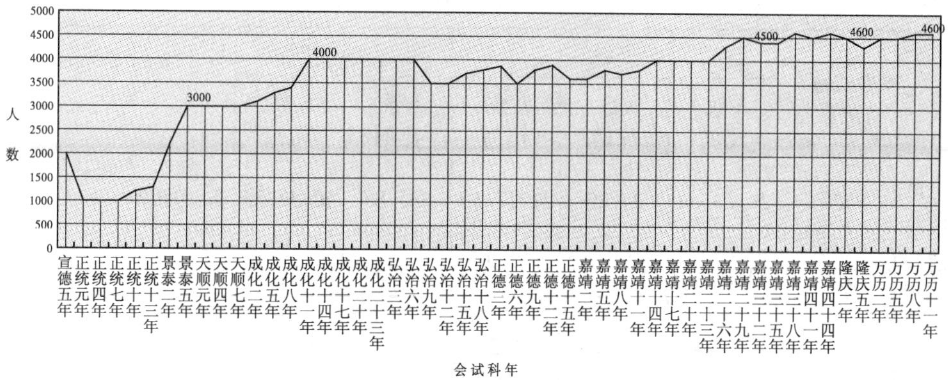

图1　明宣德至万历间会试人数变迁图

其次，同期直隶地区乡试中，发生过因五经试卷多寡不同而请求为某几种经增加同考官的事。天顺三年二月，顺天府府尹王福言：“今年八月本府乡试，看得应试生员《春秋》、《礼记》二经数少，《诗》、《书》、《易》三经每经各有四五百卷，若各以同考官一人校阅，虑恐涉猎不详，而有玉石不分之弊。乞令礼部将《诗》、《书》、《易》三经每经添同考官一员。”英宗采纳了这一建议，且“命南京亦照此例”[56]。这一史实表明，在当时南、北直隶的乡试中，举子研习《诗》、《书》、《易》者远多于《春秋》和《礼记》。根据五经专员的阅卷原则，《诗》、《书》、《易》三经的房数和同考官数需要增加。两京是全国的缩影，也可反映出当时其他地区士子研习五经的偏好。尽管只有乡试中式者才能参加会试，但它毕竟是乡试之上又一层级的考试，乡试中普遍存在的士子五经人数不均衡现象在会试层面自然也会有所反映。

笔者根据已经出版的直接反映会试中式者信息的会试录和部分进士履历便览前五经各房门生题名，对部分科次会试中式者的五经人数及比例做了分类统计，发现明代士子在《诗》、《书》、《易》、《春秋》、《礼记》五经的研习上存在着明显倾向，兹将统计结果展示如下：

表 1　明代部分科次会试中式者的五经人数与比例

科次	中式额/有效数据	诗经	书经	易经	礼记	春秋	备注
		人数/比例	人数/比例	人数/比例	人数/比例	人数/比例	
洪武四年	120	28/23.33	24/20	21/17.50	7/5.83	40/33.33	天一阁本
建文二年	109	33/30.28	35/32.11	19/17.43	5/4.59	17/15.60	汇编本
宣德五年	100	24/24	32/32	21/21	12/12	11/11	天一阁本
八年	100	26/26	30/30	22/22	12/12	10/10	天一阁本
正统元年	100	26/26	30/30	18/18	15/15	11/11	天一阁本
四年	100	27/27	28/28	19/19	14/14	12/12	天一阁本
七年	150/148	40/27.03	43/29.05	27/18.24	20/13.51	18/12.16	天一阁本　2 人本经不清
十年	150	41/27.33	43/28.67	26/17.33	20/13.33	20/13.33	汇编本
十三年	150/115	31/26.96	34/29.57	20/17.39	16/13.91	14/12.17	天一阁本　35 人信息残缺
景泰二年	200	59/29.50	59/29.50	34/17	24/12	24/12	天一阁本
五年	350/349	100/28.65	107/30.66	64/18.33	39/11.17	39/11.17	天一阁本　1 人本经不清
天顺元年	300/246	74/30.08	73/29.67	43/17.48	28/11.38	28/11.38	天一阁本　54 人信息残缺
四年	150	47/31.33	42/28	27/18	18/12	16/10.67	天一阁本
七年	250/246	79/32.11	71/28.86	45/18.29	24/9.76	27/10.98	天一阁本　4 人本经不清
成化二年	350/345	115/33.33	93/26.96	63/18.26	35/10.14	39/11.30	天一阁本　5 人本经不清
八年	250/248	81/32.66	70/28.22	47/18.95	24/9.68	26/10.48	天一阁本　2 人本经不清
十一年	300	104/34.67	83/27.67	57/19	27/9	29/9.67	北京图书馆古籍珍本丛刊本

续表

科次	中式额/有效数据	诗经	书经	易经	礼记	春秋	备注
		人数/比例	人数/比例	人数/比例	人数/比例	人数/比例	
十七年	300/299	106/35.45	78/26.09	63/21.07	25/8.36	27/9.03	天一阁本 1人本经不清
二十年	300	109/36.33	78/26	61/20.33	25/8.33	27/9	天一阁本
二十三年	350	135/38.57	88/25.14	74/21.14	25/7.14	28/8	天一阁本
弘治十二年	300/285	103/36.14	70/24.56	71/24.91	21/7.37	20/7.02	天一阁本,14人信息残缺,1人本经不清
十五年	300	112/37.33	70/23.33	76/25.33	21/7	21/7	汇编本
十八年	300/282	102/36.17	65/23.05	74/26.24	21/7.45	20/7.09	天一阁本 18人信息残缺
正德六年	350/349	134/38.4	80/22.92	92/26.36	22/6.3	21/6.02	天一阁本 1人本经不清
九年	400	151/37.75	90/22.5	106/26.5	27/6.75	26/6.5	天一阁本
十二年	350	129/36.86	79/22.57	95/27.14	22/6.29	25/7.14	天一阁本
嘉靖二年	400	151/37.75	85/21.25	109/27.25	25/6.25	30/7.5	天一阁本
八年	320	116/36.25	70/21.88	87/27.19	21/6.56	26/8.13	天一阁本
十一年	320/304	110/36.18	67/22.04	85/27.96	17/5.59	25/8.22	天一阁本 16人信息残缺
二十年	300	108/36	64/21.33	84/28	19/6.33	25/8.33	汇编本
二十三年	320	114/35.63	70/21.88	90/28.13	20/6.25	26/8.13	天一阁本
二十六年	300	105/35	60/20	88/29.33	21/7	26/8.67	天一阁本
二十九年	320	111/34.69	65/20.31	94/29.37	22/6.88	28/8.75	天一阁本

续表

科次	中式额/有效数据	诗经	书经	易经	礼记	春秋	备注
		人数/比例	人数/比例	人数/比例	人数/比例	人数/比例	
三十二年	400	140/35	82/20. 5	120/30	26/6. 5	32/8	天一阁本
三十五年	300	104/34. 67	62/20. 67	91/30. 33	19/6. 33	24/8	天一阁本
三十八年	300	106/35. 33	62/20. 67	89/29. 67	19/6. 33	24/8	汇编本
四十一年	300	106/35. 33	62/20. 67	89/29. 67	19/6. 33	24/8	天一阁本与汇编本同
四十四年	400/399	141/35. 34	77/19. 3	123/30. 83	26/6. 52	32/8. 02	天一阁本　1人本经不清
隆庆二年	400/398	145/36. 43	77/19. 35	121/30. 4	26/6. 53	29/7. 29	汇编本　2人本经不清
五年	400	143/35. 75	77/19. 25	124/31	26/6. 5	30/7. 5	天一阁本
万历二年	300	106/35. 33	61/20. 33	90/30	19/6. 33	24/8	天一阁本
五年	300	104/34. 67	61/20. 33	93/31	20/6. 67	22/7. 33	天一阁本
十四年	350	122/34. 86	71/20. 29	108/30. 86	22/6. 29	27/7. 71	汇编本
二十九年	300	102/34	64/21. 33	91/30. 33	20/6. 67	23/7. 67	汇编本
四十七年	350/347	118/34. 01	73/21. 04	106/30. 55	23/6. 63	27/7. 78	汇编本　3人本经不清
崇祯四年	350	118/33. 71	76/21. 71	106/30. 29	24/6. 86	26/7. 43	天一阁本《崇祯四年进士履历便览》
七年	301	102/33. 89	63/20. 93	92/30. 56	21/6. 98	23/7. 64	天一阁本《崇祯七年进士履历便览》
十年	300	102/34	63/21	91/30. 33	21/7	23/7. 67	天一阁本《崇祯十年进士履历便览》

说明:(1)此表所据资料主要来自"明代登科录汇编"和"天一阁藏明代科举录选刊",凡属会试录类,"备注"中仅注明版本,前者简称"汇编本",后者简称"天一阁本"。"便览"以及其他来源的会试录,"备注"中则注出具体文献名与版本。

(2)由于百分比采取四舍五入法,某些科年五经的百分比总和未必恰合100%。

根据表中五经比例数据制出下面“明代会试中式者五经比例迁移图”。

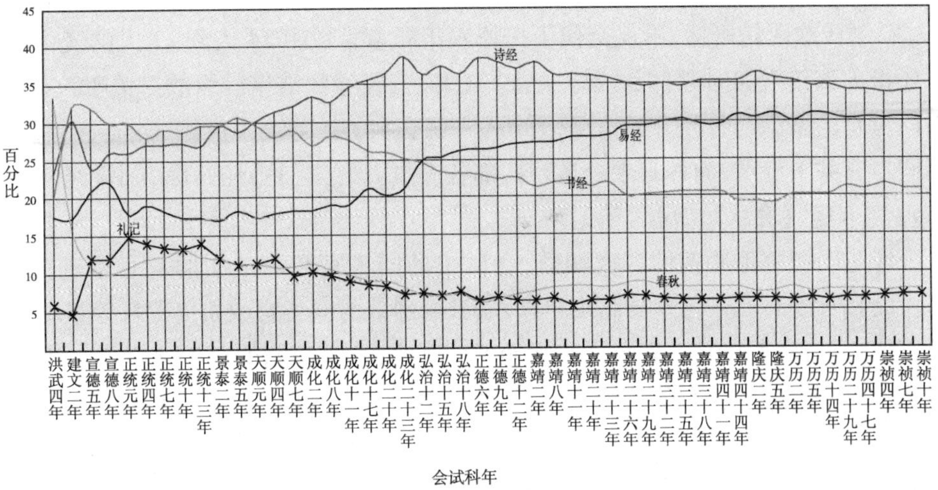

图 2　明代会试中式者五经比例迁移图

从会试中式者五经比例的变化轨迹可以看出:在天顺朝前后,《诗》、《书》二经在中式者的比例一直位居前列,故为《诗》、《书》等经增加会试同考官也合乎情理。且从此后的实际情况看,同考官数与五经房数的变动也主要由此引发。

2. **成化十七年会试同考官数与五经房数皆由 12 增至 14**

天顺四年所定会试同考官 12 人之制,一直沿用到成化十四年[57](1478 年)。这 12 名同考官,对应到五经上,是《易》、《春秋》、《礼记》三经各 2 名,《书》、《诗》二经各 3 名[58]。然而这种分配方案在成化十七年(1481 年)碰到了问题。此年正月,各地汇总来的信息表明:在二月即将举行的会试中,《书》、《诗》二经“试卷加多”。因此礼部提议为此二经各增加一名同考官。宪宗认可了礼部的意见,认为,“科举取士,务在得人”,假若人手不够,鉴别不精,便难避免滥进。既然《诗》、《书》二经试卷较往年增多,每经可增加同考官一人,“庶得详于校阅,而人才无遗也”[59]。这样,成化十七年会试同考官较前又增加 2 名,达到 14 人,并在该年会试中得到执行[60]。经过此次调整,五经房数也因之增至 14 房。如“会典”称,“(成化)十七年,令会试同考官《书》、《诗》经各增一员”[61]。关于此次变动的原委,《礼部志稿》中也有记载[62],不赘。

3. **正德六年会试同考官数与五经房数皆由 14 增至 17**

成化十七年调整后的规定,一直沿用到正德三年[63]。正德六年(1511 年),令增会试同考官为17员。对于此次变动,此年会试主考官刘忠在该年《会试录序》中云:“旧制:同考合五经分房为十四人。近以《易》、《诗》、《书》卷浩繁,各增官一。”[64]刘氏这两句概括,不仅交代了正德六年同考官数由14人到17人的变化,同时还指出该年增加同考官是《易》、《诗》、《书》三经卷数浩繁的缘故。关于该科17名同考官的来源与各经分配情况,万历《大明会典》中交代:“正德六年,令增会试用同考官共十七员,翰林官十一员,科、部各三员。内分《易》经四房、《书》经四房、《诗》经五房、《春秋》二房、《礼记》二房。”[65]

经过明初至正德朝的多次调整,会试中的同考官数由最初的4名累进为17名。而且自景泰朝五经专员制确立以来,五经房数与同考官数始终保持等量增长,至正德六年,房考与五经房数同步增至17,至此,十八房制似已呼之欲出。不过,17人之制历经正德、嘉靖、隆庆三朝[66],运行75年,至万历十四年(1586年)因新情况的出现才让位于新的制度。

4. 万历十四年会试同考官数与五经房数首次增至18

万历十四年正月,礼部在题奏会试事宜时云:“至于经房,额设一十七员。《书》、《易》经旧例各有四房。《易》经卷多,合增一房。”[67]礼部根据掌握到的《易》经卷多的情况,奏请在即将举行的会试中为《易》经增加一房,即由原先的4房增至5房。这一提议得到神宗的同意,这样五经房数也相应地由17房增为18房[68],同考官也由17人增至18人。

此次经房变动的直接原因是《易》经人数增多。实际上,在会试五经房数与同考官的设置中,《易》经房数与考官不足的问题早在万历八年(1580年)便已出现,只不过当时《书》经人数相对于同设为4房的《易》经来说要少一些,便采取了“省《书》之一以增《易》房”[69]的做法,即在不增加总房数的情况下暂时解决了《易》经房数与同考官不足的问题[70]。这一做法又被万历十一年(1583年)会试沿用[71]。王锡爵在万历十四年《会试录序》中曾云:“先是科臣条议,以人文日盛,议广制额;以《易》、《书》分考官更署不便,议广员额,有诏皆可。”[72]其间“《易》、《书》分考官更署不便”,当是指万历八年和十一年会试时《易》、《书》两经房考官损益之事。然而,及至万历十四年会试时,不仅《易》卷仍多,且“《书》卷复多”。面对这种境况,先前损《书》房而增《易》房的暂时性做法已无法奏效,于是礼部特为奏请,乃增加“翰林一人,以补《书》经之缺”[73]。这样,明代会试中首次出现“十八房”。

自天顺至万历十四年间,会试中五经房数和同考官数曾发生过多次变动,从臣僚奏请的理由中可以察出,这些变动多由应试者五经人数或比例的变化而引发。

这从前面的"明代会试中式者五经比例迁移图"中也可得到很好的说明。从会试中式者五经比例的变化轨迹可以看出:《诗》、《易》二经总体上呈上升趋势。尤其是《诗》经,自天顺元年(1457 年)后,在中式者中所占比例就一直位居首位;成化十一年(1475 年)逼近 35%,成化二十三年达到峰值 38.57%,此后虽有回落,但至万历十四年也一直保持在 34% 以上。《易》经,在弘治前,中式者比例一直低于《书》经,但自弘治十二年(1499 年)反超之后,在中式者总量中稳居第二;自嘉靖四十四年(1565 年)后,中式者比例一直在 30% 以上;万历十四年即因该经卷数增多而增加房数与同考官。《书》经中式者自弘治朝起虽退居第三,但除嘉靖四十四年、隆庆二年和五年 3 科外,在中式者总量中的比例仍维持在 20% 以上。故万历十四年之前,同考官数的增加多由《诗》、《书》二经或《诗》、《书》、《易》三经人数的增多而引发。而《春秋》和《礼记》的情况则有所不同。在明初数科会试中,《春秋》经中式者比例还是比较高的,尤其是洪武四年会试,以该经中式者占 33.33%,此后直线下降,与一直处在低位的《礼记》接近。成化以后,《春秋》和《礼记》两经中式者比例处在 5%—9% 之间,故在明代会试中,从未因《春秋》、《礼记》二经人数增多而引发同考官与房数的变动。

当我们在强调应试者五经人数变化引发会试同考官数与五经房数变化时,一定要注意隐藏其后的应试人数问题。从图 1"明宣德至万历间会试人数变迁图"可以看出,宣德五年明代会试人数仅 2000 人。该科会试同考官 8 人,每位同考官每场需评阅 250 位考生的试卷。借用清顺治二年所定 250 卷—300 卷分为一房的标准[74]计算,该科同考官配置适当,改卷量略有宽松。随后,应试人数在经历了正统朝的短期下降后再次上升,于景泰五年达到 3000 人。史籍有明确记载的明代会试同考官数的制度性上调也始自该年。此后会试人数一直在盘旋上升,至嘉靖、万历朝,最高年份皆达 4600 人。从应试人数整体增长的形势看,同考官数的增加势在必然。因此,万历十四年出现十八房,也是明代会试达到较大规模的一种反映。只是景泰以后实行五经专员制,这样在臣僚请求增加同考官与房数的奏请中,更多地强调了应试士子五经人数的变化,从而弱化或遮掩了应试人数增长情况的反映,实际上五经人数的变动是以总体考生人数的增加为依托的。

三、明万历十四年后会试同考官数的波动与清雍正元年十八房制的最终稳定

（一）万历十四年以后明代会试同考官数与五经房数的变动

1. 万历四十四年会试同考官数与五经房数皆由18增至20

会试分为18房、同考官18人制度在万历十四年之后曾多次被沿用[75]，但并未定制，故赵翼云，“明制亦有不定十八房者”[76]。

万历四十四年（1616年），因给事中余懋孳建议，同考官由18人增至20人。余氏奏请，因上年年末增加礼部官员为同考官所引发。万历四十三年十二月，礼部在申饬会场事宜时提出：“房考诸臣，翰林、科、部皆有定员，惟本部无之，似为缺典。况乡试已复旧遣，会试不宜独遣，合无增设本部司官一房充同考试官，以便分阅。”礼部是负责科举考试的机构，提议从本部选充一名同考官似也自然，因而神宗“依拟”[77]。会试同考官便因此增至19人。消息既经传出，礼科马上做出反应。次年正月，礼科给事中余懋孳等言：“房考之设，以试卷之多寡为增减”，万历十一年之前，“会试止十七房，《诗》经五，《易》、《书》各四，《春秋》、《礼记》各二”。十一年“以《易》卷多，遵省《书》之一以增《易》房，仍十七。此分经之定额也。十七房，用翰林十一人，六科三人，六部三人，此衙门之定额也”。至万历十四年，“《书》卷复多，而《易》不可裁，于是增十八，以翰林充，是翰林增一人矣。今议再增一人，以礼部充，是六部亦增一人矣。六科可独缺乎？且如增《诗》而不增《易》，事有劳逸，阅有详略，士子宁贴服也”？余氏等人从衙门定额、五经人数两方面立论，提出自己的主张，神宗旨“下部议”[78]。礼部左侍郎何宗彦在随后的“覆奏会场要务内言：各省乡试取中不满百人，犹有十四五房分阅。会试取数已逾五倍，而分考不及二十人，翻阅未详，宜从科臣请，增《易》一房，则词臣十二人，科、部各四人，非特人数适平，亦且分阅较易”。神宗从之[79]。这一新制随即行用于万历四十四年的会试中[80]。

从上述变动原委可以看出，此次会试同考官的增加，实因中央部门间攀比与制衡而引发。理由有三：其一，从上述事件发生的时间与关联性看，余氏奏请言词中“六科可独缺乎”已明显具有攀比之意。其二，余氏做法为后来者仿效。天启二年（1622年）正月，“时台臣李日宣请添房考，科道一体入帘。大约以十三道与六科体统相等，科臣入内而独遗台臣于外，非所以平科道之观也。且各部尚得同馆科而

入，何独于台臣而遗之”[81]？从李氏奏请中可以看出，他是仿效礼科的做法。其三，该年同考官的增加与应试人数应无太大关系。万历四十四年应试人数在该科会试主考官吴道南所作“会试录序”中未有记载[82]。从前面的图1看，自嘉靖二十六年至万历十一年（1547—1583年）近40年间，应试人数基本上在4300—4600之间波动，未大起大落，表明自嘉靖中期以来会试应试人数已由明前中期的较快增长进入相对稳定阶段。万历二十年代和三十年代的会试人数大体也是这个规模，如万历二十六年参试人数是“四千六百有奇”[83]，三十二年“待试者四千七百有奇”[84]，其人数增长与嘉、万以来缓慢态势基本相似。当然，万历四十四年的会试人数在此基础上会有所增加，因在万历三十七年、四十一年明廷先后为辽东、陕西各增加了5名乡试解额，万历四十三年又上调了除上述两地外全国绝大多数直省的乡试解额。乡试解额上调固然会引发万历四十四年会试人数的增加，但因调整幅度有限，对总量影响不会太大[85]。

会试同考官增加中所出现的类似余氏的攀比做法，当与世风相关。因为，自宋代以来，科举考试已成为选拔官僚的主要方式，世人对科目的追捧以及会试中考官与举子间也即座主和门生间关系的结成，充任考官掌典文衡被视为恩遇。道光二十五年（1845年），曾国藩曾任会试同考官，他在家书中这样写道：“三月初六日，余发第二号家信。是日皇上天恩，余得会试分房差。”[86]多次担任乡、会试考官则被视为皇朝盛事，如王世贞《皇明盛事述四》中就列有《六主乡会文衡》、《两主会试》、《三举乡试》、《十知贡举》、《连主乡会试》等条[87]，《清朝贡举年表》卷一中也列有《连典乡试》、《连典礼部试》[88]等条。正因为有这样的风气和认同标杆，于是各级衙门便不失时机地为本部门争取机会。另外，从历史上看，科场堪称易生是非之地，尤其是权臣的介入，更使科场变成腥膻场所。决策者出于制衡需要或者防范考虑，有时也会同意甚至主动增加同考官。

万历四十四年同考官增加至20名，是明代会试史上同考官数首次达到的最高数字，20房也是明清会试史上的最高房数。从此后的情况看，会试二十房制未能如《明史·选举志》所说的“至明末未变”，其在启、祯两朝经历过多次震荡。

2. 天启五年会试同考官数与五经房数皆由20降至15

万历四十四年所定会试20名同考官制，于万历四十七年又行一科[89]后，历史便进入天启朝。天启朝共举行过两次会试，分别在天启二年（1622年）和五年。虽然未能睹见这两科“会试录”，但相关文献对同考官皆有记载。先看天启二年会试，据《两朝从信录》载，此年二月钦定会试考官是：“会试主考何宗彦、顾秉谦。房考彭凌霄、施凤来、李孙宸、姜逢元、孟绍虞、李光元、韩日缵、钱龙锡、罗喻义、贺逢圣、林釪、丁乾学、薛凤翱、蔡思克、惠世扬、周希令、王洽、耿如杞、桂绍龙、杨嗣昌。”[90]根据这份名单可以确定,该年会试的同考官是20名,与万历四十四年、四十七年的人数相等。但至天启五年,会试同考官数却发生了变化。据“实录”载,天启五年(1625年)二月初五日传谕,会试房官止用15员[91]。次日,熹宗“命大学士顾秉谦、魏广微为会试考试官。左谕德杨景辰,右谕德萧命官,修撰庄际昌,编修朱继祚、侯恪、张翀、姜曰广、孔贞运,简讨姚希孟、杨世芳、胡尚英、吴士元,都给事中许崇礼、罗尚忠,吏部郎中白储瑫,为同考试官”[92]。《两朝从信录》对此科会试考官的姓名也有记载[93]。经过比对两书,除3位同考官名字写法有异外[94],所载同考官数均为15名,表明此年会试同考官较天启二年少了5人。顾炎武关于该年五经房次的记载也与之一致。此年,“《易》、《诗》仍各五房,《书》三房,《春秋》、《礼记》各一房,为十五房”[95]。由顾氏所载,还可进一步得知,此年的调整是通过五经各减一房来实现的。此次会试的同考官数和五经房数皆由20降为15,这是会试同考官数与五经房数自景泰五年增长以来的首次下降。

3. 崇祯朝会试同考官数与五经房数在18与20之间的波动

崇祯朝共计17年,先后在元年、四年、七年、十年、十三年、十六年共举行过6次会试。其间同考官数与五经房数不尽相同,经历了由20下降到18再反弹到20的过程。

崇祯元年(1628年)正月,礼部条陈会试十事,其中第一事即“复房考”。礼部陈述的理由是:万历四十四年“更十八房为二十房”,四十七年因之。天启五年却“裁为十五房”,使“较[校]阅不备”,故“请仍复二十房之旧”。随着所奏十事的全部“允行”,二十房之制得以恢复[96]。此年会试是崇祯帝即位之首科,大臣多以此请求广额推恩。故有史籍载,“是科以登极恩,中进士三百五十人,房考二十人”[97]。

然而二十房之制此后未能沿用下来。据《崇祯四年进士履历便览》、《崇祯七年进士履历便览》和《崇祯十年进士履历便览》[98]前面所附会试同考官统计,崇祯四年、七年和十年3科会试的同考官皆为18人。

崇祯十三年、十六年的会试同考官信息因记载方式或存本残缺的原因未能直接获得,如《崇祯十三年进士履历便览》[99]前并未附载该年会试考官的信息,笔者只能通过履历中所载进士会试中式时的本经和房数间接推断。这样做的依据是:明代殿试,告殿(指未参加殿试)与补殿情况皆少,各科进士多由该年会试中式者参加殿试而成[100]。具体到该科而言,告殿者5人,补殿者1人。因而,综合分析进士履历中中式者的本经与房次便能推知该年会试的五经分房情况,进而获得同考官人数信息。《崇祯十三年进士履历便览》中显示的《诗》、《易》二经的最高房次皆为“五房”,《书》经的最高房次是“四房”,这样《诗》、《书》、《易》三经的房数应为14房。但《春秋》、《礼记》二经最多只有两房,故进士履历中一般只记其中式时的本经是《春秋》还是《礼记》,而不记其房次。另据所掌握的五经分房情况看,自嘉靖以来,除却天启五年五经各减一房外,《春秋》、《礼记》向为两房,故各按2房推算。这样,崇祯十三年的会试五经房数应是18房,同考官也应是18人。这一推算结果与顾炎武“崇祯辛未”会试五经分为“十八房”的记载一致。至于明朝最后一次会试即崇祯十六年会试,幸存的《崇祯癸未科进士三代履历》[101]前面有残,仅存《书》经第四房以及紧邻的《春秋》、《礼记》二经4位同考官的姓名,从“书四房”的表述及其所处位置看,此科《书》经仅4房,即此知《春秋》、《礼记》、《书》三经的同考官总数是8人。另从进士履历中觅得,此科进士会试时由《诗》、《易》二经中式者的最高房数皆为“六房”,据此可以推知,《诗》、《易》二经的总房数为12房。再加上前述三经的房数,该科会试的五经总房数是20房,同考官数是20人,与前引顾炎武所记该年的总房数一致。

综上可知,正如顾炎武所记载的那样,崇祯朝会试同考官数与五经房数经历了由20到18再到20的波动与反复。到崇祯十七年,因清入关,全国意义上的大明王朝终结,明代会试同考官数和五经房数皆定格在20。20名同考官之制便成为清初可依循的前朝旧制,而它在明末所处的不稳定状态似也为清代的调整提供了根据。

(二)清初同考官数的变动与十八房制的最终稳定

1. 顺治十五年申明十八房制

关于清代会试同考官数,乾隆《大清会典》载:凡同考官“会试十有八人,列翰、詹、给事中、部曹,各疏请简用”[102]。赵翼则称:“本朝酌定中制,《易》、《诗》各五房,《书》四房,《春秋》、《礼记》各二房,共十八房。”[103]实际上,这里的“十八人”、“十八房”应是对定制时期会试同考官数与五经房数的概括,清初的情况并非如此。

清朝入关的顺治元年(1644年)即下恩诏,以“二年秋八月举行乡试”,“三年春二月举行会试”[104];二年,又仿明代制度定各直、省乡试解额[105],有清一代的科举考试就此拉开帷幕。顺治朝围绕会试同考官数先后发布过两道旨令:一是顺治三年的20人之制,另一则是顺治十五年的18人之制。

顺治三年(1646年),清廷举行首科会试。此年正月,礼部以龙飞首科为由,请求增广“其中式名额及内帘房考官”。得到允旨,“中式额数准广至四百名,房考二十员”,但同时规定,“后不为例”[106]。故嘉庆《大清会典事例》称,“三年奉旨,首科人文宜广，用房考二十员。后不为例”[107]。从上引资料看，顺治三年会试用同考官20员，出于首科的考虑，但若与明后期尤其是崇祯十六年会试20名同考官的做法联系起来看的话，顺治首科会试同考官选用20人与前明的做法当有一定的历史关联。

顺治四年会试时，因三年允准20名同考官时即有“后不为例”的说法，故在四年二月命“同考官用十八员”[108]，较首科减少2员。

至于顺治六年至十八年间6次会试的同考官数，《清世祖实录》等未载。清人法式善（1753—1813）所撰《清秘述闻》之“同考官类”对顺治至嘉庆初年各科会试之同考官姓名、身份进行了逐次记载[109]。法式善，“乾隆四十五年进士，历任左庶子、国子监祭酒、侍讲学士等官”，所撰“《清秘述闻》与《槐厅载笔》都是记载清代科举考试的专著，前人称之为‘科名故实二书’”[110]。时人朱珪称此二书“实事求是，文献足征”[111]；翁方纲称述道：“自其为讲官学士时，辑录制科、贡举、官职、姓氏之类，无不备具。洎先后任司成，课业之暇，掊摭诸家集部、说部凡有关于科目者，皆分条掌记焉。”[112]从其《槐厅载笔》卷首所录参考书目看，翁氏所言不虚。故法式善《清秘述闻》及他人仿此体例而作的《清秘述闻续》及《清秘述闻再续》[113]也将是我们讨论清代会试同考官数时重要的参考文献。兹将其所记顺治朝会试同考官数制成表2。

表2　《清秘述闻》所记顺治朝会试同考官数

科年	三年	四年	六年	九年	十二年	十五年	十六年	十八年
同考官数	20	17	21	20	20	20	20	20

从表2可以看出，顺治朝8次会试所用同考官多是20人，仅四年、六年例外。对于《清秘述闻》的这些记载，同样熟谙清朝典章制度的吴振棫（嘉庆十九年进士），对法式善所记顺治四年（丁亥）、六年（己丑）的同考官数提出异议：“按：《清秘述闻》载，顺治丁亥会试十七员，己丑会试二十一员，恐是脱漏。”[114]顺治六年同考官数，未见他书记载，吴氏也未做补正。但顺治四年会试同考官数，上引《清世祖实录》有明确记载，是18人，法式善17人的记载显然不准确。至于顺治朝其余科次会试的同考官数，吴振棫未提出异议。然据乾隆《大清会典则例》记载，顺治十五年（1658年）规定：“会试同考官十有八人。内《易》经、《诗》经各五房，《书》经四房，《春秋》、《礼记》各二房。”[115]而且此后的嘉庆《大清会典事例》卷二六八、光绪《大清会典事例》卷三三四之《礼部·贡举·乡会同考官》条皆有相同之记载。

显然,法式善关于顺治十五年以后会试同考官20人的记载与之不同。导致这种差异,也可能前者是关于运作层面的记载,而后者是关于制度层面的记述。因材料尚不足征,目前还难下断论,不过值得注意的是:一是吴振棫对法式善关于顺治九年至十八年会试同考官为20人的记载未提出异议,而且吴氏在对顺治四年、六年同考官数提出怀疑后又写道:"至康熙三年甲辰会试以后,皆十八员,十八房盖自此始。"[116]将上下文所表述的意思连贯起来,似可反推,吴氏认可了《清秘述闻》关于顺治九年至十八年间会试同考官20人的说法。二是顺治朝正当清立国之始,如其他开国朝代一样,既是制度的草创期,又是立制未必即行的特殊操作期。如在顺治十五年五月,九卿等会议并题请乡、会试录取减额之事。清世祖让九卿就具体情况"再行确议具奏"[117]。至七月,此事有了结果,"更定乡、会试额数减其半"[118]。但从顺治十五年以后具体科次的进士人数[119]看,这一规定压根就未执行。综合以上情况以及当时人对法式善记载可信度的评价,顺治十五年所定会试同考官18人的规定很可能是停留在了"申明"的政策层面,并未付诸实施。尽管如此,从十五年的规定可以看出,它既规定会试同考官数是18人,同时又规定五经房数是18房,不仅与明万历十四年至四十四年间所行十八房制内容完全一致,而且也是明清会试十八房制的核心内容。因此,就制度层面言,顺治十五年的规定是清代关于会试十八房制的首个规定。尽管此制在顺治朝未必实行,但其以祖制的方式为以后的运行铺垫了基础。

2. 康熙末年房考人数的变动与雍正元年十八房制的最终确立

顺治十五年规定的十八房制,在康熙三年(1664年)的会试中被付诸实施。故后世著作多有十八房盖自康熙三年甲辰科开始的说法,除前引吴振棫之外,近人商衍鎏亦称,"康熙三年甲辰科后皆十八人,遂为定额,十八房自此始"[120]。说清代会试十八房制行用于康熙三年或许是正确的,但说自此以后会试同考官皆18人则与史实不完全相符。因为在康熙朝,虽然会试试卷一直按规定分做了18房,但每房一名房考共用18名同考官的规定并未全面遵行。这一改变发生在康熙执政的晚年。因担心每房仅一名房考会有作弊的可能,康熙五十四年(1715年)正月,谕大学士、九卿等:"房官亦属紧要。若房官有弊,主考亦无如之何。今可将一房卷令不同省房官二人同阅,如一人有情弊,发觉后,二人并坐,则各知畏惧、互相纠察矣。"[121]该制打乱了长期以来会试同考官一房一人的固定配置,使同考官数与五经房数出现了自明景泰五年以来首次不相等的情况。

对上谕中之"一房卷令不同省房官二人同阅",一般都理解为:每房2名同考官,18房共计36名。如嘉庆《大清会典事例》编纂者在此谕后加按语道:"谨案:会试房考,例用十八人,独是科用三十六员。顺天乡试同。”[122]光绪《大清会典事例》中也有相同的按语[123]。但清人法式善却留下了另样记载。在《槐厅载笔》中,他转引了一条注明是出自《科场条例》的资料云,“康熙五十四年奉上谕,会试每一房之卷令不同省房官二员同阅,如一人有情弊发觉,二人并坐,俾各知畏惧,互相觉察”。下有小字注云:“会试旧例,房考用十八员,是科《易》、《书》、《诗》每房用房考二员,共用三十二员。顺天乡试同。雍正元年才改为一人。”[124]在《清秘述闻》中,法式善所提供的康熙五十四年、五十七年、六十年3次会试的同考官名单皆为32人[125]。对于此点,法式善编著的两书似乎可以互为印证,但吴振棫认为此说“恐误”[126]。遗憾的是,吴氏未能申述理由。尽管法式善注明“三十二员”说引自《科场条例》[127],但笔者仍怀疑他的记载或征引的资料存在问题。理由有四:第一,康熙五十四年谕只强调“一房”用“不同省房官二人”,未交代对五经各房区别对待;《大清会典事例》也特别强调是“三十六员”。第二,康熙五十二年议准,顺天乡试照会试例,选用房考18人[128]。这即是说,自此年始顺天乡试也是十八房制。康熙五十六年七月,礼部请派顺天乡试正副考官,清圣祖说:“棘闱弊端甚多。此番房考官即在所开正副考官内每房派二员,其各省人著参杂派出。每房所派二人,不得派同省之人。”[129]清圣祖关于顺天乡试同考官的这一安排在法式善《清秘述闻》中得到了证实,该书所记康熙五十六年顺天乡试所用同考官即是36人[130]。这两条材料结合起来恰可说明,此科顺天乡试是18房每房皆用了2名房考,只有这样才会有36名同考官,并非前引小注中所说的仅限于《诗》、《书》、《易》三经各房。康熙五十四年谕与清圣祖关于顺天乡试每房2名同考官的表述基本一致,应是同样的含义。第三,康熙五十七年《礼记》房同样执行了一房二名房考同阅的规定。《康熙戊戌科会试朱卷》中收有《谢光纪卷》。谢光纪,山东登州府福山县学生,所习本经为《礼记》;其卷前所署阅卷、荐阅同考官为两人[131]。康熙戊戌即康熙五十七年。谢氏会试朱卷说明了两个问题:一是此科会试采用的是每房2名同考官的新制;二是《礼记》各房也是每房2名同考官,进一步证明法式善所引资料中仅《诗》、《书》、《易》三经每房2名同考官的说法靠不住。第四,据《清圣祖实录》载,康熙六十年三月,曾谕大学士等:会试“场内每房原派同考官二员,今卷面上止有一人印记,或系一人独阅,或系二人同阅,是何情由?该部严察以闻”[132]。从清圣祖此番问询中,可推知康熙六十年仍采用的是每房两名同考官的做法。这一切无不表明,康熙五十四年、五十七年、六十年会试同考官皆应为36人。另外,值得指出的是,前引嘉庆、光绪《大清会典事例》中有“独是科用三十六员”的说法,就上述康熙五十七年与六十年的情况来看,此说或当修正。

对于清圣祖为防闲杜弊、每房设2名房考的做法，后继者清世宗有不同的看法。雍正元年(1723年)二月，清世宗谕礼部曰："近科以来，皇考慎重辟门吁俊之典，于顺天乡试及会试房考官，虑其人邪正不一，特命每房各用二人同阅试卷，使之互相觉察、彼此钤制，用意良为周密。但法久弊生，一房两考官岂皆遇秉公持正之人，设有一狡黠者参杂其间，即为贤者之累。况两人或皆不肖，则朋比作奸，为弊更甚。嗣后仍着照原定科场条例，各房止用一人校阅。"[133]从谕令可以看出，清世宗重申的应是顺治十五年旧制，即会试分为18房、各房选用一名同考官的制度。随着礼部"即遵谕行"[134]之后，经历了多次变动起伏的会试同考官数与五经房数最终固定下来，定位在18房与18人的规模。这便是我们所说的会试十八房制的基本貌样。会试十八房制自雍正元年确立后，一直为以后各朝所遵循，通过《清秘述闻》、《清秘述闻续》和《清秘述闻再续》之"同考官类"所记具体朝代科次同考官的统计可以得到印证，在此不赘。

以上分阶段详述了会试十八房制于明清时期的产生与发展状况，可以看出，会试十八房制始出现于明万历十四年(1586年)，稳定于清雍正元年(1723年)，其间经历了一百三十余年。如若加上万历十四年之前会试同考官自4人至18人变化的积累期，形成过程当更为漫长。将其历时变动的轨迹描述出来，大体可以形成下述印象：自明初至万历四十四年，会试同考官数基本处于上升状态，由4人逐渐上升至20人，五经房数也达到20房。但自万历四十四年至雍正元年，升降起伏成为此期之主要特征。雍正元年定制为18房、18人之后，稳定运行至清末，随科举制废止而终结。

四、余　论

会试十八房制的出现与发展经历了明清两代，因此只有从明清一体的角度才能理解这一制度的产生与运行。单一从明代或者清代断代地去做割裂的理解，是无法把握这一制度的完整过程和其总体功能的。这一制度的产生是和明代社会逐渐发展、整体人文水平的提升紧密联系在一起的，尽管不同时期有乡试解额制度的制约，不可能为会试提供无限制的举人数量，而乡试解额自身的不断上调又为会试规模及与之相关的同考官数量的增长提供了一定的动力。虽然会试人数是在总体的增长趋势和一定限制的矛盾体中实现的，不完全和当时社会的人文发展状况相吻合，但它应是能够反映社会人文发展趋向的。嘉、万时期，会试最高参试人数已达4600人，达到明代史上的较高水平。在这种背景下于万历十四年产生的会试十八房制，自然拥有巨大的制度弹性，在该制的整体链条中，也应具有导引和参照价值，所以在经历若干波动之后，至雍正元年仍回归到十八房的规模而稳定运行。

从该制在清代会试人数可考时期内的运行情况看，十八房制所拥有的巨大弹性无疑是该制稳定运行的重要因素。关于清代会试人数[135]，目前还缺乏系统数据。就笔者接触到的材料看，在康熙六十年（1721年）二月圣祖对大学士的上谕中，有该年"通场卷数不过三四千"[136]的说法。道光二十五年（1845年）曾国藩分任房考时，当时"十八房每位分卷二百七十余"[137]。即此推算，该年的会试人数在四五千人之间。这两个数据正好处在雍正元年会试十八房制稳定运行之前和之后，可以用来考察、评估十八房制确立、运行的客观环境。康熙六十年会试是康熙朝最后一科会试，离雍正元年仅差两年，大体可以说是雍正改制时的会试规模。按顺治朝每房250卷—300卷的设计标准，18房、18位同考官可以承担的试卷量是4500卷—5400卷。就此来看，当时考生规模还未达到十八房制可以承接卷数的最低限度。而道光二十五年距离十八房制刚趋稳定时已有122年，此时会试人数虽有增加，然离十八房制能够容纳的最大量还差四五百卷。由此不难看出，十八房制所拥有的制度弹性使其在百余年后仍然具有运行空间。

值得注意的是，十八房制的稳定运行，并不意味着它就一直保持着最初面貌而未有丝毫变化。实际上，十八房制在保留其基本要素（18房、18位同考官）的同时，也发生了某些变化，最典型者当属乾隆四十二年停止按经分房的做法。如前所述，自明景泰朝始，乡、会试都是分经阅卷、按经分房。从科举考试的历史发展进程看，分经校阅是为了体现公平公正的举措。但在后来的考试中，却有人利用经房来打通关节。顺治朝即曾为此不断推出防弊之法[138]。大约在乾隆十五年（1750年），"有人奏称，欲除内帘寻查关节之弊，请将房考只分房数，不分某经房者"。但清高宗认为，"分经原以除弊，不必再为更改"[139]，没有接受这一建议。因此，乾隆四十年代以前，"向例：乡、会试同考官分经阅卷，《易》、《书》、《诗》三经卷分三四五房，《春秋》、《礼记》卷止分一二房"。但随着时事的推移，清高宗对分经校阅中存在的问题有了更为全面的认识。他认为"分经阅卷"会存在两方面的问题：首先，"以一二人专阅一经，则暗藏关节，易于识认"。其次，"各经卷多者，一房阅至数百卷，甚且多至千卷；其卷少者，一房止阅一二百卷。校阅多寡，亦太觉悬殊，办理未为尽善"。而现实中"各省主考""以一人兼阅五经卷"的做法也给他以启发。他认为，主考能如此，"房考官同系科甲出身，谅无不能阅看他经之理"。鉴于以上认识，乾隆四十二年（1777年）四月谕："着自乾隆丁酉科为始，乡、会同考试官俱不必拘泥五经分房。如房考官十人,场卷五千本,则每房各阅五百本,均匀分派。"清高宗认为,"如此各房通看,即欲呈送关节,势不能遍送多人,于防范更为周密。而各房考均匀派阅,亦不虑多寡相悬,致滋草率之弊"。故要求"将此通行传谕,并刊入《科场条例》,一体遵行"[140]。乾隆丁酉即四十二年。分房方式的这一变化在赵翼《陔余丛考》中也有反映:"本朝酌定中制,《易》、《诗》各五房,《书》四房,《春秋》、《礼记》各二房,共十八房。相沿已久。近日因同考官以经分房,有关节者易于按经寻索,特旨不复分经,但以一二为次,仍用十八人。"[141]从上述变动因由看,"各房阅卷,不必分经"[142]只是清高宗针对十八房制运行中存在的问题而采取的应对措施。这一举措不只改变了惯常的按五经分房的做法,同时也中止了分经校阅制。这即是说,自乾隆四十二年以后,十八房制虽仍在运行,但分房、阅卷的方式已发生了某些变化。从一定角度看,这一做法是对分经校阅尤其是景泰朝所确立的同考五经专员制的某种倒退,但对十八房制长期平稳运行而言,却起到了不可忽视的作用。自五经专员制确立以来,应试士子五经人数的变动一直是引发五经分房和同考官数变动的活跃因素。在一个制度体内,活跃因素过多,势必影响制度体的稳定。乾隆朝停止按经分房,实质上是消除了影响十八房制稳定的一个活跃因素,自然有利于十八房制的平稳运行。在五经人数不再成为影响同考官数变化的因素后,虽然十八房制还要面对会试人数这一变数,但由于有严格的乡试解额制度的限制,会试人数只能在一定范围内变动,难以出现应试人数无限膨胀现象。因此,从这个意义上说,停止按经分房的做法是会试十八房制在清代得以长期维持稳态运行的一个重要原因。

总之,会试十八房制是在科举考试制度漫长演进中产生并发展的,是原有制度基础与明清时期科举考试的具体政策举措结合、作用的结果。具体而言,南宋始行的分经考校之法、元代采行的五经各习一经的制度,经过明代的继承与整合,发展成为五经分房制度,为十八房制的产生奠定了基础;宋代开启的解额制度,经过明清时期的承袭完善,为十八房制的运行提供了保障。作为科举制度体系的一个组成部分,十八房制不仅在制度体内发挥作用,同时也对当时社会产生了影响,大体有二:其一,由于科举考试对于举子前程和命运的重要性,考官及考官制度自然常为士人所关注,并成为他们提及的对象;同时由于士大夫皆以充任考官为恩荣,故常乐道之。此类文字皆成为明清科举文化的组成部分。如,南直常熟人顾大韶,因有感于明末"科场取士,黑白不分"而作《敬十八房书说》,其中云:"考官者亦文章之蓍龟也,十八房其爻象也,从之则吉,逆之则凶,敢弗敬欤?"[143]又如,光绪十二年(1886年)会试,时任刑科掌印给事中的李鸿逵(字小川,江西德化人)任会试监试官。他为帘中每位同考官作诗一首，共计18首，名之为《十八房歌》[144]。其二，以十八房进士作品为内容的房稿之刻盛行，甚至影响到当时的读书风气。据沈德符《万历野获编》载，“南宫放榜后，从无所谓房稿”。万历十一年（1583年）冯梦祯为房考时，“始刻书一房《得士录》，于是房有专刻，嗣是渐盛”。至万历二十六年（1598年），已是“十八房俱全”[145]。万历四十三年（1615年）之后，房稿之刻已发展为服务于举业的四种坊刻[146]之一，在刊刻业发达的苏杭地区，“一科房稿之刻”竟“有数百部”。天下人“惟知此物可以取科名、享富贵”，以之作为举业捷径，出现了弃“他书一切不观”，“举天下而惟十八房之读读之”的局面，无怪乎学者顾炎武感叹道：“嗟乎！八股盛而六经微，十八房兴而廿一史废。”[147]

（原刊于《史学月刊》2011年第12期）

注　释

1　王亚南《中国官僚政治研究》，中国社会科学出版社，1984年，第100页。

2　顾炎武著、黄汝成集释《日知录集释》卷16《十八房》，上海古籍出版社，1985年，第1244页。

3　赵翼《陔余丛考》卷29《十八房》，上海商务印书馆，1957年，第599—600页。赵翼，生于雍正五年，卒于嘉庆十九年。从赵氏乾隆五十五年所作《陔余丛考小引》看，该书成于十余年前。今人关于“十八房”、“房考官”等相关词条的解释皆源自顾炎武、赵翼的说法，如《辞源（合订本）》（商务印书馆，1988年修订版，第217页）以及百度百科（http://baike.baidu.com/view/1437451.htm）之“十八房”条。

4　赵翼《陔余丛考》卷29《十八房》，第599、600页。

5　《明史·选举志二》，中华书局，1974年，第1699—1700页。

6　黄云眉《明史考证》（二），中华书局，1980年，第514—515页；郭培贵《明代选举志考论》，中华书局，2006年，第208—210页。

7　详情参见吴宣德《中国教育制度通史》第4卷（明代）（山东教育出版社，2000年）第479—480页及李世愉《清代科场中的考官与场官》（王天有、徐凯主编《纪念许大龄教授诞辰八十五周年学术论文集》，北京大学出版社，2007年）一文。

8　《编后记》，齐如山《齐如山回忆录》，辽宁教育出版社，2005年，第413页。

9　齐如山《齐如山回忆录》，第13页。

10　齐如山《中国的科名》，辽宁教育出版社，2006年，第122页。

11　明代史籍汇刊本，台湾学生书局，1969年影印本。

12　天一阁藏明代科举录选刊包括登科录、会试录、乡试录三种，皆由宁波出版社影印出版。本文主要利用的是该社2006年出版的“登科录”和2007年出版的“会试录”。

13　商衍鎏《清代科举考试述录》曾制作有“清代科举考试考官、场官简表”，是表设计有试别、考官、场官、科名四个项目栏。从表中内容看，他把乡试中的正副主考、同考，会试中的正副总裁、同考，殿试中的读卷大臣等皆归之于考官，余下人员如监试、提调、受卷、弥封、供给等皆归之于场官（百花文艺出版社，2004

年,第44页)。李世愉在《清代科场中的考官与场官》一文中,对考官、场官的概念进行了界定:“这里所述之考官,专指负责阅卷、分别去取、核定名次之官员,以区别于负责各项考务管理工作的场官。包括乡试之正副主考官、同考官;会试之正副总裁、同考官;殿试之读卷官;朝考之阅卷官。”(王天有、徐凯主编《纪念许大龄教授诞辰八十五周年学术论文集》,第330页)本文关于考官之义循此。

14 黄佐《翰林记》卷14《考会试》,文渊阁四库全书本。

15 《清史稿·选举志三》,中华书局,1977年,第3155页。

16 《清世宗实录》卷4,雍正元年二月丙寅,中华书局,1985年。按:本文所引清代历朝实录,皆系中华书局1985—1987年影印本。

17 《万历七年河南乡试录》,明代史籍汇刊·明代登科录汇编本。

18 《万历七年云南乡试录》,明代史籍汇刊·明代登科录汇编本。

19 《崇祯十二年山西乡试序齿录》,明代史籍汇刊·明代登科录汇编本。

20 《崇祯十二年陕西乡试录》,明代史籍汇刊·明代登科录汇编本。

21 嘉庆《大清会典事例》卷268《礼部·贡举·乡会同考官》,近代中国史料丛刊三编本。

22 乾隆《大清会典则例》卷66《礼部·仪制清吏司·贡举上》,文渊阁四库全书本。

23 参见吴宗国《唐代科举制度研究》(辽宁大学出版社,1992年)第29页。

24 《宋史·选举志一·科目上》,中华书局,1977年,第3620—3621页。

25 《元史·选举志一》,中华书局,1976年,第2019页。

26 《宋史·选举志二·科目下》,第3637—3638页。

27 顾炎武著、黄汝成集释《日知录集释》卷16《十八房》,第1244页。

28 刘海峰《科举考试的教育视角》,湖北教育出版社,1995年,第84页。

29 商衍鎏《清代科举考试述录》,第99页。

30 赵翼《陔余丛考》卷29《十八房》,第599—600页。

31 《皇明诏令》卷1《太祖高皇帝上·初设科举条格诏(洪武三年五月初一日)》,续修四库全书本。

32 《洪武四年会试录》,天一阁藏明代科举录选刊。

33 王世贞记,此年的“考试官”即后来的同考试官有翰林侍读学士詹同、国子司业宋濂、吏部员外郎原本、前贡士鲍恂、掌院吏部右侍郎顾贞5人(王世贞《弇山堂别集》卷81《科试考一》,中华书局,1985年,第1542页)。对照《洪武四年会试录》,这一说法则欠准确,该录“考试官”题名仅前4位,顾贞为“掌卷官”。

34 《明太祖实录》卷160,洪武十七年三月戊戌,台湾中研院史语所影校本。以下所引明代历朝实录,版本同此。

35 正德《大明会典》卷77《礼部三十六·学校二·科举·会试·事例》,文渊阁四库全书本。万历《大明会典》卷77《贡举·会试》(广陵书社,2007年影印本)对洪武十八年的情况做有类似记载。

36 《明史·选举志二》,第1699页。

37 《建文二年会试录》,明代史籍汇刊·明代登科录汇编本。

38 梁潜《泊庵集》卷7《序·会试录序》,文渊阁四库全书本。

39 汪维真《明洪熙、宣德间乡试解额制度的确立与运行》,《史学月刊》2009年第8期;《明代乡试解额制度研究》第2章,社会科学文献出版社,2009年。

40 详情参见宣德五年、八年,正统元年、四年、七年、十年、十三年和景泰二年之各科会试录(皆系天一阁藏明代科举录选刊本)。

41 《明英宗实录》卷188,景泰元年闰正月甲子。

42 正德《大明会典》卷77《礼部三十六·学校二·科举·乡试·事例》。

43 《明英宗实录》卷200,景泰二年正月丁未。

44 《景泰二年会试录》,天一阁藏明代科举录选刊。

45 本年会试副主考林文在《会试录后序》中记,“时就试者二千二百余人”(《景泰二年会试录》)。张朝瑞《皇明贡举考》卷4亦记,景泰二年“会试之士二千二百有奇”(续修四库全书本)。

46 清顺治二年曾定,“其房数悉以各直省科举之数为准,每房分阅三百卷或二百五十卷,计数分房,计房取官”(嘉庆《大清会典事例》卷268《礼部·贡举·乡会同考官》)。这可理解为是清代所定房考与考生间的比例关系。明代虽未见到相关规定,但就其会试人数与同考官数间的比例看,除个别科次外,也基本在这个范围。

47 《景泰五年会试录》,天一阁藏明代科举录选刊。

48 俞汝楫《礼部志稿》卷71《科试备考·试条·经房不用带考》,文渊阁四库全书本。

49 《明史·选举志二》,第1699—1700页。

50 顾炎武著、黄汝成集释《日知录集释》卷16《十八房》,第1244—1245页。

51 《天顺元年会试录》,天一阁藏明代科举录选刊本。

52 《天顺四年会试录》,天一阁藏明代科举录选刊本。

53 陆深《科场条贯》,四库全书存目丛书本。

54 谈迁《国榷》卷32“天顺三年二月壬午”条下有“增乡会试《诗》、《书》、《易》房同考官各一人”的记载(中华书局,1988年,第2084页),当系误记。理由见后面相关注释条中的说明。

55 具体数据参见张朝瑞《皇明贡举考》卷4第272、278、284页。

56 《明英宗实录》卷300,天顺三年二月壬午;俞汝楫《礼部志稿》卷71《科试备考·试条·增两京经房》。按:此次奏请的结果,只是为南、北直隶乡试中的《诗》、《书》、《易》三经各增加了一名同考官,与会试无涉。然谈迁《国榷》卷32“天顺三年二月壬午”条下有“增乡会试《诗》、《书》、《易》房同考官各一人”的说法,从“实录”所记内容看,当系误记。另,若按谈氏《诗》、《书》、《易》三经各增一名同考的说法,增加的人数应为3名,但从会试录看,天顺四年较天顺二年仅增加2人。

57 详情参见天顺七年,成化二年、八年之会试录(皆系天一阁藏明代科举录选刊本)以及《成化十一年会试录》(北京图书馆古籍珍本丛刊本)和《成化十四年会试录》(《皇明程世录》卷3,南京图书馆藏)。《成化十四年会试录》委托时在南京大学历史系攻读博士学位的赵长贵同志代为查抄,特致谢意。

58 《明宪宗实录》卷211,成化十七年正月癸巳;俞汝楫《礼部志稿》卷71《科试备考·试条·增经房员数》。按:从12名同考官所对应的五经分房情况看,天顺四年所加两名,应是分别为《书》、《诗》二经各增加了一名同考官。景泰五年10名同考官,应是按金达的意见,为五经各设两名同考官。

59 《明宪宗实录》卷211,成化十七年正月癸巳;俞汝楫《礼部志稿》卷71《科试备考·试条·增经房员数》。

60 《成化十七年会试录》,天一阁藏明代科举录选刊本。

61 正德《大明会典》卷77《礼部三十六·学校二·科举·会试·事例》。

62 俞汝楫《礼部志稿》卷71《科试备考·试条·增经房员数》。

63 详情参见成化二十年、二十三年,弘治十二年、十八年之会试录(皆系天一阁藏明代科举录选刊本)和

《弘治十五年会试录》(明代登科录汇编本);弘治三年、弘治六年和正德三年会试之同考官数,分别参见徐溥《谦斋文录》卷2《序文·会试录序》、李东阳《怀麓堂集》卷28《文稿八·序·会试录序》和王鏊《震泽集》卷12《序·会试录序》(皆系文渊阁四库全书本)。

64 《正德六年会试录》,天一阁藏明代科举录选刊本。

65 万历《大明会典》卷77《贡举·科举·会试》。

66 详情参见正德六年、九年、十二年,嘉靖二年、八年、十一年、二十三年、二十六年、二十九年、三十二年、三十五年、四十一年、四十四年,隆庆五年,万历二年、五年和八年之会试录(皆系天一阁藏明代科举录选刊本);嘉靖二十年、三十八年及隆庆二年之会试录(皆系明代登科录汇编本);嘉靖五年会试同考官数,见贾咏《南坞集》卷4《序·会试录序》(民国21年重刻本)。

67 《明神宗实录》卷170,万历十四年正月壬戌。

68 按:四库全书存目丛书本张位、于慎行等所纂《词林典故》,卷首张位"词林典故序"署时为万历十四年仲冬。书中"考试"条载:"凡填草榜,或各房俱在,或经房挨次上堂。榜俱副主考亲写,字号从第十八名起。"此句下有小字注道:"近增一房,从十九名起。"从该书成书时间、我们在正文所引《明神宗实录》所载万历十四年正月增加会试房数与房考原委以及《万历十四年会试录》(明代登科录汇编本)所记同考18人的情况看,《词林典故》的说法有误。万历十四年会试之前,房考与房数定额皆为17,故此前草榜填名只可能从第十七名起,正文中的"从第十八名起"当为"从第十七名起"。而万历十四年新增一房后,小字注当写做"近增一房,从十八名起"。

69 《明神宗实录》卷541,万历四十四年正月庚辰。

70 顾炎武著、黄汝成集释《日知录集释》卷16《十八房》,第1245页。

71 顾炎武著、黄汝成集释《日知录集释》卷16《十八房》,第1245页;《明史·选举志二》,第1699页。

72 王锡爵《王文肃公文集》卷1《丙戌会试录序》,四库全书存目丛书本。

73 顾炎武著、黄汝成集释《日知录集释》卷16《十八房》,第1245页;《明史·选举志二》,第1699页。

74 嘉庆《大清会典事例》卷268《礼部·贡举·乡会同考官》。

75 万历十四年所定会试同考官十八人之制的行用情况,参见万历十四年、二十九年之会试录以及《万历二十七年壬辰科历履便览》(皆系明代登科录汇编本。按:该本《万历二十七年壬辰科进士历履便览》,根据年干支及会试考官姓名综合判断,当为万历二十年之误,应为《万历二十年壬辰科历履便览》)、《万历二十三年进士履历便览》、《万历二十六年进士履历便览》和《万历三十二年进士履历便览》(皆系天一阁藏明代科举录选刊·登科录本)。

76 赵翼《陔余丛考》卷29《十八房》,第600页。

77 《明神宗实录》卷540,万历四十三年十二月戊辰。

78 《明神宗实录》卷541,万历四十四年正月庚辰。

79 《明神宗实录》卷541,万历四十四年正月辛丑。

80 吴道南《吴文恪公文集》卷14《序·会试录序(万历丙辰科)》,四库禁毁书丛刊本。

81 沈国元《两朝从信录》卷11,天启二年正月,明清史料汇编本。

82 吴道南《吴文恪公文集》卷14《序·会试录序(万历丙辰科)》。

83 沈一贯《喙鸣文集》卷4《书序·会试录序》,四库禁毁书丛刊本。

84 朱赓《朱文懿公文集》卷3《会试录序》,四库全书存目丛书本。

85 参见汪维真《明代乡试解额制度研究》第4章第1部分“万历四十三年乡试解额的大范围调整”。

86 《曾文正公家书》卷2《道光二十五年四月十五日》，曾国藩著，李瀚章编辑校刊《曾文正公全集》，近代中国史料丛刊续编本。

87 王世贞《弇山堂别集》卷4。

88 《清朝贡举年表》卷1，近代中国史料丛刊正编本。

89 据《万历己未会试录》（明代登科录汇编本）记载，万历四十七年会试中的同考官是20人；《明神宗实录》卷579“万历四十七年二月乙卯”条所列同考官也是20人。

90 沈国元《两朝从信录》卷11，天启二年二月。

91 《明熹宗实录》卷56，天启五年二月甲申。按：原文称，“房官亦炤万历初年旧例止用十五员”。然就万历二年至八年的会试录看，万历初年的同考官为17名。

92 《明熹宗实录》卷56，天启五年二月乙酉。

93 沈国元《两朝从信录》卷25，天启五年二月。

94 经过比对，3位同考官名字的写法不同，《明熹宗实录》中的胡尚英、许崇礼、白储玿在《两朝从信录》中分别写做胡尚美、许宗礼、白储炤。

95 顾炎武著、黄汝成集释《日知录集释》卷16《十八房》，第1245页。

96 《崇祯长编》卷5，崇祯元年正月丙戌，“明实录”附录四。

97 李逊之《三朝野纪》卷4《崇祯朝》，续修四库全书本。

98 此三科进士履历便览，皆系天一阁藏明代科举录选刊·登科录本。

99 天一阁藏明代科举录选刊·登科录本。

100 参见陈长文关于明代告殿情况的整体研究《明代科举中的“告殿”现象》中之“明代历科‘告殿’情况一览表”（收入氏著《明代科举文献研究》，山东大学出版社，2008年）以及汪维真《明建文二年殿试举行时间与参试人数考辨》（《史学月刊》2006年第11期）关于建文二年殿试人数的个案研究。

101 《崇祯癸未科进士三代履历》，上海图书馆藏。此科履历有关信息蒙上海社会科学院王健副研究员代为查抄，特致谢意。

102 乾隆《大清会典》卷31《礼部·仪制清吏司·贡举》，文渊阁四库全书本。

103 赵翼《陔余丛考》卷29《十八房》，第600页。

104 嘉庆《大清会典事例》卷264《礼部·贡举·乡会试期》。

105 乾隆《大清会典则例》卷67《礼部·仪制清吏司·贡举下》。按：顺治二年所定直、省解额：顺天168名，江南163名，江西113名，浙江107名，湖广106名，福建105名，河南94名，山东90名，广东86名，四川84名，山西、陕西皆79名，广西60名，云南54名，贵州40名。其总量略高于明崇祯十五年解额总量（参见汪维真《明代乡试解额制度研究》第191页表4“崇祯十五年各直省乡试解额数”）。

106 《清世祖实录》卷23，顺治三年正月甲戌。

107 嘉庆《大清会典事例》卷268《礼部·贡举·乡会同考官》。

108 《清世祖实录》卷30“顺治四年正月丁卯”条记，“允礼部请，命会试取中三百名，不必分南北中卷。同考官用十八员”。关于顺治四年会试同考官数，在私家史籍中有17人（法式善：《清秘述闻》卷13《同考官类一》，法式善等撰，张伟点校：《清秘述闻三种》，中华书局，1982年，第387—388页）和18人［胡传：《台湾日记与禀启》卷2《日记（光绪十八年初十日迄十一月初三日）》，近代中国史料丛刊续编本］两种说法。此处据“实录”，取 18 人说。

109 法式善《清秘述闻》卷 13《同考官类一》，法式善等撰《清秘述闻三种》，第 385—396 页。

110 张伟《点校说明》，法式善等撰《清秘述闻三种》，第 1 页。

111 朱珪《科名故实二书序》，法式善等撰《清秘述闻三种》，第 1 页。

112 翁方纲《科名故实二书序》，法式善等撰《清秘述闻三种》，第 2 页。

113 《清秘述闻》（法式善撰）、《清秘述闻续》（王家相、魏茂林、钱维福撰）、《清秘述闻再续》（徐沅、祁颂威、张肇棻撰）三书，1982 年中华书局出版张伟点校本时合称《清秘述闻三种》。

114 吴振棫著、王涛校点《养吉斋丛录》卷 10，浙江古籍出版社，1985 年，第 115 页。

115 乾隆《大清会典则例》卷 66《礼部 · 仪制清吏司 · 贡举上》。

116 吴振棫《养吉斋丛录》卷 10，第 115 页。

117 《清世祖实录》卷 117，顺治十五年五月壬子。

118 《清世祖实录》卷 119，顺治十五年七月戊午。

119 据清人黄崇兰所辑《国朝贡举考略》（参见《增补贡举考略》，续修四库全书本）卷 1 称，顺治朝 8 次会试，四年录取的是 300 人，十二年、十六年皆录取 350 人，三年、六年、九年、十五年、十八年皆录取 400 人。从十六年、十八年录取人数看，顺治十五年七月“乡、会试额数减其半”的规定在会试层面并未执行。又据乾隆《大清会典则例》卷 67《礼部 · 仪制清吏司 · 贡举下》载，顺治十七年题准乡试照旧额减半。此事原本在十五年即已议定，十七年再行题准，说明十五年乡、会试减额录取之规定在乡试层面也未执行。

120 商衍鎏《清代科举考试述录》，第 127 页。

121 《清圣祖实录》卷 262，康熙五十四年正月甲子。

122 嘉庆《大清会典事例》卷 268《礼部 · 贡举 · 乡会同考官》。

123 光绪《大清会典事例》卷 334《礼部 · 贡举 · 乡会同考官》，中华书局，1991 年影印本，第 950 页。

124 法式善《槐厅载笔》卷 1《规制》，近代中国史料丛刊正编本。

125 法式善《清秘述闻》卷 14《同考官类二》，法式善等撰《清秘述闻三种》，第 424—433 页。

126 吴振棫《养吉斋丛录》卷 10，第 115 页。

127 笔者查阅了今收录在续修四库全书中的咸丰二年修的《科场条例》，无此内容。法式善卒于嘉庆十八年，其所见条例当系此前所修。

128 嘉庆《大清会典事例》卷 268《礼部 · 贡举 · 乡会同考官》。

129 《清圣祖实录》卷 273，康熙五十六年七月乙酉。

130 法式善《清秘述闻》卷 14《同考官类二》，法式善等撰《清秘述闻三种》，第 426—428 页。

131 《康熙戊戌科会试朱卷》，顾廷龙《清代朱卷集成》，第 3 册，台北成文出版社有限公司，1992 年，第 57 页。本科会试中式第十名谢光纪卷前记：“同考试官吏部验封清吏司郎中加一级崔、同考试官吏科给事中吴公阅。”

132 《清圣祖实录》卷 291，康熙六十年三月庚午。

133 《清世宗实录》卷 4，雍正元年二月丙寅。

134 《清世宗实录》卷 4，雍正元年二月丙寅。

135 目前见有两种说法，一是刘兆瑸的“举人会试约六七千名”的说法（刘兆瑸《清代科举》，台北东大图书有限公司,1979年,第56页),但未交代出典;二是王德昭约七八千人的说法。他说,清代"大抵每科新中举人约1200人,历届会试未中举人来考者如以五倍计算,作6000人,则各届会试人数约七八千人"(王德昭《清代科举制度研究》,中华书局,1984年,第65页)。明清乡试实行解额制度,直省乡试皆按朝廷分配的名额录取。依照制度,只有乡试中式者才有资格参加会试,这样会试规模便主要由两方面决定,一是每年新科举人的数量,另一则是会试未中之历届举人来考者的数量。清代乡试解额经历过多次调整,根据乾隆《大清会典则例》卷67和《清史稿·选举志》所提供的直、省乡试解额计算,顺治二年所定全国直省解额大体在1400多人,乾隆九年调整后的直省解额大体在1200名,与王氏所说每科新中举人总数一致。不过,无论是王氏以历届来考人数5倍于新科举人的数字推算各科会试人数,还是刘氏约六千人的说法,可能都缺少具体时间的限定。就乾隆时期所定解额来看,此期全国乡试解额总量与明万历四十三年乡试解额体系所定规模相当(参见汪维真《明代乡试解额制度研究》第168—169页),道光二十五年会试应试者四五千人的情况与明代嘉、万时期的会试人数接近,故六千人或七八千人至多是清代某个时间点达到的比较高的数字,用来笼统地表述清代会试人数欠妥。因此,清代会试人数问题还有待学界做系统研究。

136 《清圣祖实录》卷291,康熙六十年二月己未。

137 《曾文正公家书》卷2《道光二十五年四月十五日》,曾国藩著、李瀚章编辑校刊《曾文正公全集》。

138 顺治二年曾定,各直、省乡试,"计数分房,计房取官"。"至于《春秋》、《礼记》经孤,恐易揣摩,临时听监临官兑换房分。《易》、《诗》、《书》三大经,入帘次日,亦听监临官将各房官单密送主试官,于临分卷时,照单定房,以杜关节之弊"(嘉庆《大清会典事例》卷268《礼部·贡举·乡会同考官》)。顺治十一年题准,"习孤经者,不许充孤经房考,止令拟题,听主考阄用";十四年又题准,"乡、会场不准分房阅卷",采用"同经共阅,各列衔名,详注批语"的方式(雍正《大清会典》卷72《礼部十六·礼部仪制司·贡举一·科举通例》,近代中国史料丛刊三编本)。

139 嘉庆《大清会典事例》卷268《礼部·贡举·乡会同考官》。

140 《清高宗实录》卷1030,乾隆四十二年四月乙巳。

141 赵翼《陔余丛考》卷29《十八房》,第600页。

142 于敏中《复奏太常寺卿吴玉纶条奏房考分派试卷章程事》(乾隆四十二年六月),中国第一历史档案馆藏《录副奏折》,档号:03-1174-007。

143 王应奎著,王彬、严英俊点校《柳南随笔续笔》卷3《敬十八房书说》,中华书局,1983年,第189—190页。

144 参见徐凌霄、徐一士《李鸿逵〈十八房歌〉》(《凌霄一士随笔》,《民国笔记小说大观》,第3辑第3册,第779—782页)。

145 沈德符《万历野获编》卷16《科场·进士房稿》,中华书局,1997年,第416页。

146 据载,"乙卯以后而坊刻有四种:曰程墨,则三场主司及士子之文。曰房稿,则十八房进士之作。曰行卷,则举人之作。曰社稿,则诸生会课之作"(顾炎武著、黄汝成集释《日知录集释》卷16《十八房》,第1246页)。

147 顾炎武著、黄汝成集释《日知录集释》卷16《十八房》,第1246—1247页。

清代河南巡抚衙门档案及其史料价值

段自成

清代河南巡抚衙门档案包括乾隆年间的河工档案以及咸丰至同治年间的军务档案和政务档案，共 9 函 17 册，约 100 万字。乾隆朝河工档案系乾隆四十七年至乾隆四十九年的河工档案，有 1 函 1 册。咸丰元年到同治五年的军政档案共 8 函 16 册，其中咸丰年间 11 册，同治年间 5 册。清代河南巡抚衙门档案尘封已久，知之者甚少。因而下面拟就档案的内容、特点和史料价值对清代河南巡抚衙门档案做一简单介绍。

一

现存的清代河南巡抚衙门档案属于专案汇编档案。这种专案汇编档案是以问题或事件为纲，把有关的札咨、奏折和谕旨按年、月、日顺序汇编成册。虽然现存的清代河南巡抚衙门档案由于装订者的粗心造成了一些顺序颠倒，但档案按时间排列的规律是非常明显的。

河南大学图书馆收藏的清代河南巡抚衙门档案主要是军务局、兵房、工房、刑房和吏房承办的公文。兵房承办的公文涉及的主要是官弁的考核、奖惩、抚恤等项事务。军务局承办的公文涉及的多是重要、紧急的军务。工房承办的公文涉及的主要是河工事务。吏房承办的公文主要是一般的政务。但承办单位的这种业务分工并不是绝对的。比如，与河工有关的公文并非只由工房承办，也有由军务局承办的例子。刑房并非只承办与司法有关的公文，也承办与军务有关的公文。

乾隆朝河工档案多为河南巡抚札行司、道、府的札件，以及移咨东河总督、南河总督、山东巡抚和直隶总督的咨文，还有一部分是廷寄上谕，其余的都是河南巡抚的奏稿。奏稿主要是河南巡抚富勒浑、李世杰、何裕城的奏稿，但有的奏稿是河南巡抚与东河总督韩鑅、兰第锡、山东巡抚明兴、钦差大臣阿桂、大学士嵇璜等人合奏的奏稿。

乾隆朝河工档案是乾隆四十七年到乾隆四十九年的河工资料，内容主要是黄河变迁、治河防洪、农田水利、水文气象、运河漕运、治河方略、水利行政和水旱灾害等方面的资料，其中关于黄河的子堤、防风、坝堰、沟槽、埽枕、里戗、引渠、溜势坐湾、大堤承重等方面的记载尤详。另外还有一些与治河有关的陋规摊派、社会风俗、工料价格和生态保护等方面的资料。乾隆朝河工档案主要是关于豫境黄河的河工档案。

咸丰、同治年间军政档案的公文类型分为五类：一是河南巡抚给司、道、府、军需局、标下中军、营、翼长的札件；二是河南巡抚给在皖北、山东、河南、苏北、鄂北剿捻的各位钦差大臣、督抚、提镇和都统等官员的咨文；三是河南巡抚在任期间的奏折；四是一些知府、知县、大营粮台和副都统给河南巡抚的禀帖和关文；五是皇帝的上谕。

咸丰、同治年间军务档案有关清军的资料比较多，主要包括以下几个方面：一是河南各地绿营兵的建制、规模、驻防布局、设官分职情况；二是对平捻官兵的升迁、革降、优待、抚恤、奖励等方面的资料；三是平捻清军的粮饷、武器供应，大营粮台的设置和管理，外省协剿军队的运送等方面的资料；四是涉及清朝平捻方略和军事指挥方面的资料；五是清朝军队在鄂北、豫东、豫南堵截太平军，在豫北清剿“土匪”，在河南和皖北镇压捻军等方面的情况；六是清军欺官剥民、索饷哗变的情况；七是平捻清军的兵员损失和兵员补充情况。

咸丰、同治年间军务档案中涉及起义军的资料，主要包括以下几个方面：一是捻军的组织、设官分职、军名军号、武器装备等；二是捻军在河南各地的转战经过；三是捻军的作战特点、军事指挥；四是太平军在河南及其周边地区的活动情况；五是河南“土匪”的活动情况。档案中涉及起义军的资料，都是站在清朝统治者的立场上来记载的。

咸丰、同治年间政务档案的内容比较多，主要涉及以下几个方面：一是河南的雨雪、粮价；二是黄河（河南段）的汛情、水文、堤坝以及治河款项等方面的资料；三是河南一些地方案件的审理情况；四是河南的团练、保甲情况；五是河南的灾赈情况；六是河南的驿站情况；七是河南的狱政情况；八是河南的赋税和陋规征收情况。

咸丰、同治年间政务档案的内容虽然比较宽泛,但这些档案的内容多与平捻有直接或间接的关系。

另外,河南巡抚衙门档案中还有咸丰元年陆应谷任江西巡抚期间的奏稿,主要涉及江西省的雨雪、粮价、团练、乡试银两、捐监、仓储、漕粮、水利、官员升迁、太平军活动等情况。

二

河南大学所在的开封市在清代属于河南省的首府开封府,是河南巡抚衙门的所在地,也是民国年间河南省政府的所在地,因而清代河南巡抚衙门档案流入河南大学图书馆并非偶然。

清代河南巡抚衙门军政档案的封皮上有"河南省政府封"字样,封条用的是河南巡抚衙门档案的公文纸,可见河南巡抚衙门档案在清朝灭亡后曾被河南省政府封存。乾隆朝河工档案是从民国年间的河南省通志馆流入河南大学图书馆的。因为这部分档案的一些奏折被附加上题名签,这些题名签用的是印有"河南省通志馆"字样的稿纸。河南省通志馆在1921年底成立,1935年河南省通志馆并入河南大学图书馆。出于纂修河南省通志中的《河工志》的需要,乾隆朝河工档案被河南省通志馆调阅。通志馆被撤销后,这批档案留在了河南大学图书馆。至于河南巡抚衙门的军政档案,在清朝灭亡后并没有被收入河南省通志馆。清代河南巡抚衙门军政档案的扉页上有"市民图书馆收藏"字样,而市民图书馆建于冯玉祥二次进入开封的1928年,因而这批档案应该是在1928年以后转入了开封市市民图书馆。开封市市民图书馆成立三年后就并入河南省图书馆。至于清朝灭亡后这批军政档案是如何流入开封市市民图书馆的,为什么这批档案后来没有转入河南省图书馆或河南省档案馆,以及为什么只有这一部分清代河南巡抚衙门档案流入河南大学图书馆,其余的清代河南巡抚衙门档案流落到哪里去了,这些问题由于历史记载的缺乏和当事人的谢世已无法考证。

清代河南巡抚衙门档案所涉及的文书档案的版本主要有三种:一是正本。这主要是清代河南巡抚收到的咨文、禀帖、申文和关文的原件。二是抄本。清代河南巡抚衙门档案中的抄本公文,主要是上谕和一部分陆应谷的奏折。三是稿本。稿本档案都是转发硃批上谕、奏折和奏片的札咨,一般附有上谕、奏折和奏片。转发的上谕是抄本,而转发的奏折和奏片则属于稿本,因为档案中已经注明它们属于

“附录折稿”或“附录片稿”。在清代河南巡抚衙门档案中，正本公文和抄本公文比较少，稿本公文的数量很大，约90%的档案属于稿本，其中稿本札咨多为花稿公文。下面重点分析这些花稿公文档案的特点。

花稿公文的一个重要特点是一稿多用。清代河南巡抚衙门档案的札咨就是一稿多用。凡同一内容的公文，如有两个以上受文者，只用一个稿本，正文部分共享，不同受文者分别用细字列出。根据受文者地位、职权不同而须变换的词句，也相应用细字分别列出。共享的正文占单行，细字在行间双行或多行并列。同一事由的所有札件共享一稿，同一事由的所有咨文也共享一稿，甚至同一事由的所有札件和咨文还共享一稿。札件的受文者有的多达七八个官员。咨文的受文者有的多达一二十个官员。这种一稿多用的文稿在清代称为“花稿”。

花稿公文的第二个特点是使用省略语。清代河南巡抚衙门档案中的花稿公文一般由札件、咨文和附件三部分组成。札件一般写在前。札件后的咨文，多省去具体事由，用小字“云前”、“同前”替代前面札件中提到的有关内容，用小字“云禀”替代前面提到的禀文，用小字“云申文”替代前面提到的申文，用小字“云咨”替代前面提到的咨文，用“云前稿”替代前面提到的文稿，以避免不必要的抄录。在咨文结尾的受文对象之前，常见“－咨”。这个“－”是“右”字的省略语，“－咨”誊正时需改为“右咨”。

花稿公文的另一个特点就是有修改的痕迹以及有提示誊正时需变通或注意的强调符号。清代河南巡抚衙门档案中就有许多修改符号和强调符号。比如，符号“＼”表示其标明的文字是添加的；符号“∧∨”表示删除对尖括号内的文字；符号“○”一般标在要删除的文字旁边，但省略语旁的符号“○”表示誊正时须添写省略的内容；符号“⌡”表示颠倒文字次序；符号“｜”表示其标明的文字属于地名或人名；符号“△”一般标在有附件的公文及受文衙门和受文官员的右下角，以引起誊写人员的注意；符号“√”表示行文结束，以防添补。

一稿多用，省略语、修改符号和强调符号的普遍使用，说明清代河南巡抚衙门档案中的札咨属于花稿公文。而更多的资料说明，这些花稿札咨属于定稿。

清代河南巡抚衙门档案中的花稿公文一般是札件在前，咨文在札件之后。咨文之后依次是成文时间、承办单位、承办人员和宪批。宪批下面还有河南巡抚的条戳和“行”“划”标记。“行”“划”标记之下是监印官的条戳。附录折片或附录上谕放在最后。少数附录的奏折、上谕前也有监印官条戳。

另外，清代河南巡抚衙门档案的公文普遍盖有河南巡抚衙门关防和私人雅章。在清代河南巡抚衙门档案中，正本公文的附件与主件的衔接处，一般盖有发文衙门的骑缝关防;稿本公文的附件与主件之间的衔接处,并不加盖发文衙门的骑缝关防。但不论是稿本公文还是正本公文,折面与折面的接缝处,一般加盖有河南巡抚衙门的骑缝关防。在清代河南巡抚衙门的稿本公文中,雅章的使用也是非常普遍的。在承办人员或承办单位上面,一般盖有雅章。雅章有“敬事慎言”、“镜湖明月”、“公生明”、“敬其所事”、“行”、“愿学”、“磨盾”、“拾遗曾奏数行书”等。由于存在不同承办人员上面加盖同一雅章的现象,因而这些雅章不是承办人员的雅章,而应是幕友的雅章。河南巡抚的“行”“划”标记之下也盖有河南巡抚的雅章。比如,河南巡抚英桂的“行”“划”标记下面盖的是名为“慎思之”的雅章。

清代河南巡抚衙门花稿公文档案具备完备的文书承办者、后衔、成文日期、雅章、“行”“划”标记及“河南巡抚兼提督衙门关防”等,这符合签发公文的条件。按照清代办文通例,这类文稿在正本发出后便归卷保存。因而花稿清代河南巡抚衙门公文档案属于经河南巡抚审核,可誊正外发的定稿。

清代河南巡抚衙门档案中,有大量的浮签和眉批,甚至注明了公文投递方式。档案中的浮签有的只有一字,有的字数较多。附签一般没有雅章,但个别字数较多、内容重要的浮签,还盖有雅章。比如在吴昌寿为具奏南北两路捻军旋扰豫边一折行军需局的札件中,粘附钤有“磨盾”雅章的浮签。档案中的眉批也是有的字数少,有的字数多。档案中部分札咨还注明了投递方式。比如,潘铎为奏报钦差大臣带领官兵过境日期一折移直隶总督的咨文,粘附有浮签:“部交塘发。”吴昌寿为前调马兵无庸来营事行南阳镇的札件,注明用“四百里飞递”。吴昌寿给发千总蒋尚均等人的奖札,注明“封入张翼长札内转发”。吴昌寿为会合谭军门追剿捻军事移张镇的咨文,注明用“六百里排单,飞递鹿邑至太康一带”。吴昌寿为请分兵来豫追剿发捻事移曾国藩的咨文,注明用“六百里排单,外械并发”。吴昌寿为将前调南镇马步兵一并撤回事行都司白庆云的札件,注明“用六百里,在襄城一带沿路探投”。吴昌寿为请率部前往陈州剿办发捻事移陈国瑞的咨文,注明“送营务处派弁,外械并发”。吴昌寿为催饬刘军门速赴陈郡助剿事移曾国藩的咨文,注明是“六百里插羽”。清代河南巡抚衙门的公文档案中有大量浮签和眉批,甚至注明了公文投递方式,进一步说明这部分档案的定稿性质。

三

现存的清代档案,比较常见的是中央政府的档案包括皇帝的明发上谕、寄谕以及大臣们的题本、奏折，地方政府的档案则所见不多。巡抚衙门作为省一级的政府机构，与上面的中央政府，下面的道、府、州、县，以及同级的督抚、将军、总兵和都统，都有着密切的关系，因而巡抚衙门档案是研究清代历史的重要资料。但由于种种原因，巡抚衙门档案大多没有保存下来，现存的清代河南巡抚衙门档案就显得弥足珍贵。

清代河南巡抚衙门的河工档案含有乾隆、咸丰、同治三朝的河工资料，它不仅对研究乾隆、咸丰和同治年间黄河中下游地区的治河、灾赈和漕运具有很高的史料价值，而且对研究清代的治河行政以及河督衙门与有关督抚衙门的关系也极具史料价值。河工档案中有关工料价格、农田水利、水旱灾害、生态保护、陋规摊派和基层组织等方面的记载，还是研究清代河工与地方社会关系的重要资料。另外，在高度重视黄河水患防治的今天，档案中大量有关治河技术的记载，对当今的黄河治理也有很强的历史借鉴意义。

清代河南巡抚衙门档案中的军务档案，是研究咸丰、同治年间捻军在河南活动情况以及清军对其镇压情况的重要资料。这些军务档案的整理，将有利于进一步深化对捻军起义和镇压捻军过程中有关历史人物和历史事件的研究。特别需要强调的是，由于豫东和皖北同为捻军活动的中心，河南又是捻军向西流动作战的必经之地，弄清捻军在河南的活动情况对于捻军史的研究意义重大。在清代河南巡抚衙门军务档案中，平捻档案所占比重很大，百分之八十的档案与捻军有关，档案比较系统地反映了咸丰、同治年间捻军在河南的活动情况。这些平捻档案不仅为《捻军史料丛刊》和《捻军资料丛刊征引书目》所未载，而且档案中许多咨文、札件、禀文和关文的内容在其他档案资料和文献资料中都是难以见到的，因而这类档案的史料价值更大。

河南巡抚衙门档案中的花稿公文以转发奏折、奏片和上谕的札咨为主，折、片和上谕基本以札咨附件的形式存在。这种花稿公文一般由三部分组成，即札、咨、附录折片，或札、咨、附录上谕。从这些花稿公文的组成可以看出，清代巡抚衙门政务由决策到施行的过程一般都经历了以下三个环节：一是河南巡抚在上奏后即把奏折札行下级官员，并移咨平级官员；二是皇帝收到奏折后，将圣谕经内阁公开发布，或廷寄给河南巡抚；三是河南巡抚把抄录的硃批、上谕札行下级官员，并移咨平级官员。花稿公文档案把与同一事件有关的札咨、奏折、上谕收录在一起，全面、完整地反映了地方政务从决策到施行的过程，便于我们了解有关历史事件的整个发展过程。另外，河南巡抚几乎是在给皇帝上奏的同时，将奏折的原稿札行下级官员，并移咨有关平级官员。札咨的成文时间一般在具折人上奏之后二天内，不少札咨的成文时间就在具折人上奏的当天，而清代河南巡抚的奏折一般需要四天时间才能送达皇上。这说明在河南巡抚上奏的同时或稍后，奏折的内容已经通过札咨让有关的下级官员和平级官员知道了。因此，关于清代奏折的保密实际上是对无关人员的保密，对有关人员是不保密的。

清代河南巡抚衙门档案中的浮签也是很有价值的。浮签的内容大多是对公文处理情况的说明。比如，"销"字浮签表示公文已被注销。"缮"字浮签表示文中的上谕或折片是抄录的。在吴昌寿具奏豫省两路官军击贼获胜现严饬各军进剿一折中，粘附有浮签："此次所奏，奉来廷寄。与刑房同稿。抄过。"在吴昌寿为具奏豫军攻克廖楼、龚李庄贼寨等折片奉上谕事行粮台的札件中有浮签："此件发过签了。"在英桂为具奏遵保怀庆府、许州守城出力人员一折移兵部的咨文中，粘附有浮签："查外省军营保奏人员，均系奉到谕旨咨送。此次奏保外省人员，可否俟奉旨后再行咨照，并咨两镇禀请鉴核。照圈办。"吴昌寿为具奏豫军节次进剿屡获胜仗等折片奉上谕事移曾国藩的咨文，粘附有浮签："昨日奉到廷寄一道，应分咨富副都统森保、托副都统伦布查照。该房即日缮成送核。发房。"吴昌寿为奏请将参后扫数全完欠解裁扣银两之知县开复顶戴一折移吏、户二部的咨文，粘附有浮签："部咨另发"。英桂为附奏请敕双庆等来营调遣一片移步军统领等官的咨文，粘附有浮签："奉到硃批再咨。"英桂为附奏请敕吉林黑龙江将军挑选余丁来营调遣一片移吉林将军和黑龙江将军的咨文，粘附有浮签："吉林黑龙江不行。"英桂为附奏信阳防兵实属无可抽拨一片移西凌阿的咨文，粘附有浮签："俟奉到批回，一并咨送。"另外，一些浮签是对公文内容的解释或补充。比如，吴昌寿附奏请将候补知县吴昭坤及候选知县孙邦治革职一片，粘附有浮签："尾空留一字，应由大营查填。"吴昌寿为具奏南北两路贼踪旋扰豫边一折行军需局的札件，粘附有浮签："张翼长札稿内，须写明会同宋镇并移知善副都统一体查照。"李僡为奉旨裁汰所属各营空名钱粮事行布政司的札件，粘附有浮签："即添叙移咨两镇标下各营。稿呈。"由于档案中的浮签或是对公文处理情况的说明，或是对公文正文内容的补充，因而其史料价值丝毫不亚于公文正文，其对研究清代巡抚衙门的的文书制度和行政运行机制的史料价值更大。

新中国成立后，虽然我们已经整理出版了不少清代文书档案，但还没有整理出版过花稿的清代公文档案。因此，这批花稿公文档案的整理出版，是 1949 年以来档案整理工作的一项重大突破，其对研究清代巡抚衙门的档案管理制度具有很高的史料价值，对今天的档案管理工作也有一定借鉴意义。

从档案的内容、特点和史料价值可以看出,清代河南巡抚衙门档案的整理出版意义很大。此档案由国家清史编纂委员会和全国高校古籍整理与研究工作委员会立项重点资助整理,已由中国社会科学出版社出版发行。

(原刊于《历史档案》2009 年第 3 期)

《聊斋志异》史料价值探微

柳岳武

《聊斋志异》是明末清初时人蒲松龄的短篇文言小说。基于它那集牛鬼蛇神和人间真实故事于一体的题材特点，与其批判现实、抒发情怀的写作笔法，该小说不仅在当时颇具影响，而且也博得后人喜爱。所以“料应厌作人间语，爱听秋坟鬼唱诗”[1]的评价不仅成为当时的人，而且也成为后来人对《聊斋志异》表达喜好之情的最佳概括。然而，在笔者看来，《聊斋志异》不只是一部虚构小说，更不简单是作者“妄言”、“妄听”或“冥搜镇日一编中”[2]的神鬼故事之合集，而是作者书写社会生活、讽刺人间百态时不经意间形成的明清史料集。在这些短篇故事中，不仅包含有毛泽东同志强调的中国封建时代阶级斗争的史料[3]，更包含有明末清初中国社会各方面的史料。这些史料内容复杂、种类繁多。它们虽是不同于档案史料之外的另一类史料，但却以“口述史料”或“笔记史料”的方式显示出其不同于“正规”档案史料所具备的史料价值。正是这类口述史料和笔记史料，不仅可以复原明末清初的社会原貌，而且活灵活现地再现了当时社会百态；不仅为后人更准确、更鲜明地了解此时期社会历史提供了方便，而且在某种意义上为今天乃至今后的史学工作者研究明清历史提供了一个“原形”。

细言之，《聊斋志异》中的史料可分为以下几类：经济、政治、社会文化风俗、司法、中外交往、灾荒。经济方面的史料主要囊括以下方面内容：商人经商前的社会身份，商人所在籍贯、贩卖货物种类、经商路线或活动地域范围，商人的“原始”资本和“最终资产”，明末清初部分商品和某些特殊“商品”（指买卖女性）的价格等。政治方面史料的主要内容有：明清政权交替时期社会的变迁、清军入关对普通民众心理的影响、汉人反清对中国社会造成的严重影响等。社会文化风俗方面的史料主要有：明清时人对中国传统艺术的继承、明末清初嫖妓与男风的盛行、赌博与酗酒的严重等。司法方面的史料有：明末清初社会司法的黑暗、普通民众对清官的呼唤和对社会公正秩序的渴望等。中外交往方面的史料有：中国与属国的交往（朝贡、遣使）、天朝观念影响下中国人对外域世界的想象和认识、中国朝廷对海难的救济以及中国人对西方殖民者东来的恐慌等。灾荒方面的史料有：地震、水灾、瘟疫、饥荒对各地区的破坏和民众生活的悲惨等。这些史料均包含于《聊斋志异》中，它对我们研究明清社会史，尤其是清初历史颇具借鉴意义。它不仅起到佐证档案史料的作用，而且可以起到弥补档案史料之不足的作用。对此类史料的发掘，不仅是一项进一步丰富史料的工作，也是一项破除陈见、创新史学的工作。

一、《聊斋志异》中的经济史料及价值

《聊斋志异》中的经济史料主要集中在“经商”和“物价”两大方面。“经商”方面包含了相当丰富的内容：它不仅包括商人这一主体的社会来源、商人的级别划分，而且还包括商人的地域来源，经商种类、经商路线、活动范围、生活特征、神灵信仰以及“从商”和“读书”之间的关系等（具体情况见表1）。而“物价”方面也包含了一个较为丰富的内容：它不仅包括当时各地区麦、粟的价格，而且还包括某些地区房屋的租金、一只八哥的价钱、良马的价钱、一餐饭的价钱、一栋宅子的价钱等。

1.“经商”方面的史料

据《聊斋志异》所提供的史料，明末清初从事商业活动的商人主要来源于三类。第一类是世代为商的人，他们已经形成了一个商业家族，一家人多作同类生意。当这些家族的后人在科举道路上难能获得成功时，他们的父辈往往让他们继承自己的职业，继续经商。如《聊斋志异》《罗刹海市》篇中的主人翁马骥，他的父亲就是一位商人。他虽十四岁入郡庠而“知名”，但当他的父亲衰老罢商而归后就建议其子弃学从商：“数卷书，饥不可煮，寒不可衣”，“可仍继父贾”。正是如此，马骥放弃了攻取功名之路而选择了浮海经商。[4] 另如《牛成章》篇中的牛成章则是江西的一位布商，他长期到金陵作布匹生意。当他病死后，他的儿子牛忠也继承了他的职业，到金陵去作布匹生意，后来居然成为财富一方的大富翁，财产愈万金。[5] 此类子继父业的家族商人还体现在《钱卜巫》、《任秀》等故事中，前篇故事中的主人翁夏东陵为富甲一方的富商，当其经商不善而破产后，其子夏商又继承了他的职

业，从事经商活动，最终成为暴发户。[6] 后篇故事中的主人翁任建之是山东渔台的一位作毡裘生意的商人，当他病死于陕西后，他的儿子任秀跟随其表叔张某学习经商，其经商路线改为山东至北京方向。任秀以200金起家，最终成为财雄一方的富商。[7] 第二类为书生士子弃学从商。科举之路固然是明清时期许多人梦想发家致富、飞黄腾达之途，但并不是所有人都能通过此途获得成功。“著书只为稻粮谋”[8]，既然绝大多数的读书人无法通过读书谋求生计，倒不如直接经商，以便用更为直接的途径，实现“稻粮谋”的设想。其中尤其是那些家境贫寒、生活没有着落的人家，为生计所迫，其子弟最终还是不得不放弃这一漫长而又渺茫、虽有期望却又遥遥无期的目标，弃学经商，以便解决现实生活中的柴米油盐等实际问题。明清时期社会生活中的某些商人有不少就是由那些放弃耕读的士子书生充当的，在他们经商过程中始终都没有放弃科举之梦，这一点尤其体现在明清时期的徽商身上。他们“商而好儒”，“虽为贾者，咸近士风”。[9] 此类弃读从商的商人在《聊斋志异》中也不少，其代表性人物有山东人乐云鹤、王文，河南彰德人黄某、廉某，闽人米某等。山东人乐云鹤幼时就同好友夏平子同窗共读，他们虽在当地有点小名气，但却“潦倒场屋，战则北”。不久后夏平子病逝，乐云鹤家虽不富裕，但还是尽其所能为贫友发葬，而且还救济其友遗腹子和未亡人，终因“恒产无多”而家境日蹙。在此等环境下，乐云鹤颇受冲击，他认为像夏平子那么有才华的人最终下场也只是碌碌无为、葬身科场，那么他自己在科举仕途上更没有多大的希望。他最终毅然放弃攻读，即与其“戚戚终岁，恐先狗马填沟壑，负此生矣，不如早自图也”，“去读而贾”。不到半年，他就家资小康了。[10]第三类为贫民经商者，《聊斋志异》中的代表人物有《王成》篇中的王成、《金陵女子》篇中的赵某、《夜叉国》篇中的徐某、《云翠仙》篇中的梁有才、《蕙芳》篇中的马二混、《牛成章》篇中的牛忠、《农妇》篇中的某农妇、《金和尚》篇中的金和尚、《细柳》篇中的高长怙、《画马》篇中的崔某等。农民经商原因很简单，为生活所迫。当土地所产不够填饱肚子或养活一家老小时，他们不得不通过经商的方式去挣钱谋生。其中尤其是那些当地土地资源有限、人口较多的地区更是如此。《聊斋志异》一书中在描述农民经商时也突出了此点。如《王成》一篇中的王成虽为故家子，由于性最懒，因此经商之前“生涯日落，惟剩破屋数间，与妻卧牛衣中，交谪不堪”。当他从他人处获得四十两银子的资助后就购买葛布五十余端，准备到燕京去贩卖。[11] 又如《农妇》篇中的山东淄川某农妇，因家境贫穷前往邑西瓷窑坞贩卖陶器为业，她常常挑着沉重的担子来往于邑西与颜山之间。[12]再如《金和尚》中的金和尚本是山东诸城一个无赖汉的儿子，因该无赖汉无以为生，将他以几百文钱的价格卖给了五莲寺的和尚为徒。但正是这一个小和尚却经常出入于和尚庙，在山上养猪，然后又贩卖到市场。不久后他的师傅病死了，他就拿着他师父遗留下的不多银子离开了寺庙去作生意。由于他“饮养、登垄计最工”，数年后就暴富起来，买“田宅于水坡里”。[13]

明清时期中国本土从事商业的人很多，如按商人的籍贯划分，可以说全国各地都有商人存在。[14]不仅如此，在明末清初时期中国本土还出现了商帮这一更具商业规模的商业组织或商人团体，他们以商会为中心，活跃于中国的东南西北。《聊斋志异》一书中关于商人的描写虽未发现有记载商会之处，但它对后人所指称的明清时期的中国“十大商帮”[15]情况却多有记载。而且所谓的首商等类似于商帮首领的大富商也已出现。他们不仅向其他人放贷，甚至还招收门徒，形成“帮派”。此类大商人《聊斋志异》也有记载。如《大男》篇中的永福陈翁乃豪富，“诸路商贾多出其门”。为寻找大男的父亲，陈翁调动南北的商人代为打听。[16]另如《细柳》篇中的周生经商发达后，也形成了一个商业群体：“女持家逾于男子，择醇笃者授以资本，而均其息。每诸商会计于檐下，女垂帘听之；盘中误下一珠，辄指其讹，内外无敢欺。数年伙商盈百，家数十巨万矣。”[17]

细论之，《聊斋志异》中所记载的商人籍贯主要有以下几类：（一）山东商人，他们分别为山东青州的贾某、沂水的王成、胶州的徐某、山东某地的乐云鹤、东昌的王文、赵东楼、长清的某商、青州的马二混、淄川的李翠石、某农妇、诸城的金和尚、临清的崔生、周村的某商、渔台的任建之、任秀、张某等。（二）河北商人：保定的柳芳华、河间的夏东楼、夏商等。（三）河南商人：平原的王成、中都的高长怙、彰德的黄生、廉生、开封的邓成德等。（四）山西商人：晋阳的南三复、晋人梁有才等。（五）江西商人：牛成章、牛忠。（六）顺天商人周某。（七）广西富川商人丁某。（八）福建商人米某。（九）四川成都商人奚成列、重庆商人某姓。（十）直隶的慕小寰、慕蟾宫、天津的某商等。上十大地方的商人遍布了中国的东南西北，因此《聊斋志异》中诸商人活动的情景与明清时期所谓中国的十大商帮活动的范围大致相同，即蒲松龄在《聊斋志异》中记载下的明清时期商人活动的大致情况是有根据可寻的。如其所写的广西富川商人丁某，其家居富川地方就明清社会论，是中原通往岭南的重要门户和交通枢纽，因此此时期该地人热衷于经商应是事实。[18]另如其所写的山西泽州刑德，其家泽州就是晋中通往中原的重要门户，史称“河东屏翰”。[19]

《聊斋志异》中所记载的清初时人经商的商品种类也是较为丰富的，他们可谓无所不经营。大者有食盐、布匹，甚至放高利贷，小者有酒曲、面粉、陶器、开饭馆等。如平原人王成就作葛布生意，山东沂水赵某作药材生意，青州马二混作面粉生意，淄川李翠石作酒曲生意，江西牛成章作布匹生意，河南彰德廉生作食盐生意，山东都中人狄某作绵帛生意，江南还有人到北方去作收购蝎子的生意。

关于此时期时人的经商路线和商业交易中心，蒲松龄在《聊斋志异》中也作了交代。其特点有三：其一，在某一省份内，省城是该省商人的交易中心，这就决定了从事省内贸易商人的经商路线多为家乡至省府之间。蒲松龄在《聊斋志异》中记载的四川省内的商人活动就是如此，成都成为了大多数商人的汇集之区。例如《大男》故事中重庆商人、盐亭商人都到成都去做生意。其二，在全国范围内，南京、北京、江南镇江、安徽芜湖[20]、淮北[21]，两湖地区[22]均成为重要的商品交易中心，因此各地商人多来这些地方做生意。如《聊斋志异》中记载有到北京做生意的商人，他们分别是平原的王成、山东渔台的张某、任秀，山西的刑德等；而到金陵做生意的有山东沂水的赵某，山东某地的乐云鹤，江西的牛成章、牛忠；而至两湖地区做生意的有山东东昌的王文，直隶的慕蟾宫、慕小寰；至镇江的有河南彰德的黄生，至江南的有河北河间的夏商，至安徽芜湖的有山东周村的某商，至江淮、淮北的有福建的米某和河南彰德的廉生。其三，各省内部，中国东西部之间商品交流也是比较繁荣的。如以山东省为例，《聊斋志异》中名叫奚山的人就从老家高密出发到蒙沂地区去做生意，而青州高苑的王十也到博兴地区去作食盐生意。又如长清的某商到泰安去作布匹生意，山东淄川的农妇则到颜山去作陶器生意，河南开封的高长怙也到该省内的另一城市即洛阳去作生意。同时，东西部之间的商业交往也客观存在着。如山东渔台人任建之就到陕西去作毡裘生意，山东临清人也到山西去作生意。

表 1

姓名	籍贯	经商前的身份	商品种类	经商路线	地域范围	原始资本	最终资本	出处
贾某	青州							《犬奸》
王成	平原	贫民	葛布	平原－北京	北京	40 两	30 两	《王成》
赵某	沂水	农民	药材	山东－金陵				《金陵女子》
徐某	胶州	农民			海外			《夜叉国》
柳芳华	保定	商人						《宫梦弼》
乐云鹤	山东	士子		山东－金陵			小康	《雷神》
马骥		士子			海外			《罗刹海市》
王文	东昌	士子	酒浆		楚		小康	《鸦头》

续表

姓名	籍贯	经商前的身份	商品种类	经商路线	地域范围	原始资本	最终资本	出处
赵东楼	东昌	商人			楚	万金	零	《鸦头》
某	长清	商人	贩布	长清－泰安				《布客》
南三复	晋阳	世家子						《窦氏》
梁有才	晋人	贫民	负贩			无产		《云翠仙》
某		富商	放贷					《富翁》
马二混	青州	贫民	货面			无产	小康	《蕙芳》
李翠石	蒲邑		曲					《刘姓》
牛成章	江西	商人	布匹	江西－金陵	金陵			《牛成章》
牛忠	江西	贫民	布匹	江西－金陵	金陵	数十金	万金	《牛成章》
周生	顺天	宦商	放贷				十百万	《柳生》
某农妇	蒲邑	贫民	陶器	淄川－颜山				《农妇》
金和尚	诸城	和尚	负贩	诸城		数金	暴富	《金和尚》
高长怙	中都	农民	负贩	开封－洛阳				《细柳》
崔生	临清	贫民		山东－山西		800两	万两	《画马》
黄生	彰德	书生		河南－镇江		1000两	富有	《霍女》
夏东陵	河间	商人				巨富	赤贫	《钱卜巫》
夏商	河间	贫民				1325两	暴富	《钱卜巫》
丁某	富川	富家子						《凤仙》
某	山西			山西－周村	山东			《鸮鸟》
某商	周村			山东－芜湖	芜湖		重资	《义犬》
廉生	彰德	书生	盐	河南－淮北	淮北	800两	巨万	《刘夫人》
某商			布					《布商》
米某	闽	书生		闽－淮北		200两	富有	《神女》
奚山	高密			高密－蒙沂				《阿纤》
狄某	都中				济南			恒娘
任建之	渔台		毡裘	山东－陕西	陕西			《任秀》

续表

姓名	籍贯	经商前的身份	商品种类	经商路线	地域范围	原始资本	最终资本	出处
张某	渔台			山东－北京				《任秀》
任秀	渔台	书生		山东－北京	北京	200 两	富有	《任秀》
慕蟾宫	直隶	书生		直隶－楚	两湖			《白秋练》
慕小寰	直隶			直隶－楚	两湖			《白秋练》
某商	南省		蝎	江南－临朐				《蝎商》
王十	青州		盐	高苑－博兴	博兴			《王十》
奚成列	成都	士人		闽	闽			《大男》
陈某	永福		放贷	闽	闽			《大男》
某商	重庆			重庆				《大男》
某商	盐亭			成都	成都			《大男》
某商	保宁			成都－夔				《大男》
虞小思	东昌		居积	东昌	东昌			《纫针》
王心斋	东昌	贫民				30 两	0	《纫针》
张某	不清						5000 两	《新郑讼》
邓成德	开封	塾师		兖州	兖州			《房文淑》
某商	天津						数百金	《商妇》
刑德	泽州			北京－南京				《老饕》
柳西川	胶州							《柳氏子》
某翁	楚							《贾儿》
车生	不详	贫民	贩莝		家乡		沃田二百亩	《酒友》

明清时期这些生意人的买卖情况如何，也可以通过比较他们的原始资本和故事中的最终资本得出结论。大体言之，这些生意人的买卖结果可分为三类：其一，以薄资起家，最终成为富甲一方的财富大户。如《牛成章》故事中的牛忠，初起家时从妹夫处借得资本数十金，终有财产万金；又如《金和尚》中的金和尚，初起步时是凭借其师父的些许遗金，结果却成为门徒众多的暴发户；再如山东渔台人任秀，

初有资金200金,也终成雄财一方的大户。其二,以数金起家,终虽未能大发大富,但家称小康的也不少。如《聊斋志异》中《雷曹》篇中的山东人乐云鹤,初无财产,通过经商,其家终称小康;又如《鸦头》篇中的王文,初靠卖酒贩浆为业,终也称小康;再如《蕙芳》中的青州人马二混,初无妻无产,贫困潦倒,通过经商,不仅取得了妻子,而且家称小康。其三,初为大富商,因经营不善,终沦为贫民。如《鸦头》篇中的山东东昌人赵东楼因不安分经商,终日沉醉于青楼梦好,终遭万金散尽、流落街头之祸。[23]又如《钱卜巫》中的河北河间人夏东陵初为巨商,终因骄奢淫逸、经商不善而财产丧尽。[24]纵观以上三种情况可知:明清时期尤其是清初社会人士经商也有风险,经营得当、肯于吃苦耐劳且又善于把握商机者均能获利,反之,贪图享受、策略失误者多遭破产。

2. 部分物价史料

《聊斋志异》中的不少故事对明末清初的社会物价信息多有交代,它们在某种程度上成为观察明末清初社会经济水平和消费水平的重要依据。

表2

品名	数量	总金额	单价	价位所在地	价位所处时间	出处
粟、麦	各1石	数金		平原	清初	《王成》
麦子	2石	3两余	1.5两余	湖广武陵	清初	《陆押官》
葛布	50端	40两	0.8两	平原	清初	《王成》
良田	300亩	600两	2两	平原	清初	《王成》
斗鹑	1只	600两	600两	平原	清初	《王成》
八哥	1只	10两	10两	绛州	清初	《鸲鹆》
千里马	1匹	800两	800两	山西太原	清初	《画马》
宅子	1栋	600两	600两	河北聊城	万历年间	《薛慰娘》
饭钱	1人1顿	0.1两	0.1两	湖广武陵	清初	《陆押官》
宅子租金	1栋1年	50两	50两	山东潍水	清初	《潍水狐》
塾师年薪	1人	数金	数金	河北河间	清初	《爱奴》

《聊斋志异》物价史料主要包括以下方面内容:粟、麦、葛布、良田、斗鹑、会说话的八哥、良马、宅子、饭钱等。如一石麦子的价钱约为1.5两,一端葛布的价钱约

为0.8两,良田一亩的价钱约为2两,一只会说话的八哥的价钱为10两,一个人去饭店吃一餐的价钱为0.1两。而良马的价钱在这里就很贵了,如《画马》中的临清崔生的一匹千里马卖给晋王就得八百金。此时期好房子的租金也不便宜,如《潍水狐》中的老翁租李姓宅子一套就岁出租钱50金。另外书中对教书先生一年的年薪也有交代,如《爱奴》中的河间人徐某给某家当私塾先生时,一年所得才“数金”。(具体信息参阅表2)

以上物价真实反映了明末清初时期各地区的商品价钱,如山东临清教书先生一年薪金才数金的说法是有证可寻的。蒲松龄在淄川给人当私塾先生时,东家所给一年工资最多不超过十两。而且据马瑞芳考证,明末清初时期山东地区私塾先生一年能拿到八两银子就很不错了。[25]另如清初湖广武陵地区的麦子价格,一石大约也就1—2两。因为直至乾隆四年山东济南府在雨雪天气内每石小麦的价格也才1.2两。[26]南北地区价格虽有差别,但明末清初时期中国全国粮价的波动并不算太大。因为据某些学者考证,自康熙初年至乾隆初年中国南北地区麦价大体上仍很相近,其价格大约不出1.2—1.5两/石左右。[27]再如《聊斋志异》中所载清初中国境内(平原)田亩2两/亩的价格也是有证可寻的,如《天台治略》中所载康熙年间浙江天台县田亩价格也才1.8两/亩左右,其与《聊斋志异》中所记载平原地区的每亩约2两的价格是相近的。[28]最后,清初平原地区的葛布一端的价格大概为1两左右的史料也可在同时期的其他史料中找到对应的证明。[29]正因如此,所以《聊斋志异》中所列各物价史料不仅是可信的,反过来这些史料更可成为印证清初时期各地方物价的佐证,是一种用来佐证档案史料的重要经济史料。

二、《聊斋志异》中的政治史料及价值

蒲松龄生于明崇祯十三年(1640年),卒于康熙五十四年(1715)。生于此时段的现实决定了他不仅经历了明末清初政权更替的历史岁月,而且对顺治至康熙时期中国社会政治现状有切身体会。正是如此,蒲松龄在《聊斋志异》一书中对明末清初中国社会政局变化作出了大量交代,这对后人了解明末清初时期中国政局的变化颇有帮助。更为重要的是,书中关于这方面的记载基本上都是作者或同时期亲历者的第一手口述史料。

首先,《聊斋志异》一书对明末明廷统治下各地区的骚乱做了交代。如《好快刀》一篇就对明末山东多盗做了交代,文称:“明末,济属多盗,邑各置兵,捕得辄杀

之,章丘盗尤多",某一日"捕盗十余名"。[30]这一社会多盗的现象实则暗示着明廷统治的衰落,而社会动荡不安的局面又进一步恶化了明廷的中央统治,它不仅导致了明末农民起义风起云涌,而且又为满清入关、击败明廷提供了机会。因此,关于明天启年间以徐鸿儒为首的山东白莲教起义一事,作为时人的蒲松龄在《聊斋志异》一书中也有记载。这主要体现在该书卷九《白莲教》,卷十一《白莲教》,卷十七《刑子仪》,卷六《小二》等篇目中。如关于白莲教首领徐鸿儒利用白莲教起义一事,蒲松龄在《聊斋志异》卷六《白莲教》篇中作了如下记载:"白莲盗匪徐鸿儒,得左道之书,能役鬼神……不数月,聚党以万计,滕峄一带,望风而靡。"[31]蒲松龄认为白莲教之所以能够壮大是因为其首领徐鸿儒得到了一本左道之书,故不可信,但其关于明末时期白莲教在山东起事的记载却是事实。如《明史·姬文允传》载称:"天启二年授滕县知县。视事甫三日,白莲贼徐鸿儒薄城,民什九从乱。"[32]对于白莲教这一秘密教门的神秘法术,蒲氏在第九章另一《白莲教》篇目和卷十七《刑子仪》篇中又作了记载。前者记载了一位山西的白莲教徒因善于白莲教左道,一家大小虽被捕却均以左道逃窜的故事;后一篇中却记载了滕地杨某以白莲教左道诱人妻女之事。另外卷六《小二》篇中,滕县人赵旺就追随徐鸿儒加入白莲教。不仅如此,他一家都加入了该教,其女小二还成为徐鸿儒的徒弟。[33]作者在《聊斋志异》中以四篇内容专门介绍白莲教,可见其对当时社会影响之大。更为重要的是,蒲松龄关于徐鸿儒为首的山东白莲教起义一事的内容记载却与官方正史《明实录》中的记载有着惊人的相似之处。如《明熹宗实录》称:"丙午山东白莲妖贼徐鸿儒反,攻陷郓城县,鸿儒巨野人,以左道聚众,入教者饮以迷药,妄言生当为帝为王,死当证佛作祖,转相煽惑,自畿南中州晋赵淮徐,在在有之,皆推鸿儒为教主,伪称中兴福烈帝,以伪印传旗敕,诸方一时并起,皆著红巾为号,旬日之间,远迩响应。"[34]

其次,《聊斋志异》一书对明末另一农民大起义——李自成起义的历史也有记载,其中尤其是李自成大军"犯顺"的记载最详。如《素秋》篇中就称:"三年后,闯寇犯顺,村舍为墟"。[35]虽然作者对李自成等农民起义军的破坏行为持批判态度,但他在《聊斋志异》中对李自成农民起义军在山东的破坏状况的记载却不失为一则重要的史料。李自成大军对明廷冲击,更进一步削弱了明政权的实力,它为清军入关提供了更大的便利。

随着明廷中央统治的衰弱,以及农民起义冲击下明廷的日益削弱,满洲女真人即《聊斋志异》中所谓的"北军"的入关就顺理成章了。关于女真政权攻陷辽城、占领北京、进占山东等历史事件,《聊斋志异》一书也有生动记载。如《辽阳军》一篇就记载下明朝军队与女真人军队天启元年三月间在辽城的决战情况:“沂水某,明季充辽阳军,会辽城陷,为乱兵所杀,头虽断,犹不甚死。”[36]该条史料不仅记载有明朝军队与后金军队辽阳决战胜负的情况,而且还间接地反映出明军败退时战场上的混乱状况与滥杀行为。[37]更为重要的是,它还提供了另一重要信息,即明末明廷多从山东地区捕捉壮丁去充当辽阳城的戍守士兵。

当清军占领北京后,出于对“异族”入主中原的恐惧[38]和对清军入关后奸淫掳掠行径的惧怕,[39]北京城内的老百姓被迫抛弃家业四处逃窜。关于这一历史,《聊斋志异》一书在《离乱二则》篇中做出了很好的记载。文称:“学师刘芳辉,京都人,有妹许聘戴生,出阁有日矣。值北兵入境,父兄恐细弱为累,谋妆送戴家。修饰未竟,乱兵纷入,父子分窜。女为牛录俘去。”[40]此篇虽则是作者自记当时状况,其资料极大可能是从其学师刘芳辉处得到,但却是最可靠的口述史料,它真实反映出时人所受遭遇和感受。而当所谓“北兵”占领山东地区后,蒲松龄则亲身经历了山东大乱后的局面,且对北兵在山东的掳掠妇女行为深为痛恨。因此,他在《聊斋志异》一书的不少篇目中都留下了此类记载。如《张诚》篇中就称:“豫人张氏者,其先齐人。明末齐大乱,妻为北兵掠去。张常客豫,遂家焉。”[41]

清军入关后的烧杀掳掠政策[42]以及汉人对满族统治者入主中原的“华夷大防”的反抗情绪,[43]均促使这一时期的汉人对满族统治者的中国统治加以抵抗。几乎自清军入关以来,各地汉人就先后掀起了反抗满族统治者的浪潮。这一抵抗在山东地区尤为强烈,其中的“于七之乱”就是代表。于七本是山东栖霞唐家泊村人,他在南明势力反清和南方汉族士绅阶层反抗满族统治诸活动的刺激下,乘台湾郑氏反清之机于顺治五年发起了第一次起义,但不久后他就接受了清廷的招安,第一次起义就此结束。但十三年后即顺治十八年(1661 年),于七又一次带领山东地区的老百姓起义。这次起义直到康熙元年才被镇压下去。于七于起义失败之际逃入了深山,躲过了劫难。但这两次起义却给山东人民带来了灾难。如康熙元年,时年二十二岁的蒲松龄为躲避“于七之乱”就逃入了古山村,在那里与时年十六七岁的陈淑卿相遇,陈氏因此成为了蒲松龄的第一位情人。[44]蒲松龄之所以于该年逃入深山,正在于躲避“于七之乱”,因为该年该乱正发生在他的家乡淄川一带,而且清廷对这次起义采取了残酷的镇压政策,凡与“于七之乱”有关联的人多被诛杀。如《清实录》称:“辛未,命都统济世哈为靖东将军,统领满汉官兵,征剿山东叛贼于七。”[45]关于“于七之乱”时清廷对山东人民的残酷镇压以及山东人民所遭苦难,蒲松龄在《聊斋志异》中也以当事人的身份做了许多记载。如《公孙九娘》一篇就是典型一例。文称:“于七一案,连坐被诛者,栖霞、莱阳两县最多。一日俘数百人,尽戮于演武场中，碧血满地，白骨撑天。上官慈悲，捐给棺木，济城工肆，木材一空。以故伏刑东鬼，多葬南郊。”又称：“甲寅中，有莱阳生至稷下，有亲友二三人亦在诛数。”[46]可见，此次被杀的栖霞、莱阳一带人非常多。而《野狗》一篇中作者则以另一番面目记载下淄川地区百姓遭受杀戮的惨状。文称：“于七之乱，杀人如麻。乡民李化龙，自山中窜归，值大兵宵进，恐罹炎崐之祸，急无所匿，僵卧于死人之丛，诈作尸。兵过既尽，未敢遽出。忽见阙头断臂之尸，起立如林。”[47]

其后的“三藩之乱”给中国社会，其中尤其是山东地区老百姓的影响之坏，蒲松龄在《聊斋志异》中也作了相关的记载。如《张氏妇》一篇就记载下南征的清军在山东兖郡为非作歹的行径。文称：“甲寅岁，三逆作乱，南征之士，养马兖郡，鸡犬庐舍一空，妇女皆被淫污。时遭霪雨，田中潴水为湖，民无所匿，遂乘桴入高粱丛中。兵知之，裸体乘马，入水冥搜，搒掠奸淫，鲜有遗脱。”[48]

对于康熙乙亥年（三十四年，1695 年）间清廷出征准噶尔部[49]并造成地方贪官苛刻商贾的不良后果，蒲松龄在《聊斋志异》中也有记载。因为要打仗，清廷特派官员到民间去购买马驼以搬运粮饷。而某些地方官则借机搜刮，以致汇集于山东济南府长山县周村一带的商贾多遭苛索。蒲松龄在《聊斋志异》《鸮鸟》篇中就清楚记载下这一现象。文称：“长山杨令。性奇贪，康熙乙亥间，西塞用兵，市民间骡马挲运粮饷。杨假以搜刮，地方头畜一空。周村为商贾所集，趁墟者车马辐辏，杨率健丁悉篡夺之，计不下数百余头。四方估客，无处控告。”[50]

三、《聊斋志异》中的社会文化风俗史料及价值

《聊斋志异》作为一部短篇文言小说，避开它的史实记载不论，它的其他故事即使是虚构、假设或杜撰，也仍可窥探出作者写作年代的社会风俗习惯。蒲松龄正是在现实生活的背景上去虚构他的故事的。因此，反过来，许多小故事的活动场景却是真实的明末清初社会生活。就此点论，这最突出体现在《聊斋志异》一书所反馈的明末清初社会文化风俗习惯方面。它不仅对明末清初时人对中国优良传统文化（如绘画艺术）方面的继承有所反馈，而且还对此期时人的中国传统生活中不良风俗的贪恋也进行了揭露。

《聊斋志异》一书涉及明末清初时人对中国优良传统文化继承方面的史料较多，此处仅举绘画艺术方面为例。关于明末清初的画派，蒲松龄在《聊斋志异》中有所记载。其中之一就是吴门画派。[51]吴门画派本指发轫于元，形成于明代中期，

以苏州区域为范围的一门画派,其代表人物有沈周、文徵明,它与明清之际形成于徽州地区的新安画派[52]齐名于世,而前者影响至清代中前期仍非常大。蒲松龄在《聊斋志异》一书的《吴门画工》篇中就对吴门画派在明末清初的社会影响作了专门的记载。其称有一位吴门画工专门喜欢画吕祖,以致于想象神会之间,吕祖被其画活了。蒲松龄在此虽有夸张,但却间接地道出了吴门画派在明末清初绘制人物肖像画的影响很大。[53]另外蒲松龄在《画马》一篇中描写"子昂画马"中的马变成活马这一虚构,实则表明他对子昂画马技术的高度钦佩,同时也表明子昂画马在明末清初时期深受社会各界的喜爱。[54]赵子昂即元代时期出生于浙江吴兴的赵孟頫,他是元代中前期江南画坛的领袖,也可谓是吴门画派的始祖人物,其画马技术之高不仅影响到明代,而且对清代中前期的中国社会亦产生深远影响。用来佐证这一点的不仅有上文所提蒲松龄《聊斋志异》的《画马》篇,另外《红楼梦》一书对此也有佐证。如鸳鸯怒斥其嫂子欲将其许给大老爷(贾赦)当小妾时就称:"什么'好话',宋徽宗的鹰,赵子昂的马,都是好画。"[55]此处虽是作者随笔之谈,但却透露出一条重要的史料线索,即在清代中前期,江南的吴门画派对中国社会的影响仍很深远。而《红楼梦》中的此条史料刚好印证了上述《聊斋志异》中两则史料的价值,它们均反映出清代中前期吴门画派对中国社会的影响很大。

嫖妓应该是明末清初社会男性较为擅长的一种劣习,因此《大清实录》和《大清会典事例》对此均有禁止明文。如《世祖实录》十二年六月戊午条就称:"吏部郎中宋学洙、以典试河南、宿娼受愧。革职。"[56]而为抑制此种不正之风,其中尤其是大清官员的此等行为,《大清会典事例》对此也作了专门的禁止条文。如"刑部一〇三·刑律犯奸·官吏宿娼"条就规定:"凡文武官吏宿娼者,杖六十。挟妓饮酒,亦坐此律。媒合人减一等。若官员子孙文承荫武应袭宿娼者,罪亦如之。附过。候袭荫之日降一等、于边远叙用。"[57]但明末清初时期时人却不畏"国法",参加这一活动的男性不仅有腰缠万贯的大富翁或商人以及官员,更有连柴米油盐等生活必需品都感艰难的穷书生。但为了佳人,为贪美色,无论是富者还是贫者,他们都会光顾妓院这一青楼。富者不惜为此费尽万金,贫者也不惜当尽财产,博得美人销魂一笑。正因为这一狎妓现象在清初社会成为一种男性很普遍的社会活动,所以《聊斋志异》一书对此也有大量记载。具体情况可参阅下表3。

表3

嫖妓者	社会身份	妓女名	嫖妓地点	出处
桑明晓	书生	莲香	沂州	《莲香》
罗子浮	孤儿	金陵娼	金陵	《翩翩》
王文	书生	鸦头	楚,六合	《鸦头》
彭海秋	书生	娟娘	莱城	《彭海秋》
赵东楼	大商人	妮子	楚,六合	《鸦头》
戚安期	不明	不明	济南	《林氏》
满生	书生	细侯	余杭	《细侯》
向晟	不明	波斯	太原	《向杲》
尚某	秀才	惠哥	济南	《巩仙》
贺某	书生	瑞云	余杭	《瑞云》
嘉平公子	书生	温姬	嘉平	《嘉平公子》
韦公子	世家子	沈韦娘	苏州	《韦公子》

如书中所述东昌大商人赵东楼因贪恋六合某一妓院妓女妮子,竟数年不归故里。不仅如此,终因生活颓废,万金荡尽[58]。而其同乡王文本为一穷书生,因在此遇到他,并跟他一道逛妓院,结果这一深受圣人之道教育的儒生也抵挡不住青楼梦好的诱惑,他看上了妓院内的另一妓女鸦头,并设法博得一夜之欢。为此他从老乡赵东楼那里得到十金的资助,不够之处,他又不惜罄资而出,终于凑足了五数,获得了一夜逍遥。[59]同书另一篇目《韦公子》却书写了一个世家浪荡子嫖妓嫖到自己亲生女儿身上的故事,可谓悲哀之极。[60]当然这一巧合只不过是蒲松龄对"盗婢宿娼"者"其流弊殆不可问"的一种警告,但故事背后所反映出的却是明末清初社会男性嫖妓风气的盛行。

与嫖妓同一性质的另类劣习在中国传统社会也很流行,那就是眷养娈童的这一同性恋现象。早在魏晋时期这一男风就很盛行。如西晋文人张翰的《周小史诗》就是一例。[61]而《南史·长沙宣武王传》中记载的文学家庾信与梁宗室萧韶的同性恋关系更为代表。[62]至明清之际这一同性恋现象更趋严重,如蔼理士在《性心理说》一书中就指出了这一现象。不过值得注意的是,中国明清社会时期的同性恋现象又有了新的发展,它由此前的男性之间向女性之间发生转变[63]。如清人张心泰在《粤游小志》中就记载了广东顺德女性人"金兰会"而结成如同夫妻关系的同性恋关系。[64]这一现象在《聊斋志异》一书中也可得到大量印证(文中仅举男性为例)。这些印证不应是蒲松龄的单纯虚构与想象,而应是社会现实风俗的反映。如《聊斋志异》一书对同性恋这一现象的记载就不下七处(见下表4)。

表4

同性恋者	社会身份	同性恋者籍贯	娈童姓名	故事放生地点	出处
顾生	书生	金陵	某少年	金陵	《侠女》
何师参	教书先生	山东	黄九郎	山东	《黄九郎》
某官	官绅	浙江	某男童	扬州	《男妾》
韦公子	世家子	咸阳	罗惠卿	西安	《韦公子》
马万宝	书生	山东东昌	王二喜	山东东昌	《人妖》
杨辅	福建总兵	不详	某娈童	福建	《男生子》
金和尚	和尚	山东诸城	娈童十数人	山东	《金和尚》

就其眷养娈童者论,不仅有一般的读书人,更有官员,也有世家子等。更为令人震惊的是,连有钱的和尚也有这一癖好。如《聊斋志异》一书中的山东诸城人金和尚虽不敢公然蓄歌妓,但却养有"狡童十数辈,皆慧黠能媚人,皂纱缠头唱艳曲。"[65]

马克斯·韦伯在《儒教与道教》一书中曾称:"在中国跟在其他地方一样,下层人民中间酗酒的现象屡见不鲜"。[66]而实际情况的确如此,酗酒现象在明末清初时期也非常厉害。为此《大清会典事例》虽制有专条对官员及民人的这一不良行为进行制裁,但却屡禁不止。由此可见,酗酒这一不良风俗在明清社会非常流行。[67]这一现象在《聊斋志异》中也有大量记载(见下表5)。当这些人酒瘾发作之际,即使是毒酒,也不惜一醉方休。如《秦生》一篇中就记载了这么一个饮鸩止渴的故事:秦生一次在制药酒时不小心把毒药放进了酒里面。因舍不得扔掉它,仍将它封好放起来。某一天夜里,他酒瘾大发但却找不到酒,无奈之下,他打算喝那壶毒酒。鉴于那是一壶毒酒,其妻一再劝阻。但秦生却称"快饮而死,胜于馋渴而死多矣",结果"伏地牛饮""中夜而卒"。[68]此类嗜酒如命之徒在清初社会应是比较多的。因为蒲松龄在《聊斋志异》中又清楚记下一侧其好友邱行素嗜酒的故事。丘某一夜突然想喝酒,但家中却没有酒,躺在床上的他怎么也睡不着。无奈之际,他想出了一条好法子,以醋代酒。

表5

酗酒者	社会身份	籍贯	家境状况	不良后果	出处
车生	书生	不详	贫穷	与罪狐为友	《酒友》
缪永定	贡生	江西	中等人家	醉后滥骂、罪死	《酒狂》
秦生	书生	山东莱州	不详	饮鸩止渴	《秦生》
丘行素	贡生	淄川	中等人家	以醋代酒	《秦生》
某生	书生	济南	极贫	得钱辄沽	《狂生》
刘某	农民	山东长山	富有	嗜饮	《酒虫》

赌博也是中国几千年历史中一种非常常见的现象。虽然历代朝廷都对此严加禁止,[69]但却屡禁不止。[70]明末清初之际中国民间的赌博风气也很盛行,如康熙七年丁丑条《清实录》就披露了这一不良风俗:"谕刑部,严禁赌博,向有定例。近闻官民有以此为事者,废弃本业,倾败家产,深属可恶。"[71]此类现象在《聊斋志异》中也有大量体现。如《赌符》一篇中蒲松龄就记载下他的家乡族人热衷赌博:"先是有敝族人嗜赌博……值大佛寺来一僧,专事樗蒲,赌甚豪。族人见而悦之,罄资往赌,大亏。心益热,典质田产复往,中夜尽丧。"[72]由此可见,赌博这一不良风气在山东的流行程度,以及其不良后果。就其流行程度论,连和尚道士都参加这一赌博行为已略见一斑了,就其不良后果论,蒲松龄族人典质田产作赌资,结果却输得身无一文,可见其恶劣。(见下表6)

表6

赌博者	社会身份	籍贯	家庭状况	结果	出处
蒲家族人	农民	山东淄川	一般	资产丧尽	《赌符》
某僧	和尚	不明	无	大赢	《赌符》
杨某	无产者	山东安丘	无资产	得巨金	《丁前溪》
任秀	落魄商人子	山东渔台	无资产	得二百余金	《任秀》

四、《聊斋志异》中的中外交往史料及价值

近代以前,中国时人向来以天朝上国自居[73],"以华化夷"为荣[74],以"天子德化

四夷”为尚。[75]正是在这一“中国中心观念”[76]的影响下，时人在构建古代中外关系时，总以象征着等级尊卑，内外有别的宗藩体制[77]去处理这一中外关系。在这一体制的作用下明廷和清廷都用宗藩体制去构建自己的天下。它们不仅将中国边陲的某些部落称作藩部，而且将朝鲜、琉球、越南乃至西洋某些同中国有着贸易往来的国家划为属国。[78]这一尊卑优劣的内外思想对清代时人影响非常大，受这一思想的影响，即使普通老百姓也不由自主地从自我中心意识出发，产生出华夏文明、他者落后的想法。而这一思想以及由这一思想所导致的行为也充分体现在《聊斋志异》一书中。

关于中外交往方面内容，《聊斋志异》一书中的某些篇目特别强调了属国向中国进贡贡品的行为。如《大鼠》一篇就谈到万历年间外国贡猫一事。文称：“万历间，宫中有鼠，大与猫等，为害甚剧。遍求民间佳猫捕制之，辄被啖食。适异国来贡狮猫，毛白如雪。”最终该狮猫将大鼠制服。[79]文中外国贡猫，在明代时期应很常见，因为在明代时期像安南、琉球、暹罗、苏禄等国均曾向明廷进贡过诸多动物，其大者如象、马，小者则为鸡犬之类。[80]同样该书另一篇目《狮子》一篇则明确记载了暹罗贡狮一事。文称：“暹罗贡狮，每止处，观者如堵。其形状与世传绣画者迥异，毛黑黄色，长数寸。或投以鸡，先以爪抟而吹之，一吹，则毛尽落如扫。”此处似为作者亲眼目睹，而且这一贡狮行为所引发的民间好奇心理文中有了清楚的记载，并可与正史史料相参照，因为明清时期的确有外国曾向明廷和清廷进贡过狮子。如《明史》称忽鲁谟斯国所贡有狮子、麒麟等。[81]又如《清圣祖实录》称：“西洋国主阿丰素遣陪臣本多白垒拉进表，贡狮子。”[82]

关于明清时期所谓天朝敕使出使属国这一行为《聊斋志异》中也有记载。如《安期岛》一篇就记载了明代山东长山刘青岳中堂出使朝鲜一事。同时另一《疲龙》篇中却记载下胶州王侍御出使琉球的情况。文章不仅强调了宗主国中国派人出使属国的事实，而且还将明清时期航海环境恶劣、中国航运不发达导致了中国人畏惧出洋的这一恐惧心理，以及中国于明清时期对外交往不发达的原因作了充分的说明。如《疲龙》一篇就清晰记载下中国人恐惧海上风浪而影响中琉正常交往这一现象以及由此导致的迷信心理。文称：“舟行海中，忽自云际堕一巨龙，激水高数丈……王悬敕于上，焚香共祝之。”“又逾日，舟人命多备白米，戒曰：‘去清水潭不远矣。如有所见，但糁米于水，寂无哗。’……众神魂俱丧，……久之，见海底深黑，始有呻者。因问掷米之故。答曰：‘龙惧蛆，恐入其甲，白米类蛆，故龙见辄伏，舟行于上，可无害也。’”[83]由此观之，正是明清时期中国航海技术的不发达，以及时人畏惧远洋航行影响到此时期中国的外交，并且在某种程度上导致了近代时期日本吞并琉球和中琉宗藩关系的终结。[84]

正是由于明清时期中国人的固步自封和大国情绪导致了它对外了解的阙如。同时，在如何理解外域世界时，他们却多以想象代替真实，并出现了许多千奇百怪的想法，但其主旨仍是中国文明，他者落后。体现在《聊斋志异》一书中最典型的代表就是《夜叉国》、《罗刹国》、《安期岛》等篇。如《夜叉国》一篇记载了胶州人泛海经商遭遇他国的情形，但是他所到之处并非中国这样的一个"文明"国家，却是一个夜叉国。[85]文中所谓的夜叉国只不过是以蒲松龄为代表的明末清初时人对他国的一种想象，但实则表达的是时人对外域了解的欠缺。而书中另一篇目《罗刹海市》则描述了某贾人子马骥浮海从商遭遇另一国家"罗刹国"的情形。所谓罗刹国者，"人皆奇丑"，但是该国人对中国却似有了解，如其中一人就称"尝闻祖父言，西去三万六千里有中国"，又有一执戟郎称，[86]他少时曾奉国王之命出使过许多国家但却未曾到过中国。所有的如此想象表面观之仿佛是他国对中国的不了解，实则是明清时代的中国对外域的不了解，因此时人只能以想象代替了解。此点最鲜明体现在《聊斋志异》《安期岛》一文中。刘青岳出使朝鲜时听说朝鲜的海外有一叫安期岛的地方为神仙居住之所，因此他请求朝鲜国王让他去游览一番。国王无奈，专门找来了通译兼航海指导者小张，让他带领刘等到安期岛一游。至则发现安期岛确为一神仙之岛，虽"时方严寒"，但岛上却"气候温煦，山花遍岩谷"。[87]

当然就明清时期论，中国对外虽施行保守的外交政策，但这并不表明中外交往完全不存在；相反，某些交往却仍在进行。其中尤其是西方殖民势力的东来却以魔力的方式对东方施行着无孔不入的渗透。明清时期以上这类外交现象在《聊斋志异》中都有体现。如《黑鬼》一篇就揭示了明清时期中国与非洲、黄种人与黑种人之间的交往实已发生。书称胶州镇李总镇买了两位黑人，其黑如漆。总镇为他们买了娼妇当老婆，并生下了孩子，这一不同种姓的结合生下来的孩子即混血儿却不是黑人，在他人的离间之下，黑人深为怀疑而杀其子。[88]故事虽是一个悲剧，但故事所反馈的信息却很重要，即明末清初中国人与非洲人之间的交往实已发生。

对于明清之际属于外交内容的海难救济问题即"漂流人"问题《聊斋志异》也有记载。如《外国人》一篇就称："己巳秋，岭南从外洋漂一巨艘来，上有十一人，衣鸟羽，文采璀璨，自言：'吕宋国人，遭风覆舟，数十人皆死，惟十一人附巨木，漂至大岛得免。凡五年，日攫鸟虫而食，夜伏石洞中，织羽为帆。忽又漂一舟至，橹帆皆无，亦海中破于风者。于是附之将返，又被大风引至澳门。巡抚题疏，送之还国。"[89]查对明末清初时期表，己巳年应为明 1629 年或清 1689 年，与《实录》相对照，同一年份内虽未发现相关记载，但与此相似的记载却非常多。如康熙三十九年十月丙寅条《实录》称:"福建浙江总督郭世隆疏奏,红毛国英圭黎,被风飘至夹板船一只。据船户甲必单角等、商人罕实答等供,系伊国护商哨船。请将甲必单角,遣回本国。得旨:英圭黎船只遭风飘来,甚为可悯。着该地方官善加抚恤,酌量捐资,给足衣食,即乘时发还,以副朕柔远之意。"而康熙四十一年九月戊午条《实录》又称:"浙江巡抚赵申乔题,琉球国进贡来使遭风船坏,救出二人,请旨定夺。上曰:琉球国失水二人,拯救复苏,着该地方官加意赡养,俟便船资给发还。此等船只损坏,人被溺伤,皆因修造不坚所致。嗣后琉球贡使回国时,该督抚须验视船只,务令坚固,以副朕矜恤远人之意。"[90]早期西方殖民者对中国进行殖民的历史,《聊斋志异》也以寓言的形式加以警告。如《红毛毡》一篇就充分体现了明末清初中国时人对西方殖民者无孔不入的殖民行为的担心。如文称:"红毛国,旧许与中国贸易,边帅见其众,不听登岸。红毛人固请:'赐一毡之地足矣。'帅思一毡所容无几,许之。其人置毡岸上,仅容二人,扯之,容四五人,且拉且登,顷刻毡大亩许,已数百人矣。"[91]

五、《聊斋志异》中的司法史料及价值

《聊斋志异》中的司法史料也较多,它不仅对明末清初封建政体下司法黑暗进行了揭露,而且还对明清时人的司法思想有了充分的展示。

对"人间世"司法黑暗的批判体现在诸多故事中。《郭安》一篇中两个小故事皆揭露人间司法官吏的无能。其中的一个故事讲的是孙五粒的一个仆人(李禄)想杀另一仆人却误杀了另一仆人郭安的故事,邑宰陈其善不知如何判决,但郭父只有郭安一子而以将来"何以聊生"一再到公堂哀号,陈其善在万般无奈之下竟将杀人犯李禄判给郭父做儿子。另一故事讲的是济南西边有个人杀了人,被杀者的妻子将杀人犯告到官府,邑令接到状纸后大怒,马上将杀人犯拘捕到案,但其判决却令人不可思议。邑令认为杀人犯杀害别人的丈夫让其妻子守寡居心不良,为了惩罚杀人犯竟将被杀者妻子许配给他,其理由是为了让杀人者的妻子守寡,作为对杀人犯的惩罚。如此判决蒲松龄无言以对,只称"此等明决,皆是甲科所为,他途不能也"[92]。《冤狱》作为《聊斋志异》中的一个典型司法案例也充分揭露了明末清初时期司法的黑暗。该案主人翁朱生平时爱开玩笑,一天他因丧偶而求邻村的一位媒人给他做媒另娶新人。在这位媒人的家边朱生看到一位年轻女性,长得很标致。当媒婆询问朱生要找什么样的女性时,朱生指着刚路过的女子称,能找到那样的一

个女子就心满意足了。媒人告诉朱生那女子已是有夫之妇,并戏称如朱生杀了她的丈夫,她将为他操办。而朱生也戏称,此事不难。双方当时均是戏言,不想却招来一场人命官司。因为不久后那女子的丈夫真被人杀死了。为追捕真凶,邑令逮捕了邻保和所有邻人,而那位媒婆刚好在内。在"血肤取实"下,邻媪(媒婆)供出她与朱生曾经的戏言,朱生因此而遭逮捕。他虽"百口不承",但却遭到无穷的搒掠。不仅如此,邑令因怀疑被杀者妻子与朱生有奸情,也对该女子"搒掠之,五毒参至",其结果是"妇不能堪,诬服"。当再拷掠朱生时,朱生因怜悯被杀者妻子诬服后的悲惨局面,而决定自己一人承认莫须有的全部罪名。该故事后虽得神鬼之助而使朱生和被害者妻子得到昭雪,但其邑令的屈打成招的刑罚作为却处处充斥。蒲松龄在该故事结尾处的"异史氏曰"中对这一人间世司法腐败黑暗行为进行了严厉批判。其文称:"每见今之听讼者矣,一票既出,若故忘之,摄牒者入手未盈,不令消见官之票;承刑者润笔不饱,不肯悬听审之牌。蒙蔽因循,动经岁月。不及登长吏之庭,而皮骨已尽矣!"[93]

而对明末清初少数清官司法行为的赞扬实则表明时人在黑暗司法状况下呼吁清官的一种普遍的社会心理,他们期望出现清官去荡涤那黑暗的现实司法世界。而对少数清官的描写,则又清楚记载下明末清初之际的老百姓所呼吁、欢迎的司法模式。《聊斋志异》一书中最能体现清官办案清廉而昏庸法官办案昏庸无能的两则故事便是《诗谳》和《胭脂》。《诗谳》中青州居民范小山的妻子贺氏于某年四月间一个细雨朦胧的黑夜被人杀死于家中,作案现场只遗留下一把诗扇,上题"王晟赠吴蜚卿"字样。郡官接到报告后马上问案,虽然郡官不知道王晟是何许人,但他清楚吴蜚卿是本地人,而且该人平素佻达不羁。得到这把诗扇后,不仅乡里人认为吴某为杀人犯,而且县官也认为此案为吴某所为。但是当县官将吴某拘捕审问时,吴某却缄口不认。无奈之下,县官不得不对他施以酷刑,他最终被屈打成招。虽然此案后又"驳解往复,历十余官",但终无异议,吴某遂被定为杀人犯。在吴某即将被处以极刑之际,深受当时百姓喜爱的周元亮被派到青州作道员。当他再次查阅吴某杀人一案时马上就看出了破绽。其中最重要的疑点就是吴某杀人没有确证。当周元亮再传被害者家属指明这一疑点时,被害者丈夫范小山却坚称诗扇上的题字就是证据。而当周元亮询问题字里的王晟为何许人时,周小山却不知道。鉴于疑点很多,且判定吴某没有杀人动机的前提下,周元亮竟然不顾范家的反对,将吴某放出了大牢,另行关押。随后周元亮就传讯了南郭某肆主人,之所以传他,是因为周元亮在一次躲雨的偶然机会下曾在该店的墙上见过扇上所题之诗。店主人告诉周元亮题诗者为日照李秀才。顺藤摸瓜,周元亮派人将李秀才拘捕到案,但李秀才却称诗词虽是他所作,但该扇上的字却非他所写。在周元亮的审讯下,李秀才供出了另一朋友,即沂州的王佐,因为从字迹上判断,李秀才认为那是他的字。周元亮又拘来王佐,王佐供出该诗是因益都铁商张诚的请求而作,所谓王晟者即是铁商的表兄。当最终拘捕到张诚时,张诚承认了一切。即他本想冒充吴某之名去诈奸贺氏,不意因对方的反抗而将其杀死,至此所谓"三年冤狱,一朝而雪",时人"无不称颂"。周元亮这一清官之清在蒲松龄看来正得益于他平时的谨慎和断案时的仔细观察。因为就此案论,周元亮首先从四月间下雨之夜携带纸扇这一多此一举之物产生了怀疑,又因平时仔细留心而从南郭酒店墙壁上的题诗发现了重要线索。此案对蒲松龄的影响非常大,他因此认为:居官者词赋文章只是华国之具,而真正有用的东西则是实干能力,即"天下事入之深者,当其无,有有事之用。词赋文章华国之具也,而先生以相天下士,称孙阳焉。岂非入其中者深乎?而不谓相士之道,移于折狱。"[94]

《胭脂》一篇也表达了类似的思想与主题,但在这一思想与主题之上,蒲松龄又给清官安排了另一项任务,那就是在司法实务中要成人之美,即情理法兼容。这一主题尤其体现在施愚山对该案的最终判决上:对于宿某这一强奸终止犯施愚山却以"怜弱柳之憔悴,未似莺狂"而"稍宽笞扑,折其已受之惨;姑降青衣,开其自新之路"。对于毛大这一刁滑无籍之市井凶徒,则判以"断首领,以快人心"。对于胭脂这一怀春少女,判词虽对其"春婆之梦"进行了申斥,但终以"葳蕤自守,幸白璧之无瑕;缧绁苦争,喜锦衾之可覆",施愚山不仅没有判其有罪,反以"嘉其入门之拒,犹洁白之情人;遂其掷果之心,亦风流之雅事"而令"该邑令作尔冰人"[95]与鄂生结合而完案。此案不仅体现出以蒲松龄为代表的清初时人对清官的赞扬,而且体现出他们对情理法的认同,即在司法审判过程中,只有在合情合理的前提下,其司法官员所判案子才被认为是真正的合法,否则,如仅按生硬条文去判案,即使合法也得不到大众的认同和赞扬。

以"果报"来保证社会公正可能是明清时期时人所能设想出来保证社会有序、公平、正义的最佳途径。如清人戴兆佳在《天台治略》中就称:"此辈蠢蠢无知,语以律例或迭而不悟,告以因果报应未有不瞿然而起者。"[96]这一因果报因思想不仅得到中国广大乡村普通农民的认同,就是在一般士绅阶层中也照样很有市场。这种思想无论是基于中国儒教徒的多神信仰,[97]还是基于其他方面的多种原因,但有一点可以肯定,即它寄托了一种期望并由此产生出一种思想制约自身行为的社会控制机制。由"果报"所衍生出的威慑与恐惧机制在很大程度上会对人们的行为产生影响,它导致人们不是基于良知,而是基于害怕来世的报应而谨守正义。正是如此,《聊斋志异》中关于“报应”的记载,实则透视出明清时期时人司法思想的这一重要内容。

六、《聊斋志异》中的灾荒史料及价值

明清之际,中国境内的灾荒频繁发生。其灾荒种类不仅有地震、大水、干旱、饥馑,还有瘟疫等。如《明实录》就有记载:“癸酉山东济南东昌州县及河南汝宁皆地震。”[98]“乙巳,山东历城、长清、济阴、临邑、乐陵、东阿……等州县初七至初九地震,坏民居无数。”[99]而《明史》也称:“十三年春闰正月乙酉振真定饥。戊子,振京师饥民。癸卯,振山东饥。”“戊寅,以久旱求直言。三月甲申,祷雨”。“戊戌,振畿内饥”。“秋七月庚辰朔,畿内捕蝗。己丑,发帑振被蝗州县”。“八月甲戌,振江北饥”。“是年,两畿、山东、河南、山、陕旱蝗,人相食”。[100]此类灾荒,《聊斋志异》有了更为丰富的记载。如《刘姓》一篇就记载了明崇祯十三年山东淄川地区“岁大凶,人相食”的情况。其灾情的严重导致了许多人无法活命,不得不每天向别人“讨麻酱以为活”。而当那些走投无路者无法生存下去时,他们就不得不卖掉妻子。但是即使愿意卖,却没人愿意要,因为那些买家称他们“已买十余口矣”。可见当时灾情严重之一斑。关于明末山东地区的瘟疫等灾害,《聊斋志异》也有记载,如《韩方》一篇又称:“明季,济郡以北数州县,邪疫大作,比户皆然。”[101]与以上正史史料相参照,《聊斋志异》中的史料颇具参考价值。

由于蒲松龄生活的主要时段是清初至康熙末年这一时间,因此,他对明代灾荒的了解实没有对清初时期中国灾害了解得多。另外,作为亲身经历者和遭遇人,蒲松龄对顺治、康熙时期发生于山东地区的地震、水灾有了更多的体会。因此他在《聊斋志异》中不是以虚构小说的形式,而是以纪实的形式记下了当时灾情发生的详细情况。如关于康熙七年六月十七日山东地区的大地震,蒲松龄就作了详细的记录:“康熙七年六月十七日戌刻,地大震。余适客稷下,方与表兄李笃之对烛饮,忽闻有声如雷,自东南来,向西北去。众骇异,不解其故。俄而几案摆簸,酒杯倾覆;屋梁椽柱,错折有声,相顾失色。久之方知地震,各疾趋出,见楼阁房舍仆而复起,墙倾屋塌之声,与儿啼女号,喧如鼎沸。人眩晕不能立,坐地上随地转侧。河水倾丈余,鸡鸣犬吠满城中。逾一时许,始稍定。视街上,则男女裸聚,竞相告语,并忘其未衣也。后闻某处井倾侧,不可汲;某家楼台南北异向;栖霞山裂,沂水陷穴广数亩。此真非常之奇变也。”[102]蒲松龄记载的这次地震很明显是他亲身经历的,他

在《聊斋志异》中关于此次地震的记载不仅详细记载了地震发生的时间，而且还记载了地震破坏的程度，以及地震发生时人们的恐惧心情。康熙七年山东地区这次大地震不仅能从《实录》[103]中找到证据，而且还可从此时期朝鲜贡使的笔录中找到印证。如朝鲜燕行使归国后在对国王的奏折中就称："郯城一州，地震压死者千余名矣"，"诸处压死数千"。[104]《聊斋志异》中关于记载地震的另一则史料是关于康熙三十四年发生于平阳地区的一次大灾难。这次地震造成平阳地方"人民死者十之七八，城郭尽墟。惟东郭仅存一舍，则王孝子家也"。[105]发生于康熙二十一年间山东地区的大旱大涝之灾难，《聊斋志异》也有记载，其记载称：先是苦旱"自春徂夏，赤地无青草"，到了该年六月十三日后始下雨，到了六月十八日后大雨不止，"雨暴注，彻夜不止；平地水深数尺。居庐尽没"。突来的大水迫使"一农人弃其两儿，与妻扶老母奔避高埠，下视村中，已为泽国"。[106]关于山东、河北地区的大旱大涝灾难，《聊斋志异》在其他篇目中也有记载，如《钱卜巫》一篇就记载了大旱天气反复发作的情况。文中河间人夏商大病刚愈，"天大旱，早禾尽枯。近秋方雨，家无别种，田数亩悉以种谷，既而又旱，荞菽半死"，到了来年春，又岁"大饥"。[107]正是由于这样的大旱大涝不断发生，不仅耽误了农时，而且导致了他们一年内往往颗粒无收，这必将引发地方性大饥荒。因此，清初时期，尤其是康熙年间蒲松龄所生活的山东地区此类饥荒就经常发生。

结　语

优秀小说价值之一就是反映社会，也只有真实反映社会历史的小说才有长久的生命力和历史价值。在笔者看来，诸多优秀历史小说之所以能够成为传世佳作，正在于它对社会历史的真实反映。《聊斋志异》在某种意义上具备上述特色。

《聊斋志异》是明末清初时期一部重要的短篇小说集，虽然该书以小说的形式再现了明末清初社会的千姿百态，但它却不完全是作者对明清社会的虚构与想象；相反《聊斋志异》中的不少篇目却真实记载下明末清初社会的真实面目和作者的亲身经历，因此书中的不少记载实则成为后人研究明清社会历史的一种重要的、颇具参考价值的史料。在此等意义上讲，《聊斋志异》不是一部小说，而是诸篇明清口述历史史料的合集。而这一史料合集及其价值充分体现在经济、政治、司法、社会文化风俗习惯、中外交往、灾荒等方面。通过这些史料，蒲松龄为读者再现了明末清初社会时人的活动场域，记载下一个相当清晰的经济、政治、社会文化风俗、对外交往、司法实务和灾荒频繁的明末清初社会。同时,对以《聊斋志异》为代表的传世小说的研究可以给我们以下启发:第一,从史料学的最高原则为还原历史真实看,某些小说史料因更接近于现实生活,其价值可能更高于"正规"史料;第二,如何通过此类小说史料去充分还原历史可能是历史研究工作者在充分使用正规史料的同时所应值得思考的问题。

(原刊于《史学月刊》2010 年第 6 期)

注 释

1 《铸雪斋抄本聊斋志异》(上),"题辞",上海人民出版社,1975 年。

2 同上。

3 何其芳《何其芳文集》第 3 卷,人民文学出版社,1983 年,第 72 页。

4 蒲松龄《聊斋志异》,"罗刹海市",中华书局,2009 年。

5 蒲松龄《聊斋志异》,"牛成章"。

6 蒲松龄《聊斋志异》,"钱卜巫"。

7 蒲松龄《聊斋志异》,"任秀"。

8 龚自珍、刘逸生注《龚自珍己亥杂诗注》,"咏史·金粉东南十五州",中华书局,1980 年。

9 戴震《戴震集》,上海古籍出版社,2009 年,上编,第 257 页。

10 蒲松龄《聊斋志异》,"雷曹"。

11 蒲松龄《聊斋志异》,"王成"。

12 蒲松龄《聊斋志异》,"农妇"。

13 蒲松龄《聊斋志异》,"金和尚"。

14 傅衣凌《明清社会经济变迁》,人民出版社,1989 年。

15 张海鹏《中国十大商帮》,黄山出版社,1993 年。

16 蒲松龄《聊斋志异》,"大男"。

17 蒲松龄《聊斋志异》,"细柳"。

18 顾国诰修《富川县志》,湖南省图书馆缩微制品,1989 年。

19 陶自悦修《泽州志》,全国图书馆文献缩微中心,2005 年。

20 参阅乾隆朝《江南通志》卷 1。

21 陈瑞《清代淮河流域商业重镇亳州境内的徽商》,《中国地方志》2008 年第 12 期。

22 参阅道光朝《云梦县志》卷 1,"风俗"。

23 蒲松龄《聊斋志异》,"鸦头"。

24 蒲松龄《聊斋志异》,"钱卜巫"。

25 马瑞芳《马瑞芳揭秘〈聊斋志异〉》,东方出版社,2006 年,第 4 页。

26 《清代山东雨雪粮价单》,第一档案馆藏本。

27 黄国枢、王业键《清代粮价的长期变化(1763—1910)》,《经济论文》1981 年第 9 卷第 1 期。

28 戴兆佳《天台治略》卷 3,"一件负噬吞占等事",全国图书馆文献缩微中心,1993 年。

29 叶梦珠《阅世编》卷7,来新夏点校,上海古籍出版社,1981年。
30 蒲松龄《聊斋志异》,“好快刀”。
31 蒲松龄《聊斋志异》,“白莲教”。
32 张廷玉《明史》,“姬文允传”,喀什维吾尔文出版社,2002年。
33 蒲松龄《聊斋志异》,“小二”。
34 《明熹宗实录》卷22,“天启二年五月丙午”条,台湾中央研究院历史语言研究所,1962年。
35 蒲松龄《聊斋志异》,“素秋”。
36 蒲松龄《聊斋志异》,“辽阳军”。
37 吴晗辑《李朝实录中的中国史料》第8卷,中华书局,1980年,第3122页。
38 王夫之《读通鉴论》卷14,中华书局,1975年,第431页。
39 朱子素《嘉定屠城纪略》,中国历史研究资料丛编,上海书店,1982年,第254页。
40 蒲松龄《聊斋志异》,“离乱二则”。
41 蒲松龄《聊斋志异》,“张诚”。
42 王秀楚《扬州十日记》,中国历史研究资料丛编,上海书店,1982年,第235页。
43 [韩]《显宗实录》,“即位年九月癸亥”条,东京学习院东洋文化研究所,1957年。
44 田泽长《蒲松龄和陈淑卿》,《蒲松龄研究集刊》,1980年第1辑。
45 《清圣祖实录》“顺治十八年十月辛未”条,中华书局,1985年。
46 蒲松龄《聊斋志异》,“公孙九娘”。
47 蒲松龄《聊斋志异》,“野狗”。
48 蒲松龄《聊斋志异》,“张氏妇”。
49 魏源《圣武记》,中华书局,1985年,第203页。
50 蒲松龄《聊斋志异》,“鸮鸟”。
51 李维瑨《明代吴门画派研究》,上海东方出版社,2008年。
52 张庚《国朝画徵录》,台湾文海书局,1985年。
53 蒲松龄《聊斋志异》,“吴门画工”。
54 蒲松龄《聊斋志异》,“画马”。
55 曹雪芹等《红楼梦》,时代文艺出版社,2002年,第321页。
56 《清世祖实录》“顺治十二年六月戊午”条,中华书局,1985年。
57 托津纂《大清会典事例》,卷825,“刑部一〇三·刑律犯奸·官吏宿娼”条,台湾文海出版社有限公司,1990年。
58 蒲松龄《聊斋志异》,“鸦头”。
59 蒲松龄《聊斋志异》,“鸦头”。
60 蒲松龄《聊斋志异》,“韦公子”。
61 逯钦立《先秦汉魏晋南北朝诗》,中华书局,1983年,第737页。
62 李延寿《南史》,中华书局,1975年,第1270页。
63 张心泰《粤游小志》,上海商务印书馆,1915年。
64 蔼理士著、潘光旦译《性心理学》,商务印书馆,1999年,第741页。

65 蒲松龄《聊斋志异》,“金和尚”。

66 [德]马克斯·韦伯《儒教与道教》,江苏人民出版社,2003 年,第 185 页。

67 《清世祖实录》卷 79,“顺治十年十一月戊戌”条;《清圣祖实录》卷 133,“康熙二十七年二月甲子”条。

68 蒲松龄《聊斋志异》,“秦生”。

69 托津纂《大清会典事例》卷 826,“刑部·一〇四·刑律杂犯一·赌博一”。

70 《清圣祖实录》,“康熙十二年十二月辛丑”条。

71 《清圣祖实录》,“康熙七年六月丁丑”条。

72 蒲松龄《聊斋志异》,“赌符”。

73 《文明的历史脚步·韦伯文集》,三联书店上海分店,1988 年,第 70 页。

74 John King Fairbank. *Trade and Diplomacy on the China Coast The opening of the Treaty Ports*, 1842—1854. Stanford University Press 1953. P23.

75 Mancall, Mark. *China at the center* : 300 *Years Of Foreign Policy*, New York , Free Press 1984. P123。

76 [德]安德烈·冈德·弗兰克:《世界体系 500 年还是 5000 年?》,北京社会科学文献出版社,2004 年。

77 John K. Fairbank And S. Y. Teng. *On The Ch' ing Tributary System*, Harvard Journal of Asiatic Studies 6, no. 2: 135—246, (1941).

78 托津纂《钦定大清会典》(嘉庆朝),台湾文海出版社有限公司,1990 年,第 1358 页。

79 蒲松龄《聊斋志异》,“大鼠”。

80 张廷玉《明史》,本纪二十四壮烈帝二,列传二百九外国二安南,外国五暹罗。

81 张廷玉《明史》,列传二百十四,外国七。

82 《清圣祖实录》,“康熙十七年八月庚午”条。

83 蒲松龄《聊斋志异》,“罢龙”。

84 拙作《康乾盛世下中国、日本、琉球三国关系研究》,《人文杂志》2007 年第 3 期。

85 蒲松龄《聊斋志异》,“夜叉国”。

86 蒲松龄《聊斋志异》,“罗刹海市”。

87 蒲松龄《聊斋志异》,“安期岛”。

88 蒲松龄《聊斋志异》,“黑鬼”。

89 蒲松龄《聊斋志异》,“外国人”。

90 《清圣祖实录》,“康熙三十九年十月丙寅”条、“四十一年九月戊午”条。

91 蒲松龄《聊斋志异》,“红毛毡”。

92 蒲松龄《聊斋志异》,“郭安”。

93 蒲松龄《聊斋志异》,“冤狱”。

94 蒲松龄《聊斋志异》,“诗谳”。

95 蒲松龄《聊斋志异》,“胭脂”。

96 戴兆佳《天台治略》卷 4,“一件为严保甲防范奸宄以靖地方事”。

97 [德]马克斯·韦伯《儒教与道教》,第 183 页。

98 《明熹宗实录》卷 19,“天启二年二月癸酉”条。

99 《明熹宗实录》卷 20,“天启二年三月乙巳”条。

100 张廷玉《明史》,第89—90页。

101 蒲松龄《聊斋志异》,“韩方”。

102 蒲松龄《聊斋志异》,“地震”。

103 《清圣祖实录》,“康熙七年丙辰”条。

104 [韩]《显宗实录》“九年十月”条,东京学习院东洋文化研究所,1957年。

105 蒲松龄《聊斋志异》,“水灾”。

106 蒲松龄《聊斋志异》,“水灾”。

107 蒲松龄《聊斋志异》,“钱卜巫”。

试论嵩山少林寺与清政府关系之演变*

赵长贵

自北魏孝文帝太和二十年(496年)建寺以来,"禅宗祖庭"嵩山少林寺和少林武术历经千余年沧桑,进入清代,日趋衰落,失去了唐宋元明时期的辉煌。我们翻检相关史料,不难发现,此中的原因固然很多,但是少林寺与清政府的关系无根本改善则是一个极其重要的因素。而迄今为止,学界系统探究少林寺与清政府关系演变的专文尚付阙如,故笔者不揣浅陋,拟就此问题进行探讨,[1] 以期能对清代少林寺和少林武术衰落深层原因的研究有所推进,对其今天的发展有些许裨益。

一、清朝前期少林寺与清政府的明争暗斗

清朝前期,嵩山少林寺与清政府明争暗斗,关系非常紧张。一方面,清政府对少林寺极为冷淡,限制其发展。入主中原后,清统治者不再如明代那样拨给少林僧兵粮饷,实际上将其解散,又取消了少林寺以往享有的优免田赋特权,并对其大肆搜刮,"括田任污吏,增科及寺庄";[2] 为加强对少林寺住持的控制,顺治十四年(1657年),清廷规定其新住持必须通过礼部的审查后,方颁给委任札子予以承认;[3] 康熙五年(1666年),其住持海宽圆寂后,清廷索性不再任命继任;雍正五年(1727年)十一月,为使"游手浮荡之徒知所儆惧,好勇斗狠之习不致渐染",以巩

* 本文系教育部人文社会科学重点研究基地基金项目"明清以来河南基层社会转型研究"(06JJD770010)的阶段性研究成果。

固统治,雍正帝令各省督抚“将拳棒一事严行禁止”,[4] 不准民间习武,少林寺僧人更是严禁的重点对象。此外,清统治者还对少林僧众多有责难。如雍正十三年(1735 年),雍正帝就斥责其房头僧人“多不守清规,妄行生事,为释门败种”。[5] 措词之严厉,令人吃惊。另一方面,少林寺亦佯作与世无争,暗有损害清政府利益的活动。关于这一点,下文将详细论述,于此不赘。而掇拾相关史料,深入剖析,不难发现,二者间的关系之所以如此紧张,有其深刻的历史与现实原因。

(一)少林寺与明王朝关系密切

明代,统治者对少林寺青眼有加,这可以从他们对少林寺频繁建设,屡加封赏中略窥一二。关于此等活动,详见下表。

明统治者建设和封赏少林寺活动一览表

时间	活动	备注
明初	明政府翻修少林寺禅堂,装修佛像,修紧那罗殿,建廓然堂	傅梅《嵩书》卷 3《卜营篇》,万历四十年刻本
洪武年间	周王朱橚、蜀王朱椿和伊王朱㰘“登山供养,厚赠珍贝”给少林寺	净柱《五灯会元续略》卷 1《曹洞宗·万安严禅师法嗣》,上海涵芬楼 1933 年
永乐七年(1409 年)九月	周王朱橚赠少林寺一尊南无阿弥陀佛汉白玉雕像,上镌“周王为生男有爵,建像一尊,佛恩开,佛光万载”数字	少林寺存玉佛铭文
嘉靖二十二年(1543 年)	徽王朱厚爝于天王殿前立《折苇渡江图碑》	释永信《中国少林寺(碑刻卷)》之《折苇渡江图碑》,中华书局,2003 年,第 152 页
嘉靖二十七年(1548 年)	河南府仪卫司千长李臣等为战功卓著的武僧周友立塔,明世宗赐名“天下对手,教会武僧”	少林寺塔林《三奇友公和尚塔铭》
嘉靖三十一年(1552 年)春天	徽王朱载埨游少林寺时捐金若干,重修甘露台藏殿	《中国少林寺(碑刻卷)》之《重修少林寺记》,第 157 页
嘉靖三十二和三十六年(1553—1557 年)	为表彰少林武僧的抗“倭”弭乱之功,政府两次大规模整修少林寺,并重建初祖庵大殿	《嵩书》卷 22《章成四·少林寺重建初祖殿记》
嘉靖四十四年(1565 年)	郑王世子朱载堉在寺内立《混元三教九流图赞碑》	《中国少林寺(碑刻卷)》之《混元三教九流图赞碑》,第 167 页

续表

时间	活动	备注
万历五年(1577年)四月	寺僧无空大师的俗徒御马监太监张暹、卢鼎和高才输俸资助,建成"十方禅院"	俞大猷《正气堂续集》卷3《新建十方禅院碑》,南京国学图书馆,1934年
万历十五年(1587年)	慈圣皇太后赐少林寺精工刻制的大藏经637函	叶封、施奕簪《少林寺志·艺林·宸翰》,乾隆十三年刻本
万历十六年(1588年)	慈圣皇太后谕令凿山为基,以废藩伊王典楧府殿材,建少林寺规模最大建筑毗卢阁即千佛殿	《少林寺志·营建》
万历三十二年(1604年)	乾清宫太监胡滨(即胡斌)在达摩洞前建石牌坊,题横额"默玄处",并"金碧其两祖之像而恢扩之"	《中国少林寺(碑刻卷)》之《初祖庵创建凉坊牌碑》和《默玄处碑》,第208页
万历中期	周王朱恭枵为住持无言正道建永化堂	《少林寺志·营建》
万历三十九年(1611年)春天	周王朱恭枵捐赀于寺前少溪上建石桥——少阳桥	《嵩书》卷3《卜营篇》
天启二年(1632年)	明熹宗敕重修千佛殿,金装殿中佛像	《中国少林寺(碑刻卷)》之《重修千佛殿金装圣像记》,第229页

对于明统治者的垂爱,少林寺僧人感激万分,遂竭力以所习武艺报效。正德年间,为抵御蒙古军南下,武僧周友曾协助明军镇守山西、陕西沿线边防,后来他又率兵远征云南的叛蛮。[6] 农民起义爆发后,为报答明廷的封赏与维护切身利益,少林寺往往协助明政府镇压。如嘉靖二年(1523年),武僧周参即率领50名僧兵,血腥镇压了师尚诏领导的河南柘城盐徒起义。[7] 嘉靖时,倭患严重,少林僧兵也英勇抗击"倭寇",为明廷分忧。[8] 明末,少林寺又帮助政府训练军队。如崇祯年间,少林武僧就为河南陕州知州史记言训练召募的兵士;[9] 兵部尚书杨嗣昌统率明军征讨农民军时,少林武僧道宗、道法和铉清等亦随军训练士卒。[10] 由于少林寺竭诚效忠明王朝,统治者除如上表所列对其屡加封赏、建设外,还予以一定治外法权和豁免粮差等特权,[11] 鼓励寺僧习武,[12] 并将登封县管理全县寺院事务的僧会司设在该寺。[13] 由此可见,少林寺与明廷的关系非常亲密,故明朝灭亡后,少林僧众心存浓郁的恋明情结,对取而代之的清王朝不无幽怨;而清政府亦对少林寺昔日竭诚效力明廷之事心存芥蒂,对他们关系亲密更为嫉妒。双方互无好感,短期内无法消除隔膜。这

是清朝前期二者关系紧张的历史原因。

（二）清政府实行限制汉族地区宗教发展的政策

明清鼎革后，民间秘密宗教组织纷纷出现，它们大多以反清复明为宗旨。而为防范广大汉族百姓借此类组织进行反抗与保证赋税收入，清王朝在对其严加取缔时，存在严重的扩大化倾向，极力压制汉族地区宗教的发展。尽管满清统治者崇信藏传佛教，却执行双重标准的佛教政策，在扶持藏传佛教的同时，竭力限制汉族地区的佛教和道教发展。《大清律例》规定：

> 凡寺观庵院，除见在处所先年额设外，不许私自创建增置，违者，杖一百，僧道还俗，发边远充军，尼僧、女冠入官为奴，地基材料入官。若僧道不给度牒，私自簪剃者，杖八十；若由家长，家长当罪。寺观住持及受业师私度者，与同罪，并还俗入籍当差。……民间子弟户内不及三丁，或在十六以上而出家者，俱枷号一个月，并罪坐所由。僧道官及住持知而不举者，各罢职还俗。……民间有愿创造寺观神祠者，呈明该督抚具题，奉旨方许营建。若不俟题请，擅行兴造者，依违制律论。……僧道年逾四十者，方准招受生徒一人。如有年未四十即行招受及招受不止一人者，均照违令律笞五十。僧道官容隐者，罪同，地方官不行查明，交部照例议处。所招生徒勒令还俗。[14]

清政府不仅对寺观的设置、百姓出家与僧道招徒的条件等作了严格限制，而且辅以具体而严厉的惩罚、株连措施，严重挤压了汉族地区宗教的生存、发展空间。而嵩山少林寺是“禅宗祖庭”，在佛教界的地位特殊，不难想象，此政策势必使其首当其冲。这是少林寺与清政府关系紧张的根本原因。

（三）少林寺容留明朝遗民

清初，嵩山一带“树木麻林，荆棘茂盛；虎狼当道，行人被伤；盗贼潜藏，客商失货”。[15]少林寺就坐落于此荒凉不宁的深山密林之中，加之其曾与明廷关系密切，明朝灭亡后，僧众心存浓郁的恋明怨清情愫，故许多明朝遗民和反清人士视此寺为藏身匿迹的理想场所，或将其作为永不仕清的明志之地，或参加反清复明斗争失败后避难其中，或以空门为掩护继续从事反清活动。如本系明朝宗室成员的朝元和尚就避居少林寺；[16]形意拳的创始人姬际可，亦隐蔽于此，并结交反清志士，继续从事反清复明活动。[17]为此，清政府视少林寺为故明“余孽”藏匿之渊薮。这是二者关系紧张的一个直接原因。

(四)少林寺与秘密教门组织有联系

如前所述,清政府不仅取消了少林寺以往享有的优免赋税特权而括其田、增其赋,横征暴敛,严重损害了其经济利益,而且平日还对少林寺多有压制之举,指责之言,这令少林寺僧众对清王朝极为不满,个别寺僧则暗中与反清秘密教门组织人员过从甚密,甚至窝藏清廷缉捕的要犯。例如雍正十三年(1735 年),某教门组织骨干成员徐济庵就藏匿在少林寺长达一年之久。[18]因此,少林寺又被清政府视为"藏污纳垢"之地。这是二者关系紧张的另一个直接原因。

总之,清政府对少林寺与明廷的密切关系心存怨忌,对其不轨行为更耿耿于怀,加之限制汉族地区宗教发展的既定政策,遂对少林寺和少林武术的发展多方羁绊。关于这些抑制措施,前文已详述,此不赘言。而少林寺亦对清政府心存不满,暗有损害其利益的活动。二者之间既有复杂的历史恩怨,又有尖锐的现实利益冲突,矛盾重重。它们明争暗斗,关系非常紧张,这对少林寺和少林武术的发展产生了严重影响。

少林寺饱受明清鼎革兵燹的摧残,又与清政府关系紧张,处境异常艰难,"栋宇剥蚀,半属倾颓"。[19]明末,其初祖庵尚有少数僧人供奉香火,而清初,却是"荆莽蔽天,藤萝塞户,无人居者数年"。[20]十方禅院也是"巍巍佛龛,鞠为茂草",[21]一片荒凉。康熙十八年(1679 年)顾炎武游少林寺时,也见因清政府"括田任污吏,增科及寺庄",寺僧缺粮,大量外逃,寺内"今者何寂寥,阒矣成芜秽,坏壁出游蜂,空庭雊荒雉",[22]一片狼藉。

如果说明朝遗民顾炎武所言少林寺残破不堪,意在渲染满清统治者对中原摧残之酷烈,鼓动人们奋起反抗异族的统治,其描述有故意夸张之嫌,那么清朝官员在少林寺的所见所闻无疑更为客观。康熙二十三年(1684 年),在少林寺河南分守道张思明看到"法堂草深,宗徒雨散",千佛殿西边的"榛莽荒秽中,散瓦数椽,风雨不蔽";[23]康熙二十五年(1686 年),官员吴薰沐至少林寺,也目睹昔日"兰椽藻井,久号珠宫"的白衣大士殿,早已倾废于荆棘灌丛之中。[24]毋庸置疑,清朝前期,少林寺与清政府关系紧张,加剧了其寺破僧少的窘困处境。可想而知,少林武术的生存与发展也面临严峻考验。

二、清朝中后期少林寺与清政府关系的改善

清初,战乱、灾荒频仍,百姓生计维艰。诚如康熙帝所言:"迩年水旱频仍,盗

贼未靖,兼以贪官污吏肆行朘削,以致百姓财尽力穷,日不聊生。"[25]身处此民不聊生的窘境,许多人看到出家能"偷享安闲,不耕而食,不蚕而衣,不货殖而财用有余",[26]遂趋之若鹜,将出家作为一条重要生路,"游民日众,托业沙门,亦聊以自赡耳"![27]而因为与清政府关系紧张,"豫省少林寺岁久失修",[28]残破不堪,这不仅堵塞了许多人的出家谋生之途,也迫使众多身怀绝技的武僧背井离寺。迫于生计,他们或当镖师,或开馆授徒,或街头卖艺。个别武僧则倚仗武艺,恣意妄为,甚至成为清王朝的异己,严重危害社会秩序。清统治者敏感意识到了此问题的严重性。再者,雍正年间"摊丁入亩"后,僧人、道士的多寡已无关乎赋税收入之盈绌。因而乾隆年间当某御史奏请对其裁汰时,乾隆帝就否定说,"今之僧、道实不比昔日之横恣",其教已式微,不足以惑世诬民,反而可以养流民,若大量裁减,则"将此数千百万无衣无食、游手好闲之人置之何处"?[29]

清统治者深谙宗教可以磨蚀百姓的斗志,"暗助王纲"[30]的奥妙,认为"人心日漓,道德、法律皆不足以救世,犹幸有宗教以维系人心于万一耳!迷信果尽除,小人亦何所惮而不为耶"![31]而嵩山少林寺是"禅宗祖庭",在佛教界颇有影响,若政府与它处理好关系,不仅可以有效避免身怀绝艺的少林武僧们铤而走险,危害自己的统治,而且又能借助其特殊的宗教地位对其他寺院间接施加影响,维护清朝的统治。因此,清朝统治者逐渐改变了对少林寺一味冷淡、限制的政策,在心存戒备之时,转而示以友好,多次出入寺院,并对其营建。兹将这些活动择其要者列表如下:[32]

清代中后期统治者出入和营建少林寺一览表

年代	活动
康熙二十三年(1684年)	河南分守道张思明至少林寺,次年,倡议为寺僧净升修慈云庵
康熙三十五年(1696年)	刑部左侍郎田雯祭中岳时至少林寺
康熙四十三年(1704年)	康熙帝赐少林寺御书"少林寺"匾额(上嵌"康熙御笔之宝"方形印玺)和"宝树芳莲"匾额
雍正十三年(1735年)	雍正帝谕令大规模整修少林寺,此工程耗银九千两
乾隆五至十三年(1740—1748年)	河南分巡道、按察使司副使张学林每年祭中岳时都至少林寺
乾隆八年(1743年)	乾隆帝赐少林寺《大藏经》

续表

年代	活动
乾隆十年(1745年)	登封县令施奕簪重修大雄殿
乾隆十五年(1750年)	乾隆帝驾临少林寺,热情接见寺僧善修、净府等人,驻跸方丈,题诗书匾。汝州知州王祖晋奉命督修少林寺
乾隆三十七年(1772年)	河南巡抚何煟至少林寺
乾隆三十八年(1773年)	开封府知府王启绪至寺,并倡议重修千佛殿。河南巡抚徐绩(次年十月任豫抚)等官员踊跃捐资,至乾隆四十一年工竣
嘉庆八年(1803年)	河南道员麟庆至少林寺,表示若只为保山护寺,寺僧可以习武,随后观看武僧比武
道光七至八年(1827—1728年)	河南巡抚杨国桢重修寺内钟鼓楼、御座房和御碑亭
道光二十七至三十年(1848—1850年)	登封县僧会司重修少林寺山门前的少阳桥
咸丰元年(1851年)秋	河南府知府贾臻祭祀中岳时至少林寺

由上表可知,为安抚少林寺僧众,巩固统治,清统治者并没有如民间所传说的那样,曾在康熙、雍正年间两次火焚少林寺,反而对其屡加营建,多次巡视,而且在嘉庆年间,清廷严禁寺僧习武的政策也有所松动。这种政策调整始于康熙中后期,在乾隆年间达到高潮,其显著标志是康熙帝颁赐御书匾额,雍正帝大规模整修少林寺及乾隆帝赐《大藏经》并驾临。

而随着时光流逝和清朝的统治日益稳固,少林僧众对"反清复明"已不抱幻想,恋明怨清情结日趋淡化。同时他们从所受清廷压制中也逐渐明白了佛教的盛衰"每系于时君之好恶",[33]"不依国主则法事难立"[34]的道理,深深认识到自己与清政府不睦不利于少林寺和少林武术发展,遂对示好的清政府投桃报李,频送秋波。不仅在乾隆帝驾临少林寺时殷勤备至,事后立御制诗碑,[35]建御碑亭、御座房,[36]竭力显示自己的忠心敬意,而且屡次为官员歌功颂德,讨其欢心。如康熙三十五年(1696年),因河南分守道张思明倡议为寺僧净升修慈云庵,少林寺为其建祠堂,立《创建张公祠堂德政歌碑》;[37]嘉庆二十年(1815年),因登封知县黎某禁止下乡的胥吏到少林寺索取饭食，寺僧为其立《众僧世代感恩碑》；[38]道光十三年（1833年），为登封知县李清廉立《登封县李太老爷感戴碑》；[39]道光二十二年（1842年），为登封知县何某立《何大老爷世代感德碑》[40]。此种事例不胜枚举，这表明少林寺对清政府的态度也在改变，二者间的前嫌正在冰释，关系趋于缓和。

三、少林寺与清政府关系演变特点及对前者的影响

如前所述，为巩固统治，清政府对少林寺的冷漠态度有所改变，并对其屡加营建，少林寺亦向清廷示好，二者间的关系趋于改善，但少林寺衰落的步履并未因此而放缓。之所以如此，除受清政府限制汉族地区宗教发展的基本政策和近代化因素影响外，一个重要原因在于，虽然二者的关系日渐缓和，但是并未根本改善。就清政府而言，尽管其对少林寺的严厉态度有所改变，但是疑忌、防范之心始终未消，改变是有限度的。雍正十三年（1735年）重修少林寺时，雍正帝看过河东总督王士俊所呈少林寺绘图，深思熟虑后就批示道：

> 朕览图内门头二十五房距寺较远，零星散处，俱不在此寺之内。向来直省房头僧人，类多不守清规，妄行生事，为释门败种。今少林寺既行修建，成一丛林，即不令此等房头散处寺外，难以稽查管束，应将所有房屋俱拆造于寺墙之外左右两旁，作为寮房。其如何改造之处，着王士俊酌量办理。至工竣后应令何人住持，候朕谕旨，从京中派人前往。[41]

显而易见，此次营建是为了加强对少林寺的整顿和管理。乾隆初年竣工后，虽然寺院的面貌焕然一新，但是直至清朝灭亡，清政府也未向少林寺派遣住持，对其疑忌之深昭然若揭。

即使在二者关系明显改善的乾隆年间，清廷也没有放松对少林寺的警惕。乾隆四十年（1775年）五月，乾隆帝闻知河南巡抚徐绩聘请少林武僧到兵营教习武艺，急忙发谕旨阻止、痛斥徐氏道：

> 僧人既经出家，即应恪守清规，以柔和忍辱为主，岂容习为击刺，好勇逞强？有地方之责者闻之，尚当设法潜移默化，何可转行招致传授，令售其技乎？……徐绩何不晓事若此？着传谕申饬，并令将召致各僧即行遣回。[42]

乾隆帝持此坚决反对态度，意味着少林武术在政治领域谋求发展已不可能，仅余民间社会这唯一的发展空间了。

毫无疑问,清最高统治者对少林寺和少林武术的成见并未消除,这也必然会影响到地方官员对少林寺的态度。例如嘉庆二十年(1815年)五月,河南府汝州知州熊象阶奉旨到少林寺"查缉逆犯",虽然他"察其在寺僧人耕种焚修,并无匪犯踪迹",却声色俱厉地训诫僧众"务须安分焚修,不得容留外来游匪在寺……毋得违误自贻",[43]对少林寺的猜忌、防范也溢于言表。道光二十二年(1842年)三月,登封知县何某也警告寺僧说:

该僧人等务宜洗心涤虑,各自焚修,认诵经卷,耕耨农田。凡俗家诸色人等,概不许私相往来。亦不许干预外事,窝藏匪人,滋生事端。倘敢故违,一经举发实行,加等治罪。至俗家人等,不准在寺□□□赌;佃户人等,另住一处,不准与僧家比邻同居,以示分别。如有□□□□□□等,立即禀请究逐。[44]

何知县意欲割断少林寺与民间的联系,以从根本上解决其"滋生事端"、危害清朝统治的问题,可谓用心良苦,但事实证明这是徒劳的。

客观地讲,清政府对少林寺始终保持警惕并非杞人忧天。在与清政府的关系缓和后,少林寺仍然与民间秘密教门组织保持着联系。寺僧"素以教习拳棒为名,聚集无赖",而这些学过少林武术的"无赖"多加入各种秘密教门组织。[45]不仅如此,少林寺还窝藏朝廷严加缉捕的秘密教门人员。嘉庆二十年(1815年),河北坎卦教头目刘玉漋和山东离卦教骨干张洛焦事发潜逃,知情者就供称,刘玉漋已逃往少林寺,[46]"张洛焦也或至少林寺不定"。[47]对教门成员为何多潜逃少林寺,河南巡抚方受畴分析说:

少林寺系在河南府属登封县境嵩山之麓,地方荒僻,易于藏匿。……如有气类相通、平素熟悉之人,自必容留窝住。[48]

此言很有见地,嵩山少林寺地处荒僻的深山密林之中,秘密教门人员又与个别寺僧有染,易于"容留窝住",难怪他们事发后多逃往此寺。

再者,一些土匪亦混迹少林寺。道光二十二年(1842年)三月,清廷就指责其房头僧人"留容匪人"。[49]咸丰五年(1855年)六月,寺僧在所立《合寺僧俗公议规矩碑》中也承认说:

近经兵荒,匪人蜂起,混迹道门,借游滋事。……更有结队成群,谋为抢掠者,合寺均受其累。[50]

此外,少林寺僧人还违禁习武。如前所述,为巩固统治,雍正帝严禁民间习武,其子孙也继承了此政策。前揭嘉庆八年(1803年),河南道员麟庆至少林寺,表示若只为保山护寺，寺僧可以习武。但这是他为能观看武僧比武而先打消寺僧顾虑的个人行为，[51]并不意味着清政府彻底改变了禁止民间习武的基本政策。而少林僧人却继续暗中习武，“昼习经典，夜演武略”。[52]至光绪年间，他们长期练武的千佛殿内地面竟被踩出了一排排深深的脚坑，“屋地下陷，深数寸”。[53]少林寺僧人暗中习武不辍，大犯清统治者所忌。

由上可见，少林寺与清政府的关系虽有所缓和，但隔阂犹存，若即若离，关系并未根本改善。这严重影响了少林寺和少林武术的发展。雍正十三年（1735 年）大规模整修后，少林寺的发展本该大有起色，但因清廷对其疑忌之心始终未消，时有限制，加之僧人稀少，维护不力，不久，寺院就重现颓状。乾隆初年，登封知县施奕簪游玩至此，即目睹寺内“吴画委荒草，唐文叠石层。琼楼藏鼠雀，丽宇聚蜂蝇。无复前朝树，空闻古洞藤”。[54]乾隆十三年（1748 年），河南分巡道、按察使司副使张学林至少林寺，亦见其建筑因“守土者不加爱惜，而寺僧辈更缘以为利，其间划削者又不知凡几”，碑刻也破损严重。[55]

乾隆十九年（1754 年）清廷废除“度牒”制度后，随着一些滥竽充数之徒混入，少林寺僧人队伍的整体素质逐渐下降。更糟糕的是，道光朝以降，受社会危机不断加深和世风日下影响，少林寺的纲纪日趋败坏，“各房头僧人往往交结俗家，容留匪人，或邀约酗酒，或聚会赌博，甚至朋比窝娼，构串结讼。种种妄为，殊堪痛恨”。[56]而登封县的差役每次下乡办事，“辄至寺中需索饭食”，加之庄稼多年歉收，寺僧生活非常艰难，[57]少林寺更加衰落。

而前揭少林寺僧人向乾隆帝大献殷勤，为统治者立碑颂德，虽然标志着其对清廷的态度有所好转，但是诸般举动并非都完全自愿，碑文中的溢美之辞也很难说皆为寺僧的肺腑之言。“功德碑”林立也折射出清廷对少林寺控制的加强和寺僧近于匍匐在其脚下的无奈，是少林寺衰落的一种体现。明代，少林寺有僧人千余名，田万余亩。而至清末民初，仅存僧人 200 余名，田地 2870 余亩，已今非昔比。

少林寺日趋衰落使少林武术饱受池鱼之殃，而它与清政府的关系无根本改善既令少林武术在政治领域无法发展，又严重挤压了其发展的唯一民间社会空间。而在民间，少林武僧或当镖师，或做教头，或落草为寇，甚至沦落街头、靠卖艺糊口。[58]以往屡受皇封、无比荣耀的少林武僧，至清代竟然落到这般田地，此期少林武术的衰落与处境的尴尬不言而喻。

四、结 语

纵观有清一代,嵩山少林寺与清政府之间的关系经历了一个由极度紧张到逐渐缓和的演变过程。缓和始于康熙中后期,在乾隆年间达到高潮。但是其关系的缓和是有限度的,二者在示对方以友好的同时,又互相防范,若即若离,关系并未彻底改善。终清一代,清政府对少林寺疑忌、防范之心始终未消,限制有余,扶持不足。翻检浩繁的清代史料,罕见统治者褒奖少林寺之语,却多有贬斥之词。而少林寺对清廷的态度虽然有所改变,但是寺僧对清统治者的热情也多是虚与委蛇,再没如少林寺与明政府那样肝胆相照,坦诚相待。加之清廷推行限制汉族地区宗教发展的政策使少林寺首当其害;汉族地区佛教衰落的大环境也令其饱受池鱼之殃;少林寺和少林武术黯然退出政治领域以后,仅余的民间社会一途又未能很好拓展;尤其是伴随着中国近代化所引发的深刻社会变迁,人们的思想认识水平有很大提高;火器的普遍应用也令武术的技击意义相形见绌……在此诸多因素综合作用下,少林寺和少林武术原本狭小的发展空间备受挤压,愈加萎缩,其渐趋衰落已成必然。一言以蔽之,清代嵩山少林寺和少林武术的生存发展境况日蹙与此期的政治、经济和社会因素尤其是与少林寺和清政府的关系无根本改善密切相关。从一定意义上说,少林寺与清政府的关系演变是清代社会变革的一个缩影。

(原刊于《世界宗教研究》2011 年第 6 期。)

注 释

1 历史上以“少林”命名的寺院和武术套路很多,本文探讨的对象特指河南嵩山少林寺及其武术。

2 乾隆《河南府志》卷 98《艺文志·少林寺》,乾隆四十四年刻本。

3 (清)叶封、施奕簪《少林寺志·部札》,乾隆十三年刻本。

4 《世宗宪皇帝实录》卷 63,雍正五年十一月庚辰,《清实录》第 7 册,中华书局,1985 年,第 974—975 页。

5 (清)叶封、施奕簪《少林寺志·艺林·宸翰》。

6 参见少林寺塔林《三奇友公和尚塔铭》。

7 释永信《中国少林寺(碑刻卷)》之《竺方参公塔铭》,中华书局,2003 年,第 184 页。

8 (明)郑若曾《江南经略》卷 8 下《杂著·勒功三誓》,影印《文渊阁四库全书》第 728 册,台湾商务印书馆,1986 年,第 465 页。

9 (清)张廷玉等《明史》卷 292《史记言传》,中华书局,1974 年,第 7489—7490 页。

10 释永信《中国少林寺(碑刻卷)》之《改公禅师塔铭碑记》,第259页。

11 释永信《中国少林寺(碑刻卷)》之《抚院明文碑》,第199页。

12 释永信《中国少林寺(碑刻卷)》之《少林观武诗碑》,第240页。

13 乾隆《登封县志》卷18《衙署志·僧会司》,乾隆五十三年刻本。

14 (清)徐本等《大清律例》卷8《户律·私创庵院及私度僧道》,《景印文渊阁四库全书》第672册,台湾商务印书馆,1986年,第525—526页。

15 释永信《中国少林寺(碑刻卷)》之《广惠庵僧地执照碑》,第265页。

16 (民国)墨井《甘凤池拳谱·甘凤池小史》,上海中西书局,1929年刊本。

17 黄新铭《姬际可传》,《武林》1983年第4期。

18 中国第一历史档案馆《录副奏折》,乾隆二十二年四月初九日河东盐政那俊奏报,该馆藏本。

19 雍正《河南通志》卷79《重修少林寺碑记》,雍正十三年刻本。

20 参见少林寺存康熙十三年立《造像共馨碑》。

21 释永信《中国少林寺(碑刻卷)》之《重修十方禅院记》,第256页。

22 乾隆《河南府志》卷98《艺文志·少林寺》。

23 释永信《中国少林寺(碑刻卷)》之《重建慈云庵碑记》,第260页。

24 释永信《中国少林寺(碑刻卷)》之《慈云庵恭塑白衣大士圣像记》,第261页。

25 (清)总理衙门编《御制文集》卷1《敕谕·谕吏部》,光绪五年铅印本。

26 (明)余继登《典故纪闻》卷13,中华书局,1981年版,第231页。

27 (清)徐珂《清稗类钞》第4册《宗教类·宗教维系人心》,中华书局,1984年,第1938页。

28 (清)叶封、施奕簪《少林寺志·艺林·宸翰》。

29 (清)小横香室主人《清朝野史大观》卷11《清代述异·僧道不必沙汰》,上海书店,1981年版,第5册,第127—128页。

30 (明)朱元璋《明太祖文集》卷10《三教论》,《景印文渊阁四库全书》第1223册,台湾商务印书馆,1986年,第108页。

31 (清)徐珂《清稗类钞》第4册《宗教类·宗教维系人心》,第1938页。

32 参见叶封、施奕簪《少林寺志》之《营建》和《宸翰》,乾隆十三年刻本;乾隆《登封县志》之《皇德记》和《坛庙记·祀典》,乾隆五十三年刻本;麟庆《鸿雪因缘图记》卷1《少林校拳》,道光二十七年刻本;释永信《中国少林寺(碑刻卷)》,中华书局,2003年,第260—301页。

33 (明)宋濂等《元史》卷202《列传·释老》,中华书局,1976年点校本,第4517页。

34 (梁)释慧皎《高僧传》卷5《释道安》,中华书局,1992年版,第178页。

35 释永信《中国少林寺(碑刻卷)》之《乾隆御制诗碑》,第270—271页。

36 释永信《中国少林寺(碑刻卷)》之《承修少林寺工程记碑》,第272—273页。

37 释永信《中国少林寺(碑刻卷)》之《创建张公祠堂德政歌碑》,第268页。

38 释永信《中国少林寺(碑刻卷)》之《合寺众僧世代感恩碑》,第289页。

39 释永信《中国少林寺(碑刻卷)》之《登封县李太老爷感戴碑》,第294页。

40 释永信《中国少林寺(碑刻卷)》之《何大老爷世代感恩碑》,第296页。

41 (清)叶封、施奕簪《少林寺志·艺林·宸翰》。

42 《高宗纯皇帝实录》卷983，乾隆四十年五月甲子，《清实录》第21册，中华书局，1985年影印本，第122—123页。

43 释永信《中国少林寺（碑刻卷）》之《熊大老爷告示碑》，第288页。

44 释永信《中国少林寺（碑刻卷）》之《登封县正堂告示碑》，第295页。

45 《高宗纯皇帝实录》卷107，乾隆四年十二月壬辰，《清实录》第10册，中华书局，1985年影印本，第604页。

46 中国第一历史档案馆《录副奏折》之《农民运动·秘密结社项》。康熙初年，山东人刘佐臣创建秘密反清组织“八卦教”即“五荤道”，坎卦教和离卦教均为其分支。

47 中国第一历史档案馆《录副奏折》，嘉庆二十年五月二十五日直隶总督那彦成奏报。

48 中国第一历史档案馆《录副奏折》，嘉庆二十年五月二十一日河南巡抚方受畴奏折。

49 释永信《中国少林寺（碑刻卷）》之《登封县正堂告示碑》，第295页。

50 释永信《中国少林寺（碑刻卷）》之《合寺僧俗公议规矩碑》，第302页。

51 （清）麟庆《鸿雪因缘图记》卷1《少林校拳》，道光二十七年刻本。

52 参见少林寺存道光二十六年立《西来堂志善碑》。

53 （清）席书锦《嵩岳游记》卷4《僧兵》，民国八年铅印本。

54 （清）叶封、施奕簪《少林寺志·上元后三日偕友游少林寺》。

55 （清）叶封、施奕簪《少林寺志·张学林序》。

56 释永信《中国少林寺（碑刻卷）》之《登封县正堂告示碑》，第295页。

57 释永信《中国少林寺（碑刻卷）》之《熊大老爷告示碑》，第288页。

58 （清）徐珂《清稗类钞》第6册《技勇类·老僧与黎某竞斗》，第2993—2994页。